国家出版基金项目
NATIONAL PUBLICATION FOUNDATION

"十三五"国家重点
图书出版规划项目

第三卷 1931—1949 （下）

中国近代思想通史

（1840—1949）

郑大华 俞祖华 著

岳麓书社 · 长沙

人民出版社 · 北京

第 二 十 三 章

要求国民党还政于民：
宪政运动的兴起和展开

九一八事变后，受民族危机的刺激，人们要求国民党依照孙中山在《建国大纲》中提出的"建国"程序，结束训政，还政于民，以利于团结全国力量，救亡图存。尽管这一时期的宪政运动还十分"微弱"，主要还停留在呼吁上，无论影响还是规模，都十分有限，真正有影响的宪政运动是七七事变之后的两次宪政运动；但这并不能说明九一八事变后的宪政运动就不重要，不值得研究。实际上，九一八事变后宪政运动是在民族危机空前严重的历史背景下兴起的，有自己的特点和意义，而且就整个宪政运动的全过程来考察，七七事变后的两次宪政运动是九一八事变后的宪政运动的继续和发展，不仅内容基本相同，都是要求国民党结束训政，还政于民，参加者除了共产党人外，也大多是九一八事变后发起宪政运动的那批人。因此，我们要研究七七事变后的两次宪政运动，就必须追根溯源，研究九一八事变后"微弱的宪政运动"。这里需要指出的是，"宪政"一词无论就理论概念来讲，还是从制度实践来看，都是特指资产阶级宪法的实施，由于在抗战时期，实行资产阶级宪法，结束国民党的一党专政和蒋介石的个人独裁，有利于团结全国各方面力量，从事抗日斗争，因而中国共产党是七七事变后的两次宪政运动的积极推动者和参与者。

第一节　"微弱的宪政运动"

九一八事变后"微弱的宪政运动"包括两个方面的内容：一是要求国民党结束训政，还政于民；二是对"五五宪草"及其相关法律的批评。前者是要求实行"宪政"，后者是要求实行什么样的"宪政"问题。

一、要求国民党结束训政，还政于民

国民党夺取全国政权后，依据先总理孙中山的遗教，宣布实行训政，并建立起了一套训政制度。但在理论上，它并不否认宪政。相反，它一再表示训政是为了给宪政做必要的准备。1929 年，国民党三届二中全会通过的《训政时期之规定案》甚至明确提出，"训政时期规定为六年，至民国二十四年完成"[①]。因此，当 1928 年国民党开始实行训政的时候，虽有不少人批评，但是经历了十多年的动荡而渴望安定的多数国民，其中包括不少自由派知识分子"皆不反对"。[②] 然而，事实是，蒋介石借训政之名，行专制之实，一方面利用训政剥夺人民的种种权利，想方设法拖延被孙中山视为宪政之基础的地方自治的实施，并使之逐渐背离孙中山的设计；另一方面利用训政打击异己政治势力，实行个人独裁。其结果，训政也就越来越遭到有识之士的批评。

九一八事变后，鉴于民族危机的日益加重，要求结束训政，还政于民，以便团结全国人民共同御侮的呼声日渐高涨，宪政运动也由此而兴起，用天津《大公报》的话说："九一八以来，南北党外人士，发生宪政运动。"[③] 我们在前已经提到，九一八事变发生后的第三天，上海光华大学教授王造时在"日本帝国主义侵略东三省"的演讲中，就指出了国民党的训政所造

---

① 《训政时期之规定案》，载荣孟源主编、孙彩霞编辑《中国国民党历次代表大会及中央全会资料》（上册），光明日报出版社，1985，第 759 页。
② 吴贯因：《民国成立二十二年尚在讨论中之宪法》，《再生》第 1 卷第 11 期，1933 年 3 月 20 日。
③ 《熊希龄等请求两事》，天津《大公报》1932 年 9 月 29 日。

成的严重后果，要求国民党改弦更张，还政于民，实行民主政治。10月中旬，他又在新月书店出版的《救亡两大政策》一书中提出了"对外准备殊死战争"和"对内取消一党专政"的救亡二策，要求国民党立即结束训政，放弃一党专政，实行民主政治，开放党禁，"集中全国人才，组织国防政府"。他并强调指出，只有国民党放弃一党专政，还政于民，切实恢复人民的言论、出版、集会、结社等种种民主权利，这样全国人民才可能万众一心，各党各派也才可能通力合作，团结一致，共同去战胜日本侵略者。[1] 不久，他又和沈钧儒等上海各大学教授 200 多人，在联名致信参加宁粤和平会议的国民党全体代表时，再次强调了实行民主宪政的重要性，指出"人民为国家之主人，党治以来，主人之权利剥夺殆尽"，只有切实保障人民的各种民主权利，"迅速集中贤能，组织国防政府，共御外侮"，才能挽救国家和民族的危亡。[2] 与此同时，青年党和中华职教社也于事变发生后不久，提出了国民党结束训政，还政于民的要求。1931 年 10 月 3 日，青年党发表《我们的主张》，提出"为应付国难起见，中国今日应废除一党专制，组织国防政府"的主张，而所谓的国防政府，由"各党各派联合组成"，并代表"各派意见"。[3] 12 月 9 日，在褚辅成、张耀曾、章太炎等国民党元老和马相伯、黄炎培、沈钧儒、左舜生、陈启天等人的发起下，来自全国 16 个省的 500 多名爱国人士，在上海成立"中华民国国难救济会"，推举褚辅成等 60 余人组成理事会，并发表宣言，严厉抨击国民党的一党专政，认为国民党的一党专政是导致外患日益严重的一个重要原因，呼吁国民党当局立即"解除党禁，进行制宪"，首先切实保障人民集会结社及一切政治权利，还政于民，不能再"复袭训政之名，行专政之实"。[4] 12 月下旬，诸青来、左舜生等人又在上海发起成立"民治协会"，主张立即实行民主政治。在致出席国民党四届一中全会的李烈钧等人的电报中，该会特别强调国民党应该允许人民自由组织政治团体或政党，因为"组党自由为民主政治之最重要元素，

---

[1] 王造时：《救亡两大政策》，载储安平编《中日问题与各家论见》，新月书店，1931，第 171、179—181 页。
[2] 转引自姜平、姜伟《爱国君子·民主教授——王造时》，江西教育出版社，1999，第 90—91 页。
[3]《民生周报》同人：《我们的主张》，《民声周报》第 1 期，1931 年 10 月 3 日。
[4]《国难救济会通电》，《申报》1931 年 12 月 23 日。

否则一国以内，只有一党存在，独行独断，蔽聪塞明，不能收他党改错之效，人民亦无法发挥其不同之见解，民主政治，断难实现"[1]。这月底，青年党领导人曾琦在天津《大公报》上发表《一致对外与一党专政》的文章，公开提出要"一致对外"，国民党就必须废除"一党专政"。因为在一党专政之下，第一，"惟国民党始有公开活动之权"，而其他政党则被剥夺了活动的权利；第二，"惟国民党人始有领导民众之权"，而其他数万万民众只有接受国民党领导的权利；第三，"国民对于当局必多不满之处"，而这种不满没有地方表达，最后只有铤而走险；第四，"国民党人显然为一特殊的统治阶级"，类似于清朝贵族，与民众鲜有联系。[2] 就是向来以平和著称的天津《大公报》也连续发表"社评"，认为"国家受此奇耻大辱之后，训政制度，自应改革，在三省沦陷束手无策之时，而尚以诸葛亮阿斗之说，解释党治与人民之关系，是徒激动民愤，其危实甚"[3]。它要求国民党"今后公开大政，使国民有机会与闻国家政治"[4]。朱采真同样强调：大敌当前，首要的任务是团结全国人民共同抗日，但要是国民党不立即结束训政，"交还中央统治于人民，则人民无从团结其救国之力量，亦无从发挥抗日之精神"[5]。

不仅一些知识分子和小党派领导人于九一八事变后呼吁国民党立即结束训政，还政于民，实行民主政治，就是在国民党内部也有同样的呼声。1931 年 10 月 18 日，李烈钧等 118 人联署提案，要求"开放政权，准许人民自由组党"。11 月，在国民党召开的四全大会上，蔡元培提出了组织国难会议，以期集思广益，共济时艰的紧急动议。同年 12 月，在国民党四届一中全会上，孙科、何香凝、李烈钧等人提出数个提案，要求提前结束训政，筹备宪政。据此，会议通过了"召开国难会议、国民救国会议及国民代表会等组织，以及缩短训政实行宪政各案"[6]。1932 年 1 月，上海、北京、天津等地 188 名社会名流，被国民政府聘请为国难会议会员。

① 《民治协会电李请坚持原案》，《时事新报》1931 年 12 月 25 日。
② 曾琦：《一致对外与一党专政》，天津《大公报》1932 年 2 月 2 日。
③ 《目前政治上之需要》，天津《大公报》1931 年 12 月 14 日。
④ 《一中全会通过中央政制改革案》，《申报》1931 年 12 月 26 日。
⑤ 朱采真：《政治救国之一条和平捷径》，《时事新报》1932 年 1 月 18 日。
⑥ 《关于国难会议、国民救国会议及国民代表会等组织，以及缩短训政实行宪政各案》，载《中国国民党历次代表大会及中央全会资料》（下册），第 117 页。

为了推动国民党早日结束训政，实行宪政，上海、北京、天津的一些国难会议会员自动组织起来，成立"国难会议会员通讯处"，讨论国难会议的议题和提案，认为国难会议应该讨论三件事情，即：（一）取消一党专政，制定宪法；（二）对日采取抵抗主义；（三）罗织人才，成立国难政府。[1]他们以及其他一些地方的国难会议会员还联合一些知识分子，利用国民党同意召开国难会议之机，组织国难救济会、宪政促进会、宪政期成会、民宪协进会等团体，纷纷发表宣言或通电，要求国民党结束训政，还政于民。1932年2月，黄炎培、左舜生等人以中华民国国难救济会的名义通电全国："诚以中国为全国人之中国，存亡与共，莫能自外。乃中央诸公犹守党治成见，剥夺人民政权。各地方党部不闻有救亡工作，反于人民救国各种集会结社干涉无所不至。似此歧视民众，拒绝合作，何以集全力而济大难？本会痛国亡无日，敢请惕然反省，立行五事。"即：（一）宣布废止一党专政，（二）文告不用党国字样，（三）禁止各级党部干涉人民集会结社，（四）禁由公帑支结党费，（五）限期召集国民代表大会制宪。[2]3月，王造时、黄炎培、沈钧儒、史量才等62人，又联名发表《救济国难之具体主张》，要求国民党对外"应以武力自卫"，不惜任何牺牲，以维护国家"领土及主权之完全无缺"；对内应实行民主宪政，切实保障人民的自由权利，开放党禁，允许其他政党公开活动，不得用公款支付党费，在宪法未实施前，应首先设立民选的国民参政会，监督政府，筹备宪政，限8个月内制定出宪法。同时，他们还提出了《筹备宪政程序案》，就制定宪法的有关问题向国民党建言献策。[3]

1932年4月1日，国难会议在"行都"洛阳召开。此前，国民政府公布了《国难会议组织大纲》，以及《国难会议议事规则》。依据这两个文件，国难会议是国民政府召集一部分社会名流"共订救国大计"的咨询会议，其商议范围为御侮、救灾和绥靖（即"围剿"苏区），而国民党曾经承诺且舆论强烈要求的结束训政、返政于民的问题则被排除在了会议的议题之外。这自然引起了人们的强烈不满。北平、天津的国难会议会员集会，大多数

---

[1] 参见姜平《斯人独憔悴：近代民主先驱王造时》，群言出版社，2014，第120页。
[2] 《中华民国国难救济会致全国各界通电》，《民声周报》第20期，1932年3月19日。
[3] 《救济国难——沪一部人士之具体主张》，《益世报》1932年4月21日。

会员主张不参加会议，并发表通电声明不出席会议之原因：政府"明白限制会议范围为御侮，救灾，绥靖三项，同人以为国难所由来，正由国本有不定，凡政治窳恶，实为上述三项之酿因，倘赴议而默然，则与同人奔走国难之初衷适相违反"[①]。而在上海的国难会议会员马相伯、王造时、黄炎培、沈钧儒、史量才等66人也联名致电国难会议拒绝出席，内称：国民党"近数年来，更立一党专政之制，杜绝多数民众政治上合作之途，以致党员斗争于内，民众睽离于外，全国嚣然，戾气充溢，日人乘之，乃有'九一八'以来之奇辱！此而不变，沦亡可待，遑论御侮？"本来国难会议是"化除杜绝合作之党治，实现全民协力之宪政"的好机会，但不料政府严格限制了会议议题，使实施宪政案无提出之余地，因此，"思维再四，与其徒劳往返，无补艰危，不如谢绝征车，稍明素志"。他们表示，虽因对当局限制会议议题不满而不赴会，但"宪政为救亡大计，同人天职所在，既有确见，仍当次第开陈"。[②]

　　尽管不少要求结束训政、实行宪政的国难会议会员没有与会，但是与会的一些国难会议会员，还是冲破了国民党对会议议题的限制，提出了一系列要求结束训政、实行宪政的提案，如杨瑞六提出、钱端升等联署的提案，要求召开国民大会制定宪法，国民大会召开之前，应于1932年8月1日前召集中央民意机构国民代表会；褚辅成提出、谢仲复等联署的提案，要求迅速制定宪法，召集国民大会，组织民选政府；如此等等。在他们的要求下，国民党虽然不同意提前结束训政，但表示将如期结束训政，所谓"如期"，指的是1935年，而在宪法未实行前，答应于1932年10月10日前组织中央民意机构国民代表会，国民代表会有议决预算、国债、重要条约之权。国难会议并为此作出了决议。会议发表的《宣言》也强调："非全国国民合力同心，则救国御侮之效，仍不可得而见。"而欲"全国国民合力同心"，则"必须确立民主之政治，奠定民权之基础"。为此，"在中央应有民意之机关，在地方应谋自治之促进"，以使人民有实际行使政权之训练，同时必须保障人民的"言论出版集会结社"等种种自由之权力。[③]胡适在评论

[①]《国难会议情形不佳》，《国闻周报》第9卷第14期，1932年4月11日。

[②]《国难会议沪会员不赴洛》，《申报》1932年4月6日。

[③]《一周间国内外大事述评·国难会议之结束》，《国闻周报》第9卷第15期，1932年4月18日。

国难会议的这一决议时写道："最近几个月之中，宪政的运动颇有进展。国难会议开会之前，多数非国民党的会员都表示赞成早日结束训政，实行宪政。政府与国民党的领袖对于这一点颇多疑虑，所以把'内政'一类问题不列入国难会议讨论范围之内。许多会员因此不愿意赴会。然而国难会议开会时，居然也有一个'内政改革案'的产生与通过，决定于本年十月十日以前成立国民代表大会，由各大都市职业团体及各省区地方人民选出代表三百人以上组成之。"①

应该说，如果国民党能依照国难会议决议，积极筹备宪政，并在宪法实施之前，组织国民代表会议作为中央民意机构，则有可能实现国内各种政治力量的团结，共同抵抗日本帝国主义的侵略。但国难会议之后，国民党不仅没有遵照国难会议决议召集国民代表会，一些领导人还相继发表言论，公开反对结束训政。国难会议尚未结束，国民党中央委员张道藩即在中央党部纪念周上发表演讲，谓参加国难会的会员，成分复杂，情形紊乱，黄红黑绿，无所不有，尤其是提出结束训政案的会员，"大抵为有党派背景之政客，或帝王军阀之走狗，平日摧残民治，根本上无谈政治资格"②。会议结束不久，国民政府监察院院长于右任在《申报》上发表《放弃训政与中国革命之危机》一文，说什么提前结束训政，就是"结束（国民）党之领导革命也"，是"毁党毁政"、对反革命分子"自除武装"的行为。他还攻击一些"超然之学者，在野之名流"，要求结束训政，提倡宪政，不过是别有用心。③国民政府行政院院长汪精卫在南京的一次演说中，公开批评要求结束训政的言论是错误的，因为实行宪政比实行训政会使国家的情况变得更糟糕。他说："如果说今日要取消党治，无异说要恢复十二年以前的状况，试问十二年以前的宪政的状况是怎么样呢？"便是袁世凯签字于"二十一条"和"北洋军阀的参战贷款"。④蒋介石也对提前结束训政，实行宪政的要求很不满意，说它"违背总理遗教"，并诬称提出这类要求的人是一班"只顾一己富贵利禄，不顾国家前途如何，常思予政府以不利"的"官僚政客"。⑤

---

① 胡适：《宪政问题》，《独立评论》第 1 号，1932 年 5 月 22 日。
② 转引自《大公报》1932 年 4 月 13 日社评《国难会议与当局态度》。
③ 于右任：《放弃训政与中国革命之危机》，《申报》1932 年 5 月 5 日。
④《时事新报》1932 年 4 月 1 日。
⑤《内政尚无曙光》，《国闻周报》第 9 卷第 20 期，1932 年 5 月 23 日。

　　在国民党官方的默许和鼓励下，一些国民党的御用文人和少数看好蒋介石的思想界人士也纷纷发表文章，认为现在结束训政的条件还不成熟，国民党还不能还政于民。如曾经参加过国难会议的朱经农在《结束训政的时间问题》一文中就认为："现在国内大多数的人民，知识实在不够，切实的训政工作实在少不得。日前偶然与梁漱溟先生谈到北方乡间的妇女依然人人缠足，假若不训练他们，使他们得到相当的知识，便给予投票之权，他们一定投票反对禁止缠足。缠足不过是一个例子，……人民如果真正希望宪政实现，也应该容许政府再有一些训练民众的时间。"① 许持平在《宪政可以开始了吗》一文中也写道："这样庞大而复杂的国家，具有这样深远的传统的病根，人民是这种缺少政治的素养，生产技术和组织是这样的落后，要想在几年里面，完成这样一件改造历史的事业，本来是属于奢望。国民党之定训政时期为六年，实在是不认清事实，不认清自己力量而错签了支票；到今天不能兑现，原是意料中事。平心说一句，训政要不是有二三十年确确实实有计划的努力，是很难望成功的。"② 《国闻周报》的马季廉甚至认为，无论是教育的进步，还是交通的发达，或是政风的良好（他认为这是实行宪政至少具备的三个条件），目前还远不如民国十二年前，"在这样环境之下，要实现民主政治，设立议会，制定宪法，我们敢断言，一定要演比十二年前还要丑的滑稽剧。对于社会民生，国家大计不断毫无裨益，并且更增纠纷"③。陈之迈也一再强调，在目前条件尚不具备的情况下，便结束训政，实行宪政，"其势必然勾引起许多纷繁复杂的问题无法解决"。因为，在陈看来，每一个国家必须要有一个中心思想才不致陷于混乱，凡信仰这个中心思想的政党或集团，就允许它存在，否之，则必须扑灭，政府决不能允许公开以打倒自己为目的的主义存在，就是最讲民主的美国，怀疑宪法者也得入狱。中国目前的中心思想是国民党的三民主义，如果中国实行宪政，第一个问题是三民主义以外允不允许别的主义或政党存在？要是不允许存在的话，那实行宪政的结果与自己主张的"党外无党，党内有派"的主张并没有什么区别，何必冠之宪政？如果允许存在的话，那就放弃了国家的

① （朱）经农：《结束训政的时间问题》，《独立评论》第 7 号，1932 年 7 月 3 日。
② 许持平：《宪政可以开始了吗》，《独立评论》第 176 号，1935 年 11 月 10 日。
③ 马季廉：《宪政能救中国？》，《国闻周报》第 9 卷第 18 期，1932 年 5 月 9 日。

中心思想，结果国家会陷入混乱，共产党便是解决不了的一大难题。总之，陈之迈认为，"在目前状态之下，开放政权，实行宪治，是不可能亦可不必的改革"。①

国民党以及一些国民党御用文人和少数看好蒋介石的思想界人士的上述种种言行，自然引起了广大思想界人士的强烈不满，他们于是纷纷发表文章，阐述早日结束训政，实行宪政的好处，并对种种反对结束训政的言论进行了批驳，要求结束训政的呼声因此而更加高涨起来。

他们首先阐述了为什么要求结束训政的理由。概而言之，理由有三：首先，就理论本身而言，"训政说"不能成立。国民党主张训政的理论依据，是说民主政体之下的人民必须具备一定的政治经验和常识，但由于几千年的封建统治，中国人民尚不具备，所以需要国民党人如保姆之于婴儿那样加以训育。但在他们看来，上述理论依据不仅是对中国人民人格的一种侮辱，而且在理论上也是不能成立的。张君劢等人指出："就中国人民知识能力不及格来说，倘使为事实，则必须是全国的人民都如此。决不能有一部分人民被训，另一部分人民能训。被训的人民因为没有毕业，所以必须被训。试问能训的人民又于何时毕业过呢？何以同一人民一入党籍便显分能训与被训呢？可见训政之说真不值一驳。"② 王造时也认为，国民党的训政说是一种"贤人政治论"，但哪些人是"贤者"，哪些人又是"不肖"，这是过去主张贵族政体和今日主张训政的人都不能回答的问题。主张贵族政体的人，根据的是血统，即认为应该由少数世袭贵族去统治多数平民百姓；而国民党训政的根据是党籍，即认为国民党员应该去统治不是国民党的人，然而，如同贵族政体的理论是不能成立的一样，国民党的训政论也是不能成立的。事实上，"现在的国民党员，有许多在人格、学问、才能各方面都不高明"，甚至还不如一个普通的老百姓。③

除指出国民党的训政理论以是否加入国民党为标准，把一国人民划分为"贤"与"不肖"、"先知"与"后觉"、"能训"与"被训"之两部分的错误外，他们还从"训政"与"民主"的关系方面论证了训政说的荒谬性。根

---

① 陈之迈：《再论政制改革》，《独立评论》第 166 号，1935 年 9 月 1 日。
② 记者（张君劢等）：《我们所要说的话》，《再生》创刊号，1932 年 5 月 20 日。
③ 王造时：《对于训政与宪政的意见》，《再生》第 1 卷第 2 期，1932 年 6 月 20 日。

据国民党的训政说，训政是手段，而不是目的，训政的目的，是要通过对人民的政治训练，教会他们运用选举、罢免、创制、复决四权，从而使民主政治在中国得以最终建立起来。他们认为，既然讲训政，就不能再讲民主政治，因为，"民权"的发展是自动的，若是"被训出来的"，便不是民权了。就世界各国的历史来看，无论哪一国的民主政治，都不是由统治者"训"出来的。"训政说希望训政的统治阶级，训练一般人民去夺取他们独占的政权，由训政到宪政"，那只是"欺人之谈"。① 应该说，他们的批判确实击中了训政理论的要害。

其次，从历史事实来看，国民党的训政已经完全失败，不能也不应该再继续下去了，否则，中国将永无实现宪政之日。这也是他们要求立即结束训政的主要理由和原因。吴贯因在解释他之所以要求结束训政的理由时写道：本来民国十七年国民党始行训政的时候，全国人民，喁喁望治，"除二三好为高论之书生外，多数国民，皆不反对此种之主张"。然而几年训政的事实则使国民大失所望，"一训：而发行公债库券十万万；再训：而增加杂税苛捐二三倍；三训：而同党年年挥戈相残，使国无宁日；四训：而盗贼遍地，四民失业，致以农业国反岁需外国米面一万万两以上；五训：而一夜丧失东三省；六训：而淞沪被毁于强敌；七训：而五日断丧热河"。据此，吴贯因认为，训政是无论如何也不能再进行下去了，如果要继续下去，"再加以八训九训，以至十余训，恐中国之前途，将不堪设想"。②《申报》上的一篇文章评论国民党的训政："国民党主政今已六载，人民驯服受训亦已三年。训政之效果究安在乎？就政府本身总揽之五权言，权势依庇，遑言考试，军阀横暴，几见监察，立法徒为纸上谈兵，司法犹为每况愈下，行政则漆黑一团。"③ 仅此而言，国民党的训政实已破产。

张东荪指出，国民党一再声张自治未办，不能实行宪政。"那么就赶办自治好了"，但实际上它一方面阳奉阴违，对办理地方自治采取消极的态度，一方面又想方设法积极地限制人民已有的言论自由权利。"人民自由权

---

① （张）东荪：《生产计画与生产动员》，《再生》第 1 卷第 2 期，1932 年 6 月 20 日。
② 吴贯因：《民国成立二十二年尚在讨论中之宪法》，《再生》第 1 卷第 11 期，1933 年 3 月 20 日。
③《由训政达到"真"宪政质疑》，《申报》1932 年 4 月 6 日。

即是宪政要素之一。国民党最后的目的既在宪政，为甚么现在必须先把这个已存在的要素的萌芽拔去了呢？按理应该对于已有的萌芽加以培植。可见国民党的训政是等于斩了已生出来的树苗而偏说另外可以种出新树来"，是一种与宪政南辕北辙的行为。如此训政下去，中国的宪政是永远也不能实现的。[①] 张君劢在《国家民主政治与国家社会主义》一文中也写道："国民党以宪政为最后目的，其所采之手段为训政，意谓全国人民须经训练后，乃能进而实行关于宪政之权利，然自其近年之行为与其党义观之，则吾中华民族在国民党指导之下，永无达于宪政之一日何也？"[②]

再次，从现实需要来看，他们认为，要团聚人心，挽救国难，维护社会的安定，就必须结束训政，实行宪政。本卷第十七章第二节提到了罗隆基、胡适等人认为结束训政、实行宪政的最大好处，就是能团聚人心，挽救国难。除此，在王造时看来，结束训政，实行宪政的另一好处，是可以避免武力革命，维护社会的安定。他在《我为什么主张实行宪政》一文中指出：大凡实行寡头专制政体的国家，则很容易发生革命。因为所谓寡头政体，不管它表面上采用什么样的统治形式，其实质不外是少数人依赖其武力包办全国的政权，使大多数人民没有参政的机会。由于寡头政体完全是以强权为基础的，谁有势力谁就可以发号施令，而希望发号施令又是人的本性，所以寡头政体之下不断发生内讧，引起革命。国民党的所谓"训政"就是这样一种寡头政体，与其他寡头政体一样，它也面临着发生革命的现实危险性，而在今日强寇已经入室，人民无以聊生的时候，理性告诉我们，革命是万万不能发生的，但要避免发生革命，维护社会的安定，就必须结束训政，开始宪政。否则，想用其他办法来避免革命，都是缘木求鱼。[③] 天津《益世报》的一篇名为《果不肯提前取消党治？》的文章也认为，如果国民党不结束训政，取消党治，还政于民，那么，其结果只能"第一，为共产党造机会"，"第二，为内战造机会"，"第三，为一班民众造革命机会"。[④]

对于国民党以及一些国民党的御用文人和少数看好蒋介石的思想界人

---

① （张）东荪：《生产计画与生产动员》，《再生》第 1 卷第 2 期，1932 年 6 月 20 日。
② （张）君劢：《国家民主政治与国家社会主义》，《再生》第 1 卷第 3 期，1932 年 7 月 20 日。
③ 王造时：《我为什么主张实行宪政》，《再生》第 1 卷第 5 期，1932 年 9 月 20 日。
④ 《论评选辑·果不肯提前取消党治？》，《国闻周报》第 10 卷第 23 期，1933 年 6 月 8 日。

士以条件不具备为理由而反对立即结束训政，实行宪政，他们提出了反驳和批评。他们首先指出并非只有待地方自治完成和人民有能力直接行使四权之后才能开始宪政，实际上地方自治和直接民权之间并没有直接的因果关系。张君劢在《国民党党政之新歧路》一文中就这一问题做了详细的辨析。他承认地方自治的办理完善于人民之政治能力的提高大有裨益，但他同时指出，"若以地方自治为因，以中央宪政为果，若自治完成乃可语夫宪政者，则直以不相容之二物而视之为一种因果关系矣"。因为中央宪政之施行，在于有国会，在于国会有通过预算监督政府之权，而地方自治完成与否与国会的设立并无必然联系。且以世界上最早实行宪政的英国为例。中世纪英国就设立了国会，1832 年进行了国会选举改革，但 1835 年才颁布市政条例，1836 年才设立人口登记官，1851 年地方教育才归政府监督（以前由教育监督）。可见，"地方自治之完善与国会设立之为绝然二事"。张氏认为，中国当前问题的关键，是如何使军权隶属于民治之下，如果这点做不到的话，"不独中央宪政为空谈，即地方自治亦为具文，故以地方自治不备为延宕宪政之口实者，不啻与军人同恶相济而已"。至于说人民有能力直接行使所谓"四权"之后才能开始宪政，这在张君劢看来，就更荒谬不通了。首先就直接选举官员和直接罢免官员两权而言，如果说直接选举和罢免的官员指的是一县一乡之一切大小官员的话，那么，一县一乡之民则不胜其选举之繁；如果说所选举者只是一乡的县长，那么，县长之职掌不仅为地方自治行政，且负有行政之责，此种官员之进退，可否随便委之于民，这是值得研究的一个问题；如果说所选举者指的仅是一县一乡之议员，那么，此乃万国自治制度中当然应有之权利，不必标新立异，名为直接选举与罢免权，并以此来反对马上实行宪政。其次就创制权和复决权来看，就是西欧宪政十分发达的国家也从未闻以此之权为地方人民必应行使之权利，"法、英、德市民之所不能行者，而必欲强四千年专制下之中国人民行之"，谓有待人民有能力直接行使创制、复决等四权之后，才能开始宪政，不过是国民党故意延缓宪政的一种借口罢了。[1]

张佛泉同样重点分析了四权与宪政的关系。他指出，孙中山所讲的四

---

[1] 张君劢：《国民党党政之新歧路》，《再生》第 1 卷第 2 期，1932 年 6 月 20 日。

权，不过是他的一种远大理想，如果我们将孙中山的理想误当为现实，非要待人民有能力行使四权之后而开始宪政，那么，所谓"宪政"，"便不啻画饼充饥了"。因为四权之中的复决权、创制权和罢免权，就是在欧美各国也未能普遍运用，况且直接民权的使用也不见得就没有弊病。以创制权为例。征税是一个十分重要的问题，但是这个问题取决于民众的代表，可；直接取决于民众，则不可，因为人民必无自愿征税之理由。除此，遇到紧急情况、秘密案件时，也不容直接取决于人民。由此可见，把直接民权视为民治的最高理想，这本身就是一个值得商讨的问题。① 实际上，宪政不是悬于生活之外的一种理想化的公式，而是一种生活过程。既然宪政是一种生活过程，因此，我们应设法在可能的范围内能实行一分民治便实行一分民治，能实行两分民治便实行两分民治。据此，张佛泉宣称，"任何训政之说，都受不了我们这论证的批评。依我们的说法，宪政随时随处都可以起始"。开始的时候规模不妨小些，范围也不妨狭些，但只要做到"有了一点宪政力量，便容它发挥出来"，就算奠定了民治的基础。②

张佛泉的上述见解得到了胡适的赞同和补充，就在发表张文的那期《独立评论》上，刊登有胡适的《再谈谈宪政》一文。在此文中，胡适开宗明义地指出：张佛泉反对把宪政看成是一种悬于人民生活之外的、高不可攀的理想，而认为宪政只是一种生活过程，因此"随时随处都可以起始"的观点，打破了向来学者把宪政看得太高的错误见解，具有非常重要的意义。③不久，胡适又在《我们能行的宪政与宪法》一文中，进一步补充和发挥了张佛泉的观点。他指出，第一，所谓宪政不过是建立一种规则来做政府与人民政治活动的范围，在规定的范围内，凡有能力的国民都可参与政治，他们的意见都有正当的表达机会，并且有正当方式可以保证其意见发生政治效力，就如同下象棋的人必须遵守下象棋的规则，打麻将的人必须遵守打麻将的规则，参加田径赛的人必须遵守田径赛的规则一样，这种有共同遵守的规则的政治生活，其中也没有什么太玄妙的地方，我们既然能遵守下象棋、打麻将、参加田径赛的规则，也就能学会民主宪政的生活习惯；第

① 张佛泉：《几点批评与建议》，《国闻周报》第 12 卷第 38 期，1935 年 9 月 30 日。
② 张佛泉：《我们究竟要甚么样的宪法？》，《独立评论》第 236 号，1937 年 5 月 30 日。
③ 胡适：《再谈谈宪政》，《独立评论》第 236 号，1937 年 5 月 30 日。

二，宪政既然是一种政治生活习惯，那么，唯一的学习方法就是实地参加这种生活。犹如学游泳的人必须下水，学网球的人必须上场，宪政的学习方法就是实行宪政，民治的训练就是实行民治，"宪政是宪政的最好训练"。但是，"千里之行，始于足下"，这个"下学而上达"的程序是不能免的，换言之，宪政"必须从幼儿园下手，逐渐升学上去"。①

君衡也十分赞成张佛泉的观点，并且指出，"张先生说我们不能在达不到完美宪法理想的时候，'先过几天黑暗的政治生活'，真是十分明快透辟之言。《大学》'未有学养子而后嫁者也'一句话，也可以做一切'训政'论的答复"。他认为，国民党以及一些国民党的御用文人和少数看好蒋介石的知识分子的错误主要表现在两个方面，一是以为宪政是高程度的政治，低程度的人民不能尝试；二是把预备宪政和实行宪政打成两橛，以为先必有训政，然后始有宪政。张佛泉之所以正确，就在于他"主张宪政可以让低程度的人民去行，并不需要经过训政的形式"。在充分肯定张佛泉的观点和主张的前提下，他也对张的观点和主张提出了三条补充意见：（一）宪政随时可以开始，但比较完善的宪政需要经过相当时日的推广与进步；（二）由低度宪政到高度宪政实行的过程，在实质上包含一个学习的（也可以说是教育的）过程，而且学习的过程和实行的过程融为一片，没有先后之分；（三）宪政是过程，也是目标，由幼儿园的宪政"逐渐升学上去"是过程，大学的（或研究院的）宪政是目标，"从少数有政治能力的做起"是过程，养成少数人的"民治气质"以达到"全民"普选是目标。②

张君劢也表达了与张佛泉、胡适、君衡等人的意见相类似的看法。他指出，宪政的关键在于人民自己组织政府，自己选举国会代表，自己发负责的言论，然后上自中央下至地方之行政，举而措之，而要做到这一点，就必须给人民以实际参与政治的练习机会。因为"宪政之习惯养成在乎实地练习"，只有组织内阁，然后人民才知同舟共济的必要；只有给予决定政策的权力，然后人民才知言论的责任；只有设立国会，然后人民才知发言盈庭的不可。否之，若像国民党以及一些国民党的御用文人和少数看好蒋介

---

① 胡适：《我们能行的宪政与宪法》，《独立评论》第 242 号，1937 年 7 月 11 日。
② 君衡：《宪政的条件》，《独立评论》第 238 号，1937 年 6 月 13 日。

石的知识分子所主张的那样，"而谓人民政治能力有增进之一日，窃未之见矣"。①

他们还批驳了汪精卫及一些国民党御用文人举民国十二年前因条件不具备就实行宪政而宪政成绩不佳为例证，反对马上开始宪政的观点。他们指出，由于袁世凯、段祺瑞、曹锟之流以及其他大小军阀、反动政客的反对和破坏，宪政并没有在中国真正实行过，如果实行了，也就不会有袁世凯的帝制自为、国会的被解散、军阀的相互火并，以及孙中山在广东做非常大总统了。因此，民国十二年前宪政成绩不佳的责任不在宪政本身，而在那些破坏和反对宪政的大小军阀、反动政客身上。由此不仅不能得出宪政不能马上开始的结论，相反它证明了立即开始宪政的必要性和紧迫性。②有的人还进一步指出：民国十二年前的宪政虽然成绩不佳，但比之于国民党的训政成绩则"犹觉天堂乐园，非现在所能望其项背也"。例如：民国十二年前的税捐，其额不及改制之半；当时所取诸民者，也不及今日人之重；民国十二年前的军阀内战，战期较短，并且二三年一见，而不像今日国民党的党内同志，同室操戈，年年相衅；民国十二年前的战乱仅限于都市附近，村落小民，尚得宁居，不像今日之崔苻遍地，农村破产，国民须仰仓于外粮；民国十二年前的巧宦兼差，仅限于同地的职务，不像今日一般达官，一身而兼中央及若干省份的差缺；民国十二年前的军阀虽专横跋扈，然将军之外，尚有巡按使，督军之外，尚有省长，文官还分掌有部分权力，不像今日以军人兼省政府主席，政治全由武人把持垄断；民国十二年前的全国兵力，未及百万，不像今日的兵额逾二百万以上，国民之脂膏，全供军阀之脱削。……既然成绩不佳的宪政都比之训政成绩好得多，那么，汪精卫及一些国民党的御用文人又有什么理由反对立即结束训政，开始成绩佳的宪政呢？③

他们不仅认为能够马上开始宪政，而且还讨论了如何开始宪政的方法问题。胡适主张先从有限的选举权下手，从受过小学教育一年以上的公民下

---

① （张）君劢：《国家民主政治与国家社会主义》，《再生》第 1 卷第 2 期，1932 年 6 月 20 日。
② 王造时：《对于训政与宪政的意见》，《再生》第 1 卷第 2 期，1932 年 6 月 20 日。
③ 吴贯因：《民国成立二十二年尚在讨论中之宪法》，《再生》第 1 卷第 11 期，1933 年 3 月 20 日。

手，随着教育的普及再逐渐做到政权的普及。他强调指出：这不是用教育来剥夺多数人的选举权，而是用选举权来鼓励人民读书识字。他也不赞成立即就实行创制、复决、罢免之权，因为这些民治新方式都是在久行民主宪政的国家用来补充代议制之不足的，"我们此时应该从一种易知易行的代议制下手，不必高谈一些不易实行的'直接民治'的理想"①。

和胡适一样，张佛泉也不赞成在宪政开始之时就实行普选，因为在张氏看来，选举既是一种政治权力，也是一种政治负担，只有在证明某人有相当政治能力时，才能将这种政治能力的负担压在他身上，否则，不是官方把持选举，就是土豪劣绅包办一切。而证明某人有无相当的政治能力的计量器，只能是教育程度。他认为，虽然"这不是最理想的办法，但大体上是可能范围内最好的办法"。他并且深信，"中国几十年来的新教育，已经为我们贮存了很大的一份新政治力量，如能尽量容这力量发挥出来，便很可以打破现有政治的局势，很可以奠定下（宪政）'制度'的基础"。与此相一致，张佛泉主张自治应由城市起始，渐而推之于地方，而不赞同国民党的自治由地方下手的做法，因为"受过比较完全的新式教育的人多半在都市，都市吸收西方文化最早，这里自然应是新政治的发起点"。②

罗隆基则认为，开始宪政须从以下五个方面的改革入手：第一，消除今日的在上者可以用命令代替法律管束别人，而自己却不受法律的管束的现象，使全国人民中没有任何一部分人能站在超越法律的地位，这是宪政能否实现的先决条件；第二，废止诸如有关党部人员可作审判反革命的陪审员、党部服务人员可以算作公务人员选官升级的资格的法律规定，使全国人民（无论是不是国民党党员）在法律上一律平等；第三，取消诸如政府供给国民党党费和以党义作文官考试的科目等对国民党的政治优待，使全国人民有参加统治的平等机会；第四，取消诸如宪稿第一条"中华民国为三民主义共和国"的条文规定，使全国人民能享有身体、思想、言论、信仰、集会、结社等各种自由权利；第五，改变诸如现役军人兼做中央领袖和地方长官，垄断政权的状况，变武力的政治为和平的政治。③

---

① 胡适：《我们能行的宪政与宪法》，《独立评论》第 242 号，1937 年 7 月 11 日。
② 张佛泉：《我们究竟要甚么样的宪法？》，《独立评论》第 236 号，1937 年 5 月 30 日。
③ 罗隆基：《我们要什么样的宪政》，《自由评论》第 1 期，1935 年 11 月 22 日。

　　针对国民党所提出的"党外无党"理论，他们还要求开放党禁。所谓开放党禁，也就是除国民党外，还允许其他政党合法存在。《大公报》曾连续发表《论开放党禁》和《再论开放党禁》的"社评"，要求国民党开放党禁，认为宪政所以为人们拥护，原因就在于它"许各政党之存在，并许其为政治上之自由活动"。[①] 当然，由于其身份和认识上的差异，他们的要求也有所不同。如胡适虽然主张开放党禁，但是对于政党政治他并不赞成，也不相信"民主政治必须经过政党政治的一个阶段"，"尤不赞成'党权高于一切'的奇谈"，并且表示，"如果此时可以自由组党，我也不会加入任何党去的"。胡适之所以主张开放党禁，既不是为了自己组党，也不是视此为实行宪政的应有之义，而是因为他"总觉得，为公道计，为收拾全国人心计，国民党应该公开政权，容许全国人民自由组织政治团体"。当然，开放党禁，容许全国人民自由组织政治团体，这并不意味着要"国民党交出政权，让其他政党来干"，相反，胡适认为，党禁开放之后，国民党可以也应该继续执掌政权，只是统治形式有所改变而已。[②] 在《政制改革的大路》一文中他强调指出："抛弃党治，公开政权，这不是说国民党立即下野。我的意思是说，国民党将来的政权应该建立在一个新的又更巩固的基础之上。那个新基础就是用宪法做基础，在宪政之下，接受人民的命令，执掌政权。"[③]《大公报》的主张与胡适相似，认为开放党禁，"其意义只为承认国民党以外之可以有党，只为承认各党之公开存在，不发生政权问题，与现在训政制度之基础，亦不生影响，易言之，不过公开若干在野党，听其在不破坏公安秩序之范围以内，发抒政见则已"[④]。

　　和胡适、《大公报》不同，张佛泉、张东荪则认为，开放党禁后，国民党只能作为一般性政党而存在。张佛泉在《建国与政制问题》一文中分析了现阶段国民党的"训政"与孙中山在理论上所计划的"训政"之间的异同，他认为，现阶段国民党的"训政"与孙中山在理论上所计划的"训政"一个最大的区别就在于：孙中山的训政论虽然没有极详细的说明，但我们

---

① 《论开放党禁》，《大公报》1932 年 3 月 24 日。
② 胡适：《政制改革的大路》，《独立评论》第 163 号，1935 年 8 月 11 日。
③ 胡适：《政制改革的大路》，《独立评论》第 163 号，1935 年 8 月 11 日。
④ 《目前政治上之要务》，《大公报》1932 年 4 月 3 日。

可以推定，他绝没有不容许国民党之外的其他政党之存在与滋生，因为民治的基本条件，便须有一个以上的政党，互相角逐，互相砥砺。只有在国民党之外也有其他政党的存在，并经国民党的扶植而得到发展，然后由一个以上的政党互以政纲求决于民众，政党再互相竞选，这样才能够引起民众对政治的兴趣和关心，从而使他们获得越来越多的政党常识，促使民众政治组织的发展，这时才可以进入宪政时期。而现阶段国民党的"训政"，最基本的口号便是"党权高于一切"，"党外无党"，所以凡与国民党政见不同的政治组织，国民党都是凭借自己独擅政权的势力加以排斥打击，不容许其他政党也合法存在。张佛泉指出，如果国民党以一党专政为自己政治的最高理想，那么，这种"党外无党"的专政策略当然可以继续下去，相反，假如要想遵循孙中山的遗教，以实现宪政为训政之最终目的的话，那么，就应该放弃这种"党外无党"的专政策略，允许其他政党也合法存在。否之，"则如非英雄欺人，便成缘木求鱼了"。[①]一年后，张佛泉在《政治改造的途径》中又对国民党的"党外无党"的专政策略提出了批评，他写道：根据孙中山和国民党的训政理论，训政不是目的，是实现宪政的一种途径，而要实现宪政就离不开人民的自由权与自治能力，为了培养人民的自由权和自治能力与习惯，"国民党即使不直接鼓励其他政党……亦不应在这时还高悬党外无党的旗号，不容任何异己的政党产生。一面以宪政为理想，希望人民懂得自治，能运用四权，同时却不许有政治活动，不许有政治组织，我实不明白这样如何能自圆其说"。故此，他要求国民党改变"党外无党"的策略，开放党禁，"凡有政治纲领，党员超过指定额数，并不拟以武力夺取政权的政党，政府全应正式承认"。[②]1935年11月，张东荪在《自由评论》上发表《结束训政与开党禁》一文，认为在普通的含义上来看，可以说结束训政即是取消党治。而所谓取消党治就是取消一党专政。取消一党专政就是同时开放党禁，允许其他政党合法存在。他特别强调，结束训政，开放党禁必须包括下列意义，即：一、由国库支给国民党党费应该停止；二、在法律上国民党有指导人民运动的特权应该取消。也就是，国民党只能作

---

① 张佛泉：《建国与政制问题》，《国闻周报》第11卷第26期，1934年7月2日。
② 张佛泉：《政治改造的途径》，《国闻周报》第12卷第34期，1935年9月2日。

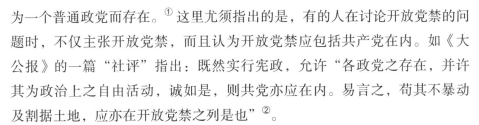

为一个普通政党而存在。①这里尤须指出的是，有的人在讨论开放党禁的问题时，不仅主张开放党禁，而且认为开放党禁应包括共产党在内。如《大公报》的一篇"社评"指出：既然实行宪政，允许"各政党之存在，并许其为政治上之自由活动，诚如是，则共党亦应在内。易言之，苟其不暴动及割据土地，应亦在开放党禁之列是也"②。

九一八事变后，尽管广大知识分子出于救亡图存和民族复兴的需要，呼吁国民党早日结束训政，还政于民，以便团结全国人民共同御侮，实现民族复兴，但国民党仍顽固坚持其一党专政的立场，坚持如期才能结束训政。所谓"如期"，指的是1935年。可是直到抗战爆发，国民党都没有履行其"如期"的诺言。就此而言，九一八事变后广大知识分子结束训政的呼声并没有取得任何实际的政治结果，但他们对国民党训政理论及实践的批判，尤其是对于如何开始宪政的论证和设想，剥夺了国民党一党专政的理论合法性，具有十分重要的思想意义。

二、《五五宪草》的制定

如前所述，按照国民党自己许下的诺言，应于1935年召开国民大会，结束训政，开放宪政。1931年九一八事变后，各界不满国民党的对日妥协和专制独裁，纷纷要求国民党开放政权，还政于民，并迫使国民党于国难会议上通过了一个如期结束训政，而在宪法未实行前组织中央民意机构国民代表会的决议。国难会议结束后的第三天，即1932年4月24日，立法院院长孙科在上海发表了《抗日救国纲领草案》，主张"促进宪政，建立真正民主政治"。《草案》提出："为集中民族力量，贯彻抗日救国之使命，于最近期间筹备宪政之开始"；"于民国二十二年四月召开第一届国民代表大会，议决宪法，并决定颁布日期"。③随后，他又向报界发表谈话，提出从速立宪，并主张立即由立法院起草宪法。他认为只要颁布宪法，结束训政，国民党就能受到全国人民的衷心拥戴，国民党政权也才能够真正巩固起来。同年12月，国民党四届三中全会在南京召开，会上通过了孙科等27人所

---

① 张东荪：《结束训政与开党禁》，《自由评论》第1期，1935年11月22日。
②《论开放党禁》，《大公报》1932年3月24日。
③《抗日救国纲领草案》，《时事新报》1932年4月27日。

提《集中国力挽救危亡案》，其中关于宪政的筹备，有下列三项决议：（一）为集中民族力量，彻底抵抗外患，挽救危亡，应于最近期间，积极遵行《建国大纲》所规定之地方自治工作，以继续进行宪政开始之筹备；（二）拟定民国二十四年三月召开国民大会，议决宪法，并决定宪法颁布日期；（三）立法院应从速起草宪法草案发表之，以备国民之研讨。[①] 此为立法院起草宪法草案之由来。上述决议的通过，表明一直紧紧抱住训政体制不放的蒋介石，面对内外压力其态度不得不有所松动。

　　孙科自 1932 年 1 月 28 日辞去行政院院长职务，当天又被国民党中政会选任为立法院院长起，就因和蒋介石、汪精卫的矛盾，一直拒不就任，院务由副院长覃振代理。但在国民党四届三中全会通过了他的提案后，他即抵南京视事，并遵照国民党四届三中全会的决议组成了宪法起草委员会。委员会由 40 人组成，孙科自任委员长，副委员长由吴经熊、张知本担任，并聘戴季陶、伍朝枢、覃振和王世杰等为顾问。宪法草案的起草程序是：第一步，研究并提出 25 条原则，作为宪法草案起草的指导思想；第二步，由吴经熊草拟宪法草案初稿，于 1933 年 6 月以他个人名义在报上公开发表，供国人批评；第三步，在孙科的主持下，参照各方意见和张知本、陈长衡、陈肇英草拟的初稿，对吴经熊的宪法草案初稿进行修改，最后拟成《中华民国宪法草案初稿草案》。初稿共十章，160 条。1934 年 3 月 1 日，立法院将初稿在报上公布。至此，宪法草案起草委员会遂告结束，进入立法院审查阶段。

　　立法院的审查过程是：第一步，由立法院院长孙科指派 36 人为宪法草案初稿审查委员会委员，傅秉常为召集人。第二步，根据审查委员会审查意见，由傅秉常、吴经熊、梁寒操等 7 人执笔，拟成《中华民国宪法草案初稿审查修正案》。修正案分为 12 章，188 条，并于条文之首，增刊弁言。7 月 9 日，报纸刊布《修正案》，征求各方面的意见。但社会舆论反应冷淡。胡适曾就个中原因做过分析。他指出："我们猜想，全国对于这回制宪工作的冷淡，其原因有偶然的，也有根本的。偶然的原因是在这国难严重的时

[①]《集中国力挽救危亡案》，载《中国国民党历次代表大会及中央全会资料》（下册），第 180—181 页。

期，大家的注意都在中日的问题，所以制宪事业在一般人的心目中反成了一种不紧急的点缀了。除了偶然的原因之外，还有一个更根本的原因：这就是人民对于宪法的效能的根本怀疑。我们读了报上用五号或六号小字登载的宪法草案委员会的新闻，或读了他们征求意见的广告，总不免微微苦笑，自己问道：'有了新宪法，能执行吗？这还不是和民国元年临时约法以来的许多种宪法同样的添一大堆废纸吗？现今不是已有了一部《训政时期约法》吗？有了和没有，有什么不同呢？那一部八十九条的约法，究竟行了几条没有呢？'"① 第三步，从 1934 年 9 月 27 日至 10 月 16 日，立法院先后开会 7 次，审议宪法草案修正稿，最后将草案重加修正、三读通过，同年 11 月，将草案呈报南京国民政府转送国民党中央政治会议审查。

　　国民党中央对宪法草案的审查过程非常漫长。自 1934 年 12 月召开的国民党四届五中全会决议对宪法草案交付审查，至翌年 10 月 17 日第 192 次国民党中常会才将草案初步审查完竣，并提出了五项修改原则，交立法院重加修改，这五项基本原则是：

　　一、为尊重革命之历史基础，应以三民主义、《建国大纲》，及《训政时期约法》之精神，为宪法草案之所本。

　　二、政府之组织，应斟酌实际政治经验，以造成运用灵敏，能集中国力之制度，行政权行使之限制，不宜有刚性之规定。

　　三、中央政府及地方制度，在宪法草案内，应以职权上为大体规定，其组织以法律定之。

　　四、宪法草案中有必须规定之条文，而事实有不能实时施行，或不能同时施行于全国者，其实施程序，应以法律定之。

　　五、宪法条文，不宜繁多，文字务求简明。②

　　立法院在接到此五项原则后，即指派傅秉常等 7 人为审查委员，就草案逐条修正（如删去原案中"军人非解职后不得当选总统"一条，原案中司法院和考试院院长"由总统提经立法院任命"，改为"由总统任命"），拟成修正案，并经立法院三读通过后，再次呈送国民党中央审查。1935 年 11 月

① 胡适：《制宪不如守法》，《独立评论》第 50 号，1933 年 5 月 14 日。
②《国民党中央之审查意见》，载夏新华、胡旭晟、刘鄂、甘正气、万利容、刘姗姗整理《近代中国宪政历程：史料荟萃》，中国政法大学出版社，2004，第 969—970 页。

召开的国民党四届六中全会经讨论，决定将草稿送国民党五大审查，由五届中央执行委员会"为较长时之精密讨论后，提请国民大会议决颁布之"。国民党五大决议接受草案，但应由中央执行委员会依据大会通过的各宪草提案重加修改。随后召开的国民党五届一中全会决议成立 19 人组成的宪法草案审议委员会，以叶楚伧、李文范为召集人。宪法草案审议委员会成立后，在分别征询国民党各"领袖"意见的基础上，将国民党五大提出的各宪草提案归纳为审议意见 23 项，其核心是进一步扩大总统职权，总统统率海陆空军的权力不仅不受法律的限制，而且必要时可发布紧急命令及执行紧急处分，有权召集五院院长会议，解决关于两院以上事项及总统交议事项，在过渡期间有任命半数立法委员和半数监察委员权，等等。1936 年 4 月 23 日，国民党中常会通过了这 23 项审议意见，决议发交立法院依据这 23 项审议意见对草案再作修改。1936 年 5 月 1 日立法院再次三读通过了经第三次修改后的宪法草案。同年 5 月 5 日，宪法草案由国民政府正式公布，习称《五五宪草》。至此，宪法的制定工作暂告完成。

《五五宪草》从开始制定到最后完成前后经历三年半之久。如此漫长的过程说明国民党蒋介石缺乏结束训政、还政于民的诚意，他们害怕立宪削弱自己的统治地位，因此，他们要对宪草条文进行反复琢磨修改，以便最大限度地维持一党专政和个人独裁的局面不变，同时借此推延立宪日期。本来国民党四届三中全会决议于 1935 年 3 月召开国民大会，议决宪法，但至 1936 年的 5 月 1 日宪草才最终制定完毕。因此，国民党五届一中全会将国民大会召开的日期推迟到 1936 年 11 月 12 日。国民党蒋介石的所作所为，与清末清政府对立宪的拖沓如出一辙。

三、对《五五宪草》的批评

中华民国宪法草案公布后，颇受舆论的批评。这些批评主要集中在以下几个方面：

（一）对"三民主义共和国"之国体规定的批评。无论初稿、修正稿，或公布的正式宪草，其第一条都有"中华民国为三民主义共和国"的规定。尽管自初稿发表以后，此条规定就不断受到舆论的批评，但国民党方面仍坚持此条不变，因为在他们看来：第一，"民国为革命之产物，宪法又为保障革命基础之具：以三民主义名国，正所以示革命之义，而正立国之源"[①]；第二，中国自有立国之特性，宪法上倘不以三民主义冠国体，而仅言"共和国"或"民主国"，就不能"显示吾国立国之特性"，只有"共和国"上冠以"三民主义"，世人才知中国是民族、民权、民生三合为一的共和国[②]；第三，三民主义既不同于过激的共产主义和法西斯主义，也不同于落后的英美资本主义，而介于二者之间，这符合中庸之道，中庸之道是我们民族的特性[③]。总之，国民党认为："三民主义，如日经天，家喻户晓，于国于民，究何所不利，而乃必讳言之于宪法中耶？"[④]

实际上，国民党之所以要坚持在宪草第一条中规定"中华民国为三民主义共和国"，其目的是为了维持自己的一党专制。具有国民党员身份的萨孟武在《中华民国宪法草案的特质》一文中就毫不讳言地指出，《五五宪草》的特质之一是"一党专政"。因为，宪草第一条开宗明义就规定"中华民国为三民主义共和国"，把主义写进宪法这不是中国人的发明，而是苏联人的首创。1922年的苏联宪法就将其国体定为苏维埃社会主义联邦共和国，结果在苏联，因为国体为社会主义共和国，所以凡反对社会主义的政党概不许存在。"同样，宪法草案既把中华民国的国体规定为三民主义共和国，那末，凡积极的主张别个主义或消极的反对三民主义的政党，当然都可以视为违宪的政党，而不许其存在。"据此，萨孟武认为，"在宪政开始之时，中国仍只有一个党，即只有中国国民党"[⑤]。也许正是这个原因，"中华民国为三民主义共和国"的条文规定，颇受人们的批评。概括起来，人们批评的理由有以下几点：

第一，主义是有时间性的，而宪法虽然未必是"行之百世而不悖"的东西，但它毕竟是国家的根本大法，有相当的永久性，宪法所规定的国体，更不能轻易更改。所以，"以具有严切底时间条件的政治主义，附在国家根本大法的宪法之中，这种立法政策，是很可怀疑的"[⑥]。宪法固然应该显示立

---

① 孙科：《中国宪法的几个问题》，《东方杂志》第31卷第21号，1934年11月1日。
② 孙科：《中国宪法的几个问题》，《东方杂志》第31卷第21号，1934年11月1日。
③ 吴经熊：《中华民国宪法草案的特色》，《东方杂志》第33卷第13号，1936年7月1日。
④ 孙科：《中国宪法的几个问题》，《东方杂志》第31卷第21号，1934年11月1日。
⑤ 萨孟武：《中华民国宪法草案的特质》，《东方杂志》第33卷第12号，1936年6月16日。
⑥ 林纪东：《关于"三民主义共和国"》，《独立评论》第47号，1933年4月23日。

国特性，但立国特性并不是国中一部分人主观认定的特性，"用三民主义为立国特性，这是国民党人认定的立国特性，未必真是全体中国人立国的特性。用国中一部分人信仰的主义，以显示立国特性，徒引起纠纷而已"①。

第二，三民主义是国民党一党的党义，国民党虽有信仰奉行的义务，国民党以外的国民并没有信仰奉行的义务。宪草第二条规定"具有中华民国之国籍者为中华民国人民"。中华民国人民不一定非信仰三民主义，而宪法则是每一个国民无论他政治信仰如何都必须遵守的。更何况真正的宪政是多党政治，既然是多党政治，每一个党都有自己信仰的主义，有自己奉行的政策，如果以国民党的党义列入宪法，强迫国人共同信奉，从而使他人无组党之余地，"这仍是一党专政的局面"，结果不仅会引起国人的"反感"，而且与宪政的本质是相互冲突的，只能"证明国民党毫无还政于民的诚意"。②

第三，宪法草案设有人民权利章，其中规定人民有思想、言论、集会、结社、信仰等自由，但宪法草案第一条又规定"中华民国为三民主义共和国"，有了第一条的规定，其他有关人民权利的规定都成了一纸空文，因为以信仰奉行三民主义为前提的所谓思想、言论、集会、结社和信仰等自由，"纯属欺人之谈耳"。③

第四，三民主义解释分歧，就是国民党本身，对三民主义也没有统一的解释。孙中山本人虽对三民主义发挥甚详，但因时代环境的关系，内中矛盾之点也多。因此，如果把三民主义列入宪法，冠于国体之上，成为解释宪法的定本，那么，三民主义就可能随时发生不同的解释，政治上即可随时发生违宪问题。譬如，孙中山说过："民生主义就是共产主义"，这与国民党官方对民生主义的解释大异其趣，"那一种解释合于宪法，那一种解释是违背宪法"？就很难回答。再如，"三民主义就是救国主义"，这也是孙中山本人的话。既然"三民主义就是救国主义"，那么这两个名词可以互用。倘若把宪法草案第一条"中华民国为三民主义共和国"，改为"中华民国为救

---

① 尹思鲁：《三民主义共和国》，《自由评论》第 24 期，1936 年 5 月 16 日。
② 梁实秋：《宪法上的一个问题》，《自由评论》第 9 期，1936 年 1 月 17 日；王赣愚：《宪政与党治》，《益世报》1936 年 5 月 18 日。
③ 诸青来：《请看宪法草案第一条》，《再生》第 1 卷第 12 期，1933 年 4 月 20 日。

国主义共和国"，这岂不成了天大的笑话。①

基于以上理由，批评者主张把第一条中的"三民主义"四字删除。否则，他们警告当局说："一班人看到第一条，他们的反感是这样：这是一党制定的宪法，这是继续党治的宪法，人民有了这种成见，对国民大会，对总统选举，对实施宪政等等，当然是漠不关心，袖手旁观……人民有了这种消极的态度，五月五日所公布的宪草的前途命运，亦可想见了。"②

（二）对于宪草第二章"人民之权利义务"条文的批评。各国宪法关于人民权利自由之规定，主要有两种形式，一是采取直接保障主义，二是采取间接保障主义。前者由宪法规定各种自由权利的范围，宪法一旦实行，人民随即享有宪法规定的各种自由权利；后者则以普通法规定之，只有待有关法律颁布之后，人民才能享受所规定的自由权利，因此两者比较，直接保障主义比间接保障主义更有利于对人民各种自由权利的保障。且就各国的宪法来看，欧美等资本主义发达国家大多采用的是直接保障主义。然而，尽管国民党当局也知道，"为保障人民权利起见"，直接保障主义比间接保障主义"为佳"③，但宪法草案对人民各种自由权利的保障采取的都是间接保障主义，有关条文多有"非依法律不得限制之"的规定。立法院院长孙科曾对个中原因做过如下解释："一曰法治国之通例，未有予人民以绝对之自由者；彼主张'人权'之说者，以为人民之自由，实与有生以俱来，则系十八世纪玄想之陈说，为当时市民阶级所持以抵抗强暴之具。近代社会组织，因产业革命而急变；昔之视自由为可贵者，今则视同劳苦民众之桎梏矣。主张'社会联立主义'之新说者，即释自由为发展个性以致力于社会之工具。此自由之新义，其应受合理的多方之限制，自无待言。总理亦尝谓'只有国家自由，更无个人自由'，其义正同。二曰'法律'与行政命令不同，不容混为一谈。彼主张直接保障之说者，亦谓恶法将侵民权而无余，而等宪章于具文。不知过去民权之失保障，非法律之不良，行政机关实有以蹂躏之。且宪法颁行以后，法律由民意机关所决议，人民又得运用其创制与复决之权，即有恶法，又何患乎无制？至行政机关之不得擅行僭

① 尹思鲁：《三民主义共和国》，《自由评论》第 24 期，1936 年 5 月 16 日。
②《宪草第一条》，《益世报》1936 年 5 月 15 日"社论"。
③ 吴经熊：《中华民国宪法草案的特色》，《东方杂志》第 33 卷第 13 号，1936 年 7 月 1 日。

越，立法以病民，则又属正常之法治所应尔，无待深论已。三曰直接保障之具体规定，挂一而漏万，有时竟陷于不可能。吾人讨论草案，于此亦屡经尝试，顾卒难称意。例如通信之自由，貌似殊少问题。有人即主张规定为：'人民有通信秘密之自由，非因犯罪嫌疑，在侦查或处刑期中，不得侵犯'云云。惟学校当局之于学生，父母之于子女，往往有特需查阅其通信者，于此又将何说？诚以社会复杂万状，宪法上所应规定者，为自由保障之原则，其余则均待普通法为之补充，要非宪法条文所能巨细毕举故也。"[1]

但是，批评者则不像孙科这样认为，他们指出，宪草第二章"人民之权利义务"规定的人民各项自由，"宪法列举，意重保障，此为各国之通则，今草案各条，均有非依法律不得停止或限制云云，是宪法所界予之自由，皆得以普通法律剥夺之，宪法保障，不几等于虚伪乎"。[2]宪草第二十五条虽然规定"凡限制人民自由或权利之法律，以保障国家安全，避免紧急危难，维持社会秩序，增进公共利益所必要者为限"，然而，所谓"维持社会秩序，增进公共利益"是最无标准的，政府不仅完全可以借口维持社会秩序，增进公共利益而颁布新的限制、剥夺人民各项自由权利的法律，而且以前的一些限制、剥夺人民各项自由权利的法律，如《出版法》《危害民国紧急治罪法》也可以援引宪草第二十五条的规定而继续存在。因此，"照现时宪草的规定，就是宪法公布之后，中国人的权利保障仍是一个零"。[3]譬如，宪法草案第十五条虽然规定"人民有言论著作出版之自由"，但政府完全可以依据《刑法》第一百五十三条、第二百三十五条、第三百一十条至第三百十三条的规定，《危害民国紧急治罪法》之第二至第六条的规定，以及《出版法》将人民的言论、著作、出版的自由权利剥夺殆尽。实际上，批评者指出，宪草第二章"人民之权利义务"的条文，基本上是《中华民国训政时期约法》的抄写，个别条文甚至比训政约法的限制还严格一些。如宪草第十五条"人民有信仰宗教之自由，非依法律不得限制之"，而训政约法则没有"非依法律不得限制之"的规定。

就历史经验来看，批评者指出，国民党正是利用训政约法有关"非依

---

[1] 孙科：《中国宪法的几个问题》，《东方杂志》第31卷第21号，1934年11月1日。
[2] 王揖唐：《宪法草案之商榷》，《国闻周报》第11卷第16期，1934年4月23日。
[3] 丘汉平：《对于宪法初稿的几个意见》，《东方杂志》第30卷第14号，1933年7月16日。

法律不得停止或限制"人民各项自由权利的规定，先颁布各种停止或限制人民各种自由权利的法律，而后又依法律限制或剥夺人民各种自由权利的。既然训政约法不能使人民的各种自由权利有任何保障，和训政约法类似甚至个别条文的限制还要严格一些的宪法草案难道就能保障人民的各种自由权利？据此，有批评者写道，"过去的经验已够我们受了"，我们再不能放任当局利用宪草有关规定来"依法"限制和剥夺人民的各种自由权利了。①

为了保障人民的自由权利，批评者们要求对宪法草案第二章的有关条文加以修改，并提出了两种修改意见：一是采用直接保障主义，"在宪法中逐条明定可以干犯之具体事实"；二是将宪草第二十五条"凡限制人民自由或权利之法律，以保障国家安全，避免紧急危难，维持社会秩序，增进公共利益所必要者为限"中的"维持社会秩序，增进公共利益"删去，"以免易为蹂躏自由者所借口"。② 当然，国民党当局是不会接受批评者上述之要求的。

（三）对第三章"国民大会"之条文的批评。"国民大会"是根据《建国大纲》第二十四条"宪法颁布之后，中央统治权则归于国民大会行使之，即国民大会对于中央政府官员有选举权，有罢免权，对于中央法律有创制权，复决权"的规定而设立的。按照国民党官方钦定的《中华民国宪法草案释义》的解释，国民大会与任何国家之代议机关不同，因为：（一）国民大会为"民权"之代行机关，而非"主权"之代行机关，故与英国之"巴力门"异；（二）国民大会只为"四权"之代行机关，而非"最高权力之机关"，故与苏俄之"苏维埃大会"不同；（三）国民大会为政府机关以外之监政机关，而非政府之并立机关，故与美国国会亦相去甚远；（四）国民大会为五院政府责任所从出之机关，其自身则不掌有立法权，故又与法国之议会异其性质。"总之，国民大会为代行政权之机关，且仅为代行政权之机关而已。"③

如果说宪法草案第一条和第二章"人民之权利义务"，无论是初稿，还是修正稿或最后公布之草案，都是如此规定的话，那么，关于国民大会，

---

① 丘汉平：《对于宪法初稿的几个意见》，《东方杂志》第 30 卷第 14 号，1933 年 7 月 16 日。
② 涂允檀：《评宪草修正案》，《国闻周报》第 11 卷第 36 期，1934 年 9 月 10 日。
③ 金鸣盛：《中华民国宪法草案释义》，世界书局，1936，第 49 页。

修正稿对初稿做了修正，正式宪草又对修正稿做了修正。初稿中的国民大会由每县市选出代表一人，及蒙古西藏代表，国外华侨代表组成，每三年开会一次，其会期以一个月为限。国民大会虽然具有：①选举和罢免正副总统，立法院和监察院委员，司法院和考试院正副院长，罢免行政院院长；②创制立法原则，复决法律，制定和修正宪法；③收受国民政府的报告，和国民政府提交议决的事项权等职权，但其职权"于闭会之日终结"，闭会期间，设立国民委员会，置委员31人，委员虽由国民大会选举产生，但必须是45岁以上有特殊功德者才能担任，国民委员会不代行国民大会职权，只在平时接管大会秘书处，以及筹备下届大会，此外，得受理监察院对于立法委员、监察委员及各院院长、副院长的弹劾案，和立法院对于行政院院长的不信任案。

　　初稿公布后，有关国民大会的条文规定，颇受时论指责。胡适在《论宪法初稿》中认为，初稿中的国民大会人数多，会期短，三年才集中开会一次，而且闭会之日，职权就终结了，这些来自全国各县且平时素不相识、又无组织的一千几百名国民大会代表，"到了首都，真成了刘老老（姥姥）初入大观园！这一大群刘老老（姥姥），如何能负担那国民大会的极重大的职权呢？这岂不是在宪法里先就准备叫他们被少数伶俐的政客牵着鼻子跟人瞎跑吗？"据此，胡适建议，与其拘守《建国大纲》设立这样一个易为少数政客所操纵的国民大会，还不如叫各省人民选出他们本身的立法委员来组织一个代表全国的立法院。如果非要拘守《建国大纲》的规定不可，那就应该让代表每年在首都多呆几个月，多得一点政治经验，多"参与中央政事"，假如担心各县代表每年来往奔波太困难，那就应该老老实实地承认这个"每县得选国民代表一员"的制度不能实行，而另谋别的制度。[①] 陈受康在《独立评论》上也表达了类似的意见。他指出，国民大会的职权看来似乎很大，但事实上，三年召集一次，每次一个月的规定，已使它成了一个纯粹的代选机关，每次召集，除了选举一个新政府外，国民大会几乎没有别的事可办，也几乎没有办别的事的可能。并且一千多位素昧平生的代表在短短一个月里，选出356个性质不同的中央官吏，31个候选资格严格的

---

① 胡适：《论宪法初稿》，《独立评论》第96号，1934年4月15日。

国民委员来，这难免不被人利用，做人的傀儡。因此，陈受康主张，干脆将这样的国民大会取消，叫人民组织代选团，选出额定的立法委员组成立法院，使立法院成为政权和治权的沟通机关，也用同样的方法选举总统和监察委员。如果硬要保留国民大会以符合《建国大纲》，那就必须对宪法初稿的有关条文进行修改：（一）改国民大会每三年召集一次为每年召集二次，每次会期由一个月延长为一个月以上。同时，将立法院拥有的立法、预算、决算、修约和宣战等权力收回交国民大会行使，立法院只是根据国民大会通过的有关议案具体起草有关法律的办事机关，总统和五院院长直接对国民大会负责。（二）减少代表人数，提高代表质量，改按县市直接选举代表为先由"知识较高的法团代表"联席推选候选人，然后由全省人民从候选人中直接选举国民大会代表。如果硬要拘守《建国大纲》的规定，使各县市在国民大会中都有自己的代表，那就应该规定一个代表的数率，使人口众多的县市能按比率多选代表，而不是初稿规定的那样无论大小，每县市一人。①《大公报》在题为《读宪法草案初稿》的社评中，也对初稿有关国民大会的代表产生、职权以及国民委员会的组成提出了批评，主张取消国民委员会，改按行政区划为按人口比例选举国民大会代表。

也许是舆论批评的作用，修正稿对有关国民大会的条文做了如下一些修改：（一）改国民代表完全按地域选举制为虽按地域选举，但以人口为比例，凡人口逾30万者，每增加50万人得增选代表一人；（二）改国民大会每二年召集一次，每次一月，不得延长；为国民代表任期四年，每二年开会一次，每次一月，但必要时可延长一个月，经四分之一以上代表同意，国民大会得自行召集临时大会；（三）明确规定国民大会有复决预算案、宣战案、媾和案、法律案、条约案、戒严案和大赦案等职权；（四）扩大国民委员会的职权和人数，委员以省为单位、人口为比例由国民代表互选。

修正稿公布后，陈之迈在第112号的《独立评论》上发表了一篇评论文章《读宪法修正稿》，他在肯定"修正稿对于原稿增否之处，大部分都是一种进步"的同时，又对国民大会的召开日期提出了意见，他指出："国民

---

① 陈受康：《读宪法初稿》，《独立评论》第92号，1934年3月18日；《宪法初稿的国民大会》，《独立评论》第99号，1934年5月6日。

大会每两年才开会一次，会期极为短促，将近二千人的大会，又不是行使繁重职权的合宜机关，所以我以为不如令国民大会每四年开会一次，会期不妨较长，每次会期后即行改选。"他的理由是：（一）由国民大会所选举的政府官员的任期修正稿规定为四年；（二）国民大会不开会时，它的职权可以由国民大会委员会代理；（三）遇到特殊事件，可以召开临时国民大会；（四）四年改选一次的人民代表制机关时期不能算为太长；（五）我国幅员广阔，代表的旅行费用甚为浩大，改二年开会一次为四年召集一次，可以"省去许多旅费"。

与陈之迈意见相反，涂允檀则认为，修正稿对国民大会会期的修改仍然嫌少、嫌短。因为在他看来，"以一国最高统治机关，负选官立法之重任，四年中只有少则两月多则四月之会期，而冀其能胜任愉快，不负人民期望，恐等于缘木而求鱼"。故此他主张："国民大会应改为每年开会一次，会期两个月，必要时得延长一月，庶易达提高政权，限制治权之目的。"除此，涂允檀还对修正稿有关国民代表的选举办法提出了批评。他指出，修正案改初稿的完全按区域选举制为仍按区域选举而以人口为比例虽是一大进步，但是，"修正案未规定选出一名代表之最低人口额数，边徼荒凉县区，人口不过数千，选代表一人，而人烟稠密，人口达二十余万之县区，亦选代表一人，殊不公平，且有使乡村代表凌驾城市代表之可能，故条文应规定选出一名代表之最低人口额数，其不足此额的县区，则合并于邻近县区，组成一选举区。又修正案规定人口逾三十万者，每增加五十万人，增选代表一人，则逾三十万而不满五十万的县市，即不能增选，亦属不公"。故他建议，此规定应改为："人口满三十万之县市及其同等区域，选出代表一名，如逾此数，每增加三十万人，增选代表一人。"并认为"如此，即可使人口与代表名额，有较公平之比例，又可减少代表总额，使国民大会不至成为人数太多不便议事之机关"。①

1936 年 5 月 5 日公布的正式宪草，没有采纳涂允檀的建议，仍然规定每县市选国民代表一人，但其人口逾 30 万者，每增加 50 万人，增选代表一人，并恢复了初稿有关国民大会每三年召集一次的规定，取消了修正稿

---

① 涂允檀：《评宪草修正案》，《国闻周报》第 11 卷第 36 期，1934 年 9 月 10 日。

"经四分之一以上代表同意，得自行召集临时国民大会"的条文。与初稿、修正稿比较，正式宪草的国民大会的职权也有所减轻，特别是取消了初稿和修正稿都有的"国民大会委员会"，据说是担心这个机关变成太上政府，使政府不能有能，人民不能有权，或者说国民大会即为人民之代表，而国民大会委员会又为代表之代表，将会造成职责不清，政权、治权两失其效的弊病。对此陈之迈批评道："修正稿规定有一个国民大会委员会，在国民大会不开会时代行其一部分的职权，并随时质询总统。现在宪草把这个机关完全取消，我以为很不妥当。第一，我们的政权在国民大会闭会期间将无从行使，显然与民权主义不合。第二，人民失去了监督政府的机关，虽然现在立法院及监察院都有质询政府（总统除外）的权力，但那是治权机关质询治权机关，享有政权的国民代表却没有此权。监督政府是民治国家里很重要的权力，修正稿的一个优点亦即在此。第三，立法院及监察院的质询权上限于各院各部会而不及总统，因此总统是绝不受监督的。"据于上述三点理由，陈之迈认为"宪草对于修正稿的修改是不对的"。[①]

（四）对于中央政制的批评。犹如国民大会，初稿、修正稿和正式宪草有关中央政制的条文，前后也有修正。初稿采取的是一种变相的内阁制，总统任期六年，由国民大会选举罢免。作为国家元首，总统虽有发布法律、法令的权力，但必须有有关主管院院长副署，并且不负最高行政责任，负最高行政责任的是行政院院长，他由总统提经国民大会或国民委员会任免之。监察院和立法院可以弹劾或对行政院院长提出不信任案，如经国民委员会同意行政院院长必须解职，而行政院院长则没有解散监察院和立法院的权力。

修正稿则改初稿的变相内阁制为变相总统制。总统任期四年，由国民大会选举，他既是国家元首，又是享有实权的行政首领，向国民大会负全部行政责任。总统之下的行政院虽仍称为"中央政府行使行政权的最高机关"，但行政院院长由总统任免，只对总统个人负责。显然这是一种总统制。但它又与纯粹的总统制不同，国民大会委员会不仅可以召集临时国民大会罢免总统，国民大会委员会自身也具有随时质询总统的权力。此外，也许可总统由行政院向立法院提出法律案。故此，陈之迈认为："修正稿中的行政

① 陈之迈：《评宪草》，《独立评论》第129号，1934年12月2日。

体制，实并美国的总统制及英法的内阁制而有之。我们叫它做总统制固无不可，叫它做内阁制亦无不可。但它是两者的变相，是制宪者所独具匠心制成的。"①

1936年5月5日公布的宪草，根据国民党中常会议决的修订宪案的五项原则和国民党宪法草案审查委员会拟定的修订宪草的23项意见，又对修正稿做了一些重大修改：取消了有质询总统权力的国民大会委员会，扩大了总统任免官吏的职权与范围，不仅行政院院长、副院长、政务委员以及行政院内各部会部长、委员长由总统自由任免，司法及考试院院长由总统代国民大会择任，而且过渡时期的立法委员和监察委员之半数也由总统根据各该院院长之提请而任命，特别是增加了"国家遇有紧急事变或国家经济上有重大变故须为急速处分时，总统得经行政会议之议决，发布紧急命令，为必要之处置。但应于发布命令后三个月内，提交立法院追认"的条文。经过如此修改，宪草中的中央政制不仅成了纯粹的总统制，甚而成了总统独裁制。《益世报》的一篇社论就批评了那种认为宪草是五权宪法而非一权宪法，非总统独裁制的观点。文章指出，根据《五五宪草》，总统不仅是行政首脑，他的权力也远在立法、司法、考试、监察各院之上。总统向国民大会负责。立法院既不能弹劾总统，总统任免官吏也无须征求立法院的同意。立法院制裁总统的权力在什么地方？总统任命司法院正副院长，但总统被弹劾时，司法院没有审判权，司法院制裁总统的权力又在什么地方？监察院虽可弹劾总统，但弹劾权只限于向国民大会提出弹劾案，这个制裁权确实有限。考试院正副院长为总统任命，他们不能对总统进行考试，考试院制裁总统的权力可在什么地方？再加上第四十四条规定的紧急命令权，总统对一切事务都可以"为必要的处置"，总统权力当然高高在上，总统当然可以做独裁者。据此，这篇社论得出结论："五月五日的宪草是一权宪法，不是五权宪法。是行政领袖独裁的宪法，不是行政，立法，司法，监察，考试五权分立的宪法。"②罗隆基在《宪法草案中的总统》一文中也认为："倘五月五日公布的宪草将来成为中国的正式宪法，倘将来中华民国的总

---

① 陈之迈：《读宪法修正稿》，《独立评论》第112号，1934年8月5日。
②《五权宪法？一权宪法？》，《益世报》1936年5月19日。

统真能享受宪法中给与的一切职权，那么，中华民国的大总统，是世界上
最有权力的一位大总统。不止如此，他是全世界法律上权力最大的政治元
首。……（他）名义是总统，实际是个独裁者。"① 就是对《五五宪草》持完全
赞成态度的萨孟武也承认，《五五宪草》的特征之一是"总统独裁"。因为
宪草虽然规定总统发布命令须有行政院院长副署（第三十八条），但由于行
政院院长、副院长及政务委员是由总统自由任免，概对总统负责（第五十六
条及五十九条），所以总统可以罢免不肯副署的院长，而任命肯副署的院
长，使其副署自己发布的命令，行政权在名义上虽归属行政院（第五十五
条），然而事实上则归总统所有。再如宪草规定立法院之立法委员半数由立
法院院长提请总统任命之（第一百四十三条第一款），总统既然可任命半数
立法委员，则总统提出的一切议案当然在立法院容易得到批准。总统既有
总揽行政的权力，又有支配立法的权力，这种制度当然是总统独裁制。②

　　对于《五五宪草》所采用的中央政制，除萨孟武、楼桐孙等（见楼桐
孙：《五权宪法中之总统》，《时代公论》第 144—145 号合刊）少数主张独
裁制的人表示赞同外，多数宪草评论者则提出了批评。陈之迈指出："修正
稿里所规定的中央体制是变相的总统制，宪草把质询总统的国民大会委员
会取消，走近了美国式的纯粹总统制。增加行政机关的权力，是近代政制
一个普遍趋势，也是现时宪法原理所极端赞成的。然而纯粹的总统制，有
许多缺点，不特在学理上不妥当，在实行上至少也有减低行政效率的弊病，
否则全部宪法将因之牺牲。我不主张采行内阁制，因为我觉得中国目前没
有充分实行内阁制的条件，但我也不主张纯粹的总统制。"③ 罗隆基则着重
批评了宪草第四十四条的规定。他指出，条文中"发布紧急命令，为必要
之处置"这两句话很厉害，这等于说中国将来的总统可以用命令变更法律，
甚至废除宪法全部一百六十八条的其余一百六十七条。条文中固然有两个
限制："（一）紧急事变或国家经济上有重大变故"；（二）"经行政会议的议
决"，但这种限制等于没有限制。因为什么是"紧急事变"，什么是"经济
上有重大变故"的解释权在总统；至于"行政会议的议决"，更不是限制，

① 罗隆基：《宪法草案中的总统》，《自由评论》第 24 期，1936 年 5 月 16 日。
② 萨孟武：《中华民国宪法草案的特质》，《东方杂志》第 33 卷第 12 号，1936 年 6 月 16 日。
③ 陈之迈：《评宪草》，《独立评论》第 129 号，1934 年 12 月 2 日。

行政院正副院长和政务委员向总统负责，由总统任免，他们对总统的紧急命令，当然不敢拒绝通过。有关"发布命令后三个月内提交立法院追认"的规定，更是一句空话。紧急命令既已公布三个月之久了。"必要之处置"已成事实，三个月后的追认又能起什么作用？实际上，罗隆基指出，宪法草案的第四十四条是给总统"一种绝无限制的紧急命令权"，乃至废止宪法权，以便于他的专制独裁。①

除上述这几个方面外，舆论还对《五五宪草》有关中央政府与地方政府的关系，地方政府的组成，以及经济、教育、宪法的实施和修正的规定，也提出了批评。由于篇幅的关系，在此就不一一做介绍了。

四、对《国民大会组织法》和《国民大会选举法》的批评

除了决定于翌年 5 月 5 日正式公布《中华民国宪法草案》以外，1935年 12 月召开的国民党五届一中全会还决定于翌年 11 月 12 日召开国民大会，以审议通过该宪草。为此，立法院根据《宪草》第三十五条"国民大会之组织、国民大会之选举、罢免及国民大会行使职权之程序，以法律定之"的规定，起草了《国民大会组织法》和《国民大会选举法》，并经国民党中常会审议通过后，于 1936 年 5 月 14 日公布。犹如《中华民国宪法草案》，《国民大会组织法》和《国民大会选举法》公布后，也受到了舆论的批评。

第一，对于国民大会代表之选举制的批评。《国民大会选举法》规定：国民大会代表的选举并用区域选举和职业选举这两种不同的选举制度。如果说舆论对于"最自然、最简单"也"最为民治国家普遍采用"的区域选举制没有提出什么异议的话，那么，对于战后在西欧个别国家才开始采用的职业选举制则提出了尖锐的批评。费巩指出：职业选举制的基础是要有组织良好，且经常活动的各种职业团体的存在，但就今日中国的情形而言，职业团体寥寥可数，就是这几个寥寥可数的职业团体也大都集中于都市，各职业团体间缺乏必要的联系，更谈不上有广泛而严密的组织，因此，中国根本不具备职业选举制的条件，假如像《国民大会选举法》所规定的那样，除区域选举外，还用职业选举，结果"徒增选举之麻烦，而殊难得职

① 罗隆基：《宪法草案中的总统》，《自由评论》第 24 期，1936 年 5 月 16 日。

业代表制之好处"。① 张佛泉也认为，中国工业化程度极低，实际上并不存在什么工团或社团这些职业团体组织，虽然各大城市也有工会和商会，但有利害关系的全国性的组织却极少，即使有，也无活动，并且许多社团的组织都是零星的，散碎的，所以中国还没有达到采用职业选举制的程度。实际上就职业选举制的本身而言，张佛泉指出，也不见得它是一种更理想的选举制度，采用职业选举制的意大利、德国和苏俄，不仅都是一党专政的国家，而且都没有取得满意的成绩。② 天津《益世报》的一篇社论《评国民大会选举法》除了指出中国因缺乏集会结社自由，"所谓职业团体除少数都市中有此项名称外，中国又何尝有真实的职业组织"，因而不具备实行职业选举制之条件外，还着重批评了《国民大会选举法》对于职业代表人数的分配。《国民大会选举法》规定，各职业团体共选举代表380名，其中农会110名，工会108名，商会104名，自由职业团体58名，其中：教育机关团体（教育会国立大学独立学院、教育部立案之大学、独立学院之教员团体）18名，律师团体10名，新闻记者团体11名，工程师团体6名，会计师团体5名，医药师团体8名。社论认为，《国民大会选举法》对于职业代表人数的上述分配，"太欠斟酌"。因为并不存在，就是存在也不真正代表农民组织的农会在职业代表中人数最多，达110名，而"真有知识参加政治，真有兴趣参加政治的教育界，全国为十八人，每省平均不得一人。中小学教师占教育界服务人员的大多数，在自由职业中却无选举权与被选举权。这种法律，倘非另有用意，即根本抹煞中国社会的现实情形"。社论特别对《国民大会选举法》没有分配给学生团体国民大会代表的名额提出了批评，指出："学生组织固非职业团体，似不应特别给以参加国民大会权利。然在今日中国特殊环境下，让学生团体参加国民大会，实有利无弊。孙中山先生在世时，有过一篇《学生当赞成国民会议》的演说，里面有这样一段：我们国民党提倡的国民大会，主张用全国有组织的团体做基础。什么是全国已经有组织的团体呢，就是：（一）实业团体；（二）商会；（三）教育会；（四）大学；（五）各省学生联合会；（六）工会；（七）农会；……现在中央一切举措都严遵遗教。学生团体参加国民大会，既为孙先生遗教之一，

---

① 费巩:《评国民大会之选举法》,《国闻周报》第13卷第44期,1936年11月9日。
② 张佛泉:《关于国民大会》,《国闻周报》第13卷第15期,1936年4月20日。

这种遗教，似亦不应违背。进一步说，让学生参加国民大会，或是应付学潮的最善方法。一班青年学生果有正轨可以发表他们的政治意见，对政府行为自易谅解，学潮亦自可平息。"① 张佛泉就《国民大会选举法》对于职业代表的分配也发表了与《益世报》的社论相同的观点，他指出："此次国民大会的选举法……有一个最大的缺欠。国民力量的分配便不均匀。譬如说加在农民身上的责任，若比起自由职业团体来便过重。无疑地，农民是占我们人口的大部，为实现他们的利益，他们便应得到多数代表。但是我们要明白参与政治，如同选举，不只是一种权利，同时还是一种义务。如果他们没有尽选举义务的能力，表面上所得的权利亦不会给他们甚么实际利益的。质言之，在农民政治能力尚未发展到担负某种义务时，而必勉强其担负，则结果必成被劫持之局面。去年我曾遇见一位与国民党有相当关系的人，他说代表大会的选举，是要采取职业制的，因为这样容易控制。依此次选举法的规定，恐怕果然有这种嫌疑。区域代表大多数将为农民代表，同时职业代表中农民代表又占去三分之一，是农民代表已可得大会代表之过半数。这样，表面上似是很公平，但实际却未必如此。"②

　　第二，对选举人资格规定的批评。《国民大会选举法》第二条规定："中华民国人民，年满二十岁，经公民宣誓者，有选举国民大会代表之权。"而所谓"公民宣誓"的誓词是："×××正心诚意，当众宣誓，从此去旧更新，自立为国民，尽忠竭力，拥护中华民国，实行三民主义，采用五权宪法，务使政治修明，人民安乐，措国基于永固，维世界之和平，此誓！"对此，1936 年 5 月 6 日《益世报》的社论指出：本来除极少数被剥夺了公民权的犯罪分子外，凡中华人民都是公民，也都享有公民所应享有的一切权利。然而，《国民大会选举法》却规定，人民必宣誓"实行三民主义，采用五权宪法"，才能取得公民资格，才能参加国民大会选举。这规定显然与国民党一再声称要实行的宪政是不符合的。况且，对于绝大多数国民来说，他们是否肯在这样的誓词上签字，也大有问题。"倘百人中肯签字者只有一人，是否今后中华民国百人中九十九人被褫夺公权，而一人为公民？是否今后

① 《评国民大会选举法》，《益世报》1936 年 5 月 6 日 "社论"。
② 张佛泉：《政治现状如何打开？》，《国闻周报》第 13 卷第 21 期，1936 年 6 月 1 日。

的国民大会即由中国人口百分之一的人民来选举？”其实，说百分之一还是从宽计算的。国民党党员充其量不过一百万，而中国人口是四万万，党员只占全国人口的四百分之一。而且就是国民党党员，除举行党员宣誓外，也不见得人人都举行过公民宣誓。如此，举行过公民宣誓者所占人口的比例就更少了。[1] 张佛泉认为，如果选举人需要资格限制的话，那么其限制标准不是公民宣誓，而是所受“新式教育”的程度。因为，“只有受过新式教育的，方多少有新的人生观，有民族意识，有国家观念”。故此，张佛泉主张，“凡受过新式教育的全应享受选举权”，而无论他曾经举行过公民宣誓与否。[2] 陈之迈则指出，国民党一方面要召集国民大会，制定宪法，“弼成全民政治”，但另一方面又通过《国民大会选举法》的第二条规定，使那些不肯为公民宣誓者丧失其公民权，这不仅“实令现在热心中国政治的人感觉悲观”，也使一般人——包括国民党党员在内——对于中国将来究竟要建立什么样的政制“缺乏清楚认识”；同时，由于“现在竞选者固然宣誓过信奉三民主义，选民也宣誓过信奉三民主义，因此关于中国政治，他们彼此间无话可谈，不能提出任何与竞选之对方不同的主张。试问参加竞选者除了自诩本人为‘正人君子’自吹自擂外，有何方法去竞争？”据此，陈之迈认为，《国民大会选举法》的第二条规定，“是逼迫着中国人去尽量运用其本来便根深蒂固‘对人不对事’的劣根性，是使得不便自夸的人裹足不前的方法”。[3]

第三，对选举程序的批评。根据《国民大会选举法》的规定，国民大会代表的产生须经三个程序：第一步，区域之候选人，由各选区内各县市之乡长、镇长、坊长等联合推选之，其名额是该选区应出代表名额的十倍（第十一条）；职业团体之候选人，由自由职业团体及各省市职业团体之执行机关人员推选之，其名额是各该团体应出代表名额的三倍（第二十条、第二十六条）。第二步，各选举区所推选的候选人，由国民政府就中指定三倍于各该区应出代表之名额为候选人（第十三条）；自由职业团体及各省职业

① 《评国民大会选举法》，《益世报》1936 年 5 月 6 日“社论”。

② 张佛泉：《关于国民大会》，《国闻周报》第 13 卷第 15 期，1936 年 4 月 20 日。

③ 陈之迈：《从国民大会的选举谈到中国政治的前途》，《独立评论》第 232 号，1937 年 5 月 2 日。

团体所推选的候选人，由国民政府就中指定二倍于各该团体应出代表之名额为候选人（第二十二条、第二十六条）。第三步，由选民在指定的候选人中投票选出本选区或职业团体应出国民大会之代表（第十四条、第二十三条和第二十六条）。费巩指出：《国民大会选举法》所规定的上述国民大会代表之产生的程序，"使人民对开放党禁，实行宪政之诚意，殊不能无疑"。因为，按《国民大会选举法》之规定，国民大会代表之候选人先要由与官厅党部时常接触、受其支配和利用的乡长、镇长和坊长推选，继又要经国民政府的圈定，而且省政府对于各选区所推选出来的候选人，在呈报国民政府指定前要签署意见（第十四条），这样经过一层层的"沙漏工夫，'不良分子'已被淘汰"，人民所能选举者，只限于指定之少数候选人，无自由选择之可言。"选举人既无自由表示意见之机会，在事前政府即能预断选举之结果"，这显然违背了召开国民大会，使政权属诸人民的本意。实际上，费巩认为，《国民大会选举法》所规定的选举程序，"与义大利之候选议员千人，须经法西斯大评议会圈定四百，由人民投票之办法，殆相近似。但须知义大利所实行者，独裁政治也，一党专政之政治也，非可与揭示已久今日决心实行之'宪政'相提并论也"。如果国民党一定要坚持按《国民大会选举法》所规定的选举程序来产生国民大会代表的话，那么，不仅会使特立独行志行高洁之士根本不去参加竞选，而且也会减少人民对代表的信仰，影响至巨。"夫以如此推出之千余人，而称为国民大会，其人既非真正出自民选，自候选以迄当选，恐始终出于被动，则其出席会议也，'势必劳大力者，代为组织而支配之，逢选举总统及各院院长时，预拟名单，分交书写。此千余人者，但唯唯否否，旋进旋退，以完成其出席之任务而已'。"① 《自由评论》的一篇短评也写道：看了《国民大会选举法》，我们的感想真不知从何说起！先由县乡镇一班小官吏推荐，再由大官核减，再由中央圈定，然后发给曾举行过公民宣誓的人去选举。然而这是真正的选举吗？这是真正的国民大会吗？这是党政府将要还政于民之诚意的表示吗？这是将入宪政时期的一个好朕兆吗？这是国难时期精诚团结的好现象吗？"我们觉得有一

---

① 费巩：《评国民大会之选举法》，《国闻周报》第 13 卷第 44 期，1936 年 11 月 9 日。

点悲观"。①

本来，按照国民党五届一中全会的决定，国民大会应于 1936 年 11 月
12 日召集，但由于国民党根本没有召集国民大会，颁布宪法，还政于民的
诚意，因此，不久它就以筹备不及为理由决定将国民大会延期一年至 1937
年 11 月 12 日召集，并于 1937 年 2 月，经国民党五届三中全会授权给中央
常务委员会，对国民大会组织法和选举法做些修改；4 月底，立法院遵照国
民党中常会议决的修改原则，将国民大会组织法和选举法修改完毕。概而
言之，主要对国民大会组织法和选举法做了以下几个方面的修改：

第一，除特种选举外，取消由国民政府指定（或圈定）候选人的选举程
序。陈之迈在分析由国民政府指定（或圈定）候选人之选举程序的原因时
指出："这种圈定或指定的办法，在国民党内部组织中行之甚久，为一种有
效的统制办法。立法院制定国民大会选举法时采用这种办法，其渊源也是
从党内的选举来的。但是党里的办法，并未能施用于全国；在各地的十倍
候选人推出之后，国府便看出这个办法之不妥，因为被推选为候选人而被
淘汰的百分之七十的人必然对国府表示不满，而在国府指定时国府又必受
种种的运动及钻营。这是这次废指定制的原因。"②

第二，缩小第一届国民大会的职权。按照《国民大会组织法》的规定，
第一届国民大会行使宪法草案中国民大会的职权，任期六年，选举总统、
副总统，立法院院长及副院长，监察院院长及副院长，立法委员、监察委
员及中央其他官吏，并行创制、复决及修正宪法之权。此次修改则将其职
权限于制定宪法及决定宪法施行日期，这两事完成后便"任务终了"。经此
修改后的第一届国民大会就成了一个纯粹的制宪机关，而不再兼有国家机
关的职能。据天津《大公报》1937 年 4 月 24 日载"某要人"的谈话，说缩
小第一届国民大会的职权有两个好处：一是能使国民大会代表"集中精力
专于制宪，俾求完善之宪法产生"；二是亦因国民大会职权的缩小，可以减
低竞争者的热烈情绪，少些钻营。

第三，变更国民大会的内部组成：（一）国民政府主席不列席国民大会。

① 鸣：《国民大会前途之悲观》，《自由评论》第 15 期"短评"，1936 年 3 月 13 日。
② 陈之迈：《从国民大会的选举谈到中国政治的前途》，《独立评论》第 232 号，1937 年 5 月
 2 日。

据4月24日各报载某要人的谈话，之所以要取消国府主席列席国民大会的规定，是因为"国民政府主席原有召集国民大会之权，国府主席当然可以参与，且主席为一国元首，国民大会中并特设主席座位，中常会将此条删去，实为崇敬主席之意"；（二）增国民政府指定之代表二百四十名；（三）特种选举的代表如无法举行选举，亦得由国民政府指定；（四）国民大会当然出席之代表不但包括国民党全体中执监委，而且也包括从前规定只能列席国民大会的全体候补中执监委；（五）列席人员中除国民政府委员及各部会长官外，以前国民大会主席团特许列席人员一项现被取消。

　　就对国民大会内部组成的上述变更来看，它实际上是国民党采取的一种"田里损失地里补"的措施。虽然由于社会舆论的激烈批评，修改后的《国民大会选举法》取消了国民政府指定国民大会代表候选人的选举程序，但通过对国民大会之内部组成的变更，国民党对国民大会的控制不但没有因取消指定选举程序而被削弱，相反得到了进一步的加强。因为按《国民大会组织法》的规定，国民大会有依区域选举方法选出者665名，依职业选举方法选出者380名，依特种选举方法选出者155名，共1200名。修改后又添加经由国民政府指定的240人，再加上无须选举而当然出席国民大会的国民党中央执监委和候补执监委260名，这样出席国民大会的人数总共达到了1700人。当然，就实际出席的人员而言，或许达不到1700人，因为中央执监委和候补中央执监委都有可能被选为国民大会代表。在列席的国民大会的人员中，国府委员几乎完全是国民党中央委员，各部会长官也大半是中央委员，而非中央委员的国府委员，各部会长官也极有被选举的可能。故所谓列席人员实际上是虚设。在这1700人中，国民党可以把握得住的有全体中央执监委员和候补中央执监委员260人，指定代表240人，如果特选不能办理，又有156人由国民党指定，合计656人，再加上相当数目的各中委及下级党部人员以及政府现任官吏也会被推选和选举为国民大会代表，国民党就能完全操纵国民大会，使它成为自己的御用机关。所以，陈之迈在分析了国民大会组成人员的身份后指出："这次国民大会之极度受党及政府之拘束，则为显而易见的事实。"[1] 宋士英也认为，国民大会组织法

---

[1] 陈之迈：《从国民大会的选举谈到中国政治的前途》，《独立评论》第232号，1937年5月2日。

和选举法"虽因多方责难而修正，但修正之结果，反而加重国民党特殊之
地位"①。对此，柳适中批评道："组织法和选举法的最大的缺点也就在于没有
充分表现民主的精神，两法规的修正并没有把这种缺点除掉。根据现在的
组织法，国民大会的代表几乎有半数是党及政府所可确实把握的，另外的
半数照现在的选举法和去年选举的结果看来，恐怕大部分也非是党及政府
中人不可。这样利用组织法和选举法使国民党及国民政府在国民大会中占
到绝大多数，无异表示政府对于'庶政公诸国民'一点并无充分的诚意。"②

原定 1936 年 11 月 12 日召集的国民大会，因国民党缺乏立宪诚意而借
口筹备不及推迟到 1937 年 11 月 12 日召集。但不料这年发生七七事变，中
日战争全面爆发，召集国民大会一事只好不了了之，后来国民党又多次"郑
重"宣布召集日期，但每次又被国民党自己借故推迟，直到 1946 年底国民
大会才在隆隆内战的炮声中由国民党单方面召集。

第二节　第一次宪政运动

1939 年 9 月，国民参政会第一届第四次会议在重庆开幕，出席会议的
中共和各中间党派的参政员提出提案，要求国民党结束党治、实行宪政、
改革现行政府，并经过与国民党的斗争，会议通过了《召集国民大会实行
宪政决议案》，七七事变后的第一次宪政运动由此兴起。但由于宪政不利于
国民党的统治和蒋介石的个人独裁，因此第一次宪政运动最后是不了了之，
以流产而告失败。

一、国民参政会的成立

如前所述，七七事变后，面对日本帝国主义的大举进攻，为挽救中华民
族的危亡，与日寇做殊死的斗争，国内各阶级、阶层和政治势力开始结成
广泛的抗日民族统一战线。在中国共产党和其他在野派爱国人士的要求和

---

① 宋士英：《中国宪政之前途》，《独立评论》第 234 号，1937 年 5 月 16 日。
② 柳适中：《关于国民大会告国民》，《再生》第 4 卷第 5 期，1937 年 5 月 15 日。

推动下，1937年8月11日，国民党中央政治会议决定撤销五届二中全会和三中全会后组织的"国防会议"与"国防委员会"，而设立"国防最高会议"作为全国国防最高决策机关，并在其下设立咨询机构"国防参议会"，由国防最高会议主席蒋介石、副主席汪精卫聘请"在野党派、社会人望和具有专长的人"担任参议员。被聘任的首批参议员有张耀曾、梁漱溟、曾琦、胡适、蒋百里、陶希圣、傅斯年、张伯苓、张君劢、蒋梦麟、李璜、沈钧儒、黄炎培、马君武、毛泽东、晏阳初等16人。以后又陆续增补9人，共25人。从这25人的政治背景来看，他们多为中国共产党、青年党、国家社会党、救国会、职教社、乡村建设派等主要在野党派和社会团体的代表人物及社会名流，即便是少数国民党员，用梁漱溟的话说，也多是"不接近中枢"的人，如国民党元老张耀曾、马君武。所以，尽管参议员是以个人身份受到聘任的，但就实质而言，如同研究者所指出的那样，国防参议会"实际上已具有了团结各党各派的意义"，是"统一战线初期的一种组织形式"，是"国民党在抗战初期对于政治制度的一种改革"。①

　　根据国民党制定的《国防最高会议国防参议会组织要纲》的规定，参议会的职权是"听取政府关于军事、外交、财政等之报告"，并"得制成意见书于国防最高会议"。②尽管职权有限，条件也很简陋（因日机空袭，会议常在夜间举行，会场设在中山陵旁丛林中的一座临时建筑内），参议员们还是积极为政府抗战出谋划策，如建议政府立即组织国防研究所，以收集战时情报；派胡适、蒋百里、孙科分别赴美、德、苏等国开展外交活动，以争取国际的同情和支持；组织"袖珍政府"，以提高政府办事效率；成立一个担负全国动员的系统机构，以发动民众，应付大战；等等。有的建议被政

① 闻黎明：《国防参议会简论》，《抗日战争研究》1995年第1期。

② 《国防最高会议国防参议会组织要纲》，转引自周天度《1937年的国防参议会》一文（《团结报》1989年10月17日）。据作者介绍，这份《要纲》从未正式公布过，是作者研究沈钧儒时，从沈老的遗物中发现的，是一个非正式的油印本。《要纲》共8条：第一条，国防最高会议为集中意见，团结御侮，设立国防参议会。第二条，国防参议会参议员听取政府关于军事、外交、财政等之报告，得制成意见书于国防最高会议。第三条，国防参议会参议员负责扩大全国国民团结之宣传，以期一德一心，达到抗战胜利之目的。第四条，国防参议会参议员由国防最高会议指派或聘任之，开会时由国防最高会议主席或副主席任主席。第五条，国防参议会设秘书处，设秘书长一人，由国防最高会议主席、副主席指派，秘书处之组织另定之。第六条，会员在会议中发表之任何言论，对外不负责。第七条，会员对于会议中一切报告与讨论，对外应守绝对之秘密。第八条，本要纲由国防最高会议制定施行。

府采纳，对于抗战起过较好的作用。

国防参议会作为"统一战线初期的一种组织形式"，虽然对于团结在野党派、社会团体和社会名流共同抗日起过一定的积极作用，但一来由于它的人数太少，无法包容广泛意见，甚至一些重要党派和社会团体（如中华民族解放行动委员会）都没有其代表；二来它的职权十分有限，仅能听取当局的报告和表达对报告的意见，充其量只是一个咨询机构，而不是民意机关，所以很不符合当时的实际需要。因此它成立不久，包括共产党在内的在野党派、社会团体和不少社会名流即纷纷要求国民党或重新成立民意机关，或改组国防参议会，扩大其人数和职权，使它真正具有民意机关的性质。1937 年 11 月 9 日上海失陷之前，张君劢、梁漱溟、左舜生、黄炎培、沈钧儒、罗文干、马君武、李璜、杨赓陶等 9 人联名向当局呈递四点建议，其中之一就是认为仅仅设立国防参议会还不够，还应成立有各党各派和各方代表参加的民意机关。国民政府迁武汉后的 12 月下旬，周恩来在与蒋介石面谈中亦郑重表示愿协助政府扩大国防参议会为民意机关。次年 1 月，中共中央于国民党临时全国代表大会召开前夕，再次向国民党建议成立包括各抗日党派、各军队及群众团体代表参加的、统一战线的"民意机关"，特别指出，目前"健全民意机关的设立已经成为刻不容缓的当务之急"，而其民意机关的形式，"或为更扩大的国防参议会"，"或为国民大会，或为其他形式，均无不可"。并且强调："此机关要真有不仅建议和备政府咨询的作用，而且能有商讨国是和谋划内政外交的权力。"[①] 与此同时，全国各界救国联合会、中华民族解放行动委员会、中华民族革命大同盟等在野党派和社会团体以及宋庆龄、邹韬奋等著名的民主爱国人士，也强烈呼吁国民党尽早成立"一个各党各派的合作抗日会议"，或"召开国民大会"，作为民意机关。

迫于各在野党派、社会团体及社会舆论的要求，1938 年 3 月国民党临时全国代表大会通过的《抗战建国纲领》和大会宣言决定组织国民参政机关。4 月 12 日，国民政府又公布了由国民党五届四中全会制定和通过的《国民参政会组织条例》。《条例》规定："国民政府在抗战期间，为集思广

---

① 《陈绍禹、周恩来、秦邦宪答复子健先生的一封公开信》，载《建党以来重要文献选编（一九二一——一九四九）》第十五册，中央文献出版社，2011，第 278 页。

益，团结全国力量起见，特设国民参政会。"① 同时规定了参政员产生的条件、分配名额，以及参政会机构的权力等。与此前的国防参议会相比，无论其人数还是职权，国民参政会都有所扩大。

首先，就人数来看。国防参议会参议员共 25 名，而《国民参政会组织条例》规定的国民参政会参政员的人数是 150 名。1938 年 6 月国民党又对有关条款进行修正，规定国民参政会参政员的人数为 200 名。以后又于 1940 年 9 月、1942 年 3 月和 1944 年 9 月三次对有关条款进行修正，最后参政员人数总额达到 290 名。由于人数扩大，其代表性也就比国防参议会广泛得多。不仅各党派（《国民参政会组织条例》称之为"文化团体"，这反映了国民党表面上仍不愿正式承认其他党派合法存在的顽固立场）、重要的社会团体和社会名流有代表，而且各省市、蒙藏地区和海外华侨也有代表。

其次，就选任来看。国防参议会参议员由国防最高会议指派或聘任，而国民参政会参政员虽然按《国民参政会组织条例》的规定，概由各省市政府及各省市党部联席会议和国防最高会议提出候选人，然后报送国民党中央执行委员会审批，但实际上各党派的参政员由各党派自己提名，报国民党中央执行委员会审批，至少第一届参政员的选任是如此。

再次，就职权来看。国防参议会只有听取当局的报告权和对报告的意见权，而按照 1938 年 4 月 12 日公布的《国民参政会组织条例》的规定，国民参政会具有决议权（决议政府对内对外之重要施政方针，并形成决议案）、听取权（听取政府施政报告）、询问权（向政府提出询问案）和建议权（向政府提出建议案）。1940 年 9 月修正公布的《国民参政会组织条例》，又规定国民参政会具有调查权（调查政府委托考察事项）。1944 年 9 月修正公布的《国民参政会组织条例》，再次增加国民参政会的职权，使之又具有了初审国家总预算的"审议权"。

尽管由于国民参政会没有立法权和监督政府、对政府提出弹劾不信任案权，其参政员也不是由民选产生，所以它和西方的议会不同，还不是一个代议机关，和各在野党派、社会团体和社会舆论关于成立真正的民意机关的要求也还相差甚远，但与国防参议会比较而言，"在原则上，我们应当承

---

① 《国民参政会组织条例案》，载《中国国民党历次代表大会及中央全会资料》（下册），第 517 页。

认：这是相当民意机关的初步形成"①。它的成立，不仅有利于集思广益，更好地团结全国人民共同抗战，而且也表明国民党对其他党派的存在在事实上采取了默认的态度。因此，《新华日报》在评论国民参政会的成立时指出："虽然国民参政会产生方法和人员成分，不能完全如国人所希望，可是这一战时相当代表民意机关的产生，的确是政治上一个进步的现象。"②

国民参政会成立之初，非国民党籍的参政员对国民党期望甚大，希望乘此民族危难、人心振奋之机，厉行政治改革，以期实行宪政，建立起民主制度。因此，在第一届第二次会议（1938 年 10 月 28 日至 11 月 6 日在重庆举行）和第三次会议（1939 年 2 月 12 日至 21 日在重庆举行）上，参政员们提出了不少要求改革内政，保证人民思想、言论、结社、出版等自由的议案，如第二次会议上，张君劢等提的《刷新政本以利抗战案》，邹韬奋等提的《请撤销图书杂志原稿审查办法以充分反映舆论及保障出版自由案》，王造时等提的《改善保甲制度案》等；第三次会议上，董必武等提的《加强民权主义的实施，发扬民主以利抗战案》，周览、张君劢等提的《请确立民主法治制度以奠定建国基础案》，曾琦等提的《克期成立县参议会案》等。但这些提案经大会通过，转交国民政府办理后，基本上是不了了之，这使非国民党籍参政员，尤其是介于国共两党之间的中间党派参政员大失所望。更使他们感到不安的是，1939 年 1 月在重庆召开的国民党五届五中全会制定了"溶共、防共、限共、反共"的政策，设立"防共委员会"，接着又颁布了《限制异党活动办法》和《共产党处置办法》等法令，将抗战初期共产党和各中间党派争得的一些民主权利一概取消。从此，国共两党的摩擦不断，各党派联合抗日的局面受到严重威胁。与此同时，1938 年底叛国投日的原国民党副总裁汪精卫及其同伙，于 1939 年 8 月底召开汪记国民党第六次代表大会，为混淆视听，以实行所谓宪政相号召。在此形势下，为了加强团结，坚持抗战，推进中国政治民主化的进程，挫败汪精卫集团的阴谋，共产党和各中间党派的参政员以及部分社会贤达共同掀起了一场要求结束党治、实行宪政的宪政运动。

---

① 《新华日报》1938 年 4 月 6 日社论《论国民参政会的职权和组织》，载四川大学马列教研室编《国民参政会资料》，四川人民出版社，1984，第 233 页。
② 《新华日报》1938 年 6 月 7 日短评《国民参政会产生》，载《国民参政会资料》，第 236 页。

二、第一次宪政运动的兴起

1939 年 9 月 9 日，国民参政会第一届第四次会议在重庆开幕。出席会议的参政员共 172 人，中共和各中间党派的参政员除毛泽东等个别人外，都出席了会议。会议开幕的前一天，即 9 月 8 日，中共参政员毛泽东、陈绍禹、秦邦宪、林祖涵、吴玉章、董必武、邓颖超等七人共同发表了《我们对于过去参政会工作和目前时局的意见》，提出要加强战时政府，容纳各派人才；实行战时民主，保障人民各项权利；取消各种所谓限制异党活动办法等多项要求。① 会议开幕后，中共参政员陈绍禹等又根据《我们对于过去参政会工作和目前时局的意见》的基本精神，提出《请政府明令保障各抗日党派合法地位案》，在陈述了各抗日党派之精诚团结的重要意义和《限制异党活动办法》等法令对各党派之精诚团结的巨大危害后，强调指出：“为巩固民族团结，以利坚持抗战国策，惟须使抗日各党派间之关系，得到公平合理之解决。”为此，提案要求：（一）由国民政府明令保障各抗日党派之合法权利；（二）由国民政府明令取消各种所谓防制异党活动办法，严令禁止借口所谓“异党”党籍或思想问题，而对人民和青年施行非法压迫之行为；（三）在各种抗战工作中，各抗日党派之党员，一律有服务之权利，严禁因党派私见，而摒除国家有用之人才。②

继共产党参政员的提案后，各中间党派的参政员也先后提出了五个要求结束党治、实行宪政、改革现行政府的提案。其中包括青年党参政员左舜生、国社党参政员张君劢和第三党参政员章伯钧等提的《请结束党治实施宪政以安定人心发扬民力而利抗战案》，职教社参政员江恒源等提的《为决定立国大计解除根本纠纷谨提具五项意见建议政府请求采纳施行案》，救国会参政员张申府等提的《建议集中人才办法案》，救国会参政员王造时、沈钧儒等提的《为加紧精诚团结以增强抗战力量而保证最后胜利案》，以及张君劢、左舜生、章伯钧等提的《改革政治以应付非常局面案》。“这些议案，要求授权国民参政会组织宪政起草委员会，制定全国共同遵守的宪

---

① 《我们对于过去参政会工作和目前时局的意见》，载《中共中央文件选集》第十二册，第 159—169 页。
② 《请政府明令保障各抗日党派合法地位案》，载《国民参政会纪实》上卷，第 582 页。

法，并于最短期内予以颁布，以结束国民党的党治，使各党派一律公开活动；在国民大会召集之前，暂由国民政府行政院对国民参政会负责，等等。"① 在共产党和各中间党派提出结束党治、实行宪政、改革现行政府的提案之前，国民党籍参政员孔庚等也提出了一个不到百字且内容空洞的《请政府遵照中国国民党第五次全国代表大会决议定期召开国民大会制定宪法开始宪政案》。

本来，在国民参政会一届四次会议的开幕式上，国民党总裁兼国民参政会议长蒋介石为会议定的调子，是讨论解决"集中人才，建设后方"，"加强军事，争取胜利"和"注意国际形势，推进战时外交"这三个问题，但共产党和各中间党派的提案提出后，要求结束党治、实行宪政、改革现行政府，则成了会议的主题。根据《议事规则》，上述七个提案（即共产党一个，各中间党派五个，国民党一个）由第三审查委员会（即内政）讨论审查。后因各中间党派的强烈要求，改为"扩大会议"，全体参政员均可自由参加讨论。"扩大会议"于晚间在重庆大学的大礼堂举行。会议由第三审查委员会召集人、职教社参政员黄炎培主持，尽管在白天大家已被各种大小会议开得头昏脑涨，但是那天夜里都"如潮水般地涌进"大礼堂参加讨论。据邹韬奋在长篇回忆文章《抗战以来》中的记述，那天夜里，国民党方面"出马参战"的有李中襄、许孝炎、陶百川、刘伯闵等；共产党方面有陈绍禹、董必武、林祖涵等，青年党有曾琦、左舜生、李璜等，国社党有张君劢、罗隆基、徐傅霖等，第三党有章伯钧"匹马当先"，此外还有救国会派、职教派、村治派和无党派的参政员。会议开得非常激烈，"你起我立"，"没有一分一秒的停止"，各方都有"大将出来交战数十合"，从晚上七八点钟一直开到凌晨三点。曾参加过无数次各种各样会议的邹韬奋认为，"那热烈的情况虽不敢说是绝后，恐怕可算是空前的"。

舌战主要在国民党参政员和非国民党参政员尤其是中间党派参政员之间展开，争论的焦点是两个问题，一是"关于抗日各党派的合法保障问题"，这也是除国民党外的其他党派的提案集中提出的问题。国民党籍的参政员"一致大发挥其'不必要论'"，而其他党派的参政员则"一致认为有必要"，

---

① 王永祥：《中国现代宪政运动史》，人民出版社，1996，第290页。

并举出许多国民党如何压制迫害"异党"和热血青年的暴行的例证。邹韬奋质问国民党参政员，我们许多党派领袖在这里开会，"被允许开口共产党，闭口青年党，似乎是允许党派公开存在似的，但同时何以又有许多青年仅仅因为党派嫌疑，甚至仅仅因被人陷害，就身陷囹圄，呼吁无门。敢问这究竟是怎么一回事？"他悲愤地指出："承认有党派就老实承认有党派，要消灭一切党派就明说要消灭一切党派，否则尽这样扭扭捏捏，真是误尽苍生！"国民党参政员被质问得无言以对。也有的国民党参政员"心中明知是根据事实，不胜同情，在表面上也不得不悻悻"。争论的第二个焦点是"结束党治"，这也是双方辩论的高峰。非国民党籍的参政员一致认为有此必要，一定要把这几个字写成决议案，而国民党参政员又一致大肆发挥其"不必要论"，反对决议案中写入这几个字。国社党的罗隆基和青年党的李璜发言最多、最激昂。国社党的老将徐傅霖也挺身而出，大呼"一党专政不取消，一切都是空论！"由于双方互不相让，"当时空气已紧张到一百二十分。唇枪舌剑，各显身手，好像刀花闪烁，电掣雷鸣"。国民党参政员被驳得理屈词穷，便仗着人多势众，大呼"付表决，付表决！"主席势将付表决，李璜见势不妙，跳脚突立，大喊："'表决'是你们的事，毫不相干，敝党要找贵党领袖说话！"国民党参政员"于是不敢付表决"。

　　舌战到凌晨三点钟，大家还不想睡觉，最后由主席宣布，将当夜各人意见的记录，汇交第二天第三审查会再行开会时慎重考虑，务使得到合理的结果。于是关于宪政提案的一场舌战结束。第二天又经过一天的激烈辩论，大会终于通过了《召集国民大会实行宪政决议案》（以下简称《决议案》）。《决议案》提出，（甲）治本方法：（一）请政府明令定期召集国民大会，制定宪法，实行宪政；（二）由议长指定参政员若干人，组织国民参政会宪政期成会，协助政府促进宪政。（乙）治标方法：（一）请政府明令宣布，全国人民，除汉奸外，在法律上，其政治地位一律平等；（二）为应战时需要，政府行政机构应加充实并改进，借以集中全国各方人材，从事抗战建国工作，争取最后胜利。[1]

---

[1] 以上引文均见邹韬奋《第一届国民参政会亲历记》，载《国民参政会纪实 续编》，第429—444页。原书注：本文为邹韬奋长篇回忆文章《抗战以来》中的一部分，曾于1941年由香港《华商报》连载，收入本书时文字有所删节，题目是编者加的。

　　显而易见，这是一个互相斗争与妥协的产物。《决议案》要求国民政府"明令定期召集国民大会，制定宪法，实行宪政"，这无疑是共产党和各中间党派及无党派参政员斗争的胜利，但其中又抽掉了共产党和各中间党派提案中提出的一些具体要求，"把具体的事实或问题尽量抽象化，变为八面玲珑不着边际的东西"。比如，"结束党治"是中间党派的具体要求，但《决议案》却讳言"结束党治"，只说"实行宪政"。再如，中共和各中间党派的提案都一致要求对各抗日党派予以"合法保障"，但落实成文字，却变成了"请政府明令宣布，全国人民，除汉奸外，在法律上，其政治地位一律平等"。又如，中共和各中间党派要求"集中全国各方人材"的具体内容是，"政府用人行政，不能因党派关系而有所歧视"，"但问其材不材，不问其党不党"，但《决议案》则去掉了这一具体内容，只保留了"集中全国各方人材"的要求。又再如，《决议案》将"立即建立举国一致之战时行政院"的要求，变为"政府行政机构应加充实并改进"，前者的实质是像英国那样成立各党联合内阁，而后者则无须改变国民党一党政府的局面。另外，各中间党派要求"立即"实施宪政，而《决议案》则将"立即"变成了无具体时间限制的"定期"。这正如邹韬奋所指出的那样，"因为定期可快可慢，一年半载是定期，三年五年是定期，八年十年是定期，而且还可改期延期，此中'方便之门'甚多"[1]。后来国民党也正是在"定期"二字上做文章，一再拖延宪政的实施。

　　当然，尽管《决议案》与中共和各中间党派的具体要求相差甚远，但就其性质而言，它"仍不失为进步的决议"。因为它毕竟反映了全国人民的迫切要求，至少反映了各中间党派要求建立西方式的民主政治制度的政治理想。正因此，在投票表决时，中共和各中间党派的代表都投了赞成票。用黄炎培的话说："各党代表争论虽烈，而卒获圆满结果。"他作为讨论提案、制定《决议案》的审查委员会主席，也觉得自己"总算对参政会尽了一分心"。[2]

---

[1] 邹韬奋：《第一届国民参政会亲历记》，载《国民参政会纪实 续编》，第445页。

[2] 黄炎培：《国民参政会日记》，载《国民参政会纪实 续编》，第542页。原书注：本文根据《黄炎培日记》（未刊稿）摘编而成，题目是编者加的。

三、第一次宪政运动的流产

《召集国民大会实行宪政决议案》通过后，国民参政会议长蒋介石根据决议案（甲）治本办法之第二条，指定张君劢、张澜、周炳琳、杭立武、史良、陶孟和、周览、李中襄、章士钊、黄炎培、左舜生、李璜、董必武、许孝炎、罗隆基、傅斯年、罗文干、钱端升、褚辅成等 19 人为国民参政会宪政期成会委员，黄炎培、张君劢、周览为召集人。10 月 17 日，蒋介石又新指派参政员梁上栋、王家桢、胡兆祥、章伯钧、马亮、李永新等 6 人为宪政期成会委员，从而使宪政期成会委员人数从原来的 19 人扩大为 25 人。同年 11 月，国民党在重庆召开五届六中全会，表示接受国民参政会第一届第四次会议通过的《召集国民大会实行宪政决议案》，并决议于 1940 年 11 月 12 日召集国民大会。[1]

国民参政会宪政期成会成立后，由黄炎培、张君劢、周览召集，于 1939 年 9 月 20 日召开第一次会议，根据国民参政会第一届第四次会议授予的"协助政府促成宪政"的使命，与会者达成三点协定：（一）"希望最高国防会议提前通过参政会的立宪案，并望在今年的双十节政府能公布实施宪政的时期"；（二）"打算在双十节后有长时间的集会，研究，讨论关于宪法本身以及国民大会组织法，选举法等等问题"；（三）"希望宪政的实施的时间有大致的决定，不能将时间太拉长，暂时拟定，至迟不能迟过九个月，就要开国民大会，完成宪政"。[2]同时会议决议请国民参政会秘书处着手搜集关于宪法草案的各项资料，以便讨论。

11 月 24 日，宪政期成会在黄炎培、张君劢、周览的主持下召开第二次会议，听取国民参政会秘书处报告国民党五届六中全会有关 1940 年 11 月 12 日召集国民大会的决议，及参政员许孝炎报告国民政府 1936 年 5 月 5 日颁布《宪法草案》（即《五五宪草》）、《国民大会组织法》、《国民大会选举法》以及办理代表选举的经过；决议征集各方对于《宪法草案》等文件的意见，会合研究，并推选左舜生、董必武、褚辅成、罗隆基、许孝炎拟具待研究

[1]《定期召集国民大会并限期办竣选举案》，载《中国国民党历次代表大会及中央全会资料》（下册），第 609—611 页。
[2] 见左舜生在宪政座谈会第一次会议上的发言，转引自方直《怎样推进宪政运动》，《全民抗战》第 91 号，1939 年 10 月 7 日。

的问题，以供下次会议讨论。

国民参政会第一届第四次会议闭幕不久，在重庆的中间党派参政员沈钧儒（救国会）、左舜生（青年党）、李璜（青年党）、张君劢（国社党）、胡石青（国社党）、江恒源（职教社）、王造时（救国会）、章伯钧（第三党）、张申府（救国会）以及无党派参政员张澜、莫德惠、褚辅成等 12 人，于1939 年 10 月 1 日共同发起召集宪政问题座谈会，到会的有各界名流 100 余人，中共参政员董必武、吴玉章以及《新华日报》社社长潘梓年等也应邀参加。此次会议决定将座谈会经常化，并将发起人从 12 人增加到 25 人，其中包括国共两党的参政员。据统计，到国民参政会第一届第五次会议开幕之前，座谈会共举行过 8 次，对推进宪政运动、宪政与抗战、宪法草案等问题进行过广泛讨论，对《国民大会组织法》《选举法》提出过不少修改意见，并请与《五五宪草》最有关系的立法院院长孙科和立法委员张知本分别到会报告。据邹韬奋回忆，参加座谈会的有各界人士，每次座谈会都是"人山人海，会议厅里几无隙地，讨论得非常热烈"①。

宪政座谈会开了几次会后，有人建议在宪政座谈会的基础上，发起成立宪政促进会。11 月 30 日，宪政促进会召开筹备会，推定张君劢、沈钧儒、孔庚、董必武、史良（救国会）、沙千里（救国会）、秦邦宪、左舜生、张申府、章伯钧、章乃器（救国会）等人为常务委员会委员，在常委会下设秘书处及宣传、联络、研究三个委员会。12 月 5 日，宪政促进会筹备会举行常委会，决议推举张申府为常委会秘书处主任，沈钧儒为宣传委员会主任，左舜生为研究委员会主任，章伯钧为联络委员会主任。另推张申府、章乃器、于毅夫三人负责起草宪政促进会章程、宣言及工作纲领，推请孔庚、李中襄、张申府、左舜生、章伯钧五人负责办理立案手续。

在各方的推动下，一个颇具声势的要求国民党颁布宪法、实行民主政治的宪政运动迅速兴起。除重庆外，国统区各大城市以及延安也都成立了各种推进宪政的组织。在成都，邓初民联合教育界、文化界著名人士于 1939年 10 月发起"国民宪政座谈会"，12 月 10 日成都宪政促进会筹备委员会成立；在昆明，1939 年 12 月 11 日，昆明业余联谊会、青年会、教育会等团

---

① 邹韬奋：《第一届国民参政会亲历记》，载《国民参政会纪实 续编》，第 454 页。

体联合召开大会，讨论宪政问题；在广西，1940年5月28日成立了以李宗仁为主席的广西宪政促进会；在延安，1939年11月24日，毛泽东等89人发起筹备成立延安各界宪政促进会，次年2月20日，延安各界宪政促进会宣告成立，吴玉章被推为理事长。宪政运动的迅速兴起表明：国民党的一党独裁已越来越不得人心。

　　国民参政会宪政期成会第二次会议后，陆续收到各界人士对《五五宪草》及《国民大会组织法》和《选举法》的意见，其中包括参政员罗隆基、罗文干、陶孟和、周炳琳、傅斯年、钱端升、张奚若、杨振声、任鸿隽等9人提出的《五五宪草修正草案》（上述9人都住在昆明，又称"昆明宪草"）；参政员邹韬奋、沈钧儒、张申府、张友渔、韩幽桐、沙千里、钱俊瑞等对《五五宪草》的意见；参政员董必武对《国民大会组织法》《国民大会选举法》和《五五宪草》的意见；参政员胡兆祥对宪草第六章拟增一条的意见；参政员褚辅成提出的宪法草案修正意见；参政员李中襄修正宪法草案第二十二条并增列一条于第二十二条之前的建议案；参政员杭立武关于宪法草案、关于制宪国大与行宪国大之间的过渡办法案；以及重庆、成都、昆明、上海等城市促进宪政团体提出的意见。

　　1940年3月20日，由黄炎培、张君劢、周炳琳召集举行了宪政期成会第三次全体会议，有24人出席。会议共开10天，主题是在参考各方意见的基础上，对《五五宪草》进行修改，并拟成修正案，以供行将召开的国民参政会第一届第五次会议讨论通过。在10天的会议期间，与会者"凛于使命之严重，既不敢轻率从事，亦无人固执成见"，依《五五宪草》条文先后，再会合各方意见逐项讨论，态度极为认真。蒋介石曾于28日召集黄炎培、张君劢、周炳琳、张澜、钱端升、李璜、罗文干、罗隆基、左舜生、褚辅成等了解会议情况。经过10天的紧张工作，至29日完成了对《五五宪草》的修改，"或存或改，或补或删，将八章一百四十七条改为八章一百三十八条，名曰《国民参政会宪政期成会提出中华民国宪法草案〈五五宪草〉之修正草案》"。① 同日下午，参政会驻会委员会开会，黄炎培、张君劢、周炳琳以宪政期成会召集人的身份分别报告讨论经过。随后宪政期成会向国民

---

① 以上均见《宪政期成会报告书》，载国民参政会秘书处编印《国民参政会第五次大会纪录》（1940年8月），国民参政会秘书处，第63页。

参政会正式提出《中华民国宪法草案〈五五宪草〉之修正草案》，并附以"对于实施宪政之建议两条"：（一）请政府对于未完成之选举及附逆分子剔除后之补充，切实注意于选举方法之改善；（二）请政府促成宪法及宪政之早日实施。

宪政期成会向国民参政会提出的修正草案与原案（即《五五宪草》）最大的不同之处主要有两点：一是于国民大会休会期间设立"国民大会议政会"（原案没有这一规定，这主要采纳的是"昆明宪草"的意见），并赋予议政会以下职权：（1）在国民大会闭会期间，议决戒严案、大赦案、宣战案、媾和案、条约案；（2）在国民大会闭会期间，复决立法院所决议之预算案、决算案；（3）在国民大会闭会期间，得创制立法原则并复决立法院之法律案，凡经国民大会议政复决通过之法律案，总统应依法公布之；（4）在国民大会闭会期间，受理监察院依法向国民大会提出的弹劾总统、副总统以及五院院长、副院长的弹劾案；（5）对行政院院长、副院长、各部部长、各委员会委员长提出不信任案，不信任案如获通过，即应去职；（6）对国家政策或行政措施，得向总统及各院院长、部长及委员会委员长提出质询，并听取报告；（7）接受人民请愿；（8）总统交议事项；（9）国民大会委托之其他职权。就其职权言之，正如张君劢代表期成会向国民参政会所作《中华民国宪法草案修正草案说明书》中所指出的那样，国民大会议政会"与各国之国会相似"。[1]后来曾任国民参政会副秘书长的雷震，在谈到国民大会议政会的职权时也认为，它大体相当于"在实际政治上能够负起监督政权的责任"的"民主国家之议会"。[2]二是在保持五院制度不变的前提下，对其权限重加厘定，将五院中牵涉行政权之一切事务移归于行政院，同时删去《五五宪草》中某院为行使某权之最高机关的规定。总之，《宪草修正案》与《五五宪草》的最大不同，就是政府行政部门的权力受到了较多的限制，而国民大会因设立休会期间的议政会的职权有了扩大。这反映了中国共产党尤其是中间各党派及部分无党派人士要求推进民主政治、参与国家政权的期望。

1940 年 4 月 1 日，国民参政会第一届第五次大会在重庆召开。4 月 5

---

[1] 国民参政会秘书处编印《国民参政会第五次大会纪录》（1940 年 8 月），第 71 页。
[2] 雷震：《制宪述要》，载傅正主编《雷震全集》（23），（台北）桂冠图书股份有限公司，1989，第 5 页。

日下午举行的本次大会第五次会议的议题，就是讨论宪政期成会向国民参政会提出的《中华民国宪法草案〈五五宪草〉之修正草案》。会议由国民参政会议长蒋介石亲任主席。首先由立法院院长孙科报告立法院制定《五五宪草》起草经过，并对《五五宪草》的内容进行说明。继由会议宣读蒋介石以国民参政会议长身份交议的期成会所拟《中华民国宪法草案〈五五宪草〉之修正草案》（以下简称《修正草案》）及《报告书》。最后张君劢以宪政期成会召集人的身份说明该会开会的经过和修正各点的理由。他依据《修正草案》的章节顺序，分六个方面对这次修改的内容做了说明。

也许考虑到了《修正草案》关于增设国民大会议政会的条款会引起国民党方面的反对，张君劢对这部分修改内容的说明最为详细。他首先说明了为什么要增设国民大会议政会的理由，指出国民大会主要是通过审议预算、决算，质询行政方针，参与和战大计以及提出对政府的信任或不信任案来监督政府的。此等事项，亦就是欧美各国所说的政权，"若此等政权人民不能行使，虽谓民国之政权完全落空，固无不可"。而《五五宪草》的最大缺陷，就是人民政权运用不灵。立法院既非政权机关，而国民大会又三年才集会一次，因此政权无从行使。为了补救《五五宪草》的这一缺陷，宪政期成会经过认真讨论，决定采纳"昆明宪草"的意见，在国民大会休会期间增设国民大会议政会（"昆明宪草"中称之为"国民议政会"）。他引用"昆明宪草"注释中的一段文字说，《五五宪草》的上述缺点并非是"昆明宪草"或宪政期成会的同人发现的。其实，"在当年立法院发表宪法征询国民意见时"，就"有人主张将立法院权力扩大，使立法院有裁制政府权"，只是由于作为治权机关的立法院来行使政权，与中山先生政权治权划分之遗教不甚适合，而未被采纳。那时，"另有人主张将国民大会人数减少，会期加多"，但"国民大会每县市选代表一人"，这是孙中山在遗教中规定的，减少代表人数，不仅与孙中山的遗教不符，"且国民大会为代表人民行使四权机关，倘每县市平均不能有一代表亦不甚妥"。然而不减少代表人数，则如此庞大机关会期太多运作又不灵便。由于这些原因，"立法院最初几次草案中，曾有国民大会闭会期间设立委员会之议"，后因一些立法委员"以少数委员代行国民最高统治权似亦不妥"加以反对，而使"此计划终归取消"。

为了争取国民党同意设置国民大会议政会，张君劢特别强调设置国民大会议政会与孙中山的遗训并不违背。他引用"昆明宪草"注释中的话说，国民大会议政会的职权主要有两点：一是复决立法院之决议，二是对行政院可通过不信任案。"复决立法院之决议"，如此可使立法院成为立法技术上之专门机关，这与中山先生五权分立之遗教精神相合。立法院决议，再经议政会审核，则法律案等必有更审慎周详的成绩。立法院有能，议政会有权，又符合中山先生的遗教精神。"对行政院可通过不信任案"，则总统用人必能选贤举能，这样可以使孙中山的"政府有能、人民有权之精神"得到更好的"发挥"。

在说明了为什么要增设国民大会议政会的理由之后，张君劢进一步对比较敏感的国民大会议政会与国民大会和立法院的关系做了说明。就国民大会议政会与国民大会的关系而言，他指出："依理言之，议政会既为在国民大会闭会时行使权力之机关，则议政会之职权应出于国民大会之委托，且其权力不应超出于国民大会权力之外。"然而按照《修正草案》的规定，议政会有议决宣战案、媾和案、大赦案和戒严案，以及对行政院提出不信任案之权，而这些权力则没有列入国民大会职权之中。所以要如此设计，是由于"国民大会为国家最高权力机关，实包括直接与间接政权"。由两千人以上组成的国民大会行使直接政权尚可，而要行使间接政权在事实上则"不宜"，只能将它划归于议政会。"故权力大小问题，不能以闭会或开会为标准而定其是非。"

如果说作为国民大会闭会期间行使其权力的机关，议政会与国民大会之间不存在"权力大小问题"的话，议政会与立法院则各有其职权范围。就《修正草案》的有关规定来看，立法院的职权比之《五五宪草》中有了较大的变更，不仅本来属于立法院行使的大赦案、戒严案、宣战案、媾和案和条约案，一律移给了议政会，"立法院所辖者，独有预算、决算及法律案"，而且由于预算和决算牵涉到政权与治权两方面，所以立法院也只能做出初议，议政会对法律案和预算、决算案拥有复决之权。对于立法院职权的这种变更，张君劢是这样说明的："国民行使政权之机关，既有国民大会与议政会，若仍《五五草案》中立法院之旧状，不免有叠床架屋之嫌。且立法院为政府之一部，依据中山先生遗教，只能行使治权。因此本会同人对于原有立法院之职权，予以变更。"

　　张君劢还在说明中指出，国民大会议政会对总统所任命的行政院院长及各部部长所拥有的不信任案之权，"仅为消极的限制"，并不影响"总统选贤与能之大权"。因为总统如果不以议政会之所为为然，可召集临时国民大会为最后之决定。假如国民大会不赞成议政会的决议，总统则可解散议政会，另举行新议政会之选举。总之，"总统所行使之职权甚广，自能游刃有余，尽瘁于国家之建设"。①此外，张君劢还对议政会的产生与名额等问题进行了说明。

　　尽管张君劢使尽了浑身解数，力图使国民党、蒋介石相信，增设国民大会议政会，只是为了补救《五五宪草》的缺失，它不仅不违背孙中山的"遗教"，而且也不会对政府尤其是总统的权力造成任何损害，但他无法改变这样一个事实，即与《五五宪草》相比，《修正草案》中的政府行政部门的权力受到了较多的限制，而国民大会及其休会期间的议政会的职权有了较大的扩大，而这是国民党人和他们的领袖蒋介石所不能接受的。

　　所以，张君劢的说明报告还未讲完，台下的国民党人就坐不住，他们不断地往上递条子，"有如雪片"。报告毕，蒋介石起立发言。他说，今天"是一个很难得的机会，全国的学问家同来参加，盼能自由发挥意见，公开讨论，俾得良好结果"。接着他话题一转，说："有几点意见贡献给大会"，"希望特别注意"，即：一、中国行宪一定要实行"治权与政权"分开，"民元以来，宪政行不通就是不能切实分开的原故"。二、希望不要忘记"权与能的划分"，是孙中山的"特别发明"。同时，他"力言宪法须富于弹性，使其能推行无阻"。②待蒋介石讲完话，已是下午6时20分。于是他宣布"当日休会时间已到，本案于第二日大会再行详细讨论"③。

　　6日下午3时，参政会第六次会议继续审议宪政期成会向参政会提出的《修改草案》，蒋介石仍亲任主席。会议一开始，国民党籍参政员与非国民党籍尤其是中间党派参政员就围绕"国民大会闭会期间内"是否需要"设立常设机构问题"展开了激烈辩论。国民党籍参政员刘哲、刘伯闵、黄宇人等坚决反对设立国民大会议政会，认为"将国民大会会期改为每年一次"

---

① 以上说明见国民参政会秘书处编印《国民参政会第五次大会纪录》，第71—72页。
②《大公报》1940年4月6日。
③ 邹韬奋：《第一届国民参政会亲历记》，载《国民参政会纪实 续编》，第463页。

即可。有一位国民党籍参政员甚至"破口大骂，在实际上简直表示宪政是不必要的"。他的那一顿大骂不仅使非国民党籍参政员"听了为之寒心"，就是参加旁听的国民党中的一位开明分子"也为之摇头叹息"，事后"表示愤慨"。[1] 而罗隆基、左舜生、邹韬奋、王造时等中间党派参政员则坚决主张维持原案，认为即使将国民大会会期改为一年一次，也不能使"人民政权运用不灵"的问题得到解决。

正当双方辩论激烈的时候，大会突然宣布休会 10 分钟。待再行开会，秘书长王世杰未等大家发言，便宣读了蒋的两点提议：（一）本会宪政期成会草拟之《中华民国宪法草案〈五五宪草〉之修正草案》，暨其附带建议及反对设置国民大会议政会之意见，并送政府。前项反对意见，由秘书处征询发言人意见后予以整理。（二）参政员对于《宪政期成会修正案》其他部分持异议者，如有 40 人以上之联署，并于 5 月 15 日以前送本会秘书处，应由秘书处移送政府。[2] 根据有关规定，议长的提议即是决议，无须大会讨论即获通过。随后，蒋介石做一长篇演说。关于演说的具体内容，因无记录，无从得知，据参加会议的梁漱溟几年后回忆，演说共分两段。头一段，力斥宪政期成会提出的《修正草案》有关增设国民大会议政会的主张，为袭取欧西之议会政治，与孙中山的遗教（指五权宪法）完全不合；次一段，力言制宪必求其能见施行，勿去事实过远。如宪政期成会提出的《修正草案》，就对执政之束缚太甚，是不能实行之制度。如果强行之，必遭破坏。他并引民国元年《临时约法》为例，谓当时民国初建，实不该以大总统让予袁世凯，既让袁当总统，又不宜因人立法，将总统制改为内阁制，加以束缚，卒致陷约法于破坏。今后国人如以国事倚畀于我，亦就不要束缚我才行。蒋平时城府极深，如此"态度坦率，为向来所少见"。[3] 时任参政会秘书长的王世杰在当天的日记中也有类似的记载："今日午后国民参政会续议《中华民国宪法草案修正案》，罗隆基、左舜生、罗文干、周炳琳等主张维持'国民大会议政会'，本党参政员则大多反对。最后余因请议长提议，将赞成及反对意见并送政府。大会遂如此决定。蒋先生于开会时，对于宪草

① 见国民参政会秘书处编印《国民参政会第五次大会纪录》，第 73 页。
② 邹韬奋：《第一届国民参政会亲历记》，载《国民参政会纪实 续编》，第 463 页。
③ 梁漱溟：《论当前宪政问题》，载《梁漱溟全集》第六卷，第 553 页。

中章制□（因是手抄本，原文不清，作空格处理——引者）新权力之规定表示不满，语侵罗隆基等，国社党及青年党诸参政员颇懊丧。"[1]

宪政期成会诸人怀着极大的热情而辛辛苦苦搞成的《中华民国宪法草案〈五五宪草〉之修正草案》，未经大会表决，甚至未经充分讨论，就被蒋介石的一纸提议和一篇"强有力"的即席演讲而给"无形打消"了（其实，即使付诸表决，在国民党人占绝对多数的国民参政会内，《修正草案》也不可能获得通过。所以梁漱溟认为，蒋用这种"圆滑手段"，使《修正草案》免遭公开否认，还算是给期成会诸人留了一点面子），因为所谓"并送政府"，即等于"不了了之"，故当时人们就"知其无被采用之希望"。[2]果然，不出人们所料，1940年9月，国民政府以交通阻塞，原定当年11月12日召开国民大会实有困难为由，宣布国大延期召开，具体日期另行通知。七七事变后的第一次宪政运动至此宣告流产。

第三节　第二次宪政运动

第一次宪政运动流产后，为了形成"第三者"的立场和力量，界于国共两党之间的中间党派开始走向联合，于1941年10月成立了中国民主政团同盟。中国民主政团同盟成立后，以中国民主政团同盟为代表的"第三者"方面，要求国民党"结束党治，实行宪政"的呼声日益高涨，加上其他方面的原因，迫使国民政府于1943年10月20日公布了《宪政实施协进会组织规则》和会员名单，七七事变后的第二次宪政运动由此兴起。但与第一次宪政运动一样，第二次宪政运动也因国民党的反对而失败。

一、中间党派的联合：中国民主政团同盟的成立

自1939年1月国民党五届五中全会制定"溶共、防共、限共、反共"的政策以后，国共两党的摩擦不断增多。在国共两党摩擦日趋激烈的形势

---

① 《王世杰日记》第二册，"中央研究院"近代史研究所，1982，第252—253页。
② 梁漱溟：《论当前宪政问题》，载《梁漱溟全集》第六卷，第553页。

下，界于国共两党之间的各中间党派领导人深感自己势孤力单，既无力促使民党实施宪政，也无力在国共两党之间发挥调解作用，甚至连他们自己的前途也岌岌可危，因而他们感到迫切需要联合起来，建立第三者性质的政党，形成"第三者"的立场和力量，以便在国共两党之间求得发展，在国内政治斗争中发挥举足轻重的作用。1939 年 10 月，国民参政会中各中间党派的领导人黄炎培（职教社）、梁漱溟（乡建派）、章伯钧（第三党）、罗隆基（国社党）、沈钧儒（救国会）和无党派人士张澜等人，在重庆发起组织"统一建国同志会"。其宗旨是："集合各方热心国事之上层人士，共就事实，探讨国事政策，以求意见之一致，促成行动之团结。"11 月 23 日，统一建国同志会在重庆召开成立大会，参加会议的有第三党的章伯钧、丘哲，中国青年党的左舜生、李璜、曾琦、余家菊，国家社会党的罗隆基、罗文干、胡石青，救国会的沈钧儒、邹韬奋、张申府、章乃器，中华职业教育社的黄炎培、江恒源、冷遹，乡村建设派的梁漱溟，以及无党派人士张澜、光升等。会议通过了《统一建国同志会信约》和《统一建国同志会简章》，选举黄炎培、章伯钧、左舜生、梁漱溟等为常务干事，并公推黄炎培为主席。《统一建国同志会信约》共十二条，主要内容为：接受三民主义为抗战最高原则，拥护蒋介石为中华民国最高领袖；主张宪法颁布后，立即实施宪政，成立宪政政府，凡遵守宪法之党派，一律平等地位，公开存在；军队属于国家，统一指挥，统一编制；不赞成以政权或武力推行党务，严格反对一切内战；现役军人和青年学生，不宜令其参与政党活动；主张尊重思想学术之自由。[1] 就其上述内容来看，反映的正是中间党派的一贯思想和主张。在中间党派的领导人中，张君劢没有参与统一建国同志会的活动。据梁漱溟说，其原因是他认为"在蒋肘腋之下，言论不自由，故不肯参加"[2]。

统一建国同志会成立后，由于它是一个松散的联合组织，因此并没有起到"第三者"的作用，不久，即陷于停顿。而国共两党的摩擦则不仅没

---

① 《统一建国同志会信约》，载中国民主同盟中央文史资料委员会编《中国民主同盟历史文献（1941—1949）》，文史资料出版社，1983，第 2—3 页。

② 梁漱溟：《记中国民主政团同盟》一文的附记《在香港一段政治斗争生活之略》，载《梁漱溟全集》第六卷，第 362 页。

有减少，反而进一步加剧。同时，国民党方面还加强了对一些中间党派领导人和无党派人士的排挤和迫害。更有甚者，1940年12月24日，国民政府公布的国民参政会第二届240名参政员的名单中，许多原就是参政员的中间党派领导人和无党派人士，如第三党的章伯钧、救国会的张申府等榜上无名，而大量国民党人则被塞了进来。国民党的这种排挤和迫害中间党派领导人和无党派人士的做法，不能不使中间党派领导人感到心寒和不满。梁漱溟就曾回忆当时的心情说：第二届参政会参政员名单的公布，"引起我对国民党一种非常大的悲观。因参政会本来形同虚设，若多罗致几个党外人物，在国民政府至少亦可装点门面。偏偏连这一点作用都不留，而给大量党内闲人挤进来吃闲饭，国民党的没出息可算到家了。大难当前，大局靠什么人支撑呢？"[1]

　　就在国民政府公布第二届国民参政会参政员的那天早晨，梁漱溟、左舜生和黄炎培三人不期而会于重庆新村四号张君劢家（确切地说，是张君劢弟弟张公权的家，张君劢在重庆时，住在他弟弟家中）。"四人聚谈，同声致慨。"黄炎培兴奋地站起来说，中间党派不应妄自菲薄，而应当自觉地负起大局责任来才对。在互相勉励的气氛中，张君劢提出像"统一建国同志会"这样的松散联合，很难起到"第三者"的作用，各中间党派必须进一步联合起来，另外成立一个统一的组织。他还建议，先秘密进行活动，布置一切，同时在国民党所控制不到而又极接近内地的香港建立起言论机关，然后以独立姿态出现，不必向政府当局取得同意。梁漱溟、左舜生、黄炎培都一致同意张的意见。后来的事情也正是按照张君劢的建议办的。这天他们四人从早晨一直讨论到晚上，"多所决定"。[2]第二天，黄炎培、左舜生、梁漱溟再次到张君劢家中续商昨日讨论的事情，午后，四人又偕沈钧儒、邹韬奋、张申府和周恩来到章伯钧家会谈。27日，黄炎培又约来冷遹、江恒源一同参加讨论。梁漱溟先出示前几天的讨论记录让大家看，"众人为无误"，并决定将计划中的新组织命名为"中国民主政团同盟"。鉴于不久左舜生要去成都，张君劢要回大理，梁漱溟要返回璧山来凤驿，他们商定暂不活动，

---

① 梁漱溟：《我的努力与反省》，载《梁漱溟全集》第六卷，第963页。
② 梁漱溟：《记中国民主政团同盟》，载《梁漱溟全集》第六卷，第354页。

待来年 2 月到重庆出席国民参政会第二届第一次大会时"赓续进行之"。①

　　第二年（1941 年）2 月，张君劢、梁漱溟、左舜生等人为出席即将于
3 月 1 日召开的国民参政会第二届第一次大会来到重庆。按照先前的商定，
他们这次来重庆将致力于中国民主政团同盟的组建工作，但不料是年 1 月
发生"皖南事变"，国共两党冲突因此而达到高峰。中共参政员毛泽东等 8
人致函国民参政会秘书处，提出解决"皖南事变"善后 12 条，要求国民党
采纳，并声明在未予裁夺前，碍难出席即将召开的国民参政会第二届第一
次大会。而国民党则拒不接受共产党提出的先决条件，形势十分紧张，大
有国共两党完全决裂、爆发内战的危险。面对如此严重的局势，张君劢、
梁漱溟等便在从事组建中国民主政团同盟的同时，与其他中间党派领导人
和无党派人士一起，以第三者身份，奔走于国共两党之间，从事调停工作。
但调停工作最后以失败而告终。

　　国共争端的加剧以及第三方面调停的失败，加快了中间党派领导人组
建中国民主政团同盟以形成"第三者力量"的进程。2 月 25 日，张澜、张
君劢、梁漱溟、左舜生、黄炎培、李璜、江恒源、罗隆基、罗文干、冷遹
等在张君劢家举行第一次集会，商讨民主政团同盟的具体办法。3 月 12 日，
他们又聚集于张君劢家中讨论一次，并公推黄炎培为主席。13 日，通过政
纲 12 条。18 日，黄炎培提议同盟非准备妥当不宜公布，但可先发表同人
对时局的主张。大家又就梁漱溟起草的宣言加以修改补充。19 日，在重庆
上清寺特园（民主人士鲜特生寓所）召开成立大会，到会者共 13 人。会议
讨论了政治形势和组织机构等问题，通过了《中国民主政团同盟政纲》《敬
告政府与国人》和《中国民主政团同盟章程》，并成立了中央领导机构。会
上推举张澜、黄炎培、张君劢、左舜生、梁漱溟、李璜、章伯钧、罗隆基、
江恒源、冷遹、杨赓陶、丘哲、林可玑等 13 人为中央执行委员，黄炎培、
左舜生、张君劢、梁漱溟、章伯钧 5 人为中央常委，并推举黄炎培为常务
委员会主席（同年 10 月，因黄出国辞去主席职务，由张澜继任），左舜生
为总书记，章伯钧为组织部部长，罗隆基为宣传部部长。沈钧儒本为同盟
的发起人之一，但因为部分发起人认为沈及其领导的救国会与中共关系密切，

---

① 梁漱溟：《记中国民主政团同盟》，载《梁漱溟全集》第六卷，第 354 页。但日期，梁漱溟记的
　是 25 日，黄炎培日记记的是 27 日（见《国民参政会纪实 续编》第 548 页），此处采用黄记。

容易引起国民党方面的反对，故建议沈和救国会暂不加入。这样，包括中国青年党、国家社会党、第三党、中华职业教育社、乡村建设派以及无党派人士在内的中国民主政团同盟便在重庆秘密成立了。1942 年救国会加入后，号称"三党三派"。

中国民主政团同盟秘密成立后，根据原先的商定，即派梁漱溟去香港建立言论机关，以宣传同盟的政治主张，争取社会舆论的同情和支持。1941年 5 月初，梁漱溟携带张君劢、黄炎培、左舜生、章伯钧、龙云、刘文辉以及他本人的捐款，抵达香港。经过一段时间的筹备，在中共香港地下组织的帮助下，9 月 18 日，同盟机关报《光明报》在香港创刊，并公布"出版公约五项"，表示"吾人以政治上实现民主为本，而先以言论之民主精神自勉"。①10 月 10 日，《光明报》发表"启事"，向中外宣告中国民主政团同盟已在重庆成立，并公布了《中国民主政团同盟对时局主张纲领》和《中国民主政团同盟成立宣言》，同时，由陈友仁、陈翰笙等将中国民主政团同盟的上述文件翻译成英文，向英美各国在港的通讯社记者做了介绍，引起国内外注意。

中国民主政团同盟的政治纲领原为 12 条，后经过修改，发表时缩减为10 条，称"十大纲领"。②就同盟所揭示的这十大纲领而言，它既要求国民党结束其党治，实现政治民主化，切实保障人民的种种自由，又主张军队国家化，要求共产党将军队交给国民政府，反对以武力从事党争，对国共双方都有批评，也都提出了要求，体现了同盟的"第三者"的政治立场。但总的来看，它更不利于在朝的国民党。因此，中国民主政团同盟成立的消息公布后，共产党立即表示热情支持。中共中央机关报《解放日报》及时做了报道。10 月 28 日，《解放日报》又发表了《中国民主运动的生力军》的社论，称赞民主政团同盟的政治纲领强调了"抗战到底，加强团结，保障人权，结束党治，革新政府的必要"，指出，这是抗战期间我国民主运动的一个新的推动。③和共产党的热情支持相反，国民党则对同盟的成立采取了压

①《中国民主政团同盟机关报〈光明报〉出版公约五项》，载《中国民主同盟历史文献（1941—1949）》，第 4 页。
②《中国民主政团同盟对时局主张纲领》，载《中国民主同盟历史文献（1941—1949）》，第 8—9 页。
③《中国民主运动的生力军》，《解放日报》1941 年 10 月 28 日"社论"。

制的态度。国民党中央宣传部明令国民党各级报纸不准发表中国民主政团同盟成立的消息和评论。国民政府立法院院长孙科在香港发表演说，称《光明报》宣布中国民主政团同盟在渝成立的消息纯粹是"招摇撞骗"，"在公在私但绝无所闻"，"绝无其事"，并指使国民党在港的报刊指责所谓"第三者"方面是"第五纵队"，甚至策动港英当局搜查《光明报》。重庆的官员也矢口否认有中国民主政团同盟这一组织，认为对于《光明报》发布的中国民主政团同盟成立的消息可"一笑置之"。[①]

由于国民党方面否认有中国民主政团同盟的存在，张澜、张君劢、左舜生、章伯钧等在重庆的同盟常委经过研究，决定"冒着被打击压迫的危险"，在重庆公开中国民主政团同盟的组织。1941 年 11 月 9 日，蒋介石招宴与张君劢、左舜生、黄炎培等交换对国际国内时局的意见。张君劢证实民主政团同盟确实成立，并向蒋"提出民主政团同盟政纲的各点"。11 日，国民参政会驻会委员会举行谈话会，张君劢在会上严正表示，谓"民主政团同盟确于本年 3 月在渝正式成立，外间有人诬民主政团同盟为冒名捏造之团体，不值一笑。本人今特向参政会秘书长正式声明，本人即是同盟负责人之一，在座有左舜生、张澜、李璜、罗隆基等参政员，都是同盟负责人，这几人刻下都在陪都，关于同盟事项可负任何责任"。[②]

11 月 16 日，亦即国民参政会第二届第二次大会召开的前一天，民主政团同盟以主席张澜、总书记左舜生、组织部部长章伯钧、宣传部部长罗隆基和中常委张君劢、黄炎培的名义，邀请国共两党和救国会的代表在重庆临江路俄国餐馆举行招待茶会。出席茶会的国民党代表有王世杰、邵力子、张群，共产党代表有周恩来、董必武、邓颖超，救国会代表有沈钧儒、陶行知、张申府，加上各大报刊的记者和其他人员，共 47 人。会议开始，由张澜宣布民主政团同盟确已成立。继由左舜生报告民盟成立的经过及宗旨，他说："本同盟所主张均系十余年来大家所主张之老调，并非离奇可怪之论，至其内容均可公开，无何种秘密。"接着张君劢发言，指出，中国民主政团同盟在渝负责人招待诸位，向诸位说明本盟宗旨，其目的在于促进民主，

① 梁漱溟:《答读者来信》，载《梁漱溟全集》第六卷，第 326 页。
② 梁漱溟:《答读者来信》，载《梁漱溟全集》第六卷，第 326 页。

实行宪政，以加强抗战力量和建国基础。张澜等还在会上散发了《对时局主张纲领》《成立宣言》和《光明报》"启事"等同盟文件。周恩来代表中共、张申府代表救国会也在会上发了言，表示赞同同盟的主张，"愿其早日实现"。

次日（17日），国民参政会第二届第二次大会开幕。民主政团同盟参政员张澜、张君劢、左舜生等根据同盟政治主张，提出《实现民主以加强抗战力量树立建国基础案》，要求：（一）结束训政；（二）成立战时正式民意机关；（三）不以国库供党费；（四）勿强迫入党；（五）勿在文化机关推行党务；（六）保障人民种种自由；（七）停止特务机关活动；（八）取消县镇乡代表考试制；（九）禁官吏垄断投机；（十）军队中停止党团组织。此提案得到了包括董必武、邓颖超在内的20多位参政员的联署，但提交到主席团时，"主席团蒋公颇不乐将其提付大会讨论。秘书长王世杰参酌原提案大意，另行撰拟一案，向同盟方面磋商，以为代替。在磋商时，对于建立党派间合作关系，颇有具体洽谈，极符于同盟纲领第一条'在宪政实施前，成立国事协议机关'之旨。同盟方面乃同意将原案撤回，而王案则以主席团蒋（即蒋介石——引者）张（即张君劢——引者）左（即左舜生——引者）等五人名义提出，即所谓'促进民治案'也"。[1] 此案的内容有四条：（一）加紧促进地方自治，抗战终了时，即召开国民大会，制定宪法，实施宪政；（二）充实战时民意机关，以树立宪政基础；（三）明令各机关选贤与能，广揽各方贤才；（四）维护人民一切合法自由，充分保障人民诸种自由。[2] 这一提案"于全场和悦的空气中通过"。从此，中国民主政团同盟由秘密转为公开，以"第三者"的身份活跃在现代中国政治舞台上，并成为一支举足轻重的力量。

二、第二次宪政运动的兴起

中国民主政团同盟成立后，以中国民主政团同盟为代表的"第三者"方面，要求国民党"结束党治，实行宪政"的呼声，不仅没有因为第一次宪政运动的流产而减弱，相反随着对国民党内外政策不满情绪的加剧而更加高

① 梁漱溟：《论当前宪政问题》，载《梁漱溟全集》第六卷，第554页。
②《国民参政会二届二次大会主席团提促进民治案》，重庆《大公报》1941年11月26日。

涨起来。中国民主政团同盟先是把"实践民主精神，结束党治，在宪政实施之前，设置各党派国事协议机关"，作为"十大纲领"的第二条提了出来；接着又在 1941 年 11 月召开的国民参政会第二届第二次大会上提出了《实现民主以加强抗战力量树立建国基础案》，此提案得到了包括董必武、邓颖超在内的 20 多位参政员的联署。与此同时，自太平洋战争爆发后，同盟国尤其是美国也不断向蒋介石施加压力，希望他进行军事、政治改革，推进民主政治，以利于加强同盟国方面对轴心国的作战力量。另外，南京汪精卫伪政权这时也不断以实行所谓宪政相号召，企图借此来欺骗人民，挖蒋介石国民政府的墙脚。

面对如此形势，为摆脱困境，减少压力，变被动为主动，国民党在1943 年 9 月召开的五届十一中全会上，通过了《关于实施宪政总报告之决议案》，宣布"国民政府应于战争结束一年内，召集国民大会，颁布宪法，实行宪政"。9 月 18 日至 27 日，国民参政会第三届第二次大会在重庆召开，蒋介石以国民政府主席的身份（1943 年 9 月，蒋继因车祸去世的林森任国民政府主席）在会上发表讲话，提到国民党五届十一中全会的决议，并希望设置宪政实施筹备机构，以帮助政府推进宪政工作，达成宪治。此次大会于是根据蒋介石的讲话精神，决议组织宪政实施协进会。10 月 20 日，国民政府公布了《宪政实施协进会组织规则》和会员名单，宪政实施协进会正式宣告成立。

和四年前第一次宪政运动期间成立的"参政会宪政期成会"不同，"宪政实施协进会"直属于国防最高委员会，以国防最高委员会委员长为会长，其会员分为当然会员和由国防最高委员会委员长指定的会员两种，其中包括国民党、共产党和民盟为代表的中间党派代表，孙科、王云五、莫德惠、黄炎培、吴铁城、褚辅成、张君劢、左舜生、董必武、傅斯年、王世杰等11 人为常务会员，孙科、黄炎培和王世杰为召集人，会长由蒋介石担任。宪政实施协进会的重要工作之一，是研究宪法草案。

也许是吸取了第一次宪政运动失控的教训，国民党一开始就力图通过成立御用的议宪机构，使此次宪政讨论严格控制在官方主办的范围内。但宪政实施协进会成立后，中国共产党，尤其是以民主政团同盟为代表的"第三者"方面，则巧妙地利用了它的合法性，很快就突破了官方主办的范围，使之成为一次有广大群众参加的要求在中国实行民主政治、反对国民党一党独裁的民主宪政运动。

1943 年 11 月，左舜生将自己主编的《民宪》杂志交由中国民主政团同盟接办，张澜、沈钧儒、张君劢、李璜、罗隆基、章伯钧、张申府、梁漱溟、左舜生等组成编辑委员会，他们积极撰稿组稿，要求国民党放弃党治，实行宪政，该刊很快就成了宣传宪政的主要阵地和当时最有影响的报刊之一。1944 年元旦，以"促进民主、宪政、抗战、团结"为宗旨的《宪政月刊》又在重庆创刊。该刊由黄炎培发行、张志让主编，一直坚持到 1946 年 3 月，共出 27 期，在宣传宪政方面发挥了重要的桥梁作用。1 月 3 日，张君劢、左舜生、沈钧儒、章伯钧等 26 人在重庆再次发起"民主宪政座谈会"，呼吁开放党禁，实施宪政，保障人权，改革政治。以后又多次举行，规模也越来越大，很有影响。第二天，由《宪政月刊》社发起的"宪政座谈会"也在重庆首次召开，它虽比张君劢、左舜生等人组织的座谈会晚一天，可是却坚持时间最久，范围最广，影响最著。最初，参加这个座谈会的人数只有几十人，但很快就扩大至几百人乃至上千人，会场也数次易地，后来不得不在国泰大戏院举行会议。重庆的各大报纸，也经常用较大篇幅刊登他们的座谈记录。5 月中国民主政团同盟发表《对目前时局的看法与主张》，对国民党排斥异己、拒绝民主的态度提出批评，要求它改弦更张，结束党治，实行宪政。工商界代表在《宪政月刊》社组织的座谈会上，呼吁实行政治民主，生产自由，取消统制政策。重庆、成都、昆明各界人士纷纷响应。在成都，张澜等发起组织的"民主宪政促进会"，提出对国事的 10 项主张，要求切实施行约法，尊重人民的自由权利，刷新政治，给予各级民意机构以必要的权力。6 月以后，桂林、成都、乐山、城固等地大学生纷纷举行讲演会、座谈会，要求以实际行动，争取民主与自由。昆明云南大学、中法大学、西南联合大学等校学生 3000 余人，在"七七"纪念日联合举行的"时事座谈会"上，要求改革政治。这种热烈气氛打破了第一次宪政运动流产后国统区一度沉闷的政治局面，形成了"一股人莫不如大旱之望云霓的需要宪政"的声势。这正如《宪政月刊》在 1945 年 1 月 1 日的《岁首弁言——去年的检讨与今年的奋斗》中所说的：一年以来社会已有了惊人的进步，"民主已由静默的意愿而成为普遍公开的主张。全国人士都在殷切盼望着宪政民主之实现，积极准备着为其实现而奋斗"。①

中国共产党人也积极参加了这次宪政运动。1月3日，董必武代表共产党出席由张君劢、左舜生等人发起的"民主宪政座谈会"，并在发言中指出："民主是讨论宪政的先决条件，更是今天动员人民参加抗战、加强团结的先决条件。没有民主，没有言论、出版、集会、结社的自由，就不能实现人民总动员，也不能认真地由人民研究宪草，宪草也就不可能实现。"3月1日，中共中央在给各中央局、中央分局并各区党委的《关于宪政问题的指示》中强调："中央决定我党参加此种宪政运动，以期吸引一切可能的民主分子于自己周围，达到战胜日寇与建立民主国家之目的。""除我党代表已参加重庆方面国民党召集的宪政协进会会议外，延安亦已举行宪政座谈会。各根据地亦可于适当时机举行有多数党外人士参加的座谈会，借以团结这些党外人士于真正民主主义的目标之下。"②3月12日，周恩来在延安各界纪念孙中山逝世19周年大会上发表《关于宪政与团结问题》的演说，他指出："我们认为欲实行宪政，必须先实行宪政的先决条件。我们认为最重要的先决条件有三个：一是保障人民的民主自由，二是开放党禁，三是实行地方自治。"他并一再强调：人民有了民主自由，"抗战的力量就会源源不绝的从人民中间涌现出来，那反攻的准备，才能真正进行"。③根据中共中央的指示精神，国统区的党组织和共产党员很快就投入到了宪政运动之中，他们对推动国统区的宪政运动的高涨做出了重要贡献。

三、第二次宪政运动的失败

与第一次宪政运动比较，这次宪政运动不仅参加的阶级、阶层和人数更多，声势更加浩大，而且已不再停留在泛泛地要求结束党治、实行宪政的理想要求上，而是提出了具体的政治诉求，甚至是革命性的或颠覆性的诉求。

第一，要求保障基本人权，以此作为实行宪政的基础。宪法的产生就是人权的法律化，西方各民主国家宪法均以人权保障作为立宪的基石和行宪的目的，宪政的内容和最终目标指向保障人权，它包括言论自由、人身自

---

① 《岁首弁言——去年的检讨与今年的奋斗》，《宪政月刊》第12—13号合刊，1945年1月1日。
② 《中央政治局关于宪政问题的指示》，载《中共中央文件选集》第十四册，第178页。
③ 《关于宪政与团结问题》，载《中共中央文件选集》第十四册，第182、180页。

由、集会结社自由等方面。因此，在宪政实施协进会成立后的首次会议上，针对国民党对新闻和书籍的严格审查，张志让就提出了"关于改善新闻检查及书籍审查办法"案。1943 年 11 月 1 日，黄炎培以宪政实施协进会召集人名义邀请孔祥熙、吴铁城、熊式辉、张厉生等商量进行事项时，所谈三事中其一即言论开放。这月的 31 日，在宪政实施协进会第三组（负责研究关于宪政有关法令实施状况人）第三次会议上，作为召集人的黄炎培在会上又极力主张修改国民党的"新闻检查及书籍审查法"，定出新闻检查及书籍审查的标准，并建议由图书杂志审查委员会邀请各方专家组织评议会，凡作家对于审查其作品有不服时，得申请该会复审。

　　1944 年 1 月 3 日至 5 日，成都的《新中国日报》连载张君劢的《人民基本权利三项之保障——人身自由、结社集会自由、言论出版自由》一文。张君劢开宗明义便写道："吾国之语曰民为邦本，西方之语曰国之主权在民。然民之所以为民之地位，苟在国中一无保障，而期其成为邦本，期其行使主权，盖亦难矣。"这就是说，要使人民能作为邦本而行使主权，必须先对其"人权"地位予以切实的保障。而所谓"人权"，张君劢认为它包括信仰思想自由，集会结社自由、迁徙居住自由、通信秘密自由、人身安全自由，以及享有选举权和任公职权等方面，而在这种种人权中，人身自由、结社集会自由和言论出版自由是最基本的三项人权。关于人身自由，张君劢指出，人身自由是最基本的人权，人民只有在违法的情况下才能予以拘捕。关于结社集会自由，张君劢提出，"政党是多数人的集合体，也就是所谓集会结社。凡民主国家，人民都必享有集会结社自由之权"。他特别强调结社集会自由能给人民各抒己见的机会，便于培养政治人才，使其发表负责的言论。关于言论出版自由，张君劢认为，这是民主宪政不可或缺的要素，有之则为民治，无之则为专制，"苟人民无言论自由，则学术上无进步，政治上无改良之途径矣"。张君劢认为，这三项权利的保障问题，"不宜待诸宪法颁布之后，而应着手于宪法未颁布之前"。因为只有使"这三项自由得到切实保障，而后宪政才有基础"，这就犹如造屋之应先有石基、治水之应究其源头一样。[1]

---

[1] 张君劢：《人民基本权利三项之保障——人身自由、结社集会自由、言论出版自由》，《新中国日报》1944 年 1 月 3—5 日。

张君劢这篇文章发表后，立即引起了极大的社会反响。于是，他将此文作为提案交给宪政实施协进会讨论。黄炎培 1944 年 2 月 4 日的日记："九时，第四次常务会员会，孙科主席，讨论关于第二次全体会交议各案，对余所提实行约法案，当场修正通过；对张君劢人民之基本权利案讨论颇多。"①2 月 6 日和 3 月 21 日，黄炎培在日记中又两次提到宪政实施协进会常务会员会讨论张君劢所提人民之基本权利三项保障案的情况。1944 年 4 月，重庆发生市稽查处误拘律师温代荣案，温宅内的信函亦遭查抄。这激起社会公愤。为此，沈钧儒等 80 位律师联名向宪政实施协进会呈上《关于保障人权意见》，提出"请政府明令提审法实行日期""被损害人得依法向国家请求赔偿"等四项建议。黄炎培随即提出《因八十律师发表关于保障人权意见为进一步之建议》加以呼应。他提出四条建议：首先"请求政府将有逮捕权之机关名称早日公布"；其次要求"逮捕拘禁，在手续上时间上"，应纠正与"保障人民身体自由办法令所不许者"；再次，希望严惩故意违法者；最后，凡"遇有贫苦无力者，请求辩护"时，应"予以无条件之接受"。②1944 年 6 月 14 日，宪政实施协进会第三次全体会议通过黄炎培所提《关于滥用职权捕押久禁情事整肃改善办法案》③，宪政实施协进会据此起草了保障人民身体自由的八条办法。这个办法除了突出"无逮捕权之机关不得擅自捕人"外，特别强调提前实行提审制度。7 月 15 日，迫于各方压力，国民政府颁布《保障人民身体自由办法》。

《保障人民身体自由办法》是第二次宪政运动取得的一项重要成果，尽管不久它就因国民党政府制定《特种刑事诉讼条例》而成了一纸空文，但《保障人民身体自由办法》颁布的本身有它重要的思想意义。

第二，要求改组现行国民政府，组建抗日民主的联合政府。组建联合政府的主张，是中国共产党首先提出来的。1944 年 9 月，中共中央致电在重庆与国民党会谈的林伯渠、王若飞，指出："目前我党向国民党及国内外提出改组政府主张时机已经成熟。其方案为要求国民政府立即召集各党各

---

① 黄炎培：《国民参政会日记》，载《国民参政会纪实 续编》，第 560 页。
② 黄炎培：《因八十律师发表关于保障人权意见为进一步之建议》，《宪政月刊》第 9 号，1944 年 9 月 1 日。
③ 黄炎培：《国民参政会日记》，载《国民参政会纪实 续编》，第 562 页。

派各军，各地方政府，各民众团体代表开国事会议改组中央政府废除一党统治，然后由新政府召开国民大会实施宪政，贯彻抗战国策实行反攻。"[1] 遵照中共中央的指示，9 月 15 日，林伯渠作为中共参政员出席了第三届国民参政会第三次会议，并在会上提出："希望国民党立即结束一党统治的局面，由国民政府召集各党各派、各抗日部队、各地方政府、各人民团体的代表，开国事会议，组织各抗日党派联合政府。"[2]10 月 10 日，周恩来在延安各界举行的双十节庆祝大会上发表《如何解决》的演说，进一步提出了成立联合政府的具体步骤：1．各方代表由各方自己推选，人数应按各方所代表的实际力量比例规定。2．国事会议应于最近期间召开。3．国事会议根据革命三民主义的原则，必须通过切合时要、挽救危机的施政纲领以彻底改变现在国民党所执行的各种错误政策。4．在共同施政纲领的基础上，成立各党派的联合政府，以代替目前的一党专政的政府。5．联合政府有权改组统帅部，延纳各主要军队代表加入，成立联合统帅部。6．联合政府成立后，立即着手筹备真正人民普选的国民大会，并于最短期内召开，以保证宪政的实施。[3] 这样，中共就把宪政运动集中到了建立民主的联合政府的目标上。中共的主张，迅速得到各中间党派和民主人士的热烈响应和国统区各界的大力支持。从此，建立统一的民主联合政府成了第二次宪政运动主要诉求。刚刚由"中国民主政团同盟"改组而成的"中国民主同盟"，不久即发表《对抗战最后阶段的政治主张》，响应中共号召，要求立即结束一党统治，建立各党派联合政府，迅速实施筹备宪政，召开全国宪政会议，颁布宪法；释放一切政治犯，切实保障人民的各项自由权利；废除一切妨害上述内容的法律法令，开放党禁，承认各党各派的公开合法地位；等等。其他党派和民主人士也纷纷发表宣言、文章或谈话，表示拥护中国共产党提出的建立统一的民主联合政府的主张。

　　在这样的背景下，国民党不得不在表面上做出让步，同意与共产党谈判

---

① 《中央关于提出改组国民政府的主张及其实施方案给林伯渠、董必武、王若飞的指示》，载《中共中央文件选集》第十四册，第 323 页。
② 《林伯渠在国民参政会上关于国共谈判的报告》，载《中共中央文件选集》第十四册，第 334 页。
③ 《如何解决》，载《中共中央文件选集》第十四册，第 364—365 页。

成立联合政府问题。1944 年 11 月和 1945 年 1 月，周恩来两次亲赴重庆与国民党谈判，力促联合政府尽快成立。但蒋介石却于 1945 年元旦的广播讲话中，根本不提联合政府的事，只是开了一张空头支票，许诺不久将召开国民大会，制定宪法，国民党还政于民。而"不久"究竟是多久，蒋介石并没有给予具体说明。

人们当然不会满足于蒋介石的这种空头许诺，因为在此之前蒋介石曾多次这样许诺过，但结果都是不了了之。1945 年 2 月，重庆妇女界史良、李德全等发表《对时局的主张》，重庆文化界著名人士 300 余人联名发表《对时局进言》。3 月 12 日，昆明文化界数百人联名发表《关于挽救当前时局的主张》，要求国民党立即邀约中国共产党、中国民主同盟等党派以及由各党共同推定的无党无派各界进步人士，"共同举行国是会议，决定战时的政治纲领，并重新起草国民大会组织法及选举法，筹备召集真能代表人民的国民大会，以通过宪法，实行宪政"。同时，由国是会议"产生举国一致的民主联合政府，以执行战时政治纲领"①。在此前后，国统区的宪政运动也一浪高过一浪。面对如此高涨的宪政运动的潮流和要求成立民主的联合政府的呼声，国民党仍然一意孤行，故技重演。1945 年 3 月 1 日，蒋介石在宪政实施协进会上发表讲话，宣称国民党"只能还政于全国民众代表的国民大会，不能还政于各党各派的党派会议，或其他联合政府"②。再一次公开拒绝了共产党、各中间党派、广大民上人士和全国人民的民主要求，"此实表示政府方面一意孤行，使国内团结问题之商谈再无转圜余地"③。第二次宪政运动自此宣告彻底失败。

---

① 《昆明文化界关于挽救当前时局的主张》，《解放日报》1945 年 5 月 11 日。
② 蒋介石：《在宪政促进会上的讲话》，载《中共党史参考资料》第 9 册，中国人民解放军政治学院党史教研室编印（内部），第 487—488 页。
③ 《坚决反对国民党一党包办——致王世杰（1945 年 3 月 7 日）》，载《周恩来书信选集》，中央文献出版社，1988，第 260—261 页。

第 二十四 章

新民主主义理论
和毛泽东思想指导地位的确立

在中国新民主主义革命时期，以毛泽东为主要代表的中国共产党人，把马克思主义普遍原理与中国具体实际结合起来，找到了具有中国特色的革命道路，新民主主义理论的提出和系统阐明，是马克思主义中国化的重大理论成果，标志着毛泽东思想得到多方面的展开而趋于成熟。毛泽东思想的形成和发展，实现了马克思列宁主义基本原理同中国革命实际相结合过程中的第一次历史性飞跃。将毛泽东思想确定为党的指导思想并写入党章，是中国共产党第七次全国代表大会的历史性贡献。

第一节　新民主主义理论体系的形成和基本内容

1939 年底至 1940 年初，毛泽东先后发表《〈共产党人〉发刊词》《中国革命和中国共产党》和《新民主主义论》。这标志着新民主主义理论体系的形成。新民主主义理论的基本内容包括，新民主主义的革命论：革命的对象、任务、动力、性质和前途；新民主主义的社会论：新民主主义的政治、经济和文化；中国革命的三大法宝：统一战线、武装斗争、党的建设。

一、新民主主义理论体系的形成（1939 年底—1940 年初）

1939 年底至 1940 年初，毛泽东先后发表《〈共产党人〉发刊词》《中国革命和中国共产党》和《新民主主义论》，在系统总结中国革命历史经验的基础上，使中国共产党关于新民主主义革命的理论形成为完整的科学体系。《共产党人》是中共中央机关刊物，1939 年 10 月 4 日创刊。《中国革命和中国共产党》是 1939 年 12 月毛泽东撰写的一部重要著作。《新民主主义论》是毛泽东于 1940 年 1 月 9 日在陕甘宁边区文化协会第一次代表大会上的讲演，原题为《新民主主义的政治与新民主主义的文化》，原载于 1940 年 2 月 15 日延安出版的《中国文化》创刊号，同年 2 月 20 日发表于《解放》第九十八、九十九期合刊，题目改为《新民主主义论》。

新民主主义理论体系之所以形成于 1939 年底至 1940 年初，一个重要契机或背景是全民族抗战进入相持阶段时国民党顽固派挑起的三民主义之争。相持阶段到来后，国民党顽固派在政治上、军事上加紧反共的同时，在思想文化上也加强了反共舆论攻势。他们打着"三民主义"的旗号，大肆攻击共产党，攻击马克思主义，极力兜售"一个主义""一个政党""一个领袖"的法西斯主义。所谓"一个主义"，即已被蒋介石篡改了的"三民主义"，亦即蒋记"三民主义"。1939 年 1 月，国民党召开五届五中全会，讨论的主要议题是："强化"国民党，以对付"华北各地共产党之竞起""与共产党作积极之斗争"。会议确立了"防共、限共、溶共、反共"的方针，国民党五届五中全会确立的"防共、限共、溶共、反共"方针有一个鲜明的特色，即注重与共产党的政治思想斗争。蒋介石在会上说："我们对中共不好像十五、十六年那样，而应采取不打它，但也不迁就它，现在对它要严正—管束—教训—保育—现在要溶共—不是容共。它如能取消共产主义我们就容纳它。"①会议通过的《对于党务报告之决议案》强调："今后本党应力求革命理论之领导。党的革命理论之发展，其目的在求主义之阐扬，以端正全国思想之趋向而实现本党的政纲政策。因此，今后本党应着重革命理论之宣传与领导，而使违反主义之思想无从流布于社会，而于战区及敌人后方，尤应特别注意。"②1939年3月，国民党在国防最高委员会之下设立精神总动员会，由蒋介石自任会长，公布了《国民精神总动员纲领》，要求全国国民确立同一的救国道德，即"忠孝仁爱信义和平之八德"，提出要以蒋记的"三民主义"来改造国民精神，希望全国国民对于"建国原则之三民主义，必须更巩固其信仰"。③这年的4月至6月，根据五届五中全会确立的"反共"方针，国民党秘密制定和颁布了《共党问题处置办法》《异党问题处理办法》等"反共"文件。在这些文件中，国民党更加露骨地宣称："利用共党内部派别矛盾与思想斗争……以分化其内部力量。""对付共产党员之态度，可分为二种，上层注重'理性之折服'，以'严正'对之，中下层当予以事实上之'打击'，以'严厉'对之。"④所谓"理性之折服"，也就是要从思想理论上加以攻击。同年5月7日，蒋介石在中央训练团党政班上发表《三民主义之体系及其实行程序》的讲演，他以研究三民主义为名，鼓吹民生史观，认为"三民主义的'原理'或哲学基础"是"民生哲学"，其理论来源是"中国正统的政治思想和伦理思想"，攻击唯物史观"是一偏之见，不能够概括人类全部历史的真实的意义。因为人类全部历史即是人类为生

---

① 《国民党五届五中全会会议记录》，中国第二历史档案馆藏国民政府档案，转引自宋春主编《中国国民党史》，吉林文史出版社，1990，第461页。

② 《对于党务报告之决议案》，载荣孟源主编《中国国民党历次代表大会及中央全会资料》（下册），光明日报出版社，1985，第554页。

③ 《国民精神总动员纲领及实施办法》，载彭明主编《中国现代史资料选辑》第五册（下），中国人民大学出版社，1989，第117、119页。

④ 《陈诚与徐永昌商订反动的〈共党问题处置办法〉》，载中国人民解放军国防大学党史党建政工教研室编《中共党史教学参考资料》第十六册，第148、145页。

存而活动的记载，不仅仅是物质，也不仅仅是精神，所以唯有以民生哲学
为基础的民生史观，或以民生史观为出发点的民生哲学……才能说明人生
的全部与历史的真实意义"。① 他美化"三民主义"，认为"三民主义比其他
主义完备，而且比其他主义伟大悠久，亦比其他任何主义容易实行"，攻击
共产主义与"民主主义""法西斯主义"一样，有其"缺点"，其"内容是
很不完备"的，共产主义"固是重于经济，近于民生主义，却不重视民族
和民权主义，而且共产党人倡导民主，亦只重视一个阶级的利益，而不兼
顾全民的利益"。② 他吹捧封建法西斯的"智""仁""勇"和"力行"精神，
认为"我们要担负非常的革命事业，先要有一种革命的原动力，没有伟大
深厚的原动力，断不能发生成仁取义的决心，和生死不渝的毅力。我们革
命的原动力是什么……就是智、仁、勇三个字；合拢来说：就是一个'诚'
字"。但有了"诚"字还不够，"还要能够'力行'"。③ 他公开鼓吹"以党治
国""以党建国"，认为"在革命建国时期当中，障碍亟待扫除，民众尚待
唤起"，而这"一切要由党来负责"，"所谓'以党治国'、'以党建国'，其
意义即以党来管理一切，由党来负起责任"。④

　　为配合国民党的反共、反马克思主义，五届五中全会后，国民党及其控
制的报刊，如《三民主义半月刊》《中央周刊》《抗战与文化》《前卫》《民意》
等登载了大量的反共、反马克思主义的文章，国民党及其控制的出版机构
出版了大批反共、反马克思主义的图书，进行反共、反马克思主义的宣传。
一些国民党的御用文人也打着三民主义的招牌，积极为反共、反马克思主
义的宣传摇旗呐喊。如叶青，他于 1939 年 4 月创办"专门研究三民主义的
理论刊物"——《时代思潮》旬刊，纠集一帮反动文人发起所谓"三民主义
研究及三民主义文化运动"，他自己先后在《时代思潮》旬刊上发表《三民
主义底创造性》（1939 年 5 月 30 日）、《三民主义底革命性》（1939 年 7 月
30 日）、《三民主义底世界性》（1939 年 11 月 30 日）、《民生主义与国营实

---

① 蒋中正：《三民主义之体系及其实行程序》，载秦孝仪主编《总统蒋公思想言论总集》卷三，
　　（台湾）中国国民党中央委员会党史委员会，1984，第 139—141 页。
② 蒋中正：《三民主义之体系及其实行程序》，载《总统蒋公思想言论总集》卷三，第 143、
　　142 页。
③ 蒋中正：《三民主义之体系及其实行程序》，载《总统蒋公思想言论总集》卷三，第 144、145 页。
④ 蒋中正：《三民主义之体系及其实行程序》，载《总统蒋公思想言论总集》卷三，第 146、147 页。

业》（1939 年 12 月 30 日）等一系列"制造伪三民主义，排斥和攻击马克思主义"的长篇文章。他"把孙中山先生的革命三民主义完全歪曲成一种反共反马克思主义的思想，他借讲三民主义的哲学基础，攻击马克思主义的唯物辩证法和唯物史观均是'一偏之见'；借讲民族主义，否定无产阶级国际主义；借讲民权主义，否定'无产阶级专政底形态'；借讲民生主义，否定共产主义；借讲'三大政策'，否定新三民主义"。他攻击"共产主义不能同时解决民族民权民生三个问题"，而且"有碍于三个问题的解决"。为此，他"极力鼓吹'一次革命论'"，认为"三民主义所以要把民族主义、民权主义、民生主义合而为一个主义，在于要把种族革命、政治革命、社会革命合而为一次革命"。所以，他得出结论共产主义不如三民主义，"共产主义应该脱离中国"。[1]

　　在国民党、蒋介石及其御用文人"反共"声浪甚嚣尘上的情况下，全民族抗战爆发时的那种积极振奋的景象，为之一扫，广大国民对国家的前途极为担忧，思想极为混乱。一些代表民族资产阶级和其他中间阶层利益的中间党派，虽然也对国民党政治上的独裁、经济上的垄断和军事上的腐败无能不满，但又害怕无产阶级领导的人民革命力量的发展。他们反对妥协、要求民主的呼声很高；同时又推崇"国家至上"论，附和国民党"一个主义""一个政党""一个领袖"的主张，指责共产党坚持独立自主原则，幻想在国共两党之间发展自己，以便抗战胜利后在中国建立一个欧美式的资产阶级专政的共和国。比如，国社党的张君劢就曾致信毛泽东，认为"三民主义，本以'民族'为出发点，与马克思之视阶级为历史支配者迥乎不同"，信奉三民主义，就不能再讲马克思主义。因此，他"以为目前阶段中"，中国共产党人"既努力于对外民族战争，不如将马克思主义暂搁一边，使国人思想走上彼此是非黑白分明一途，而不必出以灰色与掩饰之辞"。[2] 在共产党内，以王明为代表的右倾投降主义，则否认抗战是新民主主义革命的组成部分，并得出了抗战胜利是国民党胜利的错误结论。

　　围绕"中国向何处去"这一中心议题展开的思想理论上的争论，已成为

---

① 《叶青"三民主义"》，载高军、李慎兆、严怀儒、王桧林等编《中国现代政治思想史资料选
　　辑》下册，四川人民出版社，1986，第 455 页。
② 张君劢：《致毛泽东先生一封公开信》，载《中国现代政治思想史资料选辑》下册，第 315 页。

关系抗战前途和中国命运的重大问题。回击国民党顽固派在思想理论方面
的进攻，打破民族资产阶级建立资产阶级共和国的幻想，以澄清人们在思
想认识上的混乱，科学地回答"中国向何处去"的问题，从理论上武装全体
党员和全国人民，这对中国共产党而言，已刻不容缓。1939 年 4 月 26 日，
为响应国民精神总动员运动，中共中央发出《为开展国民精神总动员运动告
全党同志书》，在论及对三民主义的态度时指出："共产党员必须在国民精神
总动员运动中号召全国同胞坚决实行三民主义。抗日战线中各党各派的任
何人究竟信仰三民主义与否，不在其口头之自称，而在其行为之表现，只
有言行相符，才可称为孙中山先生的忠实信徒。所以，国人对于三民主义，
主要的不应从口头上看，而应从实行上看。……如果口称信仰民族主义而又
企图与敌人妥协，口称信仰民权主义而又实行压制人民，口称信仰民生主
义而又不顾人民生活的痛苦，都是假三民主义者……国难已至极严重关头，
必须广泛的动员全国同胞，切切实实的实行三民主义，揭穿汉奸汪精卫辈
的假三民主义，为具体实施民族独立民权自由民生幸福的真三民主义而斗
争。"[1] 据学者研究，这是中国共产党第一次提出真假三民主义的概念。[2]5 月
17 日，中共中央又在《关于宣传教育工作的指示》中要求各级党组织在扩
大党内党外宣传教育的工作中，要"批评与驳斥顽固分子的消极的黑暗的东
西。力争以革命的言行相符的真正三民主义去对抗曲解的与言不顾行的假
三民主义，以真正三民主义的姿态，去反对假三民主义者，即顽固分子"。[3]
这里再次强调了真假三民主义的问题。

　　6 月 10 日，毛泽东在延安高级干部会议上做了《反投降提纲》的报告。
在谈到"抗战的前途"时，他将三民主义和国民党细分为三类：第一类是
"日本人的三民主义与国民党"，也就是"现已在做，经过汪精卫"的"假
三民主义与假国民党"；第二类是"中间性的三民主义与国民党"，也就是
"现已萌芽，正在奔跑"的"半真半假的三民主义与国民党"；第三类是"中
国人民的三民主义与国民党"，也就是"现已发生，正在发展"的"真三民

---

① 《中国共产党中央委员会为开展国民精神总动员运动告全党同志书》，载《中共中央文件选
　　集》第十二册，第 59—60 页。
② 宋进：《挈其瑰宝——抗战时期中共与三民主义研究》，广西师范大学出版社，1994，第 20 页。
③ 《中央关于宣传教育工作的指示》，载《中共中央文件选集》第十二册，第 71—72 页。

主义与真国民党"。在谈到"当前的任务"时，他指出，三民主义"是统一战线的政治基础，是抗日过程中能够适用的原则、方针。我们要用真三民主义反对假三民主义，争取中间性的三民主义，这是在几种三民主义存在的情况下应采取的政策"。他强调：三民主义与共产主义有区别，这不能否认，"但在抗日过程中二者有其一致点，即在把三民主义照着国民党第一次全国大会那样解释时，二者在资产阶级民主革命阶段的政纲上基本上是不相冲突的"。因此，轻视三民主义是不对的，更不能认为"它是根本反动的骗人的与空洞的思想或教条"，产生这种认识的根本原因"是由于没有把真三民主义与假三民主义加以区别而来"。毛泽东还对以叶青为代表的一些国民党御用文人进行了批判，他指出："在思想斗争问题上，两年来，尤其是半年来，代表国民党写文章的人包括托派叶青等在内，发表了许多不但反对共产主义而且也是反对真三民主义的'纷歧错杂的思想'，亦即假三民主义或中间三民主义的思想，应该加以严正的批驳。"[1] 在 8 月 24 日召开的中共中央政治局会议上，毛泽东指出："孙中山的三民主义是小资产阶级性的三民主义，资产阶级民主革命阶段主要政纲与我党相同，但整个革命全部政纲与我党纲领则不相同。"中国共产党目前对三民主义的态度，"一是理论上承认它，承认三民主义为中国今日之必需，是抗日统一战线的政治基础。二是实践上实行它，八路军、新四军、边区和党的工作，都是执行三民主义这一共同纲领"。针对国民党及其御用文人对三民主义的曲解和反动宣传，他尤其强调：共产党"要公开号召、宣传解释三民主义，否则不能扶持左派与争取群众"，并且有必要"公开宣传三民主义与共产主义的相同点和不同点"。[2]

在此之前，尤其是毛泽东提出共产党"要公开号召、宣传解释三民主义"之后，中共主要领导人和理论工作者集中发表了一系列文章，如张闻天的《拥护真三民主义反对假三民主义》、周恩来的《三民主义与共产主义（提纲）》、王稼祥的《关于三民主义与共产主义》、陈伯达的《论共产主义者对三民主义关系的几个问题》、吴黎平（即吴亮平）的《叶青的三民主义

---

[1] 毛泽东：《反投降提纲》，载《毛泽东文集》第二卷，第 214、219、220 页。
[2] 中共中央文献研究室编《毛泽东年谱（1893—1949）》中卷，人民出版社、中央文献出版社，1993，第 134 页。

就是取消三民主义》、艾思奇的《关于三民主义的认识》等，还将之汇编成册，公开发行，以扩大影响。这些文章从不同角度对真假三民主义以及三民主义与共产主义的关系等问题做了分析论述。正是在这样的历史背景下，毛泽东先后发表《〈共产党人〉发刊词》《中国革命和中国共产党》和《新民主主义论》，以还击国民党顽固派所掀起的反共、反马克思主义的逆流，回答"中国向何处去"这一中国人民所关心的问题。

还击国民党挑起的三民主义之争，是毛泽东新民主主义理论体系形成的一个重要契机或背景。但新民主主义理论体系形成的根本原因，是马克思主义的中国化及其成果。以毛泽东为主要代表的中国共产党人从建党时提出在中国径直实现社会主义，到认识到中国革命必须分两步走，再到形成新民主主义理论体系，经历了一个不断在实践中探索、不断把马克思主义普遍原理同中国具体实际相结合、不断反对并纠正把马克思列宁主义教条化以及把共产国际的决议和苏联的经验神圣化之错误倾向的过程。在中国共产党创立时期和1924—1927年国共合作共同进行大革命的过程中，中国共产党对新民主主义革命的基本问题进行了探索，回答了中国革命的性质是什么、谁是中国革命的对象、谁是中国革命的动力等中国革命必须首先回答的问题，提出了包括中国革命必须分两步走、无产阶级是民主革命的领导者、农民是无产阶级的同盟军、与资产阶级结成联合战线等思想，新民主主义基本思想初步形成。新民主主义基本思想的初步形成是以毛泽东为主要代表的中国共产党人集体智慧的结晶，是马克思主义普遍原理与中国革命的具体实践初步结合的产物。在土地革命战争时期，在创建红军、创立农村革命根据地的过程中，毛泽东论述了中国红色政权存在和发展的原因及其条件，提出了先占领乡村、后夺取城市、走"农村包围城市，武装夺取政权"的中国民主革命道路的理论，从而开辟了中国革命新道路。与此同时，在开辟中国革命新道路的过程中中国共产党人对党的建设、武装斗争、统一战线、军队建设、政权建设等问题进行了理论探索，使新民主主义理论又有了较大的发展。到了全民族抗战时期，由于此前的遵义会议开始确立了以毛泽东为主要代表的马克思主义正确路线在中共中央的领导地位，再加上中共中央的六届六中全会又首次提出了"马克思主义中国化"这一重大命题，马克思主义中国化因而在此时得到了进一步的推进和发展。

新民主主义理论体系的形成便是马克思主义中国化进一步推进和发展所取得的重大成果。

当然，新民主主义理论体系的形成也是对中国革命实践经验的总结与升华。抗日战争全面爆发前，中国共产党与中国革命经过了"两次胜利"和"两次失败"："在第一次统一战线时期，它是幼年的党，它英勇地领导了一九二四年至一九二七年的革命；但在对于革命的性质、任务和方法的认识方面，却表现了它的幼年性，因此在这次革命的后期所发生的陈独秀主义能够起作用，使这次革命遭受了失败。一九二七年以后，它又英勇地领导了土地革命战争，创立了革命的军队和革命的根据地，但是它也犯过冒险主义的错误，使军队和根据地都受了很大的损失。一九三五年以后，它又纠正了冒险主义的错误，领导了新的抗日的统一战线，这个伟大的斗争现在正在发展。"[1] 毛泽东在后来的《在扩大的中央工作会议上的讲话》中指出："在民主革命时期，经过胜利、失败，再胜利、再失败，两次比较，我们才认识了中国这个客观世界。在抗日战争前夜和抗日战争时期，我写了一些论文，例如《中国革命战争的战略问题》、《论持久战》、《新民主主义论》、《〈共产党人〉发刊词》，替中央起草过一些关于政策、策略的文件，都是革命经验的总结。那些论文和文件，只有在那个时候才能产生，在以前不可能，因为没有经过大风大浪，没有两次胜利和两次失败的比较，还没有充分的经验，还不能充分认识中国革命的规律。""在抗日时期，我们才制定了合乎情况的党的总路线和一整套具体政策。这时候，中国民主革命这个必然王国才被我们认识，我们才有了自由。到这个时候，我们已经干了二十来年的革命。过去那么多年的革命工作，是带着很大的盲目性的。"[2] 正是有了 1924—1927 年大革命的胜利和失败与 1927—1935 年土地革命战争的胜利和失败及再次走向新胜利的比较，有了陈独秀右倾机会主义错误、李立三"左"倾冒险主义错误、尤其是王明"左"倾教条主义错误的深刻教训，使以毛泽东为主要代表的中国共产党人对中国革命规律有了深刻认识，为新民主主义革命理论体系的形成奠定了坚实的实践基础。没有两次

① 毛泽东：《矛盾论》，载《毛泽东选集》第一卷，第 316 页。
② 毛泽东：《在扩大的中央工作会议上的讲话》，载《毛泽东文集》第八卷，人民出版社，1999，
　　第 299—300 页。

国共合作的实践，就没有关于统一战线的理论；没有创建人民军队与革命战争的实践，就不会有武装斗争的理论；没有党从幼年到成熟、从小到大、从弱到强的实践，就不会有党的建设的理论；没有开展土地革命、建立农村根据地的实践，就不会有关于中国革命道路的理论。

二、新民主主义的革命论：中国革命的对象、任务、动力、性质和前途

　　1939 年 5 月 1 日，毛泽东在《五四运动》一文中指出：二十年前的五四运动，表现中国反帝反封建的资产阶级民主革命已经发展到了一个新的阶段。5 月 4 日，他在《青年运动的方向》中认为"我们中国反对帝国主义和封建主义的人民民主革命，快要进到一个转变点了。几十年来反帝反封建的人民民主革命屡次地失败了，这种情形，现在要来一个转变，不是再来一次失败，而是要转变到胜利的方面去了"。他还指出："中国革命的性质是什么？我们现在干的是什么革命呢？我们现在干的是资产阶级性的民主主义的革命，我们所做的一切，不超过资产阶级民主革命的范围。现在还不应该破坏一般资产阶级的私有财产制，要破坏的是帝国主义和封建主义，这就叫做资产阶级性的民主主义的革命。但是这个革命，资产阶级已经无力完成，必须靠无产阶级和广大人民的努力才能完成。"[①] 在这里，"新民主主义论"已呼之欲出。1939 年 11 月，毛泽东在《中国革命和中国共产党》一文中第一次把资产阶级民主革命区别为旧民主主义革命和新民主主义革命，强调"所谓新民主主义的革命，就是在无产阶级领导之下的人民大众的反帝反封建的革命"。[②]

　　中国社会的性质。毛泽东在《中国革命和中国共产党》中分析了中国国情与中国革命的特点。他认为，认清中国社会的性质，就是说，认清中国的国情，乃是认清一切革命问题的基本的根据。只有认清中国社会的性质，才能认清中国革命的对象、中国革命的任务、中国革命的动力、中国革命的性质、中国革命的前途和转变。他分析了中国古代封建社会的特点、中

---

① 毛泽东：《青年运动的方向》，载《毛泽东选集》第二卷，第 561、562—563 页。
② 毛泽东：《中国革命和中国共产党》，载《毛泽东选集》第二卷，第 647 页。

国近代半殖民地半封建社会的特点和主要矛盾，指出中国的封建社会已存在了三千年左右，直到19世纪的中叶，由于外国资本主义的侵入，这个社会的内部才发生了重大的变化。封建社会的主要矛盾，是农民阶级和地主阶级的矛盾。自从1840年的鸦片战争以后，中国一步一步地变成了一个半殖民地半封建的社会。自从1931年九一八事变日本帝国主义武装侵略中国以后，中国又变成了一个殖民地、半殖民地和半封建的社会。帝国主义和中华民族的矛盾，封建主义和人民大众的矛盾，这些就是近代中国社会的主要矛盾。伟大的近代和现代的中国革命，是在这些基本矛盾的基础之上发生和发展起来的。毛泽东接着回顾了近百年来的革命运动，分析了中国革命的对象、任务、动力、性质和前途。他指出，帝国主义和中国封建主义相结合，把中国变为半殖民地和殖民地的过程，也就是中国人民反抗帝国主义及其走狗的过程。"中国人民的民族革命斗争，从一八四〇年的鸦片战争算起，已经有了整整一百年的历史了；从一九一一年的辛亥革命算起，也有了三十年的历史了。这个革命的过程，现在还未完结，革命的任务还没有显著的成就。"[①]

中国革命的对象。中国现阶段革命的主要对象或主要敌人就是帝国主义和封建主义，就是帝国主义国家的资产阶级和本国的地主阶级。因为，在现阶段的中国社会中，压迫和阻止中国社会向前发展的主要的东西，不是别的，正是它们二者。二者互相勾结以压迫中国人民，而以帝国主义的民族压迫为最大的压迫，因而帝国主义是中国人民的第一个也是最凶恶的敌人。在日本武力侵入中国以后，中国革命的主要敌人是日本帝国主义和勾结日本公开投降或准备投降的一切汉奸和反动派。在北伐战争中，资产阶级的上层背叛了中国革命，造成了革命的失败，所以，当时革命的人民和革命的政党（共产党）不得不把这些资产阶级分子当作革命的对象之一；在抗日战争中，大地主大资产阶级的一部分，以汪精卫为代表，已经叛变，已经变成汉奸，所以，抗日的人民也不得不把这些背叛民族利益的大资产阶级分子当作革命的对象之一。中国革命的敌人是异常强大的，中国革命的敌人不但有强大的帝国主义，强大的封建势力，而且在一定时期内还有

① 毛泽东：《中国革命和中国共产党》，载《毛泽东选集》第二卷，第632页。

勾结帝国主义和封建势力以与人民为敌的资产阶级的反动派。因此，那种轻视中国革命人民的敌人的力量的观点，是不正确的。在这样的敌人面前，中国革命的长期性和残酷性就发生了；那种以为中国革命力量瞬间就可以组成，中国革命斗争顷刻就可以胜利的观点，是不正确的。在这样的敌人面前，中国革命的主要方法，中国革命的主要形式，不能是和平的，而必须是武装的，也就决定了：那种轻视武装斗争，轻视革命战争，轻视游击战争，轻视军队工作的观点，是不正确的。在这样的敌人面前，革命的根据地问题也就发生了，因为强大的帝国主义及其在中国的反动同盟军，总是长期地占据着中国的中心城市，那就必须把落后的农村造成先进的巩固的根据地，借以反对利用城市进攻农村区域的凶恶敌人。"因此，忽视以农村区域作革命根据地的观点，忽视对农民进行艰苦工作的观点，忽视游击战争的观点，都是不正确的。"①

中国革命的任务。 既然现阶段中国革命的敌人主要的是帝国主义和封建地主阶级，那么，现阶段中国革命的任务就是打击这两个敌人，就是对外推翻帝国主义压迫的民族革命和对内推翻封建地主压迫的民主革命，而最主要的任务是推翻帝国主义的民族革命。中国革命的两大任务，是互相关联的。如果不推翻帝国主义的统治，就不能消灭封建地主阶级的统治，因为帝国主义是封建地主阶级的主要支持者。反之，因为封建地主阶级是帝国主义统治中国的主要社会基础，而农民则是中国革命的主力军，如果不帮助农民推翻封建地主阶级，就不能组成中国革命的强大的队伍而推翻帝国主义的统治。"所以，民族革命和民主革命这样两个基本任务，是互相区别，又是互相统一的。中国今天的民族革命任务，主要地是反对侵入国土的日本帝国主义，而民主革命任务，又是为了争取战争胜利所必须完成的。"②

中国革命的动力。 民族资产阶级是带两重性的阶级，一方面，民族资产阶级受帝国主义的压迫，又受封建主义的束缚，所以，他们同帝国主义和封建主义有矛盾。从这一方面说来，他们是革命的力量之一。但另一方面，由于他们在经济上和政治上的软弱性，由于他们同帝国主义和封建主义并未完全断绝经济上的联系，所以，他们又没有彻底地反帝反封建的勇气。

---

① 毛泽东：《中国革命和中国共产党》，载《毛泽东选集》第二卷，第635—636页。
② 毛泽东：《中国革命和中国共产党》，载《毛泽东选集》第二卷，第637页。

民族资产阶级的这种两重性，决定了他们在一定时期中和一定程度上能够参加反帝国主义和反官僚军阀政府的革命，他们可以成为革命的一种力量；而在另一时期，就有跟在买办大资产阶级后面，作为反革命的助手的危险。农民以外的小资产阶级，包括广大的知识分子、小商人、手工业者和自由职业者，这些小资产阶级是革命的动力之一，是无产阶级的可靠的同盟者。富农一般地在农民群众反对帝国主义的斗争中可能成为参加的一份力量，在反对地主的土地革命斗争中也可能保持中立；全部中农都可以成为无产阶级的可靠的同盟者，是重要的革命动力的一部分；贫农是没有土地或土地不足的广大的农民群众，是农村中的半无产阶级，是中国革命的最广大的动力，是无产阶级的天然的和最可靠的同盟者，是中国革命队伍的主力军。中国无产阶级不仅具有世界无产阶级的一般优点，即与最先进的经济形式相联系，富于组织性纪律性，没有私人占有生产资料等，而且还具有自己特殊的优点：第一，中国无产阶级深受帝国主义、资产阶级和封建势力的三种压迫，而这些压迫的严重性和残酷性是世界各民族中少见的。因此，他们在革命斗争中比任何别的阶级来得坚决彻底。第二，中国无产阶级开始走上革命的舞台，就在本阶级的革命政党——中国共产党领导之下，成为中国社会里比较有觉悟的阶级。第三，由于是破产农民出身的成分占多数，中国无产阶级和农民结成亲密的联盟。这样，中国无产阶级成为中国革命最基本的动力，中国革命如果没有无产阶级领导，就必然不能胜利。无产阶级"虽然是一个最有觉悟性和最有组织性的阶级，但是如果单凭自己一个阶级的力量，是不能胜利的。而要胜利，他们就必须在各种不同的情形下团结一切可能的革命的阶级和阶层，组织革命的统一战线"。①

中国革命的性质。现阶段的中国革命是资产阶级民主主义的革命，而不是无产阶级社会主义的革命，这是由中国社会的性质和革命的任务决定的。既然中国社会还是一个殖民地、半殖民地、半封建的社会，中国革命的敌人主要的还是帝国主义和封建势力，中国革命的任务是为了推翻这两个主要敌人的民族革命和民主革命，而推翻这两个敌人的革命，有时还有资产阶级参加，那么，现阶段中国革命的性质，就不是无产阶级社会主义的革

---

① 毛泽东：《中国革命和中国共产党》，载《毛泽东选集》第二卷，第645页。

命，而是资产阶级民主主义的革命。但"现时中国的资产阶级民主主义的革命，已不是旧式的一般的资产阶级民主主义的革命，这种革命已经过时了，而是新式的特殊的资产阶级民主主义的革命。这种革命正在中国和一切殖民地半殖民地国家发展起来，我们称这种革命为新民主主义的革命"①。

中国革命的前途。既然在现阶段中国资产阶级民主主义的革命，不是一般的旧式的资产阶级民主主义的革命，而是特殊的新式的民主主义的革命，亦即新民主主义的革命，而中国革命又是处在 20 世纪三十和四十年代的新的国际环境中，即处在社会主义向上高涨、资本主义向下低落的国际环境中，处在第二次世界大战和革命的时代，那么，中国革命的终极的前途，不是资本主义的，而是社会主义和共产主义的。在革命胜利之后，因为肃清了资本主义发展道路上的障碍物，资本主义经济在中国社会中会有一个相当程度的发展，这是经济落后的中国在民主革命胜利之后不可避免的结果。但这只是中国革命的一方面的结果，不是它的全部结果。"中国革命的全部结果是：一方面有资本主义因素的发展，又一方面有社会主义因素的发展。"②

中国革命的两重任务。中国革命是包括资产阶级民主主义性质的革命（新民主主义的革命）和无产阶级社会主义性质的革命，而这两重革命任务的领导，都是担负在中国无产阶级的政党——中国共产党的双肩之上。完成中国资产阶级民主主义的革命（新民主主义的革命），并准备在一切必要条件具备的时候把它转变到社会主义革命的阶段上去，这就是中国共产党光荣的伟大的全部革命任务。"整个中国革命运动，是包括民主主义革命和社会主义革命两个阶段在内的全部革命运动；这是两个性质不同的革命过程，只有完成了前一个革命过程才有可能去完成后一个革命过程。民主主义革命是社会主义革命的必要准备，社会主义革命是民主主义革命的必然趋势。"③

1940 年 1 月 9 日，毛泽东在陕甘宁边区文化协会第一次代表大会上发表《新民主主义的政治与新民主主义的文化》的讲演，后来在 1940 年 2 月

---

① 毛泽东：《中国革命和中国共产党》，载《毛泽东选集》第二卷，第 647 页。
② 毛泽东：《中国革命和中国共产党》，载《毛泽东选集》第二卷，第 650 页。
③ 毛泽东：《中国革命和中国共产党》，载《毛泽东选集》第二卷，第 651 页。

15 日延安出版的《中国文化》创刊号上、2 月 20 日在延安出版的《解放》第 98—99 期合刊上刊出时，题目改为《新民主主义论》。毛泽东在《新民主主义论》中对于新民主主义革命论又做了进一步阐述，指出中国革命的历史进程，必须分为两步，其第一步是民主主义的革命，其第二步是社会主义的革命，这是性质不同的两个革命过程。而所谓民主主义，现在已不是旧范畴的民主主义，即旧民主主义，而是新范畴的民主主义，即新民主主义，从五四运动起，中国的革命已由旧民主主义革命发展为新民主主义革命。这是因为：其一，第一次帝国主义世界大战和俄国十月社会主义革命的胜利，改变了整个历史的方向，划分了整个历史的时代。在这个无产阶级革命的新时代里，任何殖民地半殖民地国家，如果发生了反对帝国主义的革命，它就不再属于旧的资产阶级和资本主义世界革命的一部分，而是新的世界革命的一部分，亦即无产阶级社会主义世界革命的一部分。在这以前，中国资产阶级民主主义革命，是属于旧的世界资产阶级民主主义革命的范畴，是旧的世界资产阶级民主主义革命的一部分。在这以后，中国资产阶级民主主义革命，则属于新的资产阶级民主主义革命的范畴，是世界无产阶级社会主义革命的一部分。其二，中国新民主主义革命是无产阶级领导之下的人民大众反帝反封建的革命。革命领导权问题，是区分新旧民主革命的根本标志。五四运动以后，虽然中国民族资产阶级继续参加了革命，但是中国资产阶级民主革命的政治指导者，已经不再属于中国资产阶级，而是属于中国无产阶级了。这是因为：中国的资产阶级分为买办性的大资产阶级和民族资产阶级两部分，前者已经成为革命对象，而后者又是具有两面性的阶级，不仅不能担当革命领导责任，而且有跟随大资产阶级充当反革命助手的危险。中国无产阶级在五四运动后，"由于自己的长成和俄国革命的影响，已经迅速变成了一个觉悟了的独立的政治力量"。[1] 历史已经证明，只有无产阶级才能担负起领导中国革命的责任。

三、新民主主义的社会论：新民主主义的政治、经济和文化

毛泽东在《新民主主义论》中指出，中国革命分为两个步骤：第一步，

---

[1] 毛泽东：《新民主主义论》，载《毛泽东选集》第二卷，第 673 页。

改变这个殖民地、半殖民地、半封建的社会形态，使之变成一个独立的民主主义的社会；第二步，使革命向前发展，建立一个社会主义的社会。中国革命第一步成功后建立的"独立的民主主义的社会"，即新民主主义社会，它"不但有新政治、新经济，而且有新文化。这就是说，我们不但要把一个政治上受压迫、经济上受剥削的中国，变为一个政治上自由和经济上繁荣的中国，而且要把一个被旧文化统治因而愚昧落后的中国，变为一个被新文化统治因而文明先进的中国"。①毛泽东对新民主主义政治、经济和文化进行了论述。

新民主主义的政治。新民主主义革命所要建立的是在无产阶级领导下的一切反帝反封建的人们联合专政的民主共和国，这就是新民主主义的共和国，也就是真正革命的三大政策的新三民主义共和国。这种新民主主义共和国，一方面和旧形式的、欧美式的、资产阶级专政的、资本主义的共和国相区别，那是旧民主主义的共和国，那种共和国已经过时了；另一方面，也和苏联式的、无产阶级专政的、社会主义的共和国相区别，那种社会主义的共和国已经在苏联兴盛起来，并且还要在各资本主义国家建立起来，无疑将成为一切工业先进国家的国家构成和政权构成的统治形式；但是那种共和国，在一定的历史时期中，还不适用于殖民地半殖民地国家的革命。因此，一切殖民地半殖民地国家的革命，在一定历史时期中所采取的国家形式，只能是第三种形式，这就是所谓新民主主义共和国。新民主主义共和国是"几个反对帝国主义的阶级联合起来共同专政的新民主主义的国家"，政权构成形式是民主集中制。"国体——各革命阶级联合专政。政体——民主集中制。这就是新民主主义的政治，这就是新民主主义的共和国，这就是抗日统一战线的共和国，这就是三大政策的新三民主义的共和国。"②

新民主主义的经济。在中国建立这样的共和国，它在政治上必须是新民主主义的，在经济上也必须是新民主主义的。大银行、大工业、大商业，归这个共和国的国家所有。在无产阶级领导下的新民主主义共和国的国营经济是社会主义的性质，是整个国民经济的领导力量，但这个共和国"并

---

① 毛泽东:《新民主主义论》，载《毛泽东选集》第二卷，第 663 页。
② 毛泽东:《新民主主义论》，载《毛泽东选集》第二卷，第 677 页。

不没收其他资本主义的私有财产，并不禁止'不能操纵国民生计'的资本主义生产的发展，这是因为中国经济还十分落后的缘故"，但也"决不能是'少数人所得而私'，决不能让少数资本家少数地主'操纵国民生计'，决不能建立欧美式的资本主义社会，也决不能还是旧的半封建社会"，"这个共和国将采取某种必要的方法，没收地主的土地，分配给无地和少地的农民，实行中山先生'耕者有其田'的口号"。① 毛泽东是在《新民主主义论》中作出以上论述的。在此前后的其他文章中，毛泽东也谈到了发展资本主义工业是新民主主义革命性质决定的，新民主主义社会应"让资本主义有一个相当程度的发展"。1934 年 1 月，毛泽东在第二次全国工农兵代表大会的报告中指出："我们对于私人经济，只要不出于政府法律范围之外，不但不加阻止，而且加以提倡和奖励。因为目前私人经济的发展，是国家的利益和人民的利益所需要的。"② 1936 年 9 月 23 日，他在与斯诺的谈话中谈道："土地革命，正如你知道的，是资产阶级性质的革命。它有利于资本主义的发展。我们并不反对目前在中国发展资本主义，我们反对的是帝国主义。"③ 1940 年 12 月 25 日，他在《论政策》的指示中指出："应该积极发展工业农业和商品的流通。应该吸引愿来的外地资本家到我抗日根据地开办实业。应该奖励民营企业，而把政府经营的国营企业只当作整个企业的一部分。"④ 1941 年 4 月 19 日，他在《〈农村调查〉的序言和跋》中又写道："国营经济和合作社经济是应该发展的，但在目前的农村根据地内，主要的经济成分，还不是国营的，而是私营的，而是让自由资本主义经济得着发展的机会，用以反对日本帝国主义和半封建制度。这是目前中国的最革命的政策，反对和阻碍这个政策的施行，无疑义地是错误的。严肃地坚决地保持共产党员的共产主义的纯洁性，和保护社会经济中的有益的资本主义成分，并使其有一个适当的发展，是我们在抗日和建设民主共和国的时期不可缺一的任务。"⑤ 5 月 1 日，毛泽东在《陕甘宁边区施政纲领》中再次强调："发展工业生产与商业流通，奖励私人企业，保护私有财产，欢迎外

① 毛泽东：《新民主主义论》，载《毛泽东选集》第二卷，第 678—679 页。
② 毛泽东：《我们的经济政策》，载《毛泽东选集》第一卷，第 133—134 页。
③ 毛泽东：《和美国记者斯诺的谈话》，载《毛泽东文集》第一卷，第 410—411 页。
④ 毛泽东：《论政策》，载《毛泽东选集》第二卷，第 768 页。
⑤ 毛泽东：《〈农村调查〉的序言和跋》，载《毛泽东选集》第三卷，第 793 页。

地投资，实行自由贸易，反对垄断统制，同时发展人民的合作事业，扶助手工业的发展。"①

新民主主义的文化。所谓新民主主义的文化，一句话，就是无产阶级领导的人民大众的反帝反封建的文化。这种新民主主义的文化是民族的。它是反对帝国主义压迫，主张中华民族的尊严和独立的。它是我们这个民族的，带有我们民族的特性。中国应该大量吸收外国的进步文化，作为自己文化食粮的原料。但是一切外国的东西，如同我们对于食物一样，必须经过自己的口腔咀嚼和胃肠运动，送进唾液胃液肠液，把它分解为精华和糟粕两部分，然后排泄其糟粕，吸收其精华，才能对我们的身体有益，决不能生吞活剥地毫无批判地吸收。所谓"全盘西化"的主张，乃是一种错误的观点。这种新民主主义的文化是科学的。它是反对一切封建思想和迷信思想，主张实事求是，主张客观真理，主张理论和实践一致的。中国的长期封建社会中，创造了灿烂的古代文化。清理古代文化的发展过程，剔除其封建性的糟粕，吸收其民主性的精华，是发展民族新文化提高民族自信心的必要条件；但是决不能无批判地兼收并蓄。必须将古代封建统治阶级的一切腐朽的东西和古代优秀的人民文化即多少带有民主性和革命性的东西区别开来。这种新民主主义的文化是大众的，因而即是民主的。它应为全民族中百分之九十以上的工农劳苦民众服务，并逐渐成为他们的文化。"民族的科学的大众的文化，就是人民大众反帝反封建的文化，就是新民主主义的文化，就是中华民族的新文化。"②

毛泽东强调指出："新民主主义的政治、新民主主义的经济和新民主主义的文化相结合，这就是新民主主义共和国……这就是我们要造成的新中国。"③

四、中国革命的三大法宝：统一战线、武装斗争、党的建设

1939 年 10 月，毛泽东在《〈共产党人〉发刊词》中总结了中国革命的基本经验，指出统一战线、武装斗争、党的建设是中国共产党在中国革命

---

① 毛泽东：《陕甘宁边区施政纲领》，载《毛泽东文集》第二卷，第 336 页。
② 毛泽东：《新民主主义论》，载《毛泽东选集》第二卷，第 708—709 页。
③ 毛泽东：《新民主主义论》，载《毛泽东选集》第二卷，第 709 页。

中战胜敌人的三个法宝。毛泽东指出，中国资产阶级民主革命的两个基本特点是：（一）无产阶级同资产阶级建立或被迫分裂革命的民族统一战线，（二）主要的革命形式是武装斗争。党的建设过程，同党对于统一战线问题、武装斗争问题之正确处理或不正确处理密切地联系着的。所以，统一战线问题、武装斗争问题、党的建设问题是我们党在中国革命中的三个基本问题。正确地理解了这三个问题及其相互关系，就等于正确地领导了全部中国革命。建党"十八年的经验，已使我们懂得：统一战线，武装斗争，党的建设，是中国共产党在中国革命中战胜敌人的三个法宝，三个主要的法宝"。[①]

统一战线。自中国共产党成立以来的十八年中，中国无产阶级同中国资产阶级和其他阶级的统一战线，是在三种不同的情况、三个不同的阶段中间发展着的，这就是 1924 年至 1927 年大革命的阶段，1927 年至 1937 年土地革命的阶段和今天的抗日战争的阶段。三个阶段的历史，证明了下列规律：（一）由于中国最大的压迫是民族压迫，在一定的时期中，一定的程度上，中国民族资产阶级是能够参加反帝国主义和反封建军阀的斗争的。因此，无产阶级在这种一定的时期内，应该同民族资产阶级建立统一战线，并尽可能地保持之。（二）又由于中国民族资产阶级在经济上、政治上的软弱性，在另一种历史环境下，它就会动摇变节。因此，中国革命统一战线的内容不能始终一致，而是要发生变化的。在某一时期有民族资产阶级参加在内，而在另一时期则民族资产阶级并不参加在内。（三）中国的带买办性的大资产阶级，是直接为帝国主义服务并为它们所豢养的阶级。因此，中国的带买办性的大资产阶级历来都是革命的对象。但是，由于中国的带买办性的大资产阶级的各个集团是以不同的帝国主义为背景的，在各个帝国主义间的矛盾尖锐化的时候，在革命的锋芒主要地是反对某一个帝国主义的时候，属于别的帝国主义系统的大资产阶级集团也可能在一定程度上和一定时期内参加反对某一个帝国主义的斗争。在这种一定的时期内，中国无产阶级为了削弱敌人和加强自己的后备力量，可以同这样的大资产阶级集团建立可能的统一战线，并在有利于革命的一定条件下尽可能地保持之。（四）在买办性的大资产阶级参加统一战线并和无产阶级一道向共同敌

---

① 毛泽东：《〈共产党人〉发刊词》，载《毛泽东选集》第二卷，第 606 页。

人进行斗争的时候，它仍然是很反动的，它坚决地反对无产阶级及其政党在思想上、政治上、组织上的发展，而要加以限制，而要采取欺骗、诱惑、"溶解"和打击等破坏政策，并以这些政策作为它投降敌人和分裂统一战线的准备。（五）无产阶级的坚固的同盟者是农民。（六）城市小资产阶级也是可靠的同盟者。中国共产党的政治路线的重要一部分，就是同资产阶级联合又同它斗争的政治路线，所谓联合就是同资产阶级的统一战线；所谓斗争，在同资产阶级联合时，就是在思想上、政治上、组织上的"和平"的"不流血"的斗争，而在被迫着同资产阶级分裂时，就转变为武装斗争。①

武装斗争。中国共产党的武装斗争，就是在无产阶级领导之下的农民战争，经历了三个阶段：第一阶段，是参加北伐战争。这时，我们党虽已开始懂得武装斗争的重要性，但还没有彻底了解其重要性，还没有了解武装斗争是中国革命的主要斗争形式。第二阶段，是土地革命战争。这时，党已经建立了独立的武装队伍，已经学会了独立的战争艺术，已经建立了人民政权和根据地。这一阶段的武装斗争，是在无产阶级领导之下的农民土地革命斗争。第三阶段，就是现在的抗日战争阶段，在目前就是游击战争。"十八年来，我们党是逐步学会了并坚持了武装斗争。我们懂得，在中国，离开了武装斗争，就没有无产阶级的地位，就没有人民的地位，就没有共产党的地位，就没有革命的胜利。"②

党的建设。毛泽东特别强调了"马克思列宁主义理论和中国革命的实践相结合"这个根本思想原则。他在总结党的三个发展阶段时指出，第一阶段是党的幼年时期。在这个阶段的初期和中期，党的路线是正确的，党员群众和党的干部的革命积极性是非常高的，因此获得了第一次大革命的胜利。然而这时的党终究还是幼年的党，是在统一战线、武装斗争和党的建设三个基本问题上都没有经验的党，是对于中国的历史状况和社会状况、中国革命的特点、中国革命的规律都懂得不多的党，是对于马克思列宁主义的理论和中国革命的实践还没有完整的、统一的了解的党。因此，在这一阶段的末期，在这一阶段的紧要关头，党的领导机关没有能够领导全党巩固革命的胜利，受了资产阶级的欺骗，而使革命遭到失败。第二阶段，

---

① 毛泽东：《〈共产党人〉发刊词》，载《毛泽东选集》第二卷，第 606—608 页。
② 毛泽东：《〈共产党人〉发刊词》，载《毛泽东选集》第二卷，第 610 页。

即土地革命战争的阶段。由于对中国的历史状况和社会状况、中国革命的特点、中国革命的规律的进一步的了解，由于我们的干部更多地领会了马克思列宁主义的理论，更多地学会了将马克思列宁主义的理论和中国革命的实践相结合，我们党进行了胜利的十年土地革命斗争。但党的领导机关的一部分人没有能够在这一整个阶段中掌握住正确的政治路线和组织路线，使革命遭受"左"倾错误的危害。党的发展过程的第三个阶段，就是抗日民族统一战线的阶段，"党凭借着过去两个革命阶段中的经验，凭借着党的组织力量和武装力量，凭借着党在全国人民中间的很高的政治信仰，凭借着党对于马克思列宁主义的理论和中国革命的实践之更加深入的更加统一的理解，就不但建立了抗日民族统一战线，而且进行了伟大的抗日战争"[1]。

总之，毛泽东强调指出："十八年的经验告诉我们，统一战线和武装斗争，是战胜敌人的两个基本武器。统一战线，是实行武装斗争的统一战线。而党的组织，则是掌握统一战线和武装斗争这两个武器以实行对敌冲锋陷阵的英勇战士。这就是三者的相互关系。"[2]

第二节　新民主主义与新三民主义、社会主义之关系

三民主义分旧三民主义和新三民主义。新三民主义，是孙中山晚年对其"三民主义"思想做出的最后一个版本的修正，是与联俄、联共和扶助农工三大政策相联系的。新民主主义与新三民主义既有相同的地方，也有不同的地方，既有继承，更有发展和超越。新民主主义与社会主义是有严格区别又紧密衔接的两个阶段，中国革命将经过新民主主义走向社会主义，而不必中间横插一个资本主义发展阶段。

一、新民主主义与新三民主义

新三民主义，是孙中山晚年对其"三民主义"思想作出的最后一个版本

---

[1] 毛泽东：《〈共产党人〉发刊词》，载《毛泽东选集》第二卷，第612页。
[2] 毛泽东：《〈共产党人〉发刊词》，载《毛泽东选集》第二卷，第615页。

的修正，是与联俄、联共和扶助农工三大政策相联系的。新三民主义有着明确的反帝反封建内容，与中国共产党民主革命纲领的基本原则相同，因而成为第一次国共合作与抗日民族统一战线的政治基础。孙中山的新三民主义，是新民主主义革命初期的政纲，是毛泽东新民主主义思想的重要理论来源，对马克思主义中国化进程产生了重要影响。毛泽东提出的新民主主义革命理论坚持、发展了孙中山的新三民主义，"中国共产党根据马克思主义的原则，一贯地坚持了并发展了第一次国共统一战线的共同纲领即革命的三民主义"。[①]中国共产党人对新三民主义的坚持和继承，主要是坚持和继承了新三民主义与共产党的民主革命纲领"基本上相同""基本上是不冲突的"的部分，即以反帝反封建为其基本任务，故而称新三民主义是"新民主主义的纲领"。中国共产党人对新三民主义的发展和超越，主要表现在提出了把资产阶级民主革命划分为旧民主主义革命与新民主主义两个阶段、由无产阶级领导新民主主义革命、农民是中国革命主力军、反对官僚资本、新民主主义革命的前途是向社会主义发展等新思想，并体现了反帝反封建的革命彻底性。

在阐明新民主主义与新三民主义之关系时，尤其需要注意以下三点：

其一，确立"新三民主义"概念并区分新旧三民主义、真假三民主义，是新民主主义理论的重要内容，新民主主义是在批判假三民主义、诠释新三民主义的过程中创立的。

孙中山在1924年1月发表的中国国民党一大闭幕词中提到了"重新来解释三民主义"，但他在生前一直没有明确把三民主义区分为新、旧三民主义。"新三民主义"的科学概念是毛泽东在1940年1月发表的《新民主主义论》中首先提出来的，他在该文中阐明了旧三民主义与新三民主义之区别，强调新三民主义是"联俄、联共、扶助农工三大政策的三民主义"。在使用"新三民主义"概念前，毛泽东使用了"革命的三民主义""三大政策的三民主义""新民主主义的三民主义"等提法。

与新三民主义相提并论的"三大政策"概念，是中共在大革命时期根据国民党的一大精神概括出来的。1924年8月，陈为人在《向导》周刊上撰

[①] 毛泽东：《国共合作成立后的迫切任务》，载《毛泽东选集》第二卷，第369页。

文指出，国民党"左派主张联合反对帝国主义的苏俄为朋友"，"主张努力组织农工群众及拥护农工的利益"。①1925年10月，中共中央执行委员会第二次扩大会议上通过的《中国共产党与中国国民党关系议决案》中，提到了国民党左派"反对一切帝国主义到底"，"为革命而赞助工农运动"，"联络苏俄与共产党"。②1926年1月3日，邓中夏在中华全国总工会欢迎国民党第二次全国代表大会代表的讲话中，把国民党一大确定的各种政策，归纳为"对外之联俄政策，对内之工农政策，和共产党合作政策"三个方面。③1926年11月4日，陈独秀在中共中央政治局会议的报告中提出，"他的政纲是迎汪复职，继续总理联俄联共扶助农工三大政策"④。至此，"三大政策"的科学概念在中共中央会议上第一次完整、准确地表达出来。"三大政策"这一说法的概括，为形成"三大政策的三民主义""新三民主义"的概念奠定了基础。1927年，蒋介石集团、汪精卫集团相继叛变革命，由于"左"倾路线的影响，中共对三民主义趋向于全面否定。后来，周恩来指出："对三民主义不革命的方面应该批驳，对三民主义革命的方面应该保留下来，而我们当时却是对它全盘否定了，没有给以历史的科学的分析。"⑤

随着中日民族矛盾上升、抗日民族统一战线初步形成，中国共产党呼吁国民党恢复孙中山的"三大政策"并将其视为三民主义的"新发展"，开始将"三大政策"与三民主义合而并提，并将"三大政策的三民主义"视为"革命的三民主义"。1936年8月14日，毛泽东在给宋子文的信中提到"恢复贵党一九二七年以前孙中山先生之革命精神，实行联俄联共农工三大政策，则非惟救国，亦以自救"⑥。同年8月25日，毛泽东在起草的《中国共产党致国民党书》中呼吁"恢复孙中山先生革命的三民主义精神，重振孙中山先生联俄、联共与农工三大政策，把自己的'心思才力'去'贯彻'革命的三民主义与三大政策的'始终'，'贯彻'孙中山先生革命遗嘱的'始终'，

① 陈为人：《国民党左右派之争》，《向导》第80期，1924年8月27日。
②《中国共产党与中国国民党关系议决案》，载《中共中央文件选集》第一册，第491页。
③《邓中夏同志在中华全国总工会欢迎国民党第二次全国代表大会代表时的话（1926年1月3日）》，《工人之路》1926年1月8、9日。
④ 陈独秀：《陈独秀关于国民党问题报告》，载《中共中央文件选集》第二册，第426页。
⑤ 周恩来：《陈独秀关于国民党的研究》，载《周恩来选集》上卷，第167页。
⑥ 毛泽东：《给宋子文的信》，载《毛泽东文集》第一卷，第420页。

坚决地担负起继承孙中山先生革命事业的责任，和全国各党各派各界爱国领袖与爱国人民一道，坚决地为驱逐日本帝国主义挽救中国于危亡而斗争，为全国人民的民主权利而斗争，为发展中国国民经济解除最大多数人民的痛苦而斗争，为实现中华民主共和国及其民主国会与民主政府而斗争"①。

　　前面已经提到，抗日战争进入相持阶段后，国民党转向积极反共，打出"一个主义、一个政党、一个领袖"的口号，并肆意曲解孙中山的三民主义理论。为了揭露国民党及叶青等御用文人的假三民主义，以毛泽东为代表的中国共产党人加强了从理论上辨析新旧三民主义、真假三民主义的力度，并全面阐明自身的政治主张。1939年12月，毛泽东在《中国革命和中国共产党》一文中首次使用了"新民主主义革命"的提法，区分了"旧民主主义的三民主义"与"新民主主义的三民主义"，阐述了新民主主义与"新民主主义的三民主义""三大政策的三民主义""革命的三民主义"的关系。他指出："这种新民主主义的革命，和孙中山在一九二四年所主张的三民主义的革命在基本上是一致的。孙中山在这一年发表的《中国国民党第一次全国代表大会宣言》上说：'近世各国所谓民权制度，往往为资产阶级所专有，适成为压迫平民之工具。若国民党之民权主义，则为一般平民所共有，非少数人所得而私也。'又说：'凡本国人及外国人之企业，或有独占的性质，或规模过大为私人之力所不能办者，如银行、铁道、航路之属，由国家经营管理之，使私有资本制度不能操纵国民之生计，此则节制资本之要旨也。'孙中山又在其遗嘱上指出'必须唤起民众及联合世界上以平等待我之民族共同奋斗'的关于内政外交的根本原则。所有这些，就把适应于旧的国际国内环境的旧民主主义的三民主义，改造成了适应于新的国际国内环境的新民主主义的三民主义。中国共产党在一九三七年九月二十二日发表宣言，声明'三民主义为中国今日之必需，本党愿为其彻底实现而奋斗'，就是指的这种三民主义，而不是任何别的三民主义。这种三民主义即是孙中山的三大政策，即联俄、联共和扶助农工政策的三民主义。在新的国际国内条件下，离开三大政策的三民主义，就不是革命的三民主义。"②

　　1940年1月，毛泽东在《新民主主义论》中又专列一节论述了旧三民

---

① 毛泽东：《中国共产党致国民党书》，载《毛泽东文集》第一卷，第431页。
② 毛泽东：《中国革命和中国共产党》，载《毛泽东选集》第二卷，第648—649页。

主义与新三民主义，阐述了新三民主义和旧三民主义的区别。他指出，我们共产党人承认"三民主义为抗日民族统一战线的政治基础"，承认"三民主义为中国今日之必需，本党愿为其彻底实现而奋斗"，承认共产主义的最低纲领和三民主义的政治原则基本上相同。但是这种三民主义不是任何别的三民主义，而是孙中山先生在《中国国民党第一次全国代表大会宣言》中所重新解释的三民主义。"只有这种三民主义，才是真三民主义，其他都是伪三民主义。"只有《中国国民党第一次全国代表大会宣言》里对于三民主义的解释才是"真释"，其他一切都是"伪释"。[①] 这篇《宣言》，区分了三民主义的两个历史时代。在这以前，三民主义是旧范畴的三民主义，是旧的半殖民地资产阶级民主革命的三民主义，是旧民主主义的三民主义，是旧三民主义。在这以后，三民主义是新范畴的三民主义，是新的半殖民地资产阶级民主革命的三民主义，是新民主主义的三民主义，是新三民主义。只有这种三民主义，才是新时期的革命的三民主义。这种新时期的革命的三民主义，新三民主义或真三民主义，是联俄、联共、扶助农工三大政策的三民主义。没有三大政策，或三大政策缺一，在新时期中，就都是伪三民主义，或半三民主义。革命的三民主义，新三民主义，或真三民主义，必须是联俄的三民主义、联共的三民主义和农工政策的三民主义。只有这种三民主义，才和中国共产党在民主革命阶段中的最低纲领基本上相同。至于旧三民主义，那是中国革命旧时期的产物。那时的俄国是帝国主义的俄国，当然不能有联俄政策；那时国内也没有共产党，当然不能有联共政策；那时工农运动也没有充分显露自己在政治上的重要性，尚不为人们所注意，当然就没有联合工农的政策。"因此，一九二四年国民党改组以前的三民主义，乃是旧范畴的三民主义，乃是过时了的三民主义。如不把它发展到新三民主义，国民党就不能前进。"[②]

其二，新民主主义理论与新三民主义有共同之处，两者都具有反帝反封建的思想内涵，新民主主义继承、吸收了新三民主义的合理内核。

新民主主义与新三民主义两种理论体系有着密切的关系，新民主主义理论很大程度上继承了新三民主义的革命思想。中国共产党人真诚拥护新三

① 毛泽东：《新民主主义论》，载《毛泽东选集》第二卷，第689页。
② 毛泽东：《新民主主义论》，载《毛泽东选集》第二卷，第693页。

民主义，指出新三民主义与"我们现时的政纲"、与新民主主义纲领并无不合，与中国共产党人所信仰的共产主义也不冲突，因此，最坚决、最忠诚、最一贯地为实现革命的三民主义即新三民主义而奋斗。1937 年 3 月 1 日，毛泽东在与美国记者史沫特莱的谈话中谈道："我们老早就是信仰三民主义的，不然我们为什么在一九二四年至一九二七年能够加入国民党呢……现在的任务是必须为真正实现革命的三民主义而奋斗，这就是说，以对外抗战求得中国独立解放的民族主义，以对内民主自由求得建立普选国会制、民主共和国的民权主义，以改善人民生活求得解除大多数人民痛苦的民生主义。这样的三民主义与我们的现时政纲，并无不合，我们正在向国民党要求这些东西。"[①]1937 年 5 月，毛泽东在延安召开的中国共产党全国代表会议上的讲话中又指出："共产党是否同意三民主义？我们的答复：是同意的。三民主义有它的历史变化。孙中山先生的革命的三民主义，曾经因为孙先生与共产党合作加以坚决执行而取得人民的信仰，成为一九二四年至一九二七年的胜利的革命的旗帜……重新整顿三民主义的精神，在对外争取独立解放的民族主义、对内实现民主自由的民权主义和增进人民幸福的民生主义之下，两党重新合作，并领导人民坚决地实行起来，是完全适合于中国革命的历史要求，而应为每一个共产党员所明白认识的……共产党的民主革命纲领，与国民党第一次全国代表大会所宣布的三民主义的纲领，基本上是不相冲突的。因此，我们不但不拒绝三民主义，而且愿意坚决地实行三民主义，而且要求国民党和我们一道实行三民主义，而且号召全国人民实行三民主义。我们认为，共产党、国民党、全国人民，应当共同一致为民族独立、民权自由、民生幸福这三大目标而奋斗。"[②] 全民族抗战爆发后，中共中央于 1937 年 7 月 15 日在国共合作宣言中明确提出："孙中山先生的三民主义为中国今日之必需，本党愿为其彻底的实现而奋斗。"[③] 同年 9 月 29 日，毛泽东在《国共合作成立后的迫切任务》一文中又写道：有人对于共产党愿意实行国民党的三民主义觉得奇怪，"他们以为共产主义和三民

---

① 毛泽东：《中日问题与西安事变——和史沫特莱的谈话》，载《毛泽东文集》第一卷，第491—492 页。

② 毛泽东：《中国共产党在抗日时期的任务》，载《毛泽东选集》第一卷，第 259 页。

③ 《中共中央为公布国共合作宣言》，载《建党以来重要文献选编（一九二一——一九四九）》第十四册，第 370 页。

主义是不能并存的。这是一种形式主义的观察。共产主义是在革命发展的
将来阶段实行的，共产主义者在现在阶段并不梦想实行共产主义，而是要
实行历史规定的民族革命主义和民主革命主义，这是共产党提出抗日民族
统一战线和统一的民主共和国的根本理由。……在共产党方面，十年来所实
行的一切政策，根本上仍然是符合于孙中山先生的三民主义和三大政策的
革命精神的。共产党没有一天不在反对帝国主义，这就是彻底的民族主义；
工农民主专政制度也不是别的，就是彻底的民权主义；土地革命则是彻底
的民生主义"。"现在的问题，不是共产党信仰不信仰实行不实行革命的三
民主义的问题。现在的任务，是在全国范围内恢复孙中山先生的三民主义
的革命精神，据以定出一定的政纲和政策，并真正而不二心地、切实而不
敷衍地、迅速而不推延地实行起来。"①

　　1938 年 10 月，毛泽东在中国共产党扩大的六届六中全会上做《论新阶
段》的政治报告，强调"抗日民族统一战线以三民主义为政治基础，不但是
合作抗日的基础，而且是合作建国的基础，三民主义中的民族主义将引导
这个合作到争取全民族解放，其民权主义将引导这个合作到澈底的建立民
主国家，其民生主义则更可能引导这个合作到很长的时期，三民主义的政
治纲领与政治思想保证着统一战线的长期性"，并再三强调中国共产党是一
直支持和实行三民主义的，"就在一九二七年两党合作不幸破裂之后，我们
的一切做法，也没有违背三民主义"。他还提出了"建立一个三民主义共和
国"的政治主张，"我们所谓民主共和国就是三民主义共和国，它的性质是
三民主义的。按照孙中山先生的说法，就是一个'求国际地位平等，求政
治地位平等，求经济地位平等'的国家"。②1940 年 1 月，毛泽东在《新民
主主义论》一文中，对新三民主义与新民主主义的相通之处进一步作了说
明。他写道："一九二四年孙中山重新解释的三民主义中的革命的民族主义、
民权主义和民生主义这三个政治原则，同共产主义在中国民主革命阶段的
政纲，基本上是相同的。由于这些相同，并由于三民主义见之实行，就有

---

① 毛泽东：《国共合作成立后的迫切任务》，载《毛泽东选集》第二卷，第 367—369 页。
② 毛泽东：《论新阶段（抗日民族战争与抗日民族统一战线发展的新阶段——一九三八年十月
　十二日至十四日在中共扩大的六中全会的报告）》，载《中共中央文件选集》第十一册，第
　603、627、633—634 页。

两个主义两个党的统一战线。"①1945 年 4 月，毛泽东在中共七大《论联合政府》的政治报告中再次阐述了新民主主义与新三民主义之间的相通关系：中国共产党主张的新民主主义的政治，"是和孙中山先生的革命主张完全一致"。孙先生在《中国国民党第一次全国代表大会宣言》里说："国民党之民族主义，有两方面之意义：一则中国民族自求解放；二则中国境内各民族一律平等。""中国共产党完全同意上述孙先生的民族政策。"②孙先生在《中国国民党第一次全国代表大会宣言》强调："近世各国所谓民权制度，往往为资产阶级所专有，适成为压迫平民之工具。若国民党之民权主义，则为一般平民所共有，非少数人所得而私也。"这是孙先生的伟大的政治指示。"中国人民、中国共产党及其他一切民主分子，必须尊重这个指示而坚决地实行之，并同一切违背和反对这个指示的任何人们和任何集团作坚决的斗争，借以保护和发扬这个完全正确的新民主主义的政治原则。"③在民生主义方面，在土地问题上，孙先生主张"耕者有其田"；在工商业问题上，孙先生主张"节制资本"，在现阶段上，"我们完全同意孙先生的这些主张"，"我们主张的新民主主义的经济，也是符合于孙先生的原则的"。④

总之，新民主主义与新三民主义的政纲在基本原则上是相同的：两者都主张反对帝国主义以及争取中华民族独立，新三民主义的民族主义明确提出了反对帝国主义的思想，国民党一大宣言宣称"故民族解放之斗争，对于多数之民众，其目标皆不外反帝国主义而已"⑤；中共二大提出了反对帝国主义的口号和纲领，到毛泽东创立新民主主义理论时，在《〈共产党人〉发刊词》《中国革命和中国共产党》等文中把帝国主义和封建主义并列作为两大革命对象，把反帝反封建并列作为两大革命任务。两者都主张反对封建主义和解决人民政治权利问题，新三民主义的民权主义主张实现"直接民权"，国民党一大宣言提出民权"为一般平民所共有，非少数人所得而私"⑥；中共二大提出了"反对军阀"的口号，到毛泽东创立新民主主义理论时，又把

---

① 毛泽东：《新民主主义论》，载《毛泽东选集》第二卷，第 687—688 页。
② 毛泽东：《论联合政府》，载《毛泽东选集》第三卷，第 1084 页。
③ 毛泽东：《论联合政府》，载《毛泽东选集》第三卷，第 1056 页。
④ 毛泽东：《论联合政府》，载《毛泽东选集》第三卷，第 1057 页。
⑤《中国国民党第一次全国代表大会宣言》，载《孙中山全集》第九卷，第 119 页。
⑥《中国国民党第一次全国代表大会宣言》，载《孙中山全集》第九卷，第 120 页。

反封建作为新民主主义革命的对象与任务，提出建立新民主主义的共和国，并实行各革命阶级联合专政的国体与民主集中制的政体。两者都主张解决农民土地问题与反对垄断资本，新三民主义的民生主义主张"平均地权"与"节制资本"，后又提出了"耕者有其田"；毛泽东强调对于经济问题"完全同意孙先生的这些主张"，他指出中国经济一定要走"节制资本"和"平均地权"的路，决不能是"少数人所得而私"，决不能让少数资本家少数地主操纵国计民生。

其三，新民主主义理论与新三民主义又有不同之处，两者的阶级基础与思想基础不同，新民主主义克服了新三民主义的历史局限并完成了对它的发展和超越。

新民主主义理论与新三民主义既有相同的地方，也有不同之处，毛泽东在《新民主主义论》一文中对此做了阐明：（一）民主革命阶段上一部分纲领的不相同。共产主义的全部民主革命政纲中有彻底实现人民权力、八小时工作制和彻底的土地革命纲领，三民主义则没有这些部分。（二）有无社会主义革命阶段的不同。共产主义于民主革命阶段之外，还有一个社会主义革命阶段，因此，于最低纲领之外，还有一个最高纲领，即实现社会主义和共产主义社会制度的纲领。三民主义则只有民主革命阶段，没有社会主义革命阶段，因此它就只有最低纲领，没有最高纲领，即没有建立社会主义和共产主义社会制度的纲领。（三）宇宙观的不同。共产主义的宇宙观是辩证唯物论和历史唯物论，三民主义的宇宙观则是所谓民生史观，实质上是二元论或唯心论，二者是相反的。（四）革命彻底性的不同。共产主义者是理论和实践一致的，即有革命彻底性。三民主义者除了那些最忠实于革命和真理的人们之外，是理论和实践不一致的，讲的和做的互相矛盾，即没有革命彻底性。由于这些不同，共产主义者和三民主义者之间就有了差别。[1]

新民主主义理论与新三民主义的不同，不仅体现在有无社会主义革命阶段上，同时在民主革命阶段的政纲也有区别。在有无社会主义革命阶段上，毛泽东强调"共产党人决不抛弃其社会主义和共产主义的理想，他们将经过

---

[1] 毛泽东：《新民主主义论》，载《毛泽东选集》第二卷，第688页。

资产阶级民主革命的阶段而达到社会主义和共产主义的阶段。中国共产党有自己的政治经济纲领。其最高的纲领是社会主义和共产主义，这是和三民主义有区别的"①。在民主革命阶段纲领上，毛泽东指出："孙先生的这种三民主义，和我党在现阶段上的纲领，只是在若干基本原则上是一致的东西，并不是完全一致的东西。我党的新民主主义纲领，比之孙先生的，当然要完备得多；特别是孙先生死后这二十年中中国革命的发展，使我党新民主主义的理论、纲领及其实践，有了一个极大的发展，今后还将有更大的发展。"②如对新三民主义的民权主义，毛泽东对孙中山的训政思想有所批评，他指出："军政、训政、宪政三个时期的划分，原是孙中山先生说的。但孙先生在逝世前的《北上宣言》里，就没有讲三个时期了，那里讲到中国要立即召开国民会议。可见孙先生的主张，在他自己，早就依据情势，有了变动。现在在抗战这种严重的局面之下，要避免亡国惨祸，并把敌人打出去，必须快些召集国民大会，实行民主政治。"③他尤其强调在"谁领导谁这一问题"上的区别，指出"现在所要建立的中华民主共和国，只能是在无产阶级领导下的一切反帝反封建的人们联合专政的民主共和国，这就是新民主主义的共和国"④。

新民主主义理论是对新三民主义的发展与超越。毛泽东多次指出，新民主主义纲领比之新三民主义"当然要完备得多"⑤，要"更进步，更发展，更完善"⑥。概而言之，这种发展和超越体现在：民族主义方面，孙中山虽然提出了反对帝国主义的思想，但他对帝国主义仍然心存幻想，实际上直到他逝世前，还希望美国、英国和日本等东西方列强援助中国革命，他也没有找到反帝所需要的社会力量，这也是他寄希望于东西方列强援助的重要原因，新民主主义则鲜明地把反对帝国主义作为首要任务，并高度重视发动广大人民群众进行反帝斗争，包括依靠广大人民群众进行反对日本帝国主

① 毛泽东：《中国共产党在抗日时期的任务》，载《毛泽东选集》第一卷，第259页。
② 毛泽东：《论联合政府》，载《毛泽东选集》第三卷，第1061页。
③ 毛泽东：《和中央社、扫荡报、新民报三记者的谈话》，载《毛泽东选集》第二卷，第588页。
④ 毛泽东：《新民主主义论》，载《毛泽东选集》第二卷，第675页。
⑤ 毛泽东：《论联合政府》，载《毛泽东选集》第三卷，第1061页。
⑥ 毛泽东：《在中国共产党第七次全国代表大会上的口头政治报告》，载《毛泽东文集》第三卷，第321页。

义侵略的武装斗争；至于国内的民族关系，孙中山主张将国内各民族整合成一个以"中华民族"为名称的新国族，认为中国只有一个民族，即中华民族，其他都是宗族，中国共产党成熟之后形成的新民主主义则主张多元一体的中华民族观，主张通过实行民族区域自治，来实现民族平等和民族团结。民权主义方面，孙中山主张各革命阶级联合专政，这不同于欧美式的资产阶级共和国，不过仍由资产阶级处于领导地位，新民主主义的政治纲领则主张建立无产阶级领导的、一切反帝反封建的人们联合专政的新民主主义共和国，工人阶级是领导阶级。民生主义方面，孙中山主张通过和平改良的手段实现"平均地权"和"节制资本"，晚年又提出了"耕者有其田"的主张，但缺乏实现的可能性，实际上在孙中山在世之时以及他去世后国民党统治时期，他的这些主张都没有真正实践过，新民主主义的经济纲领则主张通过开展彻底的土地革命，没收地主土地分配给广大农民，并且在革命根据地得到了实行；孙中山提出节制资本的目的也不是为了避免资本主义，而是为了发展国家资本主义，但在国民党统治下，它则成了官僚资本对国家经济命脉的垄断，毛泽东提出限制私人资本主义的目的是为社会主义的改造做准备。还有，在革命前途问题上，孙中山认为社会主义已经包含在民生主义之中，中国的前途是建立三民主义的共和国，毛泽东则强调"避免资本主义的前途，实现社会主义的前途"，强调社会主义革命是民主主义革命的必然趋势。

可见，新民主主义革命理论在不同时期、不同方面，如新民主主义的三大纲领，都充分吸收了新三民主义思想的精华；同时，又包含了新三民主义思想所不具备或不完全具备的无产阶级领导权思想、人民民主专政思想、社会主义思想等元素，对新三民主义思想的局限性有所批评，从而实现了对新三民主义的发展和超越。

二、新民主主义与社会主义

毛泽东多次阐述了中国革命分两步走的思想，阐述了新民主主义与社会主义的关系，指出二者是有严格区别又紧密衔接的两个阶段，中国革命将经过新民主主义走向社会主义，而不必中间横插一个资本主义发展阶段；在取得新民主主义革命胜利后，即进入从新民主主义转变到社会主义的过渡时期。

首先，中国革命必须分两步走，新民主主义革命和社会主义革命是两种性质不同的革命，新民主主义社会与社会主义社会是性质截然有别的两个社会发展阶段。

早在 1922 年召开的中共二大上，就提出了党的最高纲领与最低纲领，明确宣示党的最高纲领是实现社会主义、共产主义，党的最低纲领即在民主革命阶段的任务是进行反帝反封建的民主革命。后来，毛泽东多次谈到了中国共产党人有最高纲领与民主革命时期的纲领两个纲领，具有"现时实际任务与将来远大理想两种责任"。1938 年 10 月，毛泽东在《论新阶段》的报告中指出："在中国，任何忠实的马克思主义者，他是同时具有现时实际任务与将来远大理想两种责任的。并且应该懂得：只有现时的实际任务获得尽可能澈底的完成，才能有根据有基础地发展到将来的远大理想那个阶段去。所谓将来的远大理想，就是共产主义，这是人类最美满的社会制度，孙中山先生也曾经认为必要实行它，才能解决将来的社会问题，所谓现在的实际任务，就是三民主义，这是'求国际地位平等，求政治地位平等，求经济地位平等'的现阶段的基本任务，是国共两党与全国人民的共同要求。"①1939 年 5 月 1 日，毛泽东在《五四运动》一文中又写道："这种民主革命是为了建立一个在中国历史上所没有过的社会制度，即民主主义的社会制度，这个社会的前身是封建主义的社会（近百年来成为半殖民地半封建的社会），它的后身是社会主义的社会。若问一个共产主义者为什么要首先为了实现资产阶级民主主义的社会制度而斗争，然后再去实现社会主义的社会制度，那答复是：走历史必由之路。"②5 月 4 日，毛泽东在《青年运动的方向》的讲演中强调：我们现在要"打倒帝国主义和封建主义，建立一个人民民主的共和国。这种人民民主主义的共和国，就是革命的三民主义的共和国。它比起现在这种半殖民地半封建的状态来是不相同的，它跟将来的社会主义制度也不相同。在社会主义的社会制度中是不要资本家的；

① 毛泽东：《论新阶段（抗日民族战争与抗日民族统一战线发展的新阶段——一九三八年十月十二日至十四日在中共扩大的六中全会的报告）》，载《中共中央文件选集》第十一册，第 627—628 页。
② 毛泽东：《五四运动》，载《毛泽东选集》第二卷，第 559 页。

在这个人民民主主义的制度中，还应当容许资本家存在。中国是否永远要资本家呢？不是的，将来一定不要……中国将来一定要发展到社会主义去，这样一个定律谁都不能推翻。但是我们在目前的阶段上不是实行社会主义，而是破坏帝国主义和封建主义，改变中国现在的这个半殖民地半封建的地位，建立人民民主主义的制度"。①1940 年 1 月，毛泽东在《新民主主义论》一文中又再次指出：中国革命不能走资产阶级专政的资本主义的路，也不可以走无产阶级专政的社会主义的路。中国革命不能不分两步走，第一步是新民主主义，第二步才是社会主义。而且第一步的时间是相当地长，决不是一朝一夕所能成就的。②

　　具体来说，新民主主义与社会主义的不同主要体现在以下两个方面：一是革命性质的根本不同。新民主主义革命是新式的特殊的资产阶级民主主义革命，"按其社会性质，基本上依然还是资产阶级民主主义的，它的客观要求，是为资本主义的发展扫清道路"③；革命的任务是反对帝国主义、封建主义及其代理人官僚资本主义，革命的工作重心在农村。这与社会主义革命截然不同，社会主义革命亦称"无产阶级革命""无产阶级社会主义革命"，革命的任务是推翻资产阶级统治和资本主义制度、建立无产阶级专政和社会主义制度，革命的工作重心在城市。在完成反帝反封建的民主革命任务之前，社会主义是谈不到的。"左"倾空谈主义者，主张将民主革命和社会主义革命"毕其功于一役"，混淆了民主革命和社会主义革命的界限，企图把两个不同性质的革命阶段并作一步走，把只能在另一个时间去完成的另一任务例如社会主义的任务合并在民主主义任务上面去完成，一举取得社会主义革命的胜利。这种观点只看到两者之间的联系，而忽视了两者之间的区别。新民主主义革命的性质、任务不同于社会主义革命，反而与同样主张反帝反封建的新三民主义比较接近。④因此，共产党在民主革命阶段不但不拒绝新三民主义，而且要求国民党一道实行新三民主义，而且号召全国人民实行新三民主义。二是社会性质的截然有别。新民主主义社会

---

①　毛泽东：《青年运动的方向》，载《毛泽东选集》第二卷，第 563 页。
②　毛泽东：《新民主主义论》，载《毛泽东选集》第二卷，第 683—684 页。
③　毛泽东：《新民主主义论》，载《毛泽东选集》第二卷，第 668 页。
④　毛泽东：《新民主主义论》，载《毛泽东选集》第二卷，第 685 页。

是从半殖民地半封建社会向社会主义发展的过渡性的社会，在这一社会发展阶段仍然存在着剥削阶级——资产阶级，仍然允许甚至还鼓励资本主义的存在和发展，公有制经济仍然不占主导地位，人民民主专政的任务是镇压敌对阶级、保护国家完成从新民主主义社会向社会主义社会的过渡。1945年4月毛泽东在中共七大《论联合政府》的政治报告中指出："没有一个新民主主义的联合统一的国家，没有新民主主义的国家经济的发展，没有私人资本主义经济和合作社经济的发展，没有民族的科学的大众的文化即新民主主义文化的发展，没有几万万人民的个性的解放和个性的发展，一句话，没有一个由共产党领导的新式的资产阶级性质的彻底的民主革命，要想在殖民地半殖民地半封建的废墟上建立起社会主义社会来，那只是完全的空想。"① 他在七大的结论报告中再次强调说："我们提倡的是新民主主义的资本主义，这种资本主义有它的生命力，还有革命性……新民主主义的资本主义将来还有用，在中国及欧洲、南美的一些农业国家中还有用，它的性质是帮助社会主义的，它是革命的、有用的，有利于社会主义的发展。"② 但在社会主义初级阶段，资产阶级作为一个阶级已经不复存在，农业、手工业、资本主义工商业的社会主义改造已经完成，国有制、集体所有制的社会主义经济已经占据主导地位，人民民主专政的任务是巩固和建设社会主义。

其次，新民主主义与社会主义有着必然的联系，新民主主义革命的前途是社会主义，从长远看新民主主义革命是为社会主义的发展扫清道路的障碍。

毛泽东在使用"新民主主义""新民主主义共和国"等提法之前，提出了"民主共和国""新三民主义共和国"等说法，都强调了其前途是社会主义。1937年5月3日，毛泽东在中国共产党全国代表大会上所作的《中国共产党在抗日时期的任务》报告中指出："关于民主共和国的性质和前途的问题，许多同志已提出来了。我们的答复是：其阶级性是各革命阶级的联盟，其前途可能是走向社会主义。我们的民主共和国，是在执行民族抗战任务的过程中建立起来的，是在无产阶级领导之下建立起来的，是在国际新环境之下（苏联社会主义的胜利，世界革命新时期的前夜）建立起来的。

① 毛泽东：《论联合政府》，载《毛泽东选集》第三卷，第1060页。
② 毛泽东：《在中国共产党第七次全国代表大会上的结论》，载《毛泽东文集》第三卷，第384—385页。

因此，按照社会经济条件，它虽仍是资产阶级民主主义性质的国家，但是按照具体的政治条件，它应该是一个工农小资产阶级和资产阶级联盟的国家，而不同于一般的资产阶级共和国。因此，它的前途虽仍然有走上资本主义方向的可能，但是同时又有转变到社会主义方向的可能，中国无产阶级政党应该力争这后一个前途。"[1]

　　在确立新民主主义革命理论科学体系的过程中，新民主主义与社会主义的关系是其中的一个重点，新民主主义之所以"新"，最根本的是新民主主义革命由无产阶级领导，而其结果就是新民主主义革命的前途是社会主义。1939年底，毛泽东在《中国革命和中国共产党》中指出，这种新式的民主革命，一方面是替资本主义扫清道路，另一方面又是替社会主义创造前提。因此，"中国革命的全部结果是：一方面有资本主义因素的发展，又一方面有社会主义因素的发展。这种社会主义因素是什么呢？就是无产阶级和共产党在全国政治势力中的比重的增长，就是农民、知识分子和城市小资产阶级或者已经或者可能承认无产阶级和共产党的领导权，就是民主共和国的国营经济和劳动人民的合作经济。所有这一切，都是社会主义的因素。加以国际环境的有利，便使中国资产阶级民主革命的最后结果，避免资本主义的前途，实现社会主义的前途，不能不具有极大的可能性了"[2]。

　　再次，以毛泽东为主要代表的中国共产党人创立了从新民主主义向社会主义转变的过渡时期理论，并成功地领导人民实现了从新民主主义到社会主义的历史转变。

　　中华人民共和国成立前后，我国进入了从新民主主义到社会主义的转变时期。以毛泽东为代表的中国共产党人从我国的实际情况出发，创造性地运用马克思列宁主义关于过渡时期的学说，创立了从新民主主义向社会主义转变的理论，并领导全国人民胜利地完成了这一伟大战略转变，在我国建立了社会主义制度。

　　关于过渡时期的理论，是马克思列宁主义基本原理之一。早在1875年，马克思在著名的《哥达纲领批判》一书中就提出："在资本主义社会和

---

[1] 毛泽东：《中国共产党在抗日时期的任务》，载《毛泽东选集》第一卷，第263—264页。
[2] 毛泽东：《中国革命和中国共产党》，载《毛泽东选集》第二卷，第650页。

共产主义社会之间，有一个从前者变为后者的革命转变时期。同这个时期相适应的也有一个政治上的过渡时期，这个时期的国家只能是无产阶级的革命专政。"① 这就是说，过渡时期就是从资本主义社会变为共产主义社会的"革命转变时期"，而马克思在这里所讲的"共产主义社会"，"不是在它自身基础上已经发展了的"高级阶段，而"恰恰相反，是刚刚从资本主义社会中产生出来的"低级阶段，即社会主义社会。列宁依据马克思主义过渡时期的原理，结合苏联国内的实践，在《无产阶级专政时代的经济和政治》一文中明确指出："在资本主义和共产主义之间有一个过渡时期，这在理论上是毫无疑义的。这个过渡时期不能不兼有这两种社会经济结构的特点或特性。这个过渡时期不能不是衰亡着的资本主义与生长着的共产主义彼此斗争的时期，换句话说，就是已被打败但还未被消灭的资本主义和已经诞生但还非常幼弱的共产主义彼此斗争的时期。"② 列宁还根据俄国的历史特点，指出在过渡时期，"社会经济的基本形式就是资本主义、小商品生产和共产主义"，"基本力量就是资产阶级、小资产阶级（特别是农民）和无产阶级"。由于这些经济成分的性质不同，由于这些社会阶级的利益不一致，它们彼此之间必然要进行激烈的斗争。无产阶级政党在这个时期的重要任务，就是必须利用自己掌握的国家政权建立社会主义经济，通过合作社的形式，把农民引上社会主义道路，变农村的个体所有制为社会主义集体所有制；剥夺资产阶级的生产资料归苏维埃国家所有，建立社会主义的全民所有制。同时，必须实现社会主义工业化。我国新民主主义革命的任务基本完成以后，国内的社会经济和阶级状况，同列宁所讲的过渡时期的情况非常相似。我国要进入社会主义社会，必须有一个从新民主主义转变到社会主义的过渡时期。所以说，列宁关于过渡时期的这些论述，为我国顺利地实现这一转变提供了重要理论指导。

民主革命胜利后，实现革命转变的问题被提到了中国共产党的议事日程上来。1952 年以前，党中央认为在我国还要经历一个相当长的新民主主义

① 马克思：《哥达纲领批判》，载中共中央马克思恩格斯列宁斯大林著作编译局编《马克思恩格斯选集》第三卷，人民出版社，1995，第 314 页。

② 列宁：《无产阶级专政时代的经济和政治》，载中共中央马克思恩格斯列宁斯大林著作编译局编《列宁选集》第四卷，人民出版社，1995，第 59 页。

建设阶段，集中力量发展新民主主义的经济，在国家的经济和文化大为兴盛以后，才可以采取社会主义步骤，对资本主义工业实行国有化，对个体农业实行集体化，进入社会主义革命阶段。1950年6月6日，毛泽东在中共七届二中全会上的书面报告中指出："有些人认为可以提早消灭资本主义实行社会主义，这种思想是错误的，是不适合我们国家的情况的。"[①]不久（6月23日），毛泽东在政协一届二次会议的闭幕词中又指出："我们的国家就是这样地稳步前进，经过战争，经过新民主主义的改革，而在将来，在国家经济事业和文化事业大为兴盛了以后，在各种条件具备了以后，在全国人民考虑成熟并在大家同意了以后，就可以从容地和妥善地走进社会主义的新时期。"[②]1951年5月7日，刘少奇在宣传工作会议上也提出："在三年准备（还有十六个月）之后，我们就来一个十年经济计划。到十年以后，新中国的面貌就要改变。那时我们将不但有强大的农业，而且有我们自己强大的工业，使中国变成一个富足的国家。到那时，我们的国家才可以考虑到社会主义去的问题。现在不能提这个问题。现在有人就讲社会主义，我说，这是讲早了，至少是早讲了十多年。……有的同志现在就想从实际上来提社会主义改造的问题。山西省委在农村里边提出要组织农业合作社（苏联叫共耕社）；这种合作社也是初步的，十家、八家、三十家、二十家的农民组织起来，土地，牲畜，农具共同使用。当然这种合作社是有社会主义性质的，可是单用这一种十家、八家组织的农业合作社、互助组的办法，使我们中国的农业直接走到社会主义化是不可能的，那是一种空想的农业社会主义，是实现不了的。"[③]同年7月，刘少奇在《中国共产党今后的历史任务》的报告中又强调，五种经济成分（即国有企业、合作社经济、私人资本主义经济、国家资本主义和个体经济）的存在和发展，"是整个新民主主义阶段中的情形。这段时间，估计至少十年，多则十五年、二十年"[④]。1950年4月13日，周恩来在全国统战工作会议上也指出："我们与资产阶级是继续

① 毛泽东：《为争取国家财政经济状况的基本好转而斗争》，载《毛泽东文集》第六卷，第71页。
② 毛泽东：《在全国政协一届二次会议的讲话》，载《毛泽东文集》第六卷，第80页。
③ 刘少奇：《在中国共产党第一次全国宣传工作会议上的报告》，载黄道霞主编《建国以来农业合作化史料汇编》，中共党史出版社，1992，第41—42页。
④ 刘少奇：《中国共产党今后的历史任务》，载中共中央文献研究室编《建国以来重要文献选编》第二册，中央文献出版社，1992，第368—370页。

合作下去，还是同它搞翻？四个阶级搞垮它一个，今天没有哪一个同志这样说，大家都还是说搞社会主义要十五年左右。那么在这期间，总还要跟资产阶级搞团结合作吧！因此不是搞垮它的问题。"①从毛泽东、刘少奇、周恩来的讲话中可以看到，在中华人民共和国建国初期，中国共产党是坚持新民主主义建设和新民主主义转变为社会主义的理论的。而且这个转变坚持两个特点，一是长期性，二是稳妥性，即新民主主义建设需 15 年左右时间，在建设取得成就后，"从容地和妥善地走进社会主义的新时期"。

1953 年，经过三年国民经济恢复时期的实践，中共中央在运用马列主义总结中华人民共和国成立以来经验的基础上，在不断探索新民主主义向社会主义过渡规律的努力中，形成了新的认识，提出了实行从新民主主义到社会主义转变的任务，制定了党在过渡时期的总路线，即"从中华人民共和国成立，到社会主义改造基本完成，这是一个过渡时期。党在这个过渡时期的总路线和总任务，是要在一个相当长的时期内，逐步实现国家的社会主义工业化，并逐步实现国家对农业、对手工业和对资本主义工商业的社会主义改造"②。

党在过渡时期的总路线具体解决了转变的标志、根据、条件和方式问题。党关于新民主主义直接和平过渡到社会主义的理论因此臻于完备。关于革命转变的标志，毛泽东指出："我们说标志着革命性质的转变，标志着新民主主义革命阶段的基本结束和社会主义革命阶段的开始的东西是政权的转变，是国民党反革命政权的灭亡和中华人民共和国的成立。"③当然，这并不是说，新民主主义革命的任务已彻底解决，社会主义改造这样一个伟大的任务可以立即在全国一切方面着手施行了；也并不是说，建立了无产阶级领导的人民民主专政的国家政权后，我国就从新民主主义社会转变到社会主义社会。马克思、恩格斯曾经分析过，在经济发达的典型的资本主义国家里，无产阶级掌握了政权以后，可以通过全面地消灭私有制，建立公有制，立即进入社会主义社会（当然还有一个相当的准备时期）。但在像

① 周恩来:《发挥人民民主统一战线积极作用的几个问题》，载《建国以来重要文献选编》第一册，第 178—179 页。
② 毛泽东:《革命的转变和党在过渡时期的总路线》，载《毛泽东文集》第六卷，第 316 页。
③ 毛泽东:《革命的转变和党在过渡时期的总路线》，载《毛泽东文集》第六卷，第 315 页。

中国这样经济十分落后的国家，无产阶级虽然夺取政权，却并不能立即达到这一步。关于革命转变的根据，以毛泽东为主要代表的中国共产党人认为，革命转变的客观依据是社会主要矛盾的变化，因为革命性质和任务是由社会主要矛盾决定的。中华人民共和国成立后的头几年中，中国人民同国民党残余势力和地主阶级的矛盾还是社会的主要矛盾，肃清帝国主义和国内反动派的残余势力是当时工作的总方针。无产阶级和资产阶级的矛盾虽然逐步上升，但当时还处于从属地位。根据这种情况，毛泽东在党的七届三中全会上提出了"不要四面出击"的正确主张。经过三年的斗争，彻底完成了民主革命的任务。此后，工人阶级和资产阶级的矛盾上升为社会的主要矛盾。党及时把握了社会主要矛盾的变化，提出了过渡时期的总路线，领导全国人民着手进行社会主义改造的伟大斗争。关于革命转变的条件，中共中央认为，何时实行革命转变，应以是否具备了转变的条件为标准。不到具备了政治上经济上一切应有的条件之时，不应当轻易谈转变。这里讲的转变条件，概括地说是指民主革命阶段社会主义因素的发展，具体地说是指社会主义势力在思想、政治、经济、军事、文化等方面能够起支配作用。其中最重要的是，无产阶级政权和国营经济的建立，即：在政治上，使以工人阶级为领导、以工农联盟为基础的人民民主专政的国家政权更加巩固，以工人、农民、城市小资产阶级和民族资产阶级组成的广泛的统一战线更加牢靠；在经济上，以没收官僚资本建立起来的居于领导地位的社会主义国营经济以及相当数量的劳动人民的合作经济得以发展；在思想上，一个学习社会主义、宣传社会主义的热潮在中国大陆掀起。关于革命转变方式，马克思、恩格斯认为，对资产阶级所有制按照剥夺剥夺者的原则，采取无偿没收和和平赎买两种办法，如果资产阶级愿意，无产阶级宁可采取和平赎买的办法，因为这是最便宜不过的事情；对于农民等小生产的私有制，则只能通过合作化的途径并须经过示范来逐步把它们改造成为劳动群众的集体所有制。但由于那时无产阶级还没有掌握国家政权，因而马克思和恩格斯的设想并没有付诸实践。列宁和斯大林在领导俄国社会主义改造的过程中，对小农是通过组织协作和集体农庄，把农民的个体所有制改造成为社会主义集体化农业的；对资产阶级所有制，列宁曾试图通过赎买的办法加以改造，但由于资产阶级反抗而未能实现。以毛泽东为代表的中国共产党人，对中国革命转变的方式，曾做过两种考虑，即暴力的与和平的。早在 1937 年 5 月 8 日，毛泽东在《为争取千百万群众进入抗日民族统一战线而斗争》一文中就曾指出："我们是革命转变论者，主张民主革命转变到社会主义方向去"，"不流血的转变是我们所希望的，我们应该力争这一着，结果将看群众的力量如何而定"。① 后来由于我们在政治经济诸方面都具备了足够的力量，从而实现了从新民主主义到社会主义的和平转变，使马克思、列宁关于向社会主义和平过渡的思想在中国得到成功的实践。

三、新民主主义理论的伟大意义

新民主主义革命理论是以毛泽东为主要代表的中国共产党人，把马克思列宁主义基本原理与中国革命具体实际相结合，不断进行理论创新而形成的关于中国革命的理论成果。

新民主主义革命理论是指导中国革命取得胜利的指导思想，具有伟大的意义。

新民主主义革命的理论，提出了中国革命"包括新民主主义革命和社会主义革命两个阶段"，中国革命必须走"农村包围城市、武装夺取政权"道路，"统一战线，武装斗争，党的建设，是中国共产党在中国革命中战胜敌人的三个法宝"，新民主主义革命总路线及政治、经济、文化纲领，实现从民主革命到社会主义革命的"不流血的转变"等重要思想；解决了在一个以农民为主体的、落后的半殖民地半封建的东方大国里进行革命的一系列理论问题，分析了中国国情和革命所处的时代特点，科学地回答了近代中国革命向何处去的问题，正确地解决了中国革命的发展阶段问题，揭示了中国革命的发展规律，总结了中国革命的基本经验，极大地丰富了马克思主义的理论宝库。新民主主义革命理论是马克思主义中国化的重要理论成果，开辟了马克思主义中国化的发展道路。

在新民主主义革命理论的指导下，中国共产党领导中国人民取得了新民主主义革命的伟大胜利，结束了中国几千年来封建地主阶级剥削统治广

---

① 毛泽东：《为争取千百万群众进入抗日民族统一战线而斗争》，载《毛泽东选集》第一卷，第276 页。

大劳动人民的历史，结束了帝国主义、殖民主义奴役中国各族人民的历史，结束了官僚资本主义垄断中国经济命脉的历史，建立了中华人民共和国，使中国人民成为新国家、新社会的主人，实现了从几千年的封建专制政治向人民民主政治的跨越，实现了中国人民社会政治地位的根本变化，开创了中国历史的新纪元，使中国由一个混乱、分裂、贫困的国家逐步成为一个安定、统一、富强的国家。党在领导中国新民主主义革命取得胜利的过程中取得了丰富的经验。毛泽东在总结新民主主义革命的历史经验时指出："一个有纪律的，有马克思主义列宁主义的理论武装的，采取自我批评方法的，联系人民群众的党。一个由这样的党领导的军队。一个由这样的党领导的各革命阶级各革命派别的统一战线。这三件是我们战胜敌人的主要武器。"[①] 这些基本经验在新民主主义革命取得胜利后，在党领导中国人民实现国家现代化、实现中华民族伟大复兴中国梦的新的征程中，需要不断坚持、发展和完善。

　　中国新民主主义革命的伟大胜利，是 20 世纪继俄国十月社会主义革命以后改变世界面貌的伟大历史事件，极大地鼓舞和推动了世界上被压迫民族和被压迫人民反抗帝国主义、殖民主义的斗争，增强了他们反对帝国主义斗争的信心，支持了世界人民反对帝国主义的斗争，加强了世界人民争取世界和平的力量。马克思主义、列宁主义对新民主主义革命理论形成有着重要的指导作用，同时指导中国新民主主义革命取得胜利的新民主主义革命理论，也引起了国际人士的广泛关注，对国际社会产生了深刻的影响。

第三节　延安整风与马克思主义中国化

　　中国共产党以马克思主义为立党之本，以实现共产主义为最高理想，以全心全意为人民服务为根本宗旨。自 1921 年中国共产党成立起，就高举马克思主义的旗帜，坚持把马克思主义同中国实际相结合，不断推进马克思

---

① 毛泽东：《论人民民主专政》，载《毛泽东选集》第四卷，第 1480 页。

主义中国化，不断推进马克思主义在中国的发展。但马克思主义中国化的进程并不是一帆风顺的，而是充满了复杂性与曲折性，中共党内曾经存在着把马克思主义教条化、把共产国际决议和俄国革命经验神圣化的错误倾向，因而时常发生"左"倾或右倾的偏差，尤其是 1931 年 1 月六届四中全会召开后统治党中央达四年之久的王明"左"倾教条主义几乎使中国革命陷于绝境。毛泽东发动整风运动，就是为了扭转马克思主义中国化的曲折历程，克服和纠正马克思主义中国化历程中不断出现的"左"、右倾错误，推动中国革命走向胜利。

一、整风运动的背景：马克思主义中国化的曲折历程

本书前面已经论及，中国共产党成立后，就注意运用马克思主义理论观察和分析中国面对的实际问题，尤其是中共二大第一次提出明确的反帝反封建的民主革命纲领，是马克思主义中国化的亮丽开篇。在 1924—1927 年国共合作共同实行新三民主义的过程中，中国共产党人提出了新民主主义革命基本思想。新民主主义革命基本思想是马克思主义与中国革命实践初步结合的产物。

1927 年大革命合作破裂，进入土地革命战争或十年内战时期。以毛泽东为主要代表的中国共产党人在中心城市武装起义失败后，不拘泥于经典著作与经典模式，走向敌人统治力量薄弱的农村，探索了一条适合中国国情的中国革命新道路，这条道路既不同于旧式资产阶级民主革命道路，也不同于"城市中心论"的苏俄革命模式；在探索中国革命新道路实践的基础上，毛泽东提出了农村包围城市道路理论，充分体现了中国共产党人开辟新道路、创造新理论的首创精神。中国革命新道路的开辟与农村包围城市道路理论的提出，是马克思主义中国化的重要标志。在探索中国革命新道路的过程中，教条主义者开口闭口拿本本来，不从实际出发，反对具体情况具体分析，割裂理论与实践、主观与客观的具体的历史的统一，不懂得马克思主义普遍真理必须同中国的具体实践相结合。为纠正当时党和红军中存在的教条主义思想，毛泽东于 1930 年 5 月发表了《反对本本主义》一文，提出"没有调查，没有发言权"，"中国革命斗争的胜利要靠中国同志了解中国情况"等著名论断，初步提出了党的思想路线，成为马克思主义

中国化历程中的一篇重要文献。①

　　进入全民族抗战时期，"马克思主义中国化"的命题与"马克思列宁主义理论和中国革命的实践相结合"的根本原则，被正式提了出来。1937年7月、8月，毛泽东发表《实践论》《矛盾论》两篇哲学专著，主题分别是认识与实践的统一、矛盾的普遍性与矛盾的特殊性的统一，"两个统一"的提出为马克思主义基本原理同中国革命具体实践相结合的实事求是的思想路线奠定了哲学基础，成为马克思主义中国化的理论基石。1938年10月，毛泽东在中共六届六中全会发表的《论新阶段》的报告中，第一次明确提出了马克思主义中国化的历史任务，指出："马克思主义必须通过民族形式才能实现。没有抽象的马克思主义，只有具体的马克思主义。所谓具体的马克思主义，就是通过民族形式的马克思主义，就是把马克思主义应用于到中国具体环境的具体斗争中去，而不是抽象地应用它。成为伟大中华民族之一部分而与这个民族血肉相连的共产党员，离开中国特点来谈马克思主义，只是抽象的空洞的马克思主义。因此，马克思主义的中国化，使之在其每一表现中带着中国的特性，即是说，按照中国的特点去应用它，成为全党亟待了解并亟须解决的问题。洋八股必须废止，空洞抽象的调头必须少唱，教条主义必须休息，而代替之以新鲜活泼的、为中国老百姓所喜闻乐见的中国作风和中国气派。"② "马克思主义中国化"的命题提出不久，就形成了新民主主义革命理论体系。

　　也是在全民族抗战爆发后，自1931年赴莫斯科后就一直在共产国际工作的王明和康生、陈云于1937年11月14日乘苏联运输机回国，29日经迪化（今称乌鲁木齐）回到延安。王明离开莫斯科当天，季米特洛夫在共产国际执委会书记处会议上发言说：由于中国共产党力量弱小，因此在国共统一战线中不要提谁占优势，谁领导谁的问题，应当运用法国共产党组织人民阵线的经验，遵循"一切服从统一战线""一切经过统一战线"的原则，努力从政治上影响国民党，做到共同负责，共同领导，共同发展，不

---

① 毛泽东：《反对本本主义》，载《毛泽东选集》第一卷，第109、115页。
② 毛泽东：《论新阶段（抗日民族战争与抗日民族统一战线发展的新阶段——一九三八年十月十二日至十四日在中共扩大的六中全会的报告）》，载《中共中央文件选集》第十一册，第658—659页。

要过分强调独立自主。在 12 月 9 日至 14 日召开的中共中央政治局会议（即"十二月会议"）上，王明以传达共产国际指示的名义做了《如何继续全国抗战与争取抗战胜利呢》的报告和发言，主要论述统一战线即国共关系问题，他教条地搬用共产国际指示，提出"今天的中心问题是一切为了抗日，一切经过抗日民族统一战线，一切服从抗日"的右倾口号，主张承认国民党是领导的优势力量，认为现在中共的力量还与国民党不对等，称"没有力量，空喊无产阶级领导，是不行的。空喊领导，只有吓走同盟者"；他批评洛川会议过分强调了独立自主和解决民主、民生问题。他说："过去提出国民党是片面抗战，是使他们害怕。要提出政府抗战很好，要动员广大人民来帮助抗战。不要提得这样尖锐，使人害怕。"[1] 这些观点与毛泽东强调保持中共在统一战线中独立性、中国存在两条不同抗战路线的主张明显不同。王明的发言实际上是暗中指责毛泽东，这一度引起了党内思想混乱。彭德怀后来回忆说："我认真听了毛主席和王明的讲话，相同点是抗日，不同点是如何抗法。王明讲话是以国际口吻出现的，其基本精神是抗日高于一切，一切经过统一战线，一切服从统一战线。""对无产阶级在抗日民族战争中如何争取领导权的问题，他是忽视的。""假如真的按照王明路线办事，那就保障不了共产党对八路军、新四军的绝对领导，一切事情都得听从国民党反动集团所谓合法政府的命令；就不可能有敌后抗日根据地和民主政权的存在；同时也区别不开谁是统一战线中的领导阶级，谁是无产阶级可靠的同盟军，谁是消极抗日的右派，谁是动摇于两者之间的中间派。这些原则问题，在王明路线中是混淆不清的。""王明所说的内容，没有解决具体问题。"[2] 在会议讨论中，毛泽东处于孤立的境地，"讨论中许多同志在一时难以分辨是非的情况下，不同程度地同意和拥护了王明的主张"。[3] 后来，毛泽东在中共七大上谈到了"十二月会议"，他说："遵义会议以后，中央的领导路线是正确的，但中间也遭过波折。抗战初期，十二月会议就是一次波折。十二月会议的情形，如果继续下去，那将怎么样呢？有人说他奉共产

---

[1]《王明在中共中央政治局会议上的发言记录》（1937 年 12 月 9 日），转引自金冲及主编、中共中央文献研究室编《周恩来传》，中央文献出版社，1988，第 433 页。

[2]《彭德怀自述》，人民出版社，1981，第 224—226 页。

[3] 张培森主编《张闻天年谱（1900—1976）》（修订本）上卷，中共党史出版社，2010，第 365 页。

国际命令回国，国内搞得不好，需要有一个新的方针。所谓新的方针，主要是在两个问题上，就是统一战线问题和战争问题。在统一战线问题上，是要独立自主还是不要或减弱独立自主；在战争问题上，是独立自主的山地游击战还是运动战。"①1938 年 2 月 27 日至 3 月 1 日，中共中央在延安召开政治局会议（又称三月会议），毛泽东、王明、张闻天、周恩来、康生、凯丰、任弼时、张国焘 8 名政治局委员出席会议。王明作政治报告，坚持他在去年 12 月政治局会议上提出的右倾主张，附和国民党"只要一个军队"和"统一军令"的说法，强调在军事上要服从国民党的统一领导。毛泽东就抗日军事问题作了发言，抵制了王明的错误主张，会议没有形成正式文件，决定派任弼时到莫斯科与共产国际进行交涉。会后，王明于 3 月 11 日以个人署名公开发表了《三月政治局会议的总结》，把他的右倾投降主义主张冒充为中央政治局的"一致意见"进行宣传，造成了不良影响。

三月会议结束后，任弼时于 3 月 5 日从延安出发前往苏联，于 4 月 14 日代表中共中央向共产国际递交了《中国抗日战争的形势与中国共产党的工作和任务》的书面报告大纲，于 5 月 17 日提交了一份"补充说明"，向共产国际强调了"毛泽东才是中国共产党的领袖"。6 月 11 日，主席团做出了《关于中国代表团报告的决议案》，承认"中国共产党的政治路线是正确的"，从政治上肯定了中共中央。此后，共产国际执委会主席季米特洛夫约请任弼时、王稼祥谈话，明确强调在领导机关中，要在以毛泽东为首的领导下解决，从组织上支持了毛泽东的领导地位。1938 年 8 月王稼祥从莫斯科返回延安，带回了季米特洛夫"在领导机关中要在毛泽东为首的领导下解决，领导机关中要有亲密团结的空气"的口信。②9 月 14 日，中共中央政治局举行会议，王稼祥传达了共产国际的决定和季米特洛夫的意见，这次会议为六届六中全会的召开做了准备。在 9 月 29 日至 11 月 6 日召开的六届六中全会上，王稼祥再次传达了共产国际指示。王稼祥所传达的季米特洛夫的口信，从根本上剥夺了王明以共产国际钦差大臣自居，向毛泽东、

---

① 毛泽东：《关于第七届候补中央委员选举问题》，载中共中央文献研究室编《毛泽东在七大的报告和讲话集》，中央文献出版社，1995，第 231 页。

② 王稼祥：《国际指示报告》（1938 年 9 月），载中共中央文献研究室编《文献和研究》（1986 年汇编本），人民出版社，1988，第 70—71 页。

中共中央挑战的资格，对六届六中全会的成功召开起了重要作用。全会通过《中共中央扩大的六中全会政治决议案》，批准以毛泽东为代表的中央政治局的路线，并针对王明与中央分庭抗礼的行为强调"个人服从组织，少数服从多数，下级服从上级，全党服从中央"，撤销了长江局，至此基本上克服了王明右倾投降主义错误。六中全会后，尽管王明在口头上也说"党要团结在毛泽东领导之下"，但实际上依然坚持过去的错误。他于1940年3月再次重版了集中体现其"左"倾错误观点的、初版于1931年的《为中共更加布尔塞维克化而斗争》（原名《两条路线——拥护国际路线，反对立三路线》）一书，并在《三版序言》中写道："我们党近几年来有很大的发展，成千累万的新干部新党员，对我们党的历史发展中的许多事实，还不十分明了。本书所记载着的事实，是中国共产党发展史中的一个相当重要的阶段，因此，许多人要求了解这些历史事实，尤其在延安各学校学习党的建设和中共历史时，尤其需要这种材料的帮助。"他还再三强调："不能把昨日之是一概看作今日之非，或把今日之非，一概断定不能作为昨日之是。"[①] 这实际上还在继续挑衅毛泽东、中共中央。王明的小册子出版，引起了毛泽东的注意。胡乔木回忆说："这样一来，王明究竟是个什么人，他搞的一套究竟是对还是错，就成了一个问题了。这就要算历史账，才能搞清楚。这样才开始编《六大以来》。"[②]1940年下半年，中共中央专门成立了毛泽东领导的关于六大以来党内秘密文件审查委员会，负责编辑《六大以来——党内秘密文件》。通过审核党的历史文献，毛泽东对以教条主义为特征的王明"左"倾错误的危害有了更为系统、更加深刻的认识，认识到遵义会议只是解决了最为迫切的军事和组织问题，还没有从思想上系统地彻底清算"左"倾教条主义，确信在党的高级干部中还有人对"左"倾错误路线缺乏正确的认识。

鉴于王明"左"倾教条主义以及在全民族抗战初期的右倾错误给中国革命带来的严重危害的教训，鉴于王明顽固坚持教条主义严重干扰了以毛泽东为代表的中共中央正确路线的贯彻执行，为了提高全党的马列主义水平，

① 陈绍禹:《为中共更加布尔塞维克化而斗争》(第三版)，解放社，1940，第3页。
② 胡乔木:《胡乔木回忆毛泽东》，人民出版社，2014，第45页。

推进马克思主义中国化进程，从思想根源上破除党内存在的将马克思主义教条化、将共产国际指示神圣化和教条化的氛围，中国共产党在延安和各抗日根据地开展整顿党的作风，进行马克思列宁主义教育的运动。开展全党范围的普遍整风，还因为全民族抗战以来党员人数快速地由 4 万发展到80 万，新入党员大多数来自农民、小资产阶级，需要对他们进行比较系统的马克思列宁主义教育。

二、整风运动的过程：从整风学习到《关于若干历史问题的决议》

整风运动的开启——延安高级干部的整风学习。1938 年 10 月，毛泽东在六届六中全会上向全党发出了"来一个全党的学习竞赛，看谁真正地学到了一点东西，看谁学得更多一点，更好一点"的号召，尤其强调了党的干部学习马克思列宁主义的重要性，指出"在担负主要领导责任的观点上说，如果我们党有一百个至二百个系统地而不是零碎地、实际地而不是空洞地学会了马克思列宁主义的同志，就会大大地提高我们党的战斗力量，并加速我们战胜日本帝国主义的工作"[1]。会后全党兴起了学习马克思主义理论的热潮。1939 年 2 月 17 日，中共中央决定成立干部教育部（1940 年 6 月干部教育部与中央宣传部合并，成立中共中央宣传教育部），由张闻天任部长，李维汉任副部长，加强对全党学习的领导工作；3 月，干部教育部颁布了《延安在职干部教育暂行计划》，规定延安 4000 多名在职干部编班编组，并制定了初级、中级、高级班的学习课程和学习制度。同年 5 月，干部教育部在陕北公学召开干部教育动员大会，毛泽东在发表讲话时指出：我们要"建设大党，我们的干部非学习不可"；"我们队伍里边有一种恐慌，不是经济恐慌，也不是政治恐慌，而是本领恐慌。过去学的本领只有一点点，今天用一些，明天用一些，渐渐告罄了。好像一个铺子，本来东西不多，一卖就完，空空如也，再开下去就不成了，再开就一定要进货。我们干部的'进货'，就是学习本领，这是我们许多干部所迫切需要的"。[2]1940 年1 月 3 日，中共中央发出《中央关于干部学习的指示》，要求全党干部都应

---

① 毛泽东：《中国共产党在民族战争中的地位》，载《毛泽东选集》第二卷，第 533 页。
② 毛泽东：《在延安在职干部教育动员大会上的讲话》，载《毛泽东文集》第二卷，第 179、178 页。

当学习和研究马列主义的理论及其在中国的具体运用，各级党的组织必须把干部教育放在党的重要工作的地位上来；同年 3 月 24 日，中共中央发布《关于在职干部教育的指示》，规定每年的 5 月 5 日——马克思诞辰日为"干部学习节"。延安整风开启后，学习运动汇入整风运动并成为其重要部分，干部学习一直是整风运动的中心内容，整风运动是学习运动的发展与提高。

整风学习最为核心的内容是反对主观主义，倡导理论与实践相结合的马克思主义学风，要求坚持把马克思主义的基本原理与中国的具体实际相结合。1941 年 5 月 19 日，毛泽东在延安干部会上做了《改造我们的学习》的报告。他在报告中指出，中国共产党的二十年，就是马克思列宁主义的普遍真理和中国革命的具体实践日益结合的二十年。马克思列宁主义的普遍真理一经和中国革命的具体实践相结合，就使中国革命的面目为之一新。但是我们还是有缺点的，而且还有很大的缺点，这就是：不注重研究现状，不注重研究历史，不注重马克思列宁主义的应用。有的同志只会片面地引用马克思、恩格斯、列宁、斯大林的个别词句，而不会运用他们的立场、观点和方法，来具体地研究中国的现状和中国的历史，具体地分析中国革命问题和解决中国革命问题。他批评了主观主义的态度，"在这种态度下，就是对周围环境不作系统的周密的研究，单凭主观热情去工作，对于中国今天的面目若明若暗。在这种态度下，就是割断历史，只懂得希腊，不懂得中国，对于中国昨天和前天的面目漆黑一团。在这种态度下，就是抽象地无目的地去研究马克思列宁主义的理论"，并强调指出："这种反科学的反马克思列宁主义的主观主义的方法，是共产党的大敌，是工人阶级的大敌，是人民的大敌，是民族的大敌，是党性不纯的一种表现。"与此同时，他倡导马克思列宁主义的态度，"在这种态度下，就是应用马克思列宁主义的理论和方法，对周围环境作系统的周密的调查和研究。不是单凭热情去工作，而是如同斯大林所说的那样：把革命气概和实际精神结合起来。在这种态度下，就是不要割断历史。不单是懂得希腊就行了，还要懂得中国；不但要懂得外国革命史，还要懂得中国革命史；不但要懂得中国的今天，还要懂得中国的昨天和前天。在这种态度下，就是要有目的地去研究马克思列宁主义的理论，要使马克思列宁主义的理论和中国革命的实际运动结合起来，是为着解决中国革命的理论问题和策略问题而去从它找立场，找观点，找方法的。这种态度，就是有的放矢的态度。'的'就是中国革命，'矢'就是马克思列宁主义。我们中国共产党人所以要找这根'矢'，就是为了要射中国革命和东方革命这个'的'的。这种态度，就是实事求是的态度。'实事'就是客观存在着的一切事物，'是'就是客观事物的内部联系，即规律性，'求'就是我们去研究。我们要从国内外、省内外、县内外、区内外的实际情况出发，从其中引出其固有的而不是臆造的规律性，即找出周围事变的内部联系，作为我们行动的向导"①。8月1日，中共中央发布《关于调查研究的决定》，指出："二十年来，我党对于中国历史、中国社会与国际情况的研究，虽然是逐渐进步的，逐渐增加其知识的，但仍然是非常不足；粗枝大叶、不求甚解、自以为是、主观主义、形式主义的作风，仍然在党内严重地存在着。抗战以来，我党在了解日本、了解国民党、了解社会情况诸方面是大进一步了，主观主义、形式主义作风也减少了。但所了解者仍然多属粗枝大叶的、漫画式的，缺乏系统的周密的了解，主观主义与形式主义作风并未彻底消灭"，"必须力戒空疏，力戒肤浅，扫除主观主义作风，采取具体办法，加重对于历史，对于环境，对于国内外、省内外、县内外具体情况的调查与研究"，决定中央及各级组织设置调查研究机关，动员全党、全军及政府之各级机关及全体同志开展调查研究。② 同日，还发布了《中央关于实施调查研究的决定》。

为进一步提高党的高级干部的马克思主义水平，特别是提高运用马克思主义解决中国革命实际问题的水平，中央决定成立高级学习组。1941年9月26日，中共中央通过《关于高级学习组的决定》：（甲）为提高党内高级干部的理论水平与政治水平，决定成立高级学习组。其成分以中央、各中央局、中央分局、区党委或省委之委员，八路军新四军各主要负责人，各高级机关某些职员，各高级学校某些教员为范围。全国以三百人为限，其中延安占三分之一，外地占三分之二。（乙）以理论与实践统一为方法，第一期为半年，研究马恩列斯的思想方法论与我党二十年历史两个题目，然后再研究马恩列斯与中国革命的其他问题，以达克服错误思想（主观主义及

---

① 毛泽东：《改造我们的学习》，载《毛泽东选集》第三卷，第 799、800、801 页。
②《中共中央关于调查研究的决定》，载《毛泽东文集》第二卷，第 360、361 页。

形式主义），发展革命理论的目的。（丙）延安及外地各重要地点，均设立高级学习组；军队至师、军区或纵队为止，地方至区党委或省委为止。高级学习组设组长、副组长及学习秘书各一人。学习组之下分设若干学习小组，由小组长负责。延安及各地高级学习组统归中央学习组（以中央委员为范围，毛泽东为组长，王稼祥为副组长）管理指导，按时指定材料，总结经验，解答问题。（丁）在不妨碍各同志所负主要工作任务的条件下进行此种学习。[①]11 月 4 日，中央学习组发出《关于各地高级学习组学习内容的通知》，提出"中央学习组及各地高级研究组第一步均以列宁主义的政治理论与我党六大以来的政治实践为范围"，"在本年内，先将季米特洛夫在国际七次大会报告及列宁《左派幼稚病》二书，与《六大以来》八十三个文件通读一遍"。[②]11 月 29 日，中央军委发布了《关于高级军事干部学习的决定》，决定在中央高级学习组下，成立军事高级学习组，朱德任组长。这一时期的干部学习，也强调理论联系实践的马克思主义学风。1941 年 12 月 1日，发布《中央关于延安在职干部学习的决定（同时亦适用于各地）》，强调"多读、多看、多研究、多注重其实际应用，而反对空洞的形式的所学非所用的学习方法，是马列主义者取得学问的必要条件"[③]。12 月 17 日，发布《中共中央关于延安干部学校的决定》，指出"目前延安干部学校的基本缺点，在于理论与实际、所学与所用脱节，存在着主观主义与教条主义的严重的毛病。这种毛病，主要表现在使学生学习一大堆马列主义的抽象原则，而不注意或几乎不注意领会其实质及如何应用于具体的中国环境。为了纠正这种毛病，必须强调学习马列主义的理论的目的是为了使学生能够正确地应用这种理论去解决中国革命的实际问题，而不是为了书本上各项原则的死记与背诵"[④]。

整风学习的另一重点是反对宗派主义以增强党性。1941 年 7 月 1 日，中央政治局通过的《中央关于增强党性的决定》指出：中国共产党经过 20

①《中央关于高级学习组的决定》，载《中共中央文件选集》第十三册，第 205—206 页。
②《中央学习组关于各地高级学习组学习内容的通知》，载《中共中央文件选集》第十三册，第211 页。
③《中央关于延安在职干部学习的决定（同时亦适用于各地）》，载《中共中央文件选集》第十三册，第 205—206 页。
④《中共中央关于延安干部学校的决定》，载《中共中央文件选集》第十三册，第 257 页。

年的革命锻炼，已经成为和广大群众密切联系的马克思列宁主义政党，已经成为全国政治生活中的重要的决定因素。然而放在全党面前的仍然是伟大而艰巨的革命事业。这样，就要求党更进一步地成为政治上、思想上、组织上完全巩固的马克思列宁主义的党，要求全体党员和党和各个组成部分都在统一的意志、统一的行动和统一的纪律下面，团结起来，成为有组织的整体。《决定》强调：我们的环境，是广大农村的环境，是长期分散的独立活动的游击战争的环境，党内小生产者及知识分子的成分占据很大的比重，因此容易产生某些党员的"个人主义""英雄主义""无组织的状态""独立主义"与"反集中的分散主义"等违反党性的倾向，并列举了当时党内存在诸如政治上的自由行动、组织上的自成系统、思想认识上的个人主义等违反党性的表现，指出听其发展，便会破坏党的统一意志、统一行动和统一纪律。为了纠正上述违反党性的倾向，《决定》提出了六条办法：一是在党内更加强调全党的统一性、集中性和服从中央领导的重要性；二是更严格地检查一切决议决定之执行，坚决肃清阳奉阴违的两面性的现象；三是即时发现，即时纠正，不纵容错误继续发展；四是要在全党加强纪律的教育；五是要用自我批评的武器和加强学习的方法，来改造自己使适合于党与革命的需要；六是决定从中央委员以至每个党部的负责领导者，都必须参加支部组织，过一定的党的组织生活。[1]

1941 年 9 月 10 日—10 月 22 日，中共中央在延安召开政治局扩大会议，检讨党在第二次国内革命战争时期的政治路线，毛泽东在会上做了反对主观主义和宗派主义的讲话，他指出："过去我们的党很长时期为主观主义所统治，立三路线和苏维埃运动后期的'左'倾机会主义都是主观主义。苏维埃运动后期的主观主义表现更严重，它的形态更完备，统治时间更长久，结果更悲惨。"[2]1942 年 1 月 26 日，中共中央宣传部发布《关于反对主观主义反对宗派主义的宣传要点》，指出："鉴于遵义会议以前，主观主义与宗派主义错误给予党与革命的损失异常之大，鉴于遵义会议以后党的路线虽然是正确的，但在全党内，尤其在某些特殊地区与特殊部门内，主观

---

[1]《中央关于增强党性的决定》，载《中共中央文件选集》第十三册，第 144—147 页。

[2] 中共中央文献教研室编《毛泽东年谱（1893—1949）》中卷，第 326 页。

主义与宗派主义的残余，并没有肃清，或者还很严重地存在着，故在去年内，中央政治局多次地着重地讨论了这个问题，发表了关于增强党性的决定，关于开展调查研究的决定，关于干部学校的决定与关于高级学习组的决定。此外，毛泽东同志根据中央的决定，在陕甘宁边区参议会上发表了反对宗派主义的演说。这些决定及演说，已在全党起了指导的作用，已引起了很多同志的注意，已在具体纠正至今尚存在着的主观主义与宗派主义的残余，这是好的现象，这是一方面的现象。但在另一方面，中央的决定及中央同志的演说，在另外许多同志中，并没有引起深刻的注意。其原因，或则是有些同志过去犯了主观主义与宗派主义的错误相当的严重，一时尚没有深刻认识自己的错误，不愿意作深刻的自我批评，不愿迅速地改正自己的错误；或则是有些同志自以为过去并没有犯过主观主义与宗派主义的路线错误，因此事不关己，高高挂起，而不知这些同志在他们自己过去与现在的思想中行动中，也曾有过主观主义与宗派主义的因素，也曾犯过某些错误。"[1]

整顿三风——全党范围的普遍整风。从 1942 年 2 月开始的全党范围的普遍整风阶段，其主要内容从前一阶段的反对主观主义与宗派主义，发展为整顿三风，即反对主观主义以整顿学风，反对宗派主义以整顿党风，反对党八股以整顿文风，其中心是反对主观主义，树立马克思主义的思想路线。

1942 年 2 月 1 日，毛泽东在中共中央党校开学典礼上发表《整顿党的作风》的演讲，他指出，党的总路线是正确的，是没有问题的，党的工作也是有成绩的。但我们的学风还有些不正的地方，我们的党风还有些不正的地方，我们的文风也有些不正的地方。所谓学风有些不正，就是说有主观主义的毛病。所谓党风有些不正，就是说有宗派主义的毛病。所谓文风有些不正，就是说有党八股的毛病。反对主观主义以整顿学风，反对宗派主义以整顿党风，反对党八股以整顿文风，这就是我们的任务。我们党内的主观主义有两种：一种是教条主义，一种是经验主义。他们都是只看到

---

[1]《中央宣传部关于反对主观主义反对宗派主义的宣传要点》，载《中共中央文件选集》第十三册，第 277—278 页。

片面，没有看到全面。如果不注意，如果不知道这种片面性的缺点，并且力求改正，那就容易走上错误的道路。但是在这两种主观主义中，现在在我们党内还是教条主义更为危险。因为教条主义容易装出马克思主义的面孔，吓唬工农干部，把他们俘虏起来，充作自己的用人，而工农干部不易识破他们；也可以吓唬天真烂漫的青年，把他们充当俘虏。他批评"还有不少的人，把马克思列宁主义书本上的某些个别字句看作现成的灵丹圣药，似乎只要得了它，就可以不费气力地包医百病"，强调"中国共产党人只有在他们善于应用马克思列宁主义的立场、观点和方法，善于应用列宁斯大林关于中国革命的学说，进一步地从中国的历史实际和革命实际的认真研究中，在各方面做出合乎中国需要的理论性的创造，才叫做理论和实际相联系"。他指出，由于二十年的锻炼，现在我们党内并没有占统治地位的宗派主义了，但是宗派主义的残余是还存在的，有对党内的宗派主义残余，也有对党外的宗派主义残余。对内的宗派主义倾向产生排内性，妨碍党内的统一和团结；对外的宗派主义倾向产生排外性，妨碍党团结全国人民的事业。党八股是藏垢纳污的东西，是主观主义和宗派主义的一种表现形式。它是害人的，不利于革命的，我们必须肃清它。"我们反对主观主义、宗派主义、党八股，有两条宗旨是必须注意的：第一是'惩前毖后'，第二是'治病救人'"。①2月8日，毛泽东在延安干部会上发表了《反对党八股》的讲演，分析了党八股的八大罪状：空话连篇，言之无物；装腔作势，借以吓人；无的放矢，不看对象；语言无味，像个瘪三；甲乙丙丁，开中药铺；不负责任，到处害人；流毒全党，妨害革命；传播出去，祸国殃民。他指出，"党八股这个形式，不但不便于表现革命精神，而且非常容易使革命精神窒息。要使革命精神获得发展，必须抛弃党八股，采取生动活泼新鲜有力的马克思列宁主义的文风"②。《整顿党的作风》《反对党八股》两篇演说，标志着全党普遍整风的开始。

4月3日，中共中央宣传部发布了《关于在延安讨论中央决定及毛泽东同志整顿三风报告的决定》，指出这次整风"是党在思想上的革命"，要达

---

① 毛泽东：《整顿党的作风》，载《毛泽东选集》第三卷，第820、827页。
② 毛泽东：《反对党八股》，载《毛泽东选集》第三卷，第840页。

到"认真的切实的整顿学风、党风、文风，改造工作，团结干部，团结全党"，"规定以下列十八个文件为干部（学生在内）考试的范围：（一）毛泽东二月一日在党校的报告；（二）毛泽东二月八日在延安干部会上的报告；（三）康生两次报告；（四）中央关于增强党性决定；（五）中央关于调查研究决定；（六）中央关于延安干部学校决定；（七）中央关于在职干部教育决定；（八）毛泽东在边区参议会的演说；（九）毛泽东关于改造学习的报告；（十）毛泽东论反对自由主义；（十一）毛泽东农村调查序言二；（十二）联共党史结束语六条；（十三）斯大林论党的布尔塞维克化十二条；（十四）刘少奇论共产党员的修养第二章第二第三第四第五节；（十五）陈云论怎样做一个共产党员；（十六）四军九次代表大会论党内不正确倾向；（十七）宣传指南小册；（十八）中央宣传部关于在延安讨论中央决定及毛泽东同志整顿三风报告的决定"。①4月16日，中共中央宣传部又发出《关于增加整风学习材料及学习时间的通知》，增加了四个整风学习文件：（1）斯大林论领导与检查；（2）列宁、斯大林等论党的纪律与党的民主；（3）斯大林论平均主义；（4）季米特洛夫论干部政策与干部教育政策。②此后，整顿三风学习运动先在延安进行。6月8日，中共中央宣传部发出了《关于在全党进行整顿三风学习运动的指示》，同时军委总政治部也发出全军进行整风学习的指示，从此开始了全党范围的整风运动。该《指示》指出：整顿三风学习运动，从4月20日在延安进行以来，已收到很大的成绩。根据延安的经验，在全党进行整顿三风的学习运动，是非常必要的，对于全党干部党员思想的改造和工作的改进都是有极重大意义的。因此决定全党均应进行整顿三风的学习运动，各地各级党委各级宣传部及原有的高级学习组均应按照中央指定的22个文件，有计划地领导这一学习运动。根据延安的经验，应采取下列办法：党的高级领导机关必须成立学习总委员会，各部门各单位成立学习分会；凡能阅读文件者均吸收参加，分成小组；一切干部学校凡能阅读文件者，暂行停止一切其他课目（军事学校则暂行减少军事课目），专

---

① 《中共中央宣传部关于在延安讨论中央决定及毛泽东整顿三风报告的决定》，载《中共中央文件选集》第十三册，第363—367页。

② 《中央宣传部关于增加整风学习材料及学习时间的通知》，载《中共中央文件选集》第十三册，第371页。

门学习 22 个文件；机关部队凡能阅读文件者，均应尽可能减少工作时间增加学习时间，延安规定每日上午为学习时间，各地应依具体情况而定，但必须注意，不要忘记战争环境，不要忘记敌人的可能袭击；依情况之可能，出版学习报刊讨论问题解答问题，并依情况之可能，各机关学校出版墙报；在学习 22 个文件时期中，应把其他一切学习暂行停止；学习时期规定为四个月到五个月，从何时起由各地自定，各地因情况不同，学习时期可以依具体情况伸缩之；有些已经开始学习 22 个文件的地方，其领导办法如果是与本指示及"四三"决定（四月三日中宣部的决定）相符合的则照原计划进行，如果是不符合的则须加以改变。① 整风学习运动中的 22 个基本学习文件以《整风文献》为名整理出版，后来修订时又增加了 5 个文件，即：《关于统一抗日根据地党的领导及调整各组织间关系的决定》《论党内斗争》《斯大林论自我批评》《中共中央关于领导方法的决定》和《毛泽东同志在延安文艺座谈会上的讲话》。②

整风运动的收官——总结历史经验以统一全党思想。 1943 年 10 月，中共中央决定高级干部进一步研究和讨论党的历史问题，整风运动由此发展到总结党的历史经验阶段。中央政治局和党的高级干部多次讨论党的历史，特别是讨论党在 1931 年初到 1934 年底这个时期的历史，大大地帮助了党内思想在马克思列宁主义基础上的统一。1944 年 2 月起，中共中央政治局进行了整风学习，讨论了党的历史问题。2 月 24 日，中共中央书记处会议讨论了党的历史问题，决定"陈绍禹、秦邦宪的错误应视为党内问题"③。毛泽东在 1944 年 4 月 12 日在延安高级干部会议上和 5 月 20 日在中央党校第一部发表《学习和时局》的重要讲话，就党史学习中提出的几个重要问题，传达政治局的结论：（一）关于研究历史经验应取何种态度问题。中央认为应使干部对于党内历史问题在思想上完全弄清楚，同时对于历史上犯过错误的同志在作结论时应取宽大的方针，以便一方面，彻底了解我党历史经

① 《中共中央宣传部关于在全党进行整顿三风学习运动的指示》，载《中共中央文件选集》第十三册，第 391—392 页。
② 参见黄亚玲：《延安时期马克思主义中国化教育运动文本考释》，《马克思主义研究》2016 年第 8 期。
③ 中共中央文献教研室编《毛泽东年谱（1893—1949）》中卷，第 496 页。

验，避免重犯错误；另一方面，能够团结一切同志，共同工作。我党历史上，曾经有过反对陈独秀错误路线和李立三错误路线的大斗争，这些斗争是完全应该的。但其方法有缺点：一方面，没有使干部在思想上彻底了解当时错误的原因、环境和改正此种错误的详细办法，以致后来又可能重犯同类性质的错误；另一方面，太着重个人的责任，未能团结更多的人共同工作。这两个缺点，我们应引为鉴戒。这次处理历史问题，不应着重于一些个别同志的责任方面，而应着重于当时环境的分析，当时错误的内容，当时错误的社会根源、历史根源和思想根源，实行惩前毖后、治病救人的方针，借以达到既要弄清思想又要团结同志这样两个目的。对于人的处理问题取慎重态度，既不含糊敷衍，又不损害同志，这是我们的党兴旺发达的标志之一。（二）对于任何问题应取分析态度，不要否定一切。例如对于四中全会至遵义会议时期中央的领导路线问题，应作两方面的分析：一方面，应指出那个时期中央领导机关所采取的政治策略、军事策略和干部政策在其主要方面都是错误的；另一方面，应指出当时犯错误的同志在反对蒋介石、主张土地革命和红军斗争这些基本问题上面，和我们之间是没有争论的。即在策略方面也要进行分析。例如在土地问题上，当时的错误是实行了地主不分田、富农分坏田的过左政策，但在没收地主土地分给无地和少地的农民这一点上，则是和我们一致的。（三）关于党的第六次全国代表大会文件的讨论。应该指出，第六次全国代表大会的路线是基本上正确的，因为它确定了现时革命的资产阶级民主主义性质，确定了当时形势是处在两个革命高潮之间，批判了机会主义和盲动主义，发布了十大纲领等，这些都是正确的。第六次全国代表大会亦有缺点，例如没有指出中国革命的极大的长期性和农村根据地在中国革命中的极大的重要性，以及还有其他若干缺点或错误。但无论如何，第六次全国代表大会在我党历史上是起了进步作用的。（四）关于1931年上海临时中央及在其后由此临时中央召开的五中全会是否合法的问题。中央认为是合法的，但应指出其选举手续不完备，并以此作为历史教训。（五）关于党内历史上的宗派问题。应该指出，我党历史上存在过并且起了不良作用的宗派，经过遵义会议以来的几次变化，现在已经不存在了。这次党内两条路线的学习，指出这种宗派曾经在历史上存在过并起了不良作用，这是完全必要的。但是如果以为经过

1935 年 1 月的遵义会议，1938 年 10 月的第六届中央委员会第六次全体会议，1941 年 9 月的政治局扩大会议，1942 年的全党整风和 1943 年冬季开始的对于党内历史上两条路线斗争的学习，这样许多次党内斗争的变化之后，还有具备原来的错误的政治纲领和组织形态的那种宗派存在，则是不对的。过去的宗派现在已经没有了。目前剩下的，只是教条主义和经验主义思想形态的残余，我们继续深入地进行整风学习，就可以将它们克服过来。目前在我们党内严重地存在和几乎普遍地存在的乃是带着盲目性的山头主义倾向。山头主义的社会历史根源，是中国小资产阶级的特别广大和长期被敌人分割的农村根据地，而党内教育不足则是其主观原因。指出这些原因，说服同志们去掉盲目性，增加自觉性，打通同志间的思想，提倡同志间的互相了解、互相尊重，以实现全党大团结，是我们当前的重要任务。[①]

1944 年 5 月 21 日在延安召开中国共产党第六届中央委员会扩大的第七次全体会议。会议持续进行了 11 个月之久，深入讨论了党的全部历史。1945 年 4 月 20 日，中国共产党六届七中全会通过《关于若干历史问题的决议》。《决议》总结了建党以来特别是六届四中全会至遵义会议前这一段党的历史及其基本经验教训，高度评价了毛泽东运用马克思列宁主义基本原理解决中国革命问题的杰出贡献，指出"中国共产党自一九二一年产生以来，就以马克思列宁主义的普遍真理和中国革命的具体实践相结合为自己一切工作的指针，毛泽东同志关于中国革命的理论和实践便是此种结合的代表"，"党在奋斗的过程中产生了自己的领袖毛泽东同志，毛泽东同志代表中国无产阶级和中国人民，将人类最高智慧——马克思列宁主义的科学理论，创造地应用于中国这样的以农民为主要群众、以反帝反封建为直接任务而又地广人众、情况极复杂、斗争极困难的半封建半殖民地的大国"，"我党经过了自己的各种成功和挫折，终于在毛泽东同志领导下，在思想上、政治上、组织上、军事上，第一次达到了现在这样高度的巩固和统一"；全面分析了以陈独秀为代表的右倾思想与历次"左"倾错误在政治、军事、组织、思想方面的表现和造成的严重危害，尤其是"犯教条主义错误的同志们披着'马列主义理论'的外衣，仗着六届四中全会所造成的政治声势和组

[①] 毛泽东：《学习和时局》，载《毛泽东选集》第三卷，第 937—940 页。

织声势，使第三次'左'倾路线在党内统治四年之久，使它在思想上、政治上、军事上、组织上表现得最为充分和完整，在全党影响最深，因而其危害也最大"；《决议》提出全党今后的任务，就是"在马克思列宁主义思想一致的基础上，团结全党同志如同一个和睦的家庭一样，如同一块坚固的钢铁一样，为着获得抗日战争的彻底胜利和中国人民的完全解放而奋斗"[①]。《决议》统一了全党的认识，整风运动至此结束。

三、整风运动的历史意义：中共建设史上的伟大创举

通过整风运动，中国共产党确立了实事求是的思想路线，批判了将马克思主义教条化、将苏联经验和共产国际指示神圣化的教条主义，推动了中共七大将马克思主义中国化的第一个理论成果——毛泽东思想确定为党的指导思想，极大地促进了马克思主义中国化的进程；全党对中国革命基本问题达成一致认识，实现了以毛泽东同志为核心的中共中央领导下全党新的团结和统一，对争取抗日战争与新民主主义革命产生了重要影响；开创了以整风进行党的建设的方法，对党的建设学说的发展与实施党的建设伟大工程，有着深远的影响。

其一，确立了实事求是的思想路线，促进了马克思主义中国化的进程。在整风运动开展之前，毛泽东已阐释过"实事求是"，如毛泽东 1938 年 10 月 14 日在中共六届六中全会所作政治报告中提出"共产党员应是实事求是的模范"，"因为只有实事求是，才能完成确定的任务"[②]；1940 年 1 月在《新民主主义论》中谈到"中国向何处去"时强调："科学的态度是'实事求是'，'自以为是'和'好为人师'那样狂妄的态度是决不能解决问题的。"[③]他也早已形成了马克思主义中国化意识，如在党的六届六中全会上明确提出了"马克思主义中国化"的命题；1939 年 10 月在《〈共产党人〉发刊词》中第一次完整地提出了"马克思列宁主义的理论和中国革命的实践之统一"这个思想原则。但在当时，"实事求是"作为党的思想路线，马克思主义中国化在全党认识上，还没有完全确立。整风运动开始后，毛泽东在《改造我们

---

① 《附录：关于若干历史问题的决议》，载《毛泽东选集》第三卷，第 952—953、968、955 页。
② 毛泽东：《中国共产党在民族战争中的地位》，载《毛泽东选集》第二卷，第 522 页。
③ 毛泽东：《新民主主义论》，载《毛泽东选集》第二卷，第 662—663 页。

的学习》等文章中系统阐释了"实事求是"的具体内容，并告诫全党如何做到实事求是。到中共七大把"实事求是"写入党章，实事求是的思想路线在全党得到了确立。整风运动大大推进了马克思主义中国化的历史进程，正如任弼时指出："过去的二十一年，虽然是马列主义的普遍真理与中国革命实践日益互相结合的过程，但是真正自觉的认识普遍真理与革命实践要密切结合的重要性，还是最近几年才开始。"① 毛泽东在整风运动中倡导"实事求是"的思想路线，推动全党从"把马克思主义教条化、把共产国际决议和苏联经验神圣化的错误倾向"中解放出来，尤其是推动全党从王明"左"倾教条主义的禁锢中解放出来，"使得马克思列宁主义这一革命科学更进一步地和中国革命实践、中国历史、中国文化深相结合起来"②，创立了马克思主义中国化的第一大理论成果——毛泽东思想。

其二，确立了毛泽东在全党的领袖地位，实现了以毛泽东同志为核心的中共中央领导下全党新的团结和统一。毛泽东在全党领导地位的形成经历了一个过程。在 1935 年 1 月 15 至 17 日召开的遵义会议上，毛泽东被增选为政治局常委，进入中央决策核心，同时明确周恩来是党内委托的在指挥军事上下最后决心的负责者。遵义会议"确立了毛泽东同志在红军和党中央的领导地位，开始确立了以毛泽东同志为主要代表的马克思主义正确路线在党中央的领导地位，开始形成以毛泽东同志为核心的党中央第一代中央领导集体，这是我们党和革命事业转危为安、不断打开新局面最重要的保证"③。在遵义会议后进行常委分工时，毛泽东出于"逐步的改进"④、"把犯错误的同志团结起来"⑤的考虑，提出让张闻天来接替博古"负总责"。1935年 8 月 19 日，中央政治局常委会议研究常委会分工等问题，决定毛泽东负责军事；10 月 27 日，中央政治局常委会议再次确认常委新的分工，毛泽东仍旧负责军事工作，周恩来负责中央组织局和后方军事工作；11 月 3 日，中央

---

① 任弼时：《学习毛泽东整顿三风报告的笔记》，《党的文献》1992 年第 2 期。

② 《中国共产党中央委员会关于共产国际执委主席团提议解散共产国际的决议》，载《中共中央文件选集》第十四册，第 40—41 页。

③ 习近平：《在纪念红军长征胜利 80 周年大会上的讲话》，《人民日报》2016 年 10 月 22 日。

④ 周恩来：《党的历史教训》，载《周恩来军事文选》第四卷，人民出版社，1997，第 563 页。

⑤ 邓小平：《建设一个成熟的有战斗力的党》，载中共中央文献编辑委员会编辑《邓小平文选》第一卷，人民出版社，1994，第 339 页。

政治局会议决定成立由毛泽东任主席的中国工农红军西北革命军事委员会；1936 年 12 月 7 日，毛泽东担任中华苏维埃共和国中央政府革命军事委员会主席；1937 年 8 月，毛泽东担任中共中央革命军事委员会书记（主席）。至此，毛泽东在组织形式上被确认为中共最高军事领导人。1938 年 9 月王稼祥在政治局会议与六届六中全会上传达了共产国际"要在以毛泽东为首的领导下"的指示，毛泽东在会后实际上主持中共中央的工作，这就进一步确立了毛泽东在全党全军的领导地位。随着整风运动的开展，进一步肃清了王明"左"倾教条主义在党内的影响，毛泽东在全党全军的领导地位与全党领袖地位完全确立。1940 年以后，以"领袖"称呼毛泽东开始出现在延安的报刊上，如 1940 年 5 月 3 日王明在"泽东青年干部学校"所作《学习毛泽东》的讲演中称毛泽东是"公认的领袖"；1942 年 7 月 1 日朱德在《解放日报》上发表的《纪念党的二十一周年》一文中称"我们党已经有了自己的最英明的领袖毛泽东同志"；1943 年 12 月 4 日邓小平同志在北方局党校整风运动会上的讲话中提到了"英明的领袖毛泽东同志"；等。1943 年 3 月 16 日至 20 日召开的中共中央政治局会议通过了《中央关于中央机构调整及精简的决定》，推选毛泽东为中央政治局主席、中央书记处主席，在组织形式上被确认为党的最高领导人。1945 年 4 月中共六届七中全会通过的《关于若干历史问题的决议》在第一段就鲜明指出：党在奋斗的过程中产生了自己的领袖毛泽东同志。

其三，创造了正确解决党内矛盾与推进党的建设的成功方法，推动了实施党的建设伟大工程。自 1921 年 7 月中国共产党成立以来，就一直重视党的自身建设，但像整风运动这样解决党内矛盾、进行党的思想建设、开展全党的思想教育，是以前没有过的；整风运动所创造的党的建设经验一直沿用至今，它在党的建设历程中的历史价值与深远影响已经被历史反复证明。

毛泽东在 1939 年 10 月为中共中央主办的党内刊物《共产党人》撰写的《〈共产党人〉发刊词》提出"建设一个全国范围的、广大群众性的、思想上政治上组织上完全巩固的布尔什维克化的中国共产党"，并称之为党的建设"伟大的工程"。[1] 整风运动是"党的建设伟大的工程"提出后的

---

① 毛泽东：《〈共产党人〉发刊词》，载《毛泽东选集》第二卷，第 602 页。

首次重要实践，推动了党的建设朝着建设成"全国性的大党"的目标阔步前进。邓小平指出："毛泽东同志对于建立一个什么样的党，党的指导思想是什么，党的作风是什么，都有完整的一套。正是因为毛泽东同志在延安整风中建立了完整的建党学说，并且用这个学说来教育我们全党、全军和人民，使我们建立了这么一个好的党，所以才取得抗日战争、解放战争的彻底胜利。"①

整风运动在思想建设、组织建设与作风建设等方面统筹推进，为实施党的建设伟大工程和新时期实施"党的建设新的伟大工程"提供了成功的经验。在思想建设方面，整风运动除了取得确立"实事求是"的思想路线、实现马克思主义中国化这一重大成果外，还创造了解决党内矛盾、开展党内思想斗争的成功方法，这就是实行"惩前毖后，治病救人"的方针，拿起批评与自我批评的思想武器，采用"团结—批评—团结"的方法，坚决纠正了以往"左"倾教条主义者"思想改造"、"肃反"中采用的"残酷斗争"、"无情打击"的残酷手段。在组织建设方面，鉴于全民族抗战以来党员人数由4万发展到1940年时的80万，再发展到1945年中共七大召开时的121万，且党员大多出身农民，或其他小资产阶级，整风运动着眼于建设"全国性的大党"的目标，坚决批判各种非无产阶级思想，通过审干清理一批丧失理想信念、投机革命的不良分子清理出党的队伍，大力整顿基层党组织班子，在推进党的纯洁性、提高党的战斗力上取得了显著成效。在作风建设方面，整顿和克服了主观主义、宗派主义、党八股三股歪风，树立起了党的理论联系实际、密切联系群众和批评与自我批评三大优良作风。1945年，毛泽东在中共七大所作《论联合政府》的政治报告中第一次明确概括、完整阐述了党的三大优良作风，即："以马克思列宁主义的理论思想武装起来的中国共产党，在中国人民中产生了新的工作作风，这主要的就是理论和实践相结合的作风，和人民群众紧密地联系在一起的作风以及自我批评的作风。"②经过整风运动，党在思想、组织、制度、作风上达到了真正成熟，为争取抗日战争与新民主主义革命胜利提供了重要保障。

---

① 邓小平：《完整地准确地理解毛泽东思想》，载《邓小平文选》第二卷，第44页。
② 毛泽东：《论联合政府》，载《毛泽东选集》第三卷，第1093—1094页。

整风运动所创造的成功经验在党的建设历程中产生了深远的影响。"从延安整风运动以来，我们党开展历次集中性教育活动，都是以思想教育打头。"进入新时代，习近平反复强调借鉴延安整风经验，"以整风精神开展批评和自我批评"，"以整风精神严格党内生活"，强调"不断把党的建设新的伟大工程推向前进"，强调以自我革命的政治气魄建设好"新的伟大工程"。[①] 这充分说明了整风精神的现实价值。

第四节　毛泽东思想成为全党指导思想

毛泽东思想是中国共产党创造性地运用马克思列宁主义的基本原理，把它同中国革命的具体实践结合起来的产物，是马克思主义中国化第一次历史性飞跃的理论成果，它的形成、发展、走向成熟，并被全党认可和接受，使我们党找到了夺取中国革命胜利的正确道路。这对于马克思列宁主义的发展是一个重大的贡献。毛泽东思想指导地位的确立，与延安整风运动开展马克思列宁主义集中教育活动、彻底肃清教条主义的影响、树立理论联系实际的马克思主义学风是分不开的。

一、"毛泽东思想"科学概念提出的过程

毛泽东思想是 20 世纪 20 年代后期和 30 年代前期在同把马克思主义教条化、把共产国际的决议和苏联的经验神圣化的错误倾向做斗争的过程中，在深刻总结中国革命长期实践的一系列独创性经验的过程中逐渐形成和发展起来的。它在土地革命战争后期和抗日战争时期得到系统的总结和多方面的展开而达到成熟。毛泽东思想形成、发展、走向成熟及被全党认可、接受，经历了一个过程。大革命时期新民主主义革命基本思想的提出，标志着毛泽东思想的萌芽；土地革命战争时期创造性提出"农村包围城市、武装夺取政权"的革命道路和工农武装割据思想，标志着毛泽东思想的初步

---

① 习近平：《在"不忘初心、牢记使命"主题教育工作会议上的讲话》，《人民日报》2019 年 6 月 1 日。

形成；全民族抗日战争时期新民主主义革命理论的提出和抗日民族统一战线方针政策的确定，标志着毛泽东思想的走向成熟；延安整风运动中毛泽东思想概念的提出与中共七大正式确立毛泽东思想在全党的指导地位，标志着毛泽东思想被全党认可、接受。从此，毛泽东思想成为党和人民的一面旗帜，指导新民主主义革命、社会主义建设不断走向胜利。

　　毛泽东思想作为一个科学概念提出，有一个酝酿的过程。在毛泽东提出"马克思主义的中国化"的命题与"马克思列宁主义的理论和中国革命的实践相结合"的原则后，在作为马克思主义的中国化的理论成果毛泽东思想在事实上已经存在后，党的理论工作者与一些重要领导人感觉到需要对这一理论进行适当的命名与正确的评价。1940年5月3日，"泽东青年干部学校"在延安举行开学典礼，该校副校长冯文彬在报告中要求全体学生必须"努力学习毛泽东同志的理论"。① 王明在典礼上所发表的《学习毛泽东》的讲话中，认为毛泽东在建设苏维埃政权问题上、在建设工农红军的事业上、在创造革命的军事战略战术问题上、在建立民族统一战线问题上提出了很多"新的理论创造"，要求"学习毛泽东同志的生平事业和理论"。② "毛泽东同志的理论"可以说是毛泽东思想概念的萌芽。

　　1941年3月，张如心在《共产党人》杂志第16期发表的《论布尔塞维克的教育家》一文中使用了"毛泽东同志的思想"这一提法："我们党，特别是毛泽东同志，根据于中国党长期斗争丰富的经验，根据他对中国社会特质及中国革命规律性深邃的认识，在中国革命诸问题的理论和策略上，都有了许多不容否认与不容忽视的创造性与马克思主义底贡献。"我们党的教育人才"应该是忠实于列宁、斯大林的思想，忠实于毛泽东同志的思想，忠实于列宁、斯大林、毛泽东的事业"的人。③ 这是中共党内第一次以毛泽东的名字来命名马克思主义中国化的第一个重大理论成果。1941年9、10月间，中央政治局召开扩大会议，检讨过去的路线问题，与会者对毛泽东和他的思想理论作出了高度的评价。如：陈云说，"毛主席是中国革命的旗帜"；罗迈（李维汉）说，"毛主席——创造的马克思主义者之模范、典型"；王稼祥说，

---

① 《泽东青年干部学校正式举行开学典礼》，《新中华报》1940年5月7日。
② 王明：《学习毛泽东》，《中国青年》第9期，1940年7月5日。
③ 张如心：《论布尔塞维克的教育家》，《共产党人》第16期，1941年3月20日。

"过去中国党毛主席代表了唯物辩证法"；叶剑英说，"毛主席由实践到理论，这是我们应该学习的"。[1]（按：刘少奇、周恩来未参加这次会议。）

张如心 1942 年 2 月 18、19 日发表于《解放日报》的《学习和掌握毛泽东的理论和策略》一文使用了"毛泽东主义"的概念："毛泽东同志的理论和策略正是马列主义理论和策略在殖民地半殖民地半封建社会中的运用和发展，毛泽东的理论就是中国马克思列宁主义。"他认为毛泽东同志的理论和策略可划分为三个组成部分，即思想路线或思想方法论，政治路线或政治科学，军事路线或军事科学，"这三个组成部分内在有机的统一便构成毛泽东的理论和策略底体系"。该文在反驳叶青污蔑毛泽东主义是"中国农民主义"的时候，从正面意义上使用了"毛泽东主义"这一概念。[2]1942 年 7 月 1 日，邓拓在为晋察冀分局机关报《晋察冀日报》撰写的《纪念"七一"，全党学习和掌握毛泽东主义》的长篇"社论"中，也使用了"毛泽东主义"这一提法："中国共产党在二十一年的斗争中已经把马列主义民族化、中国化了。马列主义的中国化就是毛泽东主义。""毛泽东主义，就是中国马克思列宁主义。"[3]由于毛泽东本人的反对，"毛泽东主义"的提法并没有流行起来。

也是在 1942 年 7 月 1 日，朱德在《解放日报》上发表《纪念党的二十一周年》一文中指出："我们党已经有了自己的最英明的领袖毛泽东同志。他真正精通了马列主义的理论，并且善于把这种理论用来指导中国革命步步走向胜利。"[4]同一天，陈毅在《新华报》创刊号发表《伟大的二十一年——七一建党纪念感言》一文，从五个方面（关于中国社会性质、革命的动力、前途及革命战略和策略问题；关于革命战争问题；关于苏维埃政权问题；关于建党问题；关于思想方法问题）论述了以毛泽东同志为领袖的中国共产党运用马列主义解决中国革命实际问题的新创造，并指出毛泽东同志创立了正确的思想体系。他说："毛泽东同志领导秋收暴动，辗转游击

---

[1] 中央文献研究室、中央档案馆（逄先知整理）:《关于毛泽东思想提出的历史过程》,《文献和研究》1982 年第 1 期。

[2] 张如心:《学习和掌握毛泽东的理论和策略》,《解放日报》1942 年 2 月 18、19 日。

[3] 邓拓:《纪念"七一"，全党学习和掌握毛泽东主义》,《晋察冀日报》1942 年 7 月 1 日"社论"。

[4] 朱德:《纪念党的二十一周年》,《解放日报》1942 年 7 月 1 日。

湘赣粤闽四省之间，进行苏维埃的红军建设，进行实地的中国社会的调查，主张以科学头脑、科学方法对待马列主义中国化问题，主张世界革命的一般理论与中国革命的具体实践相结合，有了更具体完整的创获。正确的思想体系开始创立。"①

　　1943 年 7 月 5 日，王稼祥在《解放日报》上发表的《中国共产党与中国民族解放的道路》一文中第一次使用了"毛泽东思想"这一概念，指出"中国民族解放整个过程中——过去现在与未来——的正确道路就是毛泽东同志的思想，就是毛泽东同志在其著作中与实践中所指出的道路。毛泽东思想就是中国的马克思列宁主义，中国的布尔什维克主义，中国的共产主义"，"毛泽东思想与中国共产党的民族解放的正确道路是在与国外国内敌人的斗争中，同时又与共产党内部错误思想的斗争中生长、发展与成熟起来的"，"以毛泽东思想为代表的中国共产主义，是以马克思列宁主义的理论为基础，研究了中国的现实，积蓄了中共二十二年的实际经验，经过了党内党外曲折斗争而形成起来的。……它是创造的马克思列宁主义，它是马克思列宁主义在中国的发展"。②7 月 6 日，刘少奇在《解放日报》发表的《清算党内的孟什维主义思想》一文中使用了"毛泽东同志的思想""毛泽东同志的思想体系"两个概念，强调"一切干部，一切党员，应该用心研究二十二年来中国党的历史经验，应该用心研究与学习毛泽东同志关于中国革命的及其他方面的学说，应该用毛泽东同志的思想来武装自己，并以毛泽东同志的思想体系去清算党内的孟什维主义思想"。③8 月 2 日，周恩来在一次演说中谈到，党 22 年的历史证明："毛泽东同志的意见，是贯穿着整个党的历史时期，发展成为一条马列主义中国化，也就是中国共产主义的路线！""毛泽东同志的方向，就是中国共产党的方向！"④

　　王稼祥提出"毛泽东思想"概念后，很快为全党所接受。1943 年 11 月 15 日，《战友报》第 32 期的《加紧宣传毛泽东思想》一文指出："王稼祥同志所作《中国共产党与中华民族解放的道路》与刘少奇同志所作《清算党

① 陈毅：《伟大的二十一年——七一建党纪念感言》，《新华报》创刊号，1942 年 7 月 1 日。
② 王稼祥：《中国共产党与中国民族解放的道路》，《解放日报》1943 年 7 月 5 日。
③ 刘少奇：《清算党内的孟什维主义思想》，《解放日报》1943 年 7 月 6 日。
④ 周恩来：《在延安欢迎会上的演说词》，《解放日报》1943 年 8 月 6 日。

内的孟塞维主义》，是两个极重要的党的文件，两个文件的中心精神，可说是宣传'毛泽东思想'。文件中说：毛泽东思想是引导中国民族解放与中国共产主义到胜利前途的保证。又说：中共的历史是在客观上以毛泽东同志为中心的中国马列主义者和各派机会主义者斗争的历史。毛泽东思想才是党在思想上的体系与传统。毛泽东思想就是中国的马克思列宁主义，中国的布尔塞维主义，中国的共产主义。它是以马列主义为基础，研究了中国的现实，积蓄了中共 22 年的实际经验，经过了党内党外曲折斗争中而形成起来的……毛泽东思想是马列主义与中国革命运动实际经验相结合的结果。"[1]1943 年 12 月 4 日，邓小平在北方局党校整风运动会上的讲话中，不仅使用了毛泽东思想的概念，而且明确指出我们党及其中央是以毛泽东思想为指导的。他说："遵义会议之后，在以毛泽东为首的党中央领导之下，彻底克服了党内'左'右倾机会主义，一扫主观主义、宗派主义和党八股的气氛，把党的事业完全放在中国化的马列主义，即毛泽东思想的指导之下，直到现在已经九年的时间，不但没有犯过错误，而且一直是胜利地发展着。这种事实我们大家都知道得很清楚。的确，在以毛泽东思想为指导的党中央的领导之下，我们回忆起过去机会主义领导下的惨痛教训，每个同志都会感觉到这九年是很幸福的。"[2]1944 年 2 月 17 日，彭真关于中央党校第一部整风学习与审查干部的总结中，在讲到整风运动的实质时，使用了"毛主席的中国化的马列主义的思想"这一提法。[3]这年 6 月 30 日，时任冀鲁豫军区政治部宣传部长的姜思毅在《战友报》第 65 期上发表的《把毛泽东思想贯彻到全军中去》一文强调："我们革命军队要战败敌人完成任务，不能光靠枪杆子，更必须要有马列主义的思想武器，必须用毛泽东思想把我们武装起来。我军之所以与其他军队不同，所以能够无战不胜、无攻不克，正是因为我们有了党的领导，有了这个思想武器，在今年纪念'七·一'的时候，我们就号召大家：继续把毛泽东思想贯彻到全军中去，以毛泽东思

---

① 非文（姜思毅）：《加紧宣传毛泽东思想》，《战友报》第 32 期，1943 年 11 月 15 日。
② 邓小平：《在北方局党校整风运动会上的讲话》，载《邓小平文选》第一卷，第 88 页。
③ 中央文献研究室、中央档案馆（逄先知整理）：《关于毛泽东思想提出的历史过程》，《文献和研究》1982 年第 1 期。

想进一步武装我们自己，巩固我们自己！"①同年 7 月 1 日，罗荣桓为纪念
中国共产党成立 23 周年在中共山东分局和山东军区机关所作的《学习毛泽
东同志的思想》的报告中指出"毛泽东同志的思想是从马列主义的普遍真理
与中国革命具体实践日益互相结合上产生发展起来，继承了中国革命百年
来的历史传统而民族化了的思想"，"毛泽东同志的思想是与中国革命走向
胜利的途径继续前进不可分离的……毛泽东同志的思想，已为全党所公认，
是代表着党的正确方向，马列主义的方向，胜利的旗帜"。②

二、中共七大和毛泽东思想指导地位的确立

从 1928 年 6 月 18 日至 7 月 11 日在莫斯科召开中国共产党第六次全国
代表大会，到 1945 年 4 月 23 日至 6 月 11 日在延安召开中国共产党第七次
全国代表大会，时隔 17 年，其间中共曾几次提出筹备召开党的七大，但因
种种原因都未能如期举行。早在 1931 年 1 月，六届四中全会就做出过召开
中共七大的决议案："四中全会认为必须召集党的第七次全国大会，委托新
的政治局开始必须的准备工作，以保障这次大会要有各地党部的好的代表，
要有对于苏维埃运动经验的郑重的总结的可能，要有对于工业中心党的工
作经验的郑重的总结的可能，要通过党的党纲和其他文件。"③由于王明"左"
倾教条主义给党的事业造成严重危害，该计划落空。1937 年 12 月 9 日至
14 日召开的中共中央政治局会议通过了《中央政治局关于召开第七次全国
代表大会的决议》，成立了以毛泽东任主席的中国共产党第七次全国代表大
会筹备委员会。在 1938 年 2 月 27 日至 3 月 1 日召开的中央政治局会议上，
讨论了关于召集中共七大的准备工作问题；3 月 11 日，王明在总结报告中
提到政治局会议决定立即进行召开中共七大的具体准备工作，包括：发布
为召集七大事告全党同志书；发表为召集中共第七次全国代表大会告全国
同胞书；给地方党支部怎样在政治上和组织上进行七大准备工作的指示；
成立大会四个议事日程报告的准备委员会；责成政治局及中央同志起草大
会第一、第二两个议程的政治提纲以及写关于第三、第四两个议程的论文

---

① 姜思毅：《把毛泽东思想贯彻到全军中去》，《战友报》第 65 期，1944 年 6 月 30 日。
② 罗荣桓：《学习毛泽东同志的思想》，《斗争生活》第 32 期，1944 年 8 月 5 日。
③《四中全会决议案》，载《中共中央文件选集》第七册，第 26 页。

和其他专门问题的论文，这不仅将作为地方党和全党同志讨论和研究大会问题的材料，而且将作为一切愿意对中共第七次代表大会发表意见和提出建议的人士的参考；等等。4 月 14 日任弼时向共产国际提交的书面报告与 5 月 17 日向共产国际做的口头报告，提到了"近半年内"召开党的七大。由于全民族抗战初期的严峻形势与党内的争论，会议再次延期。在 1938 年 9 月 29 日至 11 月 6 日召开的六届六中全会上，又一次讨论了召开党的七大的问题。毛泽东所做《论新阶段》的政治报告的第八部分为《召集党的七次代表大会》，他解释道："本来第七次全国代表大会准备在本年召集的，因为战争紧张的原故，不得不把'七大'推迟到明年，而当前时局向我们提出了许多的问题，必须作明确的解决，以便争取抗战的胜利，所以召集了这次扩大的中央全会。"① 这次会议通过的《关于召集第七次全国代表大会的决议》提出"在不久的将来"召开党的七大，中央书记处还于 1939 年 6 月 14 日、7 月 21 日发出两个选举七大代表的通知。由于国民党反动派制造反共磨擦，日军又加紧了围攻敌后抗日根据地，中共七大不得不再次延期召开。此后，1941 年 3 月 12 日的中共政治局会议曾准备于 1942 年召开党的七大；1943 年 7 月 17 日的中央书记处会议决定向中央政治局提议在八九月间召开中共七大，同年 8 月 1 日中央政治局就发出《关于七大代表赴延安出席大会的通知》，但因国民党制造反共高潮等原因，都不得不延期。

在延安整风运动过程中，毛泽东在第一代领导集体中核心地位形成与毛泽东思想科学概念的提出，为中共七大的成功召开奠定了决定性的基础。1943 年 3 月 20 日，中共中央政治局会议通过《中共中央关于中央机构调整及精简的决定》，推定毛泽东为政治局主席，并决定以他为书记处主席。决定指出："在两次中央全会之间，中央政治局担负领导整个党工作的责任，有权决定一切重大问题，政治局推定毛泽东同志为主席"，"凡重大的思想、政治、军事、政策和组织问题，必须在政治局会议上讨论通过"。"书记处是根据政治局所决定的方针处理日常工作的办事机关，它在组织上服从政治局，但在政治局方针下有权处理和决定一切日常性质的问题"。"书记处

---

① 毛泽东：《论新阶段（抗日民族战争与抗日民族统一战线发展的新阶段——一九三八年十月十二日至十四日在中共扩大的六中全会的报告）》，载《中共中央文件选集》第十一册，第 558 页。

必须将自己的工作向政治局作报告"。"书记处重新决定由毛泽东、刘少奇、任弼时三同志组成之，泽东同志为主席"。书记处"会议中所讨论的问题，主席有最后决定之权"。[1]与此同时，"毛泽东思想"这个概念逐步为党内同志所认同。至此，召开中国共产党第七次全国代表大会的条件趋于成熟。1944年5月10日，中共中央书记处会议讨论党的第七次全国代表大会问题，决定在七大前召开七中全会；5月19日，中共中央发出通知，为进行七大的准备工作，决定召开七中全会。1944年5月21日至1945年4月20日，中国共产党第六届中央委员会第七次全体会议在延安举行，这次会议长达11个月，先后召开8次全体会议，是中共党史上时间最长的一次中央全会。在1944年5月21日召开的第一次全体会议上，毛泽东提出七中全会的两项任务，即准备七大和在全会期间处理中央的日常工作。会议确定由毛泽东、朱德、刘少奇、任弼时、周恩来组成七中全会主席团，毛泽东担任中共中央委员会主席及七中全会主席团主席；会议决定全会期间由主席团处理日常工作，中央书记处及政治局停止行使职权。这次全会最重要的议程是起草并通过《关于若干历史问题的决议》。决议起草工作在毛泽东的领导下进行，日常工作由任弼时主持，以毛泽东1941年起草的《结论草案》为最初蓝本。1945年3月31日，六届七中全会召开全体会议讨论为七大准备的政治报告草案和党章草案，刘少奇发言指出：总纲是党的基本纲领，作为党章的前提、出发点与组成部分，可以更加促进党内的一致，以毛泽东思想贯穿党章，这是一个前所未有的历史特点。同年4月20日，全会通过了《关于若干历史问题的决议》。决议对1927年大革命失败后在党内发生的"左"、右倾错误，特别是对以王明为代表、以教条主义为特征的"左"倾错误做了详细总结；决议肯定毛泽东是"以马克思列宁主义的普遍真理和中国革命的具体实践相结合"的代表，高度肯定了他运用马克思列宁主义的理论和方法来解决中国革命问题的杰出贡献，称土地革命战争后期"确立了毛泽东同志在中央和全党的领导。这是中国共产党在这一时期的最大成就，是中国人民获得解放的最大保证"。[2]中国共产党六届七中全会通

---

[1] 中共中央文献研究室编《毛泽东年谱（1893—1949）》中卷，第431页。
[2]《关于若干历史问题的决议》，载《毛泽东选集》第三卷，第952、955页。

过《关于若干历史问题的决议》，标志着整风运动的胜利结束，使全党"空前一致地认识了毛泽东同志的路线的正确性，空前自觉地团结在毛泽东的旗帜下"①，在思想上为党的第七次全国代表大会的召开做好了充分准备。

1945 年 4 月 21 日，中国共产党第七次全国代表大会预备会议召开，毛泽东做《第七次全国代表大会的工作方针》的报告，指出："我们大会的方针是什么呢？应该是：团结一致，争取胜利。简单讲，就是一个团结，一个胜利。胜利是指我们的目标，团结是指我们的阵线，我们的队伍。我们要有一个团结的队伍去打倒我们的敌人，争取胜利，而队伍中间最主要的、起领导作用的，是我们的党。没有我们的党，中国人民要胜利是不可能的。"②预备会议通过了六届七中全会提出的七大的议程：一、政治报告（毛泽东）；二、军事报告（朱德）；三、修改党章报告（刘少奇）；四、选举中央委员会，还通过了七中全会提出的七大的主席团及常务主席（毛泽东、朱德、刘少奇、周恩来、任弼时）、正副秘书长（任弼时、李富春）、代表资格审查委员会（彭真为主任）、议事规则等。

同年 4 月 23 日至 6 月 11 日，中国共产党第七次全国代表大会在延安胜利召开。"党的七大为建立新民主主义的新中国制定了正确路线方针政策，使全党在思想上政治上组织上达到空前统一和团结。"③大会通过的《中国共产党党章》正式规定毛泽东思想为党的指导思想："中国共产党，以马克思列宁主义的理论与中国革命的实践之统一的思想——毛泽东思想，作为自己一切工作的指针，反对任何教条主义的或经验主义的偏向。"④刘少奇在"七大"所做的《关于修改党章的报告》（1950 年 1 月，作者将这个报告改名为《论党》，共分为九个部分，其中第一、二、五部分收入《刘少奇选集》上卷）中，对毛泽东思想做了科学的概括和全面的论述。他指出："党章的总纲上确定以毛泽东思想作为我党一切工作的指针，在党章的条文上又规定：努力地领会马克思列宁主义、毛泽东思想的基础，是每一个共产党员的义务。这是我们这次修改的党章一个最大的历史特点。"还指出，"毛泽东思

---

① 《关于若干历史问题的决议》，载《毛泽东选集》第三卷，第 998—999 页。
② 《中国共产党第七次全国代表大会的工作方针》，载《毛泽东文集》第三卷，第 287 页。
③ 《中共中央关于党的百年奋斗重大成就和历史经验的决议》，《人民日报》2021 年 11 月 17 日。
④ 《中国共产党党章》，载《中共中央文件选集》第十五册，第 115 页。

想，就是马克思列宁主义的理论与中国革命的实践之统一的思想，就是中国的共产主义，中国的马克思主义。毛泽东思想，就是马克思主义在目前时代的殖民地、半殖民地、半封建国家民族民主革命中的继续发展，就是马克思主义民族化的优秀典型"。毛泽东思想被党成立以来 24 年的历史证明"是唯一正确的救中国的理论与政策"，是完整的关于中国人民革命建国的理论，"这些理论，表现在毛泽东同志的各种著作以及党的许多文献上。这就是毛泽东同志关于现代世界情况及中国国情的分析，关于新民主主义的理论与政策，关于解放农民的理论与政策，关于革命统一战线的理论与政策，关于革命战争的理论与政策，关于革命根据地的理论与政策，关于建设新民主主义共和国的理论与政策，关于建设党的理论与政策，关于文化的理论与政策等。这些理论与政策，完全是马克思主义的，又完全是中国的。这是中国民族智慧的最高表现和理论上的最高概括"。他强调"毛泽东思想，就是这次被修改了的党章及其总纲的基础。学习毛泽东思想，宣传毛泽东思想，遵循毛泽东思想的指示去进行工作，乃是每一个党员的职责"。[1] 从此，毛泽东思想成为了中国共产党的指导思想。

三、马克思主义中国化的第一次历史性飞跃

毛泽东思想是马克思列宁主义在中国的创造性运用和发展，是马克思主义中国化第一次历史性飞跃的理论成果，主要解决了在半殖民地半封建的中国进行什么样的革命、怎样进行革命与革命胜利后建设什么样的社会主义、怎样建设社会主义这一根本问题，找到了中国新民主主义革命及其实现向社会主义转变的正确道路，初步探索了社会主义建设。在第一次历史性飞跃的创新成果——毛泽东思想指引下，以毛泽东同志为主要代表的中国共产党人，团结和带领全国各族人民完成民族独立和人民解放的历史任务，取得了新民主主义革命的胜利，为实现中华民族伟大复兴创造了前提，又创造性地实现了由新民主主义到社会主义的革命转变，实现了中国历史上最伟大最深刻的社会变革，开始了在社会主义道路上实现中华民族伟大复兴的历史征程。

---

[1] 刘少奇：《论党》，载《刘少奇选集》上卷，人民出版社，1981，第 332—337 页。

改革开放以来党的历次代表大会代表都高度评价了毛泽东思想和在毛泽东思想指导下取得的新民主主义革命与社会主义建设事业的伟大成就，并提出了"马克思主义中国化的两次历史性飞跃"这一著名论断，其中马克思主义中国化第一次历史性飞跃就是指毛泽东思想的创立。党的十三大报告指出："马克思主义与我国实践的结合，经历了 60 多年。在这个过程中，有两次历史性飞跃。第一次飞跃，发生在新民主主义革命时期，中国共产党人经过反复探索，在总结成功和失败经验的基础上，找到了有中国特色的革命道路，把革命引向胜利。第二次飞跃，发生在十一届三中全会以后，中国共产党人在总结建国 30 多年来正反两方面经验的基础上，在研究国际经验和世界形势的基础上，开始找到一条建设有中国特色的社会主义的道路，开辟了社会主义建设的新阶段。"① 党的十五大报告强调："中国共产党是非常重视理论指导的党。中国人民找到了马克思列宁主义，中国革命的面貌为之一新。马克思列宁主义同中国实际相结合有两次历史性飞跃，产生了两大理论成果。第一次飞跃的理论成果是被实践证明了的关于中国革命和建设的正确的理论原则和经验总结，它的主要创立者是毛泽东，我们党把它称为毛泽东思想。第二次飞跃的理论成果是建设有中国特色社会主义理论，它的主要创立者是邓小平，我们党把它称为邓小平理论。这两大理论成果都是党和人民实践经验和集体智慧的结晶。"②

党的十七大报告对毛泽东思想的历史性贡献做出了高度评价："我们要永远铭记，改革开放伟大事业，是在以毛泽东同志为核心的党的第一代中央领导集体创立毛泽东思想，带领全党全国各族人民建立新中国、取得社会主义革命和建设伟大成就以及艰辛探索社会主义建设规律取得宝贵经验的基础上进行的。新民主主义革命的胜利，社会主义基本制度的建立，为当代中国一切发展进步奠定了根本政治前提和制度基础。"③ 党的十九大报告以两个"伟大飞跃"高度评价了以毛泽东为主要代表的中国共产党人所做出

---

① 赵紫阳：《沿着有中国特色的社会主义道路前进——在中国共产党第十三次全国代表大会上的报告（一九八七年十月二十五日）》，《党的建设》1987 年第 21 期。

② 江泽民：《高举邓小平理论伟大旗帜，把建设有中国特色社会主义事业全面推向二十一世纪》，载《江泽民文选》第二卷，人民出版社，2006，第 8 页。

③ 胡锦涛：《高举中国特色社会主义伟大旗帜，为夺取全面建设小康社会新胜利而奋斗——在中国共产党第十七次全国代表大会上的报告》，《人民日报》2007 年 10 月 25 日。

的历史性贡献："我们党团结带领人民找到了一条以农村包围城市、武装夺取政权的正确革命道路，进行了二十八年浴血奋战，完成了新民主主义革命，一九四九年建立了中华人民共和国，实现了中国从几千年封建专制政治向人民民主的伟大飞跃。""我们党团结带领人民完成社会主义革命，确立社会主义基本制度，推进社会主义建设，完成了中华民族有史以来最为广泛而深刻的社会变革，为当代中国一切发展进步奠定了根本政治前提和制度基础，实现了中华民族由近代不断衰落到根本扭转命运、持续走向繁荣富强的伟大飞跃。"[1] 这两次"伟大飞跃"分别指的是新民主主义革命和新民主主义向社会主义的"革命转变"，都是在新民主主义理论、在毛泽东思想指导下取得的。

2021 年 11 月，党的十九届六中全会通过的《中共中央关于党的百年奋斗重大成就和历史经验的决议》指出："毛泽东思想是马克思列宁主义在中国的创造性运用和发展，是被实践证明了的关于中国革命和建设的正确的理论原则和经验总结，是马克思主义中国化的第一次历史性飞跃。毛泽东思想的活的灵魂是贯穿于各个组成部分的立场、观点、方法，体现为实事求是、群众路线、独立自主三个基本方面，为党和人民事业发展提供了科学指引。"[2]

毛泽东思想作为马克思主义中国化的第一次历史性飞跃的理论成果，作为 20 世纪中华民族辉煌的精神成果，已经被深深镌刻在历史的丰碑之上。

① 习近平：《决胜全面建成小康社会 夺取新时代中国特色社会主义伟大胜利——在中国共产党第十九次全国代表大会上的报告》，《人民日报》2017 年 10 月 28 日。
②《中共中央关于党的百年奋斗重大成就和历史经验的决议》，《人民日报》2021 年 11 月 17 日。

第 二十五 章

马克思主义学派关于
"马克思主义中国化"等问题的讨论

中国人知道马克思的名字以及马克思主义是在清末，新文化运动时期马克思主义得到广泛传播，异军突起，并与中国工人运动相结合，诞生了中国共产党。从此，马克思主义成为中国共产党的指导思想，成为中国革命的行动指南。与此同时，也产生了一大批以马克思主义的立场、观点和方法研究历史、哲学、文学、政治学、经济学、社会学、民族学等人文社会科学的学者，他们构成了中国的马克思主义学派。这些人中有的并不是中国共产党党员（有的原来是中共党员但后来脱党了，如李达等），但他们坚持以马克思主义的立场、观点和方法来研究自己的学问，因而我们也把他们纳入到了马克思主义学派之内。纵观五四运动以后尤其是中国共产党成立以后的许多思想文化论争，实际上都是在马克思主义学派和其他非马克思主义派别之间进行的。全民族抗战爆发后，马克思主义学派在中国共产党的领导和组织下，就"马克思主义中国化""学术中国化""艺术的民族形式"等问题展开过讨论。此外，1902年梁启超提出的"中华民族"观念，经过清末民初、新文化运动时期、九一八事变后的演变和发展，到1939年12月毛泽东在《中国革命和中国共产党》一文对"中华民族"的论述，则标志着中国共产党的"中华民族"观念的最终形成和确立。从此，毛泽东所确立的"中华民族"三个相互联系的基本

内涵，即：（一）中国是一个多民族的国家；（二）"中华民族"是
由中国各民族组成的民族共同体的称谓；（三）"中华民族"内部
各民族一律平等，成为中国共产党人的基本共识，1949年中华人
民共和国成立后，又成为中国各族人民的基本共识。

第一节　"马克思主义中国化"

1938 年 10 月，毛泽东在中国共产党六届六中全会上所做的《论新阶段》的报告中，第一次提出了"马克思主义中国化"这一命题。"马克思主义中国化"提出后，得到了当时在延安的杨松、艾思奇、张如心、和培元等马克思主义理论家和思想文化工作者的积极响应，他们先后发表了一系列文章，就马克思主义中国化的有关理论问题，如马克思主义中国化的含义、马克思主义中国化的可能性、马克思主义中国化的方法、马克思主义中国化的途径等展开了热烈讨论，对马克思主义中国化的理论做出过重要贡献。在此过程中，以杨松、艾思奇为代表的马克思主义理论家和思想文化工作者还对叶青反马克思主义中国化的言论进行了批判，并在马克思主义学派内部就怎样运用辩证法问题与向林冰展开过论争，这些批判和论争对推动马克思主义中国化在理论层面的不断深入也具有积极意义。

一、马克思主义中国化的含义

什么是马克思主义中国化？杨松在《关于马列主义中国化的问题》一文中引用了毛泽东的"马列不是教条，而是行动的指导"的话后写道："我们为什么学习马列主义，不是为学马列主义而学马列主义，不是'无的放矢'，而是'有的放矢'，就是说，我们学习马列主义，不仅是为了解释中国社会发展的规律和了解现实，而且是为了改造中国，为了抗战服务，为了推翻殖民地半殖民地的和半封建的旧中国，为了建立新民主主义的共和国而奋斗，即是说，为了建立三民主义的新式中华民国而奋斗。"[①] 也就是说，学习马克思主义的目的不是为了学习而学习，而是为了解决中国革命的实际问题，这也就是毛泽东所强调的，马克思主义的普遍真理要与中国革命的具体实践相结合。马克思主义的普遍真理要与中国革命的具体实践相结合，这便是马克思主义中国化的含义之一。艾思奇在《论中国的特殊性》中也

---

① 杨松：《关于马列主义中国化的问题》，《中国文化》第 1 卷第 5 期，1940 年 7 月 25 日。

指出：马克思主义者一方面要坚持马克思恩格斯所发现的关于社会发展的一般的科学规律，承认它有一般的指导作用，而同时一刻也不能忘记，"这些规律在不同的国家，不同的民族中间，因着客观条件的差异，而有着各种各样特殊的表现形式。因此，当我们在中国的社会里来应用来实践马克思主义的时候，也必须注意到中国社会的特殊性，也必须要具体地来了解中国的社会"①。和培元在批评了那种认为"新哲学"亦即马克思主义哲学的"中国化便是写哲学论文要用流利的中国语文，把一些哲学名词变成中国语言或文字上常见的名词"的观点是"一种皮相的庸俗的见解"之后强调指出："所谓新哲学的中国化"的"本质"，就在于"辩证唯物主义的普遍原理与中国的具体的革命实践的结合，与中国的历史实际的结合"；而且"这种结合不是偶然的革命实例的堆积，不是生硬的把辩证法的公式去范围一个孤立问题，不是机械地在一些零碎问题上贴上辩证法的膏药或商标，那正是典型的教条主义。这种结合必须是有机的结合，这种结合不是出发自辩证法的公式和范畴，而是出发自中国历史社会的实际研究，出发自对中国革命的具体的透彻的认识，出发自对中国革命的规律对中国社会历史的内部联系的了解"②。

　　马克思主义中国化的含义之二，是要在中国革命的实践中丰富和发展马克思主义。杨松、艾思奇等人在强调马克思主义的普遍真理与中国革命的具体实践相结合的同时，又强调了丰富和发展马克思主义对于马克思主义中国化的重要意义。艾思奇指出，作为马克思主义者是和实践分不开的，马克思主义者所讲的精通马克思主义，不仅是指马克思主义的理论研究，同时是指要能在一定的具体环境之下实践和发展马克思主义，在一定国家特殊条件之下来进行创造马克思主义的事业。这里就一定有"化"的意思，也就有"创造"的意思。所以中国化绝不是丢开马克思主义的立场，相反地，愈能够中国化，就愈能够坚决地实践马克思主义，并在实践中丰富和发展马克思主义。③因为马克思主义天然就带有与时俱进的品质，根据时代

---

① 艾思奇：《论中国的特殊性》，《中国文化》创刊号，1940 年 2 月 15 日。
② 和培元：《论新哲学的特性与新哲学的中国化》，《中国文化》第 3 卷第 2、3 期合刊，1941 年 8 月 20 日。
③ 艾思奇：《论中国的特殊性》，《中国文化》创刊号，1940 年 2 月 15 日。

和实践的变化发展而不断丰富和发展，是马克思主义的内在要求。[1] 马克思主义中国化，就是要把马克思主义的真正精神，把马克思主义的基本原理，应用到中国具体的问题上来，也就是"在中国现实地盘上来把马克思主义加以具体化，加以发展"[2]。张如心在《论布尔塞维克的教育家》一文中从马克思主义理论教育的角度，强调了丰富和发展马克思主义的重要性：我们的教育人才应该是创造性的马列主义信徒，而不是教条性的马列主义者，我们的教育人才应该学列宁、斯大林、毛泽东同志的那种创造性的方法和精神，学习他们如何掌握马列主义的实质，善于把马克思主义的词句与实质、各项的原则和方法区别开来，如何以新的经验去充实和发展马克思主义。[3] 在《论创造性的学习》一文中张如心又写道：马克思主义是创造性的马克思主义。创造性的马克思主义的本质，"最主要的就是把革命理论当作行动指南，当作改造世界、改造人类社会的武器"，换言之，即把理论与实践的一致作为自己的基本出发点，由此，他们学习马列主义理论，不是空洞地无目的地背诵公式条文，而是掌握它的实质即精神与方法，并运用这一精神与方法去分析周围的环境，研究革命运动中许多实际问题和实际经验，"以马克思主义去指导实践改造实际"，同时又"根据实践经验去充实发展"马克思主义。[4] 杨松在谈到马克思主义为什么要中国化时也再三强调：如果不把马列主义中国化，"就不能使马列主义更加深入中国，就不能更加充实和发展马列主义"，这也就是"只把马列主义当作教条来背诵"。反之，"如果我们能把马列主义中国化"，那也就"充实和发展了马列主义"。[5] 也就是说，丰富和发展马克思主义，是马克思主义中国化的应有之义。

二、马克思主义中国化的可能性

杨松指出，马克思主义之所以能够中国化，首先就在于"马列主义本身是科学的真理，马克思和列宁的唯物辩证法是自然界、人类社会和思想

---

[1] 艾思奇：《什么是辩证法》，《中国文化》第 2 卷第 1 期，1940 年 9 月 25 日。

[2] 艾思奇：《抗战以来的几种重要哲学思想评述》，《中国文化》第 3 卷第 2、3 期合刊，1941 年 8 月 20 日。

[3] 张如心：《论布尔塞维克的教育家》，《共产党人》第 16 期，1941 年 3 月 20 日。

[4] 张如心：《论创造性的学习》，《解放》第 131、132 期合刊，1941 年 7 月 7 日。

[5] 杨松：《关于马列主义中国化的问题》，《中国文化》第 1 卷第 5 期，1940 年 7 月 25 日。

运动的一般法则，马列主义发现了社会发展和政治斗争的规律；它是过去数千余年人类思想发展之大成"，就像生物学家达尔文的学说、物理学家牛顿的学说、天文学家克皮尔尼克的学说一样，马列主义也是科学的。"资本主义社会的发展和自然科学的每一个新发展，都日益证实马列主义的正确性。"其次就在于"中国社会存在着生长和发展马克思列宁主义的客观历史和经济条件"。实际上，早在太平天国之前，马克思主义即已产生，但直到五四运动以后马克思列宁主义才在中国得到广泛传播，原因就在于"马克思列宁主义是无产阶级的思想体系"，经过1914—1918年的第一次世界大战，中国民族资本主义得到了进一步发展，中国无产阶级也随之得到了进一步的发展和形成，从而"造成了接受和发展马克思列宁主义的客观历史和经济条件"。[①]

艾思奇同样从马克思主义本身具有"一般的正确性"和中国具备了马克思主义中国化的必要条件这两个方面来说明马克思主义之所以能够中国化的原因。他指出："马克思主义之所以能中国化，就因为马克思主义有一般的正确性"，"它是'放之于四海而皆准'的，是'万能的'"。否则，如果马克思主义"没有这一般的正确性"，而"仅仅是特殊的东西，那就完全谈不到'化'的问题了"。马克思主义的"一般的正确性"，主要体现在以下三个方面：首先，马克思主义是科学的理论，特别是关于社会发展和社会变革的科学理论。所谓科学的理论，也就是正确地揭示了客观世界的发展规律的理论。就像自然科学揭示了自然世界发展规律一样，马克思主义精确地揭示了人类社会发展的规律。其次，马克思主义是科学的方法，是客观地具体地研究问题的引导，正因为马克思的理论揭示了社会发展规律，所以它又是我们研究一切实际问题的指南。它给我们提供了一种看事物的基本正确的观点，提供了一种研究的基本方向。再次，马克思主义是无产阶级革命行动的指南，是无产阶级斗争的理论和策略。"这就是说，凡是有了无产阶级及无产阶级运动的国家和民族，也就有产生和发展马克思主义的可能性和必然性。"这是马克思主义之所以能够中国化的一个方面。另一方面，"马克思主义之所以能够中国化，是由于中国自己本身早产生了马克

[①] 杨松：《关于马列主义中国化的问题》，《中国文化》第1卷第5期，1940年7月25日。

思主义的实际运动，中国的马克思主义是在中国自己的社会经济发展中有它的基础，是在自己内部有着根源，决不是如一般的表面观察，说这是纯粹外来的"。具体来说，中国无产阶级具有极高度的组织性和觉悟性，有自己强大的政党——中国共产党，有近 20 年的斗争经验，有在民族民主革命运动中所取得的优异成绩，"因此也就有着中国的马克思主义"。这为马克思主义中国化提供了必要的条件或土壤。[①]

三、马克思主义中国化的方法

要实现马克思主义中国化，首先，必须对马克思主义有完整准确的理解。艾思奇就强调，只有"真正能'理解精通'马克思主义"，马克思主义中国化才有真正实现的可能。因为，马克思主义是具有一般正确性的科学理论，"所以决不会因为要中国化而丢了马克思主义的科学理论，相反地，真正的中国化，就是要真正能够把握着马克思主义的科学理论，就是要真正能'理解、精通、应用……'马克思主义的理论"。就此而言，"理解"和"精通"马克思主义，是实现马克思主义中国化的前提。[②] 杨松也认为，要实现马克思主义中国化，其前提条件或基础，是要深入研读马克思主义理论，弄懂和精通马克思主义理论，尤其是"对于那些已经参加了许多实际的革命斗争，或对于中国的社会、历史、经济、哲学、文学和艺术等等方面已有高深的研究"，但"比较缺乏马克思列宁主义的一般理论基础"的人们，就更"应该着重把握马列主义的理论基础，特别是把握它的唯物辩证法"。[③] 而要真正地"理解"和"精通"马克思主义，除了认真学习马克思主义的原著外，还"必须学习与具备各种具体的知识与科学知识，因为马列主义原则不是马、恩、列、斯等人单凭自己脑筋杜撰出来的，它本身是社会的发展的产物，是科学文化思想最高的结晶体，没有这些知识是无法了解马列主义的原理的"。[④] 用张如心的话说：没有自然科学社会科学的知识，没有历史的知识，要真正地"理解"和"精通"辩证唯物论和历史唯物论是困

---

① 艾思奇：《论中国的特殊性》，《中国文化》创刊号，1940 年 2 月 15 日。
② 艾思奇：《论中国的特殊性》，《中国文化》创刊号，1940 年 2 月 15 日。
③ 杨松：《关于马列主义中国化的问题》，《中国文化》第 1 卷第 5 期，1940 年 7 月 25 日。
④ 张如心：《论创造性的学习》，《解放》第 131、132 期合刊，1941 年 7 月 7 日。

难的。要真正地"理解"和"精通"马克思主义的经济学理论，就必须具备资本主义发展史的知识，古典经济学史的知识，现代资本主义社会的常识，甚至西欧文学史的知识，"如果缺乏这些社会历史及科学知识，则许多马列主义理论只能变成空洞的毫无内容的条文公式，这是很明显的真理"。① 和培元也要求马克思主义哲学家们在学习马克思主义哲学原著的时候，"必须系统地研究中国历史，特别是中国的哲学史"②。

　　其次，学习马克思主义要理论联系实际。张如心指出：我们学习马列主义理论，不是抱着"为马克思列宁主义而学习马克思列宁主义"，而是为了改造世界，改造社会，首先就是改造中国而学习，为解决中国革命问题、正确理解和运用中国革命的策略而学习。因此，我们学习马列主义理论要着重于它观察问题的立场态度，发现事物现象规律性的方法，处理问题、提出策略的方法，动员群众参加革命完成革命的艺术。③ 和培元在谈到"新哲学"亦即马克思主义哲学的"中国化"时也认为，要实现马克思主义哲学的中国化，首先就要求马克思主义哲学家"不能与中国革命的实践相脱离，离开实践的哲学只能是抽象的教条与名词的堆积，只能是没有力量、没有内容的空谈"。④ 艾思奇在《哲学是什么？》一文中，介绍了学习马克思主义如何理论联系实际的方法：我们从马克思主义的历史理论里，认识到私有社会的发展动力是阶级间的互相关系，那么，当我们研究中国社会问题的时候，就应依据规律原理，来具体地分析中国的阶级，这些阶级的力量对比，以及每一个阶级在中国社会发展过程中所起的作用，即是进步的作用，还是反动的作用，根据这样的分析，我们就可以总结出中国社会和中国革命发展的规律，并由此制定出我们在中国革命运动中应采取的"办法和步骤"。⑤ 杨松举例说：比如我们把马克思的《资本论》背得烂熟，这当然很好，但这只是做了一半工作，另一半工作，就是要"更进一步去具体

---

① 张如心：《论创造性的学习》，《解放》第 131、132 期合刊，1941 年 7 月 7 日。
② 和培元：《论新哲学的特性与新哲学的中国化》，《中国文化》第 3 卷第 2、3 期合刊，1941 年 8 月 20 日。
③ 张如心：《论创造性的学习》，《解放》第 131、132 期合刊，1941 年 7 月 7 日。
④ 和培元：《论新哲学的特性与新哲学的中国化》，《中国文化》第 3 卷第 2、3 期合刊，1941 年 8 月 20 日。
⑤ 艾思奇：《哲学是什么？》，《中国文化》第 1 卷第 4 期，1940 年 6 月 25 日。

地研究和分析中国经济的发展","找出中国经济发展的特殊性和它与世界各国发展的共同性",否则,我们"就犯了理论脱离实际的毛病,是教条式的抽象的马克思主义"。[①] 正是从学习马克思主义要理论联系实际这一认识出发,杨松、艾思奇等人反对对马克思主义的教条主义的学习和理解。艾思奇在《怎样研究辩证法唯物论》一文中提出,"研究辩证法唯物论的时候,要反对两种不正确的倾向":一是要反对书呆子式的专门从名词公式上推敲的倾向,即"往往被书本束缚,忘记了与实践生活的联系,始终在空洞的理论公式和名词上兜圈子";二是套公式的研究法的倾向,即"死记书本上的公式",遇到问题时不去研究问题的实际内容,而是牵强附会地拿公式去硬套。这两种倾向的共同特点,就是"教条主义"的"就哲学本身来研究哲学,而不能够联系于实际"。[②] 杨松在谈到马克思主义中国化问题时,也特别强调学习马克思主义要理论联系实际,要与中国具体的革命实践结合起来,这样才能真正提高自身的马克思主义理论水平,成为一个"创造式的马克思主义者",而"不是教条式的马克思主义者"或"机械的唯物论者"。[③]

再次,正确地认识和把握"实际"。学习马克思主义要理论联系实际,要与中国革命的具体实践结合起来,那么,对这个"实际"正确的认识和把握,就成了马克思主义能否中国化的关键或根本问题,用艾思奇的话说:"中国化"的根本"问题是在于要能正确地研究和把握中国社会的客观现实,并正确地决定革命的任务和战略策略,而不是在于从名词上来争执什么才叫做'化',什么不是'化'的问题"。[④] 而要正确地认识和把握"实际",就必须实事求是,进行调查研究。艾思奇在为《中国文化》所写的社论《进一步认识中国的现实》中指出:我们要改变中国现状,"求得中国民族的独立、自由和幸福,就必须认识中国的现实,掌握中国社会变化的必然规律";而要"认识中国的现实",就必须像中国共产党六届六中全会所倡导的那样,发扬"'实事求是'的精神";而"为着要能够真正达到实事求是,真正能够正确地认识中国现实,使进步的文化运动在抗战中发挥最大的动

---

① 杨松:《关于马列主义中国化的问题》,《中国文化》第 1 卷第 5 期, 1940 年 7 月 25 日。
② 艾思奇:《怎样研究辩证法唯物论》,《解放》第 82 期, 1939 年 8 月 30 日。
③ 杨松:《关于马列主义中国化的问题》,《中国文化》第 1 卷第 5 期, 1940 年 7 月 25 日。
④ 艾思奇:《论中国的特殊性》,《中国文化》创刊号, 1940 年 2 月 15 日。

员人民和组织人民的作用，我们还须要坚守着一个重要的约束，那就是毛泽东同志赠给我们的名言：'没有调查，就没有发言权'"。①

四、马克思主义中国化的途径

首先，以马克思主义指导中国革命实践。马克思主义中国化的过程，实质上也就是马克思主义指导中国实践、不断与中国具体实际相结合的过程。艾思奇强调：在中国运用马克思主义，或使马克思主义中国化，就是要坚决地站在马克思主义的观点上，在马克思主义的基本原则和基本精神上，用马克思恩格斯所奠定了的辩证法唯物论和政治经济学的科学方法，来具体地客观地研究中国社会经济关系，来决定中国无产阶级在中国民族革命斗争中的具体任务及战略策略，来指导中国的革命实践。②

其次，将中国的实践经验上升为科学理论。以马克思主义指导中国革命实践，在革命实践的过程中，又按照马克思主义的立场、观点和方法，将中国的革命实践经验上升为科学的理论，这是马克思主义中国化的一条重要途径。杨松在阐述"马列主义中国化当前具体任务"时就指出："克服目前我国马列主义者在思想文化理论战线上的落后，要使理论和经验上的总结果和检讨，不仅不落后于目前政治斗争，不仅不落后于目前的实际的革命斗争，并且成为实际斗争的先导，配合着军事的和政治的斗争，以争取实现抗战必胜建国必成之伟大目的。"③艾思奇也再三强调，"马克思主义的中国化，是一个发展的过程，辩证法唯物论与中国的实际革命运动的结合，不是一开始就能完全合拍"④，而有一个马克思主义理论指导中国的革命实践，在革命实践的过程中，又通过对中国的革命实践经验的总结，将实践经验上升为马克思主义理论，反过来又进一步指导中国的革命实践的过程。作为马克思主义的哲学家，艾思奇以身作则，将马克思主义哲学研究的理论成果与中国革命的实践结合起来，努力构建马克思主义哲学中国化的创

---

① 艾思奇：《进一步认识中国的现实》，《中国文化》第3卷第2、3期合刊，1941年8月20日。
② 艾思奇：《论中国的特殊性》，《中国文化》创刊号，1940年2月15日。
③ 杨松：《关于马列主义中国化的问题》，《中国文化》第1卷第5期，1940年7月25日。
④ 艾思奇：《抗战以来的几种重要哲学思想评述》，《中国文化》第3卷第2、3期合刊，1941年8月20日。

新体系，推动马克思主义哲学理论在中国的运用、发展和创新。艾思奇在哲学上的重大贡献是"提出的'马克思主义哲学中国化'命题给予毛泽东系统阐述'马克思主义中国化'思想以有益启示"①。

再次，实现马克思主义与中国优秀传统文化相结合。马克思主义中国化的过程，本身就内在地包含了两方面的内涵，一方面马克思主义作为一种"放之四海而皆准"的一般理论和行动指南，要与中国的具体的革命实践相结合，以指导中国的革命实践；另一方面马克思主义作为一种文化形式，要与中国的优秀传统文化相结合，使其更具有民族化、大众化的特点。因为，思想和理论的载体是语言和文字，马克思主义产生于欧洲，其表达方式是欧洲的语言和文字，只有实现了马克思主义与中国优秀传统文化的相结合，才能够将马克思主义的表达方式从欧洲的语言和文字转变为中国的语言和文字，从而更能为中国人民尤其是广大老百姓所认同、理解和接受。和培元虽然对那种认为"新哲学"亦即马克思主义哲学的"中国化便是写哲学论文要用流利的中国语文，把一些哲学名词变成中国语言或文字上常见的名词"的观点提出了批评，说它是"一种皮相的庸俗的见解"，强调马克思主义哲学中国化的"本质"，是"辩证唯物主义的普遍原理与中国的具体的革命实践的结合，与中国的历史实际的结合"，但他并不否认"写哲学论文要用流利的中国语文"在表达形式上的意义。②张如心认为毛泽东之所以能提出马克思主义中国化这一重要命题，并在中国的革命实践中，创造性地丰富和发展了马克思主义，一个重要原因，就是实现了马克思主义与中国优秀传统文化的结合。③杨松、艾思奇在他们的一系列阐述马克思主义中国化的文章中，也同样强调了将马克思主义植根于中国优秀传统文化之中，对于推进马克思主义中国化的重要意义。

马克思主义中国化的进程，同时也就是与各种反马克思主义或非马克思主义思想进行斗争的过程。马克思主义中国化运动兴起后，引起了国民党

---

① 王先俊：《"新启蒙运动"期间艾思奇对"马克思主义中国化"的阐释》，《党史研究与教学》2010 年第 3 期。
② 和培元：《论新哲学的特性与新哲学的中国化》，《中国文化》第 3 卷第 2、3 期合刊，1941 年8 月 20 日。
③ 张如心：《在毛泽东同志的旗帜下前进》，《解放》第 127 期，1941 年 4 月 30 日。

的一些御用文人的反对。1939 年 8 月 10 日，叶青在《时代精神》创刊号上发表《论学术中国化》一文，认为毛泽东所讲的"中国化"，并非真正的"中国化"，真正的"中国化是说欧洲乃至世界各国底学术思想到中国来要变其形态而成为中国底学术思想。这在哲学、社会科学和艺术等方面，特别要如此。其中以政治思想、经济思想、社会思想为尤甚。所以中国化是一般的或外国的学术思想变为特殊的中国的学术思想的意思。它必须变其形式，有如一个新东西，中国的东西，与原来的不同。这样才叫做化，才叫做中国化。所以化是带有改作和创造之性质的。理解、精通、继承、宣传、应用、发挥……都不是化，当然也都不是中国化了"。既然"中国化"的"意思"，是要把"一般的或外国的学术思想变为特殊的中国的学术思想"，那么"中国化与中国本位完全相同，所不同的，只是名词而非理论内容"。因为提倡"中国本位文化运动"的十教授《宣言》底中心可归结于如次的一句话，即'吸收其所当吸收'以'创造将来'，或'吸收其所当吸收'以从事'中国本位的文化建设'。这不是说把吸收来的学术思想中国化吗？"据此，叶青否认当今的中国有提倡"中国化"的必要，即使要讲"中国化"，其功劳也不是中国共产党人，而是孙中山，"孙先生虽没有讲中国化三个字，却在实际上是中国化底开始者、实行者和成功者。他完成了欧美底政治思想、经济思想、社会思想之中国化。进一步说，三民主义适合中国，便于合中国需要的一切社会科学说来，有原则作用和方法作用"。那种企图在孙中山三民主义之外另求"中国化"，无异于缘木求鱼，是根本不可能的。因此，与其提倡什么"中国化"，还不如"认真研究孙先生，认真研究三民主义，尤其它底民生主义"。① 由此可见，叶青批评"中国化"的实质，是要反对马克思主义的中国化，否定马克思主义对中国学术尤其是革命的指导地位；他之所以要把孙中山说成是"中国化底开始者、实行者和成功者"，也是为了宣传国民党的主张和政治理念，维护国民党之正统地位，认为只有国民党所阐释、宣传的三民主义才符合中国国情，才是抗战建国的指导思想。毛泽东就曾一针见血地指出，叶青是"代表国民党写文章的人"。② 所以，《论学术中国化》一文发表后，叶青又在《中央周刊》第 3 卷第 43 期

---

① 叶青：《论学术中国化》，《时代精神》创刊号，1939 年 8 月 10 日。
② 毛泽东：《反投降提纲》，载《毛泽东文集》第二卷，第 220 页。

发表《马克思主义中国化问题》一文。这次他把矛头直接指向了"马克思主义"和中国共产党。他开宗明义写道:"我们对于马克思主义与中国底关系,可以这样说,由于共产主义或科学的社会主义不适用于中国,作为它底经济学基础的资本论,政治学基础的国家论,社会学基础的阶级斗争论便亦不适用于中国。"他声称:马克思主义"纯粹"是从国外"移植"到中国的"舶来品",与中国的发展法则或特殊情形不合,因而也就不存在"化"或"不化"的问题,如果按照毛泽东所说的"马克思主义底中国化,这就是依照中国的发展法则或特殊情形把马克思主义分解为适与不适的两部分加以取舍……那末马克思主义在中国化后,一方面所剩无几,一方面失掉特征,可说面目全非了"。所以当今的"中国是不需要共产主义,不需要马克思主义的了。因此它也就不需要共产党。这是逻辑的结论。谁能证明中国在不需要共产主义和马克思主义的情形中还需要共产党呢?这是不可能的事"。①

叶青的上述言论,理所当然地受到了马克思主义理论家和思想文化工作者的批判。杨松指出,马克思主义并不像叶青所说的那样"纯粹"是从国外"移植"到中国的"舶来品",根本"不适用于中国",相反,它完全"适合于中国的国情",因为"经过一九一四——一九一八年帝国主义大战,中国民族资本主义进一步之发展和形成,造成了接受和发展马克思列宁主义的客观的历史和经济条件",这是马克思主义能够"在中国生长发育和日益壮大起来的"根本原因。他还依据毛泽东在《新民主主义论》中关于中国新文化发展脉络的概括,把自"五四"马克思主义传入到 1940 年毛泽东发表《新民主主义论》这一段历史的马克思主义中国化分为三个时期,并指出马克思主义之所以能够"中国化了和中国化着",有它深厚的历史根源和阶级基础。他写道:"从一九一九年五四运动起到一九二五——二七年大革命止为第一个时期,十年苏维埃工农民主革命为第二个时期,从七七抗战以后到目前为第三个时期。在每个时期内中国无产阶级的思想代表者——中国马列主义者,都是与其他进步的阶级和阶层结成文化思想上的统一战线,以共同反对外国帝国主义的奴化政策和国内封建主义的文化,为新民主主义的文化而斗争;同时,在这个统一战线中宣传和发展自己的科学学说——

---

① 叶青:《马克思主义中国化问题》,《中央周刊》第 3 卷第 43 期,1941 年 5 月 29 日。

马列主义，把马列主义具体地应用于中国的具体环境，把马列主义中国化了和中国化着，也使中国学术马列主义化了和马列主义化着。"①杨松在这里创造性地提出了"化了"和"化着"这样两个概念，"化了"，表示"马克思主义中国化"已取得的具体成果；"化着"，是说"马克思主义"正在"中国化"的过程之中。"化着"是"化了"的开始，而"化了"是"化着"的结果，"马克思主义中国化"的过程也就是"化着"和"化了"的辩证运动的过程。艾思奇也强调指出：马克思主义在中国的传播、发展以及中国化，是有它的社会经济和阶级基础的，有它的内在要求和原因，并非像叶青所说的那样"是纯粹外来的"。他重点批驳了叶青对马克思主义者否认中国社会之特殊性的攻击，在《论中国的特殊性》中他写道：马克思主义者并不否认中国社会的特殊性，"马克思主义者所反对的，只是思想上的闭关自守主义，只是借'把握特殊性'为名来拒绝科学的规律，拒绝中国社会的科学的合理研究，也就是拒绝进步思想的学习应用。这一种所谓的把握特殊性，它实际上的目的只是在于把人们的眼光束缚在保持落后的奴隶的旧中国的'特殊'范围内，使人们不能根据科学的规律，来看出中国的向上发展的前途，看出真正自由解放的道路"。叶青借所谓"中国社会的特殊性"，来否认人类社会发展的一般规律，反对"放之四海而皆准"的马克思主义对中国革命的指导，"结果在实际上正是反对正确地来把握中国的特殊性，反对真正把握特殊性的科学方法"。因为，"特殊和一般原是分不开的，在现实世界的一切事物发展中，没有绝对的特殊，也没有绝对的一般。一般的东西都常常是在各种各样特殊的形式上表现出来，特殊的东西，也常常是某种一般的东西的特殊化。丢开了一般的规律，就无所谓特殊性的把握，连那要被特殊化的东西本身也丢了，那里还能有什么特殊化这件事呢？"②叶青"利用中国的'特殊性'和'特殊的方法'等等漂亮的新名词"的实质，是要"把'国情论'以及'中学为体，西学为用'的陈腐思想偷运到文化战线上来，想借以取消了马克思主义中国化的运动"③。

---

① 杨松：《关于马列主义中国化的问题》，《中国文化》第1卷第5期，1940年7月25日。
② 艾思奇：《论中国的特殊性》，《中国文化》创刊号，1940年2月15日。
③ 艾思奇：《抗战以来的几种重要哲学思想评述》，《中国文化》第3卷第2、3期合刊，1941年8月20日。

在"马克思主义中国化"问题上，如果说对叶青的批判是马克思主义学派与反马克思主义学派之间的斗争，那么，与向林冰（即赵纪彬）的论争则属于马克思主义学派内部不同观点的交锋。1940 年，向林冰先后在《读书月报》第 1 卷第 8 期、《中国文化》第 1 卷第 12 期上发表《关于辩证法法则的实际应用问题》《再论辩证法法则的实际应用问题》两文，认为辩证法的法则不能直接用作研究事物的科学方法，在应用辩证法法则之前，首先要对于事物获得科学的认识。他在文中写道："要想把辩证法法则运用到具体事物的发展上来，却需要一个基本的前提条件，这就是对于所把握的对象有具体的科学认识。"他批评了实际研究中用辩证法取代对对象做具体的科学认识的错误，强调对具体对象做科学认识是应用辩证法的前提，现阶段马克思主义中国化运动就是"为了促进具体的科学研究与辩证法法则的实际运用相结合"。[①] 对于向林冰的上述观点，丁力文（即陈力文）在《读书月报》第 2 卷第 7 期上发表《辩证法法则的实际运用——并与向林冰先生商榷》一文做了反驳，认为向林冰的错误，就在于"把对象的具体科学认识与辩证法分裂开来，机械地对立起来"。事实上，要获得对客观对象的科学认识，就绝不能离开辩证法的方法，二者是有机的统一。人类的实践是以正确把握时代发展的动向、法则、规律为前提的，"只有辩证法的实践的活动，才是正确的，进步的。否则，盲动反动，都是敌不过历史巨轮的"。因此，无论是实践的活动还是对于某项事物的研究，首先还是要运用辩证法，再由对于对象渐进的了解，"而更加充实、丰富、正确我们辩证法的运用"，"具体对象的科学认识，决不能离开运用辩证法法则而获得"。[②] 艾思奇不仅完全赞同丁力文对向林冰的批评，并且更进一步指出，向林冰的错误是"把科学方法和辩证法法则分离开来"，以为在应用辩证法之先，可以不依据唯物辩证法而得到科学知识，而不知道如不站在唯物辩证法的立场上来研究事物，要获得"具体的科学知识也是不可能的"。[③]

[①] 向林冰（赵纪彬）：《再论辩证法法则的实际运用问题》，《读书月报》第 1 卷第 12 期，1940 年 2 月 1 日。

[②] 丁力文：《辩证法法则的实际运用——并与向林冰先生商榷》，《读书月报》第 2 卷第 7 期，1940 年 10 月 1 日。

[③] 艾思奇：《抗战以来的几种重要哲学思想评述》，《中国文化》第 3 卷第 2、3 期合刊，1941 年8 月 20 日。

马克思主义学派对叶青反对马克思主义中国化之言论的批判，以及马克思主义学派内部就怎样运用辩证法问题与向林冰的论争，有利于马克思主义中国化在理论层面的不断深入，从而促进了马克思主义中国化的发展进程。

第二节　"学术中国化"

七七事变后的全国抗战时期，中国共产党领导下的学术界在重庆、延安等地发起过"学术中国化"运动。"学术中国化"运动的开展既是"马克思主义中国化"运动的必然要求，又是近代以来中国人对中西文化关系的认识不断深化和九一八事变后日益严重的民族危机对学术影响的自然结果，在中国近代思想史和学术史上都有着十分重要的地位，它不仅推动着中国学术尤其是马克思主义学术的向前发展，而且也对新中国的学术产生过重大的影响。但长期以来，学术界在涉及"学术中国化"运动时往往有两种倾向。一是把"学术中国化"等同于"马克思主义中国化"，认为二者是一回事，研究了"马克思主义中国化"，也就等于研究了"学术中国化"。这也是到目前为止学术界对"学术中国化"及其运动缺乏深入而系统研究的一个重要原因。二是扩大"学术中国化"的内涵和外延，凡是强调中国本位、认同中国传统的都纳入到"学术中国化"及其运动之中，如有的研究者就把冯友兰等人的现代新儒学、蒋介石的三民主义儒学化、钱穆的《国史大纲》等也算成"学术中国化"及其成果。实际上，这两种倾向都值得商榷。虽然"学术中国化"是"马克思主义中国化"的必然要求，但"学术中国化"并不等同于"马克思主义中国化"，前者属于学术范畴，后者属于政治范畴，二者有着不同的内容、任务和目标；"学术中国化"既非"中体西用"，也不是"中国本位"，它以"马克思主义中国化"为"核心"或"本质"，与文化保守主义或文化复古主义有着质的不同。此外，之前的研究多只强调"学术中国化"的积极意义，而很少提及它的负面影响。实际上"学术中国化"运动中产生的不少学术成果过度强调学术研究要为现实政治服务的取向，曾影响了新中国建立后学术的健康发展。

一、"学术中国化"的提出

1938 年 10 月，毛泽东在中国共产党六届六中全会上所做的《论新阶段》报告中，不仅第一次提出了"马克思主义中国化"这一命题，而且还向全党尤其是党的领导干部发出了"学习"的号召："我希望从我们这次中央全会之后，来一个全党的学习竞赛，看谁真正地学到了一点东西，看谁学的更多一点，更好一点。在担负主要领导责任的观点上说，如果我们党有一百个至二百个系统地而不是零碎地、实际地而不是空洞地学会了马克思列宁主义的同志，就会大大地提高我们党的战斗力量，并加速我们战胜日本帝国主义的工作。"① 根据毛泽东的这一号召，六中全会后，中共中央发起了"全党干部学习运动"。这场运动"对提高全党干部的理论文化水平，有头等重要的意义"。② 也正是在这场学习运动中，"学术中国化"被正式提了出来。1939 年 4 月 1 日，重庆的《读书月报》第 1 卷第 3 期率先开辟《学术中国化问题》专栏，发表柳湜的《论中国化》和潘菽的《学术中国化问题的发端》等论文，同时还发表了笔名为"逖"的《谈"中国化"》的笔谈文章。1939 年 4 月 15 日，《理论与现实》杂志在重庆创刊，千家驹、艾思奇、李达、沈志远、侯外庐、马哲民、曹靖华、潘梓年、钱俊瑞担任杂志创刊时的编委，沈志远担任主编。该刊以"学术中国化"和"理论现实化"为宗旨，在创刊号上刊登了潘梓年的《新阶段学术运动的任务》和侯外庐的《中国学术的传统与现阶段学术运动》两篇讨论"学术中国化"的重要论文。接着，在第 1 卷第 4 期（1940 年 2 月 15 日）和第 2 卷第 2 期（1940 年 4 月 15 日）上又有嵇文甫的《漫谈学术中国化问题》和吕振羽的《创造民族新文化与文化遗产的继承问题》等重要论文发表。此外，《新建设》等刊物也刊出了许崇清的《"学术中国化"与唯物辩证法》等讨论"学术中国化"的论文或文章。这些论文或文章阐述了为什么要"学术中国化"、什么是"学术中国化"以及如何使"学术中国化"等一系列重大的理论问题。

为什么要"学术中国化"？ 柳湜指出，表面看来，"学术中国化"的提出，好像是对我们过去不能正确对待外来学术思想尤其是辩证唯物论的一

---

① 毛泽东：《中国共产党在民族战争中的地位》，载《毛泽东选集》第二卷，第 533 页。
② 毛泽东：《反投降提纲》，载《毛泽东文集》第二卷，第 224 页。

种纠正，一种号召，是对当前"洋八股"和"教条主义"的批判。如果仅从这方面来理解"学术中国化"的提出是很不适当的，至少是不全面的，我们应从"当前的政治实践所反映于文化的要求、反映于新的学术运动上"来"找它的根据"。经过一年多的抗战，中国军民粉碎了日本速亡中国的阴谋，进入到抗战的第二阶段，这奠定了抗战建国的基础，树立了战胜敌人的信心，提高了国民对于抗战建国的热情，同时也对文化提出了新的要求，即：文化在今日不仅要承担起提高民族意识、动员全国人民投身抗战的任务，同时还要承担起提高中国新的文化、配合建设新中国的重任。就前者而言，表现为一般文化水平的提高、文化的普遍化和大众化；从后者来看，表现为提高新文化的质、开展新的学术运动。抗战一年多来，大众文化运动有了空前的开展，对新文化质的认识也在一天天地深化和提高，这说明"今日的抗战需要有全面全民族的动员在各社会层精诚团结之下进行，同时亦要求有一个新的，更高度的文化运动配合这一政治的要求，而领导这一民族的神圣战争与建国事业"。因此，"'中国化'这一口号，在新文化发展的今日……它决不仅限于纠正过去我们对于外来文化的不溶化，纠正我们在学习上，学术上许多公式主义，教条主义，给我们以一种警惕，而是创造新的中国文化之行动的口号和前提"。[1] 潘菽认为，学术之所以要"中国化"，第一，为了使学术更容易了解。每种学术都包含着许多原理和原则，需要实际的例证加以说明，在外国学者那里，所有的例证都是外国的，这就造成了我们了解上的障碍，尤其是社会科学，我们最好根据中国所有并为一般人所熟悉的例证，来说明各种学术，这样的知识更容易为人们了解和接受。第二，为了使学术不成为超然的东西。无论何种学术，都与社会的整个生活和文化有着密切的联系，外国的学术是与外国社会的整个生活和文化密切联系的，这种与外国社会的整个生活和文化密切联系的学术对于中国人来说，就成了一种抽象或超然的东西，其结果，"一方面使学术不能对于社会生活及个人生活尽其指导和帮助的功用，一方面也会妨碍了学术自身的发展……成了所谓洋八股"。西方的科学介绍到中国已有很长的历史，但科学在中国并不发达，其中一个重要原因，就是没有与中国社会的

---

① 柳湜：《论中国化》，《读书月报》第1卷第3期，1939年4月1日。

整个生活和文化密切联系起来。因此，我们要使学术不成为抽象或超然的东西，就需要"把各种学术知识和中国自己的实际社会生活的种种方面关联起来"。第三，为了使学术适合于中国的需要。学术是为了解决社会的需要而产生和发展的。中国要抗战建国，从一个旧国家变成一个新国家，当然有种种政治、经济、国防、文化等方面的需要，这些需要"都有待于近代学术的帮助解决"。但外国的学术是为了解决外国社会的种种需要而产生和发展的，未必适合于中国的需要，要使它们适合于中国的需要，就必须实现学术的中国化。第四，为了使学术成为中国整个文化的有机部分。我们吸取学术，要充分予以消化，要使它成为中国整个文化的有机部分，而不可食而不化，否则，我们永远只能是学术的负贩者，也就永远没有自己真正的学术。第五，为了使中国的学术成为世界学术的积极的一部分。我们要把中国改造成为世界上最进步、最自由幸福的国家，那也就必须把中国的学术提高到世界学术的最高水平，"要使中国在学术上也成为世界上的一等国"。而"要达到这一个目的就必须先把各种学术加以彻底的消化，使之成为自己的。只有彻底消化而成为自己的以后才能有所创造，有所贡献"。[①]在嵇文甫看来，中国需要现代化，需要尽量吸收世界上进步的学术和文化，使自己迅速壮大起来。然而，我们有自己的社会机构，有自己的民族传统，有自己的历史发展阶段，不是随便安上美国的头，英国的脚，要方就方，要圆就圆的。世界上任何好东西，总须经过我们的咀嚼消化，融入到我们的血肉肌体中，然后对于我们方为有用。我们不能像填鸭似的，把外面的东西只管往肚里填，而不管它消化不消化；我们也不能像小儿学舌似的，专去背诵别人的言语，而不管它意思是什么。而要使学术适应自己的需要，要把世界上许多好的东西变成自己的东西，就必须"学术中国化"。[②]

什么是"学术中国化"？ 概括潘梓年等人的观点，主要有以下几个方面：

第一，用马克思主义的唯物论和辩证法来研究中国问题，整理中国学术，并在此基础上建立起中国的社会科学和自然科学。潘梓年在《新阶段学术运动的任务》中指出：学术中国化的任务，就是用马克思主义的唯物论和辩证法，"去研究中国历史，中国的社会形态，中国社会在抗战中所起

[①] 潘菽：《学术中国化问题的发端》，《读书月报》第1卷第3期，1939年4月1日。
[②] 嵇文甫：《漫谈学术中国化问题》，《理论与现实》第1卷第4期，1940年2月15日。

的各方变化，怎样来使这些变化向进步的方向走去，更快的发展前去，这样来建立起中国的社会科学；去研究中国自然环境中的各种资源动力，运用这些资源动力来建立起中国的现代化的各种国防工业以及其他各种工业，改进中国的农业，这样来建立起中国的自然科学"。① 柳湜在谈到"学术中国化的具体内容"时也再三强调："用辩证唯物论与历史唯物论去研究中国历史，中国问题，一切的问题。但反对过去一种脱离中国革命的实践，中国历史的运动，空洞的抽象的调头，或故意滥用科学方法去歪曲中国历史以达到自己不纯正的政治的目的。"② 就此而言，所谓"学术中国化"，亦就是中国学术的马克思主义化。这是学术中国化的本质。时任中共中央宣传部第一副部长兼秘书长的杨松在《关于马列主义中国化的问题》一文中就明确指出："学术中国化的本质是中国学术的马克思主义化，也就是要在学术思想领域确立起马克思主义的指导地位。"③

第二，充分吸收外来学术和文化，但这种吸收不是照抄照搬，而是通过消化，把外来的学术和文化变为自己的学术和文化，使之具有中国的味道、中国的特色。潘梓年指出："学术，是决不会有什么国界的。如果在学术上把中国用一道万里长城和外国分疆划界起来，企图'互不侵犯'，那就是自封自划，夜郎自大，不但不能使自己的学术发荣滋长，而且还要瘦死狱中。但是，学术虽无国界，却不能没有一个民族所特有的色彩与风光。学术中国化，决不就等于保存国粹，而是要使我们的学术带着中国的味道、中国的光彩而发展生长起来；要使我们的学术成为中国的血液与肌肉，不成为单单用以章身的华服。"④ 柳湜强调，学术中国化"不排斥外来文化，并承认世界文化的交流乃是历史的必然"。因此，"我们要在中国具体的历史条件下吸收一切进步的文化，溶化它，通过民族的特点，历史的条件，中国抗战建国过程中的一切具体问题，把它变为我们自己的灵魂，创造'新鲜活泼的，为中国老百姓所喜闻乐见的中国作风与中国气派'"。⑤ 嵇文甫写道，"学术中国化"是以吸收外来文化为其前提条件的，也就是要把外来文化变为

---

① 潘梓年：《新阶段学术运动的任务》，《理论与现实》创刊号，1939 年 4 月 15 日。
② 柳湜：《论中国化》，《读书月报》第 1 卷第 3 期，1939 年 4 月 1 日。
③ 杨松：《关于马列主义中国化的问题》，《中国文化》第 1 卷第 5 期，1940 年 7 月 25 日。
④ 潘梓年：《新阶段学术运动的任务》，《理论与现实》创刊号，1939 年 4 月 15 日。
⑤ 柳湜：《论中国化》，《读书月报》第 1 卷第 3 期，1939 年 4 月 1 日。

自己的文化，而非关起门来，像国粹派那样，以为什么都是中国的好，一切都用中国固有的，在文化上实行排外主义。实际上，"学术中国化"并不反对外来文化，它所反对的，"是不顾自己的需要，不适应自己的消化能力，不和自己固有的东西有机地联系起来，而只把外来文化机械地、生吞活剥地往里面搬运"。[①]就此而言，所谓"学术中国化"，亦就是外来学术或文化的中国化，借用潘梓年的话说，是"把世界已经有了的科学，化为中国所有的科学"[②]。

　　第三，继承和发扬民族的文化遗产，但不是对民族文化遗产的全盘继承和发扬，而是去其糟粕，取其精华，继承和发扬的只是民族文化遗产中的优秀部分。柳湜指出：今日中国文化是要吸收世界文化一切优良的成果来丰富自己、武装自己，创造中国新文化。根据吸收世界文化这一点，我们提出"学术中国化"的口号来，有它的积极意义。然而这只是问题的一方面；问题的另一方面，我们并不是"言非同西方之理弗道，事非合西方之术弗行"（鲁迅语）的那种盲目西化论、奴化论者，我们在吸收世界文化一切优良的成果来丰富自己、武装自己的同时，也并未忘记"我们这个伟大民族数千年的历史，有它的发展法则，有它的民族特点，有它的许多珍贵品"，我们要"尊重自己的历史，好的民族的传统，批判的接受民族优良的传统，但不是无所分别的一些陈腐残渣兼留并蓄"。[③]嵇文甫指出，所谓"学术中国化"，就是要把现代世界性的文化，与中华民族自己的文化传统有机地结合起来，所以离开中华民族自己的文化传统，就无从讲"学术中国化"。但中华民族自己的文化传统非常复杂，简单地说"批判地接受"或"取优汰劣"，这是不够的，因为何者为优，何者为劣，实在难以判断，即便你以是否符合"现代的生活"为标准，也还是无从辨认。"我们尽可以从某种意义上说它是好，同时，又可以从另一种意义上说它是不好。这些地方，参互错综，变动不居，不能机械地看。"那我们究竟应该如何继承和发扬我们自己的文化传统呢？对此，他以"传统的旧文化"为例，提出了以下几个原则：首先，传统的旧文化中，有许多东西，根本就带着一般性或共同性，

[①] 嵇文甫：《漫谈学术中国化问题》，《理论与现实》第1卷第4期，1940年2月15日。
[②] 潘梓年：《新阶段学术运动的任务》，《理论与现实》创刊号，1939年4月15日。
[③] 柳湜：《论中国化》，《读书月报》第1卷第3期，1939年4月1日。

根本就不是某一个特殊时代所独有，和现代生活根本就没有什么冲突，像许多立身处世的格言，有些固然已经失其时效，但有些直到今天仍然有其价值，如《论语》中的"知其不可为而为之"和"不知老之将至"这两句，就非常符合我们的时代精神，这些"当然可算作我们民族优良传统之一，是我们应该发扬光大的"。其次，传统的旧文化中，有些东西，虽然它原来的具体形态与现代生活不能兼容，然而随着时代的发展，社会的进步，它的具体形态早已被历史淘汰，现在留给我们的只是它的某些精神或远景，而这些精神或远景在现代生活中又能发挥一些有益的作用或暗示，如《孟子》一书中所讲的"王道"，对于"这些东西，我们当然也可以接受"。再次，传统的旧文化中，有些东西，看着虽然是乌烟瘴气的，但其中却包含着某些真理，或近代思想的某些因素，如宋明理学中的"合理内核"，对于这些，我们应该像马克思对待黑格尔哲学那样，"从神秘的外衣中，剥取其合理的核心"。最后，传统的旧文化中，有些东西，从现在眼光来看，虽然没有什么道理，甚至非常荒谬，然而在当时却有它的进步意义，如晚明时代"左派"王学家的学说，"对于这些，我们不妨舍其本身，而单从历史发展的观点上，阐扬其进步性"。[1]潘菽指出，学术中国化本身就包含着如何对待或处置中国旧学术的问题。在对待或处置中国旧学术问题上有三种办法：一是继续保留并应用中国旧学术，而以新学术为补充或辅助。这也就是所谓的"中学为体，西学为用"。二是只管引进和吸收新学术，而对旧学术不管不问，让它自生自灭。这是五四运动以来对待或处置旧学术的办法。三是把旧学术变成新学术。而这第三种办法"可以说是'顺乎天理而合于人情'的，因此也就是最合理最妥当的办法"。因为"旧的学术里面也有许多可宝贵的成分，我们必须继承下来，我们假如忽视了它，那便是等于不顾现实，不顾历史，而要凭空有所作为，假如这样，我们也就无须讲学术中国化"。如何把旧学术变成新学术呢？潘菽认为，要把旧学术变成新学术，一方面把旧学术中的渣滓去掉，另一方面把旧学术中的精华提出来，以容纳于新学术之中。[2]就此而言，所谓"学术中国化"，亦就是中国传统学术或传统文

---

① 嵇文甫：《漫谈学术中国化问题》，《理论与现实》第 1 卷第 4 期，1940 年 2 月 15 日。
② 潘菽：《学术中国化问题的发端》，《读书月报》第 1 卷第 3 期，1939 年 4 月 1 日。

化的现代化。

第四，研究和解决中国的实际问题。侯外庐认为，"学术中国化的基本精神，就在于'知难行易'的传统继承，使世界认识与中国认识，在世界前进运动实践中和中国历史向上运动实践中，统一起来"①。潘梓年指出，学术中国化"就是把目前世界上最进步的科学方法，用来研究中华民族自己历史上，自己所具有的各种现实环境上所有的一切具体问题，使我们得到最正确的方法来解决这一切问题"②。潘菽强调："所谓学术中国化的意义就是要把一切学术加以吸收，加以消化，加以提炼，加以改进，因以帮助解决新中国的建设中所有的种种问题。"③就此而言，学术中国化运动不仅是理论活动，更是一种实践活动，学术中国化的根本目的，就是要研究和解决中国的实际问题。

上述这四个方面的内容是相互联系的。柳湜在《论中国化》一文中就强调指出：学术"'中国化'是建设新中国文化的一个口号，是配合着抗战建国的过程中历史的任务而提出的，它的内容是丰富的历史的。民族的，同时是国际的。它是学术的，同时是战斗的。它是综合我们这个伟大民族数千年的历史和世界的历史，它是我们一切优良珍贵的传统以及国际的一切优良的传统的一种交流，是代表今日人类最进步的立场，创造世界新文化一环的中国新文化为它的任务"。④

如何使"学术中国化"？潘菽指出，要使"学术中国化"，第一，透彻地吸收世界上各种学术，并在此基础上，"加以变化，加以选择，加以改进，加以适应"，"要在每种学术方面都学习到世界上任何人所能学习到的最多并最精到的知识。我们要在每种学术方面都至少有几个学者或专门家，可以和世界上在这一种学术里面所有的最前进、最优秀的后起学者或专门家并辔齐肩"。他尤其强调，透彻地吸收世界上各种学术，并加以批判、选择和消化，"这是学术中国化的基石"。第二，实际问题是学术的土壤，学术只有生根在实际问题的土壤中，才有活力并生长发展。"所以使学术中国化

---

① 侯外庐：《中国学术的传统与现阶段学术运动》，《理论与现实》创刊号，1939 年 4 月 15 日。
② 潘梓年：《新阶段学术运动的任务》，《理论与现实》创刊号，1939 年 4 月 15 日。
③ 潘菽：《学术中国化问题的发端》，《读书月报》第 1 卷第 3 期，1939 年 4 月 1 日。
④ 柳湜：《论中国化》，《读书月报》第 1 卷第 3 期，1939 年 4 月 1 日。

的一个基本的条件，就是使学术和中国在建设中的种种实际问题密切关联起来。"一种学术只有当它"开始去努力服务于中国社会所有的种种实际问题的时候"，它"才能开始中国化起来，开始具有生命起来而发展起来，而它的中国化的程度和生命的程度也将以它的那种服务的程度而定"。第三，学术的生命力在于研究和解决实际问题，而实际问题的妥善解决有待于深刻的理论指导。"所以，要使学术中国化，使能帮助解决现在正在一个大蜕变中的中国所有的那么繁多而繁重的现实问题，那就非加深理论的研究不可。"而这种"深刻的理论研究"，并不是指"冥渺的探索和无谓的剖析，而是仍和实践的问题紧密相结合的。这种研究帮助了实践，同时也提高了学术的本身"。第四，要勿以立异为高，即不要以为"学术中国化"就是故意将西方的各种学术改头换面一下，掺入进一点中国的故旧观念，使之成为一种特别的东西。实际上，"学术中国化与故意立异是绝对不同的，我们没有丝毫中西的成见，也要捐除一切中西的成见。我们所谓学术中国化其实乃是事实的要求而同时也是我们所应该做的努力的自然结果"。除以上这几方面外，潘菽还提出，要使"学术中国化"，还必须改变留学政策，奖励个人著作，建立公众学术机构，开放大学教育。[①] 潘梓年认为，"科学化运动与接受优良传统，是学术中国化的两个支柱。基本条件则在于精通科学方法，精通唯物辩证法，精通马列主义。同时这两个支柱，也不是各自独立，互不相关的。我们的科学化运动要在阐发我国优良传统的过程中具体地进行起来，而我们的接受优良传统，也只有在科学化基础上才能产生巨大的实践作用"。他还特别提出，要使"学术中国化"，就必须克服以下三个倾向："第一是生吞活剥的移植，就是公式主义或教条式的搬运。第二就是'一切线装书都应抛入毛厕里去'的'左'倾幼稚病。第三是近于复古运动的所谓整理国故，如劝中学青年读庄子读文选之类。"[②] 柳湜指出，"中国化"针对的不是某一学术领域，而是所有的学术领域。具体来说，在哲学上，我们一方面要用唯物论和辩证法，纠正过去无目的、无认识、无选择地介绍外来思想和学说带来的种种不良影响，并对外来思想和学说做有选择的

---

① 潘菽：《学术中国化问题的发端》，《读书月报》第 1 卷第 3 期，1939 年 4 月 1 日。
② 潘梓年：《新阶段学术运动的任务》，《理论与现实》创刊号，1939 年 4 月 15 日。

介绍；另一方面，又要运用唯物论和辩证法来研究中国哲学，研究当前中国的各种思想派别，鼓励有旧学根基的人学习和接受正确的方法论，同时要加强对当前一切武断、无知、落后思想的斗争。在政治学上，我们要配合当前中国所实践的民主革命的要求，在吸取目前世界上最完善最进步的民主思想和政治制度的基础上，创造出符合中国历史发展进程和特点的中国新的政治学，以指导中国的民主革命和抗战建国。在经济学上，用世界上最进步的经济学说和最正确的研究方法，来研究中国的社会经济，尤其是抗战过程中中国经济的运动法则，研究中国国民经济运动的诸方面，要在"学术中国化"的口号下加强对进步的经济理论的介绍和研究，同时要对违反历史发展规律、歪曲中国历史、反民生主义和社会主义的经济理论和思想做坚决斗争，因为中国新的经济理论的建立对于抗战建国有其重大影响。在历史领域，新史学在中国还是张白纸，中国人对自己的历史发展、特点及规律还知之甚少，而没有正确的历史知识，就不可能理解实际运动，建立正确的指导民族解放的斗争路线，担负起抗战建国的历史重任。因此，我们要扬弃"整理国故"时代的学者所抱持的纯学术态度和古老方法，接受并运用新的历史唯物论来研究中国历史，建立起中国自己的新史学。在自然科学领域，要求中国的自然科学家关心现实，为抗战建国服务，研究战时一切科学的和技术的问题，提出建国的科学方案。在文学方面，我们不仅反对文字上的无原则的"欧化"、文化上的"洋八股"，而且要求今日的文学工作者，深刻了解中国历史的现阶段，并根据民主革命的要求和中华民族的特点，根据抗战建国过程中所需要的文学运动，创造出大量的新的文学作品来。[①]

　　以上这些论文或文章的发表，推动了"学术中国化"运动的兴起。郭沫若在《四年来之文化抗战与抗战文化》中指出："'学术中国化'口号的提出，更引起文化各部门的热烈响应。文艺创作者热情地讨论恢复文艺的民族形式问题；戏剧家研究各地方戏的实验公演；音乐家也搜集各地民歌，研究改良，作实验演奏；社会科学家研究着中国的实际、中国的历史；自然科学家在研究着国防工业、交通运输、战时生产、医药卫生等中国具体

[①] 柳湜：《论中国化》，《读书月报》第 1 卷第 3 期，1939 年 4 月 1 日。

问题，并提倡出了'中国科学化运动'的口号；科（哲）学家在研究着中国的古代哲学与思想在抗战建国上的各种问题。"[1]

二、"学术中国化"的成果

"学术中国化"的根本目的，是要"建立以新民主主义的内容为内容和以中华民族的形式为形式的中华民族新文化，并在中国历史学、政治经济学、哲学、文学、音乐、美术、戏剧、诗歌和自然科学中，获得、巩固和发展自己的地位"[2]。在延安、重庆等地广大进步的社会科学工作者的积极参与下，"学术中国化"在各学术领域都有所推进，并取得了一些重要成果。下面我们仅就被视为其他学科中国化之基础和前提的史学和哲学"中国化"的有关情况做一介绍。

史学"中国化"，成绩最为突出的是对马克思主义史学理论、中国通史、中国原始社会史和中国思想史的研究。

在马克思主义史学理论方面，有翦伯赞的《历史哲学教程》、侯外庐的《中国社会史导论》、吕振羽的《中国社会史诸问题》等著作出版。翦伯赞的《历史哲学教程》，"从历史发展的合法则性、历史的关联性、实践性、适应性诸方面，阐述了他对马克思主义历史理论的见解，坚持史的唯物论，又突出历史辩证法"[3]。侯外庐的《中国社会史导论》，根据马克思主义有关"生产方式"的理论，探讨了亚细亚生产方式的形质，既不同意将亚细亚生产方式说成是"过渡期"的假说，也不赞成生产方式是奴隶制的"变种"的观点，而认为亚细亚生产方式是"土地氏族国有的生产资料和家族奴隶的劳动力二者间的结合关系，这个关系支配着东方古代的社会构成，它和'古典的古代'是同一个历史阶段的两种不同路径"。[4]吕振羽的《中国社会史诸问题》，批判了陶希圣等人在 20 世纪 30 年代中国社会史论中提出的一些错误观点，进一步阐述了他对亚细亚生产方式、中国奴隶制等问题的见解，认为和古代生产方式比较，尽管亚细亚生产方式有着自己的一些特点，但

---

① 曾建戎编《郭沫若在重庆》，青海人民出版社，1982，第 320 页。
② 杨松：《关于马列主义中国化的问题》，《中国文化》第 1 卷第 5 期，1940 年 7 月 25 日。
③ 蒋大椿：《20 世纪中国马克思主义史学》，载罗志田主编《20 世纪的中国：学术与社会·史学卷》（上），山东人民出版社，2001，第 157 页。
④ 侯外庐：《侯外庐史学论文选集》（上），人民出版社，1987，第 56 页。

在本质上二者并无不同，中国殷商奴隶制社会同时具备了亚细亚生产方式的主要特征。① 除上述这几部著作外，还有华岗的《历史为什么是科学和怎样变成科学》《研究中国历史的钥匙》《怎样研究中国历史》、潘梓年的《社会历史的研究怎样变成科学》、吴泽的《中国历史研究法》、吴玉章的《中国历史教程序论》等一批研究、运用和宣传马克思主义史学理论的文章先后发表。

在中国通史方面，最具影响力的著作当属范文澜的《中国通史简编》。该书是应毛泽东的要求而撰写的，自 1940 年 11 月开始在《中国文化》上连载。如果说郭沫若的《中国古代社会研究》是运用马克思主义的社会形态学说研究中国古代社会的开篇之作，它的出版标志着中国马克思主义史学的形成，那么，范文澜的《中国通史简编》则是运用马克思主义社会形态学说研究中国通史的开篇之作，它的出版是中国马克思主义史学开始从形成走向发展和成熟的一个重要标志。齐思和在《近百年来中国史学的发展》一文中评论该书说："中国社会史之唯物辩证法的研究，到了范文澜先生所著编的《中国通史简编》才由初期的创造而开始走进了成熟的时期。范先生对于中国旧学是一位博通的学者，而对于唯物辩证法又有深刻的研究，所以由他来领导这个研究工作自然是最合适的了。这部书对于史料，除了正史以外，以至文集、笔记，都尝博观约取；所用的文字，又是由浅入深，使读者易于领悟。每章后，又附有提要，非常易于领悟，绝无公式化，使人如入五里雾中的毛病。"② 另一部有重大影响的马克思主义通史著作是吕振羽的《简明中国通史》。该书的上册出版于 1941 年 5 月，早范文澜的《中国通史简编》第一册 4 个月，下册则因工作耽搁，到 1948 年 5 月才出版，晚《中国通史简编》第二册 5 年。吕振羽在《简明中国通史》上册的《自序》中谈到了该书与"从来的中国通史著作"的"颇多不同"，最重要的有三点："第一，把中国史看作同全人类的历史一样，作为一个有规律的社会发展过程来把握"；"第二，力避原理原则式的叙述和抽象的论断"，而是根据"学术中国化"的要求，从具体历史事实的陈述中，体现中国历史发展的规律；

① 蒋大椿：《20 世纪中国马克思主义史学》，载《20 世纪的中国：学术与社会·史学卷》（上），第 164—165 页。
② 齐思和：《近百年来中国史学的发展》，《燕京社会科学》第 2 期，1949 年 10 月。

"第三，尽可能照顾中国各民族的历史和其相互作用，极力避免大民族主义和地方民族的观念渗入"。这三点的"不同"，集中体现了《简明中国通史》对于中国马克思主义史学的重大贡献。就此而言，吕振羽的《简明中国通史》撰写和出版，也是中国马克思主义史学开始从形成走向发展和成熟的标志之一。除范文澜的《中国通史简编》和吕振羽的《简明中国通史》，这一时期出版的马克思主义中国通史著作，还有翦伯赞的《中国史纲》第一卷（1943年）、吴泽的《中国历史简编》（1942年初版时取名《中国社会简史》）等。另外，华岗的《社会发展史纲》（1940年）和邓初民的《中国社会史教程》（1940年），实际上也涉及了中国通史的不少内容。

在中国原始社会史方面，吴泽于1942年完稿1943年出版的《中国原始社会史》一书，"论述了中国人种起源，中国原始社会的经济构造、社会组织与家族形态，原始社会的意识形态"，并依次批驳了各种所谓中国人种外来说，通过大量的考古材料证明，中国人种起源于中国本土，中华民族文化是独立的、自生的。"本书还首次对中国原始文化进行考察和初步整理，内容涉及语言的产生和发展、原始思维、原始宗教的起源及其形态、原始艺术和萌芽状态的科学技术等方面"；尽管该书的某些观点和结论有些牵强附会，缺少考古材料和文献资料的支撑，"但它对中国原始文化成果的研究，是具有开拓性的"。[1] 尹达早年参加过一系列的考古发掘，积累了大量的实物资料，1943年他依此为基本材料，并结合出土的甲骨文、古代文献和神话传说，撰写并出版了《从考古学上所见到的中国原始社会》。该书以马克思主义的理论和方法为指导，"叙述了从中国猿人直至殷末中国原始社会各阶段的结构，及其发生、发展和逐渐崩溃的漫长历史"，"尤其是该书根据当时所能掌握的新石器遗址发掘的丰富考古资料，排出了昂昂溪文化——仰韶文化——龙山文化的新石器时代各期文化演进序列，每一期中复分若干小时期，并对与之相应的社会结构和历史发展阶段作出判定，代表了当时新石器时代研究的新水平"。[2]

---

[1] 蒋大椿：《20世纪中国马克思主义史学》，载《20世纪的中国：学术与社会·史学卷》（上），第173页。

[2] 蒋大椿：《20世纪中国马克思主义史学》，载《20世纪的中国：学术与社会·史学卷》（上），第173—174页。

　　在中国思想史方面，主要有郭沫若和杜国庠的先秦诸子思想研究（代表作有《十批判书》《青铜时代》和《先秦诸子思想概要》《先秦诸子的若干研究》）、吕振羽的中国政治思想史研究（代表作有《中国政治思想史》）、侯外庐的中国古代思想史研究（代表作有《中国古代思想学说史》《中国近世思想学说史》）和嵇文甫的晚明思想史研究（代表作有《王船山的民族思想》《王船山〈黄书〉中的政治纲领》《晚明思想史论》）等。郭沫若、杜国庠、吕振羽、侯外庐、嵇文甫等人运用辩证唯物论和历史唯物论的方法来研究古代中国的政治思想、哲学思想和文化思想，提出了许多新的观点和见解。如郭沫若以"人民为本位"的思想为评价人物的标准，对先秦时期诸多思想家的思想做出了不同于传统的新的评价。1945 年 5 月，他在为《十批判书》写的《后记》中说："批评古人，我想一定要同法官断狱一样，须得十分周详，然后才不致有所冤屈。法官是依据法律来判决是非曲直的，我呢是依据道理。道理是什么呢？便是以人民为本位的这种思想。合乎这种道理的便是善，反之便是恶。"[①] 杜国庠在研究先秦诸子思想时，善于从驳杂纷纭的现象中揭示出思想的内在逻辑，尤其是他对墨子、公孙龙、荀子思想的研究，得到了学术界的高度评价。比如，侯外庐在为《杜国庠文集》所写的《序》中就写道："他对公孙龙哲学思想规定为'多元的客观唯心主义'这一结论，我想是确乎难移的断案；他对公孙龙的'坚白离'和《墨经》的'坚白撄'的对立学说认为是战国时代唯心主义与唯物主义的两条路线斗争的重要方面，我想是卓越的发现；他对墨经在认识论和逻辑学上的珍贵遗产的诠解与评价，我想是功力很深的独创；他对荀子《成相篇》认为是文学上别创的风格以及其中有对其哲学思想总结的作用，我想论断是正确的；他对中国古代中世纪唯物主义者的一系列论断，我认为他为中国唯物主义发展史的编写开辟了一个新的途径。"[②] 吕振羽的《中国政治思想史》是中国哲学史上"第一部用唯物史观指导写成的中国哲学史专著"，其开创价值，首先在于"第一次按马克思主义的观点，提出了哲学史的对象和范围的新见

---

① 郭沫若著作编辑出版委员会编《郭沫若全集·历史编》第二卷，人民出版社，1982，第 482 页。
② 侯外庐：《杜国庠文集·序》，载杜国庠文集编辑小组编《杜国庠文集》，人民出版社，1962，第 13 页。

解，为往后的哲学史研究提供了新径"。[1]侯外庐研究思想史的一大特点，是"始终注意社会史与思想史的关联"，他在分析思想史的变迁和思想家的理论时，注意分析和揭示出思想观念产生和变化的社会根源，在考察近三百年中国思想史的演变时，着重对这一时期各种民主思想的因素及其发展趋势加以发掘和阐述。嵇文甫研究思想史，特别注重从社会经济的发展和阶级结构的变化来说明当时社会思想的状况，他在研究 17 世纪中国思想的变动时，认为其"真正根源"是在"整个社会的发展上"，在"当时经济生活的基础上"。另外，杜国庠、吕振羽、侯外庐等人还特别注重对过去一般思想史、哲学史著作所长期忽视、贬低的唯物主义学者，如王充、范缜、李贽、嵇康、葛洪、吕才、刘知己、刘禹锡、柳宗元、王安石、马端临、何心隐、方以智等人思想中的唯物论和科学成分的研究。总之，郭沫若等人"研究的成果最终使人们对中国传统思想文化有了比较正确和全面的认识，并找到了一条'学术中国化'的具体路径"。[2]

哲学的"中国化"，主要表现为两个结合，即马克思主义哲学与中国革命的具体实践相结合；马克思主义哲学与中国优秀传统思想文化相结合。实际上，早在 1936 年，陈唯实在《通俗辩证法讲话》一书中就提出了辩证法要实用化、中国化的主张，认为讲辩证法的书，"最要紧的，是熟能生巧，能把它具体化、实用化，多引例子或问题来证明它。同时语言要中国化、通俗化，使听者明白才有意义"。[3]这里讲的"中国化"指的是语言要符合中国的习惯。本书前面已经提到，1938 年 6 月，亦即毛泽东在中共六届六中全会上正式提出"马克思主义中国化"之前，艾思奇便在他的《哲学的现状和任务》一文中提出了哲学研究的"中国化"问题。他在回顾了马克思主义哲学在中国所走过的通俗化、大众化的道路之后指出："过去的哲学只做了一个通俗化的运动，把高深的哲学用通俗的词句加以解释"，这些成绩在打破哲学的神秘观点上、在使哲学与人们的日常生活接近等方面是有极大意义的，然而"通俗化并不等于中国化、现实化"，它只是使外国哲学概念用

---

① 朱政惠：《吕振羽学术思想评传》，北京图书馆出版社，2000，第 239 页。
② 于文善：《抗战时期重庆马克思主义史学研究》，博士学位论文，华东师范大学，2011，第 32—33 页。
③ 陈唯实：《通俗辩证法讲话》，新东方出版社，1936，第 7 页。

中国的语言文字表达出来而已，并没有实现与中国革命实践的结合。因此，我们如果要继续指导哲学推向前进，就"需要来一个哲学研究的中国化、现实化运动"。① 同年 7 月，胡绳在《辩证法唯物论入门》小册子的《前记》中，对辩证唯物论的"中国化"的含义进行了阐述，认为它有两方面的含义：一是"用现实的中国的具体事实来阐明理论"；二是"于理论的叙述中，随时述及中国哲学史的遗产以及近三十年来中国的思想斗争"。② "学术中国化"运动兴起后，学术界尤其是马克思主义哲学界就哲学中国化的问题展开了讨论。和培元在《论新哲学的特性与新哲学的中国化》中指出，"哲学中国化"主要讲的是"新哲学"的中国化，"新哲学"也就是马克思主义哲学，马克思主义哲学即是指"辩证唯物主义与历史唯物主义"。所谓马克思主义哲学的中国化，其"本质"也就是"辩证唯物主义的普遍原理与中国的具体的革命实践的结合，与中国的历史实际的结合"。从这一"本质"出发，"我们的哲学家必须有系统地研究中国革命的历史，研究新民主主义，研究统一战线内部的联合与斗争，研究在各个不同历史时期，各个不同环境下的战略与策略，研究党的各种政策，把这些问题提到哲学的原则上来，做出哲学上的结论"。否则，"离开革命实践的哲学只能是抽象教条与名词的堆积……是没有内容的空谈"。"没有具体的有系统的中国历史的知识，便不能做到历史唯物主义的中国化"；有了系统的历史知识，还要"能够用历史唯物主义的原理阐明中国历史的发展的规律性，用中国历史的实际发展证明历史唯物主义的……普遍真理"，"不能做到这点，则我们对历史唯物主义的了解始终是比较抽象的，我们就无法把历史唯物主义真正中国化"。③ 艾思奇在《关于形式论理学和辩证法》一文中提出，哲学中国化或马克思主义哲学中国化，在"原则上不外两点：第一要能控制中国传统的哲学思想，熟悉其表现方式；第二要消化今天的抗战实践的经验与教训"④。换言之，马克思主义哲学中国化，必须处理好两方面的内容，一是马克思主义哲学与

---

① 艾思奇：《哲学的现状和任务》，《杂志》第 4 期，1938 年 6 月 25 日。

② 胡绳：《辩证法唯物论入门·前记》，辽东建国书社，1946，第 2 页。

③ 和培元：《论新哲学的特性与新哲学的中国化》，《中国文化》第 3 卷第 2、3 期合刊，1941 年
　8 月 20 日。

④ 艾思奇：《关于形式论理学和辩证法》，载《艾思奇文集》第一卷，人民出版社，1981，第
　420 页。

中国革命实践的关系；一是马克思主义哲学与中国传统哲学的关系。

在推动哲学中国化的过程中，延安新哲学会起了非常重要的促进作用。新哲学会是在毛泽东的提议下，于 1938 年 9 月底在原有哲学学习小组的基础上成立的。1938 年 9 月 30 日，《解放》第 53 期发表了由陈伯达起草[①]，艾思奇、张如心、杨松、周扬等 18 人联名的《新哲学会缘起》，介绍了发起成立新哲学会的原因及其宗旨：新学会的发起，"就是想把目前做得不很够的理论工作推进一步，我们反对脱离实践的贫乏空洞的'纯理论'研究，但这不是说我们不需要更专门更深化的研究，相反的，正是为着要使理论更有着实际的指导力量，在研究上就不但仅仅要综合眼前抗战的实际经验和教训，而且要接受一切中外最好的理论成果，要发扬中国民族传统中最优秀的东西"。新哲学会的目的，是要把"大家团结起来，为抗战建国的任务，为着理论在中国的发展，用集体的力量来尽自己的责任。我们需要团结的不仅仅是研究哲学的人，也需要一切在实际活动中的人们以及自然科学家、社会科学家、历史家、考古家等，来共同合作"。"我们也不能仅仅研究唯一派别的哲学思想，在抗战建国这个共同的正确的政治原则下，我们需要集合各种各样的哲学派别来做共同的研讨，希望不论旧的、新的、中国的或外来的各种派别都能加入这一共同的研究，而在这研究中发展它一切的优点。这样使我们的研究的成果不但会成为最好的实践的指导理论，而且还成为中国一切优秀民族传统的发展和继承。"[②]1940 年 6 月 21 日，新哲学会在延安举行了第一届年会，毛泽东、张闻天等中共领导人和学术界代表共 50 余人出席。毛泽东在讲话中强调了哲学工作者加强理论研究的重要性。他说：理论这件事是很重要的，中国革命有了许多年，但理论活动仍很落后，这是大缺憾。要知道革命如不提高革命理论，革命胜利是不可能的。过去我们注意的太不够，今后应加紧理论研究。现在人们的条件比过去好了，许多文化工作者与哲学家都会聚在这里。必须承认现在我们的理论水平还是很低，全国的理论水平还是很低，大家才能负起克服这种现象的责任。我们要求全国在这方面加以努力，首先要求延安的人多多努力。

---

① 关于《新哲学会缘起》的起草人是谁，学界有争论，一说是艾思奇，一说是陈伯达，可参见卢国英《智慧之路——一代哲人艾思奇》，人民出版社，2006，第 234 页。

②《新哲学会缘起》，《解放》第 53 期，1938 年 9 月 30 日。

张闻天向新哲学会提出了四项任务:"第一,要与反辩证唯物论的各种错误思想作斗争,没有这种斗争,新哲学的发展就不可能;第二,新哲学会应更多地研究中国革命的实际问题,以克服革命理论落后于实际的缺陷;第三,使新哲学的研究与实践斗争更密切地联系起来,使新哲学的研究,成为生动的、实际的、有兴趣的工作,而不是死板的条文的公式的背诵;第四,新哲学会今后应推动各地研究新哲学的活动,供给他们研究的材料,通俗化的读本,以提高全国的理论水平。"① 会后,在艾思奇、何思敬等人主持下,新哲学会在推动哲学中国化尤其是马克思主义哲学中国化方面做了大量工作。

第一,组织成员翻译和编辑了一批马克思主义著作,如艾思奇译的《列宁关于辩证法的笔记》和《马克思恩格斯关于唯物史观的书信》、柯柏年译的列宁《论战斗的唯物论底意义》、博古译的斯大林《辩证唯物主义与历史唯物主义》、周扬编辑的《马克思主义与文艺》、艾思奇编辑的《马恩列斯思想方法论》以及《马克思恩格斯论中国》等。另外,还翻译和编辑了一些西方和苏联哲学家写的马克思主义的哲学著作,尤其是《联共(布)党史简明教程》的翻译和出版,对于推动马克思主义中国化有其重要意义。时任中共中央长江局宣传部部长的凯丰在《〈联共(布)党史简明教程〉的历史意义和国际意义》一文中就指出:该书出版的最大意义,就在于指出了"马克思主义的理论也同一切其他科学一样,是在不断的发展着和完善着,不惧怕用适合于新的历史条件下的新的结论和论点去代替某些过时了的结论和论点"②。中国共产党人正是从这里看到了自己在过去学习、应用和宣传马克思列宁主义过程中存在的缺点,即"以前我们的争论中间烦琐学派的倾向较多",现在通过学习《联共(布)党史简明教程》尤其是它的第四章"辩证法唯物论和历史唯物论"后,"这种倾向就有意识地渐被纠正,而走向更实际的方面了……直到现在,许多研究辩证法的人,仍然依据这一节的基本原则和精神,依据中国的抗战和革命的实际经验,努力想就辩证法和唯物论的一切问题,作一个全面的新的研究,而某些新的,不是简单抄袭而

① 于良华、徐素华:《延安新哲学会史料介绍》(一),《毛泽东哲学思想研究动态》1984 年第 5 期。
② 凯丰:《〈联共(布)党史简明教程〉的历史意义和国际意义》,《解放》第 69 期,1939 年 4 月 15 日。

是有多少创造意义的成绩，也渐渐表现出来了"。[1] 第二，组织成员编纂了一批哲学教科书，如艾思奇编著的《哲学讲座》、博古编著的《辩证唯物论与历史唯物论基本问题》、吴黎平和艾思奇编著的《唯物史观》、艾思奇编选的《哲学选辑》等。其中艾思奇编著的《哲学讲座》影响很大，该书从哲学是研究事物最一般规律的科学、哲学是党性的科学、辩证唯物论是马克思主义政党的世界观等三个方面论述了什么是哲学；从事物的普遍联系、事物的运动变化、事物的对立统一、质量互变转化等方面论述了什么是辩证法。为了帮助干部和知识青年学习哲学，新哲学会还组织成员积极撰写文章，介绍理论联系实际的学习研究方法。如艾思奇的《怎样研究辩证法唯物论》《正确的工作态度和工作方法就是辩证法——学习哲学的基本认识》《关于研究哲学应注意的问题》《反对主观主义》等，徐特立的《怎样学习哲学》，刘亚生的《研究新哲学的方法问题——贡献给初学新哲学者的一点意见》，介绍学习研究哲学的方法。第三，组织成员开展对中国传统哲学和思想文化的研究。这方面成果最多的是陈伯达。陈伯达当时是毛泽东的秘书，其旧学功底比较深厚，尤其擅长中国古代哲学和思想文化研究。"学术中国化"运动兴起后，他响应毛泽东在六届六中全会上向全党发出的"学习我们的历史遗产，用马克思主义方法给以批判的总结"的号召，先后撰写了《中国古代哲学的开端》《关于知和行问题的研究》《老子的哲学思想》《墨子的哲学思想》《孔子的哲学思想》等论文。其中《孔子的哲学思想》一文受到毛泽东的特别关注，他先后两次给当时兼任《解放》主编的张闻天写信，不赞成陈伯达对孔子的中庸思想、道德论、认识论等问题的评价，认为陈伯达对孔子的道德的批判"不大严肃"；对孔子的认识论、社会论中的辩证法因素"没有明白指出"，并指出陈伯达写文章"没有一个总的概念"，"缺乏系统性"，建议他做进一步的修改。1941 年 8 月，艾思奇在《抗战以来的几种重要哲学思想评述》一文中对陈伯达的研究有过评论，他写道："由于中国古代社会史的问题大部分还没有解决，又由于中国古代文献的研究解释也还有不少的问题"，陈伯达对中国古代哲学和思想文化的研究，不可避免

---

[1] 艾思奇：《抗战以来的几种重要哲学思想评述》，《中国文化》第 3 卷第 2、3 期合刊，1941 年 8 月 20 日。

地还存在着这样或那样的问题，"不能说已完满无缺，然而在他这一部没有完成的著作里，是有许多新的见解的，特别是对于中国古代哲学开端的研究，对于墨子的学说的解释等，都有着许多可贵的新的见解"。[①] 第四，组织成员对各种非马克思主义思想、思潮进行了批判。比如，艾思奇就撰文批判过陈立夫的"唯生论"、蒋介石的"力行哲学"、阎锡山的"中"的哲学、国家社会党的哲学、中国青年党的哲学和张申府的哲学。[②] 胡绳批判过冯友兰的"新理学"、贺麟的"新心学"和钱穆的复古倾向（有关胡绳对冯友兰的"新理学"、贺麟的"新心学"和钱穆复古倾向的批判，见本章第二节的有关内容）。

哲学中国化或马克思主义哲学中国化的最主要代表是毛泽东。他不仅一贯倡导和坚持马克思主义哲学要与中国革命实践相结合，要与中国优秀传统相结合，用马克思主义哲学的基本原理和方法来研究中国的历史实际和革命实际，批判地整理和继承中国的历史遗产和文化遗产，而且自身就是实践这两个结合的光辉典范。马克思哲学的中国化，正是以毛泽东哲学思想在这一时期的成熟为主要标志的。"具体说来，在辩证唯物论方面，是1937 年七八月写的《实践论》、《矛盾论》以及整风运动中提出的'实事求是，有的放矢'的思想路线；在历史唯物论方面，则是 1940 年 1 月发表的《新民主主义论》和 1945 年 4 月在党的'七大'上所作的题为《论联合政府》的报告。"[③] 研究者认为，毛泽东哲学思想之所以能够成为马克思主义哲学中国化的主要形态，有三个方面的原因：第一，从理论渊源上，它吸收了当时国际上马克思主义哲学的最新成果。在写作《实践论》和《矛盾论》时，毛泽东除大量阅读了马、恩、列、斯的哲学原著以及西方哲学和科学著作外，还直接吸收了 20 世纪 30 年代苏联哲学家的研究成果，从而使自己对认识论的实践本质和辩证法的核心规律的集中阐发，达到了当时马克思主义哲学的时代水平。第二，从文化背景上，它批判地吸取了中国传统

---

① 艾思奇：《抗战以来的几种重要哲学思想评述》，《中国文化》第 3 卷第 2、3 期合刊，1941年 8 月 20 日。

② 艾思奇：《抗战以来的几种重要哲学思想评述》，《中国文化》第 3 卷第 2、3 期合刊，1941年 8 月 20 日。

③ 楼宇烈、张西平主编《中外哲学交流史》，湖南教育出版社，1998，第 464 页。

哲学的精华，对其进行了革命性的改造。毛泽东不仅旧学功底深厚，同时又吸取了范文澜等人对中国经学史的研究成果，所以能在批判地改造和继承一些传统哲学范畴和思想，特别是清代以来"汉学"古文经学派的"实事求是"的研究传统和近代"实学派""经世派"的"务实致用"的价值取向的基础上，把唯物主义的世界观和方法论简练地概括为"实事求是，有的放矢"，并将其规定为党的思想路线和马克思主义的学风，从而使自己的哲学思想具有了鲜明的中国气派和中国风格。第三，从实践基础上，毛泽东思想是在总结革命实践经验，指导现实革命斗争中发展和成熟起来的，是中国革命具体实践的观念升华。[1]

除了史学和哲学外，其他学科的"中国化"也都取得了一定的成绩。比如，在经济学方面，王亚南认为经济学家要"站在中国人立场来研究经济学"，要面对中国的实际问题，"要由政治经济学的研究，逐渐努力创造一种专为中国人攻读的政治经济学"。他本人在20世纪40年代中期出版了《中国经济原论》一书，创造性地运用马克思《资本论》所运用的方法，来考察旧中国的经济，该书被学术界誉为"中国式的《资本论》"。

三、"学术中国化"的评价

以上我们介绍了"学术中国化"的提出、争论以及在史学和哲学方面所取得的成绩。那么，我们究竟应该如何评价"学术中国化"及其运动？

首先，"学术中国化"既是"马克思主义中国化"的必然要求，又是近代以来中国人对中西文化关系的认识不断深化和九一八事变后日益严重的民族危机对学术影响的自然结果。

为什么说"学术中国化"是"马克思主义中国化"的必然要求呢？因为，"马克思主义中国化"不仅是一个革命的实践问题，同时也是一个学术的创新问题，即建立起以马克思主义为指导的具有"中国作风和中国气派"的中国学术。杨松在《关于马列主义中国化的问题》一文中就明确指出，"马克思主义中国化"，要求"马列主义者的文化人"在"马克思主义中国化"的过程中，"坚持自己马列主义的宇宙观和人生观，坚持自己对于科学

---

[1] 楼宇烈、张西平主编《中外哲学交流史》，第464—465页。

的共产主义的信仰，而应用马列主义的思想武器，应用马克思和列宁的唯物辩证法，去批判一切非无产阶级的思想意识，为建立以新民主主义的内容为内容和以中华民族的形式为形式的中华民族新文化，并在中国历史学、政治经济学、哲学、文学、音乐、美术、戏剧、诗歌和自然科学中，获得、巩固和发展自己的地位"。[①] 就此而言，"马克思主义中国化"，本身就包含有"学术中国化"的内容。因此，随着"马克思主义中国化"的正式提出，也就必然会提出"学术中国化"的问题。换言之，"学术中国化"是"马克思主义中国化"的应有之义，是"马克思主义中国化"的内在理路，"马克思主义中国化"是"学术中国化"的"核心"或"本质"。既然"学术中国化"是"马克思主义中国化"的必然要求，"马克思主义中国化"是"学术中国化"的"核心"或"本质"，那么，那种把冯友兰等人的现代新儒学、把蒋介石的三民主义儒学化、把钱穆的《国史大纲》等也算成"学术中国化"及其成果的观点便是十分错误的了。当然，我们说"学术中国化"是"马克思主义中国化"的必然要求，"马克思主义中国化"是"学术中国化"的"核心"或"本质"，但这并不意味着"学术中国化"就等同于"马克思主义中国化"，实际上，"学术中国化"属于学术领域，而"马克思主义中国化"属于政治领域，二者有着不同的内容、任务和目标。

为什么说"学术中国化"是近代以来中国人对中西文化关系的认识不断深化和九一八事变后日益严重的民族危机对学术影响的自然结果呢？我们先来看近代以来中国人对中西文化关系的认识。概而言之，在"学术中国化"正式提出之前，近代中国人对中西文化关系的认识大致经历过洋务运动时期洋务派的"中体西用"、清末时期国粹派的"国粹主义"、新文化运动时期胡适等人的"西化"或"全盘西化"、20世纪30年代中国本位文化派的"中国本位"、七七事变前后的"新启蒙运动"和"学术通俗化运动"这样几个阶段，总的来看，人们对中西文化关系的认识处在不断深化的过程之中。到了七七事变前后，"新启蒙运动"的倡导者们开始认识到：中国的新文化必须具有民主和科学的精神，并且要普遍化、大众化和民族化，要体现"中西综合"的原则。应该说，"新启蒙运动"的倡导者们的上述认

---

① 杨松:《关于马列主义中国化的问题》,《中国文化》第 1 卷第 5 期, 1940 年 7 月 25 日。

识，相对于之前的"中体西用""国粹主义""西化"或"全盘西化""中国本位"对中西文化关系的认识来说，是一质的飞跃或巨大进步。与此同时，在学术通俗化运动中，一批思想敏锐的哲学工作者开始思考如何将马克思主义哲学通俗化、大众化的问题。继艾思奇的《大众哲学》之后，1936年上海生活书店又出版了沈志远的《现代哲学的基本问题》，这两书的最大特色就是将哲学的深奥理论与大众生活和社会实践密切联系起来，做到哲学的通俗化、大众化。此后，陈唯实出版了《通俗辩证法讲话》《通俗唯物论讲话》《新哲学体系讲话》《新哲学世界观》，胡绳出版了《新哲学的人生观》，并以书信的形式写成《漫谈哲学》。特别是1937年李达在上海笔耕堂书店出版的《社会学大纲》，形成了有中国特点的马克思主义哲学的整体性的教科书体系，毛泽东称之为"中国人自己写的第一部马列主义的哲学教科书"[1]。学术通俗化、大众化虽然还不是严格意义上的"学术中国化"，但它无疑是"学术中国化"的初步。实际上，"学术中国化"运动就是上接"新启蒙运动"和"学术通俗化运动"而来，是近代以来中国人对中西文化关系的认识不断深化的自然结果。嵇文甫在他的《漫谈学术中国化问题》一文中就明确指出："学术中国化运动，是伴随着学术通俗化运动，或大众化运动而生长出来的。当'一二·九'学生救国运动——一个新的'五四'运动——爆发于北平的时候，上海方面早已有救国会诸先生在那里活跃。沈志远、钱俊瑞、艾思奇……各位先生们，乘着这个运动机运，努力展开学术通俗化运动，把世界上最前进的学术思想，和中国人民大众的现实生活，紧密地联系起来。这个运动极为广泛而深入，在中国青年中发生极大的影响……随着'七·七'抗战的兴起，这个运动更加速的进展，直到最近，'中国化'这个口号乃在这个运动的高潮中很有力地涌现出来。我相信，从今以后，这个口号将响彻云霄，随着抗战建国运动而展开一个学术运动的新时代。"[2] 也正是因为"学术中国化"运动上接"新启蒙运动"和"学术通俗化运动"而来，是近代以来中国人对中西文化关系的认识不断深化的自然结果，因此，"学术中国化"的倡导者们，一方面强调"学术中国化"运

---

[1]《李达文集》编辑组编《李达文集》第一卷，人民出版社，1980，第17页。
[2] 嵇文甫：《漫谈学术中国化问题》，《理论与现实》第1卷第4期，1940年2月15日。

动与七七事变前后的"新启蒙运动"和"学术通俗化运动"之间的联系性，另一方面又强调"学术中国化运动"与之前的"中体西用""国粹主义""西化"或"全盘西化""中国本位"的区别与不同。柳湜在《论中国化》中就一再强调："学术中国化"的口号与"国粹主义"完全不能相提并论。"学术中国化"绝不是要求大家"抱残守缺"，绝不与今日复古的倾向有丝毫的姻缘，同时它也绝不是"中学为体，西学为用"或"中国本位论"的再版。"学术中国化"是反对这些国粹主义、文化的排外主义与文化偏颇论、中西文化对立论的，"学术中国化"的提倡者也决不是盲目的西化论者和奴化论者。[①] 而就九一八事变后日益严重的民族危机对学术的影响来看，我们前面已经谈到，九一八事变后随着民族危机的日益加深，人们越来越认识到，学术研究尤其是对中国固有学术的研究对增强民族的自尊心、自信心和自豪感，以抵御日本侵略、实现民族复兴有它的重要意义。借用熊十力的话说，"今外侮日迫，吾族类益危，吾人必须激发民族思想。念兹在兹，凡吾固有之学术思想、礼俗、信条，苟行之而无敝者，必不可弃"[②]。这也是九一八事变后，学术界在反思此前"整理国故"运动的基础上，开始从"整理国故"转向"国故整理"的重要原因。到了七七事变之后，随着"抗战建国"的提出，人们又提出了"学术建国"的问题，认为学术在"抗战建国"和实现民族复兴的斗争中具有十分重要的作用，加强学术研究尤其是对中国传统学术和文化的研究，是"抗战建国"的一项重要工作。正是在这样的背景下，"学术中国化"被提了出来。因此，它的提出是九一八事变后日益严重的民族危机对学术影响的自然结果。

其次，在政治方面，"学术中国化"及其成果，产生了重要的社会影响，推动了抗战建国和民族复兴。郭沫若在《三年来的文化战》一文中写道："自武汉转移了阵地以后，文化战线的动向是走向沉着、深刻、充实的道路上来了。学术界提出了学术中国化的要求，尤其是科学界的专家们在无声无臭之间奠定着大后方的各种新兴产业的基础。"[③]

复次，在学术方面，"学术中国化"及其成果，不仅推动着中国学术尤

---

① 柳湜：《论中国化》，《读书月报》第 1 卷第 3 期，1939 年 4 月 1 日。
② 熊十力：《境由心生》，北京联合出版公司，2014，第 203 页。
③ 蔡尚思主编《中国现代思想史资料简编》第四卷，第 18 页。

其是马克思主义学术的发展，而且也对新中国的学术产生过重大的影响。如前所述，在延安、重庆以及其他国统区的广大进步的社会科学工作者的积极参与下，"学术中国化"运动取得不少的成绩，推动了中国学术尤其是马克思主义学术的向前发展。以马克思主义史学为例。1949年以前的马克思主义史学，可以分为三个时期①，即：第一个时期是新文化运动时期，这一时期是马克思主义史学理论的传入和马克思主义史学的奠基时期；第二个时期是20年代末到全民族抗战爆发前，这一时期是马克思主义史学形成和初步发展时期；第三个时期是全民族抗战爆发后到中华人民共和国成立，这一时期是马克思主义史学的发展并开始走向成熟的时期，而推动这一时期马克思主义史学发展的便是"学术中国化"运动，正是在"学术中国化"运动中，产生了像范文澜的《中国通史简编》、吕振羽的《简明中国通史》《中国社会史诸问题》和《中国政治思想史》、翦伯赞的《中国史纲》、郭沫若的《十批判书》和《青铜时代》、侯外庐的《中国古代思想学说史》和《中国近世思想学说史》等一大批在中国马克思主义史学史上有重大影响的标志性成果。又比如马克思主义哲学著作的翻译，新文化运动时期主要是"章节片断的翻译"，1927—1937年主要是"重要著作的全译和单行本的发行"，那么，到了1937年以后则是"对基本著作的系列化出版和有针对性的专题性编译"，②实现了马克思主义哲学著作翻译的系统化和中国化。而对这一工作起过重要推动作用的便是"学术中国化"运动中延安成立的"新哲学会"。

就"学术中国化"取得的成就对新中国的学术影响而言，一方面，一大批活跃于"学术中国化"运动中的马克思主义学者，如马克思主义史学"五老"，即郭沫若、范文澜、吕振羽、翦伯赞、侯外庐以及华岗、吴泽、杜国庠、嵇文甫、艾思奇、胡绳、周扬、潘梓年、钱俊瑞等，新中国成立后是新中国学术领域的主要领导人和学术研究的带头人，比如，郭沫若担任了新成立的中国科学院院长，范文澜担任了科学院近代史研究所所长，侯外庐担任了科学院历史研究所副所长和北京师范大学历史学系主任，翦伯赞担任了北京大学历史学系主任并兼任《历史研究》杂志编委，吕振羽担

---

① 此可参考蒋大椿的《20世纪中国马克思主义史学》第一章"新民主主义革命时期的马克思主义史学"，载《20世纪的中国：学术与社会·史学卷》（上），第132—187页。
② 楼宇烈、张西平主编《中外哲学交流史》，第462页。

任了中央历史研究委员会委员和科学院历史研究所学术委员，华岗、杜国庠、嵇文甫、吴泽等人也都担任了一些高校和研究机构的负责人，领导并从事史学的教学和研究工作；另一方面，"学术中国化"运动中所取得的成果，为新中国的学术奠定了坚实基础，可以说，新中国的学术就是在"学术中国化"运动中所取得的成果的基础上建立和发展起来的。以历史学为例，郭沫若、范文澜、吕振羽、翦伯赞、侯外庐等人在"学术中国化"运动中的著作，影响了新中国的一代又一代的学者，他们就是在反复阅读"五老"等老一辈马克思主义史学家的研究成果的基础上成长起来的，"五老"等老一辈马克思主义史学家所运用、确立的研究方法和建立起来的中国通史、中国近代史和中国思想史的体裁、体系，甚至所讨论的一些主要问题，得出的一些主要结论，在相当长的一段时期内，为新中国的学者们奉为"经典"而被遵守、继承和发扬。这正如当今有的学者所指出的那样："新中国历史学创建时期历史研究的新进路，无论是通过中国奴隶制与封建制历史分期的讨论探求中国奴隶制社会和封建制社会的特点及其转化的路径，或是通过中国封建土地所有制形式特点的讨论探求中国封建制社会发展过程的阶段性及其转变路径，还是通过中国资本主义萌芽的讨论探求由封建生产方式向资本主义生产方式转化的难产性等，都是围绕着社会形态的变迁及其实现形式这一中国历史发展道路的主题展开的。这是对 20 世纪 30—40 年代中国马克思主义历史学优良传统的继承和发扬。"[1]

当然，我们在充分肯定"学术中国化"及其成果的同时，也要对"学术中国化"及其成果的某些不足有清醒的认识。1951 年，范文澜在重修《中国通史简编》时，对抗战时期的通史写作有过回顾。他说旧本《中国通史简编》缺点和错误很多，最主要的有两个方面：一是书里有些地方的叙述有非历史主义的缺点；二是书中又有些地方因"借古说今"而损害了实事求是的历史观点。应该说，这两方面"缺点和错误"尤其是"借古说今"在当时马克思主义史学论著中是普遍存在的。马克思主义史学著作中之所以会存在范文澜所讲的两方面"缺点和错误"，一个重要原因，就是这些著作没能正确处理好学术与政治的关系，过度强调了学术研究要为现实政治服务，要为当前的抗战建国服务，因此著作中往往"借古说今""借古讽今""借古喻今"，用历史事件、历史人物来抨击现实政治、现实人物，甚至把二者等同起来。范文澜所讲的两方面"缺点和错误"，尤其是"借古说今"的影射史学，曾对马克思主义史学的发展产生过不良影响，直到今天还有一定市场，应引起我们高度重视。

第三节　"文艺的民族形式"

在"学术中国化"运动兴起的同时，中国共产党领导下的广大进步的文艺工作者还围绕"文艺的民族形式"问题展开过热烈讨论。这次论争在当时对进一步促进全国抗战文艺的大众化、民族化，从而更好地为抗战服务，为中华民族的伟大复兴服务，起了非常重要的作用。

一、"文艺的民族形式"的提出

历史地看，"文艺的民族形式"的提出是新文化运动以来文艺民族化、大众化潮流的继续和发展。早在新文化运动结束不久，一些有识之士在充分肯定五四新文艺所取得的成就的同时，开始反思其欧化主义倾向，探讨本民族文学遗产的继承问题。进入 30 年代，"左联"的文艺理论家们为消除文学中的欧化弊病，从而使文学能更好地贴近普罗大众，为普罗大众服务，便积极地提倡大众化，并围绕文艺的形式与内容、普及与提高、语言文字的通俗化以及民族化等问题展开过热烈讨论。抗战爆发后，严重的民族危机，使广大的文艺工作者都毫无例外地卷入到战争的浪潮中去，或直接或间接地投入到这场伟大的反侵略战争的行列，"文章下乡，文章入伍"成了他们的追求目标，"这就使得五四以来的文艺民族化、大众化方面的理论探讨，全然变成了一个最实际的问题"[1]，亦即文艺工作者们创作出来的文艺作品，怎样才能为人民大众所喜闻乐见，从而成为动员他们投身抗战的

---

① 艾克恩主编《延安文艺史》（上），河北教育出版社，2009，第 143 页。

精神食粮呢？正如柯仲平的《论文艺上的中国民族形式》一文所指出的那样："是因为这伟大的民族解放战争，它要求文学，艺术为它服务，而文学，艺术也自觉地起来为它服务了，但是在服务的实际工作中，文学和艺术碰了很多的钉子，尤其是当文学和艺术要深入到广大的民众和兵士中去的时候，它们——文学和艺术碰了的钉子更不少。仔细检查这些碰钉子的原因，原因很多，但最主要的一个原因是被确认了，这就是，因为我们今天的文学艺术，正缺乏中国多数人所熟悉的，或容易接受的那种民族形式。"[1] 这是"文艺的民族形式"提出的历史原因。此外，"文艺的民族形式"的提出，也与当时中国共产党开展的"马克思主义中国化"运动有着紧密的关系，换言之，和"学术中国化"一样，"文艺的民族形式"也是"马克思主义中国化"的必然要求，但又不完全等同于"马克思主义中国化"，二者有着不同的内容、任务和目标。宗珏在《文艺之民族形式问题的展开》一文中就写道："这问题的提出，不但与抗战中的文艺运动相适应，而且，也是广泛的文化运动之中心要点。学术上的'中国化'运动，正是和文艺上以及艺术上的'民族形式'之创造的运动，互相呼应。更广泛地说，也就是研究在整个革命的行程中，如何适应各个民族、国家的具体环境，而把国际主义的内容和民族文化的表现形式如何结合。换言之，一切学问，一切艺术，到了中国，产于中国，都得变成是中国的东西，一面是国际文化的一部分，一面却是中国自己特有的财富，带有中华民族的特征。"[2]

从理论渊源说，"文艺的民族形式"的提出，与当时苏联的影响有一定关联性。1930 年斯大林在苏共十六大的报告中提出，"什么是无产阶级专政下的民族文化呢？这是一种社会主义内容和民族形式的文化，其目的是用社会主义和国际主义精神来教育群众"[3]。毛泽东将斯大林这一阐述民族文化的马克思主义原理运用到中国，进而在中国提出了"文艺的民族形式"问题。郭沫若在《"民族形式"商兑》一文就曾明确指出：文艺的"民族形式

---

[1] 柯仲平:《论文艺上的中国民族形式》,《文艺战线》第 1 卷第 5 号, 1939 年 11 月 16 日。

[2] 宗珏:《文艺之民族形式问题的展开》, 香港《大公报》副刊《文艺》, 1939 年 12 月 12—13 日。

[3] 天津南开大学中文系编《马克思 恩格斯 列宁 斯大林文艺论著选编》, 天津人民出版社, 1974, 第 316 页。

的提起，断然是由苏联方面得到的示唆。苏联有过'社会主义内容、民族的形式'的号召"①。

　　如前所述，毛泽东是"文艺的民族形式"的提出者。1938年4月间他在陕甘宁边区工人代表大会的晚会上，看了秦腔《升官图》《二进宫》《五典坡》等戏，对时任陕甘宁边区文艺界救亡协会副主席柯仲平说："老百姓来的这么多，老年人穿着新衣服，女青年擦粉戴花的，男女老少把剧场拥挤得满满的，群众非常欢迎这种形式。群众喜欢的形式，我们应该搞，就是内容太旧了。如果加进抗日内容，那就成了革命的戏了。"又说："要搞这种群众喜闻乐见的中国气派的形式。"②毛泽东的建议很快在5月陕甘宁边区救亡协会发表的《我们关于目前文化运动的意见》中得到反映："文化的新内容和旧的民族形式结合起来，这是目前文化运动所需要强调提出的问题……忽视文化上旧的民族形式，则新文化的教育是很难深入最广大的群众的。因此，新文化的民族化（中国化）和大众化，二者实是不可分开的。"③7月4日，边区民众剧团成立时，也明确提出了要以"中国气派，民族形式，工农大众，喜闻乐见"为努力方向。④这年10月，毛泽东在中共六届六中全会上代表政治局所做的《论新阶段》的报告中提出："洋八股必须废止，空洞抽象的调头必须少唱，教条主义必须休息，而代之以新鲜活泼的、为中国老百姓所喜闻乐见的中国作风和中国气派。把国际主义的内容与民族形式分离起来，是一点也不懂国际主义的人们的做法。""马克思主义必须和我国的具体特点相结合并通过一定的民族形式才能实现。"⑤如我们在"学术中国化"中所指出的那样，尽管毛泽东的这一论述是针对党内的政治路线问题，亦即马克思主义的中国化问题提出来的，但"中国作风和中国气派""民族形式"等关键用词则具有普遍意义，适用于文艺领域，因而很快引起了文艺界和理论界的响应。

　　1939年2月7日，柯仲平率先在延安《新中华报》发表《谈"中国气

---

① 郭沫若：《"民族形式"商兑》，《中国文化》第2卷第1期，1940年9月25日。
② 艾克恩主编《延安文艺史》（上），第143—144页。
③ 艾克恩主编《延安文艺史》（上），第144页。
④ 艾克恩主编《延安文艺史》（上），第144页。
⑤ 毛泽东：《论新阶段（抗日民族战争与抗日民族统一战线发展的新阶段——一九三八年十月十二日至十四日在中共扩大的六中全会的报告）》，载《毛泽东选集》第二卷，第534页。

派"》一文，认为"每一个民族，都有自己的气派。这是由那民族的特殊经
济、地理、人种、文化传统造成的"，"最浓厚的中国气派，正被保留，发
展在中国多数的老百姓中。你没有老百姓喜闻乐见的气派，老百姓决不会
相信你的领导。你一站到民众中去，你一讲话，行为，老百姓可以立刻分
辨出你有没有中国味；正如听惯了平戏的人，他一听得有人唱平戏，就会
立刻感觉那有没有平戏的味儿"。因此，中国的文艺工作者，"必须想法使
用（并且是创造）中国气派"。他并向文艺工作者保证："你用中国气派，决
不会叫你因此而浅薄起来。"[1] 同年 4 月 16 日陈伯达在《文艺战线》第 3 号
发表《关于文艺的民族形式问题杂记》，这是最早提出"文艺的民族形式"
的文章。陈伯达将抗战爆发后大众文艺如何利用旧形式问题的讨论，归结
为"民族形式问题"，并指出：文艺的民族形式，包含着民族风俗、格调、
语言等各种的表现形式，我们不应把文艺从民族、从现实的历史、从具体
的斗争中孤立出来。文艺应是具体的民族的、社会的真实生活之反映，同
时又应成为感召千百万人民起来参与真实生活斗争（在目前是抗战）的武
器。因此，民族形式，实质上，不只是简单的形式问题，而且也是内容的
问题。要文艺能更深刻地反映真实的生活，更灵活地把握大众的斗争，就
不能不考虑其表现的形式。反之，其表现的形式如果是干枯的和生硬的，
那么，其内容就时常是（虽则不完全是）薄弱的和无味的。就此而言，"所
谓民族形式的问题，不只是简单旧形式的问题，同时也包含着创造和发展
新形式的问题，只是不把新形式的创造从旧形式简单地截开而已。新形式
不能是从'无'产生出来，而是从旧形式的扬弃中产生出来"，"利用旧形
式，不是复古，而是……新文艺运动的新发展，是要促成更大的、更高的、
更深入的新文艺运动"[2]。同期发表的还有艾思奇的《旧形式运用的基本原则》
一文。该文开篇明义便指出："旧形式利用或运用的问题，在抗战以前早有
人提起，而在抗战中间，却成为文艺运动中一个极重要的问题。要把这问
题的意义表现得更明白，我们不妨把它扩大一些，把它归结为中国民族旧
文艺传统的继承和发扬的问题。"而继承和发扬中国民族旧文化传统的根本
目的，是"要创造出新的民族的文艺"，"也就是大多数民众所接受的，它能

---

① 柯仲平：《谈"中国气派"》，《新中华报》1939 年 2 月 7 日。
② 陈伯达：《关于文艺的民族形式问题杂记》，《文艺战线》第 1 卷第 3 号，1939 年 4 月 16 日。

被民众看作自己的东西"，"我们需要更多的民族的新文艺，也即是要以我们的民族的特色（生活内容方面和表现形式方面包括在一起）而能在世界上站一地位的新文艺。没有鲜明的民族特色的东西，在世界上是站不住脚的"。①

　　6月25日，延安《文艺突击》第1卷第2期（总第6期）开辟《民族形式》讨论专栏，除时任中共宣传部副部长杨松的《论新文化运动的两条路线》外，还刊有艾思奇的《旧形式，新问题》、萧三的《论诗歌的民族形式》、罗思的《论美术上的民族形式和抗战内容》和柯仲平的《介绍〈查路条〉并论创造新的民族歌剧》等讨论"文艺的民族形式"的文章。萧三提出："旧形式"的提法不妥，应该以"民族形式"取代之，因为有旧就有新，就"五四"以来中国的诗歌的新形式而言，它是欧化的、洋式的，不是民族的，而不具有民族形式的所谓新诗，不合中国人的口味，老百姓不喜欢读，读了也记不得。所以，一首好诗，不仅内容要好，形式也要好，"没有形式的所谓'诗'只是'矫揉造作，结构潦草'的东西，或者是有韵的，或者是无韵的散文（其实散文小说也都讲究节调拍子的），而不是诗。诗要有诗味。诗没有形式，诗味也就会表现不出来"。那么，"什么是最适当的形式，使内容得以最好地、很艺术地表现出来，使内容能够感动人、记得住、流传的广呢？'一言以蔽之'——民族的形式！"② 罗思认为，"目前中国的美术还存着两种错误的倾向"：一种"内容是革命的，而形式不是民族的"；另外一种，"形式是民族的，而内容却是不革命的"。而这两种错误倾向，对于抗日宣传都是有害的。"为了纠正这两种错误的倾向，必须把'民族形式和抗战内容'在理论和创作上打成一片，研究民族形式和现实主义问题以创造民族形式的美术。"③ 柯仲平介绍了马建铃创作并导演的喜剧《查路条》（又名《五里坡》）取得巨大成功的经验，即"能把握住一段抗战的现实，选用了旧剧的技巧，利用旧形式而又不为旧形式所束缚，达到相当谐和的境地，这是我们看过的许多利用旧形式的剧本尚未达到的"。④ 7月8日，周恩来、

---

① 艾思奇：《旧形式运用的基本原则》，《文艺战线》第1卷第3号，1939年4月16日。
② 萧三：《论诗歌的民族形式》，《文艺突击》第1卷第2期，1939年6月25日。
③ 罗思：《论美术上的民族形式和抗战内容》，《文艺突击》第1卷第2期，1939年6月25日。
④ 柯仲平：《介绍〈查路条〉并论创造新的民族歌剧》，《文艺突击》第1卷第2期，1939年6月25日。

博古邀请文艺界座谈，讨论"文艺的民族形式"问题。大家发言后，博古和周恩来分别做了较长的讲话，他们谈到了"民族形式"对于抗战时期的文艺的重要性，同时也强调"提倡民族形式须防反动复古派贩卖私货"①。8月3日，中央局就民族形式问题召开文化界座谈会，艾思奇主持会议，会上发言踊跃，气氛热烈，各种观点都提了出来，相互交锋，大家在讨论、交流中深化了对民族形式诸问题的认识。据参加会议的冼星海的日记记载："争论非常激烈。尤以周扬、沙汀、何其芳及柯仲平、赵毅敏等。晚十点半始散会。回到新的窑洞已经一时半了。"②

这样的座谈会在香港也召开过。早在 1939 年 5 月 18 日起，萧乾主编的香港《大公报》副刊《文艺》就连载过齐同从内地寄来的《大众文谈》。这是目前发现的在香港发表的第一篇关于"民族形式"问题的文章。同年 9 月萧乾赴欧，杨刚接编香港《大公报》的《文艺》副刊。1939 年 10 月 19 日是鲁迅逝世三周年的纪念日。这天《文艺》副刊为纪念鲁迅，特邀在港的许地山、黄鼎、刘火子、陈畸、岑作云、黄文俞、田家、陈东、郁风、宗珏、曾洁孺、林焕平、刘思慕等 21 位文艺界人士座谈，其主题是"民族文艺的内容与技术问题"。袁水拍因事未到会，送来了书面发言稿。通过讨论，座谈会得出三点结论：第一，民族文艺是现阶段和中国文艺的将来所必要的一条路，它是抗战的、反汉奸的、大众的、有中国民族性的；第二，它的内容是抗战的现实，大众的生活（包括光明和暴露两方面），要有中国的典型环境与典型个性；第三，利用各种旧形式和外来形式，创造新的民族形式，要适合于群众的内容的形式，要叙述大众生活的、记录现实的诗和散文。③

在此前后，文艺界还发表了一批讨论民族形式的文章，如黄绳的《当前文艺运动的一个考察》（《文艺阵地》第 3 卷第 9 期，1939 年 8 月 16 日）、巴人的《中国气派与中国作风》（《文艺阵地》第 3 卷第 10 期，1939 年 9 月 1 日）、魏伯的《论民族形式与大众化》（《西线文艺》第 1 卷第 3 期，1939 年 10 月 10 日）、沙汀的《民族形式问题》（《文艺战线》第 1 卷第 5 号，1939 年 11 月 16 日）、何其芳的《论文学上的民族形式》（《文艺战线》第 1

---

① 艾克恩主编《延安文艺史》（上），第 141—142 页。
② 艾克恩主编《延安文艺史》（上），第 142 页。
③《〈文艺〉鲁迅纪念座谈会纪录》，香港《大公报》副刊《文艺》，1939 年 10 月 25 日。

卷第 5 号，1939 年 11 月 16 日）、冼星海的《论中国音乐的民族形式》（《文艺战线》第 1 卷第 5 号，1939 年 11 月 16 日）、黄药眠的《中国化和大众化》（1939 年 12 月 10 日香港《大公报》副刊《文艺》）、杜埃的《民族形式创造诸问题》（1939 年 12 月 11—12 日香港《大公报》副刊《文艺》）、宗珏的《文艺之民族形式问题的展开》（1939 年 12 月 12—13 日香港《大公报》副刊《文艺》）、黄绳的《民族形式和语言问题》（1939 年 12 月 25 日香港《大公报》副刊《文艺》）等。黄绳认为，当前的文艺运动，以大众化为主脉，在本质上是由对"五四"文艺运动的继续，而达到对"五四"文艺运动的否定，创造民族形式的大众文艺。在这种需求之下，我们要把"文艺上的民族优良传统的继承与发扬，当作当前重大的任务"。[①] 魏伯指出，在创造民族形式的问题上当时存在着两种观点：一是认为民族形式即是过去封建社会遗留下来的旧形式，并以为旧形式的使用，是大众化问题的解决，而且只有利用旧形式才能解决大众化的问题。由此，他们否定新文艺的大众化，否定新文艺的存在。二是认为完善的民族形式既要继承新文艺的成果，又批判地接受中国过去的文学遗产，利用欧洲手法，"使作品中有中国气派，有中国作风，由此达到更中国化"。他自己是"主张后一种说法的"。[②] 根据沙汀的理解，民族形式包含着两方面含义：一方面它是指作家应该站在人民大众的立场，民族的立场，用民间活的语言来描写他们的实际生活，他们的苦乐和希望；另一方面是指对于长久的、广泛地存在于民间的、曾反映了民族生活的某一方面的旧作品形式的利用。[③] 在何其芳看来，"目前所提出来的民族形式"，是对"五四"以来的新文学的继承和发展，而不是要"重新建立新文学"，当然它在继承和发展"五四"以来的新文学的同时，要"有意识地再到旧文学和民间文学里去找更多的营养"。[④] 冼星海告诉读者，中国音乐的民族形式可取的地方虽然很多，但其旧形式和旧内容则绝对的不适合现在，新内容配合旧形式显得不协调，而新内容配合新形式调和是调和了，但往往不能给大众很快和很自然的接受。因此，中国音乐的

[①] 黄绳：《当前文艺运动的一个考察》，《文艺阵地》第 3 卷第 9 期，1939 年 8 月 16 日。
[②] 魏伯：《论民族形式与大众化》，《西线文艺》第 1 卷第 3 期，1939 年 10 月 10 日。
[③] 沙汀：《民族形式问题》，《文艺战线》第 1 卷第 5 号，1939 年 11 月 16 日。
[④] 何其芳：《论文学上的民族形式》，《文艺战线》第 1 卷第 5 号，1939 年 11 月 16 日。

民族形式的创造"不是一件容易的事情",他"个人是主张以内容决定形式,拿现代进步的音乐眼光来产生新的内容,使音乐的内容能反映现实,民族的思想,感情和生活"。[1]黄药眠强调,无论任何艺术的形式,都决定于它的内容,而艺术内容又决定于人民的生活。当人民的生活已经改变,艺术的内容也应该改变的时候,过去的形式遂成为新的桎梏。所以要建立新的民族文艺形式,必须要打破旧形式的桎梏。这是真理。但另一方面,艺术之所以成为艺术,它不仅需要一定的内容,也需要一定的艺术形式,形式是构成艺术的一个部分。当我们说打破旧形式的时候,并不是说一切旧形式都抛弃不要,旧形式中那些足以表现新内容的成分,"可以作为构成新形式的资财"[2]。杜埃也明确指出,民族形式的创造,并非是满足于固有的传统形式,相反,"它要在自己民族所固有的'本土的'形式之基位上,配合时代的中心内容,现实生活的本质发展而使之丰富健全,使之非特能更进一步的显现全民族的生活、思想、斗争、典型、格调等特性,还须使之能对伟大时代的民族生活内容起积极的反作用"[3]。宗珏同样强调:民族的文艺形式,不完全等同于旧形式的利用,也"不仅是'民族旧文艺传统的继承和发扬的问题',实际上它同时也是'五四'以来的新文艺传统之继承和发扬的问题"[4]。

1940年1月9日,毛泽东在陕甘宁边区文化协会第一次代表大会上发表的《新民主主义的政治与新民主主义的文化》的讲演中,更进一步明确提出了中国文化的"民族形式"问题。他说:"中国文化应有自己的形式,这就是民族形式。民族的形式,新民主主义的内容——这就是我们今天的新文化。"[5]毛泽东在讲演中还谈到了如何正确对待外来文化与传统文化的问题,即对外来文化,既不能照搬照抄,也不能生吞活剥,而必须经过一番消化的功夫,排泄其糟粕,吸取其精华,要与民族的特点结合起来,使其具有民族的形式,才有用处;对于传统文化,要批判地继承,批判其封建性的糟粕,继承其民主性的精华。[6]毛泽东的讲演,是对他1938年以来提出

---

[1] 冼星海:《论中国音乐的民族形式》,《文艺战线》第1卷第5号,1939年11月16日。
[2] 黄药眠:《中国化和大众化》,香港《大公报》副刊《文艺》,1939年12月10日。
[3] 杜埃:《民族形式创造诸问题》,香港《大公报》副刊《文艺》,1939年12月11—12日。
[4] 宗珏:《文艺之民族形式问题的展开》,香港《大公报》副刊《文艺》,1939年12月12—13日。
[5] 毛泽东:《新民主主义论》,载《毛泽东选集》第二卷,第707页。
[6] 毛泽东:《新民主主义论》,载《毛泽东选集》第二卷,第706—709页。

的"中国作风和中国气派""民族形式"等问题的进一步思考、深化和发展，如果说开始时毛泽东指的是对具有民族特点的旧的艺术形式的利用，那么，讲演强调的则是文艺创作的民族化，亦即文艺作品要具有自己的民族性和民族特征。因此，讲演发表后产生了重大影响，也将文艺界正在进行的"文艺的民族形式"的讨论进一步推向了深入，在抗战大后方的文艺界和思想界还围绕"民族形式"的"中心源泉"问题发生过争论。

二、"文艺的民族形式"的讨论

"民族形式"的"中心源泉"的争论是由通俗读物编刊社的主要成员之一向林冰（赵纪彬）引起的。1940 年 3 月 24 日，向林冰在重庆《大公报》副刊《战线》发表了《论民族形式的中心源泉》一文。文中提出"民族形式的创造"，首先应该解决的根本问题，是"究应以何者为中心源泉"的问题。而在"民族形式"提出以前，存在着两种"文艺形式"：一是"五四以来的新兴文艺形式"，二是"大众所习见常闻的民间文艺形式"。该文认为，应该成为"民族形式的中心源泉"的，是"大众所习见常闻的民间文艺形式"，而不是"五四以来的新兴文艺形式"。因为，第一，流行民间的文艺形式，不是大众生活的"偶然道伴"，而是和大众喜闻乐见的一切别的形式一样，是其习惯常见的自己作风与自己气派，是其存在形态在文艺的质的规定上的反映。有了这样的大众存在，才有这样的文艺形式，这是不可动摇的真理。第二，由于"存在决定意识"，所以"喜闻乐见"，应以"习见常闻"为基础。这是争取文艺大众化——通俗化的根本前提。现存的民间形式，自然还不是民族形式，但民间形式由于是大众所习见常闻的自己作风和自己气派，是切合文盲大众欣赏形态的口头告白的文艺形式，所以便为大众所喜闻乐见，而成为大众生活系统中所不可缺少的精神食粮，换言之，民间形式"在本质上具备着可能转到民族形式的胚胎"。第三，"内容决定形式"，这是解决民间形式与民族形式中间的矛盾，使民间形式内部的民族形式的胚胎发育完成而彻底肃清其反动的历史沉淀物的唯一锁钥。这也就是说，民间形式的批判的运用，是创造民族形式的起点，而民族形式的完成，则是民间形式运用的归宿。现实主义者应该在民间形式中发现民族形式的中心源泉。第四，民族形式的提出，是中国社会变革动力的发现在文艺上的反映，由于肯定了变革动力在人民大众，所以赋予民族形式以"中国老百姓所喜闻乐见的中国作风和中国气派"的界说。由此可见"民族形式的中心源泉，实在于中国老百姓所习见常闻的自己作风与自己气派的民间形式之中"，至于"五四"以来的新文艺，在创造民族形式的起点上，充其量也只能处于"副次的地位"。第五，肯定民间形式为民族形式的中心源泉，除其与社会变革动力的关系外，在方法论上亦有其根据。因为以民间形式为民族形式的中心源泉，则意味着文艺脱离大众的偏向的彻底克服，并配合着以大众为主体的抗战建国的政治实践的发展，创造出大众文艺的民族形式来。而以"五四以来的新兴文艺形式"为"民族形式的中心源泉"，则是一种"外因论的文艺大众化的理论"，"即在起点上将大众置于纯粹被教育的地位，通过了大众的被觉醒，然后才把文艺交给大众，而成为大众的自己文艺"。[①]接着，向林冰又在 1940 年 3 月 27 日出版的《新蜀报》副刊《蜀道》发表《"国粹主义"简释》一文，指出一切"国粹主义"有一个共同特征，即认为历史上已有的一切都是尽善尽美的，"将来"被包括在"过去"里面，进步是每况愈下，改造是大逆不道，过去的圣贤之世才是人类的黄金时代。就此而言，"国粹主义"与"复古主义"是名异而实同。而主张以"民间形式"为"民族形式的中心源泉"，并不是要"保全"民间形式，而是要对它进行"扬弃"和"改造"，从而"使新事物从旧事物的内部矛盾过程中孕育成长起来"。因此，那种将这一主张视为"新的国粹主义"的观点，实际上犯的是"指驴为马""认虎作豹"的错误。[②]

就向林冰的文章来看，他虽然没有全盘肯定"民间形式"，认为在"民间形式"里还有"反动的历史沉淀物"需要"彻底肃清"，也没有全部否定"五四"以来的"新文艺形式"在"民族形式"形成中的作用，但总体上他是充分肯定"民间形式"的，而对"五四"以来的"新文艺形式"持的是批评和基本否定的态度，尤其是他主张以"民间形式"为"民族形式的中心源泉"，很难为人多数参与"民族形式"讨论的文艺工作者所认同，因而引起了广泛批评。

---

① 向林冰（赵纪彬）：《论民族形式的中心源泉》，重庆《大公报》副刊《战线》，1940 年 3 月 24 日。
② 向林冰（赵纪彬）：《"国粹主义"简释》，《新蜀报》副刊《蜀道》，1940 年 3 月 27 日。

　　最先出来针锋相对地与向林冰进行争论的是葛一虹。其实早在这年的 3 月 15 日，葛一虹就在《文学月报》第 1 卷第 3 期上发表过《民族遗产与人类遗产》一文，公开批评那种认为"大众化和民族形式的完成，只有到旧形式或民间形式里找寻，或者认为这样的追求是至少要'以民间形式为中心源泉'，为'主导契机'"的观点，是"旧瓶装新酒"的"新的国粹主义"。他指出："我们并不否认我们的民族遗产中间多少有些有助于我们完成大众化完成民族形式的东西。但是却不是'主导契机'或'中心源泉'。我们的'主导契机'或'中心源泉'，还是在于我们的科学的世界观和我们的现实主义的创作方法。""民族革命的内容，自然需要着一个民族的形式，但是却不是象把新酒装到旧瓶似的单纯地把新内容塞到旧形式里面去就算完成了民族形式。这样的形式根本容载不了这样的内容的。我们的新内容自然不能借用属于旧内容，表现旧事物的凝结了的僵死了的形式表现出来的。它需要一个属于它自己的形式。"民族遗产只是人类遗产的一部分，"中心源泉论"或"主导契机论"看到的只是作为人类遗产一部分的民族遗产，因此，是一种"只见树木而不见森林"的"新的国粹主义"。① 我们上面提到的向林冰的《"国粹主义"简释》，其实就是为反驳葛一虹的批评而写的。向林冰的《论民族形式的中心源泉》发表后半个月（4 月 10 日），葛一虹在《新蜀报》副刊《蜀道》发表《民族形式的中心源泉在所谓"民间形式"吗？》一文，对向林冰提出的"民族形式的中心源泉"是"大众所习见常闻的民间文艺形式"，而不是"五四以来的新兴文艺形式"的观点进行了全面反驳。他指出：诚如向林冰所认为的那样，"新事物发生在旧事物的胎内"，新事物的"抗战建国动力"是从旧事物里发展出来的，但是"新事物到底不是旧事物。表现旧事物是用了属于旧时事物的旧形式来表现的，表现新事物而用属于旧事物的旧形式是决不可能的。新事物它一定需要一个新鲜活泼的新形式，这个新形式是它本身所决定出来的，发展出来的，与'旧事物'的旧形式是绝然不相等的"。"旧形式是历史的产物，当历史向前推动了的时候，即我们的社会由封建制度的低级形态发展到民主制度的高级形态的时候，旧形式的可悲命运也只是历史博物馆里的陈列品。"而向林冰所说的"民间形

---

① 葛一虹：《民族遗产与人类遗产》，《文学月报》第 1 卷第 3 期，1940 年 3 月 15 日。

式"，实质上就是这种已成为或即将成为"历史博物馆里的陈列品"的"旧形式"，"如鼓词、评书、各地流行的土戏小调章回小说之类"，它无论如何也不可能成为"民族形式的中心源泉"的。诚然，"旧形式还以'习见常闻'的形态存在着"，但那不是"大众生活的偶然的道伴"，而有它深刻的社会根源。"旧形式的顽强的存在，是中国封建社会长期停滞，以及半封建的旧经济与旧政治在中国尚占着优势的反映。所以旧形式虽现今犹是'习见常闻'，实在已濒于没落文化的垂亡时的回光返照。这是明白的。新社会的新兴势力正在蓬勃成长，作为封建残余反映的旧形式没有法子逃避其死灭的命运的。"他也承认，"五四"以来的"新文艺在普遍性上不及旧形式"，但其主要原因"在于精神劳力与体力劳力长期分家以致造成一般人民大众的知识程度低下的缘故"，所以，"目前我们迫切的课题是怎样提高大众的文化水准，而不是怎样放弃了已经获得的比旧形式'进步与完整'的新形式，降低水准的从'大众欣赏形态'的地方利用旧形式开始来做什么，而是继续了五四以来新文艺艰苦斗争的道路，更坚决地站在已经获得的劳绩上，来完成表现我们新思想新感情的新形式——民族形式。而这样的形式才是真正的新鲜活泼、为老百姓喜见乐闻的中国作风与中国气派"。[①]

如果说向林冰过多地肯定了"民间形式"的重要作用，而对"五四"以来的"新文艺"持的是基本否定态度的话，那么，葛一虹则正好相反。一方面，他认为"五四"以来的新文艺是十分完美的，尽管在普遍性上不如旧形式，但那不是新文艺本身有什么问题，而是人民大众的文化水平不高的缘故；另一方面，他又将"旧形式"或"民间形式"看成是"没落文化""封建残余"，是没有任何生命的"历史博物馆里的陈列品"，而予以了全面否定。就此而言，无论是向林冰，还是葛一虹，他们对"民间形式"或"旧形式"和"五四"以来的"新文艺"的看法都存在着一定的片面性。

葛一虹的文章发表后，向林冰又连续发表《封建社会底规律性与民间文艺底再认识——再论民族形式的中心源泉之一》（1940 年 4 月 21 日《新蜀报》副刊《蜀道》）、《民间文艺的新生——再论民族形式的中心源泉之二》

---

① 葛一虹：《民族形式的中心源泉在所谓"民间形式"吗？》，《新蜀报》副刊《蜀道》，1940 年
4 月 10 日。

（1940年5月7日《新蜀报》副刊《蜀道》）、《新兴文艺的发展与民间文艺的高扬——再论民族形式的中心源泉之三》（1940年6月3日《新蜀报》副刊《蜀道》）、《民族形式的三个源泉及其从属关系——再论民族形式的中心源泉之四》（1940年7月9日《新蜀报》副刊《蜀道》）、《关于民族形式问题敬质郭沫若先生》（1940年8月6—21日重庆《大公报》副刊《战线》）等系列文章，反驳葛一虹和其他人的批评，继续阐述他的"大众所习见常闻的民间文艺形式"是"民族形式"的"中心源泉"的观点。比如，针对葛一虹将"民间形式"或"旧形式"说成是"没落文化""封建残余"的观点，他指出："民间文艺的出现是封建社会自己矛盾的产物，民间文艺的抬头是封建社会自己炸裂的指标。总之，它是封建文艺的对立物，而不是其同一物，它是由未成向完成发展的幼芽（过去的返复夭亡是中国封建社会停滞性的结果），而不是由残余向死灭的残骸。"[①]"由于抗战建国要终结过去农民起义的反复失败而使之成为民主革命的动力之一，所以民间文艺过去的反复夭亡过程亦必终结，站在科学的世界观和现实主义的指导之下而生长为民主革命的文艺，即民间文艺的新生。"[②]为了进一步说明"民间形式"是"民族形式"的"中心源泉"，他把"民间文艺"分成三大块或"三个来源"：第一，由于人民大众不识字，统治者不得不于自己所熟悉的古文形式之外，采用民间白话的口头告白的通俗化形式，以期大众易于理解和欣赏，但结果与统治者意愿相违，人民大众"学会了用以表现自己思想和情感的武器的制造法与使用法"。第二，封建社会的失意官吏或落魄文士，对于封建统治的暴露、攻击与讽刺，这种思想，尤其在民间文艺中表现得最为露骨与具体。第三，封建社会下被压迫被剥削民众的自己创作，如歌谣、谚语、歇后语、传说故事、俗曲土调、乡土戏等口碑文艺，这是民间文艺最基本的来源。"上述民间文艺三个来源中所产出的任何一类作品，均大量包含着本质的缺陷，而且由于内容的决定性，在其形式上也有着普遍的反映；然而这正说明了我们所以要'批判的运用'而摒弃'无原则的利用'或'照

---

① 向林冰（赵纪彬）：《封建社会底规律性与民间文艺底再认识——再论民族形式的中心源泉之一》，《新蜀报》副刊《蜀道》，1940年4月21日。

② 向林冰（赵纪彬）：《民间文艺的新生——再论民族形式的中心源泉之二》，《新蜀报》副刊《蜀道》，1940年5月7日。

样的抄袭',却不能由此而得出反对论、怀疑论的结论。"① 在反驳葛一虹和其他批评者的同时,向林冰也对自己的一些观点做了修正。比如,他在《民族形式的三个源泉及其从属关系——再论民族形式的中心源泉之四》一文中提出:"民间文艺形式的批判的运用与新兴文艺大众化的批判的继承,世界文艺的批判的移植,此三者就是缔造民族形式的三个源泉。"当然,在这三个源泉中,他又认为,"民间文艺形式的批判的运用为缔造民族形式的中心源泉或主导契机"。②

为了探讨民族形式的真正源泉,探索创造民族形式的正确途径,纠正对"民间文艺"和"五四以来新文艺"认识上的种种偏差,在中国共产党的领导下,大后方的广大进步的文艺工作者纷纷发表文章,就"民族形式"的"中心源泉"以及其他有关问题展开了热烈讨论,如田仲济的《"中心源泉"在哪里?》(1940年4月15日《新蜀报》副刊《蜀道》)、黄芝冈的《从抗日内容下看中心源泉》(1940年4月23日《新蜀报》副刊《蜀道》)、方白的《民族形式的"中心源泉"不在"民间形式"吗?》(1940年4月25日《新蜀报》副刊《蜀道》)、光未然的《文艺的民族形式问题》(《文学月报》第1卷第5期,1940年5月15日)、郭沫若的《"民族形式"商兑》(1940年6月9—10日重庆《大公报》)、莫荣的《还是生活第一》(《现代文艺》第1卷第3期,1940年6月25日)、潘梓年的《民族形式与大众化》(1940年7月22日重庆《新华日报》)、石滨的《民族传统与世界传统——民族形式中的一个问题》(《现代文艺》第1卷第4期,1940年7月25日)、长虹的《民族语言:民族形式的真正的中心源泉》(1940年9月14日《新蜀报》副刊《蜀道》)、胡风的《论民族形式问题底提出和争点——对于若干反现实主义倾向的批判提要并以纪念鲁迅先生逝世底四周年》(《中苏文化》第7卷第5期,1940年10月25日)和《论民族形式问题底实践意义——对于若干反现实主义倾向的批判提要,并以纪念鲁迅先生底逝世四周年》(《理论与现实》第2卷第3期,1941年1月15日)、郑伯奇的《关于民族形式

---

① 向林冰(赵纪彬):《封建社会底规律性与民间文艺底再认识——再论民族形式的中心源泉之一》,《新蜀报》副刊《蜀道》,1940年4月21日。

② 向林冰(赵纪彬):《民族形式的三个源泉及其从属关系——再论民族形式的中心源泉之四》,《新蜀报》副刊《蜀道》,1940年7月9日。

的意见》（《抗战文艺》第 6 卷第 3 期，1940 年 11 月 1 日）等。其中郭沫若和胡风的文章最值得关注。

郭文一方面旗帜鲜明地否定了向林冰的"民间形式"是"民族形式"的"中心源泉"论，指出："'民族形式'的这个新要求，并不是要求本民族在过去时代所已造出的任何既成形式的复活，它是要求适合于民族今日的新形式的创造……今天的民族现实的反映，便自然成为今天的民族文艺的形式。它并不是民间形式的延长，也并不是士大夫形式的转变。"郭文在否定向林冰的"中心源泉"论的同时，又认为民间形式和人民群众有着源远流长的密切关系，因此，我们在创造民族形式的过程中要尽可能地从"民间形式"那里"摄取些营养"，像旧小说中的个性描写，旧诗词中的谐和格调，都值得我们尽量摄取，尤其那些丰富的文白语汇，我们是要多多储蓄，来充实我们的武装的。他甚至认为，我们在动员大众、教育大众从事抗日斗争时，"不仅民间形式当利用，就是非民间的士大夫形式亦当利用。用鼓词、弹词、民歌、章回体小说来写抗日的内容固好，用五言、七言、长短句、四六体来写抗日的内容，亦未尝不可"。另一方面，对于"五四"以来的新文艺，郭文虽然给予了充分的肯定，但并不"以为新文艺是完善无缺或已经有绝好的成绩；相反的……是极端不能满意的一个"。在郭文看来，新文艺有两个"最令人不满意"的缺点：一是新文艺"未能切实的把握时代精神，反映现实生活"；二是新文艺"用意遣词的过于欧化"。要"祛除"新文艺的这两个缺点，"专靠几个空洞的口号是不济事的"，而"是要作家投入大众的当中，亲历大众的生活，学习大众的言语，体验大众的要求，表扬大众的使命。作家的生活能够办到这样，作品必能发挥反映现实的机能，形式便自然能够大众化的"。对此，郭文充满了乐观。因为自抗战以来，作家的生活彻底变革了，随着上海、南京、武汉等大都市的沦陷，作家们能动地被动地不得不离开了向来的狭隘的环境，而投入了广大的现实生活的洪炉——投入了军队，投入了农村，投入了大后方的产业界，投入了边疆的垦辟建设。"这些宝贵的丰富的生活体验，已经使新文艺改观，而且在不久的将来一定还会凝合成为更美满的结晶体。"①郭文这种辩证而全面地评价"民间形式"

① 郭沫若：《"民族形式"商兑》，重庆《大公报》1940 年 6 月 9、10 日。

和"五四以来的新文艺"在"民族形式"创造过程中的作用，强调"民族形式"的"中心源泉"既非"民间形式"，也非"五四以来的新文艺"，而是人民大众的"现实生活"的观点，为多数参与讨论的文艺工作者所接受，比如潘梓年在新文艺民族形式座谈会上的总结发言中就明确指出："今天郭沫若先生在《大公报》上发表的那篇论文给我们很警辟地解决了不少论点。"①

胡风文章的题目本来叫作《论民族形式问题底提出、争论和实践意义》，但由于太长（大约5万多字），不得不分为两篇，分别发表在《中苏文化》和《理论与现实》上。用该文"附记"的话说：文章"主要批判对象是向林冰先生，这不但因为他底论点和新文艺底传统方向形成了鲜明的对立，而且因为他是想用自成体系的辩证法的观点来解决文艺问题。不幸的是，他底辩证法是脱离了实际生活的社会内容也脱离了实际的文艺发展过程的，纸面上的图案，因而形成了对于实际文艺运动不但无益而且有害的，主要的错误方向"。②在批判向林冰的"中心源泉"论的同时，他也对潘梓年、郭沫若、胡绳、艾思奇、光未然等人个别的"脱离了现实主义"的观点提出了批评。因为在他看来，"民族形式"不能是独立发展的形式，而是反映了民族现实的民主主义的内容所要求的，所包含的形式。既然是内容所要求的，所包含的，对于形式的把握就不能不从对于内容的把握出发，或者说，对于形式的把握正是对于内容把握的一条通路。"如果说现实底发展不能不通过人类底主观实践力量，那么，对于内容（形式）的真实的把握当然得通过作为主观实践力量的正确的方法，那就是现实主义。"③所以，一切脱离现实主义的内容去追求所谓形式的理论，都应受到批判。

除发表文章外，《文学月报》和《新华日报》还分别于1940年4月21日和6月9日专门召开了"民族形式座谈会"，邀请在重庆的部分文艺界和思想界人士就"民族形式"的有关问题畅所欲言，展开讨论。

《文学月报》座谈会由罗荪主持，参会者有黄芝冈、叶以群、向林冰、

---

① 《新文艺民族形式问题座谈会上潘梓年同志的发言》，重庆《新华日报》1940年7月4—5日。
② 胡风：《论民族形式问题底提出和争点——对于若干反现实主义倾向的批判提要并以纪念鲁迅先生逝世四周年》，《中苏文化》第7卷第5期，1940年10月25日。
③ 胡风：《论民族形式问题底实践意义——对于若干反现实主义倾向的批判提要，并以纪念鲁迅先生底逝世四周年》，《理论与现实》第2卷第3期，1941年1月15日。

光未然、胡绳、梅林、姚蓬子、潘梓年、戈茅、臧云远、葛一虹、郑君里、陈白尘等 20 人。这次座谈会主要围绕什么是"民族形式"的"中心源泉"这一问题展开，除向林冰等个别人外，大多数发言者是不赞成以"民间形式"或其他某一形式为"民族形式"的"中心源泉"的。比如，臧云远指出：民族形式并不是有人或民间给我们准备好了，伸手便可以获取，只要拼一拼凑一凑便可以成功的东西；也不是外国人给我们准备好了，只要把外国的勾勾字换成中国的方块字就能够成功的东西。"主要的，还是要靠我们的作家们，在创作实践上刻苦的努力。"戈茅强调，民族形式不同于旧形式，不只是利用一下旧形式就能成功的，"而是如何创造新形式的问题"。而要创造新形式，首先不能离开抗日的内容，与现实生活大众生活相联系的作品才能真正具有民族形式；其次不能离开新文艺已有成绩的基础，"民族形式是不能跳过新文艺二十几年的努力而仅仅以旧形式为其源泉的"。潘梓年提出，民族形式不是对旧形式的简单利用，但我们在创造民族形式时应该吸收旧形式的优点，"把它粉碎了消化了创造新的民族形式"。同时民族形式是"五四"以来新文艺运动的更进一步发展，它"不会把过去努力的成果放弃"，而是要"吸收新东西"。他尤其强调："民族形式的创造，吸收民族的遗产比较重要。中心是在研究遗产接受遗产。"在胡绳看来，"创造民族形式是继承五四以后新文艺中的健康的成分而向更进步的路上走"，尽管在民族形式的创造过程中，"封建统治者的文艺传统和没落的资本主义文化及其在中国的移植"不会受到重视，但"国外的健康的写实主义文学与农民中的活泼有生气的文学形式则是可资取用的仓库"。[1]

《新华日报》座谈会由该报总编辑潘梓年主持。叶以群、戈宝权、臧云远、胡绳、罗荪、光未然、沙汀、葛一虹、戈茅、艾青等 17 人参加。这次讨论的主题仍然是"民族形式"的"中心源泉"问题。光未然既不赞成那种认为中国几千年来就已存在民族形式的观点，也不同意那种认为"五四"以来文艺的民族形式即已发生而且发展的看法，"如第一种意见，则就是把过去的文艺形式填一填就可以，第二种意见如果是对的，那么走下去就可以，何必打锣打鼓地提出民族形式的口号呢？"他认为"五四"以来的新

---

[1]《文艺的民族形式问题座谈会》，《文学月报》第 1 卷第 5 期，1940 年 5 月 15 日。

文艺的方向是对的，但距离真正民族形式的创造还有很长的路走，"如果把这二十年来新文艺运动的收获一笔抹杀，我们叫他是'疯子'，反过来，如果把过去的缺点一概不承认，统统抬它起来，仿佛都是民族形式了，我们叫他为'妄人'"。梅林主张对民间形式要做区分，有的民间形式是死了的或半死不活的形式，有的民间形式是充满着生命活力的形式，我们在创造民族形式时，对前者要彻底抛弃，而后者可以成为"民族形式的基础"。而"向林冰先生所说的民间形式，就是那半死不活的形式"，因而无论如何都不可能成为"民族形式"的"中心源泉"的。在叶以群看来，所谓民族形式的问题，实质上也就是"中国所发生的现实应该用怎样活泼的形式表达出来的问题，只有新的形式才能把中国社会复杂的内容表达出来，而这新形式，就是多少年来新文艺所试验着追求的形式"，即"废除洋八股，反对教条主义"。胡绳指出，我们并不否定民间形式，也承认新的东西是从旧的东西里成长出来的，就此而言，向林冰的理论根据是站得住脚的，向林冰的错误在于对旧的理解。由旧形式自然发展中产生民族形式，虽非绝不可能，但是相当困难的。向林冰的另一个错误是对"五四"以来的新文艺的一概抹杀，其实"五四"以来的新文艺是分化的，其中既有买办阶级的文艺，也有大众化革命的文艺，对这两种文艺应该区别对待。而葛一虹的说法也不能说服人，他只提出思想，创作方法，并没有全部解决民族形式的创造问题。进步思想，创作方法，都必须中国化，必须研究怎样才能中国化的那些具体物。

除"民族形式"的"中心源泉"外，讨论还涉及对民族形式的理解、文艺的深与广、文艺的通俗化以及中国的音乐等问题。艾青所理解的"民族形式"和"中国化是一个意思"，而"所谓中国化是科学化的现代语，所表现某时某刻所发现的现实"。就此而言，艾青指出，"民族形式的发展不是从天上掉下来的，而是一时一刻也没有离开中国社会的发展的……新的民族形式，是新现实主义的再发展"。沙汀同意艾青的观点，认为"中国的民族形式是不能离开现实主义的"，关于"民族形式"的一切争论，都与对民族形式的理解有关，"一般的看法，把形式看成章法，和旧形式大众化发生混淆，我觉得应该把它看成现实主义的口号"。以群提出，文艺的深与广不能统一于一篇作品之中，我们不能要求一篇作品既是高度的艺术，又有一定的普及性，但可统一于一个文化运动之中，一部分人努力于艺术水平的提高，另一部分人则努力于大众化和通俗化，"这是一个问题两方面的努力"。但在臧云远看来，"扫除文盲，普及文化教育，和提高文艺的艺术水准，这是统一于一个文化运动里的深与广的问题，而文艺本身，尤其是民族形式的文艺的本身，也包含着深与广的统一起来的可能性"，"一篇作品，如果真有高深的现实主义的艺术性，读者一定会在当时和后代是最多最广的"。真正具有"民族形式的新文艺"，既"是艺术的最高成就，同时也是流传最广的、革命大众的精神食粮"。光未然强调，通俗化，并不等同于民族形式，"如果认为凡是老百姓喜闻乐见就是民族形式的，显然是说不过去"。艾青承认通俗化工作很重要，但要有分工，作家不能因为广大老百姓不懂新诗，就去写"大狗跳两跳，小狗叫两叫"一类的作品。①

　　作为主持人，潘梓年在总结性发言中全面批驳了向林冰的"中心源泉"论，并提出了几个很重要的思想：第一，民族形式的提出，不能和通俗化、大众化问题混为一谈，我们要求文艺创作要用民族形式，但不能要求每一个文艺作品都是通俗化、大众化的读物。"民族形式的提出，不是简单地要求大众化，而是要求整个新文艺品质的提高。"第二，民族形式问题的提出，不是基于"狭隘的民族主义立场"，而是"从国际主义上提出的"，中国的文艺在国际文坛上要想占有自己的地位，提出自己独特的贡献，就"需要有自己的民族形式"。因此，"民族形式的提出，并不意味着欧化的排斥"。第三，不能离开内容来讲民族形式，因为形式可以分为外形式和内形式，外形式（如酒必须有瓶装，但酒瓶是玻璃瓶还是瓦瓶，这便是外形式）与内容关联不大，而内形式（如酒的色香味）与内容密不可分，我们讲的"民族形式，主要是指最后所说的内形式而言"。第四，文艺的深与广并不是一对矛盾，我们既不能武断地说通俗的作品才是最好的作品，也不能笼统地说最好的作品就一定不通俗，创作出既好又通俗的作品，实现深与广的统一，这是作家应该追求的目标。②随后，潘梓年又在7月22日出版的《新华日报》发表《民族形式与大众化》一文，就他在座谈会的总结性发言中提到但"未能多讲"的"民族形式与大众化，民族形式与民间文艺

---

① 《民族形式座谈笔记》，重庆《新华日报》1940年7月4日。
② 《新文艺民族形式问题座谈会上潘梓年同志的发言》，重庆《新华日报》1940年7月4、5日。

的关系这两个问题"做了进一步阐述。他首先指出：民族形式问题的提出，主要的要求是文艺活动与抗战建国的具体实践的结合，就是说要用工农大众自己的语言来描写工农大众自己为独立、自由、幸福而斗争的战斗生活，并为工农大众所享受。其主要的问题，是题材与语言的问题，而不是离开了写作的内容来空谈"旧形式的运用"和"旧瓶装新酒"的问题。"用中国人（占全人口百分之八十以上的工农大众）的语言描写中国人的生活的文艺，就是具有中国气派与中国作风的文艺，就是民族形式的文艺。"其次，民族形式的问题，是中国化问题，而不是大众化问题，至少在一般人民文化水平还很落后的现在是如此。虽然民族形式问题和大众化问题有很多密切的关系。譬如，鲁迅的《阿 Q 正传》是杰出的民族形式的作品，但不是大众化的作品。我们要求作家尽量写出能为大众所了解的作品，但不能说一些现在还不能为识字不多的大众了解的作品就不是好作品，不是民族形式的作品。再次，我们要重视民间文艺的研究，因为它"保藏着"的不仅有"很丰富的大众自己的语言"，而且还有"民族的许多历史传统"。历史传统，我们所要接受的，所要发扬的，只是其中优良的一部分，但对于一个文艺作家，却不管是优良非优良，都要求他有充分的了解，不了解人民大众的一切历史传统，就不能对今天的他们有足够的了解。①

在大后方的文艺工作者围绕"民族形式"展开讨论的同时，延安的文艺工作者也就民族形式的相关问题继续发表自己的看法。周扬的《对旧形式利用在文学上的一个看法》一文指出：形式是由内容决定的，形式既由内容决定，新文艺的内容是新民主主义的，最适宜于表现这种内容的，就不能不是新形式。而民间旧有的形式，一则因为它是反映旧生活的，即反映建立在个体的、半自足的经济之上的比较单纯比较闲静的生活的；二则因为在它里面偶然包含有封建的毒素，所以它不能够在一切复杂性上，在那完全的意义去表现中国现代人的生活。当然，由于新文学的历史还短，又由于中国语言与文字的长期分离，文艺的民族新形式还没有完全形成，尤其是语言形式还存在着许多严重缺点，但新形式比之于旧形式，无论从哪方面讲都是一种进步。"新文学如要以正确地完全地反映现实为自己的任务，

---

① 梓年：《民族形式与大众化》，重庆《新华日报》1940 年 7 月 22 日。

就不能不采取新形式，以发展新形式为主。"周扬强调"新文艺是接受了欧化的影响"，但"欧化与民族性并不是两个绝不相容的概念"。新文化运动时期的所谓"欧化，在基本精神上就是接受西欧资产阶级民主革命时的思想，即'人的自觉'，这个'人的自觉'是正符合于当时中国的'人民的自觉'与民族自觉的要求的"。实际上，外国的东西只有在中国社会需要的时候才能被吸收过来，这些符合中国社会需要而被吸收过来的东西，在中国特殊的环境中运用之后，也就不再是和原来一模一样的东西了，"而成为中国民族自己的血和肉之一个有机构成部分了"。周扬也承认，新文艺有新文艺的缺点，新文艺的最大缺点是不大众化，而"要匡正这缺点，有两个问题值得非常的注意：一是如何正确认识自己民族自己国家的问题，一是如何努力于文字形式的简洁明确的问题"。对此他提出，新文艺的作家们，一方面要投身到火热的抗战斗争中去，深入到人民大众中去，"直接向现实生活去找原料"；另一方面"要向旧形式学习"，"向作为旧生活之反应的旧形式作品去寻找援助"。因为"在旧小说中可以窥见老中国人和旧社会的真实面貌，从民歌、民谣、传说、故事可以听出民间的信仰、风俗和制度。整个旧形式，作为时代现实之完全表现的手段，虽然已经不行，但这并不妨碍我们以之为反映现实之一种借鉴，以之为可以发展的民族固有艺术要素，以之为可以再加精制的一部分半成品"，所以，新文艺的作家们要创造出具有"中国作风和中国气派"并为老百姓"喜闻乐见"的文艺作品，就"必须把学习和研究旧形式当作认识中国、表现中国的工作之一个重要部分，把吸收旧形式中的优良成果当作新文艺的现实主义的一个必要源泉"。① 默涵的《"习见常闻"与"喜闻乐见"》一文重点批评了向林冰在《关于民族形式问题敬质郭沫若先生》中提出的"生活存在产生'习见常闻'，而'习见常闻'则又产生'喜闻乐见'"，"由于'存在决定意识'，所以'喜闻乐见'应以'习见常闻'为基础"的观点，认为这一观点的实质"无非是'中学为体，西学为用'这一滥调的复活罢了"。文章指出：我们不仅不否认，而且完全承认在"习见常闻"的民间形式中包含着一些优良的东西，但它并不能成为民族形式的"中心源泉"。完全贩卖外国货，固然要变成洋八股，但

---

① 周扬：《对旧形式利用在文学上的一个看法》，《中国文化》创刊号，1940 年 2 月 15 日。

认为民族形式的"中心源泉"是"习见常闻"的"民间形式","也难免要堕落到复古主义的泥沼中去"。[①] 王实味的《文艺形式问题上的旧错误与新偏向》一文开宗明义便指出,文艺的民族形式的提出,包含有两方面的意义:一方面,犹如马克思主义的民族形式一样,要排斥空洞的调头,排斥教条,排斥洋八股,以便使文艺更好地为我们伟大的民族解放战争服务,更好地现实主义地反映我们民族的现实生活;另一方面,由于抗战的需要,对于进步文艺以外的旧文艺,我们也不能不掌握运用,这就使我们有机会对我们的所谓民族文艺传统,来一个实践中的再批判,并从中吸收一些好的东西,哪怕只有一点一滴,以弥补五四新文艺运动的不足。接着该文对陈伯达、艾思奇和胡风等人的一些观点提出了商榷,认为文艺的民族形式,是世界进步文艺依据我们民族特点的具体运用。"民族形式只能从民族现实生活的正确反映中表现出来,没有抽象的'民族形式'。"在该文看来,新文艺不仅是"进步的"和"民族的",而且从新文艺是新民主主义革命之一部分这一立场来说,也是"大众的",它目前之所以还"没有大众化,最基本的原因是我们底革命没有成功,绝不是因为它是'非民族的'"。当然,"新文艺上许多公式教条与洋八股,也必须加紧克服"。[②]

当"民族形式"的提出和大后方以及延安的广大进步文艺工作者围绕"民族形式"的"中心源泉"问题展开激烈讨论的时候,作为进步文艺界领军人物之一的茅盾身在新疆,因而没有参加。1940 年 5 月,他从新疆来到延安。到延安后,他十分关心并直接参加了这一讨论。7 月 25 日,他在延安的《中国文化》第 1 卷第 5 期上发表《论如何学习文学的民族形式》一文,这是他在延安各文艺小组会上的演说词,提出学习或创造文学的民族形式,一是要向中华民族的文学遗产去学习,二是要向人民大众的生活去学习。不久(9 月 25 日),他的《旧形式·民间形式·与民族形式》一文又在《中国文化》第 2 卷第 1 期上发表。该文开宗明义便写道:"不久以前,大后方发生了关于民族形式的一场'论战'。据我所见的材料,论争的焦点是民族形式的所谓'中心源泉'的问题。"在他看来,向林冰的"中心源泉"

① 默涵:《"习见常闻"与"喜闻乐见"》,《中国文化》第 2 卷第 2 期,1940 年 10 月 25 日。
② 王实味:《文艺形式问题上的旧错误与新偏向》,《中国文化》第 2 卷第 6 期,1941 年 5 月 20 日。

论的错误主要有三个方面：（一）把"五四"以来受了西方文艺影响的新文艺等看作是完全不适宜于"中国土壤"，或者是"中国土壤"上绝不能产生的外来异物，而不知各种文艺形式乃是一定社会经济的产物，社会经济发展到了一定的阶段时，就必然要产生某种文艺形式。至于因为民族的"特殊情形"而在大同中有了小异，而且在大同之中必有其独特的小异，这正是文艺的"民族形式"之所以被提出的缘故。（二）认为民间形式之所以能为民众所接受，纯粹是一个"口味"的问题，换言之，即认为民间形式既是不折不扣的"国货"，那么，中国人有中国人的口味，当然中国口味特别喜欢国货，而不知民众之所以能够接受民间形式，不是口味的问题，而是文化水平的问题，因为民间形式既是封建社会的农村社会的产物，则其表现方式自然合于农村社会的文化水平，因此，如果为了迁就民众的低下的文化水准计，而把民间形式作为教育宣传的工具，自然不坏，但若以为将要建设的民族形式的"中心源泉"，则是先把民众硬派为只配停留于目前的低下的文化水准，那是万万说不过去的谬论。（三）把民族形式理解为狭隘的民族主义的口号，而不知恰恰相反，民族形式的建立正是到达将来世界大同的世界文学的必经阶段。该文在指出了向林冰的"中心源泉"论的三个错误之后强调："我们不承认民间形式可作民族形式的中心源泉，因为大体上民间形式只是封建社会所产生的落后的文艺形式，但是我们也承认民间形式中的某些部分（不是民间形式的某一种，而是指若干形式中的某些小部分），尚具有较高的艺术性，可以作为建立民族形式的参考，或作为民族形式的滋养料之一。"①

茅盾对向林冰"中心源泉"论的批评可以说是广大文艺工作者围绕这一问题讨论的总结。此后，虽然还有人讨论"中心源泉"问题，但总的来看"中心源泉"已不再是人们讨论的重点，人们讨论的重点转移到民族形式的一些更本质的问题，并开始涉及文艺的一些专门领域。比如，戏剧春秋社就先后在重庆和桂林召开过两次"戏剧的民族形式问题座谈会"。重庆的座谈会是1940年6月20日召开的，参加讨论的有阳翰笙、葛一虹、黄芝冈、光未然、史东山、任光、陈白尘、章泯、吴作人、林千叶、田汉等15人。

---

① 茅盾：《旧形式·民间形式·与民族形式》，《中国文化》第2卷第1期，1940年9月25日。

桂林的座谈会是 1940 年 11 月 2 日召开的，参加者有宋云彬、聂绀弩、易庸、夏衍、欧阳予倩、黄药眠、蓝馥心、姚平、许之乔、杜宣等 10 人。这两次座谈会，除了戏剧外，还涉及音乐、美术、电影等领域的民族形式问题。进入 1941 年后，抗日根据地的文艺工作者也纷纷加入讨论文艺的"民族形式"问题行列，《晋察冀日报》的副刊《晋察冀艺术》《奔流文艺丛刊》《华北文艺》等抗日根据地的刊物先后发表过不少文章，如蒋天佐的《民族形式与阶级形式》（《奔流文艺丛刊》第 1 辑《决》，1941 年 1 月 15 日）、田间的《"民族形式"问题》（1941 年 2 月 25 日《晋察冀日报》副刊《晋察冀艺术》）、左唯央的《读〈民族形式问题〉后》（1941 年 3 月 7 日《晋察冀日报》副刊《晋察冀艺术》）、孙犁的《"接受遗产"问题（提要）》（1941 年 3 月 15 日《晋察冀日报》副刊《晋察冀艺术》）、蒋弼的《关于文艺的民族形式》（《华北文艺》第 1 卷第 1 期，1941 年 5 月 1 日）、刘备耕的《民族形式，现实生活》（《华北文艺》第 1 卷第 3 期，1941 年 7 月 1 日）、张秀中的《关于"民族形式"的主体》（《华北文艺》第 1 卷第 4 期，1941 年 8 月 1 日）等。

三、"文艺的民族形式"讨论的影响及其评价

文艺的"民族形式"的讨论前后延续了近三年之久，借用唯明在《抗战四年来的文艺理论》中的话说，这是抗战以来文艺上"最广大最长久的论争"，也是"文艺理论上方面最广意义最深"的讨论，"参加讨论的作家，也都是尽心尽力来发挥各自的见解，而且态度大抵是严肃的"。论争或讨论的中心议题是"民族形式"的"中心源泉"问题，也就是民族形式的创造应该以什么为基础或根据的问题。除这一中心议题外，还涉及"内容与形式问题，形式与风格问题，大众化与艺术性问题，文艺传统问题，旧形式问题，五四以来新文艺的评价与再认识，国际文艺成果的吸收问题，文字改革问题，大众语问题。但实际上还不止于此，如由民族形式谈到整个文化政策，便是民族形式理论发展到最广度的一例。同时，在民族形式的实践方法上，已经有不少文艺创作者提供了许多意见。诸凡小说、诗歌、戏剧、音乐等文艺部门，都有专家发表的论著从事实践的研讨"。[①] 通过争论或讨论，广大

① 唯明：《抗战四年来的文艺理论》，《文艺月刊》第 11 卷第 7 期，1941 年 7 月。

文艺工作者提高了"民族形式"的理论自觉，并在一些问题上达成了共识或基本共识，收获多多。

　　比如，关于内容和形式，参与讨论的人几乎都认为内容决定形式，而当今的文艺作品的内容，是反对日本帝国主义侵略的抗日战争，是反帝反封建的新民主主义革命。郭沫若就指出："内容决定形式，这是颠扑不破的真理。我们既要求民族的形式，就必须要有现实的内容。"① 胡绳也认为："形式不能与内容分离，决定民族的形式的是民主的内容。正因我们今天在文艺的内容上以反帝的民主主义为号召，所以在形式上才会有民族的要求。"② 黄芝冈同样强调：不能离开抗日的内容来谈民族形式，"抗日的内容，民族的形式"，这是我们应该坚持的。③ 潘梓年在《新华日报》的座谈会总结性发言中，还专门谈了"形式不能离开内容来讲"的问题。易庸也谈到，"民族形式是不能离开内容来讨论的"，"今日中国正处于民族解放革命时候，由于生活的需要，提出了民族形式的号召。这中国的民族形式，当然也应有它的内容"。④ 在流焚看来：内容决定形式，这虽然是一句老生常谈，然而却是一个颠扑不破的真理。"有了封建社会的现实，便有封建文艺的形式；有了资本主义社会的现实，便有资本主义文艺的形式，同样的，有了社会主义，也就有社会主义的现实主义。"⑤ 就是向林冰，他也是在肯定内容决定形式的前提下主张"民间形式"是"民族形式"之"中心源泉"的。他的《论民族形式的中心源泉》一文在强调了"内容决定形式"是"解决民间形式与民族形式中间的矛盾，使民间形式内部的民族形式的胚胎发育完成而彻底肃清其反动的历史沉淀物的唯一锁钥"后写道："将以大众为主体的抗战建国新内容与民间文艺的旧形式相结合，通过批判的运用道程而引出的，不是内容的被歪曲被桎梏，而是形式的被扬弃被改造。并且，民间形式，只在其与封建内容相结合（如过去中国民间文艺），或与帝国主义思想相结合（如目前日寇在游击区的通俗宣传品）的场合，才是反动的；如果和革命的

---

① 郭沫若：《"民族形式"商兑》，重庆《大公报》1940年6月9—10日。
② 《文艺的民族形式问题座谈会》，《文学月报》第1卷第5期，1940年5月15日。
③ 《文艺的民族形式问题座谈会》，《文学月报》第1卷第5期，1940年5月15日。
④ 《戏剧的民族形式问题座谈会》（桂林诸家），《戏剧春秋》第1卷第2期，1940年12月1日。
⑤ 流焚：《谈谈文艺的民族形式》，《华北文艺》第1卷第1期，1941年5月1日。

思想结合起来，则是有力的革命武器。"① 这里尤须指出的是，郭沫若等人不仅认为内容决定形式，而且还认识到了形式对内容的反作用。郭沫若就曾指出："形式也反过来可以影响内容的。"② 光未然也一再强调："内容和形式固不可分，但却又不是同一物；因此若仅仅抓紧内容，以'内容决定形式'一语为挡箭牌，而回避了对于形式问题，对于形式与内容的结合过程问题的探讨，那就无法解决这个问题，甚至有取消了这问题的危险。"③ 杜埃同样认为："内容优势的规定着形式，但形式却非绝对受动的东西，它还能对内容起积极的刺激的转化的作用。"④ 认识内容决定形式，而形式又反作用于内容，这是"民族形式"讨论的重要收获之一。

再如，在对待传统文艺（或旧文艺）和"五四"以来的新文艺的认识与评价问题上，除向林冰、葛一虹等少数人外，参与讨论的绝大多数文艺工作者则能给予一分为二的认识和评价，即认为传统文艺（或旧文艺）有其精华，也有糟粕；"五四"以来的新文艺有好的一面，也有不好的东西，无论是传统文艺（或旧文艺），还是"五四"以来的新文艺，都不能一概肯定或一概否定。这方面的材料我们已引用了不少，这里不再引用。需要强调的是，除向林冰等少数人外，参与讨论的不少文艺工作者在认识和评价"五四"以来的新文艺的时候，充分肯定了鲁迅的文艺作品以及他所代表的"五四"以来的新文艺的民族化方向，认识到"民族形式"的创造并非从零开始，而是以鲁迅所代表的新文艺的民族化方向为起点，为基础的。艾思奇的《旧形式运用的基本原则》一文指出：鲁迅的作品不仅"表现了中国民族不屈不挠的斗争精神"，"而且很成功地发扬了民族的好的传统；他的作品所以成为'五四'新文艺运动的最高的成果，也正因为它在形式和内容上都不但是新的，而且也是民族的"，具有"我们的民族气派和民族作风"。我们应该向鲁迅学习，坚持鲁迅所代表的"五四"以来的新文艺的民族化方向，创作出"更多的民族的新文艺"。⑤ 周扬不同意那种认为"五四"以来

---

① 向林冰（赵纪彬）:《论民族形式的中心源泉》，重庆《大公报》副刊《战线》，1940 年 3 月 24 日。
② 郭沫若:《"民族形式"商兑》，重庆《大公报》1940 年 6 月 9—10 日。
③《戏剧的民族形式问题座谈会》（重庆诸家），《戏剧春秋》第 1 卷第 3 期，1941 年 2 月 1 日。
④ 杜埃:《民族形式创造诸问题》，香港《大公报》副刊《文艺》，1939 年 12 月 11—12 日。
⑤ 艾思奇:《旧形式运用的基本原则》，《文艺战线》第 1 卷第 3 号，1939 年 4 月 16 日。

的新文艺"是脱离大众的、欧化的、非民族的，民族新形式必须从头由旧形式发展出来"的观点，在他看来，"五四"以来的新文艺"是作为一个打破少数人的贵族文学、建立多数人的平民的文学的运动而兴起的，是一直在为文艺与大众的结合的旗帜下发展来的"，无论是"在其发生上"，还是"在其发展的基本趋势上"，它"都不但不是与大众相远离，而正是与之相接近的"，其思想性和艺术性结合得最好的代表便是鲁迅的作品，鲁迅的"《狂人日记》以及其他短篇的形式虽为中国文学史上所从来未有过的，却正是民族的形式，民族的新形式"。因此，"完全的新民族形式之建立"，并非是从头开始，是从无到有，而是"应当以这（鲁迅作品——引者）为起点，从这里出发的"。① 胡风也批评了"五四"以来的新文艺中根本不存在任何"民族形式"的观点，指出："民族形式是由于活的民族斗争内容所决定的，能通过具体的活的形象，即中国作风与中国气派成功地反映了特定阶段的民族现实，就自然是民族的形式。"而新文化运动时期的鲁迅小说"通过深刻的现实主义的方法绘出了特定时期的中国人民底典型，因而他的形式不但是他底文学斗争时代的民族形式，而且，在创造意志和斗争意志的深刻的结合上，在人物底现实性与典型性的高度统一上，也就是思想力与艺术力的高度的统一上，正是现在的以至将来的文艺形式底典范或前驱"。就此而言，"'民族形式'本质上是'五四'的现实主义的传统在新的情势下面主动地争取发展的道路"，也就是说，"民族形式"的创造要以"五四"以来的新文艺的"现实主义的'五四'传统为基础，一方面在对象上更深刻地通过活的面貌把握民族的现实（包括对于民间文艺和传统文艺的汲取），一方面在方法上加强地接受国际革命文艺底经验（包括对于新文艺底缺点的克服），这才能够创造为了反映'民主主义的内容'的'民族的形式'"。② 一分为二地认识和评价传统文艺（或旧文艺）和"五四"以来的新文艺，肯定鲁迅的文艺作品以及他所代表的"五四"以来的新文艺的民族化方向，这是"民族形式"讨论的又一收获。

又如，在"民族形式"的创造问题上，尽管向林冰主张"民间形式"

---

① 周扬：《对旧形式利用在文学上的一个看法》，《中国文化》创刊号，1940 年 2 月 15 日。
② 胡风：《论民族形式问题底实践意义——对于若干反现实主义倾向的批判提要，并以纪念鲁迅先生底逝世四周年》，《理论与现实》第 2 卷第 3 期，1941 年 1 月 15 日。

是"民族形式"创造的"中心源泉"，他的这一主张也得到了方白等个别人的支持，但就绝大多数参与讨论的文艺工作者来看，他们认为"民族形式"的创造，要继承、借鉴和学习古今中外一切优秀的文艺形式。何其芳的《论文学上的民族形式》一文就强调，我们要建立一种"更中国化的文学形式，它需要承继着旧文学里的优良的传统，吸收着欧洲文学里的进步的成分，而尤其重要的是利用大众所能了解、接受和欣赏的民间形式"。而在旧文学、欧洲文学和民间形式三者之中，他尤其强调了"吸收着欧洲文学里的进步的成分"对于"民族形式"创造的重要意义："欧洲的文学比较中国的旧文学和民间文学进步，因此新文学的继续生长仍然主要地应该吸收这种比较健康，比较新鲜，比较丰富的营养。这种吸收，尤其是在表现方法方面，不但无损而且有益于把更中国化、更民族化的文学内容表现得更好。"[1]与何其芳的看法相似，叶以群也认为"民族形式底创造应该以现今新文学所已经达成的成绩为基础，而加强吸收下列三种成分"：（一）继承中国历代文学的优秀遗产——由《诗经》《楚辞》起，以至唐诗、宋词、元曲、明清小说等，不仅学习它们形式上的优长，更重要的学习作者处理现实的态度，与现实搏斗的方法。只有这样才能理解他们的形式的特点，接受他们的形式的精粹。（二）接受民间文艺的优良成分，即高尔基所说的"口碑文学"的研究。对于这些文艺，学习的重点不在于表面的形式，而在于它底丰富的语言或警句；这是新的文学语言的重要来源之一。（三）吸收西洋文学的精华，以丰富自己，完成自己。[2]在臧云远看来，"民族形式创造过程的基本营养"来源于"三个主要的宝藏"：一是要深切地理解在抗日战争中一切新的事物、新的生活内容所影响激起的、老百姓表现自己喜怒哀乐时的作风和气派；二是要系统地批判、理解和继承民族文学的全部遗产，"理解我们的历代祖先在文艺上，特别是在文艺形式上的成就和演变，理解历代的生活内容在文艺形式上所起的反应，理解庙堂文学和民间文学互相的澈透关系"，并通过理解"而消化而变成新文艺民族形式的营养"；三是要接受和吸纳西欧文艺的优秀成分，"我们没有理由单独去效颦那一个作家，学那一

---

① 何其芳：《论文学上的民族形式》，《文艺战线》第 1 卷第 5 号，1939 年 11 月 16 日。
②《文艺的民族形式问题座谈会》，《文学月报》第 1 卷第 5 期，1940 年 5 月 15 日。

种形式的表现法，我们要把所有西欧文学的优点和特长，放在我们抗战建国文坛的熔炉里，使它熔化，使它中国化，使它成为我们自己的东西"。① 石滨反复告诫广大文艺工作者，"继承民族传统，并不是复古"，"民族传统，不仅是指历史悠久的旧文学和现有的民间形式，而且也包括着'五四'以来的新文艺，同时，一面继承民族遗产，一面更不可忽略了接受世界的遗产"；"接受世界的丰富、进步的文学遗产，将中国的旧文学与新文艺加以综合与提炼，在学习世界伟大作家的过程中，提高自己的创作能力"。石滨还提出了一个非常重要的观点：即文艺的民族性与文艺的世界性是一种对立统一的关系，"文艺的民族特质和它的世界本质，是有着内在的关联。各民族文学发生相互关系，渐渐形成世界文学，是特质向本质的推移。在世界文学形成过程中，民族文学是具有世界内容的"。中国现阶段进行的民族解放斗争"含着极大的世界意义，是世界发展进步中的一个重要环节"，因此，以中国现阶段进行的民族解放斗争为内容的中国的新文艺理所当然地"具有世界的内容，是世界的与中国的历史的发展的结果"。但根据"内容是在形式中发展的，形式是内容存在的机构"这一原则，"现阶段中国现实的内容要求一种适合表现这一内容的有着民族特质的民族形式，换句话说，中国文学所具有的世界内容要求着中国的民族形式。形式是由内容所决定，有着民族价值的民族形式，这样也取得了世界价值"。② 力扬也认为，"民族形式"的创造，既要继承中国文学里的优良传统，尤其是"五四"以来新文学的正确路向，同时又要吸取民间文学适合于现代的因素，但绝不是因袭，更需要接受世界文学的进步成分，而非模仿，"向前发展着的更进步的更高的形式"。③ 茅盾的《旧形式·民间形式·与民族形式》一文在引用了《共产党宣言》关于"世界文学"的形成趋势的一段话后指出："新中国文艺的民族形式的建立，是一件艰巨而久长的工作"，我们在建立的过程中"要吸收过去民族文艺的优秀的传统，更要学习外国古典文艺以及新现实主义的伟大作品的典范，要继续发展五四以来的优秀作风，更要深入于今日的民族

①《文艺的民族形式问题座谈会》，《文学月报》第 1 卷第 5 期，1940 年 5 月 15 日。
② 石滨：《民族传统与世界传统——民族形式中的一个问题》，《现代文艺》第 1 卷第 4 期，1940
　年 7 月 25 日。
③ 力扬：《关于诗的民族形式》，《文学月报》第 1 卷第 3 期，1940 年 3 月 15 日。

现实，提炼熔铸其新鲜活泼的质素"，他因此而号召"一切看清了前程，求进步，忠实于祖国文艺事业的任何作家和艺人"，都应"当仁不让"地投身于"民族形式的建立的任务"中来，"贡献他们的经验智慧，在这一大事业中起积极的作用"。① 默涵在《"习见常闻"与"喜闻乐见"》一文中也一再告诉读者："我们一方面要继承和摄取旧的传统中的好的遗产，另一方面也要大胆地接受外来的好的新品，使它们有机地结合起来，这才能造成真正的民族形式。"② 认识到民族形式的创造或建立，必须继承、借鉴和学习古今中外优秀的文艺形式，这是"民族形式"讨论的第三个收获。

这里尤须指出的是，广大文艺工作者在讨论"民族形式"时，不少人认识到"民族形式"的"中心源泉"既不是向林冰主张的"民间形式"，也不是外来的文艺作品，而是人民大众的现实生活。郭沫若在《"民族形式"商兑》中就明确指出："民族形式的中心源泉，毫无可疑的，是现实生活。"他呼吁广大文艺工作者"深入现实"，从现实中"吸取出创作的源泉来"，"切实的反映现实"，采用民众的语言并加以陶冶，"用以写民众的生活、要求、使命"，从而创作出具有真正民族形式的文艺作品。③ 周扬的《对旧形式利用在文学上的一个看法》一文也认为：民族新形式的建立，主要不是依靠于旧形式，而是依靠作家自己对"民族现在生活的各方面的缜密认真的研究，对人民的语言、风俗、信仰、趣味等等的深刻了解，而尤其是对目前民族抗日战争的实际生活的艰苦的实践"。所以，广大文艺工作者要深入到人民大众中去，"直接向现实生活去找原料"，去认识、观察和了解"眼前的人民，他们的生活，他们的相互之间的关系，他们的观念、见解、风习、语言、趣味、信仰"，并用"简洁明了的文字形式，在活生生的真实性上写出中国人来，这自然就会是'中国作风和中国气派'，就会是真正民族的形式"。④ 茅盾在《论如何学习文学的民族形式》的演说中再三强调：文艺工作者要创造出具有"中国作风和中国气派"且为老百姓真正"喜闻乐见"的作品，就必须"向人民大众的生活去学习"。那么怎样"向人民大众的生活去

① 茅盾：《旧形式·民间形式·与民族形式》，《中国文化》第 2 卷第 1 期，1940 年 9 月 25 日。
② 默涵：《"习见常闻"与"喜闻乐见"》，《中国文化》第 2 卷第 2 期，1940 年 10 月 25 日。
③ 郭沫若：《"民族形式"商兑》，重庆《大公报》1940 年 6 月 9—10 日。
④ 周扬：《对旧形式利用在文学上的一个看法》，《中国文化》创刊号，1940 年 2 月 15 日。

学习"呢？他指出："所谓'向人民大众的生活去学习'，无非是使得生活范围扩大起来，往复杂、往深处去的意思。换言之，就是要去经验各种各样的生活。"但人们的生活是有限的，"因此，在'经验'以外，不得不借助于观察"。所谓"向生活学习"，就是把"经验"和"观察"统一起来的意思。从"经验"一边说，就是时时要以客观的态度对主观的"经验"进行分析研究；从"观察"一边说，就是须以主观的热情走进被客观观察的对象，"使'我'融合于'人'的生活中"。概而言之，"我们不能把'向人民大众的生活去学习'了解为狭义的经验论，但也不能了解为单纯的观察论"。他尤其强调文艺工作者在"向人民大众的生活去学习"的过程中，要真正做到"经验"与"观察"的统一，"最基本的条件还在他先在思想上有了根基，即先有了进步的宇宙观、人生观这一项武器"。因为就像咀嚼食物不可缺少唾液一样，我们咀嚼生活经验时，也需要一种唾液，这就是进步的宇宙观、人生观，否则，被咀嚼的东西就不能起化学分解作用，结果是白嚼一顿；同样，进行"观察"的时候，也不能不用精神的显微镜和分光镜，也就是站在什么样的立场——本于什么样的宇宙观人生观去看人生，只有树立了正确的宇宙观人生观，我们"观察"时才能既"广"，又"深"；既看"正面"，又看"反面"；既注意"表面的、显著的"，也注意"内在的、隐微的"；既能"具体"，又能"概括"。[1] 莫荣文章的题目就叫作《还是生活第一》，他指出，鲁迅的作品之所以能成为"五四"以来新文艺的典范，除了"他的古文学的修养"外，最根本的原因要"归结到他的对于生活认识的深刻——由此才能有深刻的思想力与'中国作风与中国气派'的"。所以，我们要创造民族形式，其"先决的条件"，就是像鲁迅那样，"作者自己必须先是个中国人，熟悉中国的事与人。不然，对社会现实毫无理解，对所写人物毫不熟悉，则纵然你读熟了《诗经》与《庄子》，熟读了莎士比亚与歌德，还是无补于事的"。总之，"文艺大众化也罢，创造民族形式也罢，一句话，还是生活第一"。[2] 胡风的《论民族形式问题底实践意义》一文同样认为，民族形式这种新文艺现象是从"生活里出来的"，因此，文艺工作者必

---

[1] 茅盾：《论如何学习文学的民族形式》，《中国文化》第 1 卷第 5 期，1940 年 7 月 25 日。

[2] 莫荣：《还是生活第一》，《现代文艺》第 1 卷第 3 期，1940 年 6 月 25 日。

须深入到人民大众的生活中去,"理解中国人民(大众)底生活样相,解剖中国人民(大众)底观念形态,选积中国人民(大众)底文艺词汇",从而更好地"把握他们底表现情感的方式、表现思维的方式、认识生活的方式,就是所谓中国作风与中国气派"。换言之,就是把"中国人民(大众)底不平、烦恼、苦痛、忧伤、怀疑、反抗、要求、梦想……通过作家底主观作用——现实主义的方法"反映或表现出来,从而"呈现出真实的面貌而取得思想力量或艺术力量"。[①] 蒋弼的《关于文艺的民族形式》一文在批评了向林冰的"民间形式"是"民族形式"的"中心源泉"的观点后也强调指出:除了要继承民族文艺的优良传统和吸收"五四"以来新文艺的健康素质外,"民族形式的中心源泉"是"离不开丰富动人的现实生活"的,即"要从大众生活中汲取活的语汇、语法和表现新鲜事物和情感的新的语言,这种语言,是中华民族的新生活发展的产物"。[②] 光未然在《文艺的民族形式问题》中更是直截了当地写道:"中国作风中国气派的东西,都不是在书斋中创造出来的,而是在群众生活中和群众工作中创造出来的。"[③] 认识到"民族形式"的"中心源泉"或"民族形式"的真正建立,是人民大众的现实生活,这是"民族形式"讨论的第四个收获,尤其是茅盾提出的文艺工作者只有树立了"先进的宇宙观、人生观","向人民大众生活去学习"才能取得真正的收获,从而创作出具有"中国作风和中国气派"且为老百姓真正"喜闻乐见"的作品的观点,振聋发聩,引人深思。

当然,我们在充分肯定"民族形式"的讨论所取得的收获的同时,也要看到它的不足或欠缺。其不足或欠缺之一,是不少讨论者都把"民族形式"等同于"大众化"了。"民族形式"是否就是"大众化"?参与讨论的文艺工作者是有不同的看法的。比如,潘梓年就认为"民族形式"不等同于"大众化"。1940 年 4 月 21 日,他在《文学月报》召开的"民族形式座谈会"的发言中就明确指出:"大众化与民族形式不是一个问题",大众化比较笼统,为大家了解(形式),写大众的生活(内容),而民族形式比较专

---

① 胡风:《论民族形式问题底实践意义——对于若干反现实主义倾向的批判提要,并以纪念鲁迅先生底逝世四周年》,《理论与现实》第 2 卷第 3 期,1941 年 1 月 15 日。
② 蒋弼:《关于文艺的民族形式》,《华北文艺》第 1 卷第 1 期,1941 年 5 月 1 日。
③ 光未然:《文艺的民族形式问题》,《文学月报》第 1 卷第 5 期,1940 年 5 月 15 日。

门，是大众化的进一步发展。6月9日，他在《新华日报》召开的"民族形式座谈会"上的总结发言中又强调："民族形式问题的提出，不能和通俗化、大众化混为一谈。"不久，在《民族形式与大众化》一文，潘梓年再次强调："民族形式问题，可以说就是中国化问题，而不能说就是大众化问题——至少在一般人民文化水平还这样落后的现在，不能这样说。"[1] 但在郭沫若看来，"民族形式"就是"大众化"。他在《"民族形式"商兑》中写道："民族形式"不外是"大众化"的同义语，"目的是要反映民族的特殊性以推进内容的普遍性"。[2] 就当时讨论的情况来看，占上风的是郭沫若的"民族形式"就是"大众化"的意见。把"民族形式"等同于"大众化"，这显然是对"民族形式"的误解，至少是简单化的理解。从字面上讲，民族不等同于大众，民族是整体，而大众只是整体中的一部分或一大部分，比如我们讲的人民大众只是中华民族的一部分或大部分，除工人、农民、士兵、下层市民这些被视为人民大众的群体外，中华民族还包括知识精英、青年学生、企业家、官员等其他群体。就含义分析，民族形式是指文艺作品从思想内容到艺术形式、倾向、风格、语言都要达到具有我们民族特征的普遍性状态；而大众化有两种含义：一是指文艺作品要采用大众的语言和所喜爱的形式，尽量做到通俗易懂，从而使广大文化水平不高甚至一字不识的普通老百姓能读得懂，看得懂，能理解，能接受；二是指文艺工作者在思想上要与广大民众打成一片，接受他们的再教育，亦即世界观的改造问题。陈伯达的《关于文艺的民族形式问题杂记》一文写道："文艺家同时也是教育家，但是却不要以为自己不必受教育，马克思有句名言：'教育家本身也要受教育。'你要成为大众化的文艺家来教育大众吗？你首先应当向大众方面去受教育……不然，你就没有法子接近大众，大众也就没有法子去接近你，因此，你就不能成为真正大众化的艺术家。因此，我们说：应该根据文艺活动的实际生活来克服文艺家过去的习气，不能以文艺活动的实际生活来服从文艺家过去的习气。"[3] 后来毛泽东《在延安文艺座谈会上的讲话》中更进一步明确指出："什么叫做文艺大众化呢？就是我们的文艺工作者的思想

---

[1] 梓年：《民族形式与大众化》，重庆《新华日报》1940 年 7 月 22 日。

[2] 郭沫若：《"民族形式"商兑》，重庆《大公报》1940 年 6 月 9—10 日。

[3] 陈伯达：《关于文艺的民族形式问题杂记》，《文艺战线》第 1 卷第 3 号，1939 年 4 月 16 日。

感情和工农兵大众的思想感情打成一片。"[1] "大众化"的这两种含义，都与
"民族形式"的含义不同。把"民族形式"等同于"大众化"的结果，导致
了一些文艺工作者在实际的创作中过于追求作品的通俗化和大众化，而忽
略了对作品的艺术价值的追求，借用向林冰的话说："目前大众所需要的通
俗文艺，自然不是要求《夏伯阳》、《铁流》一类名著同样的水准。"[2] 这是造
成抗战时期真正有影响、有较高艺术价值的作品不多的一个重要原因。

　　其不足或欠缺之二，是对民间形式或旧形式在"民族形式"创造中的作
用估价有些过高。尽管参加讨论的绝大多数文艺工作者不同意向林冰提出
的"民间形式"是"民族形式"的"中心源泉"的主张，但总的来看，他
们中的不少人对民间形式或旧形式在"民族形式"创造中的作用估价还是
有些过高。实际上早在 1939 年 11 月，亦即"文艺的民族形式"问题的讨
论开始不久，沙汀在《民族形式问题》一文中就已提出："在动员广大的民
众起来参加抗战的前提下，把旧形式利用作为目前文艺活动的主力，这是
应该的。从文艺本身上说，它的活动也能给新文艺以若干新的刺激和营养，
并且把大众的鉴赏能力提高，使其逐渐接近新文艺，加速文艺与大众结合
的过程"，"但我却不同意把旧形式利用在文艺上的价值抬得过高"，因为
"目前民众的现实生活已经和旧形式当中所表现的有着相当的距离了"。[3] 但
遗憾的是，沙汀的上述意见并没有引起人们的重视。由于对民间形式或旧
形式在"民族形式"创造中的作用估价过高，这就影响了一些文艺工作者的
文艺创作，亦即他们在创作中过于依赖民间形式或旧形式，从而影响了作
品的艺术价值。何其芳就曾批评柯仲平的诗，有的利用民间形式或旧形式
是成功的，有的则"不适当，成了缺点"。"首先是不经济"，比如读柯仲平
写的《平汉路工人破坏大队的产生》，就像读《笔生花》《再生缘》一类的
弹词一样，"描写得太多，叙述得太铺张，故事进行得太慢"。"其次是不现
代化"，"过度地把民歌之类利用到长诗上是并不适当的"：或者由于各种形
式的兼收并容和突然变换，使人感到不和谐，不统一（如《边区自卫军》）；

① 毛泽东：《在延安文艺座谈会上的讲话》，载《毛泽东选集》第三卷，第 851 页。
② 转引自蔺一虹《民族形式的重心源泉是在所谓"民族形式"吗？》，《新蜀报》副刊《蜀道》，
　　1940 年 4 月 10 日。
③ 沙汀：《民族形式问题》，《文艺战线》第 1 卷第 5 号，1939 年 11 月 16 日。

或者是由于民间形式的调子太熟，太轻松，流动得快，破坏了大的诗篇的庄严性（如《平汉路工人破坏大队的产生》）。① 实际上，在抗战时期像柯仲平一样"不适当"地利用民间形式或旧形式的大有人在，这也是造成抗战时期真正有影响、有较高艺术价值的作品不多的另一重要原因。

其不足或欠缺之三，是在讨论中显露出了一些扣帽子、打棍子的"左"的学风倾向。总的来看，这场"民族形式"问题的讨论是在心平气和中进行的，参加讨论的大多数人能摆事实，讲道理，针对不同的观点提出自己的意见，但我们也必须看到，讨论中也显露出了一些扣帽子、打棍子的"左"的学风倾向。王实味就曾批评胡风的《论民族形式问题底提出和争论及其实践意义》一文有"过左的偏向"。② 比如，对向林冰的"民间形式"是"民族形式"的"中心源泉"的批评，这本来是一个纯学术问题，但有的讨论者则给他扣上了"唯心主义""复古主义""封建余孽""统治阶级代言人"等帽子，甚至有意无意地往政治问题上引，以为他提出"民间形式"是"民族形式"的"中心源泉"就是反马克思主义的文艺理论。实际上，向林冰主张以"民间形式"为"民族形式"的"中心源泉"在理论上虽然是错误的，但他提出的是一个纯学术问题，其出发点是好的，同时他提出的问题对推动"民族形式"的讨论也是有积极意义的，应该给予肯定。借用光未然在《文学月报》召开的"文艺的民族形式问题座谈会"上发言的话说："没有争论，问题是不会深入的"，所以我们"应该感谢"向先生提出的问题以及他与葛先生的争论。③ 另外，在讨论中少数人也还存在着唯我正确、不以理服人的霸道学风。例如，王实味就对胡风的霸道学风提出过批评。他的《文艺形式问题上的旧错误与新偏向》一文在批评了"胡风先生的新偏向"后写道：胡风批评其他人"根本不懂现实主义……这样的批评是不能使人心折的，因为不合乎事实"，"胡先生底批评，既不公平，又似乎带有现实主义'只此一家，别无分店'的傲慢气概"，他因而"希望胡先生能更虚心

---

① 何其芳：《论文学上的民族形式》，《文艺战线》第 1 卷第 5 号，1939 年 11 月 16 日。
② 王实味：《文艺形式问题上的旧错误与新偏向》，《中国文化》第 2 卷第 6 期，1941 年 5 月 20 日。
③《文艺的民族形式问题座谈会》，《文学月报》第 1 卷第 5 期，1940 年 5 月 15 日。

一点，因为更多的虚心将保证更大的成就"。①"文艺的民族形式"讨论中所存在的这两种不良的学风倾向，尤其是"左"的学风倾向后来是越演越烈，严重地影响了中国文艺事业的健康发展，其教训是沉重和深刻的，值得我们认真吸取。

文艺是一个民族和国家民族精神的集中体现，尤其是在民族危难之际，更加要求文艺能够具有解放民族、促进国家独立之功效。民族国家不仅需要武力上的保护，也要求文化力量的捍卫，"一个对自己文化艺术失去信心缺乏尊重的民族，必定是个失去了尊严的民族，是没有勇气求生存和发展的民族"②。"文艺的民族形式"及其讨论，从根本上说就是要求文艺能承担起树立民族意识、民族尊严之重担，从而更好地为抗战建国服务，为中华民族的伟大复兴服务。

第四节　"中华民族"观念的提出、演变和形成

我们在本书第一卷的第六章中已经提到，中华民族形成很早，但中华民族观念提出很晚，它最早是1902年由梁启超提出来的。这年梁启超在《论中国学术思想变迁之大势》一文中论述战国时期齐国的学术思想时，第一次使用了"中华民族"一词。③不久在《历史上中国民族之观察》（1904年）等文中他又多次提到"中华民族"，并就"中华民族"自始是单一民族还是由多民族融合而成，如果是由多民族融合而成则有无"最重要之民族"以及"最重要之族为何"等问题进行了考察。④第一个提出和使用"中华民族"，并以大量的历史事实论证"中华民族"亦即华夏族自始"本非一族，实由多数民族混合而成"，这是清末时期梁启超对"中华民族"这一观念的重大贡献。在清末，除梁启超外，使用"中华民族"的还有另一位立宪派的领军人物杨度和著名的革命党人章太炎。但无论梁启超也好，还是杨度、章

① 王实味：《文艺形式问题上的旧错误与新偏向》，《中国文化》第2卷第6期，1941年5月20日。
② 黄宗贤：《抗战时期关于绘画"民族化"问题的论争》，《美术观察》2002年第11期。
③ 梁启超：《论中国学术思想变迁之大势》，载《饮冰室合集》第1册，文集之七，第21页。
④ 梁启超：《历史上中国民族之观察》，载《饮冰室合集》第8册，专集之四十一，第1页。

太炎也罢，他们都是在汉族的意义上使用"中华民族"这一观念的。（以上内容详见本书第一卷第六章）

中华民国的成立，尤其是"五族共和""五族平等"建国主张的提出并成为基本国策，对"中华民族"观念的确立和形成起了极大的促进作用。这正如常燕生后来在《中华民族小史》一书中所指出的那样："民族之名多因时代递嬗，因时制宜，无一定之专称，非若国家之名用于外交上，须有一定之名称也。中国自昔为大一统之国，只有朝代之名，尚无国名，至清室推翻，始有中华民国之名出现。国名既无一定，民族之名更不统一。或曰夏，或曰华夏，或曰汉人，或曰唐人。然夏、汉、唐皆朝代之名，非民族之名，惟'中华'二字，既为今日民国命名所采用，且其涵义广大，较之其他名义之偏而不全者最为适当，故本书采用焉。……惟今日普通习惯，以汉族与其他满蒙诸族土名并列，苟仅以汉族代表其他诸族，易滋误会。且汉本朝代之名，用之民族，亦未妥治，不若'中华民族'之名为无弊也。"[1] 因此，在民初，"中华民族"观念不仅得到了更大范围的使用，而且也更多地具有了中国境内各民族共同称谓的含义。1912 年 1 月 5 日，孙中山在以中华民国临时大总统名义发布的《对外宣言书》中郑重宣示："今幸义旗轩举，大局垂定，吾中华民国全体，用敢以推翻满清专制政府、建设共和民国，布告于我诸友邦……盖吾中华民族和平守法，根于天性，非出于自卫之不得已，决不肯轻启战争。"[2] 就目前发现的资料来看，这是孙中山第一次使用"中华民族"这一观念，也是中国的官方文件对"中华民族"的第一次使用。3 月 19 日，革命党领袖人物黄兴、刘揆一等领衔发起成立"中华民国民族大同会"，后改称"中华民族大同会"，他们在《发起组织中华民国民族大同会启》中写道："鉴民国初建，五族涣散，联络感情，化除畛域，共谋统一，同护国权，当务之急，无逾于此。且互相提挈，人道宜然。凡我同胞，何必歧视。用特发起中华民族大同会。"[3] 同年秋商务印书馆出版的《共和国历史教科书》，在讲到民国统一时也使用了"中华民族"："我中华民族本部

① 常乃德（常燕生）：《中华民族小史》，爱文书局，1921，第 4—5 页。
② 孙中山：《对外宣言书》，载《孙中山全集》第二卷，第 8 页。
③ 黄兴：《与刘揆一等发起组织中华民国民族大同会启》，载湖南省社会科学院编《黄兴集》，中华书局，1981，第 147 页。

多汉人，苗瑶各土司杂居其间。西北各地，则为满、蒙、回、藏诸民族所居，同在一国之中，休戚相关，谊属兄弟。"①这是历史教科书对"中华民族"的第一次使用。

辛亥革命后，在沙皇俄国的策划下，哲布尊丹巴等部分蒙古封建王公贵族宣布外蒙独立，在库伦成立所谓的"大蒙古国"。哲布尊丹巴等人分裂祖国的罪恶行径，遭到了包括蒙古人民在内的全体中国人的反对。1913 年 1 月，西部内蒙古乌兰察布盟和伊克昭盟蒙古族各王公在呼和浩特集会，制定了《西盟王公会议条件大纲》，一致决定"赞助共和"，反对外蒙古分裂。两盟各札萨克还给库伦民族分裂主义分子发去文告，陈述"蒙古疆域，与中国腹地唇齿相依，数百年来，汉蒙久成一家"，"现在共和新立，五族一家……我蒙同系中华民族，自宜一体出力，维持民国"，劝诫他们"翻然悔悟，协助中华"，取消俄库协约，不要"堕俄人狡谋"。②就目前所发现的资料来看，这是中国少数民族第一次采用政治文告的形式，公开承认自己是"中华民族"的一部分，其历史意义不言而喻。在此前后，袁世凯也以民国大总统的身份致信哲布尊丹巴，指出"外蒙同为中华民族，数百年来，俨如一家，现在局势阽危，边事日棘，万无可分之理"。③袁氏此处对"中华民族"观念的运用，与乌、伊两盟各札萨克致哲布尊丹巴的文告如出一辙。

除了政界方面的人物以外，"中华民族"一词也开始为学者所采用。1914 年 6 月著名学者辜鸿铭在北京东方学会上宣讲他的《中国人的精神》论文，其中就多次提到了"中华民族"。比如，他称"中华民族"是"一古老的民族"，尽管它"在目前仍是一个带有幼稚之像的民族"，但它所取得的"辉煌的成绩"，这"无论是古代还是现代的欧洲民族"都不能比拟的，"他们不仅将亚洲大陆上的大部分人口置于一个庞大帝国的统治之下，而且维持了它的和平"。④"如果说中华民族之精神是一种青春永葆的精神、是不

①《共和国历史教科书》第四册，商务印书馆，1912，第 301 页。

②《乌伊两盟各札萨克劝告库伦文》，载上海经世文社编《民国经世文编》第 18 册，1914，第 15—16 页。

③《袁世凯致库伦活佛书》，载刘学铫《中国历代边疆大事年表附录 1》，胡耐安、林恩显校订，（台北）金兰文化出版社，1979，第 483 页。

④ 辜鸿铭：《中国人的精神》，海南出版社，1996，第 37 页。

朽的民族魂，那么，民族不朽的秘密就是中国人心灵与理智的完美谐和。"①
同年4月，一位署名"光升"的作者在《中华杂志》创刊号上发表《论中国
之国民性》的专论，依据他对西方近代"民族"概念的理解，认为与其"合
满、汉、蒙、回、藏之民谓之五族"，还不如仿照"大日尔曼主义""大斯
拉夫主义"的叫法，"谓之大中华民族可也"。②

中华民国的成立，尤其是"五族共和""五族平等"建国主张的提出并
成为基本国策，虽然对"中华民族"观念的确立和形成起了极大的促进作
用，但我们还不能说"中华民族"的观念在民初已得到了确立或形成。因
为，第一，当时人们使用得更多的不是"中华民族"，而是"中国民族""国
族""华族"等观念，"中华民族"还没有为大多数人所接受和使用。如
1913年初，吴贯因在《庸言》第7、8、9号上连载《五族同化论》一文，
逐个论析了汉、满、蒙、回、藏混合和同化其他民族的历史，并认为五族
能混合和同化其他民族而成一大民族，"五民族而成一更大之民族，（亦）
当非不可能之事"。因此，他主张随着五族之间进一步的混合和同化，"今
后全国之人民，不应有五族之称"，而应统称为"中国民族"。③1914年湖南
安化人夏德渥撰写的《中华六族同胞考说》一书，在详细考述中国历代各
种史书的有关记载的基础上，对汉、满、蒙、回、藏、苗六族间的同胞关
系作了全面论证，认为"汉、满、蒙、回、藏、苗论远源为同种，论近源为
同族"，是同一个民族。④但他称这同一民族为"华族"，而非"中华民族"，
"中华民族"在他书中只是偶尔用之。第二，"中华民族"在多数情况下指
的还是汉族，而不是中国境内各民族的共同称谓。比如，我们上面引用过的
1912年秋商务印书馆出版的《共和国历史教科书》，其中所讲的"中华民族"
指的便是与"满、蒙、回、藏诸民族"同居一国、"谊属兄弟"的汉族。

到了新文化运动时期，受第一次世界大战结束前后兴起的民族自决思潮
的影响，认同和使用"中华民族"观念的人更加多了起来。除北洋军阀外，
这一时期政治舞台上主要有三大政治力量或政治派别，即以孙中山为代表

---

① 辜鸿铭：《中国人的精神》，第39页。
② 光升：《论中国之国民性》，《中华杂志》创刊号，1914年4月。
③ 吴贯因：《五族同化论》，《庸言》第1卷第9号，1913年4月1日。
④ 夏德渥：《〈中华六族同胞考说〉自序》，1917年湖北第一监狱石印。

的国民党人、以李大钊为代表的早期共产主义者和以梁启超为代表的研究系知识分子，而这三大派别对认同和使用"中华民族"都有一定的理论自觉。

以孙中山为例，他在清末时没有使用过"中华民族"，使用的是意指汉族的"中华"一词（如"驱逐鞑虏，恢复中华"）。进入民初，他对"中华民族"也只是偶尔用之，他用得最多的是"五族共和"。但到了"五四"前后，"中华民族"则经常出现在他的演讲或文章之中。比如，他在 1919 年 9 月写的《〈战后太平洋问题〉序》，10 月写的《八年今日》，以及同年（具体月份不详）写的《三民主义》等文中，都使用过"中华民族"一词。在《〈战后太平洋问题〉序》中，孙中山强调了太平洋问题对于中华民族之生存的重要性，认为它"实关于我中华民族之生存，中华国家之运（命）命（运）者也"[1]。在《八年今日》中，孙中山要求革命党人和一切拥护民国的有识之士，"服膺于革命主义，黾勉力行，以达革命之目的，而建设一为民所有、为民所治、为民所享之国家，以贻留我中华民族子孙万年之业"[2]。在《三民主义》中，孙中山对清末的排满革命进行了深刻反省，认为清末的排满革命只是民族主义的消极目的，民族主义的积极目的是"汉族当牺牲其血统、历史与夫自尊自大之名称，而与满、蒙、回、藏之人民相见于诚，合为一炉而冶之，以成一中华民族之新主义，如美利坚之合黑白数十种之人民，而冶成一世界之冠之美利坚民族主义"。[3]后来他又多次撰写文章或发表演讲，倡导汉族与满、蒙、回、藏等少数民族之间的融合，以形成一新的中华民族。1920 年他在《在上海中国国民党本部会议的演说》中就指出：民族主义当初是用来破坏清政府的专制统治，现在我们要把它扩充起来，"融化我们中国所有各族，成个中华民族"。[4]国民党改组后，融合各民族以成一中华民族，以便打倒帝国主义，实现民族的独立和自由，更成了国民党的行动纲领和基本国策。

中国早期马克思主义者，最早接受和使用"中华民族"的是李大钊。早

---

① 孙中山：《〈战后太平洋问题〉序》，载《孙中山全集》第五卷，中华书局，1985，第 119 页。
② 孙中山：《八年今日》，载《孙中山全集》第五卷，第 132 页。
③ 孙中山：《三民主义》，载《孙中山全集》第五卷，第 187—188 页。
④ 孙中山：《在上海中国国民党本部会议的演说》，载《孙中山全集》第五卷，第 392—393 页。

在 1916 年，李大钊在《〈晨钟〉之使命》一文中就使用过"中华之民族"的概念。1917 年，他又针对日本人宣扬的以日本民族为中心的大亚细亚主义，在《甲寅》日刊上连续发表《新中华民族主义》和《大亚细亚主义》两文，揭示了满、汉、藏等族趋于一体化的重要历史文化因素、血统联系和现实政治条件，提出中国人应激发一种以各民族融合为基础的"新中华民族"主义的自觉，并认为"大亚细亚主义者，当以中华国家之再造，中华民族之复活为绝大之关键"。①陈独秀首次使用"中华民族"一词，是在五四运动后不久写的《我们究竟应当不应当爱国？》一文中，该文认为"我们中华民族，自古闭关，独霸东洋，和欧、美、日本通商立约以前，只有天下观念，没有国家观念"②。毛泽东对"中华民族"的首次使用，也是在五四运动后不久。1919 年 8 月 4 日，他在《湘江评论》第 4 号发表的《民众的大联合》一文中写道："我们中华民族原有伟大的能力……他日中华民族的改革，将较任何民族为彻底。中华民族的社会，将较任何民族为光明。中华民族的大联合，将较任何地域任何民族而先告成功。"③

　　至于以梁启超为代表的研究系知识分子，他们对"中华民族"的认同和使用比以孙中山为代表的国民党人和以李大钊为代表的早期马克思主义者更早、更频繁，也更自觉。但与以孙中山为代表的国民党人和以李大钊为代表的早期马克思主义者不同的是，由于这时的梁启超已离开政治斗争舞台，而把主要精力放在了学术研究上，因此他不是从当下的政治需要，而是从学术研究的角度来讲中华民族的。1921 年梁启超在天津南开大学课外演讲中国历史研究的方法问题，一学期结束，成《中国历史研究法》一书，共 10 万余言，1922 年由商务印书馆出版印行。在书中他提出，"今欲成一适合于现代中国人所需要之中国史"，就必须对"中华民族"之形成和发展的有关问题进行研究。④同年（1922 年），梁启超又在 18 年前发表的《历史上中国民族之观察》的基础上写成《中国历史上民族之研究》一文。这

---

① 李大钊：《新中华民族主义》，《甲寅》（日刊），1917 年 2 月 19 日；《大亚细亚主义》，《甲寅》（日刊），1917 年 4 月 18 日。

② 只眼（陈独秀）：《我们究竟应当不应当爱国？》，《每周评论》第 25 期，1919 年 6 月 8 日。

③ 毛泽东：《民众的大联合》，载中共中央文献研究室、中共湖南省委《毛泽东早期文稿》编辑组编《毛泽东早期文稿》，湖南出版社，1990，第 393—394 页。

④ 梁启超：《中国历史研究法》，载《饮冰室合集》第 10 册，专集之七十三，第 5 页。

是他晚年最重要的著作之一。在该文中,梁启超对于中华民族"多元一体"历史格局的形成过程和特点进行了考察和总结。他认为一开始便生活在黄河中下游地区的"华夏"或"诸夏"族群不仅是"中华民族之骨干"[①],而且具有很强的民族"同化力",他们在长期的生产和生活过程中,不断"化合"周边各族群,最终使"今日硕大无朋之中华民族,遂得以成立"[②]。所以,中华民族"自始即为多元的结合",这种结合从"诸夏"的名称上就能得到见证:"吾族自名曰'诸夏',以示别于夷狄。诸夏之名立,即民族意识自觉之表征。'夏'而冠以'诸',抑亦多元结合之一种暗示也。"[③]梁启超还从地理、语言、文化、政治、经济和战争等多方面分析阐述了"中华民族同化力"之所以"特别发展",作为"中华民族之骨干"的"华夏"或"诸夏"族群,在"三千余年"的"蜕化作用中"能不断地"化合"周边其他各族群,而不为其他族群所"同化",并最终"成为全世界第一大民族"的原因。[④]由于梁启超的学术地位及其社会影响力,他的这篇文章发表后产生了重大影响。1928年,钱穆在《国学概论》中,就对梁启超此文给予了充分肯定,认为它"尤能着眼于民族的整个性,根据历史事实,为客观的认识"[⑤]。

除以孙中山为代表的国民党人、以李大钊为代表的中国早期马克思主义者和以梁启超为代表的研究系知识分子外,也有其他一些学者,甚至来华访问的外国学者使用"中华民族"一词。如1920年来华访问的罗素,他在《中国问题》一书中谈到"中国的种种问题"时写道:"我不主张提倡民族主义和军国主义。但若那些爱国的中国人反问我,不提倡的话何以图生存?我却也无言以对。到目前为止,我只有一个结论:中华民族是全世界最富忍耐力的,当其他的民族只顾及到数十年的近忧之时,中国则已想到几个世纪之后的远虑。它坚不可摧,经得起等待。"[⑥]在该书中,他还比较了中西文明,并对"中国人的性格"进行了探讨,认为"中国人的实力在于四万万人口,在于民族习惯的坚韧不拔,在于强大的消极抵制力,以及无可比拟

① 梁启超:《中国历史上民族之研究》,载《饮冰室合集》第8册,专集之四十二,第4页。
② 梁启超:《中国历史上民族之研究》,载《饮冰室合集》第8册,专集之四十二,第8页。
③ 梁启超:《中国历史上民族之研究》,载《饮冰室合集》第8册,专集之四十二,第4页。
④ 梁启超:《中国历史上民族之研究》,载《饮冰室合集》第8册,专集之四十二,第33页。
⑤ 钱穆:《国学概论》,商务印书馆,2008,第363页。
⑥ 沈益洪:《罗素谈中国》,浙江文艺出版社,2001,第335页。

的民族凝聚力"①。据林家有先生研究，这是"比较早使用中华民族概念来分析和探索中国文化和文明的论著"②。

尽管新文化运动时期有更多的人开始认同和使用"中华民族"一词，但是，第一，"中华民族"观念还没有为全国各族人民所普遍认同和使用，当时还有一些人仍然使用的是"中国民族""吾民族""全民族"等观念。例如，陈嘉异在《东方文化与吾人之大任》一文中，在对中西文化进行比较，尤其是在谈到中国的民族精神时，用的就是"中国民族""吾民族"（见《东方杂志》第18卷第1、2号）；常燕生有一篇参与"五四"文化争论的文章，其标题就叫作《中国民族与中国新文化之创造》（见《东方杂志》第24卷第24号）。"中华民族"和"中国民族"虽然指的都是中国境内各民族，但在内涵上则有所不同。"中华民族"强调的是各民族之间的历史、文化和情感上的联系或同一性，而"中国民族"强调的是各民族之间的政治和法律上的联系或同一性。就二者比较而言，"中华民族"更符合"民族"理论和中国各民族的历史事实，也更能得到各民族的认同。因为在历史上，中国的版图时有变动，政权（朝代）多有更迭，各民族之间的政治和法律上的联系也因而有所不同，但版图的变动、政权（朝代）的更迭并不影响各民族之间历史、文化和情感上的联系或同一性。1924年李大钊在《人种问题》的演讲中就指出："民族的区别由其历史与文化之殊异，故不问政治、法律之统一与否，而只在相同的历史和文化之下生存的人民或国民，都可归之为一民族。例如台湾的人民虽现隶属于日本政府，然其历史、文化都与我国相同，故不失为中华民族。"③第二，在认同和使用"中华民族"观念的人中，包括以孙中山为代表的国民党人、以李大钊为代表的早期共产主义者和以梁启超为代表的研究系知识分子，他们有时也是在"汉族"的含义上接受和使用"中华民族"观念的。比如，"五四"前后孙中山所讲的"中华民族"，有时指的是中国境内各民族，有时指的就是同化了其他民族的汉族。1921

---

① 沈益洪：《罗素谈中国》，第353页。
② 林家有：《辛亥革命与中华民族自觉实体的形成》，载郑大华、邹小站主编《辛亥革命与清末民初思想》，社会科学文献出版社，2012，第12页。
③ 李大钊：《人种问题——在北京大学政治学会的演讲》，《新国民杂志》第1卷第6期，1924年6月20日。

年3月6日，孙中山《在中国国民党本部特设驻粤办事处的演说》中解释他
所提倡的"汉族底民族主义"时指出：所谓"汉族底民族主义"，是"拿汉
族来做个中心，使之（指满、蒙、回、藏等其他民族——引者）同化于我"，
并"仿美利坚民族底规模，将汉族改为中华民族"。[1]他并且要人们相信，只
要以汉族为中心同化满、蒙、回、藏等其他民族而为一新的"大中华民族"，
中国就一定能够"驾欧美而上之"，成为世界上最发达富强的国家。[2]所以，
本书第二卷第十三章第二节在评价孙中山的上述"中华民族"观念时认为，
它是一种以同化为基础的具有大汉族思想倾向的民族观。

　　中国共产党最早使用"中华民族"是在1922年。这年7月在上海召开
的中国共产党第二次全国代表大会《宣言》提出的"中国共产党的任务及其
目前的奋斗"的目标之一，是"推翻国际帝国主义的压迫，达到中华民族
完全独立"。[3]《宣言》虽然把"推翻国际帝国主义的压迫，达到中华民族完
全独立"作为"中国共产党的任务及其目前的奋斗"的目标提了出来，但
从《宣言》的前后文来看，这里所讲的"中华民族"实际上指的是居于"中
国木部"的汉族，并不包括居于"蒙古、西藏、回疆三部"的蒙古族、藏
族、回族和其他少数民族，居于"蒙古、西藏、回疆三部"的蒙古族、藏
族、回族和其他少数民族在《宣言》中被称之为"异种民族"。比如，《宣言》
在谈到为什么中国本部可以统一"为真正民主共和国"，而"蒙古、西藏、
回疆三部"只能"实行自治，成为民主自治邦"的原因时指出：蒙古、西
藏、回疆"不独在历史上为异种民族久远聚居的区域，而且在经济上与中国
本部各省根本不同：因为中国本部的经济生活，已由小农业手工业渐进于
资本主义生产制的幼稚时代，而蒙古、西藏、新疆等地方则还处在游牧的
原始状态之中，以这些不同的经济生活的异种民族，而强其统一于中国本
部还不能统一的武人政治之下，结果只有扩大军阀的地盘，阻碍蒙古等民
族自决自治的进步，并且于本部人民没有丝毫利益。所以中国人民应当反
对割据式的联省自治和大一统的武力统一，首先推翻一切军阀，由人民统
一中国本部，建立一个真正民主共和国；同时依经济不同的原则，一方面

① 孙中山：《在中国国民党本部特设驻粤办事处的演说》，载《孙中山全集》第五卷，第474页。
② 孙中山：《三民主义》，载《孙中山全集》第五卷，第187—188页。
③《中国共产党第二次全国代表大会宣言》，载《中共中央文件选集》第一册，第115页。

免除军阀势力的膨胀，一方面又因尊重边疆人民的自主，促成蒙古、西藏、回疆三自治邦，再联合成为中华联邦共和国，才是真正民主主义的统一"。①

实际上，直到抗日战争全面爆发之前，中国共产党所讲的"中华民族"，在多数情况下指的都是汉族，而非中国各民族的共同称谓。比如，1935年12月20日的《中华苏维埃中央政府对内蒙古人民宣言》："中国红军战斗的目的，不仅是把全中华民族从帝国主义与军阀的压迫之下解放出来，同样的要为解放其他的弱小民族而斗争，首先就是要帮助解决内蒙古民族的问题。"②1935年12月25日中央政治局瓦窑堡会议通过的《中共中央关于目前政治形势与党的任务决议》："为了使民族统一战线得到更加广大的与强有力的基础，苏维埃工农共和国及其中央政府宣告，把自己改变为苏维埃人民共和国。把自己的政策，即苏维埃工农共和国的政策的许多部分，改变到更加适合反对日本帝国主义变中国为殖民地的情况。这些政策的改变，首先就是在更充分的表明苏维埃自己不但是代表工人农民的，而且是代表中华民族的……苏维埃人民共和国拿自己的榜样和真诚的口号给蒙古人、回人等被压迫民族看，你们也组织自己的国家呵！日本帝国主义及中国卖国贼，是我们共同的敌人，联合起来打倒这个敌人呵！"③1936年5月25日的《中华苏维埃中央政府对回族人民的宣言》："中华人民苏维埃政府及人民红军、抗日先锋军素以反对帝国主义、特别是日本帝国主义，彻底解放中华民族及其他各弱小民族为其基本任务。"④1936年10月10日《中央为庆祝一二四方面军大会合通电》："正当日本帝国主义准备好了举行对于中国新的大规模的进攻，我有五千余年光荣历史的中华民族处在空前未有的危急存亡地位的时候，我民族革命战争的先锋队，第一第二第四三个方面军在甘肃境内会合了。……我全国主力红军的会合与进入抗日前进阵地……将向苏联共和国外蒙共和国内蒙民族西北回人证明我们是与他们共同奋斗反对日

---

① 《中国共产党第二次全国代表大会宣言》，载《中共中央文件选集》第一册，第111页。
② 《中华苏维埃中央政府对内蒙古人民宣言》，载中共中央统战部编《民族问题文献汇编 一九二一·七—一九四九·九》，中央党校出版社，1991，第323页。
③ 《中共中央关于目前政治形势与党的任务决议（瓦窑堡会议）》，载《中共中央文件选集》第十册，第610—611、616页。
④ 《中华苏维埃中央政府对回族人民的宣言》，载《民族问题文献汇编 一九二一·七—一九四九·九》，第366页。

本帝国主义与世界侵略者的最切近的好朋友。"①

　　在上述这些《决议》《宣言》和《通电》中，"中华民族"是与"蒙古人、回人等被压迫民族""其他各弱小民族""内蒙民族""西北回人"等相对应的一个概念，实质上指的就是"汉族"，"蒙古人、回人等被压迫民族""其他各弱小民族""内蒙民族""西北回人"并不包括在"中华民族"之内，这也就是 1936 年 10 月 10 日《中央为庆祝一二四方面军大会合通电》中所强调的"我们"（中华民族）与"他们"（内蒙民族西北回人）。

　　中国共产党之所以会在"汉族"的含义上使用"中华民族"这一观念，除受到自清末以来即把"中华民族"当作"汉族"来使用这一"传统思想观念的影响"外，"归根到底，是同中国共产党的成熟程度密切联系在一起的。就是说，在那个时候，党对解决中国民族问题的具体历史条件还缺乏深入的了解，还不能把马克思列宁主义关于解决民族问题的原理同中国的具体历史条件正确地恰当地结合起来"。② 例如，马克思列宁主义把一切民族分为压迫民族和被压迫民族。在半殖民地半封建的旧中国，包括汉族和少数民族在内的中国各个民族是帝国主义压迫的对象，是被压迫民族；而在中国各个民族内部，当时的汉族又处于统治地位，是统治民族，各少数民族处于被统治地位，是被统治民族。由于当时的中国共产党人对"中华民族"的"多元一体"的民族特征缺乏认识，不知道"中华民族"相对于中国各个具体民族如汉族、满族、蒙古族、藏族、回族等民族来说是一个"上位民族"的概念，是中国境内各民族的共同称谓，我们承认"中华民族"是被帝国主义压迫的民族的同时，并不否认在中华民族内部的各民族之间又存在着统治与被统治、压迫与被压迫的关系。尽管统治和压迫各少数民族的只是汉族中的统治者或当权者，并不是广大的汉族人民，广大的汉族人民实际上也是受统治者和压迫者。因此，中国共产党在使用"中华民族"这一观念时，往往把它与"蒙古人、回人等被压迫民族""其他各弱小民族""内蒙民族""西北回人"等相提并论，其目的是要强调"蒙古人、回人等被压迫民族""其他各弱小民族""内蒙民族""西北回人"的被压迫地位，强调

---

① 《中央为庆祝一二四方面军大会合通电》，载《中共中央文件选集》第十一册，第 100、
　　101 页。
② 江平：《前言》，载《民族问题文献汇编 一九二一·七——一九四九·九》，第 4 页。

他们的民族自决权，但结果，则使"中华民族"从一个"上位民族"的概念变成了"汉族"的代称。

中国共产党"中华民族"观念的真正形成是在全民族抗战时期。遵义会议后，逐渐确立了毛泽东在党内的领导地位，中国共产党开始走向成熟，开始把马克思列宁主义的民族理论与中国革命具体实践结合起来研究中国的民族问题。与此同时，经过长征，中国共产党对中国是统一的多民族国家的国情有了更多的了解，对西南西北地区少数民族因历史发展、自然环境，尤其是半殖民地半封建社会所造成的不平等待遇有了更深刻、更直观的感受（长征经过的地区大多是少数民族地区）。此外，日本帝国主义的侵略，促使全国各族人民空前地实现了大团结、大联合，各民族是"共休戚、共存亡、共荣辱、共命运"的民族共同体——中华民族的民族认同感和归属感得到了前所未有的加强。人们常说，抗日战争的胜利是中华民族伟大复兴的转折，其表现之一，就是"中华民族"这一表示中国境内各民族是统一的民族共同体之观念得到中国共产党的论述并为各族人民所普遍认同。

1937 年 5 月 1 日，时任中共中央总书记兼中央宣传部部长的张闻天在《解放》（周刊）第 3 期发表《我们对于民族统一纲领的意见》一文，认为提出一个御侮救亡的具体纲领，作为全民族各党各派各阶级各团体的共同奋斗的目标，在抗日民族统一战线开始形成的时候是迫切需要的。他提出，御侮救亡、复兴中国是民族统一纲领的基本方针，而御侮救亡、复兴中国的实际内容，就是对外"争取中华民族的独立"，对内实现"民族自由和民生幸福"。在实现民族自由方面，他提出要承认国内少数民族的民族自决权，"根据平等互助的原则，巩固中华民国内各民族的联合。必须揭破日本所提倡的大蒙古主义与大回族主义的帝国主义性质，发动在日本虎口下的满蒙民族同汉族联合"。[1] 在这篇文章中，张闻天使用了"中华民族""国内少数民族""中华民国内各民族""满蒙民族"和"汉族"等概念。张闻天虽然没有对"中华民族"进行理论阐述，但就他文章的上下文来看，"中华民族"已不是"汉族"的代称，而是一个高于"汉族"的概念，因为在文中

---

[1] 洛甫（张闻天）：《我们对于民族统一纲领的意见》，载《民族问题文献汇编 一九二一·七—一九四九·九》，第 456—457 页。

与"国内少数民族""满蒙民族"相提并论的不是"中华民族"而是"汉族"。

在中国共产党人中，第一个对"中华民族"进行理论阐述的是时任中共中央宣传部秘书长的杨松。1938 年 8 月，杨松在《解放》（周刊）上连载《论民族》一长文（7 万多字）。他开宗明义便指出："什么是民族呢？民族不是原始共产社会、奴隶社会的部落、氏族，也不是封建社会的宗族、种族；而是一个历史的范畴，是随着封建主义的崩溃与资本主义的发展过程，从各种不同的部落、氏族、种族、宗族等等结成为近代民族"，不同的部落、氏族、种族、宗族等一旦结成为近代民族后，就已经不是原来的部落、氏族、种族、宗族了，"这正像我们说的猴子变成了人，人已经不是猴子一样"。①

在考察了"欧美近代各民族形成的历史及民族定义"后，杨松接着考察了"近代的中华民族"。他指出，"近代的中华民族向法兰西、北美利加、德意志、意大利、英国等等近代民族之形成一样，乃是由各种不同的部落、种族等等共同组成的。近代的中国人是从汉人、满人、汉回人、汉番人、熟苗人、熟黎人及一部分蒙古人（土默特蒙古人）等等共同组成的"。他还进一步指出，不仅"中华民族"是由不同的部落、种族等共同组成的，就是作为"中华民族"之主体的"汉人本身也不是由同血统的人组成的，而是由华夏人、南蛮人、东夷人、百越人等等各种不同血统的部落、种族组成的。已同化了的满人、回人、番人、苗人、蒙古人、黎人等等在经济生活、语言、风俗、习惯等等方面已与汉人同化，并且已与汉人杂居，因而失去构成民族的特征，但是在风俗、习惯上仍与汉人有些分别，他们既非原来的种族，也非汉人，而是一个新形成的近代民族——中华民族"。②

杨松在考察"中华民族"的形成时特别强调：我们说中华民族是一个近代民族，但这并不是说"中国只有一个民族"。实际上，"中国是一个多民族的国家。就对外来说，中华民族代表中国境内各民族，因而它是中国境内各民族的核心，它团结中国境内各民族为一个近代的国家"。但在中国内部，除以"汉人"为主的"中华民族"外，还存在着"满族（古称东胡族）、蒙古族、回族（古称突厥族）、藏族（古称氐羌族）、苗族及其他少数民族。

---

① 杨松：《论民族》，载《民族问题文献汇编 一九二一·七——一九四九·九》，第 763 页。
② 杨松：《论民族》，载《民族问题文献汇编 一九二一·七——一九四九·九》，第 766—767 页。

这些民族，除满人大部分已与汉人同化外，其他各少数民族仍保持着自己底民族区域、民族语言、民族风俗、习惯，过着自己底经济生活。这些蒙古人、西藏人、回人等等，就民族来说，是各个不同的民族；但就国籍来说，都是中华民国的国民，都是共同祖国的同胞，而且都是日寇侵略之对象"。①

就杨松以上的阐述来看，有两点值得充分肯定：第一，他已认识到了"中华民族"的"多元一体"的民族特征，即"中华民族"是"由各种不同的部落、种族等等共同组成的"。当然，他把组成"中华民族"的"多元"称之为"部落、种族"这又值得商榷，此当后论。第二，他认识到了中国是一个多民族的国家，除以"汉人"为主的"中华民族"外，还存在着"满族、蒙古族、回族、藏族、苗族及其他少数民族"。杨松的这两点认识，尤其是第一点认识，对中国共产党的"中华民族"观念的最终形成有其重要意义。

当然，我们在充分肯定杨松的理论贡献的同时，也要看到其理论的不足：第一，在杨松这里，"中华民族"虽然不等同于"汉族"，甚至高于"汉族"和其他各民族，用杨松的话说，它对外"代表中国境内各民族"，是"中国境内各民族的核心"，但它还不是一个"上位民族"的概念，不是中国境内各民族组成的民族共同体的称谓，而只是中国多民族中的一个主要民族或核心民族，是"汉族及其他被同化的种族"的统称。② 第二，杨松虽然认识到了"中华民族"的"多元一体"的民族特征，但他不承认组成"中华民族"的"多元"为"民族"，而称他们为"部落"和"种族"。

杨松之所以不承认组成"中华民族"的"多元"为"民族"，分析起来有两个原因：一是杨松依据的是斯大林对民族的定义，即民族是随着封建主义的崩溃和资本主义的产生而形成的，是近代社会的产物，在此之前的奴隶和封建社会，只有部落、氏族和宗族、种族的存在。所以杨松一再强调，"中国人是一个近代的民族"，"中华民族"形成于近代，"是由各种不同的部落、种族等等共同组成的"。殊不知，斯大林对于民族的定义是从西方民族的产生中总结出来的，它适用于西方，而不适用于中国，因为西方

① 杨松：《论民族》，载《民族问题文献汇编 一九二一·七—一九四九·九》，第767页。
② 杨松：《论资本主义时代民族运动与民族问题》，载《民族问题文献汇编 一九二一·七—一九四九·九》，第773页。

的民族是近代产物，而中国的民族产生较早，在中国进入近代以前，构成"中华民族"的各民族，如汉族、蒙古族、回族、藏族、满族、苗族等就早已形成。二是避免大民族套小民族的矛盾。杨松一再强调"中华民族"是一个"近代的民族"，既然"中华民族"本身就是一个民族，如果还说它是由不同的民族共同组成的，岂不是民族中又有民族了？这也是很多人不承认"中华民族"是由多民族构成的一个重要原因。实际上，在多民族的国家中，这种民族（上位民族）套民族（具体民族）的现象具有普遍性，而非"中华民族"这一特例。比如，美利坚民族、俄罗斯民族，就是由多民族共同构成的。

杨松的《论民族》一文发表于1938年8月。一个月后（1938年9月），中国共产党六届六中全会在延安召开。这次会议，在中国共产党的"中华民族"观念的演变和民族政策的形成的过程中具有十分重要的意义。毛泽东在会议上代表政治局做《论新阶段》的重要报告，在报告中，他不仅多次使用"中华各族"这一概念，而且认为"中华各族"是由"汉族"和"蒙、回、藏、苗、瑶、夷、番"等各少数民族组成的，我们要"团结中华各族，一致对日"。为此，他提出："第一，允许蒙、回、藏、苗、瑶、夷、番各民族与汉族有平等权利，在共同对日原则之下，有自己管理自己事务之权，同时与汉族联合建立统一的国家。第二，各少数民族与汉族杂居的地方，当地政府须设置由当地少数民族的人员组成的委员会，作为省县政府的一部门，管理和他们有关事务，调节各族间的关系，在省县政府委员中应有他们的位置。第三，尊重少数民族的文化、宗教、习惯，不但不应强迫他们学汉文汉语，而且应赞助他们发展用各族自己言语文字的文化教育。第四，纠正存在着的大汉族主义，提倡汉人用平等态度和各族接触，使日益亲善密切起来，同时禁止任何对他们带侮辱性与轻视性的言语，文字，与行动。"[①] 尽管毛泽东在报告中用的是"中华各族"，而不是"中华民族"，但就其内涵来看，他讲的"中华各族"是包括"汉族"和"蒙、回、藏、苗、瑶、夷、番"等在内的中国境内各民族组成的民族共同体的称谓，

---

① 毛泽东：《论新阶段（抗日民族战争与抗日民族统一战线发展的新阶段——一九三八年十月十二日至十四日在中共扩大的六中全会的报告）》，载《中共中央文件选集》第十一册，第619—620页。

是一个"上位民族"的概念，实际上也就是"中华民族"。

王明在这次会议上也发表了《目前抗战形势与如何坚持持久战争取最后胜利》的讲话，在谈到"中华民族"所面临的"民族危机"时他指出：目前的民族危机，与过去任何历史时期的所谓民族灾难都不同，与元、清时代的民族危机有根本区别，因为，（一）日寇为异族，而元、清为中华民族的一部分；（二）元、清为经济文化发展水平较低于汉族的中国少数民族，而日寇则为帝国主义；（三）元、清之所谓征服汉族，不过是推翻汉族建立的王朝而实行所谓"入主中原"，而日寇侵略中国是要使整个中华民族亡国灭种。因此，"摆在中华民族面前的是生死交叉的道路——或者完全沦为日寇的殖民地牛马奴隶，或者是奋斗以求民族的生存和独立！"① 在谈到"建立和坚持抗日民族统一战线"对于取得抗日战争胜利的伟大意义时他又指出：过去素以地大物博人口众多著称的中华民族之所以衰弱不振，其主要原因就是民族力量的分裂和不团结，自抗战以来中华民族之所以能够打破日本"速战速决""三个月灭亡中国"的迷梦，也就是因为"在民族大敌当前之际"，各党各派各个阶级以及中华民族内部实现了空前的大团结，"过去信任不够和仇忌甚深的各民族——汉、满、回、藏、苗、夷、番等，现在紧密团结为一致抗日的中华民族"。② 很显然，王明在这里所讲的"中华民族"也是一个由中国各民族组成的"上位民族"的概念。

"中华民族"是由中国各民族组成的一个"上位民族"的概念，在1938年11月6日通过的六届六中全会《政治决议案》中也得到了充分体现。《决议案》提出："全中华民族的基本任务应该是：坚决抗战，坚持持久战……以取得最后驱逐日寇出境和建立独立自由幸福的三民主义新中国的光荣胜利。在此基本原则之下，全中华民族的当前紧急具体任务则应该是……（十三）团结中华各民族（汉、满、蒙、回、藏、苗、瑶、夷、番等）为统一的力量，共同抗日图存。"③ 在《政治决议案》中，"中华民族"是"中华各民族（汉、满、蒙、回、藏、苗、瑶、夷、番等）"的统称。

毛泽东在六届六中全会所作的《论新阶段》的报告中还向全党发出了

---

① 中共中央书记处编《六大以来——党内秘密文件》（上），人民出版社，1981，第975页。
② 中共中央书记处编《六大以来——党内秘密文件》（上），第975页。
③《中央扩大的六届六中全会政治决议案》，载《中共中央文件选集》第十一册，第751—752页。

"学习我们的历史遗产，用马克思主义方法给以批判的总结"的号召。他在报告中指出："我们这个大民族数千年的历史，有它的发展法则，有它的民族特点，有它的许多珍贵品。对于这个，我们还是小学生。今天的中国是历史的中国之一发展，我们是马克思主义的历史主义者，我们不应该割断历史。从孔夫子到孙中山，我们应该给以总结，我们要承继这一份珍贵的遗产。承继遗产，转过来就变为方法，对于指导当前的伟大运动，是有着重要的帮助的。"[①] 此后，一些共产党的高级干部，尤其是一些在延安的党的理论工作者开始研究起中国历史和民族史来。中共中央统战部编的《民族问题文献汇编》就收录有 1939 年 1 月 17 日毛泽东写给何干之的回信，毛泽东对何干之在来信表示想做民族史研究给予了充分肯定，并就如何做好民族史研究提出了自己的意见。[②] 1939 年初，中共中央成立了西北工作委员会（简称西工委），主持陕甘宁边区以外的陕、甘、宁、青、新、蒙各省地下党的工作，尤其注意少数民族的工作，包括对少数民族问题的理论研究。据李维汉回忆：我们党从事少数民族的工作已经很久，但是以马克思列宁主义关于民族问题为武器，系统研究国内少数民族问题并开展少数民族工作则是从西工委开始的。[③] 一年后，西工委先后拟定了《关于回回民族问题的提纲》和《关于抗战中蒙古民族问题提纲》，经中共中央书记处批准，成为指导民族工作的纲领性文件。这两个提纲分别分析了回回民族和蒙古民族的特征，肯定它们是"半殖民地半封建中国的少数民族"[④]，是"中华民族的一部分"，主张回回民族、蒙古民族与汉族以及满、藏、苗、番等其他民族"在平等原则之下共同联合抗日，并实现建立统一的三民主义的新共和国"[⑤]。

六届六中全会后，毛泽东先后"发表了一系列著名的伟大著作，将马

---

① 毛泽东：《论新阶段（抗日民族战争与抗日民族统一战线发展的新阶段——一九三八年十月十二日至十四日在中共扩大的六中全会的报告)》，载《中共中央文件选集》第十一册，第 658 页。

② 《毛泽东致何干之》，载《民族问题文献汇编 一九二一·七——一九四九·九》，第 620 页。

③ 江平：《前言》，载《民族问题文献汇编 一九二一·七——一九四九·九》，第 6—7 页。

④ 《中共中央西北工作委员会关于回回民族问题的提纲》，载《民族问题文献汇编 一九二一·七——一九四九·九》，第 655 页。

⑤ 《中共中央西北工作委员会关于抗战中蒙古民族问题提纲》，载《民族问题汇编 一九二一·七——一九四九·九》，第 662、667 页。

克思列宁主义的普遍真理与中国革命的具体实践相结合的毛泽东思想推向新的高峰"，其中写于 1939 年 12 月的《中国革命和中国共产党》一文，"对于我们理解中国的民族问题有着直接的指导意义"。[①] 在该文第一章第一节"中华民族"中，毛泽东论述了中华民族的起源、发展、构成以及基本使命，他指出：中国是世界上最伟大的国家之一，"从很早的古代起，我们中华民族的祖先就劳动、生息、繁殖在这块广大的土地之上"。"我们中国现在拥有四亿五千万人口，差不多占了全世界人口的四分之一。在这四亿五千万人口中，十分之九以上为汉人。此外，还有蒙人、回人、藏人、维吾尔人、苗人、彝人、壮人、仲家人、朝鲜人等，共有数十种少数民族，虽然文化发展的程度不同，但是都已有长久的历史。中国是一个由多数民族结合而成的拥有广大人口的国家。""中华民族不但是以刻苦耐劳著称于世，同时又是酷爱自由、富于革命传统的民族。……中华民族的各族人民都反对外来民族的压迫，都要用反抗的手段解除这种压迫。他们赞成平等的联合，而不赞成互相压迫。在中华民族的几千年的历史中，产生了很多的民族英雄和革命领袖。所以，中华民族又是一个有光荣革命传统和优秀的历史遗产的民族。"[②]

就毛泽东对"中华民族"的论述来看，它实际上包含着三个相互联系的基本内涵：（一）中国是一个多民族的国家，其中主体民族是汉族；（二）经过数千年的交往与融合，各民族已形成为你中有我、我中有你的民族共同体，"中华民族"便是这一民族共同体的称谓，或者说"是代表中国境内各民族之总称"；（三）"中华民族"内部各民族不分大小一律平等。这是迄今为止毛泽东对"中华民族"最全面和最权威的论述，也是中国共产党成立以来党的最高领导人对"中华民族"最全面和最权威的论述。它标志着中国共产党的"中华民族"观念的最终形成和确立。从此，毛泽东所确立的"中华民族"的基本内涵，成了中国共产党人的共同认识。1939 年底，由八路军政治部编写的《抗日战士政治课本》在论述"中华民族"时就写道："中国有四万万五千万人口，组成中华民族。中华民族包括汉、满、蒙、回、藏、

---

① 江平：《前言》，载《民族问题文献汇编 一九二一·七——一九四九·九》，第 6 页。
② 毛泽东：《中国革命和中国共产党》，载《毛泽东选集》第二卷，第 621—623 页。

苗、瑶、番、黎、夷等几十个民族，是世界上最勤苦耐劳，最爱和平的民族。""中国是一个多民族的国家，中华民族是代表中国境内各民族之总称，四万万五千万人民是共同祖国的同胞，是生死存亡利害一致的。"①1940 年 3 月，贾拓夫以"关烽"的笔名在《西北》半月刊第 48 期上发表《团结中华各族争取抗战建国的胜利》一文，文章开宗明义便指出："中华民族是由中国境内汉、满、蒙、回、藏、维吾尔、苗、瑶、夷、番各个民族组成的一个总体。因此，中国抗战建国的彻底胜利，没有国内各个民族的积极参加，是没有最后保证的。"②1941 年 6 月 22 日中共中央机关报《解放日报》发表题为《实行正确的民族政策》的"社论"，指出我们中华民族，"虽然是以汉族为其主要的组成部分，然而同时还有蒙、回、藏、满、苗、瑶、夷、番、维吾尔等许多少数民族"，因此，我们要取得抗战建国的彻底胜利，就应当"实行孙中山先生的'国内各民族一律平等'，而不是继续大汉族主义的压迫"。"允许国内各少数民族与汉族在政治经济文化各方面有平等权利，在共同抗日的原则下，承认他们有管理本民族各种事务之权，建立蒙回民族自治区，并尊重各少数民族的文化宗教风俗习惯，以实现国内各民族亲密的抗日团结。"③1944 年 3 月 12 日，周恩来在延安各界纪念孙中山逝世 19 周年大会上发表《关于宪政与团结问题》的演说，在谈到"中国境内的民族自决权"时他指出："在中国人或中华民族的范围内，是存在着汉蒙回藏等民族的事实，我们只有在承认各民族自决权的原则下平等的联合起来，才能成功的'组织自由统一的（各民族自由联合的）中华民国'。"④

这里需要指出的是，抗战时期的国民党也是认同和宣传"中华民族"的。如 1938 年 3 月召开的中国国民党临时全国代表大会发表的《宣言》在解释"三民主义"的"民族主义"时便指出："中国境内各民族，以历史的

---

① 《抗日战士政治课本》，载《民族问题文献汇编 一九二一·七—一九四九·九》，第 807—808 页。

② 关烽：《团结中华各族争取抗战建国的胜利》，载《民族问题文献汇编 一九二一·七—一九四九·九》，第 816 页。

③ 《实行正确的民族政策》，载《民族问题文献汇编 一九二一·七—一九四九·九》，第 681—682 页。

④ 周恩来：《关于宪政与团结问题（摘录）》，载《民族问题文献汇编 一九二一·七—一九四九·九》，第 730—731 页。

演进，本已融合而成"统一的"中华民族"和"整个的国家"。国民党第一次全国代表大会宣言对诸少数民族有庄重的承诺，即"于反对帝国主义及军阀之革命获得胜利以后，当组织自由统一的（各民族自由联合的）中华民国"。而要实践此项承诺，"必有待于此次抗战之获得胜利"。否则，"吾境内各民族，惟有同受日本之压迫，无自由意志之可言。日本口中之民族自决，语其作用，诱惑而已，煽动而已；语其结果，领土之零星分割而已，民众之零星拐骗而已"。《宣言》因而呼吁全国各族人民基于"中华民族"的立场，反对分裂，坚持抗战，"惟抗战获得胜利，乃能组织自由统一的即各民族自由联合的中华民国"。[①]但与共产党不同，国民党认为中国只有一个民族，这就是中华民族，包括汉、满、蒙、回、藏在内的所有民族都只能称为"宗族"。

　　先是1939年前后，以顾颉刚、翦伯赞、费孝通为代表的一些学者，就中国是多民族的国家还是单一民族的国家展开过一场讨论。在讨论中，顾颉刚先后发表《中华民族的团结》《西北回民应有之觉悟及其责任》《如何可使中华民族团结起来》《中华民族是一个》《续论中华民族是一个》等文章和演讲，从历史上证明中国境内的所有种族，无论从血统上说还是从文化说，早已融合为一，成为一个不可分割的"中华民族"，到如今，"不要再说你属那一种族，我属那一种族，你们的文化如何，我们的文化如何，我们早已成了一家人了"，成了"中华民族"的一分子，除"中华民族"外，现实中不存在其他民族，所谓汉、满、蒙、回、藏"五大民族"之说，实在是"中国人自己作茧自缚"，从而给了日本帝国主义和个别民族分裂分子以"民族自决"的名义图谋分裂中国的可乘之机。[②]尽管顾颉刚提出"中华民族是一个"的目的，是要加强各民族对"中华民族"的认同感，以挫败日本帝国主义和个别民族分裂分子以"民族自决"的名义来破坏中华民族团结，分裂中国的阴谋；但他否认中国是一个多民族的国家，汉、满、蒙、回、藏等"五大民族"只是"种族"而不是"民族"的观点，则又是错误的，不利于国内各民族的平等和团结。所以，他的文章和演讲发表后，受到了

[①] 荣孟源主编，孙彩霞编辑《中国国民党历次代表大会及中央全会资料》（下册），第467—468页。
[②]《益世报·边疆周刊》第9期，1939年2月23日。

翦伯赞、费孝通、卫惠林等人的批评，并由此引发了一场关于"中华民族是一个"的学术争论①，然而却得到了国民党和蒋介石的认同和采用。1942 年8 月 27 日，蒋介石在《中华民族整个共同的责任》的讲话中，从中华民族与中华民国的关系，中华民族成员之间平等的、荣辱与共的"整体"关系，以及认知这些关系的现实必要性等各个方面，反复说明"中华民族是一个"，包括汉、满、蒙、回、藏在内的所有民族都只能称为"宗族"，而不能称为"民族"，因为"历史的演进，文化的传统，说明我们五大宗族是生命一体"，成了一个民族，即"中华民族"。②后来，在《中国之命运》的第一章"中华民族的成长与发达"中，蒋介石又反复强调，中国只有一个民族，那就是"中华民族"，其他所谓的"民族"都是"宗族"，"是同一血统的大小宗支"，中华民族已有五千年的成长史，"就民族成长的历史来说：我们中华民族是多数宗族融和而成的"。融和于中华民族的宗族，历代都有增加，"但其融和的动力是文化而不是武力，融和的方法是扶持而不是征服"。③

《中国之命运》问世后，立即受到了中国共产党人和一些进步人士的批评。毛泽东在《论联合政府》中指出：蒋介石把汉族以外的各民族称之为"宗族"，这是"否认中国有多民族存在"，是"完全继承清朝政府和北洋军阀政府的反动政策"。④周恩来在《坚持抗日民族统一战线，反对蒋介石的新专制主义》（本文为周恩来《论中国的法西斯主义——新专制主义》的第一部分）的提纲报告中，批评蒋介石不承认蒙、回、藏、苗等少数民族为"民族"的观点，是一种"彻头彻尾的大汉族主义"的"民族观"。⑤陈伯达认为，蒋介石的中国只有一个民族的观点是奇谈怪论，决不能解释中华民族形成的历史。他指出，中国是一个多民族的国家，"平日我们习用的所谓'中华民族'，事实上是指中华诸民族（或各民族）"。蒋介石既以孙中山的信徒自命，却违背孙中山的遗教，认为中国只有一个民族，而不承认中国是一个

① 关于这场争论参见周文玖、张锦鹏《关于"中华民族是一个"学术论辩的考察》,《民族研究》2007 年第 3 期。

② 蒋中正：《中华民族整个共同的责任》,《福建训练月刊》第 2 卷第 4 期，1943 年 10 月 30 日。

③ 蒋中正：《中国之命运》，正中书局，1943，第 2 页。

④ 毛泽东：《论联合政府》，载《毛泽东选集》第三卷，第 1083—1084 页。

⑤ 周恩来：《论中国的法西斯主义——新专制主义（摘录）》，载《民族问题文献汇编 一九二一·七—一九四九·九》，第 726 页。

多民族的国家，中华民族是各民族组成的民族共同体的称谓，"这是很可骇怪的意见"。因为 1924 年 1 月召开的国民党第一次全国代表大会曾郑重宣言："承认中国以内各民族之自决权，于反对帝国主义及军阀之革命获得胜利以后，要组织自由统一的（各民族自由联合的）中华民国"，而蒋介石认为中国只有一个民族，这"不明明是和孙先生的意见相违背吗？"[1]

正因为中国共产党的"中华民族"观念承认中国是一个多民族的国家，"中华民族"是中国境内各民族组成的民族共同体的称谓，"中华民族"内部各民族之间一律平等，并提出了实现各民族平等、保障少数民族权利的各项方针政策，因而它得到了各民族尤其是少数民族的广泛认同和拥护，这也是中国共产党及其领导的人民武装在抗日战争时期能够由弱变强、不断壮大的重要原因。也正是在抗日战争时期，由于日本帝国主义的侵略和全民族抗战局面的形成在客观上促进了各族人民不分你我的"中华民族"的认同感等原因，"中华民族"这一表示中国境内各民族是"多元一体"的民族共同体之观念开始被全国各族人民所接受，并得到了广泛使用。[2] 随着新民主主义革命的胜利和中华人民共和国的建立，中国共产党的"中华民族"观念及其内涵也进一步固定化和制度化，且日益深入人心。在今天，它已成为全体中国人民的基本共识。坚持这一共识，对于加强中华民族内部各民族的团结、巩固国家的统一具有十分重要的积极意义。

---

① 陈伯达：《评〈中国之命运〉》，载《民族问题文献汇编 一九二一·七—一九四九·九》，第 945 页。

② 参见郑大华《中国近代民族主义与中华民族自我意识的觉醒》，《民族研究》2013 年第 3 期。

第 二十六 章

现代新儒家和战国策派以及
马克思主义学派对他们的批判

除了马克思主义学派外，全国抗战期间的思想文化领域中还活跃着现代新儒家和战国策派等非马克思主义学派。作为学派的现代新儒家，在这一时期走向成熟，先后出版了一批讨论和探索中国文化复兴的著作；战国策派是 20 世纪 40 年代初，在抗日战争的西南后方兴起的一个有着强烈的民族主义色彩的思想文化派别，因创办《战国策》而得名。马克思主义学派曾对现代新儒家和战国策派的思想文化主张进行过批判。

第一节　现代新儒家复兴中国文化的努力

早在清末民初，面对日益严重的民族和文化危机，思想学术界在提出民族复兴口号的同时，就提出和讨论过文化复兴问题。1937 年七七事变后，在民族危亡的紧急关头，在中华文化遭到摧残的严重时刻，思想学术界把反对日本帝国主义的战争，不仅视作是争取国家独立、复兴中华民族的斗争，同时也视作是保卫中华文化、复兴中华文化的斗争，并再一次掀起了关于文化复兴问题的讨论。[①] 自 1921 年梁漱溟在《东西文化及其哲学》中提出"孔学复兴"以来，一直以复兴中国文化为己任的现代新儒家认为，"中国当前的时代是一个民族复兴的时代。民族复兴不仅是争抗战的胜利，不仅是争中华民族在国际政治上的自由独立平等，民族复兴本质上应该是民族文化的复兴"[②]。因此，他们在此前对中国传统文化进行发掘、整理、研究和阐述的基础上，以更大的热情投入到对中国文化复兴问题的讨论和探索之中，先后有张君劢的《立国之道》《胡适思想界路线批判》，熊十力的《读经示要》《新唯识论》（语体本），冯友兰的《新理学》《新事论》等"贞元六书"，钱穆的《国史大纲》《中国文化史导论》《文化与教育》，贺麟的《宋儒思想的新评价》《五伦观念的新检讨》《儒家思想的新开展》，马一浮的《宜山泰和会语》，梁漱溟的《中国文化问题》《理性与理智之分别》等一大批著作或文章出版和发表，并以他们的努力促进了抗战时期文化复兴思潮的空前高涨。冯友兰在《新原人》的《自序》中就写道："'为天地立心，为生民立命，为往圣继绝学，为万世开太平。'此哲学家所应自期许者也。况我国家民族，值贞元之会，当绝续之交，通天人之际，达古今之变，明内圣外王之道者，岂可不尽所欲言，以为我国家致太平，我亿兆安身立命之用

[①] 参见郑大华《文化复兴与民族复兴——抗战时期知识界关于"中华民族复兴"的讨论》，《广东社会科学》2016 年第 1 期。

[②] 贺麟：《儒家思想的新开展》，载宋志明编《儒家思想的新开展——贺麟新儒学论著辑要》，中国广播电视出版社，1995，第 86 页。

乎？虽不能至，心向往之。非曰能之，愿学焉。"① 由此可见，冯友兰等现代新儒家著述的目的是为了中华民族和中国文化的复兴。

一、作为学派的现代新儒家走向成熟

作为一个学派，现代新儒家形成于九一八事变后的 30 年代，而成熟于七七事变后的 40 年代。其标志之一，是熊十力的"新唯识学"思想体系的进一步完善，冯友兰的"新理学"思想体系和贺麟的"新心学"思想体系的创立，以及马一浮的"六艺论"和"义理名相论"的提出，钱穆的《国史大纲》和《中国文化史导论》的出版。

七七事变的当天，熊十力即化装成商人，逃离北平回到湖北。在其故乡黄冈，熊十力悲从中来，痛哭流涕，大声声讨政府的不抗日主张，号召家乡的青年去找共产党的抗日队伍，进行抗日。后来熊十力到四川，至壁山中学，宣扬民族精神，认为日寇决不能亡我国家、民族与文化。在四川，他写了本《中国历史讲话》的通俗小册子，大讲汉、满、蒙、回、藏五族同源，号召全国各族人民，不分你族我族，团结起来，一致对外，打倒日本帝国主义，实现中华民族的伟大复兴。在文中他写道："就吾中华民族即所谓五族而言，理应决定其出于同一之血统。因为同是一个以大中国为中心而分布四出的人种，决定是同根，而不会是多元的。如果五族之中，有些民族是从他方转徙来入中国，而不是从这个伟大的中国分散出去，那么，便可说这般民族另有祖宗。易言之，即中国各个民族，不是同一血统，是多元而不是一元。今中国所谓族，考其来历，明明都是中国的老土著人，没有一个是他方转徙来的……他们（指五族——引者）是一个小家庭之内的同胞兄弟，如何可说不同血统。全中国，譬如一个小家庭，因为中国虽大，而在全地球上面来说，却是很小了。在这个小范围内的人类，如何可说各有所本而不是一元呢？所以我确信中国民族是一元的，是同根的。"② 尽管从人类学的角度看，从中国民族的实际情况来看，熊十力的这本小册子的上述观点也许不是科学的，但它所表达出的爱国主义激情，则能够激发

---

① 冯友兰：《新原人·自序》，载《三松堂全集》第四卷，河南人民出版社，1986，第 511 页。
② 熊十力：《中国历史讲话》，载《熊十力全集》第二卷，湖北教育出版社，2001，第 644—645 页。

各族人民的抗日斗志和勇气，因此，中央陆军军官学校印发了这本小册子，作为军人的必读书籍。当时的条件虽然十分艰苦，但为了进一步完善自己的"新唯识学"思想体系，自1938年起，熊十力开始在《新唯识学》文言文本的基础上改写语体文本。他每天清晨4时就起床工作，中午稍事休息后，便一直工作到深夜，从未间断过。除了生活条件艰苦外，敌机还经常来骚扰、轰炸。1939年8月19日，敌机轰炸乐山，熊十力的寓所不幸中弹起火，他的左膝严重受伤，已写成的书稿也成了灰烬。但他以极大的毅力，于伤好之后从头再写，1940年《新唯识论》语体本上卷脱稿，两年后中卷杀青，1944年全书完成，由商务印书馆正式出版。至此，熊十力的"新唯识学"思想体系才最终形成。

和梁漱溟着眼于东西文化路向和人生态度的比较不同，熊十力的努力方向是重建儒家本体论，他是现代新儒家哲学形而上学的真正奠基者。"体用不二"是熊十力哲学的"纲宗"。他曾反复申明"《新论》本为发明体用而作"，"本书根本问题不外体用"，"学者如透悟体用义，即于宇宙人生诸大问题，豁然解了，无复凝滞"。① 在他看来，无论是唯心一元论的精神实体说，还是唯物一元论的物质实体说，或是二元论和多元论，在立说上都犯了两大错误：一是把本体与现象、本体与功用割裂为二，一是把绝对与相对割裂为二。针对以上这两大错误，熊十力特别强调"本体现象不二，道器不二，天人不二，心物不二，理欲不二，动静不二"，总起来说，便是"体用不二"。他并以此为自己哲学的根本："本体以体用不二为宗，本原、现象不许离而为二，真实、变异不许离而为二，绝对、相对不许离而为二，质、力不许离而为二，天、人不许离而为二。"② 就熊十力"体用不二"论与传统哲学的关系而言，他主要继承了儒家思孟陆王一系的思想，但同时又吸取了《周易》大化流行、生生创造的精神。因此，他一方面强调，所谓"体"或"本体""实法"，"非是离自心外在境界，及非知识所行境界"，"吾心与万物本体，无二无别"。也就是说"体"或"本体""实法"，绝非物质实体，而是精神实体，所以他又称之为"本心"。同时他又指出，这个"体"绝非

---

① 熊十力：《新唯识论》，中华书局，1985，第241页。
② 熊十力：《体用篇》，（台北）台湾学生书局，1980，第336页。

空寂虚无，而是生生不已的大化流行。"须知，实体是完完全全的变成万有不齐的大用，即大用流行之外，无有实体。"譬如大海水，显现为腾跃不已的"众沤"，离开"众沤"，也就没有什么大海水。

由"体用不二"出发，熊十力又合乎逻辑地推出了"翕辟成变"的思想。所谓"翕辟"，是实体功用，"翕"，即摄聚成物的能力，产生形质；"辟"，是刚健不物化的势用，形成精神意识。熊十力认为，整个宇宙的运动就是"翕"和"辟"的运动。翕辟虽然没有先后之分，同时存在于实体之中，实体正是依赖于一翕一辟的相反相成而流行不已，但因"翕"是物，"辟"是心，因此，它们只是"大用"的两个方面，而非两体，这两个方面的关系不是并列的，"翕的方面，唯主受，辟的方面，唯主施。受是顺承的意思，谓其顺承乎辟也。施是主动的意思，谓其行于翕而为之主也。……所以，翕辟两方面，在一受一施上成其融和。总之，辟毕竟是包含着翕，而翕究竟是从属于辟的"。[①]

与他的"体用不二""翕辟成变"的本体论相联系，在方法论上，熊十力严格"性智"与"量智"的划界。"量智"即一般人所谓的知识或"理智"，是以闻见之知为基础的理性思维方法；"性智"是超越理性思维之上的直觉体悟，是不待外求的"本心之自觉自证"。熊十力认为，要获得科学知识非"量智"莫属，但要认识本体，则只有靠"性智"之自我"冥悟证会"，"而无事乎向外追索"，因为"性智是本心之异名，亦即是本体之异名"。[②]概括熊十力的观点，"性智"具有以下几个特征：第一，性智是一种"天人合一"的道德境界，用他的话说："从来儒者所谓与天合德的境界，就是证会的境界。吾人达到与天合一，则造化无穷的蕴奥，皆可反躬自喻于寂寞无形，炯然独明之地。"[③]在此境界中，实现了真、善、美的完全统一。"从真的意义上说，把握了本体便是把握了宇宙的真实，不会执着于虚幻的假相（象）；从善的意义上说，把握了道德的形而上学，根除一切邪恶的念头，找到真正的安身立命之地；从美的意义上说，养成高尚的审美情趣，找到仁者不

---

① 熊十力：《新唯识论》，第 236 页。

② 熊十力：《新唯识论》，第 676 页。

③ 熊十力：《新唯识论》，第 89 页。

忧的'孔颜乐处'。"① 第二，性智是一种先天具有的能力，其能力的强弱与每个人"根器"的敏锐迟钝密不可分，"根器"敏锐的人，性智能力就强；"根器"迟钝的人，性智能力就弱。性智慧力的提高主要靠的是个人的自我修养，后天的学习对它并没有多大的作用。第三，性智是一种创造性思维，具有突发性、偶然性的特点。当然，性智虽然是一种突如其来的发现，"但亦同平时辛苦用功有关。它是在费了许多工夫的前提下，苦思冥想，由某种意外的启示，豁然开朗，对于活生生的本体达到了洞观彻悟，从平常的思维态势升华到前所未有的崭新境界"。②

如果说在本体论上熊十力强调的是"体用不二"，那么，在价值论上他主张的则是"成己成物"。"成己"也就是成就"内圣"，培养内在的道德价值；"成物"也就是成就"外王"，使内在的道德价值得以贯彻和实践。所以"成己成物"与"内圣外王"意义相同。在"成己"与"成物"这两个人生价值的取向中，熊十力虽然认为最主要的还是要"成己"，也就是要注重个人的道德修养，但他同时也反对对"成物"的忽视。他指出，传统的儒家尤其是宋明理学家没有正确处理好"成己"与"成物"的关系，往往是偏重"成己"而忽略"成物"，注重养心修性，而轻视事功，其结果使道德价值的源头干涸，无法在人生实践中加以贯彻。现代新儒家应该吸取他们的教训，努力做到"成己"与"成物"的有机统一。

继熊十力的"新唯识学"之后创立的是冯友兰的"新理学"思想体系。七七事变后不久，冯友兰随清华大学先南迁长沙，后又西迁昆明。在昆明，北京大学、清华大学、南开大学组成"西南联合大学"，简称"西南联大"，冯友兰任西南联大文学院院长兼哲学系教授。面对日本帝国主义的大举进攻和极为艰苦的生活条件，冯友兰始终相信中国人民的抗日战争一定能取得最后的胜利，中华民族一定能实现伟大复兴。他把这一时期称之为"贞下起元"或"贞元之际"。依据冯友兰的解释："所谓'贞元之际'，就是说，抗战时期是中华民族复兴的时期：当时我想，日本帝国主义侵略了中国大部分领土，把当时的中国政府和文化机关都赶到西南角上。历史上曾有过

---

① 宋志明：《熊十力评传》，百花洲文艺出版社，1993，第168页。
② 宋志明：《熊十力评传》，第169页。

晋、宋、明三朝的南渡。南渡的人都没有能活着回来的。可是这次抗日战争，中国一定要胜利，中华民族一定要复兴，这次'南渡'的人一定要活着回来。这就叫'贞下起元'。这个时期就叫'贞元之际'。"① 又说："贞元者，纪时也。当我国家民族复兴之际，所谓贞下起元之时也。"② "贞""元"二字出自《周易》。《周易·乾卦》卦辞曰："乾：元亨利贞。"后来人们把"元亨利贞"解释为一年四季的循环。元代表春，亨代表夏，利代表秋，贞代表冬。"贞下起元"或"贞元之际"，即表示冬天即将过去，春天即将来临。正是抱着这一信念，1939 年冯友兰为西南联大写了校歌歌词：调寄《满江红》：

> 万里长征，辞却了、五朝宫阙。暂驻足、衡山湘水，又成离别。绝徼移栽桢干质，九州遍洒黎元血。尽笳吹、弦诵在山城，情弥切。　千秋耻，终当雪。中兴业，需人杰。便一成三户，壮怀难折。多难殷忧新国运，动心忍性希前哲。待驱除仇寇、复神京，还燕碣。③

歌词表现出作者鲜明的爱国主义精神和终将战胜日寇、收复河山、实现中华民族伟大复兴的信心。

在七七事变后的"贞元之际"，冯友兰还先后写作和出版了《新理学》（1939 年）、《新事论》（1940 年）、《新世训》（1940 年）、《新原人》（1943 年）、《新原道》（1944 年）和《新知言》（1946 年）等六本书，总称之为"贞元六书"或"贞元之际所著书"。在"贞元六书"或"贞元之际所著书"中，冯友兰创立了一个庞大的新儒学思想体系。冯曾声称，他的哲学是"接着"而非"照着"程朱理学往下讲的。所以，人们又把他的思想体系称之为"新理学"。他在《新理学》一书的《绪论》中写道："本书名为新理学。何以名为新理学？其理由有二点可说。就第一点说，照我们的看法，宋明以后底道学，有理学心学二派。我们现在所讲之系统，大体上是承接宋明道学中之理学一派。我们说'大体上'，因为在许多点，我们亦有与宋明以来底理学，大不相同之处。我们说'承接'，因为我们是'接着'宋明以来底理学讲底，而不是'照着'宋明以来底理学讲底。因此我们自号我们的系统为新

① 冯友兰：《三松堂自序》，载《三松堂全集》第一卷，河南人民出版社，1985，第 259 页。
② 冯友兰：《新世训·自序》，载《三松堂全集》第四卷，第 369 页。
③ 冯友兰：《三松堂自序》，载《三松堂全集》第一卷，第 325 页。

理学。"① 所谓"接着讲"而不是"照着讲"，包含有两个方面的意义：其一，就方法论或治学方法而言，区别了哲学家与哲学史家的不同任务："照着哲学史讲哲学，所讲的只是哲学史而不是哲学"；而接着哲学史讲哲学，所讲的是哲学而不是哲学史。② 其二，从继承与创新的关系来看，"照着讲"强调的是继承，是对传统哲学的延续，而"接着讲"强调的则是继承与创新的统一，是传统哲学的近代化。冯友兰曾明确指出："新的近代化的中国哲学，只能用近代逻辑学的成就，分析中国传统哲学中的概念，使那些似乎是含混不清的概念明确起来，这就是'接着讲'与'照着讲'的分别。"③

　　正因为冯友兰的"新理学"是"接着"而非"照着"程朱理学往下讲的，所以一方面他讨论的仍是理、气、道体及大全等一类传统哲学的范畴问题，而且就对这些问题的认识而言，也基本上采取的是程朱理学的立场，割裂了共相与殊相、一般与个别的关系，强调"理在事上"，"理在事先"。但另一方面又与程朱理学不同，他对这些问题的论证，采取的是新实在论的逻辑分析方法，这样不仅在理论深度上大大超过了程朱理学，而且在很大程度上克服了中国传统哲学笼统、直观、缺乏严密的逻辑论证的缺点。上面提到的"理、气、道体及大全"，是冯友兰"新理学"的形上学系统的"四个主要底观念"，这"四个主要底观念"都是所谓"形式底观念"，是"没有积极内容底，是四个空底观念"，它们都是从"四组形式底命题推出来底"。这"四组形式底命题"的第一组命题是：凡事物必然都是什么事物，是什么事物，必然是某种事物。有某种事物，必有某种事物之所以为某种事物者。借用中国旧日哲学家的话说："有物必有则。"第二组命题是：事物必都能存在。存在底事物必都存在。能存在底事物必都有其所以能存在者。借用中国旧日哲学家的话说："有理必有气。"第三组命题是：存在是一流行。凡存在都是事物的存在。事物的存在，是其气实现某理或某某理的流行。实际的存在是无极实现太极的流行。总所有的流行，谓之道体。一切流行涵蕴动。一切流行所涵蕴底动，谓之乾元。借用中国旧日哲学家的

---

① 冯友兰：《新理学·绪论》，载《三松堂全集》第四卷，第5页。
② 冯友兰：《南渡集·论民族哲学》，载《三松堂全集》第五卷，河南人民出版社，1986，第311页。
③ 冯友兰：《中国哲学史新编》，载《三松堂全集》第七卷，河南人民出版社，1989，第166页。

话说："无极而太极。"或曰："乾道变化，各正性命。"第四组命题是：总一切底有，谓之大全。大全就是一切底有。借用中国旧日哲学家的话说："一即一切，一切即一。"大全也称宇宙。此所谓宇宙，并非物理学或天文学所说的宇宙。物理学或天文学所说的宇宙，是物质的宇宙，是属于实际的有。因此物质的宇宙虽也可以说全，但只是部分的全，而不是大全。大全亦可名为一。故借用佛家的话说："一即一切，一切即一。"[1] 就他对这"四组形式底命题"的讨论来看，既来源于传统，又超越了传统，是以西方实在论的观点和方法对传统哲学，尤其是程朱理学的继承、发展和扬弃。

冯友兰指出，讨论理、气、道体及大全这四个"新理学"的形上学系统的"主要底观念"所要解决的问题，"是一个真正的哲学问题"，亦即"'共相'和'殊相'，一般和特殊的关系问题"。共相与殊相的关系问题，在程朱理学中，则表现为"理""气"问题，即每一类东西之所以然，即是那一类东西的共相，其中包括有那一类东西所共有的规定性。有了这个规定性，才使这一类东西与其他类的东西有了质的区别。这也就是说，某一类东西之所以然及某一类东西所共有的规定性，即是某一类东西的共相。与此相联系，具体世界中的具体事物所具有的特殊性质则称为殊相。比如，他举例道：人们造飞机，要先明飞机之理，而这个理是先于飞机而存在的，只是"他的有是不在时间空间之内的"而已。[2] 就此，他又引出了"真际"和"实际"的概念。在他看来，真际与实际不同，真际是指那些可称为"有"者，亦可名为"本然"。而实际指的是那些有事实的存在者，亦可名为"自然"。真际包含实际但又不等于实际，真际先于实际而存在。此即前面所说的，先有飞机之理（真际），后才有具体的飞机（实际）。把这种关系应用到本体论上，即是程朱理学所说的"理在事先"或"理在事上"。用冯友兰自己的话说："程朱理学和'新理学'都主张'理在事先'和'理在事上'。""新理学"只是换了个说法，"它称理世界为'真际'，器世界为'实际'。它认为，真际比实际更广阔，因为实际中某一类东西之所以成为某一类东西，就是因为它依照某一类之理。实际中的某一类东西，就是真际中

---

① 冯友兰：《新原道》，载《三松堂全集》第五卷，第148—154页。
② 冯友兰：《南渡集·新对话》，载《三松堂全集》第五卷，第280页。

某一理的例证"。①

　　在哲学方法上，冯友兰在努力引入西方现代哲学的逻辑分析方法建构自己的哲学体系的同时，又认为逻辑分析的方法和其他方法一样也有它的局限性，所以必须用中国传统哲学的"负底方法"对它加以补充和修正。所谓"负底方法"，也就是梁漱溟、熊十力所倡导的"冥悟证会"的直觉方法。用冯友兰的话说："真正形上学的方法有两种：一种是正底方法；一种是负底方法。正底方法是以逻辑分析法讲形上学。负底方法是讲形上学不能讲，讲形上学不能讲，亦是一种讲形上学的方法。"②他"贞元六书"中的《新知言》就是专门讨论所谓"正底方法"和"负底方法"的。《新知言》虽然发表于抗战胜利之后，但其思想则成熟于抗战之中，实际上它是此前发表的《论新理学在哲学中底地位及其方法》一文的扩充而成。讲"正底方法"，亦即逻辑分析的方法，是对西方哲学方法的吸取，"新理学"的哲学体系主要是靠这种方法建构起来的；讲"负底方法"，亦即"冥悟证会"的直觉方法，则是对中国传统哲学方法的继承。冯友兰之所以在讲"正底方法"的同时还要讲"负底方法"，把中国传统的"冥悟证会"的直觉方法作为新理学方法的重要组成部分，"乃在于他对人生问题的关切"。③在谈到新理学的用处时，冯友兰便明确指出："新理学知道它所讲底是哲学，知道哲学本来只能提高人的境界，本来不能使人有对于实际事物底积极底知识，因此亦不能使人有驾驭实际事物底才能"，但是"这些观念可以知天，事天，乐天以至于同天"。④故此他宣称："道学尚讳言其近玄学近禅宗，新理学则公开承认其近玄学近禅宗。"因为禅宗"于静默中立义境"，乃是追求一种与"第一义所拟说者"同一的境界，这种境界即是道家"天地与我并生，万物与我为一"的境界，亦即玄学家"圣人体无"的境界。"'体无'者，言其与无同体也；佛家谓之为'入法界'；《新原人》中，谓之为'同天'。"⑤这是冯友兰在讲"正底方法"的同时还要讲"负底方法"的根本原因。

① 冯友兰：《三松堂自序》，载《三松堂全集》第一卷，第234、232—233页。
② 冯友兰：《新知言》，载《三松堂全集》第五卷，第173页。
③ 李中华：《冯友兰评传》，百花洲文艺出版社，1996，第158页。
④ 冯友兰：《新知言》，载《三松堂全集》第五卷，第158—159页。
⑤ 冯友兰：《新知言》，载《三松堂全集》第五卷，第262—263页。

　　从"新理学"以"提高人的境界"为目的这一立场出发，冯友兰在《新原人》一书中把人生境界分为四类：一是自然境界，在此境界中的人，对于自己的行为、行为的性质和意义都没有明确的理解，是混沌无知的；二是功利境界，在此境界中的人，"其行为是'为利'底"，其利是私利，其中包括名誉、地位等；三是道德境界，在此境界中的人，"其行为是'行义'底"，而"义者，宜也"，也就是行其所当行，行其所该行；四是天地境界，在此境界中的人，"其行为是'事天'底"，所谓"事天"，也即"天人合一"。冯友兰认为，他的"新理学"完全"可以使人的境界不同于自然、功利及道德诸境界"，而进入天地境界。天地境界虽然是人生的最高境界，但它"又是不离乎人伦日用底"，亦就是中国传统哲学所追求的"即世间而出世间"的境界。"这种境界以及这种哲学，我们说它是'极高明而道中庸'。"①冯友兰把人生境界分为四个层次，其旨趣在于论证人的精神境界的提升和形成是一个由低向高、由浅入深的递进过程。这种递进过程，是以"自在"状态为出发点，通过正确解决义与利、群与己、天与人等关系而形成自觉的人生，达到人生的最高境界。它是冯友兰对传统儒家，特别是宋明理学人生理论的继承与发展。如有的研究者所指出的那样："人生境界的层次的划分，标志中国传统人生哲学理论的近代化，同时它也体现了儒家的道德形上学对于人与世界之关系、人对自身及其存在于其中的世界的一种整体的体认和把握，也是中国传统哲学对人生的终极托付与关怀。"②

　　和《新原人》主要讨论人生境界不同，《新事论》讨论的主要是东西文化问题。实际上自青年时代起，冯友兰对这一问题就十分关心。他晚年《在接受哥伦比亚大学授予名誉博士学位的仪式上的答词》里说："我生活在不同的文化矛盾冲突的时代。我所要回答的问题是如何理解这种矛盾冲突的性质；如何适当地处理这种冲突，解决这种矛盾；又如何在这种矛盾冲突中使自己与之相适应。"为此，他做出了非常可贵的探索。新文化运动时期，受时代的影响，他以"地理区域来解释文化差别，就是说文化差别是东方、西方的差别"。20 世纪 30 年代中期，他以"历史时代来解释文化差别。

① 冯友兰：《新原道·绪论》，载《三松堂全集》第五卷，第6—7页。
② 李中华：《冯友兰评传》，第193页。

就是说，文化差别是古代、近代的差别"。到抗战时期写作《新事论》时，他以"社会发展来解释文化差别，就是说，文化差别是社会类型的差别"。[①]正是根据文化类型说，冯友兰对19世纪中叶以来流行的各种文化观念和中西文化比较模式进行了清理和反省，认为无论是西化、中化，或中国本位、全盘西化等各种文化观念，还是"东西之别""古今之异"等中西文化比较模式，实际上"都是以特殊的观点以观事物"。从特殊的观点以观事物，就无法区分哪些是"主要底"，哪些是"偶然底"，那就势必把飞机大炮与狐步跳舞，甚至把民主自由与性解放混为一谈。但若从"类"的观点以看西洋文化，则我们可知所谓西洋文化之所以是"优越底"，并不是因为它是"西洋底"，或是"近代底"，而是因为它是某种"文化底"。于此我们所要注意的，并不是一"特殊底"西洋文化，而是一种文化类型。从此类型的观点以看西洋文化，则在其五光十色的诸性质中，我们可以说，也可以指出，何者对于此类是"主要底"，何者对于此类是"偶然底"，其"主要底"是我们所必须学习的，其"偶然底"是我们不必学习的。若从"类"的观点上看中国文化，则我们亦可知道我们近百年来所以到处吃亏，并不是因为我们的文化是"中国底"，或"古代底"，而是因为它是某种"文化底"。于此我们所要注意的，亦并不是一"特殊底"中国文化，而是某一种文化之类型。从此类型的观点以看中国文化，我们亦可以说，也可以指出，于此五光十色的诸性质中，何者对于此类是"主要底"，何者对于此类是"偶然底"，其"主要底"是我们所当抛弃的，其"偶然底"是我们所当保存的，至少是不必抛弃的。[②]

　　在冯友兰看来，如果以"文化类型"来解释中西文化的差别，那么，中国文化是生产家庭化的文化，西方文化是生产社会化的文化，生产家庭化的文化代表的是农业文化类型，生产社会化的文化代表的是工业文化类型。而农业文化类型落后于工业文化类型，这也是近代中国落后于西方、中国文化日渐衰落的根本原因。因此，要改变中国落后的状况，实现中国文化的复兴，进而实现中华民族的复兴，就必须改变中国的文化类型，使它从

---

① 上引见冯友兰《三松堂自序》，载《三松堂全集》第一卷，第338页。
② 冯友兰：《新事论》，载《三松堂全集》第四卷，第226页。

生产家庭化的文化变为生产社会化的文化，从农业文化类型变为工业文化类型。他还借用马克思的观点，形象地把工业与农业的差别，说成是城里与乡下的差别。"中国人之所以是'愚''贫''弱'者，并不是因为中国人是中国人，而是因为中国人是乡下人。""英美及西欧等国所以取得现在世界中城里人的地位，是因为在经济上它们先有了一个大改革。这个大改革即所谓产业革命。这个革命使它们舍弃了以家为本位底生产方法，脱离了以家为本位底经济制度。经过这个革命以后，它们用了以社会为本位底生产方法，行了以社会为本位底经济制度。这个革命引起了政治革命，及社会革命。"①中国人"要想得到解放，惟一底办法，即是亦有这种底产业革命"，"以社会为本位底生产方法，替代以家为本位底生产方法"，"以社会为本位底生产制度，替代以家为本位底生产制度"，实现由"生产家庭化底文化"向"生产社会化底文化"转变。②尽管冯友兰的文化类型说存在着这样或那样的不足，但与此前或当时所流行的西化、中化，或中国本位、全盘西化等各种文化观念，以及"东西之别""古今之异"等各种中西比较模式相比，无疑是认识上的一大进步，具有它的历史意义。

几乎与冯友兰同时，贺麟也完成了他的"新心学"新儒学思想体系的创建工作。七七事变后，贺麟随北京大学先南迁长沙，后又西迁昆明，任西南联大教授。尽管条件艰苦，环境恶劣，但这丝毫没有影响贺麟从事学术研究和理论创造的热情。1940年，他在《战国策》第3期上发表《五伦观念的新检讨》一文，开始建构他的"新心学"思想体系。接着，他又先后撰写和发表了《儒家思想的新开展》《宋儒的思想方法》《自然的知行合一论》等系列论文，进一步丰富他的"新心学"思想体系。1943年，重庆独立出版社出版了他的第一本学术论文集《近代唯心论简释》。1947年又出版了他的第二本学术论文集《文化与人生》，收录他在七七事变后的全民族抗战时期所写的37篇论文。这两书的出版，标志着他的"新心学"思想体系的基本形成。

我们前面已经提到，贺麟曾留学美国和德国，是一位新黑格尔主义的哲

---

① 冯友兰：《新事论》，载《三松堂全集》第四卷，第243—244页。
② 冯友兰：《新事论》，载《三松堂全集》第四卷，第256、252页。

学家。他的"新心学"实际上是黑格尔主义与陆王心学结合的产物。他晚年追述当年的思想历程道："我是从新黑格尔主义观点来讲黑格尔，而且往往参证了程朱陆王的理学心学。"①他吸收康德哲学和新黑格尔主义的某些观点，重新阐释陆王"心即理"的命题，强调了"心即理"之"心"作为"逻辑之心""逻辑主体"的含义。他说："心有二义，一、心理意义的心；二、逻辑意义的心。"心理意义的心是物，而"心与物是不可分的整体"，不存在离物而存在的心，也不存在离心而存在的物，只是"为了方便计，分开来说，则灵明能思者为心，延扩有形者为物。据此界说，则心物永远平行而为实体之两面"。但这并不是说心物之间就没有分别，实际上心是主宰部分，物是工具部分。心为物之体，物为心之用。心为物的本质，物为心的表现。"故所谓物者非他，即此心之用具，精神之表现也。故无论自然之物，如植物，动物，甚至无机物等或文化之物，如宗教哲学艺术，科学道德政治等，举莫非精神之表现，此心之用具。"逻辑意义的心即理，"所谓'心即理'也"。心即理的心，"乃是'主乎身，一而不二，为主而不为客，命物而不命于物'的主体"。换言之，逻辑意义的心，"乃一理想的超经验的精神原则，但为经验行为知识以及评价之主体。此心乃经验的统摄者，行为的主宰者，知识的组织者，价值的评判者。自然与人生之可以理解，之所以有意义，条理，与价值皆出于此心即理也之心"。②就贺麟对"心理意义的心"与"逻辑意义的心"的上述说明来看，心物一体，但心是第一性的，物是第二性的，心是物的主宰，物是被主宰者，而理是心的本质或本体，是从"心"演绎出来的先验的逻辑理念。用他本人的话说："理是一个很概括的名词，包含有共相、原则、法则、范型、标准、尺度以及其他许多意义。就理之为普遍性的概念言，曰共相。就理之为解释经验中的事物之根本概念言，曰原理。其实理即是原理，理而不原始不根本即不能谓之为理。就理之为规定经验中事物的有必然性的秩序言，曰法则。就理之为理想的模型或规范言，曰范型或形式。就理之为经验中事物所必遵循的有效准则

---

① 贺麟：《康德黑格尔哲学东渐记》，载中国哲学编辑部编辑《中国哲学》第二辑，生活·读书·新知三联书店，1980，第344页。
② 贺麟：《近代唯心论简释》，载《儒家思想的新开展——贺麟新儒学论著辑要》，第215—217页。

言，曰标准。就理之确定不易但又为规定衡量经验中变易无常的事物的准则言，曰尺度。"① 由此可见，贺麟所说的理，已不再是宋明理学中"放之四海而皆准，并行万世而不悖"的所谓"天理"，而是一个内涵十分丰富的哲学范畴，其中"包含着西方哲学史中柏拉图的理念世界、亚里士多德的形式、黑格尔的绝对理念等含义"。②

与他的心物一体、心是物的主宰之本体论相一致，在知行观上，贺麟强调的是知行合一，知主行从。所谓知行合一，概括贺麟的观点，主要表现在两个方面。第一，"知行同是活动"。什么是"知"？知指一切意识的活动，如感觉、记忆、推理的活动，如学问思辨的活动，都属于知的范围。简言之，"知是意识的或心理的动作"。什么是"行"？行指一切生理的活动，如五官四肢的运动，神经系的运动，以至脑髓的极细微的运动，或古希腊哲学家所谓火的原子的细微运动，都属于行的范围。简言之，"行是生理的或物理动作"。尽管知和行是两种性质不同的活动，但它们同是活动这是不能否认的，"我们不能说行是动的，知是静的。只能说行有动静，知也有动静"。③ 当然，无论知的活动也好，还是行的活动也好，是有显知与隐知、显行与隐行，甚至有"无知之知""不行之行"之区别的。第二，"知行永远合一"。因为知行不仅是同时发动的，时间上没有先后之分，而且是同一生理心理活动的两面，无无知之行，也无无行之知，"知与行永远在一起，知与行永远互相陪伴着"，如同一个人的手掌手背一样不可分离。同时，知和行还是平行的，它们次序相同，不能交互作用，并且各自成系统，"最低级的知永远与最低级的行平行"。④

当然，贺麟指出，我们讲"知行合一"，并不是说知与行在"合一体"中就没有主从之分，实际上，在认识论的意义上，"'知'永远决定行为，故为主。'行'永远为知所决定，故为从。人之行不行，人之能行不能行，为知所决定。盖人决不能做他所绝对不知之事。人之行为所取的方向，所采的方法，亦为知所决定"。知与行的这种主从关系，又表现为体用关系和

① 贺麟：《时空与超时空》，载《儒家思想的新开展——贺麟新儒学论著辑要》，第 235—236 页。
② 宋志明：《贺麟新儒学思想研究》，天津人民出版社，1998，第 229 页。
③ 贺麟：《知行合一论》，载《儒家思想的新开展——贺麟新儒学论著辑要》，第 269—270 页。
④ 贺麟：《知行合一论》，载《儒家思想的新开展——贺麟新儒学论著辑要》，第 272—275 页。

目的与手段的关系。就体用关系而言，"知是行的本质（体），行是知的表现（用）。行若不以知作主宰，为本质，不能表示知的意义，则行为失其所以为人的行为的本质，而成为纯物理的运动。因为物理的运动就是不表现任何思想方面、知识方面的意义的。……故知是体，行是用；知是有意义的、有目的的，行是传达或表现此意义或目的之工具或媒介"。从目的与手段的关系来看，"'知'永远是目的，是被追求的主要目标；'行'永远是工具，是附从的、追求的过程。任何人的活动都是一个求知的活动"。[1] 比如，科学家的科学实验的目的，是为了求知"是什么"，哲学家推论分析的目的，是为了求知"为什么"，道德家的知识是关于"应做什么"的知识，其他如军事家、政治家、工程师等的行为都是如此。应该说，贺麟对知行关系的认识，有其合理的因素，但总的来看，他片面夸大了"知"在认识过程中的作用，而贬低了行在认识过程中的地位和意义。

　　作为现代新儒家的代表人物之一，贺麟和熊十力、冯友兰等人一样，也是一个道德理想主义者。他一方面继承儒家传统的伦理思想，一方面借鉴西方资产阶级的道德观念，对儒家人格做了新的定位。他写道："何谓'儒者'，何谓'儒者气象'？须识者自己去体会，殊难确切下一定义，其实也不必呆板说定。最概括简单地说，凡有学问技能而又具有道德修养的人，即是儒者。儒者就是品学兼优的人。我们说，在工业化的社会中，须有多数的儒商、儒工以作柱石，就是希望今后新社会中的工人、商人，皆成为品学兼优之士。亦希望品学兼优之士，参加工商业的建设，使商人和工人的道德水平和知识水平皆大加提高，庶可进而造成现代化、工业化的新文明社会。"具体而言，贺麟认为，作为一个现代儒家或儒者，应具备以下三种人格特征。第一，要合时代。"合时代就是审时度势、因应得宜。孔子为圣之时，礼以时为大。合时代不是漫无主宰，随波逐流。……合时代包含有'时中'之意，有'权变'之意，亦有'合理'之意。"比如，儒家的道德观念就要随着时代的变化而不断进化，作为一个现代儒家或儒者，就不能抱残守缺，而应根据时代的需要，适时更新自己的道德观念。贺麟写有一篇文章，题目就叫作《道德进化问题》。这也是他肯定新文化运动批判旧道

---

[1] 上引见贺麟《知行合一论》，载《儒家思想的新开展——贺麟新儒学论著辑要》，第281—282页。

德的一个原因。第二，要合人情。"合人情即求其'反诸吾心而安'"，"合人情不仅求己心之独安，亦所以设身处地，求人心之共安"。① 这首先要正确处理好"理"与"欲"、道德与功利的关系。在贺麟看来，它们并不像宋明理学家所认为的那样是互不兼容的对立关系，要"存天理"就非"灭人欲"不可，而是相互补充的蕴涵关系，天理与人欲完全可以"调和"和"共济"。与"理"与"欲"相联系的是道德与功利的关系，它们也不是处于绝对对立的，而是一种主与从或体与用的关系，"功利与非功利（道德的）不是根本对立的，是主与从的关系。非功利是体，功利是用，理财与行仁政并不冲突，经济的充裕为博施济众之不可少的条件"。② 第三，要合理性。"合理性即所谓'揆诸天理而顺'。"③ 贺麟所讲的"理性"或"天理"是道德观念的形而上学基础，是一种宇宙法则，用他的话说："理性主宰万物，作育万物，浸透万物，支配万物，利用万物，而为万物所不知。"④ 贺麟认为，在合时代、合人情、合理性这三条中，合理性最为根本。如果只求合时代而不求合理性，便流为庸俗的赶时髦；如果只求合人情而不求合理性，便流为妇人之仁、感情用事或主观的直觉。他强调，"凡事皆能精研详究，以求合理、合时、合情，便可谓为'曲践乎仁义'，'从容乎中道'，足以代表儒家的态度了"⑤。他认为孙中山"在创立主义、实行革命原则中，亦以合理性、合人情、合时代为标准，处处皆代表典型中国人的精神，符合儒家的规范"⑥。因此，人们应该像孙中山学习，做一个真正的儒者。总之，"贺麟构想的合理性、合人情、合时代的儒者人格，既有现代的气息，又未脱离传统的基调……试图把资产阶级伦理思想与儒家传统融为一体。他徘徊于传统与现代之间，在努力寻找二者之间的结合点"⑦。我们无论对贺麟提出的儒家的理想人格如何评价，他的这种努力都应该给予充分的肯定。

---

① 上引见贺麟《儒家思想的新开展》，载《儒家思想的新开展——贺麟新儒学论著辑要》，第94—96页。
② 贺麟：《功利主义的新评价》，载《儒家思想的新开展——贺麟新儒学论著辑要》，第380页。
③ 贺麟：《儒家思想的新开展》，载《儒家思想的新开展——贺麟新儒学论著辑要》，第96页。
④ 贺麟：《论假私济公》，载《儒家思想的新开展——贺麟新儒学论著辑要》，第388页。
⑤ 贺麟：《儒家思想的新开展》，载《儒家思想的新开展——贺麟新儒学论著辑要》，第96页。
⑥ 贺麟：《儒家思想的新开展》，载《儒家思想的新开展——贺麟新儒学论著辑要》，第99页。
⑦ 宋志明编《儒家思想的新开展——贺麟新儒学论著辑要·编序》，第34页。

这里需要指出的是，与梁漱溟、张君劢、熊十力，甚至冯友兰比较，贺麟对吸收、消化西学并使之与中国儒家思想结合起来的重要性有更深刻的认识。他在《儒家思想的新开展》一文中明确指出："儒家思想的新开展，不是建立在排斥西洋文化上面，而乃建立在彻底把握西洋文化上面"，"欲求儒家思想的新发展，在于融会吸收西洋文化的精华与长处"。[①] 由于这一问题我们在下一章中将有详细讨论，此不叙及。

七七事变后的全民族抗战时期，另一位对现代新儒家作为学派走向成熟做出过重要贡献的是马一浮。马一浮和梁漱溟、熊十力一道，被人称为"现代儒家三圣"。然而除民国元年应蔡元培的一再邀请担任过三个星期的教育部秘书长外，到"七七事变"之前，马一浮基本上是隐迹林下，潜心读书治学，曾先后多次婉拒过北京大学、浙江大学的任教邀请。"七七事变"的枪声，打破了马一浮平静的读书治学生活。抗战初期为避战争烽火，他携带书籍万卷由杭州南迁，先居桐庐，后转开化，不久因日寇进逼，怕书籍遗失，乃致函时在江西吉安的浙江大学校长竺可桢，请他代谋为所携书籍找一妥善的椽寄之处。竺可桢收函后，即飞电马一浮邀请他以大师名义到江西泰和浙江大学讲学。在当时已走投无路的情况下，马一浮不得已改变初衷，于1938年春节后不久到了泰和。马一浮在泰和讲的内容是国学。他以张载"为天地立心，为生民立命，为往圣继绝学，为万世开太平"四句作为宗旨，系统阐述了他的"六艺论"和"义理名相论"（"义理名相论"在泰和没有讲完）。听讲的除文科的学生外，还有包括竺可桢在内的各系教授，如文科教授梅迪生、张其昀，理科教授苏步青都听过他的讲学。他讲学的时间不分星期，是"逢五"进行，即每月的五号，十五号和二十五号，风雨无阻。为什么要"逢五"上课呢？他解释道："定五号为讲期自有义在。十即是一，故数穷于九，而五居中。皇极位次于五，亦是此理。"[②] 在此期间，他还应竺可桢的请求，为浙江大学创作了校歌歌词。是年六月，浙江大学举行毕业典礼，马一浮应邀在典礼上向毕业生发表演讲，鼓励学生

① 贺麟：《儒家思想的新开展》，载《儒家思想的新开展——贺麟新儒学论著辑要》，第89页。
② 郑大华：《马一浮》，载王寿南总编辑《中国历代思想家（二十一）》（更新版），（台北）台湾商务印书馆，1999，第224—225页。

要树立"抗战必胜，正义必申"的坚定信念。① 马一浮在泰和共讲了十一讲，后来讲稿辑成为《泰和会语》，公开问世。1938 年 8 月，赣北战事日紧。为避日锋，浙江大学师生于是月 13 日起，分批乘卡车西行，经湖南衡阳迁往广西宜山。马一浮没有随浙江大学师生一起走，而是南行过大庾岭，入广东，走水路到广西柳州，再乘车北上到桂林，与旧友马君武（时任广西大学校长）及弟子丰子恺、吴敬生相聚，到 12 月 25 日，他才离开桂林，到了宜山，继续他的浙江大学讲学。马一浮在宜山共讲了九讲，其主要内容是讲他在泰和没有讲完的"义理名相论"。他在宜山讲学的讲稿，后来辑成为《宜山会语》，与《泰和会语》一道合刻出版。

马一浮的新儒学思想，可以分为文化和哲学两个方面。在文化方面，他提出"六艺论"，认为在所有的学术中，唯有儒学真正圆满地体现和代表了人类学术和文化的根本目的和方向，"此即在于穷理尽性，变化气质，恢复人类心中本然之善，并最终在内圣与外王的所有层面上全面提升自己"，因而儒学反映了人心之全体大用，其他学术则只代表了人心体用的某一方面，不过儒家六艺的流失而已。故此他主张以儒家六艺统摄一切学术，其中包括西学。在哲学方面，他提出"义理名相论"，于本体论主张理气一元，心性一元，于认识论主张知行合一，性修不二。"其哲学从儒家三易学说出发，并引华严六相一如说证理气一元，引天台止观双运说证知行合一。通过以儒融佛、以佛证儒的方式，建立了他的'义理名相论'哲学理论体系。"②

作为现代新儒家中的唯一一位史学家，钱穆在七七事变后的全民族抗战时期，出版了《国史大纲》和《中国文化导论》等著作。《国史大纲》原本是钱穆 20 世纪 30 年代在北京大学历史系教授中国通史课的讲稿，1939 年在云南蒙自、宜良整理撰写而成。他在《书成自记》中谈到成书的经过时说："二十六年（1937 年）秋，芦沟桥倭难猝发，学校南迁，余藏平日讲通史笔记底稿数册于衣箱内，挟以俱行。取道香港，转长沙，至南岳。又随校迁滇。"1938 年 4 月到达蒙自后，"自念万里逃生，无所靖献，复为诸生讲国史，倍增感慨。学校于播迁流离之余，图书无多，诸生听余讲述，颇

---

① 郑大华：《马一浮》，载《中国历代思想家（二十一）》（更新版），第 225 页。
② 滕复：《马一浮》，载方克立、郑家栋主编《现代新儒家人物与著作》，南开大学出版社，1995，第 96 页。

有兴发，而苦于课外无书可读，仅凭口耳，为憾滋深。因复有意重续前三年之《纲要》，聊助课堂讲述之需。是年五月间，乃自魏晋以下，络续起稿，诸生有志者相与传抄。秋后，学校又迁回昆明，余以是稿未毕，滞留蒙自，冀得清闲，可以构思。而九月间空袭之警报频来，所居与航空学校隔垣，每晨抱此稿出旷野，逾午乃返，大以为苦。乃又转地至宜良，居城外西山岩泉下寺，续竟我业。而学校开课之期已至。昆明尘嚣居隘，不得已，乃往来两地间。每周课毕，得来山中三日，籀绎其未竟之绪"①。《国史大纲》全书共八部分、四十六章，以纲目体行文，提纲挈领地系统介绍了中国五千年的历史和文化。在该书的《引论》中，钱穆阐述了他撰写此书的宗旨和动机："若一民族对其已往历史无所了知，此必为无文化之民族。此民族中之分子，对其民族，必无甚深之爱，必不能为其民族真奋斗而牺牲，此民族终将无争存于并世之力量。今国人方蔑弃其本国已往之历史，以为无足重视；既已对民族已往文化，懵无所知，而犹空呼爱国。此其为爱，仅当于一种商业之爱，如农人之爱其牛。彼仅知彼之身家地位有所赖于是，彼岂复于其国家有逾此以往之深爱乎！凡今之断脰决胸而不顾，以效死于前敌者，彼则尚于其国家民族已往历史，有其一段真诚之深爱；彼固以为我神州华裔之生存食息于天壤之间，实自有其不可侮者在也。故欲其国民对国家有深厚之爱情，必先使其国民对国家已往历史有深厚的认识。欲其国民对国家当前有真实之改进，必先使其国民对国家已往历史有真实之了解。我人今日所需之历史智识，其要在此。"② 这便是他于千辛万苦之中，克服重重困难，撰写此书的重要原因。在书中，他通过对中国历史和文化的叙述，揭示出民族精神、民族文化乃是中华民族生命力量的源泉，是推动历史发展的不竭动力，进而提出我民族国家之前途，仍将于我先民文化所贻自身内部所得其生机。

　　关于钱穆算不算现代新儒家的问题，目前学术界存在不同的看法。钱穆的学生、著名的美籍华裔学者余英时坚决反对把自己的老师算为现代新儒家，港、台的一些学者也持与余英时相同的观点，但大陆的方克立则坚

<hr>

① 钱穆：《国史大纲·书成自记》（修订版），商务印书馆，1996，第 3 页。
② 钱穆：《国史大纲·引论》，第 2—3 页。

决主张将钱穆纳入现代新儒家阵营，早在 1987 年 12 月 28 日召开的"中国现代哲学史首届全国学术讨论会"的发言中，方克立就提出钱穆应该算为现代新儒家，他主持的 1987 年国家社会科学基金课题"现代新儒家研究"，重点研究的对象是梁漱溟、张君劢、熊十力、冯友兰、贺麟、钱穆、方东美、唐君毅、牟宗三、徐复观等 10 人，用他的话说，上述 10 人"基本上属于现代新儒家的第一代和第二代，有的则是跨两代的人物（如张君劢、钱穆）"。① 本书是赞同方克立的意见的。如果只将现代新儒学视之为哲学思潮，那么钱穆当然不能算为现代新儒家，因为他是史学家而非哲学家。但如果将现代新儒学视之为文化和哲学思潮，那么钱穆理所当然地应当算为现代新儒家，因为钱穆提出的文化思想不仅与其他现代新儒家的文化思想有许多相通、相同、相似之处，例如，都强调中国文化的特殊性，都反对和批判过西化思潮和历史、文化虚无主义，都主张以"中体西用"式的中西文化调和为中国文化道路的选择，等等，而且还对其他现代新儒家的文化思想产生过重要影响。比如，钱穆在《国史大纲》的扉页上对读者提出了几条要求，其中一条就是要求读者对待中国的历史文化，首先必须怀有"温情与敬意"，这样才能认识"中国文化之优异之价值"。② 钱穆提出的这一主张，后来为其他现代新儒家所接受，1958 年由唐君毅、牟宗三、徐复观和张君劢联名发表的《中国文化与世界——我们对中国学术研究及中国文化前途之共同认识》（又称之为《中国文化宣言》）就认为，中国文化为一"活的生命之存在"，是"中国民族之客观的精神生命之表现"，因此，不能抱一种"凭吊古迹"的态度来对待中国文化，不能把它作为一堆无生命的"国故"加以客观冷静的研究，而必须对它怀有"同情"和"敬意"，"敬意向前伸展增加一分，智慧的运用，亦随之增加一分，了解亦随之增加一分"。③实际上现代新儒学的第一部代表作，亦可以说是现代新儒学的开山之作，即梁漱溟的《东西文化及其哲学》，其标题就体现出了现代新儒学既是一种

---

① 方克立：《关于现代新儒家研究的几个问题》，载《现代新儒学与中国现代化》，天津人民出版社，1997，第 22 页。

② 钱穆：《国史大纲》，扉页。

③ 杜维明等：《中国文化的危机与展望——当代研究与趋向》，（台北）时报文化出版事业有限公司，1986，第 111 页。

哲学思潮，又是一种文化思潮的性质。

　　除了著书立说、创立新儒学的思想体系外，七七事变后的全民族抗战时期，现代新儒家们还通过讲学和办报纸杂志来宣传自己的主张，为现代新儒学运动培养接班人。这一时期最值得一提的是三大书院的开办。1939 年，马一浮在四川乐山乌尤寺办复性书院；次年，梁漱溟在重庆北碚金刚碑主持勉仁书院；同年 10 月，张君劢在云南大理创办民族文化书院。这三大书院仿照中国古代书院的办学形式，同时也吸收现代大学办研究院所的方法和特点，强调知识学问与道德人格的并进，培养了一大批现代新儒学的后继人才。实际上是现代新儒家对宋明儒家自由讲学传统的实践。比如，马一浮在《书院之名称旨趣及简要办法》中曾对书院为何取名"复性"做过解释，他说：书院，在古代的时候以地名命名，如鹅湖书院、白鹿洞书院等，进入近代以后开始出现以义命名的现象，如诂经书院、尊经书院等皆是。今如果以义命名，可命名为复性书院。因为"学术人心所以纷歧，皆由溺于所习而失之，复其性则同然矣。复则无妄，无妄即诚也。又尧舜性之，所谓元亨诚之通，汤武反之，所谓利贞诚之复。自诚明谓之性，自明诚谓之教。教之为道，在复其性而已矣，今所以为教者，皆囿于习而不知有性。故今揭明复性之义以为宗趣"。[①]从马一浮的上述说明中可以看出，复性书院与一般的学校或研究院不同，它实质上是宋明时期的书院在现代的新版。而张君劢则在《民族文化书院缘起》中，将民族文化书院的宗旨与工作概括为四句话：（一）发挥吾族立国之精神；（二）采取西方学术之精神；（三）树立吾国学术之精神和新方向；（四）教育学子从事于学问深造和德性修养。[②]

　　在创办报刊方面，这一时期以及到中华人民共和国成立之前，现代新儒家们也做了大量的工作。1941 年 8 月，浙江大学的张其昀、谢幼伟等人主办的《思想与时代》杂志创刊。张、谢虽然不是现代新儒家，但他们办的刊物经常发表贺麟、熊十力、冯友兰等人的文章，贺麟那篇被视为现代新儒

① 马一浮：《书院之名称旨趣及简要办法》，载《马一浮集》第二册，丁敬涵校点，浙江古籍出版社、浙江教育出版社，1996，第 1168 页。
② 张君劢：《民族文化书院缘起》，载张君劢著、程文熙编《中西印哲学文集》（下），（台北）台湾学生书局，1981，第 1432 页。

学之宣言的《儒家思想的新开展》一文，就是在《思想与时代》的创刊号上发表的。1945 年，熊十力的弟子唐君毅和周辅成在四川璧山创办《理想与文化》和《中国文化》杂志。1947 年 1 月，熊十力的弟子牟宗三和钱穆的弟子姚汉源在南京创办《历史与文化》杂志，创刊号上发表了牟宗三写的发刊词《大难后的反省》，明确提出要对中国近代特别是"五四"以来的反传统主义思潮进行深刻地反省，并认为当时中国的问题实是一文化问题，只有实现民族文化的自我觉醒才能从根本上解决中国所面临的困难，实现中华民族的伟大复兴。同年 5 月，已服膺熊十力新儒学的原陆军少将徐复观在南京创办《学原》，大量发表熊十力、钱穆、唐君毅、牟宗三等人的文章，成为宣传新儒学的主要阵地。次年，熊十力的弟子程兆熊接受牟宗三的建议，于当年朱陆之争的旧地江西铅山鹅湖创办鹅湖书院和《理想·历史·文化》杂志。在牟宗三等人起草的《重振鹅湖书院缘起》中，明确认定孔孟荀董为儒学的第一期，程朱陆王为儒学的第二期，现实则应为第三期，并相信这第三期的儒学运动比第一、二期任务更艰巨，也会有更大的发展。其谓"儒家第三期文化使命，应为'三统并建'，即重开生命的学问以光大道统，完成民主政体建国以继续政统，开出科学知识以建立学统"[1]。这也就是著名的儒家"三统说"。通过讲学和办报刊来宣传自己的主张，为现代新儒学运动培养接班人，这也是现代新儒家作为学派走向成熟的标志之一。

二、对西化思潮和历史虚无主义的批判

不破不立，要复兴中国文化，首先必须对近代以来，尤其是新文化运动以来流行的西化思潮进行批判。所以，批判西化思潮是现代新儒家复兴中国文化的努力之一。因 1923 年挑起"科学与人生观论战"而成为现代新儒家代表人物的张君劢，于 1940 年在《再生》杂志重庆版第 51 期上发表《胡适思想界路线评论》（又名《吾国思想界应超越欧洲文艺复兴而过之》）一文，对以胡适为代表的西化思潮进行了全面的清算，并将这种清算视之为中国"今后思想前进之出发点"。首先，他指出，胡适努力的不外追随欧洲

---

[1] 此文后收入《牟宗三先生未刊遗稿》，载《牟宗三先生全集》26，（台北）联经出版事业公司，2003，第 13—20 页。

文艺复兴以来之步骤，欲推行于中国而已。具体而言，欧洲文艺复兴，前后有三件大事：一、古籍发现——胡适不深究欧洲古籍发现与清代汉学家注重古经真伪和文字训诂之间的异同，牵强附会，将二者相提并论，谓清代经学家之所为等于欧洲文艺复兴之古籍发现；二、宗教革命——胡适以为欧洲人反对宗教的言论，可以用作反对孔教的理论武器，于是有"打倒孔家店"之口号的提出，而不知"孔教"并不是宗教，孔子所言不外乎人事或人伦；三、科学运动——胡适只知道欧洲人的科学方法，而不辨科学与哲学的区分，将人生观及自由意志并于科学之中，以为科学的机械律，可以解决一切。"申言之，机械主义与自然主义，实支配胡氏之心理。旁人有不与之同调者，则目之为仇恨科学，视之与西方教会同科，而大声疾呼以反对之矣。"①

张君劢进一步指出，自十三四世纪文艺复兴以来，欧洲的思想和学术有了很大发展，然而胡适的思想则没有发展，仍然依循文艺复兴的覆辙，心中只有理性主义之启智时代的科学和哲学，而对于欧洲后来一些新的学说特别是一些相反的学说一概加以排斥。因此，他（一）只相信格里雷、牛顿的物理学和达尔文的进化论，反对杜里舒的生机主义；（二）只知机械主义或联合主义的心理学，反对自由意志说；（三）只崇拜边沁的乐利主义，反对道德论，如陆王心学、康德的伦理学等；（四）只信仰休谟的自然宗教和无神论对于宗教的态度，而对于宗教的根本精神不求了解。"惟胡氏之心理如此。"②

张君劢认为，上述胡适对于欧洲学说的种种态度是十分有害的，因为，第一，如果名义上提倡科学，而实际上对于某部分之科学新说则借非科学之名加以排斥，那么，我们又怎么能大开门户吸纳世界各种学说呢？第二，建立一国文化，不能但持理智，同时也需要信仰，人们需要宗教安身立命。第三，学术、宗教和政治的改造不能脱离具体的历史背景，否则，将种瓜得豆。据此，张君劢希望今后中国学术界能吸取胡适的教训，抛弃启智时代对于哲学和科学的那种浅薄主义的理解，于理智之外，须顾到意志主义，

---

① 张君劢：《胡适思想界路线评论》，载《中西印哲学文集》（下），第1021页。
② 张君劢：《胡适思想界路线评论》，载《中西印哲学文集》（下），第1031页。

因为，"惟承认各个人与团体之意志，则对于国家建设与道德宗教问题，自然有一中心方向"。此外，对各种哲学、科学应不抱成见，以开阔的心胸，招来各种学说，在建设新政治制度的同时，注重道德与宗教问题，尤其不可将"心理上自然之要求"的宗教，视为迷信而排斥之。①

在是文中，张君劢着重批判了胡适对中国文化，尤其对孔子和宋明理学的评价。他指出，孔子为中国文化之柱石，"其言内诸夏而外夷狄，树立各国民族主义之基础。其所谓正名定分，确立吾国社会上之秩序观念，其一身之学不厌，足见其爱智之切。其所谓祭神如神在，表示其对于神道不确言其有无，然亦不忘慎终追远之义。其删诗书，定礼乐，修春秋，将中国文化典章，大加整理，以垂诸今日而不废"。就是西方的一些思想家对于孔子及其学说亦大加赞扬。然而胡适却"倡为打倒孔家店之口号"，攻击孔子不遗余力，"是可谓为对于中国文化、对于孔子有正确认识者乎？"②西方文化之长在知识，在名学，所短在人伦，在心性修养。中国文化之长在人伦，在行为，所短在知识，在名学。然而胡适在其《中国哲学史》（卷上）中，则挟彼之长，来衡量孔孟以来的知识论，我国思想家之精神和我国文化之精神又从哪里表现出来呢？

针对胡适关于宋明理学的评价，张君劢指出，国之所以立，不能无义理，如逻辑学、如方法学，这是今日欧洲学术上的义理；如三权分立、如自由平等，这是今日欧洲政治上、法律上的义理。一个国家如果在学术上、在法律上无义理，那就像行舟一样没有指南针，难免不迷失方向。宋儒在我国思想界经魏晋南北朝而消沉已极的情况下，受佛教影响之余，转而求思想之独立，乃发为无极太极之宇宙论，进而为天理情欲心性之分析，更进而以德性学问立一己修养之方，其于君臣、父子、夫妇、兄弟、朋友之伦，一本孔孟之成规，自宋而元而明，绝无出入。宋元明清四朝代嬗变之际，其忠臣义士于生死患难之际，每能大节凛然，不为民族之玷者，诚与宋明儒义理之学有关。然而胡适却不作如是观，他"习闻清代学者之遗风"，亦以反对宋明儒空谈心性倡导于国中，在反对宋明理学的同时，他又"追

---

① 张君劢：《胡适思想界路线评论》，载《中西印哲学文集》（下），第 1031—1032 页。
② 张君劢：《胡适思想界路线评论》，载《中西印哲学文集》（下），第 1032 页。

随清儒之后，称其治学方法为能实事求是"。其实，清儒之学以西方的学术观点来看，是一种语言文字考据之学，它与宋明儒的义理之学是两种不同的学问。但胡适则"以推尊考据学之故"，主张打倒义理之学，企图用知识上的辨别真伪之考据，来代替道德善恶的标准。胡适如此"抑扬高下"是完全错误的。①

张君劢认为，胡适所以不能对中国文化尤其是孔子和宋明理学做出正确评价，一个重要原因，是他过于信仰理性主义，认为传统可任意推翻，而社会上一切问题都可以凭知识标准或曰真理标准加以解决。但实际上，传统与知识，或曰保守与进步，应如车之两轮，鸟之两翼，缺一不可。"若如过信理智者之言，一切可以凭理智解决，则近十余年，社会上横决而不可收拾之局，其亦可以引为鉴戒者矣。"②正因为胡适过于信仰理性主义，一切都以科学知识为出发点，未能处理好"传统与知识"之间的关系，故"其所贡献于社会者，在其勇于怀疑，勇于打倒传统"，但对于文化建设工作，则很少考虑，也鲜有建树。③这不能不是胡适以及以他为代表的西化派的悲剧和遗憾。

在张君劢看来，要抗战建国，建立一国的文化，实现中国文化的复兴，就不能缺少三种态度：（一）宇宙各种现象囊括无遗；（二）各种不同学说公平论断，不可有入主出奴之见；（三）不忘本国历史与其所遗留下来的各种制度的真意义。有科学，同时不能无道德无宗教，不可因科学而排斥道德与宗教；亦不可因道德与宗教而排斥科学。更进而言之，主革新者，不可抹杀传统，同时也不可因传统而阻碍进步。"此则今后学术自主自立之大方针也。"④

张君劢把胡适作为西化思潮的代表人物加以批判，这无疑是恰当的，就其所批判的具体内容看，有的也是正确的，如他批判胡适不顾中国具体国情而一味照搬西方思想，因过于信仰理性主义而不能正确认识知识与信仰、传统与现代的关系，对中国文化尤其是孔子和宋明理学做出正确的评价，

① 张君劢：《胡适思想界路线评论》，载《中西印哲学文集》（下），第1034页。
② 张君劢：《胡适思想界路线评论》，载《中西印哲学文集》（下），第1037页。
③ 张君劢：《胡适思想界路线评论》，载《中西印哲学文集》（下），第1039页。
④ 张君劢：《胡适思想界路线评论》，载《中西印哲学文集》（下），第1040页。

等等，特别是他对建立一国文化应持的三种态度以及对科学与道德，或曰"保守与进步"之关系的论述，更显示了他思想的深刻性。这也是张君劢的新儒学思想中有价值和值得充分肯定的地方。但另一方面，张君劢在批判胡适的西化思想和对中国文化进行评价时，往往又走到了另一极端，因而犯了与胡适相类似的错误。

譬如，他在批判胡适"倡为打倒孔家店之口号"，全盘否定孔子，而不能认识孔子于中国文化形成过程中的伟大功绩时，却对孔子采取了全盘肯定的态度，甚至将孔子与中国文化等同起来，认为"孔子人格与中国文化本身，已成为一体，而不可分"，所以，推翻孔子即"等于推翻国必有主之原则"。[①]基于上述认识，他反对胡适和其他人对孔子及其学说的一切批判，并极力为其辩护。胡适批判"孔子君臣之大义，为后世专制君主之凭借"，张君劢就此辩驳说："然世界何一国而无专制君主之一级？即孔子有尊君之说，亦犹今日服从政府之说，安见学说之有害于国民？"[②]针对胡适及新文化运动时期的新文化派对于孔子及其礼教的批判，他写道："如因宋儒饿死事小失节事大之言，致有多少不再嫁之节妇，在愚夫愚妇或有行之而过乎其度者，又何能以此归罪孔子与其所倡之礼教乎？"[③]如果说胡适及其代表的西化派全盘否定孔子及其学说不对的话（胡适是否真如张君劢全盘否定过孔子及其学说，这个问题另当别论，可参见本书第二卷第九章的有关内容），那么，张君劢对孔子及其学说的全盘肯定同样是错误的。实际上作为一个历史人物，孔子和他创立的儒学，既对中国文化的形成和发展产生过积极的影响，也对中国历史的进步起过一定的阻碍作用，尤其是当历史进入近代后，这种阻碍作用就更加明显。因此，对待孔子及其学说应该一分为二，任何简单化的全盘否定或简单化的全盘肯定都不是正确的态度。

再如，他批判胡适"对于中国旧文化之估价，因其偏于知识，偏于机械主义、自然主义、乐利主义之故"，而"但见其短而不见其长"，否定得多而肯定得少。然而，他对中国旧文化之估价，则正好走到了胡适的反面，是但见其长而不见其短，肯定得多则否定得少。如他认为中国几千年的封

---

① 张君劢：《胡适思想界路线评论》，载《中西印哲学文集》（下），第 1037 页。
② 张君劢：《胡适思想界路线评论》，载《中西印哲学文集》（下），第 1032—1033 页。
③ 张君劢：《胡适思想界路线评论》，载《中西印哲学文集》（下），第 1033 页。

建君主专制制度、科举制度、大家族制度和纳妾制都是中国文化的"特色"和"精华"，尤其是纳妾制有利于"中国人口之繁殖"，其动机或为男女之欲，然"其结果即所以增加人口扩大同族以自卫于乡里。其间接之效，更以所增人口移殖于海外"，所以纳妾制要比一夫一妻制更能"维持于久远也"。[1] 张君劢批评胡适对中国文化的看法"未见其正确"，但他如此评价中国文化同样也是错误的，君主专制、大家族制度，尤其是纳妾制无论如何是不能作为中国文化的"特色""精华"而加以"发扬光大"的。

　　如果说张君劢重点批判的是以胡适为代表的西化思潮的话，那么作为著名的历史学家，钱穆重点批判的则是历史研究中的民族虚无主义。1939 年 6 月，钱穆在十分艰苦的条件下写成《国史大纲》一书，在书的扉页上他要求读者在阅读该书时"请先具下列诸信念"：（一）当信任何一国之国民，尤其是自称知识在水平线以上之国民，对其本国已往历史，应该略有所知（否则最多只算一有知识的人，不能算一有知识的国民）；（二）所谓对其本国已往历史略有所知者，尤必附随一种对其本国已往历史之温情与敬意（否则只算知道了一些外国史，不得云对本国史有知识）；（三）所谓对其本国已往历史有一种温情与敬意者，至少不会对其本国已往历史抱一种偏激的虚无主义（即视本国已往历史为无一点有价值，亦无一处足以使彼满意），亦至少不会感到现在我们是站在已往历史最高之顶点（此乃一种浅薄狂妄的进化观），而将我们当身种种罪恶与弱点，一切诿卸于古人（此乃一种似是而非之文化自谴）；（四）当信每一国家必待其国民备具上列诸条件者比数渐多，其国家乃再有向前发展之希望（否则其所改进，等于一个被征服国或次殖民地之改进，对其国家自身不发生关系。换言之，此种改进，无异是一种变相的文化征服，乃其文化自身之萎缩与消灭，并非其文化自身之转变与发皇）。[2]

　　基于上述认识，钱穆在《国史大纲》的《引论》中对历史研究中的民族虚无主义进行了批判。他首先指出，中国为世界上历史最完备的国家，举其特点有三："一者'悠久'"，自传说中的黄帝算起有四千多年的历史；"二

---

① 张君劢：《胡适思想界路线评论》，载《中西印哲学文集》（下），第 1038 页。
② 钱穆：《国史大纲》，扉页。

者'无间断'",自周共和行政以下都有年代可查;"三者'详密'",史事记载十分清楚。加上中国地域辽阔,民族众多,历史非常丰富多彩。而"一民族文化之评价,与其历史之悠久博大成正比,则我华夏文化,于并世固当首屈一指"。[①] 然而自清末以来,一些所谓"革新派"的史学家和思想家,则从上层"政治制度"、中层"学术思想"和下层"社会经济"等方面全盘抹杀中国历史,宣扬民族虚无主义。如在"政治制度"方面,他们"于一切史实,皆以'专制黑暗'一语抹杀。彼辈对当前病症,一切归罪于二千年来之专制"。在"学术思想"方面,他们认为"中国自秦以来二千年,思想停滞无进步",孔子或老子要为中国的落后负责,甚至主张废除汉字,"创为罗马拼音"。在"社会经济"方面,他们把"中国自秦以来二千年"的社会说成是"封建时期",认为"二千年来之政治,二千年来之学术,莫不与此二千年来之社会经济形态,所谓'封建时期'者相协应"。"我中国自秦以来二千年,皆封建社会之历史耳,虽至今犹然,一切病痛尽在是矣。"正因为一些所谓"革新派"的史学家和思想家把自秦以来的二千年的政治制度说成是"专制政体",二千年的学术思想说成是"思想停滞",二千年的社会经济说成是"封建社会",所以在他们看来,"中国自秦以来二千年历史无精神,民族无文化",各个方面都不能与西方相提并论。[②]

钱穆进一步指出,一些所谓"革新派"的史学家和思想家之所以把自秦以来的二千年的政治制度说成是"专制政体",二千年的学术思想说成是"思想停滞",二千年的社会经济说成是"封建社会",原因就在于他们"莫不讴歌欧、美,力求步趋,其心神之所向往在是,其耳目之所闻睹亦在是。迷于彼而忘其我,拘于貌而忽其情。反观祖国,凡彼之所盛自张扬而夸道者,我乃一无有。于是中国自秦以来二千年,乃若一冬蛰之虫,生气未绝,活动全失"。[③] 如在政治制度上,中国既没有英国的"大宪章"与"国会"的"创兴",也不曾爆发过法国的"人权大革命",他们由此得出结论:中国"'自秦以来二千年,皆专制黑暗之历史'矣"。在学术思想上,中国没有经历过"文艺复兴运动",以及"各国学者蓬勃四起,各为其国家民族创造其

① 钱穆:《国史大纲·引论》,第1页。
② 钱穆:《国史大纲·引论》,第5—6页。
③ 钱穆:《国史大纲·引论》,第10—11页。

特有新兴之文学"，更没有发生过马丁·路德领导的"宗教革命"，所以他们认为：中国"'自秦以来二千年，皆束缚于一家思想之下'矣"。在社会经济上，中国不曾产生过像达·伽马、哥伦布那样的"凿空海外，发现新殖民地之伟迹"的人物，也没有出现过"今日欧、美社会之光怪陆离，穷富极华之景象"，无怪乎他们宣称："'自秦以来二千年，皆沉眠于封建社会之下，长夜漫漫，永无旦日'矣。"① 钱穆对这种以西方的历史为标准来硬套和评价中国历史的现象提出了严厉批评。他指出：由于自然环境和社会背景的不同，不同民族和国家的文化发展是不一样的，研究或评价某一民族或国家历史，"必确切晓了其国家民族文化发展'个性'之所在，而后能把握其特殊之'环境'与'事业'，而写出其特殊之'精神'与'面相'"。这就如同"为一个运动家作一年谱或小传，则必与为一音乐家所作者，其取材详略存灭远异矣"。因为"以音乐家之'个性'与'环境'与'事业'之发展，与运动家不同故；以网球家之个性与环境与事业之发展，又与足球家不同故；一人如此，一民族、一国家亦然"。因此，研究或评价中国历史的"第一任务，在能于国家民族之内部自身，求得其独特精神之所在"。② 但清末以来的一些所谓"革新派"的史学家和思想家则反其道而行之，他们以西方的历史为标准来硬套和评价中国历史，这就如同"为网球家作年谱，而抄袭某音乐家已成年谱之材料与局套"一样，"不知其人之活动与事业乃在网球不在音乐。网球家之生命，不能于音乐史之过程中求取"。实际上，他指出，中国历史并不像清末以来的一些所谓"革新派"的史学家和思想家认为的那样，自秦以来二千年"无进展""无精神""无文化"，只不过和欧美"于'斗争'中"得"进展"、得"精神"、得"文化"不同，中国是"于'和平'中"得"进展"、得"精神"、得"文化"的。"若空洞设譬，中国史如一首诗，西洋史如一本剧。一本剧之各幕，均有其截然不同之变换。诗则只在和谐节奏中转移到新阶段，令人不可划分。"③

除以西方的历史为标准来硬套和评价中国的历史外，清末以来一些所谓"革新派"的史学家和思想家在研究和评价中国历史时存在的另一问题，是

① 钱穆：《国史大纲·引论》，第10页。
② 钱穆：《国史大纲·引论》，第9、11页。
③ 钱穆：《国史大纲·引论》，第10、13页。

以人之"生力"比己之"病态",因而不能对中国历史做出实事求是的评价。钱穆指出:一民族一国家历史之演进,有其生力焉,亦有其病态焉。生力,是其民族与国家历史之发展前进的根本动力。病态,是其历史演进过程中所遭遇的顿挫与波折。人类历史之演进,"常如曲线形之波浪,而不能成一直线以前向"。所以拿两个不同的民族或国家的历史相比较,"则常见此时或彼升而我降,他时或彼降而我升"。如果人们"只横切一点论之,万难得其真相"。清末以来一些所谓"革新派"的史学家和思想家在研究和评价中国历史时就犯了这一错误。他们适见中国之"骤落",而西方之"突进",于是"意迷神惑,以为我有必落,彼有必进,并以一时之进落为彼、我全部历史之评价,故虽一切毁我就人而不惜,惟求尽废故常,以希近似于他人之万一"。正因为他们是以人之"生力"比己之"病态",换言之,是以人之"突进"比己之"骤落",得出的自然是中国各方面都不能与西方相提并论的评价。他尤其对那种把中国今日之"病态"全归罪于"古人"、要古人为今人负责的做法提出了批评:"西人论史,盛夸其文明光昌,而渊源所自,必远本之于希腊、罗马。国人捧心效颦,方务于自谴责,而亦一一归罪古人,断狱于唐虞三代之上,貌是而神非,甚矣其不知学也。"①

针对当时人们"率言革新"的现象,钱穆指出,"革新固当知旧"。"凡对于已往历史抱一种革命的蔑视者,此皆一切真正进步之劲敌也。"因为只有对过去的历史文化有真正了解和热爱的人,才能"对现在有真实之认识";而只有"对现在有真实之认识",才能"对现在有真实之改进"。"故所贵于历史智识者,又不仅于鉴古而知今,乃将为未来精神尽其一部分孕育与向导之责也"。否则,如果一个民族对其已往之历史无所了解,那么这个民族必然是无文化之民族,此民族中之分子对其民族必无甚深之爱;而爱之不深,也就不能为其民族奋斗牺牲。这样的民族最终是不能立于世界民族之林的。"今国人方蔑弃本国已往之历史,以为无足重视;既已对其民族已往之文化,懵无所知,而犹空呼爱国。"这样的爱,只能算作一种商业之爱,就如同农人之爱其牛一样,"仅知彼之身家地位有所赖于是"。因此,他认为,要使国民为了国家"断脰决胸而不顾,以效死于前敌",就必须对他们

---

① 钱穆:《国史大纲·引论》,第 25—27 页。

进行历史教育，使他们对"国家民族已往历史"有真正的了解，产生"真诚之深爱"，从而认识到"我神州华裔之生存食息于天壤之间，实自有其不可侮者在也"。① 这"其不可侮者"，也就是中国灿烂辉煌的古代文明。

如钱穆所批判的那样，自清末以来中国社会确实存在着一股全盘否定中国历史文化的民族虚无主义思潮。钱穆对它进行批判，反对以西方文化为评价标准，不加分析地把中西历史文化传统与性格的不同，看成是先进（西方）与落后（中国）的区别，把自秦以来二千年的中国历史都说成是"中古时代"或"封建时代"的历史，否认中国历史文化的发展和进步；反对因目前中国的"骤落"和西方的"突进"，就瞧不起自己，而迷信洋人，甚至自我菲薄，归罪古人，把中国历史文化说得一无是处，一片漆黑。在《五十年来中国之时代病》中他写道："传统五千年，是中国人的生命，一切都象征着中国生命之健全与旺盛。最近五十年，则只是生命过程中之一节病状。尽健全尽旺盛的生命有时也该有病，病的对治正是生命的挣扎。没有为着五十年的病痛，便要根本埋冤到他五千年的生命本身之理。埋冤生命本身，只有自杀，自杀决非病的医治，为着近五十年来现状，而一口骂倒传统五千年，只是急躁，只是浅见。"② 提出要认识"中国文化之优异之价值"，就必须对中国历史文化怀有"温情与敬意"，并用全部历史说明，"我民族命运之悠久，我国家规模之伟大，可谓绝出寡俦，独步于古今矣"，值此抗战建国之际，我民族国家之前途也不须外求，"仍将于我先民文化所贻自身内部获得其生机"。③ 这些无疑都是正确和深刻的，应该给予充分肯定。特别是他提出的"革新固当知旧"④，只有"知旧"才能更好地"革新"，因而要加强对国民进行本民族历史教育的观点，在今天尤其具有重要的现实意义。

但这只是问题的一方面；问题的另一方面，他和清末以来一些所谓"革新派"的史学家和思想家一样，也不能正确地认识和评价中国的历史文化。比如，他以中国"立国规模""基本精神"和"演进渊源"与西方不同，而否认自秦以来二千年的中国政治制度是君主专制政体，并批评此种观点是

① 钱穆：《国史大纲·引论》，第2—3页。
② 钱穆：《五十年来中国之时代病》，《思想与时代》第21期，1943年4月1日。
③ 钱穆：《国史大纲·引论》，第32页。
④ 钱穆：《国史大纲·引论》，第2页。

不明"中国历史的真相"的"不情不实之谈"。在他看来,"中国传统政治,既非君主专制,又非贵族专制,亦非军人政府,同时亦非阶级(或资产阶级或无产阶级)专政⋯⋯自当属于一种民主政体,无可辩难。吾人若为言辞之谨慎,当名之曰中国式之民主政治。当知中国虽无国会,而中国传统政府中之官员,则完全来自民间,既经公开之考试,又分配其员额于全国之各地,又考试按照一定年月,使不断有新分子参加,是不啻中国政府早已全部由民众组织,则政府之意见,不啻即民间之意见,如此,则何必再叠床架屋,更有一民选国会以为代表民意之机关?中国政府既已为民众组织之政府,则政府一切法制章程,即系民意之产物,更何需别有一民选立法机关,再创一部宪法,强政府以必从?"①他甚至认为,与西方的民主政治比较,秦以来二千年的"中国式的民主政治"更"适合于我国情",今人不要"妄肆破坏,轻言改革"。②如此言论,借用方克立先生批评的话说,"就不仅是'文化保守主义',且几乎走到'社会政治的保守主义'立场上去了"③。

三、对中国文化之特殊性的阐释

1939年钱穆在完成《国史大纲》后,开始着手撰写《中国文化史导论》一书,并陆续在《思想与时代》杂志上刊出。钱穆首先探讨了中国文化发生的地理背景以及对中国文化的影响。他指出,人类文化一般都最先开始于灌溉区域不大而四周有天然屏障的江河流域,这样既易于农业生产,又可不受外敌的侵扰,如古埃及文化于尼罗河流域,古巴比伦文化于幼发拉底河和底格里斯河流域,古印度文化于印度河流域,莫不如此。但中国文化则有些特殊。他不同意那种笼统地说中国文化发源于黄河流域的观点,认为这种观点只看到了世界诸文明古国文化起源的共性,而没有注意到中国文化起源的特殊性,因为黄河本身并不适于灌溉与交通,准确地说,中国文化的发生并不依赖于黄河本身,依赖的是黄河的各条支流。每一支流的两岸和其流进黄河时两水相交形成的三角地带,即所谓的"水丫杈",才是中国古代文化真正的摇篮。如唐、虞文化发生于山西的西南部,黄河大曲

---

① 钱穆:《中国民主精神》,载《文化与教育》,国民图书出版社,1943,第136页。
② 钱穆:《国史大纲·引论》,第15页。
③ 方克立:《现代新儒学与中国现代化》,第110页。

的东岸及北岸，及其流入黄河的三角地带。夏文化发生于河南的西部，黄河大曲的南岸，伊水、洛水两岸，及其流入黄河的三角地带。周文化发生于陕西的东部，黄河大曲的西岸，渭水两岸，及其流入黄河的三角地带。这些三角地带土地肥沃，交通便利，易于农耕，很早便形成了一个文化共同体。这是中国古代西部文化的发生过程。殷商文化发生于安阳附近，这是漳水和洹水流入黄河所形成的三角地带。殷商文化与东部一些发生于两水相交的三角地带的文化，形成了中国古代东部的文化系统。据此，钱穆得出三点结论：第一，古代文化的发展，均在一个小环境里开始，而不易形成伟大的国家组织，只有中国文化自始即在一大环境下展开，因此容易养成并促进政治、社会以及人事等方面的团结与处理方法的才能，从而使中国人能迅速完成内部的统一。第二，在小的环境里产生的文化社会，容易受到周边文化程度较低的民族的"侵凌"，其发展被迫中断或受阻，只有中国文化是在大环境下展开的，并迅速完成了国家内部的团结与统一，因而对外族之抵抗力特别强大，得以免遭摧残，而保持其不断地向前发展，成为世界上历史最为悠久的国家。第三，在小地面的肥沃区域里产生的古代文明易达到其顶点，失去另一新鲜向前的刺激，从而导致"社会内部之安逸与退化"，只有中国文化因产生在贫瘠和广大的地面，不断有新的刺激和新的发展，社会内部能始终保持一种勤奋和朴素的美德，其文化才因而也常有新精力，不易腐化，直到现在"仍有其内在尚新之气概"。①

　　为了进一步说明中国文化的特殊性，在考察了中国文化赖以产生的独特环境以及由此而形成的中国文化的特殊性后，钱穆进一步对中国文化与欧洲文化进行了比较。因为在他看来，就全世界人类文化已往成绩而论，只有西方的欧洲文化和东方的中国文化算得上源远流长，直到现在已成为人类文化的两大主干。概而言之，第一，就政治而论，中国从很早的时候起，就已成为一个统一的大国家，很少发生内争，而欧洲直到近代还是列国纷争，没有实现统一。中国人由于数千年来常在统一的和平局面下生活，注重的是对内问题而不是对外问题，常常"反身向着内看"，久而久之，"便成为自我一体浑然存在"。西方人由于常生活在"此起彼仆的斗争

---

① 钱穆：《中国文化史导论》（修订版），商务印书馆，1994，第7页。

状态之下"，注重的是对外问题而不是对内问题，"常常是向外看的"，久而久之，"成为我与非我屹然对立"。唯其常向外看，认为有两体对立，所以西方人特别注意空间的"扩张"以及"权力"和"征服"。唯其常向内看，认为只有一体浑然，所以中国人特别注意时间的"绵延"以及"生长"和"根本"。第二，就经济而论，中国文化是建筑在农业上面的，是彻头彻尾的农业文化；而欧洲文化是建筑在商业上面的，是彻头彻尾的商业文化。西方常常运用国家力量来保护和推进其国外商业，中国则常常以政府法令来裁制国内商业势力的过分旺盛，使其不能远驾于农、工之上。因此在西方国家很早便带有一种近代所谓"资本帝国主义"的姿态，在中国自始至今采用的是一种近代所谓"民主社会主义"的政策。虽然中国历史上也不断有科学思想和创造发明，但由于采用的是所谓"民主社会主义"的政经政策，"不患寡而患不均"，对于机械生产不仅不加奖励，而且时时加以禁止与阻抑，以至工业落后，科学不发达。第三，就人生观念和人生理想而论，中国人向来既不注重自由，也不讲组织和联合，而西方人对自由特别重视，从某种意义上说，一部西方史，也就是一部人类自由的发展史，西方的全部文化，也就是一部人类发展自由的文化。与自由相联系的，是组织和联合。如果说希腊代表着自由的话，那么，罗马和基督教会则代表的是组织和联合。"这是西方历史和文化的两大流，亦是西方人生之两大干。"我们只要把握了这两个概念，也就把握了隐藏在西方历史后面的"一切意义和价值"。中西这种人生观念和人生理想的不同，源于他们着眼点的不同。西方人注重向外看，看人和社会是"两体对立"的。因有两体对立，所以要求自由，同时又要求联合。中国人注重向内看，看人和社会只是浑然一体，这个浑然一体的根本，大言之，是自然，是天；小言之，则是各自的小我。"小自然"与"大自然"浑然一体，这便是所谓的"天人合一"。《大学》讲修身，齐家，治国，平天下，一层一层地扩大，即是一层一层地生长，又是一层一层地圆成，最后融和而化，此身与家、国、天下并不构成对立。这便是中国人的人生观和文化精神。只有把握了中国人的这种人生观和文化精神，才能够正确地认识和评价中国历史和文化的特殊意义及价值。第四，就宗教信仰而论，西方人看世界是两体对立的，在宗教上也存在着"天国"和"人世"的对立；中国人则相反，他们看世界只有一个，不相信有与"人世"对立的"天国"存在。因此中国人要求永生，要求不朽，要求的是现世的永生和不朽。正因为中国人不相信"天国"的存在，所以在西方发展出的宗教观，在中国则发展成了伦理观。这也是中国人对世界对人生的"义务"观念，更重于"自由"观念的根本原因。①

　　在比较了中国文化与欧洲文化在政治、经济、人生观念和宗教等方面的不同后，钱穆提出了自己独特的中国文化演进过程的"四期说"。即第一时期是先秦时期。这一时期中国人把本民族的人生理想和信念确定了下来，这是中国文化演进的大方针，也是中国文化的终极目标所在，其具体表现为国家凝成和民族融和、古代观念和古代生活、古代文学和古代文字的形成。第二时期是汉唐时期。这一时期的中国人把政治、社会一切规模与制度大体上规划出了一个轮廓，这是人生的共通境界，必先把这一共通境界安顿妥当，然后才能够有各人的自我发展。第三时期是宋元明清时期。这一时期的特点是文学与艺术的发展，人生的共通境界安定下来，并开始了个性的自由伸展。第四时期是"当前面临着的最近将来的时期"。这一时期的最主要任务是如何实现中华文化的复兴。他又称第一时期为"宗教与哲学时期"，特点是确立人生之理想与信仰；第二时期为"政治与经济时期"，政治采用民主精神的文治政府，经济主张财富平衡的自由社会；第三时期为"文学与艺术时期"，文学艺术偏于现实人生，而又能代表一部分共同的宗教性能；第四时期为"科学与工业时期"，即采用西方的科学与工业以实现中华文化的复兴。② 就钱穆的中国文化演进过程的"四期说"来看，在于从中国文化发展的内在逻辑出发，既肯定中国文化有五千年一贯而上、一脉相承的传统，又强调不同发展时期所体现出来的不同特征，从而将中国文化发展连续性的一般趋向与发展过程中的阶段性的不同特征有机地结合了起来。

　　和钱穆一样梁漱溟也特别重视中国文化的特殊性。抗战期间，他在奔走国事之余，先后有《中国文化问题》《理性与理智之分别》等探讨中国文化特征和改造与复兴中国文化的文章发表。中国文化的特征是什么？梁漱溟

---

① 钱穆：《中国文化史导论》，第8—19页。
② 钱穆：《中国文化史导论》，第228—229页。

认为，中国文化的特征"在人类理性开发得早"①。何谓"理性"？根据梁漱溟的解释，"理性"是与"理智"不同的一种心理，理智属于"知的一面"，而理性属于"情的一面"。比如中国人喜欢讲"读书明理"，所明的是"父慈、子孝、知耻、爱人、公平、信实之类"的"理"，而不是"自然科学之理"，或"社会科学之理"，前一类的"理"可以称之为"情理"，后一类的"理"可以称为"物理"。"情理"存于主观，而"物理"则属于客观。人类所以能明白许多情理，由于"理性"，人类所以能明白许多物理，由于"理智"。再比如学校考试，学生将考题答错，是一种错误——知识上的错误。若舞弊行欺，则又另是一种错误——行为上的错误。前一错误，在学习上见出低能，应属智力问题；后一错误，便是品行问题。事后学生如果觉察到自己错误，前一觉察属理智，后一觉察属理性。又譬如计算数目，计算之心是理智，而求正确之心便是理性。数目错了，不容自昧，就是一种极有力的感情。这一感情是无私的，不是为了什么生活问题。分析、计算、假设、推理……理智之用无穷，而独不作主张；作主张的是理性。理性之取舍不一，而要以无私的感情为其中心。总之，他强调："必须屏除感情而后其认识乃明切锐入者，我谓之理智；必须借好恶之情以为判别者，我谓之理性。"②就梁漱溟的解释来看，他讲的"理性"并不是18世纪欧洲启蒙思想家所倡导的"理性"或"理性主义"。用他本人的话说："西洋之所谓'理性主义'，欧洲大陆哲学所谓'理性派'，史家之指目十八世纪为'理性时代'，要不过心思作用之抬头活跃而特偏于理智之发挥者；却与这里所谓'理性'殊非一事。"③西洋人的"理性主义"的"理"是"事理"，是知识上的"理"，虽与行为有关，却不能够发动行为；中国人的"理性主义"的"理"，恰好是有力量的"理"，是能够发动行为的"理"。④梁漱溟这里所讲的中国人的"理性主义"，实际上是儒家传统的道德智慧或道德自觉。他的一位门生在评论乃师的"理性"说时便明确指出："先生之理性说，原即儒家心理学，亦即先生的心学或曰心理学，上承孔孟暨宋明诸哲的理学而来。"⑤

---

① 梁漱溟：《中国文化问题》，载《梁漱溟全集》第六卷，第108页。
② 梁漱溟：《中国文化问题》，载《梁漱溟全集》第六卷，第405页。
③ 梁漱溟：《中国文化问题》，载《梁漱溟全集》第六卷，第412—413页。
④ 梁漱溟：《乡村建设理论》，载《梁漱溟全集》第二卷，第267页。
⑤ 胡应汉：《梁漱溟先生年谱初稿》，自印本，第39页。

　　梁漱溟指出，人类与其他动物的区别之处，就在于人有理性。但理性之在人类，却是渐次开发出来的。就个体生命而论，理性的开发要随年龄和身体发育与心理成熟而来；从社会生命来看，理性是慢慢地随着经济的进步及其他文化条件的开发出来的。所谓理性在中国开发得早，即因其时候不到，条件尚未成熟，而理性竟得很大的开发。也正因为理性开发得早，中国没有走上宗教的道路。这是中国文化与欧洲文化的分水岭。[①] 因为一般而言，人类文化都是以宗教开其端的，且每以宗教为中心。不仅人群秩序和政治，导源于宗教，人的思想知识以至各种学术，亦无不导源于宗教。然而中国却缺乏宗教。尽管像宗教一类的迷信及各种宗教行为，在中国不是没有，这既散见于民间，也著见于往日的朝廷，佛教传入之后，还模仿而形成了中国独有的道教，世界上其他各大宗教，中国亦都有流传。但中国缺乏宗教这是绝大多数学者公认的事实。这表现在三个方面：（1）中国文化的发展不是托于宗教庇荫而来的；（2）中国没有足以和全部文化相称相配的宗教；（3）中国文化不以宗教为中心，而以孔子以来的教化即儒学为中心。儒学是一学派，而非一宗教。他引用美国学者桑戴克（Lyum Thorndike）著《世界文化史》的论述，以论证儒学是学派而非宗教：（1）孔子绝不自称为神所使，或得神启示，相反"不语怪、力、乱、神"；（2）孔子的言论贯注人身，有如光透过玻璃，使人立地省悟，绝非以感情引人，或以宗教神秘动人；（3）孔子标"恕"字为格言，浅近平易，曲尽人情的理性，与宗教家感情激越陈义太高大为不同。尤其是孔子不谈生死，"此为儒家非宗教的大证据"。因为"世间最动摇人感情的事，莫过所亲爱者之死，或自己的死亡。而在这里，恰又为人类知识所不及。一面人们最易于此接受宗教，一面宗教最易于此建立。所以宗教总脱不开生死鬼神这一套。孔子偏偏全副精神用在现有世界（现有世界就是我们知识中的世界），而不谈这一套"。[②]

　　与宗教的超绝、神秘和信仰主义相反，儒家"相信人有理性，而完全信赖人类自己"。所谓"是非之心，人皆有之"，什么事该做，什么事不该做，

---

① 梁漱溟：《理性与宗教之相违》，载《梁漱溟全集》第六卷，第 397 页。
② 梁漱溟：《理性与宗教之相违》，载《梁漱溟全集》第六卷，第 382—384 页。

从理性上明明白白。万一不明白，试想一想，终可明白。因此孔子没有独断的标准给人，而要人自己反省。例如宰我嫌三年丧太久，似乎一周年就可以了，孔子并不直斥其非，只是和婉地问宰我："食夫稻，衣夫锦，于汝安乎？"宰我答"安"。孔子便说："汝安则为之。夫君子之居丧食旨不甘，闻乐不乐，居处不安，故不为也。今汝安，则为之！"说明理由，仍让宰我自己判断。又如子贡欲去告朔之饩羊，孔子亦只婉叹地说："赐也！尔爱其羊，我爱其礼！"指出彼此观点，不作断案，让子贡自己去选择。这与宗教之教人舍其自信而信他，弃其自力而靠他力者相反，儒家总是指点人回头看自己，指点人去理会事情而在自家身上用力，唤起人的自省与自求。儒家虽然也重视礼，但与宗教之礼不出于人的制作，其标准为外在的、呆定的、绝对的不同，儒家之礼则是人行其自己应行之事，斟酌于人情之所谊，标准不在外而在内，不是呆定的而是活动的。[①] 就此，梁漱溟指出，"儒家假如亦有其主义的话，应理就是'理性主义'"[②]。

　　在梁漱溟看来，"理性开发的早"，不仅是中国文化的"特征"，也是中国文化的"根本"，中国文化的长处和短处，中华民族的民族精神，以及与西方文化、印度文化的区别，就在于此。首先就长处而言，中国文化所表现出来的一些"总成绩"，如"国土开拓之广大，并能维持勿失"；"种族极其复杂而卒能同化融合，人口极其繁庶而卒能搏结统一，以成一伟大民族"；"民族生命之悠久绵长"；"社会秩序自尔维持，殆无假于外力"；等等。"莫非人事之优胜。……而于社会人事见其丰亨优裕者，大约皆不外是理性了"。[③] 其次从短处来看，由于中国理性开发得早，影响了理智的发展，其结果造成了中国物质文明不发达，乃至有时且受自然之压迫，尤其是民主和科学未能开发出，科学技术落后，民主制度在中国始终未能建立起来。承认中国文化有长处，这是梁漱溟不同于反传统主义的西化派的地方；而承认中国文化有短处，又使他与全盘维护传统的复古主义者区别了开来。

　　民族精神是相对于时代精神的一个概念。任何文化都是时代性与民族性之集合体，时代性中那些代表历史前进方向的内容形成时代精神，民族性

---

① 梁漱溟：《理性与宗教之相违》，载《梁漱溟全集》第六卷，第384—385页。
② 梁漱溟：《理性与宗教之相违》，载《梁漱溟全集》第六卷，第406页。
③ 梁漱溟：《理性与宗教之相违》，载《梁漱溟全集》第六卷，第416页。

中那些代表民族生命力的内容形成民族精神。民族精神是一个民族在艰难困苦的环境中得以繁衍、发展、壮大的精神支柱，是激励和鼓舞本民族成员为着自己美好的目标积极奋进的精神动力，是沟通和联结本民族成员心灵的感情纽带，人们无论走到天涯海角，都会因本民族的民族精神而产生一种民族的认同感、自豪感和献身民族事业的责任感。所以，民族精神的绵延不绝和不断振兴，是一个民族具有勃勃生机的重要标志。无论哪一种民族文化都有自己的民族精神，正是这种民族精神才决定了一民族文化的价值和意义。

我们认为，真正可以称为中华民族精神的，是那种能鼓舞中华民族儿女持久地从事与民族兴衰存亡密切相关之伟大事业的精神；是那种能使中华民族具有强大的凝聚力、生命力和创造力，从而自强不息、不断进取的精神；是那种不畏强暴，面对凶恶的外国侵略者和本国的独夫民贼，敢于斗争、善于斗争，不屈不挠的精神；是那种为了民族和国家的利益"鞠躬尽瘁，死而后已"，"舍生取义"，勇于献身的精神；是那种热爱和平，主持正义，威武不屈，贫贱不移，富贵不淫，一身正气的精神；是那种"先天下之忧而忧，后天下之乐而乐"，埋头苦干，克己奉公的精神；……然而梁漱溟却不作如是观。他认为中华民族的民族精神即是所谓"理性"。他在《理性与理智之分别》一文中写道："中国民族精神何在？我可以回答，就在富于理性。它表现在两点上：一为'向上之心强'；又一为'相与之情厚'。""向上之心"即是不甘于错误的心，知耻的心，嫌恶懒散而喜振作的心，好善服善的心，要求社会生活合理的心……一句话，"人生向上"。"相与之情"即是人与人之间的感情，这种感情以伦理关系为基础，伦理关系又叫情谊关系，亦即相互间的一种义务关系。"中国社会构成，即建筑于伦理之上。"[1]如我们已指出的那样，梁漱溟所谓的理性，实际上是儒家传统的道德智慧或道德自觉，用他本人的话说，"理性"即是中国"古人的人生态度"，而"我们之所谓中国古人，就指孔子的这个学派，或者说孔子就是代表"。[2]把儒家传统的道德智慧或道德自觉说成是中华民族的民族精神，反映了梁漱

---

[1] 梁漱溟：《理性与理智之分别》，载《梁漱溟全集》第六卷，第416—418页。
[2] 梁漱溟：《精神陶炼要旨》，载《梁漱溟全集》第五卷，第507页。

溟以儒家文化为中国文化之正统和本位的思想特征。

就中西文化的区别而论，如果说中国是"理性早启"的话，那么西方则是"短于理性"。这主要表现在以下几个方面：（1）中古以来的西洋人生，大体上知有罪福而不知有是非，知有教诫而不知有理义，以宗教教条代替自己理性而茫无判别，茫无主张。（2）进入近代后宗教虽然有所失势，但西方形成的却是一种"自我中心，欲望本位"的新风，这时的人大体上知有利害而不知有是非，知有欲望而不知有理义，一切要为"我"而向前要求，要向着世界要求种种东西以自奉享，对于自然界取对峙征服的态度。（3）讲力不讲理，崇尚斗争，与人斗，与天斗，与社会斗。[①] 正因为中国是"理性早启"，影响了理智的发展，而西方是"短于理性"，理智却十分发达，所以"中西各有所偏"。比如在学术上，西方详于物理，而中国详于人事；西洋有学有术，而中国有术无学；西洋认识论发达，而中国盛行讲良知、看轻后天学识的"王学"；西方主张征服自然，而中国讲求人事优胜。[②] 总之，"中国人以其理性觉醒，故耻言利，耻言力。反之，西洋人尚利尚力，征见其理性还没有抬头"[③]。

四、对中国文化复兴之道路的探索

无论是批判西化思潮，还是对传统文化进行阐释，目的都是为了探索中国文化的复兴道路。张君劢在探索中国文化复兴的道路时，首先对那种因中国近百年的失败而在一部分人中滋长的民族文化自卑心理提出了批评。他指出，由于地理环境的不同，人文历史的差异，世界文化分成为西方、印度和中国三大系统，这三大系统各有其特点。概而言之，"欧人所重者为科学，印人长于冥想，我国则专讲人伦"，各有其伟大之处，很难比较他们之间的高下优劣，我们决"不能因印度中国之削弱，而轻视自己文化，须知文化之特点不在一时之成败利钝，而在其对人类之永远贡献。国人不可因目前之失败，而遂看轻自家文化"。[④] 当然，这是问题的一方面；问题的

---

① 梁漱溟：《理性与理智之分别》，载《梁漱溟全集》第六卷，第419—424页。
② 梁漱溟：《理性与理智之分别》，载《梁漱溟全集》第六卷，第412—415页。
③ 梁漱溟：《理性与理智之分别》，载《梁漱溟全集》第六卷，第425页。
④ 张君劢：《立国之道》，中国民主社会党中央总部，1938（初版，1947年12月第4版），第275页。

另一方面，我们又必须承认，"以时代论，西方文化实为天之骄子"，而中国文化是个落伍者，自鸦片战争以来，无论政治制度，还是科学技术，或学术方法，中国都远不能与西方相提并论，中国要想在激烈的国际竞争中不重蹈古代其他文明如古埃及、古印度、古两河流域和古希腊、古罗马文化灭亡的覆辙，并实现文化复兴，就必须向西方学习，"以欧洲人之新思潮，从宗教革命起到民主政治止，以其理性发展，为吾们文化前进方向"。但这种学习并不是对西方文化的照抄照搬，全盘移植，而是根据中国的需要，有所选择。具体来说："（一）科学方面之实事求是与其正确性，大可纠正我们'差不多'之恶习；（二）哲学方面之论理学，大可纠正我们议论纵横，漫无规矩之恶习；（三）至于政治社会方面，应尊重人格，抬高民权，一方解除平民疾苦，他方许人民以监督政府之权利，使政界污浊风气，可以廓清。"他相信，只要把西方的科学、哲学和民主政治这三样东西学过来，"中国之进为近代国家，一定可以成功"，中国文化也一定能够实现复兴。①

学习西方文化需要解决与中国文化的关系问题。二三十年代，以胡适、陈序经为代表的反传统主义的西化派认为，西方文化是新文化，中国文化是旧文化，而新旧文化犹如水火冰炭，不能并存，要想引进西方新文化，就必须打倒中国旧文化不可。对于西化派的这一看法，张君劢是不赞成的。他承认西方文化是新文化，中国文化是旧文化，但新旧文化并不像西化派认为的那样是水火冰炭，不能并存，相反"旧者并不妨碍新者之发生"。所以，我们"尽管采取新文化，旧文化不妨让其存在"。同时，他还进一步指出，引进西方文化不仅无须排斥中国文化，"动摇吾人对本国文化之信念"，而且还应以本国文化为基础，为本位，看它是否符合中国国情，反之，"则新制无从运用"，西方文化会成为无根浮萍。②

如果从纯文化理论来分析，张君劢提出引进西方文化必须以本国文化为基础、为本位，符合中国的具体国情，这没有错，问题的关键在于他所讲的"本国文化"是什么。根据张君劢本人的说法，他所讲的"本国文化"

---

① 张君劢：《立国之道》，第283页。
② 张君劢：《立国之道》，第274页。

是我国古代孔子创造的儒家文化。他说："中华民族中，欲求一可以范围百世之思想家，不能不推崇孔子。""孔子思想迄今两千余年，犹能支配人心。"这主要表现在五个方面：（1）因孔子天道观的影响，中国人不信有造物主之说，但信有主宰之天；（2）孔子敬祖尊宗之说，为后来人敬祖尊宗之根据；（3）现在社会上所流行的三年之丧，即根据《论语》中所谓"三年之丧，天下之通丧"一语；（4）中国人的基本道德观念，是孔子确定的；（5）中国政治的基本观念，是孔子所主张的"德治"，中国社会之基本观念，不出孔子所谓"君君、臣臣、父父、子子"的范围。[①] 张君劢的以"本国文化"为本位，也就是以孔子所创立的儒家文化为本位。要求引进西方文化以儒家文化为本位，这反映了张君劢现代新儒家的立场和保守主义的文化心态。

实际上，自鸦片战争后不久，中国即开始了学习西方的历程，但为什么学习总不成功，西方的社会政治经济制度在中国始终未能真正地建立起来呢？张君劢认为，除了未能正确处理好西方文化与中国文化的关系外，另一重要原因是中国人没有养成与新的社会政治经济制度相适应的生活习惯。中国一方面采纳西方的制度，但另一方面又保存了几千年沿袭下来的旧生活习惯，这样就形成了制度自制度，习惯自习惯，二者不仅不能一致，相反还相互冲突的局面。比如，欧洲的现代国家，无一不是法治国家，不管是宪法，还是其他法律，一字即有一字的约束力，任何人都必须遵守，不得违背。而中国人向来对于政府所颁布的法律法令，视若具文，当成官样文章，政府自身也只执行那些对己有利的条款，对于那些于己无利的条款，则"以舞文的手段把搁开"。在此生活习惯下，又怎么能使西方的法律制度在中国真正建立起来呢？再以议会政治为例。本来以公忠精神为前提的议会政治在西方是件好东西，尽管各党各派为了获得政权，彼此斗争十分激烈，但无论何党何派都要遵守议会规则和议事程序，不能超出宪法许可的范围，更不能危害国家的利益。到了国家对外作战之日，党派之争无不偃旗息鼓，而一致对外。但议会政治搬到中国后，由于中国人的自私自利的习惯尚未消除，所以虽然有议会，有政党，而各党派却与议会之外的军人勾结，致使常有以武力解散议会的事件发生。画虎不成反类犬，这就是中

---

① 张君劢：《立国之道》，第286—287页。

国在未养成新的生活习惯之前就采纳西方政治制度的必然结局。故此，张君劢指出："今后要改造中国政治经济，其下手处应先从人生态度着手，或曰人生观应澈底改造。由此生活态度之改造中，乃生我们所要之新文化。有此新文化，不怕无新政治制度与新经济建设。"①

　　那么，应该怎样对中国人的人生态度或生活习惯进行改造呢？对此，张君劢提出了改造的六条标准：（一）由明哲保身变为杀身成仁；（二）由勇于私斗变为勇于公战；（三）由巧于趋避变为见义勇为；（四）由退有后言变为面责廷争；（五）由恩怨之私变为是非之公；（六）由通融办理变为严守法令。此六条标准中，每条的上半句指的是国人之通病，下半句指的是改造之方向。这六条标准又可简化成五项原则，即：（一）由私而公；（二）由巧而拙；（三）由虚而实；（四）由懈怠至不懈怠；（五）由通融到守法。②他认为，只要按照这五条原则办事，再加上一种组织，就不怕我国的风气不能改造，新的社会政治经济制度不能建立，并在此基础上，使中国文化复兴起来。

　　犹如张君劢，钱穆也认为，要实现文化复兴，使中华民族立于世界民族之林，就必须处理好以下两个问题，即：第一，如何奋起直追，赶快学到欧美西方文化的富强力量，好把自己国家和民族的地位支撑住；第二，如何学到了欧美西方文化的富强力量，而不把自己传统文化以安足为终极理想的农业文化之精神斫丧或戕伐了。换言之，即是如何吸收融和西方文化而使中国传统文化更光大与更充实。如果第一个问题不解决，中国的国家民族将根本不存在；如果第二个问题不解决，则中国国家民族虽得存在，然而中国传统文化仍将失其存在。③而失去了自己文化的国家民族，是没有任何生命力的。在《中国文化传统之演进》一文中他写道："凡是一个国家，一个民族，都有他的生命，这生命就是他的文化，这文化就是他的生命；如果有国家民族而没有文化，那就等于没有生命；如果他的生命没有意义，或者是没有价值，那也就是说他的文化低下；生命的意义高，价值大，他的文化也就崇高了。"④以文化为国家民族的生命，这是自清末"国粹派"以

---

① 张君劢：《立国之道》，第 274 页。
② 张君劢：《立国之道》，第 312—313 页。
③ 钱穆：《中国文化史导论》，第 204—205 页。
④ 钱穆：《中国文化传统之演进》，载《中国现代思想史资料简编》第四卷，第 374 页。

来一切文化保守主义者的基本共识，也是他们于西方化的大潮中以维护和弘扬中国传统文化为职志的根本原因。

钱穆不赞成那种认为中国排斥外来文化的观点。他指出，中国在世界上虽然算得上是一个文化比较孤立的国家，但中国人对其他民族文化则常抱有一种活泼广大的兴趣，愿接受而消化之，用其他民族文化的新材料来营养自己的旧传统。"不论在盛时如唐，或衰时如魏晋南北朝，对于外族异文化，不论精神方面如宗教信仰，或物质方面如美术工艺等，中国人的心胸是一样开放而热忱的。因此中国文化，虽则是一种孤立而自成的，但他对外来文化，还是不断接触到。中国人虽对自己传统文化，十分自信与爱护，但对外来文化，又同时宽大肯接纳。"① 以对西方文化的态度为例。尽管自明末西方文化开始传入中国以来的三百年间，由于西方文化先是以宗教的形式、后又伴随鸦片大炮来到中国，因而引起了不少中国人的怀疑和反感，但总的来看，"这三百年来的中国人，对此西方异文化的态度到底还是热忱注意虚心接纳"的。明末利玛窦初来，便得到了中国名儒徐光启、李鸿藻等一班人的笃信与拥护。清代经学家，对于天文、历法、算数、舆地、音韵诸学，他们一样注意到西方的新说而尽量利用。到了晚清末叶，中国士大夫不仅潜心西方理化制造之学的越来越多，对于西方政法、经济、社会组织、文、史、哲学等其他一切文化方面也都有人注意研究，中国人渐渐知道西方社会并不尽是些教堂与公司，牧师与商人，也不完全就是一个资本主义与帝国主义的富强侵略，他们对西方文化的"兴趣"变得越来越"浓厚"。②

当然，钱穆也不赞成"五四"以来所流行的那种"主张把中国传统全部文化机构都彻底放弃了，如此才好使中国切实学得像西方"的"见解"。他认为与西方文化比较，西方文化最超出中国，而为中国固有文化最感欠缺的，是他们的自然科学。自然科学是一种纯粹的真理，并非只为资本主义与帝国主义服务的，中国人学习西方的自然科学，不是要学习西方的富强侵凌。而且这次世界大战的爆发，使中国人深切地感受到自己传统的一

---

① 钱穆:《中国文化史导论》，第206页。
② 钱穆:《中国文化史导论》，第211页。

套和平哲学与天下太平世界大同的文化理想，实在对人类将来有重大的价值。但中国的现状又太贫太弱，除非学到西方人的科学方法，中国终将无以自存。"皮之不存，毛将焉附？"中国都不存在了，中国那套传统的文化理想又怎能传播于世界而造福于人类呢？所以，"此下的中国，必须急激的西方化。换辞言之，即是急激的自然科学化。而科学化了的中国，依然还要在中国传统文化的大使命里尽其责任"。他相信，如此便能解决前面所提出的如何吸收融和西方文化而使中国传统文化更光大与更充实的问题。①

要"急激的西方化"，亦即"急激的自然科学化"，必须回答"批评中国传统文化以及预期中国新文化前途的人所共同遇到的"一些问题，即："在中国传统文化机构里，为何没有科学的地位呢？中国传统文化机构里倘无科学的地位，中国要学习西方科学是否可能呢？中国学得科学而把新中国科学化了，那时是否将把中国固有文化机构损伤或折毁呢？"对此，钱穆指出，尽管严格说来，在中国传统文化里并非没有科学，中国的天文、历法、算数、医药、水利制造等还发达甚早，但我们必须承认，与西方比较，科学在中国传统文化中并不占有重要地位，尤其是进入18、19世纪后明显地比西方落后了。究其原因：第一，中西思想习惯不同。西方人好向外看，中国人好向内看，因此太抽象的偏于逻辑的思想和理论问题在中国不甚发展，中国人常爱以生活的直接经验去体悟，同时中国人缺乏向外征服的权力意识，对科学在自然中的运用不感兴趣。第二，文化产生环境不同。西方文化是在一较狭小的地区内产生的，本身分裂破碎，不易融凝合一，因此，西方人常爱寻求一个超现实的、抽象的、为一般共通的绝对的概念来做弥补，如古希腊悲剧里的"命运观"，哲学上的"理性观"，罗马人的"法律观"，耶稣教的"上帝观"，近世科学界对于自然界之"秩序观"与"机械观"等，都源于一种超现实的、概括的、抽象的、逻辑的、理性的、和谐之要求。中国文化则自始是在一个广大协和的环境下产生的，缺乏的不是一种共通与秩序，而是在此种共通与秩序之下的一种"变通与解放"。因此，中国人感兴趣的不是绝对的、抽象的、逻辑的、一般的理性，

---

① 钱穆：《中国文化史导论》，第211—212页。

而是活的、直接而具体的、经验的个别情感。但科学思想的精髓，则在对抽象理性的深信与执着。第三，科学才能表现不同。中国人只喜欢搞清"物之性"，而不像西方人那样喜欢分析"物质构造"，对物的研究缺乏理论上的说明，只知其然而不知其所以然，因而不能有许多实际的发明和制造。[1]应该说，钱穆对中国在科学上落后于西方之原因的分析是很有见地的，中西文化背景、思维方式的不同，的确是中国没有像西方那样发展出近代科学的重要原因。有不少学者对此做过论证。如冯友兰便认为："中国人重'是什么'，而不重'为什么'，故不重知识，中国仅有科学萌芽，而无正式的科学。"[2]冯友兰的这一认识，与钱穆如出一辙。这也说明，尽管钱穆对中国传统文化持的是维护和认同的态度，但他并不像有的批评者所指责的那样是一个文化复古主义者。

钱穆进一步指出，由于上述原因，虽然科学在中国传统文化中不占有重要地位，但这并不能说明中国没有接受西方科学的可能。实际上，近百年以来，西方的科学思想和科学方法已开始陆续传入中国，只要我们抱虚心学习的态度，加上国内国外的和平秩序的恢复，"科学在中国，一定还有极高速度的发展"[3]。他同时要人们相信，"中国固有文化传统，将决不以近代西方科学之传入发达而受损。因为中国传统文化，一向是高兴接受外来新原素而仍可无害其原有的旧组织的。这不仅在中国国民性之宽大，实亦由于中国传统文化特有的'中和'性格，使其可以多方面的吸收与融和"[4]。比如，"科学"和"宗教"在西方是互相敌对的，信了科学就不能再信宗教，或信了宗教就不能再信科学，双方视同水火，互相排斥，但在中国固有文化的机构下，二者都可以"容受"。《中庸》上说："尽己之性，而后可以尽人之性，尽人之性而后可以尽物之性；尽物之性而后可以赞天地之化育。"承认有"天地之化育"是"宗教精神"，要求"尽物之性"是"科学精神"，而归本于"尽己之性"与"尽人之性"，则是"儒家精神"。儒家承认有"天地之化育"，但必须用"己"和"人"去"赞助"他，如此就不是纯宗教的

---

① 钱穆：《中国文化史导论》，第212—219页。

② 冯友兰：《中国哲学史》，第9—10页。

③ 钱穆：《中国文化史导论》，第220页。

④ 钱穆：《中国文化史导论》，第221页。

了。儒家亦要"尽物之性"，但必须着重从"尽人之性"下手，这样也就非偏于科学的了。因此西方人的科学与宗教之相互对立，一到儒家的思想范围里便失去了壁垒。"宗教与科学，在中国传统文化的意义下，都可有他们的地位，只不是互相敌对，也不是各霸一方，他们将融和一气而以儒家思想为中心。"① 以"儒家思想为中心"来接纳或吸取西方科学，这便是钱穆为我们指出的复兴中国文化的道路。就此而言，和19世纪中叶的洋务派一样，钱穆也是一个"中体西用"论者。

五、儒家思想的新开展

儒家思想或文化是中国传统文化的核心，要复兴中国文化，就必须复兴儒家思想或文化。用贺麟的话说："民族文化的复兴，其主要的潮流，根本的成分就是儒家思想的复兴，儒家文化的复兴。假如儒家思想没有新的前途，新的开展，则中华民族以及民族文化也就不会有新的前途，新的开展。换言之，儒家思想的命运，是与民族前途的命运、盛衰消长同一而不可分的。""儒家思想是否能够翻身、能够复兴的问题，也就是中国文化能否翻身、能否复兴的问题。"② 因此，现代新儒家中致力于儒家思想之阐发和新儒家哲学体系之建立的熊十力、冯友兰、贺麟等人，或接着程朱理学往下讲，或接着陆王心学往下讲，先后创立了被称之为"新唯识学""新理学"和"新心学"的新儒家哲学体系，对推动中国文化尤其是儒家思想的复兴做出了重要贡献。1941年贺麟又在《思想与时代》第一期上发表文章，提出"儒家思想的新开展"的问题，并就如何进行儒家思想的新开展，以实现儒家思想的复兴阐明了自己的见解。他指出，就其在中国过去的传统思想而言，儒家思想乃是自尧舜禹汤文武成康周公孔子以来最古最旧的思想；就其在现代及今后的新发展而言，就其变迁中、发展中、改造中以适应新的精神需要与文化环境的有机体而言，也可以说是最新的新思想。在儒家思想的新开展里，也可以得到现代与古代的交融，最新与最旧的统一，从而实现儒家思想的复兴。

---

① 钱穆：《中国文化史导论》，第 222—223 页。
② 贺麟：《儒家思想的新开展》，载《儒家思想的新开展——贺麟新儒学论著辑要》，第 86、88 页。

为了实现这一目的，贺麟主张对儒家思想进行新的检讨和评估，以便从这些检讨和评估中"把握住传统观念中的精华"，"发现最新的近代精神"。[①]比如宋明理学是儒家思想发展的新阶段，曾对中国文化产生过巨大的影响。但自近代以来，特别是五四运动以来，它一直处于受批判的地位。为此，贺麟发表专文，对宋明理学进行新的检讨和评估。当时一些人常以程颐说的"饿死事小，失节事大"为根据，痛斥宋明理学压迫女性，刻薄不近人情，提倡片面的贞操，是"吃人的礼教"。[②]贺麟认为程颐的这句话的确有错误，其错误就在认为妇女当夫死后再嫁为失节，因为婚姻是自主的，在西方和我国的古代都没有妇女不能再嫁的观念，但说后来的妇女不能再嫁的风俗礼教是因程颐的这句话形成的，则是过于夸大了程颐这句话的作用，实际上程颐的"'饿死事小，失节事大'一语，只不过为当时的礼俗，加一层护符，奠一个理论基础罢了"。这是问题的一方面；问题的另一方面，从概括的伦理原则来看，程颐的这句话恐怕不仅不是错误的，而且是"四海皆准，不惑"的真理。因为人人都有其立身处世而不可夺的大节，大节一亏，人格扫地。故凡忠臣义士，烈女贞夫，英雄豪杰，矢志不二的学者，大都愿牺牲性命以保持节操，亦即所以保持其人格。就此而言，程颐的这句话，只不过是孟子的"舍生取义""贫贱不能移"说法的另一说法而已，符合儒家的一贯思想。"今日很多爱国之士，宁饿死甚至宁被敌人迫害死而不失其爱国之节，今日许多穷教授，宁贫病致死，而不失其忠于教育和学术之节，可以说都是在有意无意间遵循着伊川'饿死事小，失节事大'的遗训。"[③]还有一些批评宋明理学的人把宋代国势衰弱和宋明亡于异族归罪于宋明儒家，但在贺麟看来这是一个"表面立论，似是而非的说法"。因为宋代国势的衰弱有其"军事和政治"的原因，而与当时主要从事"宇宙、人生、文化、心性方面"研究的"道学家"没有任何直接的关系，"今欲以宋代数百年祸患，而归罪这几位道学家，不仅诬枉贤哲，而且太不合事实，太缺乏历史眼光了"。实际上，他指出：当国家衰亡之时，宋明儒家并不像犹太学者那

① 贺麟：《五伦观念的新检讨》，载《儒家思想的新开展——贺麟新儒学论著辑要》，第110、111页。

② 贺麟：《宋儒的评价》，载《儒家思想的新开展——贺麟新儒学论著辑要》，第102—103页。

③ 贺麟：《宋儒的评价》，载《儒家思想的新开展——贺麟新儒学论著辑要》，第103页。

样，只知讲学，不顾国家的存亡，而是大力提倡民族气节，为了保持个人节操和民族正气，不惜牺牲自己的生命。"且于他们思想学说里，暗寓尊王攘夷的春秋大义，散布恢复民族、复兴文化的种子。"正是在这种"爱民族、爱民族文化"之思想的"熏陶培植"下，才涌现出了像文天祥、方孝孺、史可法那样的"义烈彪炳民族史上的大贤"。当国运昌盛之时，虽然也有个别宋明儒家受统治者的礼遇，但这并非他们的本意，而且就大多数宋明儒家来说，他们过的是一种"山林清简的生活"，"一遇专制君主或权奸在位，他们就成了有权势者的眼中钉。他们处处受逼害，受贬谪"，如宋时韩侂胄之禁伪书，明时魏忠贤之害东林党。宋明儒家的力量虽然弱小，"但却是唯一足以代表民意的呼声，反抗奸邪的潜力。他们在政治上自居于忠而见谤、信而见疑的孤臣孽子的地位。他们没有享受过国家给予他们的什么恩惠或权利，他们虽在田野里讲学论道，但他们纯全为尽名分，为实践春秋大义，为实现治国平天下的王道理想起见，他们决没有忘记过对民族的责任。他们对民族复兴和民族文化复兴有着很大的功绩和贡献"。①贺麟尤其不同意那种认为宋明理学"空疏无用"的观点。他说："说这话的人，如果意思是说程朱陆王之学，只是道学或哲学，不是军事、政治、经济、工程等实用科学，我们可以相当承认。因为他们不是万能的人，用现代分工分科的看法，他们只是哲学专家，谁也知道，哲学的用处是有限度的。"但如果就此说他们的学说"虚玄空疏不切实用"，则大错特错。因为就他们的学说"对几百年来中国文化、教育、政治、社会、人心、风俗各方面的实际影响而论，真可说大得惊人"，"试问宋儒之学如果是虚玄空疏无用之学，如何会有如此大的实际影响呢？"②总之，贺麟指出，"宋儒思想中有不健康的成分"，这是我们必须承认的，但这只是问题的一方面；问题的另一方面，或主要方面，"宋儒哲学中寓有爱民族、爱民族文化的思想，在某意义下，宋明儒之学，可称为民族哲学，为发扬民族、复兴民族所须发挥光大之学"。③针对近代以来，特别是"五四"以来思想界对宋明儒学的批评，贺麟对宋明儒学进行了新的检讨和评价，剥落宋明儒学的消极因素，而肯定它的积

① 贺麟：《宋儒的评价》，载《儒家思想的新开展——贺麟新儒学论著辑要》，第 104—106 页。
② 贺麟：《宋儒的评价》，载《儒家思想的新开展——贺麟新儒学论著辑要》，第 106—108 页。
③ 贺麟：《宋儒的评价》，载《儒家思想的新开展——贺麟新儒学论著辑要》，第 109 页。

极价值，尤其是它所包含的"爱民族、爱民族文化"之思想，这在当时是有积极意义的，他提出的一些观点也有一定的说服力。当然，由于贺麟是站在现代新儒家的立场上重新评价宋明儒学的，因此，对宋明儒学的肯定有余，而批评不足，特别是他过分强调了宋明儒学的民族性，而讳言它的时代性。实际上，如有的批评者所批评的那样，"宋明理学既是一种民族哲学，又是一种官方哲学，贺麟只谈前者，而不谈后者，势必难以作出全面的批评"①。

再如五伦的观念，作为儒家"礼教的核心"和"几千年来支配了我们中国人的道德生活的最有力量的传统观念之一"，自新文化运动以来被人们批评为是"吃人的礼教"，要为"中国的衰亡不进步"负责。但贺麟则不同意这种说法。他指出："吃人的东西多着呢！自由平等观念何尝不吃人？许多宗教上的信仰，政治上的主义或学说，何尝不吃人？"我们既不能把几千年来"民族之兴盛之发展"归功于五伦观念，也不能把"中国之衰亡不进步"说成是它造成的，"因为有用无用，为功为罪，在两千多年的历史上，乃是一笔糊涂账，算也算不清楚，纵然算得清楚，也无甚意义"。他认为，我们要做的不是从实用主义出发，简单地评价它的功过，而应"分析五伦观念的本质，寻出其本身具有的意义"，并在此基础上"指出其本质上的优点与缺点"。②在他看来，"五伦观念实包含有下列四层要义"：第一，特别重视人以及人与人之间的关系，而不十分重视人与神或人与自然的关系，即特别注重道德价值，而不十分注重宗教和科学的价值。但这并不是说"我们要介绍西方文化，要提倡科学精神和希伯来精神，就须得反对这注重人伦道德的五伦观念了"。实际上注重道德价值与注重宗教和科学价值并不矛盾，西方在重视人与神或人与自然的关系的同时，也很重视人与人的关系的，只不过西方的人"乃是经过几百年严格的宗教陶冶的'人'"。所以，我们今后不妨循着注重人伦和道德价值的方向迈进，同时不要忽略宗教价值和科学价值，而偏重狭义的道德价值，不要忽略天（神）与物（自然）的关系，而偏重狭义的人。第二，维系人与人之间正常永久的关系，

① 宋志明：《贺麟新儒学思想研究》，第 117 页。
② 贺麟：《五伦观念的新检讨》，载《儒家思想的新开展——贺麟新儒学论著辑要》，第 111—112 页。

认为这种关系是人所不能逃避的，并且规定出种种道德信条教人积极去履践、去调整这种关系，以尽君臣、父子、夫妇、朋友之道。缺点是这种维系人与人之间正常永久关系的五伦观念一经信条化、制度化，发生强制的作用，便损害了个人的自由与独立，而且如果把这种关系看得太狭隘、太僵死，不仅不能发挥道德政治的社会功能，相反还会有害于非人伦的超社会的种种文化价值。第三，以等差之爱为本而善推之。贺麟指出：持等差之爱说的人，并非不普爱众人，不过他重在一个"推"字，要推己及人，所谓"老吾老以及人之老，幼吾幼以及人之幼"。贺麟还对等差之爱提出了两点重要的补充：（一）若忽略了以物的本身的价值及以精神的契合为准的等差爱，而偏重以亲属关系为准的等差爱，则未免失之狭隘，为宗法的观念所束缚，而不能领会真正的精神的爱；（二）普爱说与合理的等差之爱说并不违背，普爱说中有"爱仇敌"的教训，是站在宗教的精神修养的观点上说的。而只有爱仇敌之襟怀的人，方能取得精神的征服和最后的胜利。第四，以常德为准而竭尽片面之爱或片面的义务，而这种要求正是三纲说的本质。他认为，三纲说既是五伦观念之最基本意义，也是五伦说最高最后的发展，有其必然性。因为，（一）由五伦的相对之爱，进展为三纲说的绝对之爱，片面之爱，所以必有此进展，是由于相对之爱是无常的，不稳定的，社会基础的变化随时都可以发生，必进至绝对的爱，才可以补救相互关系的不稳定，以免人伦关系陷入循环报复的不稳定的关系之中。（二）由五伦进展为三纲，包含有由五常之伦进展为五常之德的过程，所谓"常德"，就是行为所止的极限，就是柏拉图式的理念或范型，也就是康德的道德律或无上命令。五伦说注重的是人对人的关系，而三纲说注重的是人对理、人对位分、人对常德的片面的绝对关系。譬如忠君，便不是要做暴君个人的奴隶，而是对名分、对理念的尽忠。他说："三纲说认君为臣纲，是说君这个共相，君之理是为臣这个职位的纲纪。说君不仁臣不可以不忠，就是说为臣者或居于臣的职分的人，须尊重君之理，君之名，亦即是忠于事，忠于其自己的职分的意思。完全是对名分、对理念尽忠，不是作暴君个人的奴隶。"[1] 他

---

[1] 贺麟：《五伦观念的新检讨》，载《儒家思想的新开展——贺麟新儒学论著辑要》，第112—121页。

进一步指出：由于种种原因，数千年来"三纲的真精神，为礼教的桎梏、权威的强制所掩蔽"，而成了"桎梏人心，束缚个性，妨碍进步"的工具。但"自海通以来，已因时代的大变革，新思想新文化的介绍，一切事业近代化的推行"，其"僵化性、束缚性"开始"逐渐减削其势力"。所以，现在的问题不是要"消极的破坏攻击三纲说的死躯壳"，而是"如何从旧礼教的破瓦颓垣里，去寻找出不可毁坏的永恒的基石。在这基石上，重新建立起新人生新社会的行为的规范和准则"。① 如台湾学者韦政通所评价的那样，贺麟对五伦观念的上述检讨和评价是"颇具新意"的。作为国内研究黑格尔哲学的第一流学者，他受黑格尔关于"伦理性的东西就是理念的这些规定的体系，这一点构成了伦理性的东西的合理性"之思想的影响，"用披沙拣金的方法"考察出"构成五伦观念的基本素质"，这值得肯定。但是，他把三纲说成了"常德"，具有永恒和普遍的意义，要求人们加以继承，并在此基础上"重新建立起新人生新社会的行为的规范和准则"，这又反映了他保守主义的文化心态。

这里需要指出的是，贺麟在对儒家思想进行新的检讨和评估时，虽然不赞成新文化运动以来流行的一些批评儒家思想的观点，但他对于新文化运动本身，则能从有利于儒家思想的复兴着眼，给予一定的同情理解。他指出，儒家思想之正式遭到思想界的猛烈批判，虽然起于新文化运动，但儒家思想的消沉、僵化、无生气，失掉孔孟的真精神和应对新文化的能力，却是在新文化运动之前。表面上看新文化运动主张"打倒孔家店"，推翻儒家思想，然而实际上却是促进儒家思想新发展的一大转机，其功绩和重要性乃远远超过了前一时期曾国藩、张之洞等人对儒家思想的提倡与实行。因为曾国藩、张之洞等人对儒家思想的提倡与实行只是旧儒家思想的回光返照，是其最后的表现与挣扎，而对于儒家思想的新开展，却殊少直接的贡献，相反是新文化运动要批判打倒的对象。在贺麟看来，"新文化运动的最大贡献在于破坏和扫除儒家的僵化部分的躯壳的形式末节，及束缚个性的传统腐化部分。它并没有打倒孔孟的真精神，真意思，真学术，反而因

---

① 贺麟：《五伦观念的新检讨》，载《儒家思想的新开展——贺麟新儒学论著辑要》，第123—124页。

其洗刷扫除的工夫，使得孔孟程朱的真面目更是显露出来"①。对于新文化运动的批判旧道德，提倡一切非儒家思想，亦即诸子之学，贺麟也能予以肯定的评价。用他的话说："推翻传统的旧道德，实为建设新儒家的新道德做预备工夫。提倡诸子哲学，正是改造儒家哲学的先驱。用诸子来发挥孔孟，发挥孔孟以吸取诸子的长处，因而形成新的儒家思想。假如儒家思想经不起诸子百家的攻击、竞争、比赛，那也就不成其为儒家思想了。愈反对儒家思想，儒家思想愈是大放光明。"②

贺麟进一步指出，除对儒家思想进行新的检讨和评估外，"西洋文化学术大规模的无选择的输入"，也是"使儒家思想得到发展的一大动力"。表面上看，和新文化运动一样，西洋文化的输入，好像是代替儒家，推翻儒家，使儒家趋于没落消沉，但实际上一如印度佛教文化的输入曾大大地促进了儒家思想的发展一样，西洋文化的输入，也必将"大大地促进儒家思想的新开展"。所以，对西洋文化采取什么样的态度，这是儒家思想能否复兴的关键，"假如儒家思想能够把握、吸收、融会、转化西洋文化，以充实自身，发展自身，儒家思想则生存、复活而有新的发展。如不能经过此考验，度过此关头，它就会消亡、沉沦而永不能翻身"。③而要"把握、吸收、融会、转化西洋文化"，首先就必须对西方文化有"真正彻底、原原本本地了解"，因为"认识就是超越，理解就是征服。真正认识了西洋文化便能超越西洋文化。能够理解西洋文化，自能吸收、转化、利用、陶熔西洋文化以形成新的儒家思想，新的民族文化"。就此而言，"儒家思想的新开展，不是建立在排斥西洋文化上面，而乃建立在彻底把握西洋文化上面。儒家思想的新开展，是在西洋文化大规模的输入后，要求一自主的文化，文化的自主，也就是要求收复文化上的失地，争取文化上的独立与自主"。贺麟尤其强调了"文化上的独立与自主"的重要性，他指出：就个人言，如果一个人能自由自主，有理性，有精神，他便能以自己的人格为主体，以中外古今的文化为用具，以发挥其本性，扩展其人格。就民族言，如中华民族是自由自主、有理性、有精神的民族，便能够继承先人遗产，应对严重的

① 贺麟：《儒家思想的新开展》，载《儒家思想的新开展——贺麟新儒学论著辑要》，第87页。
② 贺麟：《儒家思想的新开展》，载《儒家思想的新开展——贺麟新儒学论著辑要》，第87—88页。
③ 贺麟：《儒家思想的新开展》，载《儒家思想的新开展——贺麟新儒学论著辑要》，第88页。

文化危机，以儒家思想或民族精神为主体去儒化或华化西洋文化。"如果中华民族不能以儒家思想或民族精神为主体去儒化或华化西洋文化，则中国将失掉文化上的自主权，而陷于文化上的殖民地。"①

贺麟虽然认为"欲求儒家思想的新发展，在于融会吸收西洋文化的精华与长处"，并且视科学为"西洋文化的特殊贡献"，但他不赞成"儒学的科学化"或"科学化儒家思想"的提法。因为科学以研究自然界的法则为目的，有其独立的领域。一个科学家在精神生活方面，也许信仰基督教，也许皈依佛法，也许尊崇孔孟，但他所发明的科学，乃属于独立的公共的科学范围，无所谓基督教化的科学，或儒化、佛化的科学。反之，儒家思想也有其指导人生、提高精神生活、发扬道德价值的特殊功效和独立领域，亦无须科学化。换言之，"一个崇奉孔孟的人，尽可精通自然科学，他所了解的孔孟精神与科学精神，尽可毫不冲突，但他用不着附会科学原则以曲解孔孟的学说，把孔孟解释成一个自然科学家"②。

在贺麟看来，融会吸收西洋文化的精华与长处的着眼点不在关乎事实领域的自然科学，而在关乎价值领域的哲学、宗教、艺术等方面，"从哲学、宗教、艺术各方面以发挥儒家思想"，实现"儒家思想的新开展"。具体而言：第一，吸收西方正宗之哲学，"以发挥儒家之理学"，使儒学哲学化。他认为"东圣西圣，心同理同"，西方的苏格拉底、柏拉图、亚里士多德、康德、黑格尔的哲学与中国的孔孟、老庄、程朱、陆王的思想有许多相似或相同的地方，但也有各自不同的特点，我们应该吸收西方的正宗哲学并使之与儒家思想"会合融贯"，从而产生出一种"发扬民族精神的新哲学"，这是"新儒家思想发展所必循的途径"。③他自己就身体力行，在探索儒学哲学化方面下了不少的功夫。他吸收康德哲学和新黑格尔主义的某些观点，重新阐释陆王"心即理"的命题，强调了"心即理"之"心"作为"逻辑之心""逻辑主体"的含义，用新黑格尔主义的"心即绝对"的观点发挥儒家的"仁"学，并在此基础上创立了一个被称之为"新心学"的哲学体系。他认为，实现了哲学化的儒学，"内容更为丰富，体系更为谨严，条理更为

---

① 贺麟：《儒家思想的新开展》，载《儒家思想的新开展——贺麟新儒学论著辑要》，第88—89页。
② 贺麟：《儒家思想的新开展》，载《儒家思想的新开展——贺麟新儒学论著辑要》，第90页。
③ 贺麟：《儒家思想的新开展》，载《儒家思想的新开展——贺麟新儒学论著辑要》，第90—91页。

清楚"，不仅可以做道德的理论基础，同时也能做科学的理论基础。第二，吸收基督教的精华"以充实儒家之礼教"，使儒学宗教化。贺麟指出，儒家的礼教虽然含有一种宗教的精神，但它毕竟"以人伦道德为中心"，而不是宗教。宗教有精诚信仰、坚忍不二的精神，有博爱慈悲、服务人类的精神，有襟怀广大、超脱尘世的精神。基督教文明是西方文明的骨干，其支配西洋人的精神生活深刻而周至，如果不是宗教的知"天"与科学的知"物"的结合，不是以宗教精神为体，以物质文明为用，就不会产生出"如此伟大灿烂的近代西洋文化"。我们要实现儒家思想的复兴，也就必须"接受基督教的精华去其糟粕"，否则，"决不会有强有力的新儒家思想产生出来"。他认为，儒家思想在吸收了基督教的精华而宗教化后，将重新成为信仰的权威，获得"范围人心"的力量。[①] 第三，领略西洋艺术"以发挥儒家的诗教"，使儒学艺术化。他指出：儒家本来是很重视诗教、乐教的，但后来却走向了片面化，对艺术重视不够。由于《乐经》佚失，乐教中衰，诗教也式微，其他艺术亦因殊少注重与发扬而走向衰落，以至于在艺术方面无法与道家相提并论。正因为对艺术的重视不够，本来生动活泼的儒家思想则成了严酷、枯燥的说教。"故今后新儒家的兴起，与新诗教、新乐教、新艺术的兴起，应该是联合并进而不分离的。"[②] 总之，贺麟再三强调：儒学本来是合诗教、礼教、理学为一体的学养，也即艺术、宗教、哲学三者的"谐合体"。因此儒家思想也应在"融会吸收西洋文化的精华与长处"之基础上，循艺术化、宗教化、哲学化的方向开展，从艺术的陶养中去求具体美化的道德，从宗教的精诚信仰中去充实道德实践的勇气与力量，从哲学的探讨中去为道德行为奠定理论基础。经过艺术化、宗教化、哲学化的儒家思想"不惟可以减少狭义道德意义的束缚，且反可以提高科学兴趣，而奠定新科学思想的精神基础"。他要人们相信："儒家思想的前途是光明的，中国文化的前途也是光明的"，中国文化必将因"儒家思想的新开展"而实现伟大的复兴。[③]

---

① 贺麟：《儒家思想的新开展》，载《儒家思想的新开展——贺麟新儒学论著辑要》，第91页。
② 贺麟：《儒家思想的新开展》，载《儒家思想的新开展——贺麟新儒学论著辑要》，第91页。
③ 贺麟：《儒家思想的新开展》，载《儒家思想的新开展——贺麟新儒学论著辑要》，第94、101页。

第二节　战国策派的文化思想和政治主张

战国策派是 20 世纪 40 年代初，在西南后方兴起的一个有着强烈的民族主义色彩的思想派别，因创办半月刊《战国策》得名。以往曾被认为是一个法西斯主义思想流派，不过这一思想流派虽崇尚德意志文化，推崇"尚力""国家至上""民族至上"，但他们并没有主张希特勒那种种族主义、纳粹主义思想。

一、《战国策》与战国策派的形成

战国策派因其流派核心人物创办的《战国策》半月刊而得名，《战国策》半月刊于 1940 年 4 月由云南大学文学院教授林同济、西南联大历史学系教授雷海宗和外国语言文学系教授陈铨等在昆明创办。至 1941 年 7 月 20 日，该刊在出版 17 期后停刊。他们又于 1941 年 12 月 3 日起每周三在重庆《大公报》上开辟《战国》副刊，编辑部设在云南大学政治系，至 1942 年 7 月 1 日出版 31 期后告终。

《战国策》半月刊和《大公报·战国》两刊的"执笔人"有林同济、雷海宗、陈铨、何永佶、贺麟、郭岱西、沈从文、陶云逵等人，"一般认为，战国策派的核心人物即是林、雷、陈、何、贺五人"[1]。但也有学者认为"贺麟虽为陈铨好友，时而为文相互呼应，但文章数过少，且关切议题集中于哲学与思想文化，与其他四人颇有差异"[2]。贺麟一般被看成是文化保守主义者，林同济、雷海宗、陈铨、何永佶这四人作为战国策派的代表人物则无异议。

林同济（1906—1980），笔名耕青、独及、望沧等，福建福州人，1926年毕业于清华学校，后赴美留学，先后取得西方文学史学士学位、政治学

---

[1] 江沛：《战国策派思潮研究》，天津人民出版社，2001，第 13 页。

[2] 范珮芝：《抗战时期的救亡思想：战国策派的文化改造主张》，硕士学位论文，台湾大学文学院历史系，2011，第 3 页。

硕士和博士学位，1934 年回国后历任天津南开大学政治学教授、云南大学
文法学院院长、北碚复旦大学比较政治学教授。抗战时期，与雷海宗、贺
麟等创办《战国策》半月刊和《大公报·战国》，发表《战国时代的重演》
《时代之波》《文化形态史观》（与雷海宗合著）等论著。中华人民共和国成
立后任上海复旦大学外国文学系教授，成为颇有影响的莎士比亚研究专家。
雷海宗（1902—1962），字伯伦，河北永清人，1922 年毕业于清华学校，后
公费留学美国，1927 年获哲学博士学位后回国，先后任南京中央大学史学
系教授、金陵女子大学历史系教授和中国文化研究所研究员、武汉大学史
学系和哲学教育系教授、清华大学和西南联合大学历史系教授，有《中国文
化与中国的兵》《中国通史选读》《文化形态史观》等论著出版，1952 年任
南开大学历史系教授。陈铨（1903—1969），原名大铨，别名陈正心，笔名
T、涛西等，四川富顺人，1928 年 8 月出国，先赴美国奥柏林大学留学，获
文学学士、哲学硕士学位，再留学于德国基尔大学，获哲学博士学位，学
成回国后在武汉大学、北京清华大学、长沙临时大学、昆明西南联合大学
任教，1943 年 2 月起任国民党中央政治学校英文教授，著有《天问》《野玫
瑰》《黄鹤楼》《狂飙》《金指环》《无情女》《蓝蝴蝶》《从叔本华到尼采》等，
1949 年后在南京大学外文系任教。何永佶（1902—1967），字尹及，广东番
禺人，清华学校毕业后留美，获哈佛大学政治学博士学位，归国后历任北
京大学教授、北平政治学会秘书长、太平洋国际会议中国代表、中山大学
社会学系教授、中央政治学校教授，著有《为中国谋国际和平》《为中国谋
政治改进》《中国在戥盘上》《宪法平议》等，中华人民共和国成立后任云
南大学教授。

　　战国策派因刊物名称而得名，但在《战国策》半月刊和《大公报·战
国》发表文章的作者对相关事物、问题的看法并不完全一致，它并非一个
有严密组织与严明宗旨的政治派别，而是一个松散的学术集合体，撰稿人
中除了前面所论及的四位核心人物，基本上是自由主义知识分子，像沈从
文是《战国策》半月刊比较活跃的一个编者、作者，但他多次否认自己是
战国策派成员，他曾提道："曾和联大同事钱端升、陈岱孙等编过一周刊，
又同林同济等编过一半月刊。广西方面刊物找对象骂人，总以为有个什么
《战国策》派，其实全不相合。我不再写文章，问题也极简单，即到我明白

刊物有一点政团意味或官僚关系时，我搁笔了。"① 沈从文与战国策派核心人物的观点并不一致，如陈铨在《战国策》第 4 期发表《论英雄崇拜》，鼓吹英雄崇拜之后，沈从文在《战国策》第 5 期发表《读英雄崇拜》，反对英雄崇拜。即使是作为战国策派的核心人物的林同济等人，对希特勒、对纳粹主义也持反对立场，如林同济曾经表示："希特勒的办法是以武力征服一切，把国家，个性与贵士遗风一概蹂躏起来而建立一个机械性的'车同轨，书同文，以法为教，以吏为师'的秦始皇式的世界帝国。这种一拳扑杀那三基本源泉（指林同济所认为的西方文化三大传统，即贵士传统、个性焕发、国命整合——引者）的办法，终使文化走上颓萎的孽程。希特勒绝对要不得！"② 陈铨指出："希特拉的纳粹主义，就是德国人也有反对的。但德国民族精神和思想的独到处，连尧舜禹汤也要认为有效法的价值。"③ 以往将战国策派思潮"认定为'宣扬法西斯主义'和为国民党统治服务的'反动派别'"，且"在以讹传讹中，一些著作竟真的将战国策派列入了党派行列，并定性为'抗日战争时期宣传法西斯主义的文化团体'，这种政治定性也严重影响着学术界对战国策思潮的价值判断"。④

二、"战国时代重演论"

"战国时代重演论"是战国策派的核心命题，他们对历史发展的看法、对文化建构的论述都围绕这一命题而展开。

林同济在《战国策》半月刊创刊号上发表了《战国时代的重演》，首先阐发了"战国时代重演论"。他开宗明义便指出："民族的命运，只有两条路可走：不是了解时代，猛力地推进，做个时代的主人翁；便是茫无了解，抑或了解而不澈底，结果乃徘徊，妥协，失机，在流而为时代的牺牲品。"那么，"现时代的意义是什么呢？"他认为现时代的意义可以用"干脆又干脆"的一个字来回答，这就是"战"。"如果我们运用比较历史家的眼光来

---

① 沈从文：《总结·传记部分》，载《沈从文全集》第 27 卷，北岳文艺出版社，2002，第 89 页。
② 林同济：《文化的尽头与出路——战后世界的讨论》，载《文化形态史观》，上海大东书局，1946，第 177 页。
③ 陈铨：《狂飙时代的德国文学》，《战国策》第 13 期，1940 年 10 月 11 日。
④ 江沛：《战国策派思潮研究》，第 17 页。

占测这个赫赫当头的时代，他们不禁要投龟决卦而呼道：这时期是又一度"战国时代"的来临！"他们以诗一般的语言写道，"历史自有历史的逻辑，快眼可以抉发。历史上自成系统的文化，大半都有过了它的'战国时期'"。中国经历了上自吴越战争下至秦始皇兼并六国为期约二百七八十年的战国时代；希腊、罗马经历了上自腓尼基战争以至恺撒时代为期约二百年的战国时代；其他自成体系的文化也都各有各的战国时代；欧洲文化则把现代世界带入了世界史上新的"大战国时期"，"我们细察二百多年来的世界政治，尤其是过去半世纪的天下大势，不得不凛然承认你和我这些渺小的体魄，你和我所兢兢集凑而成的中华民族，是已经置身到人类历史上空前的怒潮狂浪当中了！我们的时辰八字，不是平凡，乃恰恰当着世界史上战国时期第一次露骨表演的日子"。他指出，"战国时代的意义，是战的一个字，加紧地，无情地，发泄其权威，扩大其作用"。而战国时代之所以为战国时代，主要体现在三个大趋向上：一是"战为中心"。到了战国时代，战"不但要成为那时代最显著，最重要的事实，而且要积极地成为一切主要的社会行动的动力和标准……一切的一切，都要逐渐地向战的影子下取得存在。一向所谓信仰，企业，社会改造等等大事情，都要逐渐地失去了独立发展的自由；战的需求，战的威力，乃反要加紧地，加速地，取得主动的地位，而积极地决定其他一切的内容与外表"。二是"战成全体"，到了战国时代，"战乃显著地向着全体化一条路展进。尽其文化内在条件的可能范围内，人人皆兵，物物成械"，"有没有本领作全体战，作战国之战，乃是任何民族的至上问题，先决问题"，"'一切为战，一切皆战'，这是全能国家的根本意义。我们要知'时势'已经用不着再捧出那班实验派的专家，请他们调查统计，来一五一十地在纸上苦作推敲。但看十数年来全能国家，一个跟着一个呱呱坠地，我们可以无疑地判断从此天下大势，是不可遏止地走入'战国作风'了"。三是"战在歼灭"。到了战国时代，"最惊人的色彩"就是"战在歼灭"，这也是战国时代在人类历史上"最无情的作用"所在。"战有两种，一曰取胜之战，一曰歼灭之战。前者的结局，止于取胜。后者的结局，则非到敌国活力全部消灭不止。"所以，战国时代之战，"胜者对败者的要求，绝不是割城赔款所能满足；即使满足，也是暂时又暂时，不转瞬间，又来'迫命'了。如此一次又一次必到了你全部消灭而后已。……演到最后一阶段，两雄决斗，一死一生，而独霸独尊的'世界大帝国'告成"。他告诫国民，战国时代的"战在歼灭"乃"不可免"，第二次世界大战正在进行，"两种程序已经展开了：强国对强国的决斗，强国对弱国的并吞"，在这种时代谈论和平是书生之见，"所谓和平手段，世界共和，在战国时代，侃侃能谈者总是最多，实行的可能性也总是最少"，若还把这一套认真看待，那就未免太书生了。他提醒大家要认清三点：一是认清"不能战的国家不能生存"。随着新战国时代来临，再没有一个国家可以躲避歼灭战的尝试，弱国小国没有幸存的余地，"即是幸存，也不过我们'战国七雄'时代的宋，鲁，对当时的大政治，毫没有过问的能力，到了最后一顷刻，人家挥刀，他们只有引颈就戮而已"。所以国人一定要树立"不能伟大，便是灭亡"的"最后的"信念，"不得再抱着中庸情态，泰然抚须，高唱那不强不弱，不文不武的偷懒国家的生涯"。二是认清"战国时代的国际政治绝不是根据于所谓意识形态"。随着新战国时代的到来，十年来的所谓"民治对全能，社会主义对资本主义等等"意识形态之争，到今日早"已烟散云消"了。实际上，意识形态只是"战国作战"的一种手段，合则留，不合则弃，"如果你我把它当作天经地义，还捧着它以解释国际的合纵连横，那就不免死眼看活戏了"。因此他希望国人不要以意识形态来划队站队。三是认清"我们文化的生命，早已踏过了我们的战国时代而悠悠的度过了二千多年的'大一统'的生涯。我们的一般思想的立场，无形中已渗透了'大同'局面下的'缓带轻裘'的态度。直到今天，我们还不免时时刻刻要把大一统时代的眼光来估量新战国的价值。这点恐怕是我们最大的危险"。面对新战国时代的来临，"我们必须要倒走二千年，再建起战国时代的立场，一方面来重新策定我们内在外在的各种方针，一方面来重新估量我们二千多年来的祖传文化"。①

林同济阐发"战国时代重演论"，在学理上是依据文化形态史观或者说是"历史形态学"而展开的。他在《从战国重演到形态史观》一文中指出，自己撰写《战国时代的重演》一文时脑后隐藏着两个根本的问题即学术方法论与文化历史观。从方法论的角度，他提出"今天应当设法在'五四'以来

①林同济：《战国时代的重演》，《战国策》创刊号，1940 年 4 月 1 日。

二十年间所承受的欧西'经验事实'与'辩证革命'的两派圈套外，另谋
开辟一条新途径……我把它名叫'文化统相法'……其中尤堪参照的，我认
为是所谓'历史形态学'（Morphology of History）者……为简便起见，无妨
且把它叫作形态历史观"。他主张研究文化的第一步是断定文化的体系，"以
古今来所有真实的文化体系为单位，而有系统有步骤地对它们各方面'形
态'作一番详尽精密的比较工夫、认识工夫"，这些文化体系如古埃及文
化、中国文化、印度文化、希腊罗马文化、欧美文化等，"说来奇怪，却是
千真万确的事实。在过去历史中，凡是自成体系的文化，只需有机会充分
发展而不受外力中途摧残的，都经过了三个大阶段：（一）封建阶段，（二）
列国阶段，（三）大一统帝国阶段"，"封建阶段'持于尊（honor）'，列
国阶段'争于力（power）'（韩非子语），大一统阶段却一心一意要'止于
安（security）'"。他认为，"以上所述的三大阶段是过去一切文化体系的历
程"，其中"列国阶段是任何文化体系最活跃、最灿烂、最形紧张而最富创
作的阶段"，"中国历史上的列国阶段就是通常所称春秋战国时代。'春秋'
与'战国'两个名词可算是中国史家大手笔的绝妙创品。我们可以借用到
其他文化体系上，把一切阶段前期叫作春秋时代，后期叫作战国时代"，列
国阶段也就是战国阶段，以战为中心，各列国倾全力进行全体战、歼灭战，
其结果是"一强吞诸国，而制出一个大一统帝国"。到了"大一统帝国"阶
段，"最迫切的欲望就是太平"，只求"天下无事"，终不免"摆不脱'颓
靡'的色彩与精神"。[①]他在《民族主义与二十世纪——一个历史形态的看
法》一文中也从方法论的角度入手，指出目前学术发展的趋势是在经历经
验事实的阶段、辩证革命的阶段后，进入"文化综合或文化统相（cultural
configuration）的阶段。民族文化整体的认识与推进是目的，综合或统相是
方法"，该方法借鉴了斯宾格勒、汤恩比的历史研究方法，"所谓文化综合
的工作，势须由各种学问多方促成的——社会学、心理学、政治学、经济
学等等。其中一个重要学问即为历史学。而在研究方法上曾给予历史学以
一种新的路径，特别值得我们注意的，我以为是历史形态学（Morphology of

[①] 林同济：《从战国重演到形态史观》，重庆《大公报》的《战国》副刊第 1 期，1941 年 12
月 3 日。

History）。我们亦可名之曰历史统相法。历史形态学或统相学是利用一种综合比较方法来认识各个文化体系的'模式'或'形态'的学问。各个文化体系的模式，有其异，亦有其同。我们研究，应于异中求同，同中求异。斯宾格勒曾应用这方法写出他的《西方的没落》的杰作。最近英国史豪汤贝的《历史研究》一巨著（二十一个文化体系的研究）也是这方法的另一应用的结果"。他在该文中重申"封建、列国、大一统三个时代，是人类史上各个文化体系均有的三阶段，中国如此，希腊罗马如此。我们细看汤贝所研究的二十余个文化体系，竟都如此"。他以中国春秋战国的历史比拟西洋文化的发展历程，将当时正在进行的第二次世界大战看成是"战国时代的重演"，指出："以西洋文化而言，十四世纪以前为它的封建时代。十四世纪以后，即从文艺复兴以至现在，为它的列国时代。此后西洋文化会不会走入大一统阶段呢？换句话说：此后西洋文化是否可以不走历史上其他各体系的文化所皆已经过的路线呢？我们此刻暂不论。根据我们上列所举的历史形态，我们却可以认定，目前西洋文化已演到它的列国阶段的高峰。大家晓得中国文化内的列国阶段，曾经我们的历史家分为春秋战国前后两期，如果应用这两个名词到西洋文化头上，我们可以如此说：文艺复兴至法国革命是西洋文化的春秋的时期，法国革命以至现在，便是西洋文化的战国时期了。"[1] 他在《文化形态史观》一书中也提到，自己与雷海宗的这本著述"多少是根据于形态历史观的立场而写的"[2]。

雷海宗也根据文化形态史观或者说是"历史形态学"对历史发展所经历的阶段进行了考察，对中西方历史进行了类比。他在《历史的形态与例证》中指出，历史的时间以最近五千年为限，前此的发展是天文学、地质学、生物学与人类学的园地，五千年来的高等文化区域共有 7 个，即埃及、巴比伦、印度、中国、希腊罗马、回教、欧西；这些文化有着"历史进展大步骤的公同点"，一般经历了五个阶段，即封建时代、贵族国家时代、帝国主义时代、大一统时代与"最后的时代，是政治破裂与文化灭亡的末世"。其所谓"帝国主义时代"大体就是林同济所说的列国时代、战国时代，"进到

① 林同济：《民族主义与二十世纪——一个历史形态的看法》，重庆《大公报》的《战国》副刊第 29、30 期，1942 年 6 月 17 日、6 月 24 日。
② 林同济：《文化形态史观·卷头语》，第 1 页。

帝国主义时代之后，全民皆兵的征兵制成立，大规模的战争，惨酷无情的歼灭战，成了国际野心家所专研的战争方法。战场以大量的屠杀为最高的目的，以便消灭对方的实力，最后占据对方的领土，灭掉对方的国家。前一时代的斯文战争，至此已不再见。列国的数目，尤其是强国的数目，日渐减少，最后只剩三两个大国，各自率领附属的小国，互作死拚的决战"。其所谓"大一统时代"相当于林同济所说的"大一统帝国阶段"，"一般人的物质生活大致安逸。但这只是更加增进心理的松懈与精神的涣散。社会的颓风日愈明显，最后一泻千里，不可收拾。尚武的精神急速的衰退，文弱的习气风靡一世，征兵制不能维持，只得开始募兵，最后连募兵都感困难，只得强征囚犯奴隶，或召募边疆归化的夷狄来当兵"。[1]雷海宗的"五阶段"说与林同济的"三阶段"论，其实大同小异。雷海宗在《中外的春秋时代》一文中，对中国与欧西所经历的春秋时代、战国时代进行了类比。他指出春秋时代是封建时代向战国时代过渡的阶段，"春秋时代的确是稳定安详的。封建时代，难免混乱；战国时代，过度紧张。春秋时代，这两种现象都能避免"，"它仍保有封建时代的侠义与礼数，但已磨掉封建的混乱与不安；它已具有战国时代的齐整与秩序，但尚未染有战国的紧张与惨酷"。中国春秋时代虽有战争，但做到了尽量的有义有礼，开战前要先"下战书"，"死伤并不甚多，战场之上也有许多的礼数"；"欧西的春秋时代，就是宗教改革与法国革命间的三个世纪，普通称为旧制度时代"，封建时代的礼仪侠气仍能维持，一般士君子的日常生活也都以礼为规范。"中国由吴越战争起，欧西由法国革命起，开始进入战国"，"在最初的一百年之间，中国由吴越战争到商鞅变法，欧西由法国革命到第一次大战，还略微保留一点春秋时代的余味。但那只是大风暴雨前骗人的平静，多数的人仍沉湎于美梦未醒的境界时，惨酷的、无情的歼灭战、闪电战，不宣而战的战争，灭国有如摘瓜的战争，坑降卒四十万的战争，马其诺防军全部被虏的战争，就突然间出现于彷徨无措的人类之前了"。[2]

　　陈铨、何永佶等也撰文指出，当时所处的时代是"以战争为中心"、战

---

① 雷海宗：《历史的形态与例证》，载《文化形态史观》，第 24、26 页。
② 雷海宗：《中外的春秋时代》，《战国策》第 15—16 期合刊，1941 年 1 月 1 日。

力决定国运的时代，并大力鼓吹"力的哲学"与"武力政治"。陈铨在《指环与正义》一文中指出，人类社会就如同生物界，"动物要求生存，往往残食其他动物，植物要求生存，往往剥夺其他植物的养料。国家和国家也是一样，生存利害冲突到了最严重的时候，只有拼个你死我活"。他比林同济、雷海宗更进一步，认为"人类的历史，永远是一部战争史。无论什么时代，都是战国时代。所谓春秋时代，不过是各团体生存意志的冲突没有达到尖锐化的时候，所以战争的形式也不取歼灭的形式。所谓大一统时代，不过是某一个团体取得绝对优势，生存意志不受严重威胁的时候，然而其他团体虽一时无力可战，战的意志却并未消亡，它无时无刻不在准备再起……民族与民族的生存意志，到了最后关头，永远要取不可调和的对立形式"。①

三、重建战国型的"兵的文化"

战国策派认为，既然当今处在"战国时代重演"的历史环境，中国要在这一激烈搏杀的"大战国时代"图生存，就需要反思我们的大一统文化能否适应"大战国时代"的时代挑战，需要反思近代尤其是"五四"以来的新文化建设是否适应"战国式的火拼"的生存竞争，需要思考如何实现图安逸、求安稳的"大一统型"文化到尚力、尚战的"列国型"文化即"兵的文化"的转型，需要思考如何吸取外来民族崇尚勇敢、积极进取的文化精神以推进文化重建。战国策派对"大一统型"文化导致"活力颓萎"、对"大一统型"文化所熏陶的国民性尤其是"士的蜕变"进行了深入反省。林同济指出，中国社会中现存的"固有文化"是二千年来（秦至清）大一统皇权阶段的遗产，与二千年前列国阶段（春秋战国时代）以至封建阶段（殷商后期至西周）的固有文化大大不同，"中国问题的核心是如何起治二千年大一统皇权下种种形态所积成的痼疾……中国文化在官僚传统僵化一切下支持绵长，其毛病在'活力颓萎'——内在外在，都嫌活力颓萎"②。林同济还对中国古代的"士"与大一统帝国时代的官僚系统，做了分析批判。他

①陈铨：《指环与正义》，重庆《大公报》的《战国》副刊第 3 期，1941 年 12 月 17 日。
②林同济：《文化形态史观·卷头语》，第 3 页。

指出三千年的中国社会政治史一言以蔽之是"由大夫士到士大夫"，"大夫士是贵族武士，士大夫是文人官僚。前者是封建的层级结构的产物，后者是大一统的皇权专制下的必须。说中国三千多年的历史是由大夫士到士大夫，也就是说它是由贵族武士型转变到文人官僚型"，大夫士"以义为基本感觉而发挥为忠、敬、勇、死的四位一体的中心人生观"，它是一副"刚道的人格型"，到了士大夫"孝、爱、智、生的四德恰恰凑成一种'柔道的人格型'，以适应他们在皇权专制下猎取'功名'、企图'闻达'的大欲望"。[1]他指出中国官僚传统有皇权毒、文人毒、宗法毒与钱神毒四种毒质，"拿我们二千年大一统局面下日就颓萎的官僚制度，要来同现时血气方刚的大战国的官僚制度争担时代的使命，必败无疑"[2]。雷海宗批评"无兵的文化"造成了"旧中国传统的污浊，因循、苟且、侥幸、欺诈、阴险、小器、不彻底，以及一切类似的特征，都是纯粹文德的劣根性"[3]。

战国策派从"大战国时代"重演的角度还对近代新文化的不足与缺失、对"五四"以来新思潮新文化的转换与演进，进行了审视与反省。林同济指出，"五四"以来中国学术发展经历了三个阶段：第一个阶段是"经验实事"时代，基本概念是"事实"，胡适的《中国哲学史大纲》是开篇之作；第二阶段是"辩证革命"时代，基本概念是"立场"或"观点"，郭沫若1929年出版的《中国古代社会研究》是开篇之作；现在是全民族抗战时代，"第三期的中国学术思潮"展开，"我想把第三期叫作文化摄相，或文化综合的时代"，根本新贡献在"体相"一名词，"全国战"的中国需要一种全体观的学术、全体观的思潮。第三期处在大战国时代，"大战国时代只允许大战国的作风。大战国的作风只有两字——（一）战！所以和平不可能，和平乃下次战争的准备；（二）国！所以不能有个人之硬挺挺自在自由，也不能有阶级之乱纷纷争权夺利。'国家至上，民族至上'，原来并不只是一种抗战期内的口号，乃是一种世界时代精神的回音"，"如果第一期思潮是个人意识的表现，第二期是阶级意识的发挥，那么，第三期便是抗战时代大战国

---

① 林同济：《大夫士与士大夫——国史上的两种人格型》，重庆《大公报》的《战国》副刊第17期，1942年3月25日。
② 林同济：《中饱与中国社会》，《战国策》第12期，1940年9月15日。
③ 雷海宗：《中国文化与中国的兵》，中国华侨出版社，2013，第136—137页。

时代空前活跃的民族意识所必需而必生的结果"。① 林同济在《廿年来中国思想的转变》一文又指出，新文化运动的主旨与母题"可说是个性的解放——把个人的尊严与活力，从那鳞甲千年的'吃人的礼教'里解放出来，伸张出来"。但"九一八年至'七·七'，我们国家所遭遇的孽运乃紧迫着我们的思想界及时作适应。'五四'的作风必须向另一路线转换……个性解放的要求一变而为集体生命的保障。'八·一三'抗战展开以来，集体生命，民族安全一感觉，更无疑地成为我们思想界的最高主题。由个人的个性解放到民族的集体认识——这是'五四'到今天中国一般社会上思潮所经的康庄大道"。为了适应"由个人的个性解放到民族的集体认识"的时代主题转换，林同济提出了具体方向：（1）"从自由到皈依"，一般知识分子已能深切体验自我确实不能离开国家而生存，"自由是应当谈的，但无皈依不足谈自由"；（2）"从权利到义务"，"五四时代是十八世纪法国人权思想优越之时辰；'九一八'以后却大有玛志尼义务人生观代起之倾向"；（3）"从平等到功用"，"平等是解放个体的口号，功用是发展组织生活、发挥集体效能的基念"；（4）"从浪漫到现实"，"五四"时代可说是幻想时代，"五四"的每个青年都暗中自有他的一个理想国；抗战发生，大家目光一转，由浪漫的纯理想一转而到客观的大现实；（5）"从理论到行动"；（6）"从公理到自力"，"五四"时代我们多少都中了人家"公理战胜""精神克服"的一套宣传，"现在我们的看法，提起'理'必须主张'有力'。有理不必有力。有力才配说理。如何趁这个苦战求生的时刻，把力的真正意义认清，建立一个'力'的宇宙观、'自力'的人生观，这恐怕是民族复兴中一桩必须的工作"；（7）"从理智到意志"，"五四"正宗的实验派必定要运用他们功利式的纯理智头脑，"五四"时代的伟大在它相信理智的可靠，此后我们的伟大在了解意志是理智之王。② 陈铨在《五四运动与狂飙运动》对照德国狂飙运动，检讨了五四运动的"错误"。他认为，五四运动在历史上价值是很大的，然而中国五四运动的影响和成绩，却不及德国的狂飙运动，德国狂飙运动后物质主义虽在 19 世纪中叶时代风行一时，但没有动摇理想主义的基础，"中国的五四

① 林同济：《第三期的中国学术思潮——新阶段的展望》，《战国策》第 14 期，1940 年 11 月 1 日。
② 林同济：《廿年来中国思想的转变》，《战国策》第 17 期，1941 年 7 月 20 日。

运动，正在如火如荼之际，忽然一部分领袖，转移到物质主义，一直到现在，还陷入泥潭，难于自拔"。他指责五四运动的倡导者没有认清时代，犯了三个错误："把战国时代认为春秋时代"，"处在战国时代，自己毫无力量，不积极备战，反而削弱全国的民族意识，养成全国国民厌战的心理，这是五四时代中国思想，是领袖们第一个错误"；"五四运动第二个错误就是把集体主义时代，认为个人主义时代"，"二十世纪的政治潮流，无疑的是集体主义。大家第一的要求是民族自由，不是个人自由，是全体解放，不是个人解放。在必要的时候，个人必须要牺牲小我，顾全大我，不然就同归于尽。五四运动的领袖们，没有看清楚这个时代，本末倒置，一切以个人主义为出发点"；"五四运动第三个错误，就是误认非理智主义时代，为理智主义时代"。他还指出，"尤其错误的，就是他们没有认清时代，在民族主义高涨之下，他们不提倡战争意识，集体主义，感情和意志，反而提倡一些相反的理论，使中华民族，在千钧一发之际，没有急起直追，埋头苦干，惊涛忽至，举国仓皇，这是非常可惜的"。[1]

战国策派吸取"列国酵素"，重建"列国型"文化以"救大一统文化之穷"。林同济指出，"救大一统文化之穷，需要'列国酵素'！在西洋今日，或愁列国酵素太多，在中国今日则欠缺正在这里……我们可不问中西，只问如何能把这个蹒跚大一统末程的文化，尽可能地酿化为活泼健全的'列国型'"，"'列国酵素'，从古今各体系文化所各有的列国阶段内，都可取资。但最当注意的渊源，应是下列两处：（甲）最丰富的渊源——文艺复兴以来的西洋；（乙）最亲切的渊源——春秋战国时代的中国"。[2]

"列国酵素""列国型"文化的本土渊源是中国古代"兵"的文化。雷海宗在《中国文化与中国的兵》一书中，从"兵"的角度反省了中华传统文化，主张从恢复"兵"的文化入手重构中国文化。"所谓'兵的文化'，其涵指不够明晰，大致是指一种能振发民族强力的文化机制。"[3]他指出，春秋以前"一定是所有的贵族（士）男子都当兵，一般平民不当兵，即或当兵

---

① 陈铨：《五四运动与狂飙运动》，《民族文学》第 1 卷第 3 期，1943 年 9 月 7 日。
② 林同济：《文化形态史观·卷头语》，第 3、4 页。
③ 丁晓萍、温儒敏：《"战国策派"的文化反思与重建构想（代前言）》，载温儒敏、丁晓萍编《时代之波——战国策派文化论著辑要》，中国广播电视出版社，1995，第 5 页。

也是极少数，并且是处在不重要的地位"，这种贵族（士）出身的兵文武兼备，有传统贵族的侠义精神；到了战国时代，传统的贵族政治与贵族社会都被推翻，代兴的是国君的专制政治与贵贱不分最少在名义上平等的社会，春秋时代全体贵族文武两兼的教育制度无形破裂，"文武的分离开始出现"，出现了张仪这样的新兴文人，也出现了聂政、荆轲这样的新的侠士，不过"各国似乎都行军国民主义；虽不见得人人当兵，最少国家设法鼓励每个男子去当兵"；秦以后已"没有真正的兵"，"秦以上为自主自动的历史，人民能当兵，肯当兵，对国家负责任。秦以下人民不能当兵，不肯当兵，对国家不负责任，因而一切都不能自主，完全受自然环境（如气候、饥荒等等）与人事环境（如人口多少，人才有无，与外族强弱等）的支配"。他指出，"列国并立时每国都是一个有机体的坚强体系，天下一统之后临时尚可勉强维持，但不久就成了一盘散沙，永未变成一个大的有机体。这样的民族是任何内部野心家或外来野心族的战利品，决难自立自主，自己的命运总不操在自己手里"。回顾中国的历史，"东汉以下兵的问题总未解决"，"二千年来中国总是一部或全部受外族统治，或苟且自主而须忍受深厚的外侮；完全自立又能抵抗外族甚至能克服外族乃是极少见的例外"。雷海宗强调，要适应"大战国时代"，必须改变"无兵的文化"，从"兵的文化"即战国文化中寻求"强力"，重振民族精神包括尚武精神，"我们的理想是恢复战国以上文武并重的文化，每个国民，尤其是处在社会领导地位的人，必须文武兼备"。①

"列国酵素""列国型"文化的外来渊源是近代西洋文化，尤其是德国狂飙运动、狂飙运动所体现的以浮士德精神为代表的狂飙精神。林同济指出西洋文化尽管失之于"活力乱奔"，但其"个性焕发与国命整合两大潮流所表现的种种价值与制度必当尽量吸收"。②陈铨希望学习与借鉴德国的狂飙精神，其代表就是浮士德精神。他理解的浮士德精神：一是对于世界人生永远不满意；二是不断努力奋斗；三是不顾一切，"要作事，就得不怕事。自己先要有决心；那怕天崩地裂，我也要勇往前进"；四是感情激烈，"人生

---

① 雷海宗：《中国文化与中国的兵》，第3—4、8—9、79—80、42—44、137页。
② 林同济：《文化形态史观·卷头语》，第3—4页。

最精彩的事业多半从感情得来"，"浮士德之所以为浮士德，也就全靠他内心有激烈感情的冲动"；五是浪漫，"因为人生的意义无穷，永远追求，永远不能达到，这就是浪漫主义的精神"。"总起来说，浮士德的精神是动的，中国人的精神是静的，浮士德的精神是前进的，中国人的精神是保守的。假如中国人不采取这一个新的人生观，不改变从前满足，懒惰，懦弱，虚伪，安静的习惯，就把全盘的西洋物质建设、政治组织、军事训练搬过来，前途怕也属有限"。[①] 战国策派还主张借用尼采意志哲学以助力文化重建，其借用尼采意志哲学主要围绕权力意志与英雄崇拜等内容。

四、英雄史观与英雄崇拜

战国策派推崇叔本华和尼采的唯意志论和英雄史观。德国哲学家叔本华（1788—1860）认为，世界的本质是"意志"，万物存在和运动的根源是求生的意志，这种意志是人的生命的基础，人的每一器官甚至是细胞都是意志的产物。另一德国哲学家尼采（1844—1900）读到叔本华的《作为意志和表象的世界》一书，深受该书的影响并发展了叔本华的意志论，也指出世界的本体是生命意志，认为"权力意志"是自然和社会一切过程的动力，推崇具有大地、海洋、闪电那样的气势和风格的"超人"。战国策派学人的德国气息很大程度上是深受叔本华和尼采的唯意志论的影响，而不是接受了纳粹主义。

在鼓吹唯意志论与英雄崇拜方面，陈铨可以说是最积极的一个。他先后写了《从叔本华到尼采》（《清华学报》1936 年第 11 卷第 2 期）、《叔本华的贡献》（《战国策》1940 年第 3 期）、《尼采的思想》（《战国策》1940 年第 7 期）、《尼采心目中的女性》（《战国策》1940 年第 8 期）、《尼采的政治思想》（《战国策》1940 年第 9 期）、《尼采的道德观念》（《战国策》1940 年第 12 期）、《尼采的无神论》（《战国策》1940 年第 15—16 期合刊）等文章，介绍叔本华、尼采的唯意志论思想与"超人"哲学，后来这些文章结集成《从叔本华到尼采》一书（重庆在创出版社 1944 年版）。他在《叔本华的贡献》一文中高度评价了叔本华哲学对世界的贡献，指出"叔本华哲学最基本的

---

① 陈铨：《浮士德精神》，《战国策》创刊号，1940 年 4 月 1 日。

观念，就是‘意志’。意志是宇宙人生的泉源，是推动一切的力量"，认为叔本华的"意志哲学"与康德的"理性哲学"、黑格尔的"精神哲学"一样，在欧洲近代思想都有伟大的影响；[1] 在《叔本华与红楼梦》一文中指出，叔本华主要的著作是《意志与观念的世界》，书名表明"叔本华哲学最重要的两方面"是"观念"与"意志"，一方面"叔本华继承康德的哲学，把所谓世界一切的事物，都归纳到人类心灵的观念"，"然而在另一方面，叔本华超过康德的思想，发现人类另外一种极重要的精神活动，这一种精神活动，是推动一切的力量，使世界人生包含另外一种意义，这就是意志。意志是人类与生俱来至死方休的一种庞大的支配力量。每一个意志，就包含人类每一个活动。没有意志，就没有活动，也就没有人生。不但人生如此，世界也是如此，世界上万事万物，从无生物到有生物，从最低的生物，到高级的人类，都有同样激烈的意志。所以世界在一方面，是观念的世界，在另外一方面，就是意志的世界，叔本华根据观念和意志，说明世界一切的本源"。[2] 他在《尼采的政治思想》一文中介绍并推崇尼采的"超人"哲学，称："尼采理想中的社会，是一种超人的社会，进步的社会。在这一种社会中间，超人和天才，有绝对发展的自由。在这一种社会中间，强者应当征服弱者，智者应当支配愚者，对于弱者愚者，我们不应当有任何的同情，因为他们根本不应该生存在世界。他们在世界所占的地盘，应当让更优秀的人类来代替他们。"[3] 他在《尼采与红楼梦》一文中指出，叔本华与尼采都推崇意志，认为"生命的源泉，不是理智，乃是意志""意志是推动人生一切的力量"，不过与叔本华主张人类意志中最主要的是"生存意志"有别，"生存意志""尼采的眼光，不占人生重要的位置"，"叔本华哲学中间最严重的问题，就是怎样摆脱意志，尼采哲学中间最严重的问题，就是怎样鼓励意志。尼采发现，人类除了生存意志以外，还有一个最伟大的生命力量，就是‘权力意志’。人类不但要求生存，他还要求权力。生存没有权力，生存就没有精采（彩）。权力意志最强烈的时候，人类可以战胜死亡，生存意志再也不能支配他。要解除人生的束缚，不应当勉强地摆脱生存意志，应

---

① 陈铨：《叔本华的贡献》，《战国策》第 3 期，1940 年 5 月 1 日。
② 陈铨：《叔本华与红楼梦》，《今日评论》第 4 卷第 2 期，1940 年 7 月 14 日。
③ 陈铨：《尼采的政治思想》，《战国策》第 9 期，1940 年 8 月 5 日。

当强烈，鼓励权力意志"。①

　　陈铨撰写了一组文章宣传"权力意志"，推崇"英雄崇拜"。他认为，意志是历史演进的中心，而英雄又是人类意志的中心，因此，主张英雄史观，倡导"英雄崇拜"。他在《指环与正义》一文中指出，"意志是人类一切行为的中心。生存意志是推动人类行为最伟大的力量"，"人类不但要求生存，他还要求权力。生存没有权力，就不是光荣的生存"，"愈是优秀的人物，他的权力意志愈是伸张。人的生活最精彩的时候，就是权力意志最充分发挥的时候"，"历来英雄豪杰与平常人所以不同，就在平常人只求饱食暖衣，英雄豪杰却不甘碌碌与草木同腐，时时刻刻都想有一番作为，甚至把性命牺牲，亦所不惜。死亡在他们已经无所恐惧，晏安在他们却像一种鸩毒……一个国家或民族，是否能够在世界上取得光荣的地位，就看它国内中坚份子能否超过生存意志，达到权力意志"。②他在《论英雄崇拜》一文中指出，推动人类历史演变的有两种力量即"物"和"人"，人类活动要受物质的限制，但"物质始终不能限制一切，因为人类还有伟大的意志作用"，"人类的意志，才是历史演进的中心……物质的力量，决不是万能，人类的力量也不是万能，但是人类意志发展努力的过程，的确创造了人类全部的历史"，历史学家的最重要工作"是在说明人类在某种物质条件之下，他怎么样凭借他伟大的意志，去解决一切的困难"。他认为意志在人类历史演进中占重要地位，而在人类意志中，代表群众意志的"少数人的意志"又是关键，"英雄是群众意志的代表，也是唤醒群众意志的先知"，"人类意志是历史演化的中心，英雄是人类意志的中心，只有站在一个立场，我们才能够彻底了解历史的现象"。而英雄与历史有着双重关系，"一方面他可以代表群众的意志，发明，创造，克服一切困难，适应时代的要求。另一方面，他也可以事先认定时代的要求，启发群众的意志，努力，奋斗，展开历史的新局面"。为此，他力主"英雄崇拜"，认为英雄崇拜发源于惊异，发现"他们好像有一种不可思议的魔力"，"历史上多少的英雄，其所以能够号召群众，作出惊天动地的事业，完全因为他的人格，有这一种神秘伟

---

① 陈铨：《尼采与红楼梦》，《当代评论》第 1 卷第 20 期，1941 年 11 月 17 日。
② 陈铨：《指环与正义》，重庆《大公报》的《战国》副刊第 3 期，1941 年 12 月 17 日。

大的力量"；"英雄崇拜，也起源于人类审美的本能"，"英雄是伟大的，凡是伟大的对象，都是一种美"；英雄崇拜不同于奴隶服从，"英雄崇拜，是由于诚恳的惊羡，没有利害的关系存乎其间，奴隶的服从，则由于贪图利益，惧怕惩罚。换言之，英雄崇拜，是一种高洁光明的情怀，奴隶服从，是一种卑鄙渥浊的心理"；因此，"世界上凡是不能够崇拜英雄的人，就是狭小无能的人，凡是不能够无条件崇拜英雄的人，就是卑鄙下流的人"。他认为"中国人素来是崇拜英雄的"，一部二十四史就是一部英雄史，眼下是抗日战争时期，国家需要英雄，人民需要崇拜英雄。但由于本应成为英雄崇拜对象的"中国士大夫阶级的腐化"与"五四运动以来个人主义的变态发达"，"中国士大夫阶级，本来已经腐败透了心"，现在又"个人自由无限伸张"，"对于一切传统都要打倒，对于任何的英雄，都不佩服"，所以许多中外人士发现中国人不能崇拜英雄。他认定"怎么样改变教育方针，怎么样打破中国士大夫阶级腐化的风气，怎么样发扬中国民族潜在的精神，怎么样养成英雄崇拜的风气，这就是中国目前最切急的问题"。①

《论英雄崇拜》发表之后，产生了较大的反响，有人如沈从文发文批评反驳，有人如贺麟则支持认同。陈铨又发表了《再论英雄崇拜》一文，进一步阐明自己的观点。他表示自己论英雄崇拜乃是基于一种历史观，"英雄崇拜的问题，根本是一个历史观的问题"，自己的看法与唯物史观是冲突的。首先一个问题——"人类历史的演进，到底是靠'人'，还是靠'物'来推动"。自从文艺复兴以来，欧洲思想的潮流是"人类的尊严，逐渐提高"，"意志哲学"就是适应这一种趋势，"意志哲学，是要把人类的意志作为历史演进的中心，是要把人类作为物质世界的主人，不断进化的原素"。这种夸大意志作用的观点是不符合历史唯物主义有关社会存在决定社会意识的原理的。陈铨十分清楚这一点，所以，他指出"这一种历史观的对头，当然是唯物史观，因为前一种侧重'人'，后一种侧重'物'。他们的竞争，简单说来，就是'人'与'物'的竞争"，他还批评"有一些思想家，把'物'的成分，过度重视，因此把人类的精神，认为是物质环境，经济变动的自然结果。这种包含片面真理的历史观，使人类的尊严，逐渐低降"。"假如

---

① 陈铨:《论英雄崇拜》,《战国策》第 4 期, 1940 年 5 月 15 日。

意志是人类历史演进的中心，那么历史上第二个最重要的问题，就是多数人的意志，还是少数人的意志。"在这一问题上，他依然强调英雄的作用，强调群众的意志是很重要的，"然而英雄的意志更重要，因为有了它，才能够帮助群众，满足他们的意志"，时代精神的进展"全靠这一批人，这一批人就是英雄，他们散布在各方面，不但政治军事，就是思想宗教文学哲学科学，无时无地，不需要他们；要没有他们，人类世界，就会永远停滞在兽的状态"。他指出，如果因为主张人人平等而反对英雄崇拜，这是误解"天赋人权"的学说，"就人格人权来说，人类是平等的，就聪明才力来说，人类是不平等的，因为不平等，所以在人类社会中间，必须要以先知觉后知，以先觉觉后觉"。他指出，"一个不知崇拜英雄的时代，一定是文化堕落民族衰亡的时代"，"凡是能够崇拜英雄的人，都是高尚纯洁的人"。[1]他在《五四运动与狂飙运动》一文中指出："一个民族，需要造时势的英雄，正如一群绵羊，需要聪明的牧人一样"，"英雄与历史是分不开的，历史进展的迟速，就看英雄识见的高下"。[2]这种观点是有道理的，一个嘲笑、蔑视英雄的民族是不会拥有未来的，中华民族要想"永远光荣地生存于世界"必须尊敬尊重英雄。但是他既然提到了历史观这一层面，按照唯物史观的原理，就需要正确看待人民群众与杰出人物的关系，不能把英雄、杰出人物的作用过度夸大，而忽略和贬低人民群众的作用。

　　在支持"英雄崇拜"的文章中，贺麟的《英雄崇拜与人格教育》一文，是陈铨比较认可的。陈铨在《再论英雄崇拜》一文中认为贺麟的态度是"很诚恳的"，赞扬其"别开生面，要从英雄崇拜，去探讨人格教育"。[3]贺麟在《英雄崇拜与人格教育》一文中，明确反对因为陈铨提倡英雄崇拜而指责其"为法西斯主义张目"，该文指出："攻击陈先生的人，大都从某种政治的立场说话，误认英雄崇拜的提倡，即是为法西斯主义张目。其实英雄崇拜，根本上是文化方面，道德方面，关于人格修养的问题，不是政治问题。站在政治的立场去提倡英雄崇拜固不对，站在政治立场去反对英雄崇拜亦是无的放矢。"他也指出，陈铨《论英雄崇拜》一文并没有解释清楚什么是英

① 陈铨：《再论英雄崇拜》，重庆《大公报》的《战国》副刊第21期，1942年4月21日。
② 陈铨：《五四运动与狂飙运动》，《民族文学》第1卷第3期，1943年9月7日。
③ 陈铨：《再论英雄崇拜》，重庆《大公报》的《战国》副刊第21期，1942年4月21日。

雄、什么是崇拜,这样就容易引起误解,"以为崇拜英雄,就是崇拜武力,崇拜霸王,崇拜侵略,其实两者风马牛不相及"。他主张从人格的角度定义英雄,去理解英雄崇拜,认为"英雄概括来说,就是伟大人格,确切点说,英雄就是永恒价值的代表者或实现者。永恒价值乃是指真美善的价值而言,能够代表或实现真美善的人就可叫做英雄。真美善是人类文化最高的理想,所以英雄可以说是人类文化的创造者或贡献者,也可以说是使人类理想价值具体化的人"。"至于崇拜英雄,乃所以修养高尚的人格,体验伟大的精神生活。简言之,英雄崇拜不是属于政治范围的实用的行为,乃是增进学术文化和发展人格方面的事。"[1]把英雄解读为具备伟大人格的楷模,把英雄崇拜解读为"修养高尚的人格",的确是"别开生面"的,对我们进行人格教育、人生观教育具有启发意义。宣传英雄事迹,其意义在于让受教育者接受英雄伟大人格之精神感召,使其与英雄产生"精神与精神的交契"。

五、倡导"民族文学"

战国策派在《战国策》半月刊和《大公报·战国副刊》两刊所发表的文章主要是围绕历史研究与文化评论而展开的。战国策派中的林同济、陈铨等人还关注文学问题,主张文学文艺要鼓舞生命力量,要激发民族精神,要为"力"、为"生命意志"、为"民族至上"而呐喊,要为重铸国民的生命意识、民族意识而鼓与呼。他们提出了"民族文学"的口号,并创办《民族文学》杂志,进行"民族文学"的创作实践,发表了《狂飙》《野玫瑰》《金指环》等作品。

1942 年 1 月 21 日林同济在《大公报·战国副刊》发表《寄语中国艺术人——恐怖·狂欢·虔恪》一文,提出文艺以适应"战国时代"为出发点,并为文艺界开出了"恐怖、狂欢、虔恪"三道母题,认为有这三道母题,中国文艺就可以有新的灵魂,就可以"开辟一个'特强度'的崭新局面"。他所说的"第一道颤抖的母题"是"恐怖",恐怖是人们最深入、最基层的感觉,是生命看到了自家最险暗的深渊,它可以撼动六根,可以迫着灵魂发抖,"我劝你们不要一味画春山,春山熙熙惹睡意。我劝你们描写

---

[1] 贺麟:《英雄崇拜与人格教育》,《战国策》第 17 期,1941 年 7 月 20 日。

暴风雪，暴风雪冽冽搅夜眠"。另一道母题就是"狂欢"，"数千年的'修养'与消磨，你们已失去了狂欢的本领了，然而生命必须重新发现狂欢"，"狂欢是流线交射，是漩涡汇集，是万马腾骧，是千百万飞机闪电。狂欢是动，是舞——一气贯下的百段旋风舞"。"狂欢是铿锵杂沓，是锣鼓笙簧，是狼嗥虎啸，揉入了燕语莺歌，是万籁奋发齐鸣，无所谓节奏而自成节奏。狂欢是音乐，是交响曲的高浪头。"第三道母题是"虔恪"，"狂欢是自我毁灭时空，自我外不认有存在"，即生命主体对时空的超越；"恐怖是时空毁灭自我，时空下自我无存在"，即时空为生命主体制造悲剧；"虔恪是自我外发现了存在，可以控制时空，也可以包罗自我"，即自我与时空的和谐统一；"虔恪"是"自我与时空之上，发现了一个绝对之体"，"它伟大，它崇高，它圣洁，它至善，它万能，它是光明，它是整个"，"虔恪"是在"神圣的绝对体面前严肃肃屏息崇拜"。他认为中国人缺乏"虔恪"，也没有发现一个"绝对之体"，"我访遍了你们的赫赫神州，还没有发现过一件东西你们真正叫做神圣，叫做绝对之精！殿、庙、经、藏、天神、国家、女性、荣誉、英雄之墓、主义之花……在那一个面前，你们真晓得严肃肃合掌？""虔恪"是对生命意义的终极关怀，是对生命本身形而上的深度思考。林同济对以文艺改造国人精神状态、改造国民性做出了深入的思考与探索，其对"恐怖""狂欢"的倡导与清末民初启蒙思想家呼唤人的解放、呼唤人的感性野性是一脉相承的，其对"虔恪"、对"绝对之体"的呼唤则对生命意义做了更深度的追寻。[1] 沈来秋在《读〈寄语中国艺术人〉后》一文中称："忽得奇文而披读之，心血砰砰然动，四肢筋络震颤如着电一般，一气诵完，不禁要拍案叫绝！文艺先锋二卷三期内的林同济先生《寄语中国艺术人》一文，借艺术的标题，发挥作者胸中旷世的思想，幽邃的情绪。其论题之广，用意之深，直是一篇启发中国新文化的文章，不仅仅于单纯谈艺术谈哲理的。我们中国传统文化，是静止，是中庸的。不管它过去作用如何，价值如何，到今日实在需要一个大搅动……我们应该不再留恋于平面的安逸稳当，而要鼓起勇气作直线的冲进，作立体的升高。林先生在这篇文章里，就是把一种冲进升高的思想，用强有力的笔锋喷到我们脸上。我觉得它握有起顽

---

[1] 林同济：《寄语中国艺术人——恐怖·狂欢·虔恪》，重庆《大公报》的《战国》副刊第8期，1942年1月21日。

立懦的力量，它应当把读者一池如镜的静水，搅起百丈的波澜来！"①

战国策派学人高度关注"大战国时代"国人民族意识的培养。林同济在《民族主义与二十世纪——一个历史形态的看法》一文中指出："民族主义无论其为一种现象，还是一种主张，乃都是任何文化体系发展到列国时代所多少必有的东西"，"是任何文化行到列国时代的产品……中山先生如炬的眼光，抓到这里。在国人半醉半梦的时辰，揭出民族主义，做为开宗明义第一章，这是他把握着历史，把握着时代精神的中心"。② 他们希望通过倡导"民族文学"以发挥文学在培养国民民族意识、提振国民民族精神中的重要作用。陈铨 1942 年 5 月 20 日在《大公报·战国》发表《民族文学运动》一文，指出：一个时代有一个时代的文学，一个民族有一个民族的文学，"英国法国德国中国的文学"，也"各各有鲜明的特点，因为各民族有各民族的文化"。"一个民族有它特殊的血统，特殊的精神，特殊的环境，特殊的传统风俗。假如一个民族不能够把它的种种特殊之点在文学里尽情表现出来，成天镇日专心一意去摹仿旁的民族文学，那么它的文学一定只有躯壳，没有灵魂，只有形式，没有内容，枯燥无味，似是而非，不但文学是没有价值的文学，民族也是没有出息的民族。"就中国而言，他指出："中国现在的时代是一个民族主义的时代。我们政治上的先知先觉，虽然早已经提倡民族主义，然而真正民族意识强烈的发展，实在是近几年来的事情。政治和文学，是互相关联的。有政治没有文学，政治运动的力量不能加强；有文学没有政治，文学运动的成绩也不能伟大。现在政治上民族主义高涨，正是民族文学运动最好的机会；同时民族政治运动，也急需民族文学来帮助他，发扬他，推动他。"一方面一个民族的历史文化、独特风貌对一个民族的文学会产生深刻的影响，"只有强烈的民族意识，才能产生真正的民族文学"。另一方面民族政治运动，也急需文学来推动，民族意识发展也急需文学来培育，因此，"民族文学运动的发起，在今日刻不容缓"。他指出，民族文学运动的意义在于：第一，"民族文学运动不是复古的文学运动"。一个

① 沈来秋：《读〈寄语中国艺术人〉后》，《文艺先锋》第 2 卷第 5—6 期合刊，1943 年 6 月 20 日。
② 林同济讲，程国勋记《民族主义与二十世纪——一个历史形态的看法》，重庆《大公报》的《战国》副刊第 29、30 期，1942 年 6 月 17 日、6 月 24 日。

时代有一个时代的文学，我们不能奴隶式地仿效古人，明了当时此地，不向时代开倒车，才是真正的民族文学运动。第二，"民族文学运动不是排外的文学运动"。一个民族的文学"需要旁的民族的文学来充实它，培养它，一个真正伟大的文学，决不排斥外来的影响，因为这种影响，如果善于利用，对本身是有益无损的"。第三，"民族文学运动不是口号的文学运动"。民族文学运动需要埋头创造，用有形的方式，表现高尚的思想，最好是不用口号，惹人嫌厌。第四，"民族文学运动应当发扬中华民族固有的精神"。"我们今后要恢复先民勇敢善战的精神，才可以在现今战国时代达到光荣生存的目的。除了战斗精神以外，我们还要恢复祖先道德的精神"。第五，"民族文学运动应当培养民族意识"。民族意识是民族文学的根基，民族文学又可以帮助加强民族意识，两者互相为用，缺一不可。所以民族文学运动，最大的使命就是要使中国四万万五千万人，感觉他们是一个特殊的政治集团。有了这样的民族意识，伟大的民族文学运动才可以成功。第六，"民族文学运动应当有特殊的贡献"。要采用中国的题材，用中国的语言，给中国人看。这三个原则，是中国民族文学运动的规矩准绳，中国作家不容忽视。"民族文学需要一种运动，来创造一种智识潮流，使中国的文学天才向正当有效的途径发展。"①

陈铨在《民族文学运动试论》《文学运动与民族运动》等文中，对民族和文学、民族运动与文学运动的关系做了进一步的阐释。他强调"民族主义的形成，由于民族意识的抬头；而民族意识的抬头，为促成民族文学运动的主力……民族文学运动如果不以发扬民族意识为前提，就根本失掉它的意义，而且会一败涂地的"②。他从分析文学的特点入手，指出文学艺术和哲学科学不同，哲学科学的目的是求同，是要寻求人类世界普遍的真理；文学艺术的目的是立异，是要描写人类社会特殊的状态。"文学必须要特殊，构成它的特殊，有许多相关的条件"，如时代环境、文学家本人个性，还有民族个性，"文学家不但要保持自己的个性，还要保持民族的个性，他身上有民族的血，他没有方法使自己变成一个外国人。他自己必须要亲切感觉，他和任何地方的外国人两样，他的文学创造才有希望"。民族特性、民族意

① 陈铨：《民族文学运动》，《民族文学》创刊号，1943 年 7 月 7 日。
② 陈铨：《民族文学运动试论——民国三十一年九月二十三日在文化会堂讲》，《文化先锋》第 1
　 卷第 9 期，1942 年 10 月 27 日。

识对一个民族的文学来说至关重要，"民族和文学，是分不开的。一个民族能否创造一种新文学，能否对于世界文学增加一批新成绩，先要看一个民族自己有没有民族意识，就是说它自己觉不觉得它是一群和世界上任何民族不一样的人"。陈铨一再强调，主张"民族文学"不是复古，也不是排外，"所谓民族意识，固然是摆脱外来的束缚，同时还要离开前人的枷锁。一个时代有一个时代的精神，因此一个时代有一个时代的民族意识"；文学运动如同民族运动，是独立自主的运动，但"民族运动，并不是说绝对不学外国人，文学运动，也并不是说关上别人的书不读"，"狭义的民族主义者，不但不能创造伟大的文学，更不能创造伟大的国家"。[1]

陈铨不仅倡导民族文学运动，还致力于体现其民族文学观的"民族文学"创作实践，他创作了小说《狂飙》、剧本《野玫瑰》《金指环》《蓝蝴蝶》《无情女》《黄鹤楼》等作品，这些作品多以抗战为主题，塑造了一系列具有强烈民族意识的人物形象、民族英雄形象，如《金指环》颂扬了"具有高尚理想的人物"和"民族英雄"女主人公尚玉琴，《野玫瑰》塑造了夏艳华等一群抗日锄奸的英雄形象，《蓝蝴蝶》塑造了一位在上海租界工作、具有民族意识、拒绝威逼利诱而坚决锄奸的中国法官钱孟群的形象。其中，《野玫瑰》获得了 1942 年度国民政府教育部学术审议委员会颁发的年度学术奖三等奖，"这一荣誉，似乎成了战国策派文艺与国民党政治间相互配合的有力证据。随后，方纪、谷虹等数篇批判《野玫瑰》的文章先后发表，对《野玫瑰》进行了政治定性"[2]。

第三节　马克思主义学派对现代新儒家和战国策派的批判

抗战时期，现代新儒家经过近 20 年的发展，开始走向成熟，其学说更加系统化和学理化，并形成了熊十力的"新唯识学"、冯友兰的"新理学"、贺麟的"新心学"以及钱穆的国史研究等理论形态。尽管现代新儒家著述

---

① 陈铨:《文学运动与民族运动》,《军事与政治》第 2 卷第 2 期, 1941 年 11 月 10 日。
② 江沛:《战国策派思潮研究》, 第 198 页。

的目的是为了中华民族和中国文化的复兴，他们的著述对于发掘和弘扬以儒家思想为核心的中国传统文化、树立中华民族的自信心和自豪感，从而增强中华民族的凝聚力，也有一定的积极意义；但从本质上来说，现代新儒学是一种非马克思主义思潮，其所宣扬的唯心主义、神秘主义或非理性主义、文化保守主义以及对中国文化出路的主张等都曾产生过一定的消极社会影响。因此，马克思主义学派运用马克思主义这一理论武器，对现代新儒家及其理论形态提出了批判。至于战国策派，尽管其成员身份是学人、文化人，"从本质上讲，战国策派不是一种政治思潮而是一种文化思潮"①。但战国策派由于在学理渊源上有浓厚的德国色彩，尤其是推崇尼采"超人"学说、"和平乃下次战争的准备"等主张与法西斯主义的某些宣传类似，并由于其所突出的"国家至上""民族意识"等口号与国民党的主张暗合并得到了国民政府的褒奖，一度被戴上了"法西斯主义思潮""为国民党张目"等帽子，因而成为马克思主义学派重点批判的对象。

一、马克思主义学派对现代新儒家的批判

　　马克思主义学派对现代新儒家的批判，主要体现在以下几个方面：

　　一是对冯友兰"新理学"的批判。冯友兰的"新理学"构建了一个庞大的新儒学思想体系，无论其学术影响，还是社会影响，都是其他现代新儒家理论形态不可比拟的。因此，对"新理学"的批判也就理所当然地成了马克思主义学派批判现代新儒家及其理论的重点。胡绳于1942年7月和12月分别写成《评冯友兰著〈新世训〉》和《评冯友兰著〈新事论〉》等批判文章，批判了"新理学"的生活方法论和文化历史观，发表在《文化杂志》上，后又收集在1946年出版的《理性与自由》一书中。赵纪彬则从1942年到1948年先后撰写了《理学的本质》《"纯客观论"的剖析》《"依照说"与"道器论"》《平面逻辑的发展观》《中国哲学的"主流"与"逆转"——评冯著〈新原道〉》以及《先王崇拜与道统观念的内部联系——其方法论、其历史观的剔抉和检讨》等文章，对"新理学"的形上学、认识论、人生论、运动观、发展观和中国哲学史观等方面的观点提出了比较系统的批判。

―――――――――――
① 江沛：《战国策派思潮研究》，第18页。

陈家康于 1943 年在中国共产党主办的《群众》杂志发表题为《真际与实际——冯友兰先生"新理学"商兑之一》的批判文章,集中批判了"新理学"的"真际说";同年又在《群众》发表题为《物与理——冯友兰先生"新理学"商兑之二》和《物与气——冯友兰先生"新理学"商兑之三》文章,批判了"新理学"的"理""气"及与物的关系的理论。杜国庠继 1945 年 12 月和 1946 年 1 月先后在《群众》杂志发表《玄虚不是中国哲学的精神——评冯友兰〈新原道〉》和《玄虚不是人生的道路——再评冯友兰〈新原道〉》两篇批判文章后,又在《中国学术》上发表《评冯友兰的新形上学》一文(该文的主要观点和大部分内容与前两篇文章大致相同),对冯友兰的中国哲学史观和人生境界说提出了批判。[①]

首先,是对"新理学"的唯心主义的批判。针对冯友兰的"新理学"的唯心主义"理世界",陈家康指出:"理"就是事物之"理",在事物之外,根本就不存在"新理学"所讲的"理":"我们认为物不依照任何物外之理以成其物。若谓物外之理,则天下并无此理,夫理者,物之理。大有之内没有无理之物。大有之物,没有此理,便有彼理。没有彼理,便有此理。物之所以为物即其所以然。所以然者并非依照物外之理而然,乃系自然而然";"理不能生物,物也不必生理。天下本无理,物之所以为物就是理。有人说理是非物质的,理在物之外,固然错了……即物即理,理物不二。如谓物为一物,理又为一物,是二元也。理既然是物之所以为物,故理即是物,而不是另一物。盖物之所以为物仍是物。理是物,物生则生,物灭则灭",但"冯子蔽于离而不知合,蔽于理而不知物"。[②]通过对理物一体、理物不二之观点的阐述,陈家康揭示了冯友兰的"新理学"的唯心主义实质,强调离开具体的物质的所谓抽象的"理"是根本不存在的。陈家康还对"新理学"的理气二元论宇宙观进行了深入剖析,指出了这种宇宙观的唯心主义本质。他在《物与气——冯友兰先生"新理学"商兑之三》一文中写道:"冯先生企图在他自己的头脑中,建立一个与实际不同的宇宙。为了建立这

① 参见梁忠《"新理学"批判的批判——以 20 世纪 40 年代马克思主义者对"新理学"的批判为视角》,博士学位论文,上海师范大学,2015,第 7 页。
② 陈家康:《物与理——冯友兰先生"新理学"商兑之二》,《群众》第 8 卷第 5 期,1943 年 3 月 1 日。

个头脑中的宇宙，冯先生把物与理离开。从实际中抽出理来，作为这个宇宙所依照的发展规律。同时又把物与气分开，从实际中抽出气来，作为这个宇宙所依据的基础。或者说，作为造成这个宇宙的材料。"然而，"冯先生理气二元论的新理学是承接程（此处系指伊川，明道稍有不同）朱理气二元论的旧理学而来的。程朱的理气二元论乃是心物二元论。……这种理气二元论，当然是心物二元论。冯先生想跳出心物二元论的窠臼，于是，他把程朱所谓气改变一下。……程朱以'气'为'物'，冯先生则以'气'为'非物'。这一修正，就把心物二元论的旧理学一变而为纯粹唯心论的新理学"。[1] 陈家康对"新理学"的"真际"与"实际"的形而上学观点也进行了批判，他指出："实际是客观的存在，真际则是人类用脑力劳动在实际中提炼出来的存在。实际是客观的实际，真际是主观的实际。"[2]"实际"与"真际"的关系，是一种唯物主义的辩证关系，而非像冯友兰所认为的那样，"真际"是离开"实际"而存在的。

其次，是对"新理学"的"道统"思想的批判。杜国庠指出："新理学"把形而上学说成是"最哲学底哲学"，认为"玄虚"是中国哲学的精神，"新理学"不仅是"接着"宋明理学讲的，也是"接着"魏晋玄学讲的，其目的是要建立一种新的道统论，只是由于"时代不同，我们的新道统论，比着古人确是聪明得多，虽然一样地在建立道统，说新理学是接着宋明理学讲的，并以《新原道》的标题暗示接着《原道》，但并不是简单地'形象地'说谁'以是传之'谁，也不拘拘于儒家的小天地，而把视野扩展到整个中国哲学的范围，并且率直地以自己的新理学为例，'说明中国哲学的精神的最近底进展'"。可是，在作风上，冯友兰的这种新道统论，"还是旧道统论者的老作风：一样地歪曲了史实，一样地抹煞了前人的劳绩，把近代学术史最有价值的二三百年的哲学一笔勾销，反归罪于清朝人'不喜欢作抽象的思想'"。[3] 杜国庠还批判了"新理学"的"魏晋玄学代表了中国哲学之精

---

[1] 陈家康：《物与气——冯友兰先生"新理学"商兑之三》，《群众》第 8 卷第 6—7 期合刊，1943 年 4 月 16 日。

[2] 陈家康：《物与理——冯友兰先生"新理学"商兑之二》，《群众》第 8 卷第 5 期，1943 年 3 月 1 日。

[3] 杜国庠：《玄虚不是中国哲学的精神——评冯友兰〈新原道〉》，载杜国庠文集编辑小组编《杜国庠文集》，人民出版社，1962，第 412—413 页。

神"的观点："新理学可以说是属于玄学一类的，而玄学何得僭称中国哲学之精神？然而，它竟被贴上了中国哲学之精神这一商标，那就是冯氏的建立新道统的企图在作怪。因为要建立一个新道统，不如此歪曲附会，凑成一个系统，便不足以表示它的源远流长，也便不成其为'新统'呀！他说他'各崇所见'，我说他，用心良苦。"[1] 唐末的韩愈要建立一个儒家的道统，并以自己是这个道统的继承者自居；如今冯友兰的"新理学"也要建立一个儒学的道统，并不惜将玄学说成了中国哲学的精神，所以杜国庠说他"用心良苦"。

　　再次，是对"新理学"的不变道德论和人生境界说的批判。胡绳批判了"新理学"所宣扬的"有变的道德，也有不变的道德"的观点，他指出：冯先生承认有新道德，也有旧道德，道德既有新旧之分，当然就是变动的，但是冯先生又承认在可变的道德之外，还有另一部分的道德是不变的。照冯先生的说法就是，跟着"某种社会"而来的某种道德是可变的，但跟着"社会"而来的道德，却是不变的。这种说法看起来，似乎是言之成理的，因为这既顾到了社会的变动，而又顾到社会无论怎样变动，总还是一个社会，既然总是社会，则其中就应该有共同的道德规律。但若细加考究，就知道这种说法本身就有很大的矛盾。因为"冯先生之所谓社会不过是对于各种不同的社会，抽象掉其中的特殊性，而得到的共相"，然而实际上，人们"所生活于其中的，总是某个社会，某种社会，而不是抽象的'单单只是社会的社会'"，所以，"人们也就只能生活在某种道德、某个道德之中，而不能只是生活在道德之中。脱离了社会生活的具体内容的常存不变的道德规律，事实上只能是'抽象的合理标准'，其为空洞的东西，正和'只是社会的社会'一样"。[2] 就此，胡绳批判"新理学"的这种"伦理道德的实际内容固随社会的变化而变化，但其抽象形式却是永远不变的"道德论，是"一种很幼稚的说法，也可以说是老说法"。[3]"新理学"把人生"境界"划分成由低到高的四个层级，即自然境界、功利境界、道德境界和天地境界，其中

---

① 杜国庠：《玄虚不是中国哲学的精神——评冯友兰〈新原道〉》，载《杜国庠文集》，第414—415 页。
② 胡绳：《思想的漫步》，载《理性与自由：文化思想批评论文集》，华夏书店，1949，第23—24 页。
③ 胡绳：《思想的漫步》，载《理性与自由：文化思想批评论文集》，第22—23 页。

"天地境界"被看作是最高的境界。针对冯友兰以"天地境界"为旨归的人生境界说，杜国庠在 1946 年 1 月发表的《玄虚不是人生的道路——再评冯友兰〈新原道〉》一文中，重点批判了"新理学"的人生境界说的神秘性和空疏性，并揭示出冯友兰"新理学"体系在方法论上的重大矛盾，他指出："新理学"的人生境界说"以'理智底总括'始而以'神秘主义'终，这是理智的破产，也是所谓'逻辑学'的破绽"。[①]

又次，是对"新理学"的文化历史观的批判。"新理学"的文化历史观主要体现在"贞元六书"之一的《新事论》一书中，该书提出中国的当务之急是发展实业，尽快实现工业化，而要发展实业，就只能搞社会改良，而不能搞社会革命。因此，该书充分肯定洋务运动的"实业"救国之举，而对辛亥革命和五四运动颇有微词，认为辛亥革命中断了清末的工业化进程，而五四运动"使中国的工业化，延迟了二十年"。针对"新理学"的上述观点，胡绳《评冯友兰著〈新事论〉》中指出："《新事论》的著者轻视思想意识的改造在改造中国过程中的作用，——于是他抹煞了五四运动（事实上，五四运动还不但是思想意识的改造的运动，这里且不深论，就照本书所说明的范围来讲）。他又轻视政治改革的作用，——于是他低估了辛亥革命的意义。他所了解的中国到自由之路就是只来一次'产业革命'，而其内容就只是用机器，建工业，于是他引清末的洋务运动者为同调，而加以称扬。"[②]胡绳强调："从社会的整个发展过程看，当然没有相当程度的物质基础——就是相当程度的机器的发展，则政治与文化上的民主改革是不可能的"；但这话只说对一半，另一半是不对的。"因为把社会的一般的发展过程和社会的改革过程混同起来是不对的。机器实业的发展是渐进的，这渐进过程到一定程度不能不引起巨大的彻底的社会改革，这种改革虽有先行于它的经济变革做基础，但作为这种改革的中心问题的却是政治上的变革。这正是因为政治是经济的集中表现，与旧的生产力相结合的旧生产关系是以旧的政治作为保障而成为僵化了的存在，阻碍着新的生产力。所谓社会的改革正是改变旧的政治，从而改变旧的生产关系，从而使新的生产力顺遂地发

---

① 杜国庠：《玄虚不是人生的道路——再评冯友兰〈新原道〉》，载《杜国庠文集》，第 426—427 页。
② 胡绳：《评冯友兰著〈新事论〉》，载《理性与自由：文化思想批评论文集》，第 179—180 页。

展起来。"① 胡绳还对《新事论》以"须根据旧情"为借口而推迟甚至取消社会政治改革、取消民主政治的守旧倾向进行了批判，他指出："我们当然不反对，发展新性要对旧情有相当根据。但是'根据旧情'只是要顾到现实的条件，而不是要找在旧情中已经成熟了的东西。新的事物不可能是已经成为一个完成的东西隐藏在旧的东西之中，而常常只是被压制在旧事物机体之中的一些零碎的新的要素。革旧创新正是要打碎这旧机体，使新事物的要素获得顺遂的发展，而长成为一完成的东西。假如在辛亥革命时的人抱着像冯先生的观念，那么他们为了'根据旧性'一定是在推翻满清之后另立一个姓赵姓王的人（当时有现成的姓袁的人）来做皇帝，而那样一来，辛亥革命对于中国的现代化还能有什么'开来'的作用呢？辛亥革命对于中国的现代化，具有开来的作用，并不只是因为他推翻了满清，而且因为他建立了民国，在今天还来否认这一点岂不是太奇怪了么？《新事论》著者给现代史中的常识翻案，正足以表明他已经不自觉地采取了把根据旧情当做前进的主导面的观点了。"② 就此而言，胡绳指出，《新事论》著者所提出的"中国向自由之路"，实质上"就是五十年前张之洞的道路"，即"中学为体，西学为用"的道路。③

二是对贺麟"新心学"的批判。 除冯友兰的"新理学"外，马克思主义学派还对贺麟的"新心学"进行了批判，批判的文章主要有胡绳的《论反理性主义的逆流》（1940 年 12 月）和《一个唯心论者的文化观——评贺麟先生著〈近代唯心论阐释〉》（1942 年 9 月）。胡绳对贺麟"新心学"的批判主要围绕以下内容展开。

首先，批判了"新心学"的神秘主义"直觉论"。胡绳指出：唯物主义认为感性认识是先于理性认识的，人们对于外物是先有感觉的认识，后才有理智的思考。然而唯心主义则与此相反，它把理智置于感觉之前，认为理智是不以感觉的经验为基础为前提的，可以凭空而产生。"于是当唯心论发展到其最后阶段，就索性把理智也推翻了，在理智之前，更设一所谓'直觉'的阶段，而这直觉是'天才'的'艺术'，平常人所无法企及的。这样

---

① 胡绳:《评冯友兰著〈新事论〉》，载《理性与自由：文化思想批评论文集》，第 180 页。
② 胡绳:《评冯友兰著〈新事论〉》，载《理性与自由：文化思想批评论文集》，第 188—189 页。
③ 胡绳:《评冯友兰著〈新事论〉》，载《理性与自由：文化思想批评论文集》，第 190 页。

他们就更远地离开实在的知识，而更深地进入神秘的境界了"；但实际上，宣扬这种观点的人"是那些把整个康德黑格尔学说神秘化，反理性化的新黑格尔学派——德国的 Kroner，意大利的 Croce 之流的同盟弟兄。……而我们的贺麟教授也跟随着把黑格尔学说和辩证法神秘化起来。他对辩证法的描写是'辩证法一方面是一种方法，一方面又不是方法，是一种直观'"，而依据贺麟对"直观"的解释，它是一种"神秘主义的方法，这种方法不能引我们到真理，而只能引我们到混沌"。[①] 胡绳也承认，"黑格尔的著作中有许多神秘主义的色采（彩），但这并不是他的思想光芒之所在，而恰恰是掩蔽其光芒的黑雾"，贺麟不去真正发扬黑格尔的思想光芒，"而是企图把这神秘主义的雾罩得更浓，想使辩证法永藏在这雾中，以消蚀它的革命性"。[②]

其次，批判了"新心学"的"超时空"的新旧文化观。胡绳指出：唯物论者从实际发展过程中讨论过去的人类文化经过了怎样的历程，以后又将怎样地发展下去，但在贺麟看来，这样的讨论是"形而下的"，与哲学无关，"哲学却是要'单就理论上先天地去考察'社会文化所'应取的步骤或阶段'。这就是说：可以不顾过去历史'是'怎样；而专从理论上来讨论它'应该是'怎样；因而也就是不从现实的发展趋势来推究以后将'是'怎样，而只是从理论上推断其'应该是'怎样。这所谓理论是先天的，先经验的，先理智的"，亦即唯心主义的，"用贺麟先生的话，就是'超时空'地"。正因为贺麟的新旧文化观是唯心主义的，或者说是"超时空"的，所以他在《近代唯心论阐释》一书中，"就把十七十八世纪欧洲的人本主义和中国古代儒家之注重人伦混为一谈"，并主张"从旧的里面去发现新的，这就叫作推陈出新。必定要旧中之新，有历史有渊源的新，才是真正的新"。这一主张混淆了新旧之间的本质区别，文化的发展不是贺麟所认为的那样"旧中有新"，而是"旧经过发展，变革而成为新的"。所以，贺麟的所谓"新"，以及他的"新心学"，实际上和"市面上现在流行着许多新字号的产品——新理学，新世训，新人生观"一样，"都是用超历史的范畴来抹煞新旧的差别，

---

① 胡绳：《一个唯心论者的文化观——评贺麟先生著〈近代唯心论阐释〉》，载《理性与自由：文化思想批评论文集》，第 12 页。

② 胡绳：《论反理性主义的逆流》，载《理性与自由：文化思想批评论文集》，第 6 页。

把旧货改装一下，当作新货来出卖"。① 贺麟对"三纲五常"的解释就是其典型例证。"所谓君君臣臣父父子子的五常，所谓君要臣死不得不死，父要子亡不得不亡的三纲，本是反映着封建等级社会中的人与人的支配关系的道德教条，而贺麟先生则以为从这里发现了'新'的东西"，因为依据贺麟的解释，"臣必须尽忠于君并不是表示君支配臣，而是'对名分，对理念尽忠，不是作暴君个人的奴隶'"，贺麟甚至认为"五常说和西洋的人本主义相当，三纲说更是和'西洋向前进展向外扩充的近代精神相符合"。②

再次，批判了"新心学"的"中学为体，西学为用"的文化主张。胡绳指出：贺麟在他的书中"固然批判了中学为体，西学为用说，批判了全盘西化论，批判了本位文化论，然而当他自己主张说：'应该以道，以精神或理性作本位，换言之，应该以文化主体作为文化本位'时，其实是和那些说法一丘之貉，甚至还要更落后一点"。因为贺麟的所谓"精神"，所谓"理性"，所谓"文化主体"，实际上指的就是"旧礼教"中他所认为的"不可毁坏的永恒的基石"，所以贺麟一再强调"现在的问题是如何从旧礼教的破瓦颓垣里，去寻找出不可毁坏的永恒的基石，在这基石上，重新建立起新人生新社会的行为的规范和准则"。③ 这种以"旧礼教"中"不可毁坏的永恒的基石"所"重新建立起"来的"新人生新社会的行为的规范和准则"，只不过是"中学为体，西学为用说""本位文化论"的另一种说法而已，甚至"比中学为体，西学为用说""本位文化论"更为落后和守旧。

三是对钱穆国史研究及其理论的批判。钱穆是现代新儒家中唯一一位历史学家。胡绳先后发表《评钱穆著〈文化与社会〉》（1944年1月）和《论历史研究和现实问题的关系——评钱穆先生的〈国史大纲引论〉中评历史研究中的复古倾向》（1944年10月）等文，对钱穆的国史研究及其理论提出了批判。

首先，是批判钱穆的"中国传统政治非君主专制"论。胡绳指出：钱穆在《革命教育与国史教育》一文中"提到两点对中国历史的看法。第一点是说，中国历史上自秦到清末的政治并不是专制政体，第二点是说，中国

---

① 胡绳：《一个唯心论者的文化观》，载《理性与自由：文化思想批评论文集》，第13—14页。
② 胡绳：《一个唯心论者的文化观》，载《理性与自由：文化思想批评论文集》，第15、16页。
③ 胡绳：《一个唯心论者的文化观》，载《理性与自由：文化思想批评论文集》，第16页。

的传统文化是至今仍有优异的价值的，而这两点也正是在《国史大纲》中全部内容所要证明的主要东西"①。说中国自秦汉以来的政治并非君主专制这是对"历史的真相"的一种"歪曲"。钱穆之所以认为自秦汉以来的中国政治并非君主专制的"第一个根据是关于宰相制度，照钱穆先生的意思是有了宰相分掉皇帝的权，那就不能算是专制政治"。钱穆的这一说法是混淆了国体与政体的区别。国体是指国家的阶级本质，也就是社会各阶级在国家中所处的地位；而政体是指国家政权的组织形式。"由国体上来看，汉唐宋明无非都是地主阶级占统治地位的国家"，政体是君主专制，"就是说：当时的统治政权是集中化在皇帝个人的人格上，通过皇帝个人的意志来执行地主阶级的统治"。钱穆"脱离了国体问题来单纯谈政体问题，是捉摸不到历史的真相的"。孙中山领导辛亥革命，要推翻的不仅是传统的君主专制政体，而且还包括传统的国体，即以清王朝为代表的地主阶级的统治，"这正是孙中山先生比戊戌党人更进步的地方，因为戊戌党人所要改革的至多不过是政体而已"。②胡绳也承认，如钱穆所说的那样，秦汉时期宰相的权力可能多一点，但它并不能改变"君主专制政体"这一事实，因为宰相不仅是受君主的委托行使权力的，而且"宰相的废立权仍操在君主手里。钱穆先生把宰相当作政府的领袖，把君主看做只是王室的领袖，这样的分析是根本违背了历史事实的。钱先生书中常讥笑旁人袭用欧美民主政体的观念，但我看他提出这种说法也是偷袭来的。大概是因为欧洲近代民主政制中有三权分立，所以也把中国传统政制看作是二权分立，这样就抹煞了君主专制政体的真实内容了"。钱穆之所以认为自秦汉以来的中国政治并非君主专制的"第二个根据是关于考试制度的"，认为"科举制度就表明了当时的'政权'是向全国上下人民公开的：谁只要读书应举，谁就可以做官"，然而事实上，"科举考试制度在名义上固然是公开于一切人的面前的，但是有机会受教育，有可能投考应举的人大半是属于地主阶级的。专制时代的科举制度的意义其实就是从地主阶级中经常选择出一批可用的人才来行使政权，那正表明这是地主阶级专政的国体。而在那时代一切考试用人之权又集中

① 胡绳：《评钱穆著〈文化与社会〉》，载《理性与自由：文化思想批评论文集》，第68页。
② 胡绳：《评钱穆著〈文化与社会〉》，载《理性与自由：文化思想批评论文集》，第69—70页。

在君主一人手里，这又正表明这是一个不折不扣的君主专制的政体"。① 胡绳强调指出，中国传统政治是君主专制，这是学术界早已得出的结论，钱穆先生以及其他一些"学者""教授"之所以要翻案，要"从各个方面来企图证明中国秦汉以来的政治并非专制政治（如张其昀先生，萨孟武先生）……是和现实政治中的某种要求相呼应的，但为了现实政治的反动企图歪曲了历史的真象（相），那却是从根本上丧失了学术的态度和精神"。②

其次，是批判钱穆的传统文化立国论。胡绳指出，"赞扬中国旧时代的传统文化，看做是今后中国民族文化生活的中心"，赖以立国的基础，这是随处可以听得到的一种"论调"，钱穆"也有类似的说法"。③ 而钱穆所说的中国几千年"赖以立国，而在现在又赖以抗战的'传统文化'"，主要指的是"孝"和"中庸"。④ 传统文化的所谓"孝"，的确如钱穆所说的那样，不只是用在家庭中的概念，而且还被推演到一般的社会政治关系上面。所以历史上专制君主及其策士们最喜讲"爱民如子"和"以孝治天下"一类的话，而其真实的意义无非是说，我做君主的人把你们老百姓看作是我的儿子，因此你们也要像孝敬父亲一样孝敬我，可别把我当作压迫你们的人。"两千年来的专制统治，就是像这样的利用'孝'的观念，利用'孝'的文化的。二三十年来的一切复古论者所追怀不置的也就是这种'孝'的观念还为一般人所承认的好时代……钱先生立论新颖的地方不过是，在说法上他把'孝的文化'说做是'青年性的文化'。这话却是向来一切讲孝的人所不敢说的。因为传统文化中'孝'的道理，本决不是从青年人，做下辈人的人的立场上来讲的。"⑤ 钱穆之所以要"把'孝的文化'说做是'青年性的文化'"，其目的"不过是要青年们不要去争什么自由平等，求什么独立奋斗，只要安安分分地回家去孝顺父母，服侍长上，就是你们的最好的去处了！"⑥ 胡绳也承认，中国的传统文化尤其是儒家文化的确讲调和，讲"中庸"，但它并不值得我们提倡和弘扬，更不能作为我们的立国基础，因为和"孝"一

---

① 胡绳：《评钱穆著〈文化与社会〉》，载《理性与自由：文化思想批评论文集》，第71—72页。
② 胡绳：《评钱穆著〈文化与社会〉》，载《理性与自由：文化思想批评论文集》，第68页。
③ 胡绳：《评钱穆著〈文化与社会〉》，载《理性与自由：文化思想批评论文集》，第73页。
④ 胡绳：《评钱穆著〈文化与社会〉》，载《理性与自由：文化思想批评论文集》，第74页。
⑤ 胡绳：《评钱穆著〈文化与社会〉》，载《理性与自由：文化思想批评论文集》，第75页。
⑥ 胡绳：《评钱穆著〈文化与社会〉》，载《理性与自由：文化思想批评论文集》，第75—76页。

样，"中庸"也"已不合于新时代的生存"，我们应该"毫不容情地加以抛弃"；而且"'孝'与'中庸'也不是二千年来民族文化的唯一代表，它们只是二千年来民族文化中占着统治地位的一部分，而在被统治的方面，代表了广大的人民大众的，也有反孝与反中庸的文化传统。虽然因为那是处于被压制的地位而不能充分发展，但我们在回顾民族的历史时，却只能从后一方面获得前进的力量。因为今后民族的生存，必然是以人民大众为主体的"。[①]

再次，是批判钱穆的复古主义的中西文化观。胡绳指出：钱穆先生是以本国史的讲授驰名的教授，其对外国历史与文化的知识与见解，从一年前他写的中西文学比较问题与梁实秋先生的论争中可略见一斑了。只凭猜测，一笔抹杀西洋文学，那实在是令人吃惊的事。他对西方文化的认识也是如此，把"四百年"来的西方的文化，"笼统地用一两个概念来说明"，即所谓"对内为争得代议制度，对外为殖民地之经营"。钱穆的这种做法"是何等非历史学的态度"，其目的无非是要说明中国传统文化比西方文化优越，中国未来文化的出路只能是回到中国传统文化，"把对'西洋文化'的这种估价与其对中国传统文化的估价连结起来，我们就完全懂得钱先生的真实意义了"。所以在钱穆的笔下，就存在着"两种文化的对立：一面是'四百年来欧洲中心的殖民文化'，一面是那最伟大、最优越的以'孝'与'中庸'为精髓的中国传统文化。那么今后中国文化的何去何从，钱先生的意思是再明白不过的了。——文化上的复古主义与排外主义在这里便得到了最狡猾的化装！"[②] 当然，胡绳也指出，钱穆的这种复古主义与排外主义和老的"复古排外论"不同，老的"复古排外论"以为一切中国旧的东西都是好的，一切外国的东西都是坏的，都是要不得的。与此对立，就有所谓"全盘西化论"。但无论是老的"复古排外论"，还是"全盘西化论"，都"根本无法表现到实际中去：因为一方面，在外国有了新的东西，在中国，要来的一定非来不可；而另一方面，把外国的上下数千年的文化积累当作一个杂拌儿，也根本无法搬来。于是才又产生如钱穆先生所主张的这种新的见解"，即"中国回到我们的文武周公、汉唐宋明和儒教里去，欧洲回到他们的希腊、

[①] 胡绳：《评钱穆著〈文化与社会〉》，载《理性与自由：文化思想批评论文集》，第77页。
[②] 胡绳：《评钱穆著〈文化与社会〉》，载《理性与自由：文化思想批评论文集》，第79页。

中世纪和基督教里去！"① 所以，尽管钱穆的"这种新的见解，在根本上是复古也是排外……但他却看出了在西洋文化史上也还有时期的不同，也曾有过一个时期，西洋文化和中国传统文化只是'貌异神同'"，即中国的传统文化和欧洲的中世纪文化都是封建时代的文化。钱穆正是"从此出发，认为中国文化自己要向后转，并和向后转的西洋文化合作"。② 就此而言，钱穆复古主义的中西文化观，和冯友兰的"新理学"、贺麟的"新心学"的中西文化观一样，实际上也是张之洞的"中学为体，西学为用"论的翻版，不过钱穆"所看到的'西学'只是欧洲中世纪的封建文化和资本主义腐败时期的某种思想，因此就自然能和那中国封建时代统治者的传统文化和洽一致，体用相合了"③。

又次，是批判钱穆保守主义的历史文化理论。针对钱穆在《国史大纲·引论》中将"中国近世史学"分为"传统派"（"或可谓记诵派"）、"革新派"（"或可谓宣传派"）和"科学派"（"或可谓考订派"）三派，并声称自己主张"以记诵考订派之工夫而达宣传革新派之目的"，胡绳指出，"这样三派的分法，是否确当，姑置不论"，但仅就"怎样去掌握历史材料"而言，"假如是真正用科学方法去研究史实，则必能从杂多的史料中找出其真实的发展进化规律和线索，能够根据过去而更了解现在，并烛见将来，也就能达到所谓'革新派'的目的了。假如是真正在历史的现实中要求革新，则必不满足于传统的以'资治'为目的的历史知识，也必要求用科学方法去重新检查一切旧的史料，追求历史真象（相），这也就是历史学上的'科学派'了"，因此我们的主张可以说是要科学派和革新派携起手来，形成科学革新派，或革新的科学派，这和钱穆所肯定和主张的"传统记诵派是绝对对立的"。④ 针对钱穆提出的对于本国历史应保持一种"温情与敬意"，胡绳指出：我们决不否认在本国史中有值得我们给以温情与敬意的因素，但不是因为它是本国史，而是从现实需要出发给予的评价。"由现实的需要来看是

---

① 胡绳：《评钱穆著〈文化与社会〉》，载《理性与自由：文化思想批评论文集》，第80—81页。
② 胡绳：《评钱穆著〈文化与社会〉》，载《理性与自由：文化思想批评论文集》，第82页。
③ 胡绳：《评钱穆著〈文化与社会〉》，载《理性与自由：文化思想批评论文集》，第83页。
④ 胡绳：《论历史研究和现实问题的关系——从钱穆先生的〈国史大纲引论〉中评历史研究中的复古倾向》，载《理性与自由：文化思想批评论文集》，第89页。

好的东西，无论是外国的还是中国的，我们都要带着'敬意'去接受；是坏的东西，无论是中国的还是外国的，我们都无妨带着'蔑视'而加以排斥。"在中国历史上，虽然有许多值得我们敬爱的因素，但不仅这些值得我们敬爱的因素与那些不值得我们敬爱的因素相伴而行，而且那些不值得我们敬爱的因素要比这些值得我们敬爱的因素"大过百倍"，"所以为了接受那值得敬爱的因素，我们也非和那封建专制主义历史中的主要遗产采取无情地对立、决裂态度不可。我们越是能够这样做，就越能保证我们能够在前进的道路上接受某些历史上的有价值的遗产，加以吸收滋养，而不致传染到联带而来的毒素。同时，我们越是能够澈底克服民族历史中，对当前现实起着负号作用的遗产，那么我们也就越能够对民族前途增加信心，越有把握地从事革旧开新的事业了"。①针对钱穆过分强调"一民族的特色，一时代的特色"，胡绳指出：当我们考察一个民族的历史时，"中心的着眼点"，既不是这民族和别的民族的相同点，也不是这民族与别的民族的不同点，"而是要实事求是地看出这个民族的历史发展的基本规律"。这就需要我们，"一面就这民族和别的民族的相同处来看，一面就其相异处来看。综合这同与异的两方面，我们才能得到完满的结论"。如果像钱穆一再强调的那样，"一味专找"一个民族的"独特的个性"，亦即"一个民族异于其他民族的独特之处"，其结果得到的只能是"片面的畸形的认识"。②针对钱穆提出的西方文化是斗争文化、中国文化是和平文化的观点，胡绳从三个方面来说明它的"谬误"：一是不符合历史事实，综观中国历史，是和平的时期少，而不和平的斗争时期多。西方也有和平改革的时期。二是中国历史上的农民起义推动了历史的进步，而不是像钱穆所说的那样没有任何进步意义。三是钱穆自己也承认，"在欧洲史上，斗争造成进展"。如果按照钱穆的说法，中国文化是和平文化、历史上的农民起义没有推动历史进步，那么，"中国历史就会成为不可理解的怪物，人们就只能站在《资治通鉴》的作者那样

① 胡绳：《论历史研究和现实问题的关系——从钱穆先生的〈国史大纲引论〉中评历史研究中的复古倾向》，载《理性与自由：文化思想批评论文集》，第92页。
② 胡绳：《论历史研究和现实问题的关系——从钱穆先生的〈国史大纲引论〉中评历史研究中的复古倾向》，载《理性与自由：文化思想批评论文集》，第93—94页。

立场上看历史，而中国历史今后进展的道路也就被封闭掉了"①。

除了冯友兰的"新理学"、贺麟的"新心学"、钱穆的国史研究及其理论外，马克思主义学派还对熊十力的"新唯识学"等进行过批判，因篇幅关系，在此不论。对现代新儒家及其理论形态的批判扩大了马克思主义在学术界尤其是在哲学界和历史学界的影响，从而为马克思主义最终战胜和取代儒学及其他非马克思主义思想成为全社会的主导思想奠定了基础。

二、马克思主义学派对战国策派的批判

战国策派之所以被贴上"法西斯主义思潮"的政治标签，很大程度上是因为他们鼓吹"生存意志""权力意志"的非理性主义，而"法西斯的思想是反理性主义思潮的集大成者"②，两者在思想倾向上有相似之处，而非直接提倡纳粹主义。当时马克思主义学派发表了许多批判战国策派的文章，如：茅盾的《时代错误》（重庆《大公报》1941年1月1日）、胡绳的《论反理性主义的逆流》（《读书月报》第2卷第10期，1941年1月1日）、章汉夫的《"战国"派的法西斯主义实质》（《群众》第7卷第1期，1942年1月25日）和《"战国"派对战争的看法帮助了谁？》（《群众》第7卷第14期，1942年7月31日）、李心清的《〈战国〉不应作法西斯主义的宣传》（延安《解放日报》1942年6月9—11日）、欧阳凡海的《什么是"战国"派的文艺》（《群众》第7卷第7期，1942年4月15日）、杨华的《关于文学底民族性》（《新华日报》1943年2月16日）、洪钟的《"战国"派文艺的改装》（《群众》第9卷第23—24期合刊，1944年12月25日）、方纪的《糖衣毒药——〈野玫瑰〉观后》（重庆《时事新报》1942年4月8、11、14日）、谷虹的《有毒的〈野玫瑰〉》（《现代文艺》第5卷第3期，1942年6月25日）、戈矛的《什么是"民族文学运动"》（《新华日报》1942年6月30日）、《"民族文学"与法西斯谬论》（《解放日报》1944年8月8日）、曹和仁的《权力意志的流毒》（桂林《文化杂志》第2卷第5号，1942年7月25日）、余士根的《指环的贬值》（桂林《野草》第5卷第3期，1943年3月5日）等。

---

① 胡绳：《论历史研究和现实问题的关系——从钱穆先生的〈国史大纲引论〉中评历史研究中的复古倾向》，载《理性与自由：文化思想批评论文集》，第97页。

② 胡绳：《论反理性主义的逆流》，载《理性与自由：文化思想批评论文集》，第2页。

在上述文章中，将战国策派与法西斯主义直接挂钩的只有少数几篇，如汉夫（章汉夫）在《"战国"派的法西斯主义实质》一文中指责"'战国派'的'争于力'的国内政治观，完全是法西斯主义，希特勒主义一套呵"[①]；李心清在《〈战国〉不应作法西斯主义的宣传》一文中指出"《战国》中作者的思想是不完全一样的，是不能一律看待的，但其主要的角色，如陈铨与林同济，确确实实是在那里宣传法西斯主义"[②]。上述这些文章主要围绕以下几个方面对战国策派进行了批判：

一是批判了战国策派的"战国重演论"。章汉夫指出："国内有一部分教授，力倡历史重演之说，而目今之世界为战国时代。其实，不论在国内抑是国际范围内，都是和战国时代截然不同的。社会发展的规律和趋势，是向着进步的，较前更高的阶段发展，纵然在发展中有某些地方某个时期，是黑暗的、倒退的，类似历史上早期阶段的某些现象，然而，这也决不是历史的重演。这些现象产生的原因，其内容和意识，也是和以前不同的。顶多，也只是在现象的某些地方类似而已。类似就不是相等。说类似也还大都是产生于站在出发点错误而作的不正确的观察。"他指出，今天是国际战争，是做着全体战、歼灭战，可是，参加战争的国家的性质，其目的等等，有哪一点和战国时代相像呢？在战国时代参加战争的是封建国家，是各诸侯，而今天呢，有半殖民地而求独立解放的中国，有资本主义国家，反对法西斯侵略的英美，也有社会主义国家。在战国时代，作战的目的，是相互争夺土地，谋商业范围之扩大。而今天呢？民主国家方面，是反对法西斯主义，反对侵略，主张并维护民族独立自由的正义战争，这个战争是有着各国人民各民族的参加和支持的。法西斯侵略国家方面，是掠夺横暴，征服奴役其他各民族，剥夺国内人民的民主权利的非正义战争，是遭受各国人民和民族的诅咒和反对的。这与战国时代，列国厮杀，双方所为均非人民所拥护，厮杀的结果，不论胜败存亡，都逃不脱地主诸侯的剥削及压制的命运，是不可同日而语的。[③]

二是批判了战国策派对战争的看法。章汉夫在《"战国"派对战争的看

---

① （章）汉夫：《"战国"派的法西斯主义实质》，《群众》第7卷第1期，1942年1月25日。
② 李心清：《〈战国〉不应作法西斯主义的宣传》，《解放日报》1942年6月9—11日。
③ （章）汉夫：《"战国"派的法西斯主义实质》，《群众》第7卷第1期，1942年1月25日。

法帮助了谁? ——斥林同济:〈民族主义与廿世纪〉一文》中，强调战争有
正义的与非正义的两种，批判林同济等人混淆社会主义的苏联与法西斯主
义的德国、反法西斯正义战争与法西斯主义侵略战争的区别。他指出"林
同济因为法西斯德国和社会主义的苏联有一字相同就是'专政'，就把他们
并入'极权'国家的同类"，但事实上两者是截然不同的，"苏联是真正社
会主义的，民主的，有发展的国家；德国是法西斯主义的，专制的，没有
前途的国家"。他批判"因为林同济对今天欧洲战场上两大敌对作战国家的
不同，不弄清楚，甚至有意混同，所以，又把这次法西斯侵略战争和反法
西斯正义的战争混同，更进而把战争的责任推在社会主义运动身上去"，"这
种把同盟国的正义战和法西斯国家的侵略战分不开，而把这次大战看成'列
国'混战的'实际上的结果和作用'，就是不分敌友，这是最起码的。更
进而要同盟国的朋友及中国人民把苏联看成和德、意、日一样，都是敌人，
这就是煽动反苏情绪，挑拨同盟国间的团结。为仇者快，为亲者痛。结果
是替法西斯国家做啦啦队。最严重的，是对中国抗战看成毫无前途"。他指
出:"'战国'派的这种'看法'，实在对民族不利，我们觉得应该再度劝告
他们，为了民族，为了后代，少给青年们注射毒素吧！"[1] "'战国'的教授
们"战国策派的确没有严格区分正义战争与非正义战争、法西斯侵略战争
与反法西斯战争，片面强调"战争决定一切""战争是一切的根据"，但出
发点与立足点是民族主义立场，指责其"法西斯主义的反民主为虎作伥"恐
怕有违其本意。

三是批判了战国策派的非理性主义尤其是唯意志论。胡绳在《论反理性
主义的逆流》一文中要求"在思想上发扬理性主义来反对反理性主义"。他
指出，从 19 世纪中叶以后，西方"在文化上也崛起了反理性主义的思想，
这种反理性主义表现在哲学上就是直觉主义，神秘主义，唾弃客观的观察
与思考而推崇朦胧的直觉与盲目的意志；表现在政治思想上就是对民主政
治的怀疑，而以马基佛里的唯力主义为圣经；表现在经济思想上就是庸俗
的效用价值说等等"。这种反理性主义也传入到了中国，战国策派就是反

---

[1] （章）汉夫:《"战国"派对战争的看法帮助了谁? ——斥林同济:〈民族主义与廿世纪〉一
文》,《群众》第 7 卷第 14 期，1942 年 7 月 31 日。

理性主义的思想派别："法西斯主义者高捧尼采，我们的学者也高捧尼采"；贺麟"用'直觉'与'洞观'来解释黑格尔，岂不正是把黑格尔思想反理性主义化了么"；林同济在《第三期的中国学术思潮》中所要开辟的"第三期的中国学术思潮"即所谓的"文化综合 Cultural-synthetic 或文化摄相 Cultural Contigurative 时代"，"读者恐怕简直就不知道这是在说些什么"，其所说的"第一期"和"第二期"的学术思潮是理性主义的，"现在林先生想对第一二期来一个反动，那正是想以反理性主义来反抗理性主义"。[1] 李心清在《〈战国〉不应作法西斯主义的宣传》一文中批判陈铨"把人类意志作为历史演进的中心"是"反动的唯心史观"，是"向历史唯物主义挑战"。[2] 曹和仁在《权力意志的流毒》一文中指出，战争的威力使许多意志薄弱的人们发生异常的惊悸，于是在他们之中现出两种倾向，第一种是痛绝战争，厌弃现实，企图另寻乐土；第二种是歌颂战争，连带着神经质地称扬那作为战争理论根据之权力意志哲学。他指出，"尼采主义今天已成为法西斯的宠儿，成为一切侵略者的理论基础了"，"权力意志哲学底流毒如今蔓延到几乎不可收拾"。他指责战国策派成了法西斯主义的应声虫，跟着鼓吹"权力意志"、超人观念，"中国有一部分被法西斯暴力吓坏了的知识份子，也正在狂热地呐喊：'战即人生。我先且不问你们为何而战；能战便佳'"。[3]

　　四是批判了战国策派的英雄史观。针对战国策派的天才论与英雄史观，胡绳指出："唯物史观并不否认在历史上人为的作用。但是我们必须认清：第一，历史上的真正主人和创造者并不是少数居于统治地位的英雄，而是广大的人民，——尤其是直接从事生产劳动的人民；第二，广大人民的愿望及其在实践行动中的力量固然在历史上有着重大作用，然而历史的进程也并不能单纯由这种主观的愿望和力量来说明。"[4] 李心清在《〈战国〉不应作法西斯主义的宣传》一文中批判陈铨进一步鼓吹英雄史观，竟然说"极少数的压迫者与剥削者的意志，是历史演进的中心"，"时代精神的进展，也

---

[1] 胡绳：《论反理性主义的逆流》，载《理性与自由：文化思想批评论文集》，第 2、4—7 页。

[2] 李心清：《〈战国〉不应作法西斯主义的宣传》，《解放日报》1942 年 6 月 9—11 日。

[3] 曹和仁：《权力意志的流毒》，《文化杂志》第 2 卷第 5 号，1942 年 7 月 25 日。

[4] 胡绳：《是圣人还是骗子？——论唯心论在实际生活中的表现》，载《理性与自由：文化思想批评论文集》，第 64 页。

就全靠这一批人就是英雄","其荒谬的程度真是堪称绝伦"。他指出,在历史唯物主义者看来,人类社会之发展,不是取决于"少数人的意志",而是取决于各阶级相互间的斗争。[①]

五是批判了战国策派的"民族文学"观及《野玫瑰》等作品。欧阳凡海在《什么是"战国"派的文艺》一文中重点批判了林同济以"独及"之名在《大公报》发表的《寄语中国艺术人——恐怖·狂欢·虔恪》,称其为"一篇法西斯思想的文艺观"。[②]《解放日报》编者在《"民族文学"与法西斯谬论》一文中指出:"重庆出版、陈铨主编的《民族文学》,是一个公开宣传法西斯主义的刊物。它或者公然歪曲与侮蔑进步的历史事实,或者谈批判、谈创作、谈恋爱、谈人生,而在那里面搀进法西斯主义的毒药。举一个典型的例子:在一卷三期上,有一篇编者写的《五四运动与狂飙运动》,对五四运动极尽侮蔑,说五四运动犯了三个错误:(一)不要民族主义,(二)要求个人解放,(三)提倡理智主义。反对五四运动,是大后方宣传法西斯主义的人们的纲领之一。"[③]洪钟在《"战国"派文艺的改装》一文中,批判陈铨"把康德的二元论观点推崇备至","以人类的心灵为文学规律的根源","这显然是主观观念论的文学观,是心灵幻影的文学观,是反现实的文学观。这种观点是跟法西斯的哲学有极其相近的血缘的"。[④]更多的批判文章则是针对具体文学作品的,尤其以对《野玫瑰》的批判居多。

---

① 李心清:《〈战国〉不应作法西斯主义的宣传》,《解放日报》1942 年 6 月 9—11 日。
② 欧阳凡海:《什么是"战国"派的文艺》,《群众》第 7 卷第 7 期,1942 年 4 月 15 日。
③《解放日报》编者:《"民族文学"与法西斯谬论》,《解放日报》1944 年 8 月 8 日。
④ 洪钟:《"战国"派文艺的改装》,《群众》第 9 卷第 23—24 期合刊,1944 年 12 月 25 日。

第 二十七 章

"中间路线"及其破产和中间势力的转变

　　大革命时期，有人提出"举起你的左手打倒帝国主义，举起你的右手打倒共产党"，这是在中国最早出现的中间路线观点。大革命失败后，中国国民党左派领导人之一的邓演达，既反对蒋介石在南京建立的政权，也不赞同中国共产党领导的苏维埃运动，主张在中国建立资产阶级共和国，这是中间路线在中国的进一步发展。抗日战争中后期，为了形成介于国共之间的中间势力或第三种力量，一些爱国民主人士发起成立中国民主政团同盟（1941年初成立，1944年9月改组为中国民主同盟，简称"民盟"），主张"政治民主化"和"军队国家化"，在反对国民党的一党专政和个人独裁的同时，也不赞成共产党的一些纲领政策。抗战胜利后，民盟为代表的中间势力幻想在国民党的"建立一个大地主大资产阶级专政的半殖民地半封建的国家"和共产党的"建立一个无产阶级领导的人民大众的新民主主义的国家"[①]之外，建立一个既不是国民党的"大地主大资产阶级专政"、也不是共产党的"人民民主专政"的"资产阶级共和国"，而他们所要建立的"资产阶级共和国"，是

[①] 毛泽东：《抗日战争胜利后的时局和我们的方针》，《毛泽东选集》第四卷，第1130页。

一个"十足道地的民主国家",即除了英、美国家所谓的"政治民主"外,还要实行苏联的"经济民主",是英、美的资本主义"政治民主"与苏联的社会主义"经济民主"的结合。这就是抗战胜利后民盟为代表的中间势力所提出的"中间路线"。为了实现这一路线,民盟为代表的中间势力做出了巨大努力,但它最终还是无法摆脱在国民党统治集团的分化、打击和迫害下走向破产的命运。随着"中间路线"的破产,中间势力也开始发生转变。与此同时,作为中间势力的一部分,自由主义在抗战胜利后曾出现了近代以来少有的"鼎盛"局面,然而这种"鼎盛"只是昙花一现,伴随着"中间路线"的破产和中国共产党"建立新中国"方略的实现,自由主义思潮也很快从中国大陆的政治和思想舞台上"消失"了。

第一节　抗战胜利后中间势力的活跃和"中间路线"的提出

　　抗战胜利后，由于各种原因，内战没有立即发生，相反国共展开和谈，这就为民盟为代表的介于国共之间的中间势力的活跃提供了空间。抗战胜利后中间势力的空前活跃主要体现在三个方面：一是代表中间势力的各种党派纷纷成立；二是积极发表政见，力图影响国共两党的决策和政局走向；三是积极推动和促进国共和谈。为了回答抗战胜利后中国人民所面临的中国向何处去、战后中国建立一个什么样的国家的问题，民盟于 1945 年 10 月 1 日至 12 日在重庆上清寺"特园"召开临时全国代表大会，提出了"中间路线"及其实施纲领，也就是建立一个"十足道地的民主国家"，这就是英、美的"政治民主"加苏联的"经济民主"。此后不久成立的中国民主建国会、中国民主促进会以及九三学社等，与民盟一样都属于"带中间性的民主党派"①，也提出了它们的"中间路线"。

一、民盟为代表的中间势力的空前活跃

　　民盟的全称是"中国民主同盟"，其前身是 1941 年初成立的中国民主政团同盟。关于中国民主政团同盟的成立，本卷第二十三章第三节第一子目已有介绍。中国民主政团同盟成立的目的，是为了形成介于国共之间的中间势力（又称为"第三者"或"第三种势力"），以便更好地调停国共关系，表达介于国共之间的中间力量的政治诉求。1945 年 10 月召开的民盟临时全国代表大会的《政治报告》谈到了中国民主同盟成立的初衷："它成立于民国三十年，它是在抗战最艰苦最困难的阶段中产生的。而一切艰苦与困难的事实之造成，就因为中国没有民主。例如当时国家虽在对外战争期中，内部还不能团结统一。老实说还有党派，中央与地方及其他不同实力的对峙。为在各种实力对峙中，尤其是在两大党派对峙中，树立一个独立的中

①　周恩来：《关于当前民主党派工作的意见》，载《周恩来选集》上卷，人民出版社，1984，第284 页。

立的集团，便为那种客观环境所要求，于是产生了这个民主党派联合体的同盟。"[1] 参加民盟的有中国青年党、国家社会党、第三党、职教派、乡建派的领导人。本来救国会的沈钧儒也是准备参加的，但筹建时，中国青年党认为救国会与中国共产党关系密切，担心这会引起国民党不满，因此决定暂时不约沈钧儒和救国会参加，直到1942年救国会才正式加入民盟。民盟也因而被称之为"三党三派"的组织。民盟成立后，即以介于国共之间的中间势力或党派的身份活跃于中国的政治舞台上，积极发表政见，调停国共争端，并推动和参加了第二次宪政运动。周恩来在1944年3月5日的中共中央政治局会议上谈到这次宪政运动时，说它"开端于中间党派"[2]。周恩来这里所说的"中间党派"，指的就是中国民主政团同盟。

中国民主政团同盟成立后虽然在政坛上非常活跃，但限于其"政团同盟"的性质，许多无党派的民主人士无法加入，加上同盟成立后，其盟务又被在"三党三派"中历史最长、人数最多的中国青年党的一些人所把持，不利于民盟的发展，因而引起民盟内外的普遍不满。在民盟中具有重要影响力的民盟昆明支部早在1943年即向总部提出，改民盟的"政团同盟"性质为广大民主人士的个人联合性质，凡民主人士只要遵守盟约盟规都可以加入。民盟昆明支部的这一提议得到了广大盟员的支持。经过一年多的酝酿和准备，1944年9月19日，中国民主政团同盟在重庆上清寺"特园"召开了全国代表会议，会议决定取消同盟的团体会员制，盟员一律以个人名义加入，与此相适应，民盟的名称改"中国民主政团同盟"为"中国民主同盟"，简称"民盟"。这次会议还通过了《中国民主同盟纲领草案》，共46条，分为政治、经济、军事、外交、教育、社会六个方面，把建立联合政府、建设民主国家、实现经济民主、保障领土主权、实现教育平等，作为民盟的奋斗目标。由于将原来"三党三派"的联盟改为了有党派和无党派的广大民主人士的联盟，入盟不再受党派条件的限制，这就扩大了民盟的社会基础，为广大无党派的民主人士入盟打开了大门。因此，全国代表

---

[1]《中国民主同盟临时全国代表大会政治报告》，载中国民主同盟中央文史资料委员会编《中国民主同盟历史文献（1941—1949）》，文史资料出版社，1983，第87页。

[2] 中共中央文献研究室编《周恩来年谱（一八九八——一九四九）》，中央文献出版社、人民出版社，1989，第572页。

会议后，大批爱国的进步分子纷纷加入民盟，"到1945年10月，全国约有盟员3000人，无党派盟员占70%以上。不少在学术界有地位、在社会上有威望、在斗争中有经验的无党派民主人士入盟后，被选进了各级组织担任领导工作，从而改变了原来由中国青年党把持盟务的状况，极大地推动了民盟组织的发展与巩固"①。中国民主同盟虽然得到了较大的发展，但这并没有改变它作为中间势力之党派的性质，前面引用过的1945年10月召开的民盟临时全国代表大会《政治报告》就明确指出："民国三十三年经过一度改组，把民主党派的联盟改为广大民主人士的联盟，即改为有党派与无党派的广大民主人士的联盟。改组后的中国民主同盟仍不失为一个具有独立性与中立性的民主大集团。所谓独立性是说它有它独立的政纲，有它独立的政策，更有它独立自主的行动。所谓中立性是说它介在中国两大政党对峙的局面中，是两大对峙力量组织中间的一种。要求它保持不偏不倚的谨严态度，不苟同亦不立异，以期达到国家的和平、统一、团结、民主。但是所谓独立与中立，并不是不辨是非曲直的乡愿，它是一个民主的大集团，因而它评判是非曲直的标准，亦就是民主与反民主。凡是民主的都是朋友，凡是反民主的都是敌人。过去如此，今后必须仍坚持它不偏不倚以民主与反民主来作为它评判是非曲直的标准。"②

　　1945年8月15日，日本帝国主义宣布无条件投降。中国人民经过十四年的艰苦抗战，取得了自鸦片战争以来第一次反侵略战争的全面胜利。随着日本帝国主义的投降，中国国内的阶级矛盾迅速取代之前的中日民族矛盾成为社会的主要矛盾，中国向何处去、战后中国建立一个什么样的国家的问题再次提上议事日程，需要中国各阶级、各党派和各政治势力做出回答。当时，作为中国大地主大资产阶级的政治代表的国民党统治集团，"要使抗战胜利后的中国仍然回到抗战前的老样子，不许有丝毫的改变"，亦即继续维持其一党专制、个人独裁的政治制度，"建立一个大地主大资产阶级专政的半殖民地半封建的国家"。③而代表中国最广大人民利益的中国共

---

① 中国民主同盟中央委员会编《中国民主同盟六十年》，群言出版社，2001，第14—15页。
②《中国民主同盟临时全国代表大会政治报告》，载《中国民主同盟历史文献（1941—1949）》，第87页。
③ 毛泽东：《抗日战争胜利后的时局和我们的方针》，载《毛泽东选集》第四卷，第1129、1130页。

产党则要建立"一个无产阶级领导的人民大众的新民主主义的国家"。① 因此，中国共产党及其领导的人民革命力量的存在和发展，就成了国民党继续维持其一党专政、个人独裁的政治制度的最大障碍。而要排除这一障碍，国民党统治集团知道，除非通过战争的手段，否则，其他任何方法在以毛泽东为主要代表的中国共产党人面前都是行不通的，这已被历史一再证明。实际上，1945 年 5 月召开的中国国民党第六次全国代表大会就已确定了继续反共的方针。但当时国民党的军队远在西南、西北，要把它们运到内战前线需要一定的时间；再加上当时对国民党政府有着重大影响力的美国出于遏制苏联、争夺世界霸权的考虑，希望中国能建立一个统一的亲美政府，但这一目的最好能通过国共谈判使中共交出政权和军队、加入国民党政府来实现，而不是通过战争，因为鉴于中共实力在抗战时期的迅速发展以及国共双方军队在抗战时期的表现，这有可能使美国陷入其中而不能自拔。所以，蒋介石在积极准备内战、用武力消灭共产党及其人民革命力量的同时，又不得不表示愿意与中共进行和平谈判，并于 8 月中下旬，连续三次向延安发出电报，邀请毛泽东到重庆"共同商讨""目前各种重要问题"。蒋介石的如意算盘是：如果中共不接受邀请，或者接受邀请而谈判不成，都可以把和谈失败的责任推给中共，从而为自己发动内战提供借口和合法性。而在中共一方，虽然知道蒋介石缺乏和谈诚意，但当时中共领导下的人民武装尽管有了较大的发展，然而还没有发展和壮大到能够"打倒蒋介石，解放全中国"的阶段，尤其是从中华民族的整体利益考虑，经过十四年的艰苦抗战，百废待兴，中国人民急需一个和平安定的环境来恢复家园，从事建设，所以，谈比打强，只要有百分之一的和平希望，就应当努力争取。中共因而在做好自卫战争准备的同时，也在尽最大的努力，争取和平的实现。这年（1945 年）的 8 月 25 日，中共中央发表《对目前时局宣言》，指出："在这个新的历史时期中，我全民族面前的重大任务是：巩固国内团结，保证国内和平，实现民主，改善民生，以便在和平民主团结的基础上，实现全国的统一，建设独立自由与富强的新中国。"② 当晚，中共中

---

① 毛泽东：《抗日战争胜利后的时局和我们的方针》，载《毛泽东选集》第四卷，第 1130 页。
②《中共中央对目前时局宣言》，载《中共中央文件选集》第十五册，第 247 页。

央决定派毛泽东、周恩来、王若飞立即去重庆，与蒋介石进行和平谈判。8
月28日，在国民党政府代表张治中、美国驻华大使赫尔利的陪同下，毛泽东一行乘专机从延安飞抵重庆。经过长达43天的艰难谈判，10月10日，国共签署《政府与中共代表会议纪要》，亦被称之为《双十协定》，和谈取得一定成果。

　　抗战胜利后，由于各种原因，内战没有立即发生，相反国共展开和谈，这就为以民盟为代表的介于国共之间的中间势力的活跃提供了空间。这正如研究者所指出的："中间势力在战后中国政坛上一度活跃的重要原因，是国共两党的态度。由于国内外形势所逼，政治斗争一度代替武装斗争成为战后中国政治大舞台的焦点，而在政治斗争中，国共双方都需要支持者，因此也就为中间党派的活动留出了一定的空间，客观上提高了中间党派的地位。"[1] 此外，美国对中间势力的态度，也是以民盟为代表的中间势力于抗战胜利后空前活跃的一个原因。因为美国清楚地知道，国民党的一党专制和个人独裁，不仅与当时世界发展的大趋势不相适应，而且也遭到了中国人民包括民族资产阶级和上层小资产阶级及知识分子的反对，如果国民党不进行自我改革，则有可能被中国人民所抛弃，这样美国希望建立一个统一的亲美政府的想法就有可能落空；而促使国民党政府自我改革的最佳方法，就是扶植和壮大介于国共两党之间的中间势力，并使他们积极发声，最好能使他们加入政府，以影响国民党的决策。比如，马歇尔使华期间的1946年12月18日，他在和顾维钧交谈时就曾表示："有共产党在内的联合政府会给中国树立一个有效的对立面，有助于实行民主政治。联合政府中的小党有时会和国民党持同样的看法而战胜共产党的反对，有时会站在共产党一边而战胜政府中国民党的看法。这种不同政党意见的相互影响，可能使政府工作比较困难，但能促进民主事业。"[2] 马歇尔向民盟领导人罗隆基也表达过类似的看法。[3] 同时，中间势力中的不少领导人曾留学过英美，是

---

① 汪朝光：《中华民国史》第三编第五卷，中华书局，2000，第114页。
② 此为马歇尔与顾维钧的交谈，见中国社会科学院近代史研究所编《顾维钧回忆录》第六分册，中华书局，1988，第383页。
③ 中国社会科学院近代史研究所翻译室译《马歇尔使华（美国特使马歇尔出使中国报告书）》，中华书局，1981，第436页。

天然的亲美派，他们提出的建国思想和主张，就是以英美的政治制度为底本的。所以，马歇尔使华期间，非常重视中间势力尤其是作为中间势力之代表民盟的作用，经常与中间势力尤其是民盟的领导人会面，与他们交换对时局的看法，支持和鼓励他们积极参与国共争端的调停，他尤其希望中间势力能够联合起来，成为一个在国共两党之间具有"举足轻重的平衡力量"的更大集团，"这个集团可以站在国共两党之间，使它们两党在没有它的支持时不能采取一个决定性的步骤"。[①] 然而，令马歇尔失望的是，由于国民党顽固地坚持其一党专政和个人独裁的既定方针，他希望的中间势力尤其是介于国共之间的政党能进入政府并能够施加控制性影响的局面并没有形成；所以，1947 年 1 月 8 日，马歇尔在他的离华声明中不无遗憾地写道："挽救时局的出路，据我看来，将是由政府内和小党派内的自由主义分子掌握领导权，这是一群杰出的人物，但是他们仍然缺乏能够施加控制性影响的权力。"[②]

抗战胜利后中间势力的空前活跃主要体现在三个方面：

第一，代表中间势力的各种党派纷纷成立。 据统计，抗战胜利后短短几个月的时间内，"涌现了 105 个大大小小的党派"[③]，其中有影响并且现在还存在的有：中国民主建国会（简称"民建"），1945 年 12 月由爱国的民族工商业者和与其有联系的知识分子在重庆发起成立，黄炎培、胡厥文当选为常务理事；中国民主促进会（简称"民进"），1945 年 12 月由马叙伦所联系的文化、教育、出版工作者和王绍鏊所联系的工商业界爱国人士在上海发起成立，会务由马叙伦负责；九三学社，1945 年 9 月 3 日召开的扩大会议，决定将 1944 年底以来重庆科技界、文化界、教育界一些高级知识分子在一起举行的座谈会，更名为九三座谈会，后又于 1946 年 5 月 4 日改建为九三学社；此外还有 1945 年 10 月成立的三民主义同志联合会（简称"民联"）和 1946 年 3、4 月成立的中国国民党民主促进会（简称"民促"），这两个党派在 1948 年 1 月与其他国民党民主派联合成立了中国国民党革命委员会

---

① 《中美关系资料汇编》第一辑，世界知识出版社，1957，第 260 页。
② 中国社会科学院近代史研究所翻译室译《马歇尔使华（美国特使马歇尔出使中国报告书）》，第 454 页。
③ 汪朝光：《中华民国史》第三编第五卷，第 98 页。

（简称"民革"）。上述这些党派和此前成立的中国民主同盟以及中国农工民主党（简称"农工党"，1930 年 8 月 9 日在上海成立时名为中国国民党临时行动委员会，1935 年 11 月 10 日改名为中华民族解放行动委员会，1947 年 2 月 3 日易名中国农工民主党）、中国致公党（由华侨社团美洲致公党发起于 1925 年 10 月在美国旧金山成立）、台湾民主自治同盟（简称"台盟"，1947 年 11 月成立），尽管这些在中间党派中属于"带中间性的民主党派"的"政纲不尽相同，但都主张爱国、反对卖国，主张民主、反对独裁。在这些方面，同中国共产党的新民主主义革命政纲基本上是一致的。因此，它们从成立的时候起，大多同中国共产党建立了不同程度的合作关系，并在斗争实践中逐步地发展了这种关系"[①]。

　　第二，积极发表政见，力图影响国共两党的决策和政局走向。以下以民盟为例。早在日本尚未正式宣布无条件投降、但即将宣布的消息已经传出的 8 月 12 日，民盟中央主席张澜就在对"抗战胜利结束"发表的谈话中指出："日本接受波茨坦公告向盟邦投降，真是天大的喜事。残酷的世界大战结束了。从此以后，整个世界是进入了另一大时代中了……在中国，更是进入了另一个大的时代了"，在这一时刻，"我们感到中国今天更迫切需要统一、团结、民主。必如此，则能使全国人一德一心，和衷共济，以尽其最大的最善的努力。也才能担负起一切建国工作。这是政府与全国人民共有的责任，不能丝毫放弃"。他强调：今天取得的抗战胜利，"是上千万同胞以无数的血、泪、汗换来的，来得不容易"，而"内战足以毁灭一切成果"。因此，他"大声疾呼"，坚决反对内战，认为"只有停止内战，立刻团结，才能统一建国，保持胜利成果"。他"希望负责当局要切实考虑，赶快进行"；他尤其"希望全国人民，不可放弃了自己的责任，要切实的监督政府及国共两党，向着民主、统一、和平、建国的途上走去"。[②]8 月 15 日，日本宣布无条件投降的当天，民盟又公开发表了《在抗战胜利声中的紧急呼吁》，提出了"民主统一，和平建国"的口号以及实现这一口号的"十条

① 中共中央党史研究室：《中国共产党的九十年·新民主主义革命时期》，中共党史出版社、党建读物出版社，2016，第 311 页。
②《中国民主同盟主席张澜对抗战胜利结束后发表谈话》，载《中国民主同盟历史文献（1941—1949）》，第 57—59 页。

主张":一、反对国民党按原计划于 11 月 12 日召开国民党一党包办的国民大会;二、政府以明令重申保障人民的一切基本自由,包括各党各派的公开活动,并废止战时颁布和建立的妨碍人民一切基本自由的法令与机构,包括特务、劳动营以及一切束缚言论出版的检查条例;三、释放一切政治犯和思想犯;四、由政府召集各党派及无党派人士的政治会议,解决当前一切紧急和重大的问题,包括在宪法政府成立以前组织一个举国一致的民主政府;五、在政治会议中,组织一个全国性的裁军委员会,负责全国军队的裁减,裁减后保留的军队,"只能属于国家",不属于任何党派;六、在政治会议中,组织一收复地带的人事调整委员会,以避免党派间的冲突;七、切实注意经济的复员,废除战时的统制与专卖政策;八、注意为收复区人民的生活予以有效的救济,并扶助迁回收复区人民的复业;九、停止壮丁的征集,立即废止战时所加于人民的过重负担;十、对日和谈,应听取全国人民的意见,并邀请各抗日党派的领袖出席和平会议。[①] 民盟在《紧急呼吁》中要求"执政的中国国民党"和"有土地有人民也有武装的中国共产党"对民盟的这十条主张"给以充分的考虑",并请国共两党说话,"你们承认不承认我们这些主张,正是代表着老百姓的呼声,同时,值得你们的共鸣和赞许的"。[②] 除民盟外,其他一些党派,如当时还没有完全投向国民党、还属于中间党派阵营的中国青年党、国家社会党等也都于抗战胜利后提出了自己的政见,希望国共两党予以考虑和采纳。

第三,积极推动和促进国共和谈。还是以民盟为例。1945 年 7 月 7 日,亦即日本宣布无条件投降的一个月前,中国民主同盟云南省支部为纪念抗战八周年发表了一份《敬告国人书》,其中就表达了作为介于国共两党之间的中间势力的代表——中国民主同盟十分期望参与战后中国政治重建的诉求:"我们以为,今天中国既要用和平的民主政治方案,谋取团结与统一,政府就必须采用以下这几个步骤:一、召集中国国民党,中国共产党及中国民主同盟三大政团的圆桌会议;二、在这圆桌会议上,由三大政团共同

[①]《中国民主同盟在抗战胜利声中的紧急呼吁》,载《中国民主同盟历史文献（1941—1949）》,第 60—63 页。

[②]《中国民主同盟在抗战胜利声中的紧急呼吁》,载《中国民主同盟历史文献（1941—1949）》,第 61 页。

推定国内无党派的代表人士，请其前来共同参加会议；三、由这种圆桌会议产生举国一致（包括各党各派及无党无派代表人士）的联合政府；四、由联合政府再拟定人民代表，组织宪法起草委员会，从新起草宪法；五、由联合政府从新起草国民大会组织法与选举法，依据这种新的法律，从新选举真正代表民意的国民大会；六、由联合政府召集新选的国民大会代表制定宪法，实施宪政，并实行真正的还政于民。"[1] 这里将中国民主同盟与中国国民党和中国共产党相提并论，认为中国未来联合政府的产生、宪法和国民大会组织与选举法的起草，都应该由三党的"圆桌会议"决定。《敬告国人书》还认为，"以往政党团结没有成效，有两大原因：第一，国共两党的一切谈判，只是两党间的谈判，不曾公诸国人，不曾让两党外的政团及人民的代表来参加，以致两党之间，没有一个缓和调剂的力量；而对于谈判，也便缺乏了一个公正的评判者。第二，政府几年来始终不肯认识，因而也就不肯承认这个已经形成，而且正在发展的中国民主同盟，这个代表中国民主运动的新兴力量。反之，政府始终采用一种拉拢联络同盟中一两个政党单位的手段，以图拆散并打击这个新兴的力量。结果是不能得到中国第三个大政党的合作与协助"[2]。文中明确表示，以往国共谈判没有成效的原因，是在国共两党之间没有一个"缓和调剂的力量"来充当"公正的评判者"，换言之，以后国共两党谈判要想取得成效，就必须由中国民主同盟来充当"公正的评判者"才有可能，其要求介入国共谈判的愿望十分强烈。所以，当国共和谈开始后，中国民主同盟的领导人不仅多次与国共双方谈判代表会谈，交换意见，而且还于 9 月 10 日，以民盟主席张澜的名义致电蒋介石和毛泽东，对国共两党谈判表示关切，希望两党应乘此时机，"彻底"和"全盘"解决"国家一切问题"，并就国共和谈之"中心问题"，即"政治与军事"问题提出了民盟的建议，即："政治必须彻底民主"，"所作成之解决方案，必须不与国人之公意相违"；军队"采用全盘统筹之编遣计划"，将目前的"三百个师"缩减为"极少数量之常备军"，而保留下来的常备

---

[1]《中国民主同盟云南省支部为纪念抗战八周年敬告国人书》，载《中国民主同盟历史文献（1941—1949）》，第 46—47 页。
[2]《中国民主同盟云南省支部为纪念抗战八周年敬告国人书》，载《中国民主同盟历史文献（1941—1949）》，第 47 页。

军，要"绝对超越党派关系，绝对遵守军队属于国家，军人忠于国家之原则"。① 国共两党特别是中共对于介于国共两党之间的中国民主同盟的意见也很重视。8 月 30 日，毛泽东抵达重庆后仅两天，他即在周恩来的陪同下，到"特园"访晤张澜，听取民盟对国共和谈的意见。当晚，毛泽东在"桂园"举行宴会，宴请民盟领导人和其他中间势力的代表人物。9 月 2 日，民盟以中央常委会的名义宴请毛泽东、周恩来、王若飞，席间双方就国共和谈和局势发展深入交换了意见。张澜致电蒋介石和毛泽东的当晚，周恩来、王若飞向张澜等民盟领导人通报了近 10 天来国共和谈的进展。第二天（11日），毛泽东、周恩来、王若飞再次与民盟领导人沈钧儒、黄炎培交换对团结的看法。9 月 14 日和 25 日，国共双方和谈代表张群、张治中、邵力子、周恩来、王若飞等人，先后两次向民盟领导人通报会谈情况，并听取他们的意见。"黄炎培建议国共两党应一面继续谈判，一面就着手准备各党派及无党派代表参加的政治会议，这一意见被国共两党采纳。"9 月 15 日，毛泽东又专程到"特园"看望张澜，"就国共谈判、民盟和中共配合等问题交换了意见"。9 月 30 日，国共双方谈判代表又在国民参政会宴请民盟领导人和有关人士，"商讨政治协商会议组织等问题"。② 应该说，国共两党能达成和签署《双十协议》，与中国民主同盟的积极推动有一定的关系。

二、民盟"中间路线"的提出

所谓"中间路线"（又称为"第三条道路"或"第三条路线"），是抗战胜利后，由中国民主同盟为代表的中间势力提出来的。1948 年 1 月，周恩来在《关于当前民主党派工作的意见》中就明确指出："民盟由于抗战特别由于政协的机缘，客观上一时造成了他在全国的第三党地位，使他中间许多领导人物代表着中产阶级的想法，企图在国共对立的纲领之外，寻找出第三条道路。"③ 民盟为代表的中间势力的一些领导人幻想在国民党的建立"一个大地主大资产阶级专政的半殖民地半封建的国家"和共产党的建立

———————————

① 《中国民主同盟主席张澜致国共两党领导人就国共和谈表示关切函》，载《中国民主同盟历史文献（1941—1949）》，第 64—65 页。

② 中国民主同盟中央委员会编《中国民主同盟六十年》，第 23—24 页。

③ 周恩来：《关于当前民主党派工作的意见》，载《周恩来选集》上卷，第 283—284 页。

"一个无产阶级领导的人民大众的新民主主义的国家"之外，建立一个既不是国民党的"大地主大资产阶级专政"、也不是共产党的"无产阶级领导的人民民主专政"的"资产阶级共和国"；而他们所要建立的"资产阶级共和国"，是一个"十足道地的民主国家"，除了英、美国家的所谓"政治民主"外，还要实行苏联的"经济民主"，亦即他们所理解的社会主义，是英、美的资本主义"政治民主"与苏联的社会主义"经济民主"的结合。这就是抗战胜利后民盟为代表的中间势力的一些领导人提出的所谓"中间路线"。所以，抗战胜利后的"中间路线"包含两层意思：一是相对于国民党的"大地主大资产阶级专政"和共产党的"无产阶级领导的人民民主专政"，它是"中间路线"，因为它要建立的是"资产阶级共和国"；二是相对于英、美所谓的"政治民主"和苏联的"经济民主"，它是"中间路线"，因为它要建立的"资产阶级共和国"是"十足道地的民主国家"，亦即英、美的资本主义"政治民主"与苏联的社会主义"经济民主"的"结合"。此前学术界讲抗战胜利后的"中间路线"时，往往强调的是第一层意思，而对第二层意思重视不够。

民盟是在1944年5月发表的《中国民主政团同盟对目前时局的看法与主张》中首次提出"中国必须成为一个十足道地的民主国家"这一"中间路线"的，并认为"中国必须成为一个十足道地的民主国家，这已经超过了理论的阶段，而须从事实上予以切实的表现"。[①]但究竟什么样的国家才是"一个十足道地的民主国家"，怎样才能使中国成为"一个十足道地的民主国家"？《中国民主政团同盟对目前时局的看法与主张》并没有展开论述，也没有提出一套具体的建国方案。民盟对上述问题展开论述并提出一套具体的建国方案是于1945年10月1日至12日在重庆上清寺"特园"召开的临时全国代表大会（后被追认为民盟全国第一次代表大会）上。这次大会的中心议题是"讨论建立一个什么样的国家的问题"。[②]为此，大会通过了《政治报告》《大会宣言》和《中国民主同盟纲领》三个文件。

《政治报告》开篇明义指出：中国的抗战取得了最终胜利，但"抗战是

---

① 《中国民主政团同盟对目前时局的看法与主张》，载《中国民主同盟历史文献（1941—1949）》，第18页。
② 中国民主同盟中央委员会编《中国民主同盟六十年》，第24页。

手段，不是目的，中国抗战的目的，是国家的独立自由……是要把中国造成一个十足道地自由独立的民主国家"。中国过去之所以不能成为一个民主国家，是因为国家有外来的压迫和内在的阻碍，外来的压迫不推翻，内在的阻碍也就无法铲除。经过十四年抗战，我们把日寇的帝国侵略主义打倒了，把外来的压迫推翻了，这是中国建立民主国家千载一时的机会。倘若我们错过了这个时机，我们不仅对不起抗战时期牺牲的无数先烈，而且亦对不起我们的子孙后代。"这次中国民主同盟召集临时全国大会的目的，就在研讨怎样把握住这个千载一时的机会，实现中国的民主。把中国造成一个十足道地的民主国家，是中国民主同盟的责任。"①

接着，《政治报告》分析了国际和国内环境。因为要"把握住这个千载一时的机会，实现中国的民主"，首先就必须对国际和国内环境有清醒的认识。就国际环境来看，三十年来，世界经历过两次大战。第一次世界大战，协约国虽然取得了胜利，但世界民主却失败了，法西斯主义正是在第一次世界大战后兴起和发展起来的。第二次世界大战则与第一次世界大战不同，不仅是同盟国的胜利，也是民主的胜利，民主已成为世界潮流。"这种国际环境，这种世界潮流，同时亦就确定了中国的前途。明白些说，今后的中国，非成立一个民主国家不可。因为非民主的国家，在今日的世界上，已没有存在的机会。"虽然国际环境、世界潮流"迫使中国必定成为一个民主国家"，"中国今后除了自身成为十足道地的民主国家以外"，是没有"第二条出路"的，然而就国内的环境来看，在十四年的抗战期间，不仅没有向民主方向发展，相反，"因为战争的缘故，还加深了不民主或者反民主的程度"。比如，战前中国是一党独裁的政治，今日依然是一党独裁的政治；战前中国是一个没有统一的国家，今日中国依然没有实现完全统一；战前中国是个农业工业落伍的国家，今日中国的农业工业不止是依然落后，甚至已处于崩溃的边缘；战前中国老百姓普遍贫穷匮乏，今日因政府的原因使"大后方产生了一个'既得利益'阶级"，社会上的贫富差距"战后胜过战前。因此今日中国社会经济上的不民主远胜过战前的不民主"。正是基于对

---

① 《中国民主同盟临时全国代表大会政治报告》，载《中国民主同盟历史文献（1941—1949）》，第71页。

国际环境和国内环境的上述分析，中国民主同盟认定"我们当前唯一的责任是：实现中国的民主，是把中国造成一个十足道地的民主国家"。①

　　既然"实现中国的民主"，"把中国造成一个十足道地的民主国家"，是"我们当前唯一的责任"，那么，"什么是民主？中国当前需要的是什么的民主？"《政治报告》指出：民主这个词，原来是"民众统治"的意思，是一种政治制度，但演变到今天，其定义则要比政治制度广泛多了。"民主是人类生活的一种方式，是人类做人的一种道理。这种道理认定人是目的，社会一切政治经济的组织，只是人类达到做人目的的工具，人是一切组织一切制度的主人。"正因为"人是目的"，所以"许多做人的必要的条件成了不可侵犯的东西"，如"人身保障、思想、信仰、言论、出版、集会、结社等等自由"。也正因为"民主承认人是自己的主人"，"承认人的尊严与价值是平等的"，所以"人人做人的机会应该平等"。就此而言，"人人有了自由平等这些权利，人人做了自己的主人，人人能够达到做人的目的，使人人得到最大的发展，这就是民主。在一个社会里，人人做人，人人做自己的主人，一切政治经济的组织都成了这个目标的工具，这就是民主"。根据这个道理，人民既然是国家的主人，人民组织国家唯一的目的，是为了谋全体人民的福利，"所以在一个国家，倘政治是一人或一部分人的专制独裁，经济是一人或一部分人的独享独占，这就失去了民主的意义。民主的政治经济必定是全体人民的政治，全体人民的经济"。②

　　在谈到"中国当前需要的是什么的民主"和"民主制度"时，《政治报告》指出：民主的意义是随着时代而演变进步的，民主制度亦同样是随着时代而演变进步的。"拿民主制度上的经验来比较"，英国从议会革命算起到现在已有300年的历史，美国从独立革命算起到现在已有170年的历史，苏联从十月革命算起到现在已有将近30年的历史；"别的国家这些经验，都是中国今后建立民主制度的好的参考材料。同时在一个国家建立一种政治经济制度，绝不能抹煞自己国家过去的历史，更不能忽视自己国家当前的

---

① 《中国民主同盟临时全国代表大会政治报告》，载《中国民主同盟历史文献（1941—1949）》，第71—74页。
② 《中国民主同盟临时全国代表大会政治报告》，载《中国民主同盟历史文献（1941—1949）》，第74—75页。

情况"。所以，"中国民主同盟在中国所要建立的民主制度，绝对不是，并且绝对不能，把英美或苏联式的民主全盘抄袭。我们要依靠英、美、苏的经验，树立适合中国国情的民主制度，在我们所需要为中国树立的民主制度上，我们没有所谓偏左偏右的成见，我们亦没有资本主义民主，社会主义民主这些成见。我们对别人已经试验过的制度，都愿平心静气的取其所长，弃其所短，以创造一种中国的民主"。①

基于对民主和民主制度的上述认识，《政治报告》提出了如何"实现中国的民主"，"把中国造成一个十足道地的民主国家"的建国思想和主张，也就是所谓的"中间路线"。

第一，要学习和采纳英、美的政治民主。《政治报告》指出："民主政治既然是人人做主人的政治，那末英美两国在民意政治上一切的经验，就值得我们学习。"比如，在"民意领导政治，民意指挥政治，民意支配政治"方面，英、美都有"长期斗争的历史"，并取得了"相当良好的成绩"，在制度的规定上，英、美人民享有"言论、出版、集会、结社等等自由"，而人民有无这些自由，是区分民主是真民主还是假民主的重要标准。又比如，"在民主制度的运用"方面，英、美的议会制度"亦有了相当良好的成绩，是我们建立中国民主制度的宝贵的参考材料"。因为，"有了这种机构，人民才能行使主人的权力，真正做国家政府的主人"。再比如，英、美的选举制度、政党政治，都有它的可取之处，值得中国认真学习和采纳。②

第二，要学习和采纳苏联的经济民主。《政治报告》虽然对英、美的民主制度给予高度肯定和评价，但在高度肯定和评价的前提下也承认"英美的议会政治与政党政治也有他们的缺点"，而造成"他们的缺点"的原因，是英美"社会上贫富阶级存在，人民间贫富有无的悬殊差别太大。因此，人民那些自由平等权利，在许多方面就落了空，就成了有名无实"。所以，"调整社会经济制度，从政治上的自由平等扩展到经济上的自由平等，这就是所谓经济的民主"。《政治报告》认为，在经济民主方面，"苏联一九一七的

---

①《中国民主同盟临时全国代表大会政治报告》，载《中国民主同盟历史文献（1941—1949）》，第75—76页。

②《中国民主同盟临时全国代表大会政治报告》，载《中国民主同盟历史文献（1941—1949）》，第76—77页。

革命和苏联将近三十年在这方面的努力，成绩特别多。苏联三十年来的试验，又是中国建立民主制度的极好的参考材料"。①

　　第三，中国要建立的民主制度，是英、美的"政治民主"与苏联的"经济民主"的结合。《政治报告》认为，无论是英、美的"政治民主"，还是苏联的"经济民主"，都有其优点，值得中国学习，但又都有其"缺点"，不是"十足道地的民主制度"，"十足道地的民主制度"是英、美的"政治民主"和苏联的"经济民主"的结合，也就是"拿苏联的经济民主来充实英美的政治民主，拿各种民主生活中最优良的传统及其可能发展的优势，来创造一种中国型的民主，这就是中国目前需要的一种民主制度"。《政治报告》还强调：英、美的"政治民主"与苏联的"经济民主"结合而产生的"中国型的民主"，既"不是调和的民主，也不是折中的民主，更不是抄袭模仿的民主。这是从民主发展历史上演变而来的一种进化的进步的民主。这就是中国民主同盟要为当前中国树立的民主制度"。②"我们彻始彻终报定一个根本原则和最后目的，这就是政治的民主到经济的民主，把中国造成一个十足道地民主的国家。"③中国民主同盟临时全国代表大会通过的《大会宣言》在谈到中国所要建立的民主制度时也写道："二十世纪的民主，只在消极方面解除对政治自由权利的束缚，不能在积极方面充实人民在经济上的自由权利，自由依然是空泛的名词。因此我们又认定今日人民的自由，应经济的自由与政治的自由并重。"④

　　以上是中国民主同盟所提出的"中间路线"。实际上，所谓"政治民主"与"经济民主"的结合，并非民盟的首创或专利，而是第二次世界大战后世界性的社会思潮。吴恩裕在当时就曾撰文指出：资本主义与社会主义以往是两大冲突、敌对的思潮，"但最近，自第二次大战以后，它们大有合流

①《中国民主同盟临时全国代表大会政治报告》，载《中国民主同盟历史文献（1941—1949）》，第77页。
②《中国民主同盟临时全国代表大会政治报告》，载《中国民主同盟历史文献（1941—1949）》，第77—78页。
③《中国民主同盟临时全国代表大会政治报告》，载《中国民主同盟历史文献（1941—1949）》，第86—87页。
④《中国民主同盟临时全国代表大会宣言》，载《中国民主同盟历史文献（1941—1949）》，第91页。

的趋势，折衷的倾向"[①]。如战后上台执政的英国工党，主张在保留自由主义基本原则的同时，"力图将它与社会主义的平等公正原则调和起来，从而在自由主义的框架内部发展出一变种，即社会民主主义的思想体系"[②]。工党这一政策的理论来源，是该党理论家哈罗德·拉斯基所提出的"和平的民主社会主义"理论。拉斯基认为，现存的资本主义制度并非是理想的社会制度，由于生产资料的私有制，极易造成贫富差距的扩大，因而他主张通过民主和协商的方式，实现对现存资本主义制度的和平改造，即在西方资本主义"政治民主"的基础上，引进苏联社会主义的"经济民主"，亦即生产资料的公有制，从而建立起一种既不同于资本主义又不同于社会主义，而是结合资本主义民主制和社会主义公有制的社会制度。他认为只有这种社会制度，才是人类理想的社会制度。拉斯基的这套"和平的民主社会主义"理论及战后英国工党的实践，曾对抗战胜利前后以民盟为代表的中间势力，包括一些中间党派以及同属于中间势力的所谓自由主义知识分子产生过重要影响。作为这一时期自由主义知识分子的周绶章在《为真正的自由主义份子打气》一文中就曾写道："放眼看看今日的世界局势，虽然还是资本主义与共产主义两大势力在那里冲突激荡，而有识之士都已洞烛此两大路线的缺点，欲谋所以补偏救弊之道。美国第三党之壮大成长，英国工党之辉煌成就（内政方面），在在都足以助长自由主义份子的信心，深信在资本主义与共产主义两大路线之外，确有完善合理的道路在，自由主义思想的国际性既已形成，其精神之发扬光大自是意料中事。"[③] 由此可见，民盟的这套所谓"中间路线"的建国幻想的提出，其思想来源便是拉斯基的"和平的民主社会主义"之理论和英国工党的实践。实际上，民盟领导人、亦是民盟临时全国代表大会《政治报告》起草人和报告人的罗隆基就是拉斯基的学生。拉斯基 1916 年至 1920 年任美国哈佛大学讲师，1920 年夏季回到英国后，曾长期在英国伦敦大学政治经济学院（The London School of Economics and Political Science）执教，而伦敦大学政治经济学院每年都要招收不少的中国留学生。因此，拉斯基的中国学生众多，除了罗隆基外，还有雷沛

① 吴恩裕：《自由主义与社会主义的合流》，《现代知识》第 1 卷第 4 期，1947 年 6 月 16 日。
② 许纪霖：《现代中国的社会民主主义传统》，载《另一种启蒙》，花城出版社，1999，第 102 页。
③ 周绶章：《为真正的自由主义份子打气》，《世纪评论》第 4 卷第 10 期，1948 年 9 月 4 日。

鸿、蒋廷黻、张奚若、徐志摩、杭立武、钱昌照、陈源、王造时、程沧波、龚祥瑞、邹文海、吴恩裕等，储安平、楼邦彦、王铁崖、樊德芬、费孝通、萧乾等也都听过他的课①，张君劢自称是拉氏的"私淑弟子"，曾于20年代末翻译过拉斯基的《政治典范》一书。和罗隆基一样，拉斯基的中国学生中的不少人，如储安平、王造时、吴恩裕、萧乾、张君劢等，都是抗战胜利前后比较活跃的中间势力的领导人或自由主义知识分子。

三、民盟"中间路线"的实施纲领

民盟临时全国代表大会在提出"中间路线"的同时，还在大会通过的《政治报告》尤其是《中国民主同盟纲领》中，提出了"中间路线"的实施纲领，涉及政治、经济、外交、教育、社会、妇女等六个方面。

在政治上，《中国民主同盟纲领》依据"中间路线"所提出的"政治民主"，首先对人民享有的各种权利做了明确规定：民主国家以人民为主人，人民组织国家之目的在谋人民公共之福利，其主权永远属于人民全体；国家保障人民身体、行动、居住、迁徙、思想、信仰、言论、出版、通讯、集会、结社之基本自由；国家实行普选制度，人民之选举权和被选举权"不受财产、教育、信仰、性别、种族之限制"。其次，规定了三权分立的政权组织形式：一是立法权——议会制，县设县议会，省设省议会，国家设"由参议院及众议院"组成的国会为代表人民行使主权之机关，"国会有制定法律，通过预算、决算，规定常备军额，宣战、媾和，弹劾罢免官吏及宪法上赋予之其他职权"；"参议院由各省省议会和少数民族自治单位选举之代表组织之，众议院由全国人民直接选举之代表组织之"。二是行政权——责任内阁，"国家最高行政机构采内阁制，对众议院负其责任"，不对总统负责；总统、副总统由人民直接选举产生，"行使宪法上所赋予之职权"。三是司法权——司法独立，"司法绝对独立，不受行政及军事之干涉"；国家实行宪政，厉行法治，"任何人或任何政党不得处于超法律之地位"。很明显，如此规定，是对西方三权分立制度的学习。再次，规定了地方自治：地方

---

① 孙宏云：《拉斯基与中国：关于拉斯基和他的中国学生的初步研究》，《中山大学学报（社会科学版）》2000年第5期。

自治为"民主政治之基础",县以下应行使"直接民权";为了保障地方自治能够得到充分发展,宪法应明定中央与省、省与县之权限,采用分权制度;省于国宪颁布后,应召集省宪会议,制定省宪,其内容不得与国宪抵触,并应明确规定省长、县长由人民选举产生。又次,规定了民族政策:"国内各民族一律平等,并得组织自治单位,制定宪法,实行自治",但制定的宪法不得与国家的宪法相抵触,国家维护少数民族利益,"并发扬其固有语言、文字及文化";规定"各民族一律平等",国家维护少数民族利益,这是《中国民主同盟纲领》最具特色的内容。此外,《中国民主同盟纲领》还对政治的其他方面做了规定。如规定"国家应建立健全之文官制度,设立文官机关",掌管文官之考试、任用、铨叙、考绩、薪给、升迁、奖惩、退休、养老等事务;文官选拔实行公开竞争之考试制度,非经考试及格者不得任用,尤其是"文官机关之长官及全国事务官应超然于党派之外"。①

在经济上,依据"中间路线"所提出的"经济民主",《中国民主同盟纲领》首先即明确规定:国家实行"民主经济",而民主经济之目的,"在平均财富,消灭贫富阶级以保障人民经济上之平等";为求人民经济上之繁荣与安定,提高人民生活水准,国家应大力发展社会生产力,"以保障人民有不虞匮乏之自由";国家保障人民的生存权、劳动权和休息权,并担负老弱病残者的扶养。其次,规定了所有制结构:"国家确认人民私有财产,并确立公有及私有财产",凡银行、交通、矿业、森林、水利、动力、公用事业及具有独占性之企业,"概以公营为原则",实行公有,亦即国有,其他一切企业,均可私有,由私人经营,但无论公营企业,还是私营企业,"其监督管理均应实行民主化";保障贫农对土地的使用权,"以达到土地使用权与所有权的合理化与合一化,并规定最高限度之土地私有额",凡超额之私有土地,国家在必要时,有权依法定程序而征购之,从而"以渐进方式完成土地国有之最高原则";附属于土地之矿业、水利,"在经济上可供公用者,均属国有"。再次,规定了经营体制:"全国经济之生产与分配由国家制定统一经济计划,为有系统之发展"。②但《政治报告》又指出在实行计划

①《中国民主同盟纲领》,载《中国民主同盟历史文献(1941—1949)》,第66—67页。
②《中国民主同盟纲领》,载《中国民主同盟历史文献(1941—1949)》,第67—68页。

经济的同时，并不排除自由经济，而应"力求计划经济与自由经济相配合"。因为，"今后的中国，正处在资本主义已陷入垂死状态与社会主义的建设已有成就的国际环境中；是处在个人主义趋于没落，与集团主义日趋昂扬的国际环境中。因此它今后的经济政策必须两者兼顾，取其长而去其短。这就是说，它应该做到在计划经济下的有系统的发展，但同时又需鼓励奖助私营企业，使一切私人企业家得到自由竞争的平等机会"。① 又次，规定了工商业政策："工业政策以民生国防为目的"，应推进轻重工业之积极发展，以促进"全国工业化"。为实现这一目的，"国家得依法律之规定，予外人以投资之便利"。②《政治报告》中则认为除了"设法吸收外资"，国家还要加大对"国外专门人才"的引进，并"制定法律，以政治的力量，取缔经济上的垄断，保护工业大众的权益"。③ 商业"以设立国营、公营商店及消费合作社为原则，并以法律节制私人商业上之中间剥削"；对外贸易，视其性质及国家经济实际需要，依照国家经济政策，及经济计划之规定，"分别由国家或私人经营之"。税制应依据"能力担负之原则"，采取累进方法"征收遗产税、所得税及利得税"。④ 此外，规定了农业政策："国家在农业上应先实施减租"⑤；《政治报告》则提出要"实施农村救济、农业贷款及减租减息等，以安定农民生活，保障农村秩序"，战后的农业政策，尤其要做到"退伍复员的士兵，有田可耕有家可归"⑥。

在外交上，《政治报告》指出，经过这次世界大战，世界局势的演变进入了一个新的局面。第一，大战前民主主义与法西斯主义对峙的局面已经转变成了全世界民主国家互助合作的局面。而对于人们所担忧的今后的世界有可能形成民主主义与社会主义两大营垒对峙的壁垒，民盟既不肯定也不否定。第二，今后国际的重心已经"从东欧移到了远东，从地中海移到了太平洋"，中国已经成为美、苏两国"冲突的焦点"。中国介在美、苏这两

①《中国民主同盟临时全国代表大会政治报告》，载《中国民主同盟历史文献（1941—1949）》，第84—85页。
②《中国民主同盟纲领》，载《中国民主同盟历史文献（1941—1949）》，第68页。
③《中国民主同盟临时全国代表大会政治报告》，载《中国民主同盟历史文献（1941—1949）》，第84—85页。
④《中国民主同盟纲领》，载《中国民主同盟历史文献（1941—1949）》，第68页。
⑤《中国民主同盟纲领》，载《中国民主同盟历史文献（1941—1949）》，第67—68页。
⑥《中国民主同盟临时全国代表大会政治报告》，载《中国民主同盟历史文献（1941—1949）》，第85页。

大国之间，"外交上的联络应付比较从前更为艰苦，更要审慎"。第三，中国经过这次大战，从以前的一个半殖民地国家，一跃成了世界五大领袖国之一，但这种地位的取得并非是由于中国的实力，而是由于时势。基于上述认识，《政治报告》认为"目前中国的外交政策"是：（一）应竭诚努力与全世界的民主国家，特别与美、苏、英三个强国互助合作，以实现世界和平宪章，建立世界和平机构；（二）应坚持与各民主国家共同努力彻底肃清法西斯残余势力；（三）在远东方面，更应特殊努力维持独立自主的外交政策，解除美、苏间矛盾，促进美、苏间亲善。美、苏间亲密合作，是今后远东和平的基础，更是世界和平的基础。中国不要介入所谓资本主义与社会主义的对峙，更不能"推波助澜，增加国际的纠纷，随之加强国内的政争党争"；（四）应援助远东一切弱小的民族，如朝鲜、越南以及其他被压迫的民族，求得解放，成为独立自主的国家，"这样才是远东的和平与民主"。①正是从上述这些认识出发，《中国民主同盟纲领》规定："外交方针以保障国家之领土主权，民族之自由平等，与各国和平相处为原则"；积极参加世界和平机构并与联合国切实合作，以奠定国际之民主基础，并保障世界之永久和平；与美、苏、英及与太平洋利益相关国家切实合作，以谋东亚和平与安定；"提倡国民外交及国际文化合作"。②

除了政治、经济和外交外，《中国民主同盟纲领》依据其"中间路线"还规定，"军权及军队属于国家"，国家应制定法律，"禁止军队中之党团组织"；"现役军人绝对不得干预政治，并不得兼任行政官吏"，实行军政分开；教育之目的，在养成独立人格，训练人民团体生活，并发扬民主精神；国家应保障学术研究之绝对自由；国家应确保人民享受教育之平等权利，初等教育应一律强迫入学，中高等教育应健全充实及推广，对于贫苦之优秀青年，应保障其得受高等教育；国家应切实制定计划，于限定期间内，彻底消灭文盲，并积极推进各式补充教育；国家应普遍设立职业学校，以适应国家建设之需要；大学教育应特别重视学术研究，以推进国家文化之发展；国家应适应社会环境需要，尽量为人民服务，实施各种社会政策；

---

①《中国民主同盟临时全国代表大会政治报告》，载《中国民主同盟历史文献（1941—1949）》，第82—83页。

②《中国民主同盟纲领》，载《中国民主同盟历史文献（1941—1949）》，第69页。

确立适当之人口政策，倡导民族优生，竭力推广公共卫生事业，建立公医制度，负担人民医药及休养之设备；国家应办理一切社会保险事业，推行各种与人民休戚相关的保险政策，"以保障人民生活之安全"；国家应厉行劳工福利政策，规定最低工资和八小时工作制；应保障妇女在经济上、政治上、法律上、社会上之绝对平等，尤其是要特别保障妇女的参政权、教育权、工作权及休息权；政府应采取措施，减少妇女之家庭责任，"并增强其经济上之独立自由机会"。①

就民盟依据"中间路线"所提出的这些实施纲领来看，其政治上除了"各民族一律平等"的民族政策具有进步意义和中国特色外，其他有关三权分立的规定，基本上是对英、美和西方所谓"民主国家"政治制度的抄袭，有关地方自治的规定，也可以在孙中山的《建国大纲》和其他相关论述中找到类似的内容。但在经济方面，它提出"经济民主""消灭贫富阶级"，而且"经济民主"是以"大力发展社会生产力""提高人民生活水准"为前提的，而非大家"共同贫困"；它承认公有及私有财产，允许国营、公营、私营并存和多种经济成分的存在，但又明确规定，有关国计民生的企业必须国营；它肯定计划经济，但也不反对自由经济，而主张计划经济和自由经济相互结合，二者兼顾，取长补短；它主张促进国家的工业化，而要促进国家的工业化，就必须大力吸收外资和引进外国人才，尤其要反对垄断，实行自由竞争；特别是受中共有关政策的影响，还提出了减租减息的政策。所有这些，都体现了民盟依据"中间路线"所提出的经济上的实施纲领具有一定的进步性、开放性和创新性。外交上，主张调和美、苏矛盾，既不偏美，亦不偏苏，实行与美、苏都友好相处的外交政策，这体现的正是"中间路线"的外交政策，即所谓"中间"，既不偏美，也不偏苏。

民盟临时全国代表大会不仅提出了"中间路线"及其实施纲领，而且还就如何实现"中间路线"及其实施纲领提出了他们的路径。民盟认为，要实现政治民主，首先就要"造成与这种制度适合的环境"。这就像建造一座高楼大厦，先要填平地基，使这座大厦有一个坚实稳固的基础，建立起来后就不会倾覆。我们要实现政治民主，把中国造成一个"十足道地的民主

---

①《中国民主同盟纲领》，载《中国民主同盟历史文献（1941—1949）》，第69—70页。

国家",也首先要扫除民主的障碍。中国过去之所以没有民主,不能成为一个民主国家,其原因在于有外来的压迫和内在的阻碍,如今随着抗战的胜利,日本帝国主义被打倒,外来的压迫解除了,但内在的阻碍还依然存在,比如,18 年来国民党的一党专制还依然存在,国共双方内战的危机还依然存在,老百姓普遍贫困乃至经济破产的现象不仅依然存在,而且还越来越严重了。这些阻碍不排除,政治民主就不可能实现,"十足道地的民主国家"也就不可能真正建立起来。① 为此,他们提出了三点建议:

第一,召集全国各党派及无党派的代表人士,共同举行圆桌会议,用和平协商的方式,对当前国家的一切问题逐步地积渐地求得全盘彻底的解决。"政治会议的内容尽量公开",以接受民意的监督和批评;第二,成立举国一致的联合政府,这是中国实现"和平、团结、统一的唯一的途径","相当长期的联合政府是实现军队国家化,彻底消弭内战,平息党争的唯一枢轴";第三,召开"结束党治制定宪法"的国民大会。为了使国民大会成为"代表真正民意的机关,而不是任何党派包办操纵的机关",国民大会的代表"必须用人民普选产生"。因此,在国民大会召开之前,必须对国民大会组织法、选举法和宪法草案进行"审慎周详的修改"。②

民盟临时全国代表大会尤其强调了实现"经济民主"对于建立一个"十足道地的民主国家"的重要意义,其《政治报告》指出:"从民主的立场来说,二十世纪的民主,经济的自由平等较政治的自由平等更为重要。对一个职业与生活没有保障的人民,政治上的自由平等只是一句空话。在今日的中国,经过这八年的抗战,经济已陷于破产崩溃的境地,所以经济建设较政治建设更为迫切,更为重要。"③ 在民盟看来,抗战胜利后,经济方面的第一个问题,就是"救济的问题",要采取切实的措施,负责救济流离失所的难民和残废退伍的士兵,使他们有业可就、有家可归;流离失所的难民和残废退伍的士兵安居乐业了,"而后才有安定和平的社会秩序"。第二

---

① 《中国民主同盟临时全国代表大会政治报告》,载《中国民主同盟历史文献(1941—1949)》,第 78 页。
② 《中国民主同盟临时全国代表大会政治报告》,载《中国民主同盟历史文献(1941—1949)》,第 78—81 页。
③ 《中国民主同盟临时全国代表大会政治报告》,载《中国民主同盟历史文献(1941—1949)》,第 83 页。

个问题，要采取有效的方法，救济已陷崩溃破产的工商业，若果不能立即设法救济扶持，"那末民族资本仅存的一点元气亦必彻底毁灭"。第三个问题，要实行"合理的现代化的财政金融政策"，要建立"预算制度"，做到财政公开。同时，"要在极短期间，整理国家的币制，以平定物价，以安定民生"。第四个问题，是要"增加社会生产力""促进国家的工业化"。否则，"这次战争以后，倘中国再停留在一种原始的落伍的手工业时代，这不只不能改善人民的生活，并且不能保障国家的生存。今后的中国是美英苏共同竞争的商业市场，倘中国能够在短期内达到工业化的目的，那末，国际市场上互助互利，是彼此之福，否则一个工业落伍的国家，处在几个高度工业化国家的公共市场中，自身必成为他人的附庸，坐受他人经济的压迫与剥削"。第五个问题，就是前文提到的"力求计划经济与自由经济相配合"。第六个问题，"力求经济制度与政治制度相配合"。中国的工业化之所以延迟到今天还没有实现，"政治应负很大的责任"。中国过去的腐败的政治，不但不能保护奖励帮助工业的发展，相反对工业发展起的是阻碍和破坏的作用。"今后中国，应该以民主的政治建设民主的经济，以经济的民主充实政治的民主"。第七个问题，是要保护农业的发展。总之，民盟临时全国代表大会通过的《政治报告》强调："中国民主同盟在经济上不标榜什么主义，用民主的政治建设民主的经济，就是唯一的目标。"①

四、其他中间势力提出的"中间路线"

除民盟外，刚成立的中国民主建国会、中国民主促进会、九三学社等"带中间性的民主党派"也表达过类似的思想和主张。

1945 年 12 月 16 日下午，中国民主建国会在重庆白象街西南实业大厦召开成立大会，通过了《民主建国会政纲》，提出了建国的理想和途径："建国之最高理想，为民有、民治、民享，我人认定民治实为其中心，必须政治民主，才是贯彻民有，才能实现民享。""建国之途径，经数十年之惨痛教训，大体已趋一致，今后不在多言，而在实践。我人认为亟应根据人民

---

① 《中国民主同盟临时全国代表大会政治报告》，载《中国民主同盟历史文献（1941—1949）》，
第 83—85 页。

之利益与要求，采取孙中山先生所定三民主义中之重要进步部分，订入宪法，以确定全民共同信守之范围。"民主政治的基本条件为切实保障人民各种基本权利，"所有侵害人民自由之特殊机构，应即解散"，"为保障民主政治，必须建立各级议会，行使各级民权"；国家"司法须独立"，实行"文官制度"；国家实行自治制度；为实现和平建设，"全国武力须属于举国一致之民主政府"；在外交方面"团结美、苏、英、法"。① 显然，《民主建国会政纲》是一个代表民族资产阶级利益和愿望的建国方案。

1945 年 12 月 30 日，中国民主促进会在上海中国科学社宣告成立。1946 年 1 月 2 日，中国民主促进会第二次会员大会召开，通过了《中国民主促进会对于时局的宣言》，指出："目前中国的地位，国家的时势，谁都不能否认是千载一时的机运；只要我们自己把握住自己的命运，走上我们应走的政治道路，完成统一自主强盛的现代国家建设，走上民主的大道，中国便可以成为一个真正有力的和平堡垒"；"中国人民已经觉悟，保障中国前途的唯一途径，是消灭国外国内一切束缚他们自由自主的势力"。从国际来说，"在这一次战争中，无论美国或苏联，都已在行动上充分表现过，对于中国的进步，给予善意的援助；而且因此收到了击破共同敌人——日本法西斯主义的效果"；从国内来讲，"我们都盼望尽速实现政治的民主与国家的统一"。据此，《宣言》提出了具体的主张和措施：我们自主自动的改革政权实现民主；国民党立即无条件地还政于民；立即无条件停止内战，全国军队，各驻现地，听候调整；要求友邦从速撤退驻华各军，完成日本投降事件，由中国政府自行担任；重新制定宪法草案，交付正式最高权力机构，决定公布；宣布前国民大会代表之选举无效，制定普选方法，限期完成正式最高权力机构的选举；战时机构即行核实裁并；制定适应时代的建国大纲，交付政府制定政策方案。②

九三学社的前身是民主科学座谈会。1944 年底，一批进步学者为争取抗战胜利和政治民主，继承和发扬五四运动的民主、科学精神，在重庆组成民主科学座谈会；1946 年 5 月 4 日，在座谈会基础上成立了九三学社。

---

① 《民主建国会政纲》，载《章乃器文集》下卷，华夏出版社，1997，第 444—446 页。
② 《中国民主促进会对于时局的宣言》，载陈竹筠、陈起城选编《中国民主党派历史资料选辑》（下册），华东师范大学出版社，1985，第 4—7 页。

九三学社成立时提出的基本政治主张共八条："一、促进民主政治之实现，争取人民之基本自由。二、从政治的民主化，谋军队的国家化，反对属于党派或私人的武力，根绝内战。三、肃清贪污，反对官僚政治。四、从速完成国家工业化，农业现代化，改善农民生活及农村佃租关系。五、建立以民生为主的经济制度，反对官僚买办资本及一切为私人或派系谋利益的经济关系。六、学术思想之绝对自由，奖励科学研究，拒绝党化教育及思想统治。七、积极的普及国民教育，扫除文盲，提高人民文化水准，反对迷信与复古运动。八、加强同盟国家之团结与合作，促进世界和平。"[1]

第二节　　"中间路线"的破产及中间势力的转变

民盟为代表的中间势力提出了他们所谓的"中间路线"及其实施纲领后，为实现"中间路线"及其实施纲领做出了巨大努力，并一度取得了丰硕成果，这就是在与中共及时沟通、相互商量、密切配合下，使根本上否定了国民党的训政法统、否定了国民党的内战政策以及一党专制和个人独裁的政协五项协议获得通过，但这也引起了国民党对民盟为代表的中间势力的威胁打击和利诱分化。此后，民盟为代表的中间势力又始终坚持反对国民党破坏政协协议、挑起和扩大国共内战的立场，国民党对他们的威胁打击和利诱分化也就变本加厉，最后宣布民盟为非法团体，迫使民盟于1947年11月6日宣布解散。这也同时宣告了"中间路线"的破产。"中间路线"破产后，民革、民盟以及其他"带中间性的民主党派"和无党派民主人士开始了从资产阶级的"中间路线"向新民主主义的"革命路线"的转变。1948年中共"五一口号"提出后，得到了民革、民盟以及其他"带中间性的民主党派"和无党派民主人士的热烈响应，并开始承认和接受中国共产党的领导。这标志着民革、民盟以及其他"带中间性的民主党派"和无党派民主人士从资产阶级的"中间路线"向新民主主义的"革命路线"转变的基本完成。从此，"中间势力""中间党派"或"带中间性的民主党派"的

① 陈民、青莱藻合编《九三学社》，文史资料出版社，1981，第7页。

概念也就成了历史的记忆。

一、民盟为代表的中间势力为实现"中间路线"的努力

依据国共双方达成的《双十协定》，1946 年 1 月 10 日政治协商会议（后来人们把这次政治协商会议称之为"旧政协"，以便与后来的政协亦即"新政协"区别开来）在重庆开幕，出席会议的代表共 38 人，其中国民党 8 人、共产党 7 人、民盟 9 人、青年党 5 人、社会贤达（即无党派人士）9 人。张澜代表民盟在开幕式上的讲话中指出：民盟参加这次会议的目的，是"求国内的和平、求政治的民主"，他因而希望通过民盟和所有参会代表的努力，"奠定国家永久和平，建立国家真实民主的基础"。[①] 政治协商会议分大会和小组会两种方式进行，鉴于这次会议要讨论和决定的主要问题是改组政府、整编军队、制定和平建国纲领、召开国民大会和修改宪法草案，因此，会议分为改组政府组、军事组、施政纲领组、国民大会组和宪法草案组。参加会议的民盟代表依据民盟临时全国代表大会通过的《政治报告》《大会宣言》和《中国民主同盟纲领》，积极发表意见，提出相关建议，为实现大会所提出的"中间路线"及其实施纲领而努力。

第一，关于改组政府。这关系到"政治民主"能否实现。会议开始后，国民党代表王士杰提出了一个《扩大政府组织方案》，企图以"扩大政府"，也就是在原有框架不变的情况下吸收几个中共和其他党派的代表加入政府，来代替"改组政府"，从而以变通的形式继续维持国民党的一党专制和个人独裁。比如，《方案》规定：国府委员"由主席提请选任党外人士充任之"，"所谓选任，就是由国民政府主席提经国民党中央执行委员会通过"；主席遇紧急情形时，有权宜处置之权，处置之后报告国府委员会；国民党应在委员名额中占"某特定程度多数"；国府委员就原有名额增加三分之一，即由 36 名增为 48 名。[②] 这理所当然地遭到了民盟和中共的反

---

① 《中国民主同盟主席张澜在政治协商会议开幕式上的讲话》，载《中国民主同盟历史文献（1941—1949）》，第 117—119 页。

② 《国民党代表王世杰说明国民党方案概要》，载《政治协商会议资料》，四川人民出版社，1981，第 177—180 页。

对。民盟代表罗隆基针锋相对地提出了改组政府的方案。他指出：民盟之所以主张改组政府，基于以下三条理由：第一，大家期望宪政实施，"希望由一人集权制，过渡到民主集权制"；第二，为了结束训政完成宪政，希望成立一个举国一致的政府，"各党派能参加"；第三，目前政府行政效率低，"应该使它提高和现代化"。他由此而提出了改组政府的三原则："（一）既要各党派参加，人就复杂，必须有共同纲领为施政共同准绳"；"（二）共同决策机关，要真能决策"；"（三）各方面人参加执行机关办法，要使它能真执行"。他并且质问王世杰：依照国民党提出的方案，国府委员会是政权机关抑是治权机关？原组织法规定它是治权机关，是否要修改？国府委员由主席选任党外人士担任，但又需经国民党机关通过，这些人是否要向国民党机关负责？增加国府委员三分之一，是整个国府委员会改组重选，还是只补充？主席紧急处置权，紧急两字如何解释，若无限制，那么将来的国府委员会与今天的国府委员会又有何区别？[①] 王士杰无法回答罗隆基的质问，国民党也不会同意罗隆基提出的"改组政府三原则"。商议无法继续进行。为打破僵局，中共代表王若飞找罗隆基商议，从策略上考虑，接受国民党提出的"扩大政府"方案，但由罗隆基引用英、美政治制度对国民党的方案进行修正，以维持其"扩大政府"之名，实现其"改组政府"之实，中共也将予以支持。罗隆基采纳了王若飞的建议，在下一次会议上即提出：由各党派代表和无党派的社会贤达组成的国民政府委员会是实际政治权力的最高国务机关，其各部会长官、立法委员和监察委员的人选及国家的预算决算、立法原则、施政方案和军政大计概由委员会任命、同意和讨论通过或决定，由委员制取代总统制。经过激烈的争论，国民党最后不得不接受罗隆基的提议，对《扩大政府组织方案》进行修正。随后，民盟和中共又在国民政府名额的分配上与国民党发生激烈争执，民盟和中共提出，两党在总共 40 名的国民政府名额占 14 名，即超过总数 1/3，因为根据国民政府表决法，"国民政府所讨论之议案，其性质涉及施政纲领之变更者，须有出席委员 2/3 始得通过"[②]。这样，民盟和中共就能凭借超过总

① 《罗隆基在政协会议上提出改组政府三原则》，载《中国民主同盟历史文献（1941—1949）》，第 121—122 页。
② 转引自中国民主同盟中央委员会编《中国民主同盟六十年》，第 33 页。

数 1/3 的名额，使国民党"涉及施政纲领"之方案无法获得"出席委员 2/3"的同意。但国民党始终坚持所谓"八四四四"制，即中共 8 名，民盟、青年党和社会贤达（无党派人士）各 4 名，这样中共和民盟代表加起来只有 12 个名额，达不到 1/3。这两个名额之差表明，国民党只想用请客方式请国民党外的几个人到政府做官，装点民主的门面，并不想真正成立具有民主性质的联合政府。对国民党坚持的"八四四四"制，中共和民盟也不可能同意。所以，最后通过的《关于政府组织问题的协议》，没有对国民党外的其他党派和社会贤达的国府委员名额做出明确规定，只是说"另行商定"。

　　第二，关于军事问题。这也是此次会议争论最激烈的问题。会议开始后，国民党代表首先提出，应无条件地实行"军队国家化"，也就是共产党应该首先交出军队；而共产党则坚持必须先"政治民主化"，然后才能实行"军队国家化"。双方为此发生了激烈争论。国共争论的实质，是先"军队国家化"，还是先"政治民主化"的问题，也就是中共是将军队交给仍然实行一党专制和个人独裁的国民党现政府，还是交给真正实现了民主改革、有各党派参加的联合政府的问题。民盟则根据他们的一贯主张，提出了"军队国家化"和"政治民主化"同时进行的方案，借用民盟一届二中全会的《政治报告》的话说："中国民主同盟并没有忽略中国二十年来党争的历史事实。我们主张军队国家化与政治民主化双管齐下，相提并进。以政治民主化保证军队国家化之实施，同时由军队国家化之实施更稳固政治民主化之基础，必使国共两党各有所予，各有所取；各有所放弃，各有所收获，都能得到保障，都能增加信心。"[1]在"军队国家化"方面，民盟在《关于军事问题的提案》中提出了两大原则："（一）全国所有军队应即脱离任何党派关系，而归属于国家，达到军令政令之完全统一（现役军人脱离党籍）。（二）大量裁减常备军额，而积极从事科学研究，工业建设，而一面普及国民军训，以为现代国防根本之图。"为了实现上述两大原则，民盟建议成立"整军计划委员会"，委员会成员由"国共两党之军事人员""非两党之军事人员"和"非军事人员"组成，同时聘请美国军事专家 1~3 人为委员会顾问。

---

[1]《中国民主同盟一届二中全会政治报告》，载《中国民主同盟历史文献（1941—1949）》，第 265 页。

"整军计划委员会"要限期于一月内制定出切实可行之具体计划，"此计划一面要达成军队统一于国家之目标，一面要裁减常备军额至可能之最少限度，但无妨于两年内分期完成"。① 这一《提案》是由参加政协会议的9位民盟代表联名提出的，以体现民盟对提案的重视。随即又由梁漱溟对《提案》进行了说明，梁漱溟在说明中特别强调了两点：一、"整军计划委员会"制定的计划"交政治协商会议审核通过后，交改组后的政府执行"；二、"全国任何党派的军队都要整编，不是只要一个党交出军队，也不应把其它军队都看成就是国家的军队"。② 梁漱溟的上述说明体现了民盟坚持的两个原则：一是"军队国家化"和"政治民主化"双管齐下、相提并进的原则。因为"整军计划委员会"制定的计划"交政治协商会议审核通过后"，是"交改组后的政府"，也就是各党派组成的联合政府执行，而非交未经改组的国民党现政府执行。二是国共两党军队一视同仁的原则。军队整编不只是整编共产党的军队，国民党的军队亦不能被看成是国家的军队，同样要进行整编。民盟的《提案》提出后，经过讨价还价，激烈争论，最后勉强达成《关于军事问题的协议》，通过了"军队属于国家""军党分立""军民分治""以政治军"等原则规定。

第三，关于共同纲领。国民党坚持以《抗战建国纲领》《建国大纲》和国民党六大通过的政纲为依据来制定共同纲领，而共产党则根据《双十协定》的精神提出了一个《和平建国纲领草案》。民盟事先没有起草纲领。章伯钧代表民盟发言指出，民盟没有起草纲领，这并不表明民盟对共同纲领不重视，"而是为的多听各方意见，慎重来起草"。他赞成中共的做法，"纲领应定名为和平建国纲领"，"内容应包括消极、积极二部门。（一）民主改革及实施步骤；（二）一般施政纲要"。第一部门中应包括改组政府、地方自治、人民自由权利、党派关系以及共同筹备国民大会、修正宪草等问题，只有这些问题解决了，"这样民主才能开步走"。因此，"应把国民党第一次全国代表大会宣言、约法做为订定纲领的根据。同时也要把中共及其他政

---

① 《中国民主同盟关于军事问题的提案》，载《中国民主同盟历史文献（1941—1949）》，第123页。
② 《梁漱溟对中国民主同盟提案的说明》，载《中国民主同盟历史文献（1941—1949）》，第125、126页。

党的政纲及各地各界人士的意见都拿来参考"。① 黄炎培在发言中也明确表示，赞成用《和平建国纲领》的名称，提议"成立起草委员会，并多征求人民意见"。他还对国民党代表吴铁城在发言中借"外面有人说"攻击"政治协商会议是分赃"进行了批驳，指出："赃者盗窃得来之物也"，怎么能够说政治协商会议是"分赃"呢？"我不能承认，全国人民也不会承认"，"政府若承认分赃也岂不是自承是赃了吗"？② 罗隆基在发言中也针对吴铁城借"外面有些人说"而提出的政协"不能代表民意"、制订共同纲领没有法的根据指出："政治协商会议虽非人民代表，只要真正适合人民的需要，能订一好纲领，就应看成是法的根据。而且进一步说，问题要看是否人民需要，不要说法的根据。"③ 社会贤达代表李烛尘提出了一个民主的经济建设方案，并为民营工业的困难处境申诉，希望共同纲领能纳入这方面的内容。最后，会议以中共起草的方案为基础，吸收了其他各方的有关建议，通过了《和平建国纲领》。

第四，关于国民大会。国民党坚持 1936 年由国民党一党包办"选出"的 1200 名所谓国民大会代表仍然有效，同时提出另外"合理增加"490 名代表，但其中的 240 名又须由国民党指定。这自然遭到了民盟和中共的反对。实际上，不承认 10 年之前国民党一党包办选出的国民大会代表的合法性，是民盟的一贯主张。早在 1945 年 3 月 10 日，中国民主政团同盟发言人对当时国内民主与团结问题发表谈话时就指出："在（民国）二十四、五年所已选出之一大部分国大代表，如仅除死亡与附逆者外一律有效，吾人实不能苟同。"因为"最近八、九年间"无论中国还是世界都发生了巨大变化，"以八、九年前所选出之代表，欲以之反映经过八、九年巨大变化之民意，实为事实上之不可能。况国民政府所公布之宪法草案，明明规定国民代表之任期为六年，诚以经过六年之时间，人民之意向不能不有甚大之变

①《章伯钧在政协讨论共同纲领问题的发言》，载《中国民主同盟历史文献（1941—1949）》，第127 页。

②《黄炎培在政协讨论共同纲领问题的发言》，载《中国民主同盟历史文献（1941—1949）》，第128 页。

③《罗隆基在政协讨论共同纲领问题的发言》，载《中国民主同盟历史文献（1941—1949）》，第129 页。

化，其代表应予改选，乃属事理之当然"。① 后来，民盟的这一立场始终没变。1945 年 10 月召开的中国民主同盟临时全国代表大会通过的《大会宣言》写道："中国民主同盟认定国民大会必求其名符其实，必须成为真正代表民意的机关。倘保持十年前一党专政时期选出的代表以举行国民大会，以通过宪法，以产生政府，这必定影响到宪法与政府的尊严。因此，中国民主同盟坚持我们一贯的主张，认定国民大会的组织法、选举法及宪草必须加以修改。国民大会的代表，在原则上当然应由人民普选产生。"② 所以会议开始后，罗隆基代表民盟发言，重申了民盟的主张："以十年选出的代表来开议会，制定宪法，为世界史例所无。"并针对国民党代表和个别支持国民党的所谓社会贤达的发言指出："政府威信固须顾到，但也要顾到新宪法的威信；当前事实上的困难固然要顾到，将来行宪的困难也要顾到。"③ 章伯钧在发言中更是明确表示："对旧代表问题，同盟坚定主张不能承认，要依新的组织法选举法重行选举"，再次重申了民盟"关于国民大会的五项主张"，强调"国大代表要重选，这是全国民意所在"。④ 由于民盟坚持旧国大代表无效，要重新依据新的国民大会组织法和选举法进行普选，而国民党则坚持旧国大代表有效，只能在旧国大代表的基础上再"合理增加"一些代表，会议因而陷入僵局。这时中共代表周恩来、王若飞与民盟代表商议，希望他们能从大局出发，对国民党做出让步，承认旧国大代表有效，但中共和民盟的国大代表必须占代表总数的 1/4 以上，因为根据国民大会表决法的规定，讨论的提案，须经出席代表四分之三同意，才能形成决议，这样中共和民盟的代表联合起来就具有了否决权，可以否决国民党违反民意和民主的法律，使其不能获得通过。民盟采纳了中共的意见。最后会议通过的《关于国民大会问题的协议》，承认以前选出的 1200 名所谓国大代表继续有效，同时对国民党的方案做了两点修改和补充：（一）宪法的通过必须

---

① 《中国民主同盟发言人对最近国内民主与团结问题发表谈话》，载《中国民主同盟历史文献（1941—1949）》，第 40 页。
② 《中国民主同盟临时全国代表大会宣言》，载《中国民主同盟历史文献（1941—1949）》，第 90 页。
③ 《罗隆基在政协讨论国民大会问题时重申民盟主张》，载《中国民主同盟历史文献（1941—1949）》，第 130 页。
④ 《章伯钧重申中国民主同盟关于国民大会的五项主张》，载《中国民主同盟历史文献（1941—1949）》，第 132、134 页。

获得出席代表 3/4 的同意;(二)国大代表总额 2050 名中,新增党派及社会贤达代表 700 名,"其分配另定之"。① 与国府委员名额分配上"另行商定"一样,这"另定之"也表明,国民党不肯给中共和民盟所要求的超过 1/4 以上的代表名额,从而使中共和民盟无法获得否决权。

第五,关于宪法草案修改。国民党坚持 1936 年制定的《五五宪草》,而这部宪草的实质是"人民无权,总统万能",作为总统的蒋介石具有至高无上的权力。因此在会议讨论时,这遭到了民盟和中共代表的坚决反对。民盟代表沈钧儒在发言中指出:"五五宪草,把地方权力集中于中央,又把中央权力,集中于一人,这问题实在重大。"他还提出在解决解放区的问题上"应考虑到二个事实":"(一)是抗日的历史性,中共领导的军队,努力抗战,收复许多地方,而形成今日解放区。(二)中共设施与其政治进步性,外国记者与黄任之先生等对此都有报道。"② 张申府则提出了人民权利的保障问题,认为"人民自由权利不仅要有消极自由","而且还要有积极自由,保障人民有机会享受言论出版集会等自由"。③ 由于国民党坚持《五五宪草》不能废,任何宪草的修改或拟定都必须以《五五宪草》为根据,会议因而无法再进行下去。为打破僵局,在中共的支持下,民盟代表提出了一套修改宪法草案的方案,即在保存《五五宪草》形式不变的前提下,援引英、美政治制度的民主原则,对《五五宪草》有关国家机构的职能和权力的规定进行实质性的修改。经过反复斗争,各方最终达成了"宪章修改十二条原则":首先是确立了近代民主的国会代议制度。原则规定取消大而无用且易于一党操纵的有形国大,代之以全国选民行使四权的无形国大(第一条);立法院为国家最高立法机关,由选民直接选举产生,其职权相当于各民主国家的众议院或下院(第二条);监察院为国家最高监察机关,由各省级议会及各民族自治区议会选举产生,其职权相当于各民主国家的参议院或上院(第三条);司法院为超出党派的最高法院(第四条);考试院为超出党

---

① 《关于国民大会问题的协议》,载历史文献社编选《政协文献》,历史文献社,1946,第128 页。

② 《沈钧儒在政协讨论修改宪章问题的发言》,载《中国民主同盟历史文献(1941—1949)》,第136 页。

③ 《张申府在政协讨论修改宪章问题的发言》,载《中国民主同盟历史文献(1941—1949)》,第138 页。

派的考选机关（第五条）。其次，确立了中央政体的责任内阁制。原则规定行政院为国家最高行政机关，行政院长由总统提名，经立法院同意任命之，行政院对立法院负责，立法院对行政院有不信任投票之权，行政院有提请总统解散立法院之权（第六条）；总统不负实际政治责任，如果需要依法颁布紧急命令，必须经行政院决议，并于一个月内报告立法院（第七条）。再次，确立了地方自治及民族自治的原则。原则规定省为地方自治之最高单位，省与中央权限的划分依照均权主义原则，省长民选，省得自制省宪（第八条）。另外，"宪章修改十二条原则"还对人民的权利义务（第九条）、选民的法定年龄（第十条）和包括国防、外交、国民经济、文化教育等内容在内的基本国策（第十一条）以及宪法修改权（第十二条）都做了明确规定。总之，"宪章修改十二条原则"以英、美式宪法为蓝本，根本否定了《五五宪草》的"变相一党专政和大总统个人极权独裁"，为"全国人民展示了一个光明的和平民主的政治发展前途"。①

　　根据各方达成的协定，政治协商会议的所有决议都要五方（即国民党、共产党、民主同盟、青年党和无党派社会贤达）一致同意，而无论各方出席的人数多少，都只有一票表决权。这样一个根本否定了《五五宪草》的"变相一党专政和大总统个人极权独裁"的"宪章修改十二条原则"，之所以能够获得国民党的通过，得到蒋介石的同意，并被写进政协决议案，借用参加宪法草案组讨论的民盟代表梁漱溟的话来说，是同样参加宪法草案组讨论并且是国民党首席代表的孙科钻了蒋介石的空子。事情是这样的：孙科支持民盟的方案，有他自己的野心，即"孙科私下安排，他将来是行政院长，当英国式的首相或日本式的首相，把蒋介石推尊为大总统，实际上是英王"，这样他就可以掌管国民党的大权，而置蒋介石于有名无权的地位。由于孙科是孙中山的儿子，在国民党内的地位很高，加上他当时又是国民党出席政协的首席代表，他既然表示支持民盟方案，其他国民党代表，包括参与宪法草案组讨论的邵力子也就无可奈何，不便明言反对。于是，大家以民盟方案为基础，结合其他方面的意见，达成了"宪章修改十二条

---

① 《〈五五宪章〉与〈宪草修改原则〉——关于政协会〈宪法草案〉的决议》，《解放日报》1946
　年2月25日。

原则"。本来，蒋介石为了掌控会议，每天都要听取国民党出席各小组代表的汇报，唯有孙科心怀鬼胎，不敢面蒋，只是把宪法草案组小组会议记录送蒋介石过目，而蒋当时忙于其他事而未看。（后来蒋介石在与国民党中央负责人的谈话中也承认对于"宪章修改十二条原则""余事前未能详阅条文，在协议决定以前，不及向本党代表贡献意见，以相商榷"①。）"蒋介石不看，不阻止，正合孙科的意。孙科就按他的办法进行"，到"政协就要闭幕了，蒋介石才看文件，一看不对了，就把邵力子找去"，但为时已晚，要想反对或修改来不及了。于是蒋介石只好先让其通过，以后再做处理。②

　　经过22天的协商、争论和斗争，政治协商会议于1946年1月31日在重庆闭幕。会议通过的《关于政府组织问题的协议》《关于军事问题的协议》《和平建国纲领》《关于国民大会问题的协议》《关于宪法草案问题的协议》等五项协议，实质上否定了国民党的训政法统，否定了国民党的内战政策以及一党专制和个人独裁。尽管这五项协议的主要内容还不是新民主主义性质的，"与我们的新民主主义还有很长的距离，但如照政协做下去，则是向新民主主义的方向发展"③。民盟积极参与了上述协议的商议、拟定和通过，其中不少内容反映了民盟为代表的中间势力的主张和诉求，是民盟为实现临时全国代表大会所提出的"中间路线"及其实施纲领而努力的结果。中国民主建国会的常务理事施复亮于1947年3月14日在《中间派的政治路线》一文中就明确指出："政协所通过的五项决议，完全符合中间阶层的历史要求；政协所采取的方式，更是中间阶层和中间派所最欢迎的方式。"④这里需要强调的是，在整个会议期间，民盟都得到了中共的支持和帮助，中共代表与民盟代表的及时沟通、相互协商、密切配合，是这次政治协商会议最后能够达成和通过五项协议的重要原因。

　　政治协商会议的召开和五项协议的达成，极大地鼓舞了民盟为代表的中间势力的士气，让他们以为他们提出的"中间路线"及其实施纲领有了实

---

① 见《对宪法草案之意见十二项——中华民国三十五年二月十日约集本党中央负责同志谈话中提示》，载秦孝仪主编《总统蒋公思想言论总集》卷三十七，中国国民党中央党史委员会，1984，第333页。

② 梁漱溟：《国共两党和谈中的孙科》，载《梁漱溟全集》第七卷，第195—197页。

③ 周恩来：《一年来的谈判及前途》，载《周恩来选集》上卷，第256页。

④ 施复亮：《中间派的政治路线》，《时与文》第1卷第1期，1947年3月14日。

现的保证。在政协会议闭幕式上，民盟代表在致辞时就乐观地认为："此次政治协商会议给大家无上安慰，就是有了和平以后，自然可以民主，不用武力，自然能采用法律的解决，或政治解决途径……所以这一次种种协议，我们民主同盟不论在朝在野自愿竭诚拥护的。"①第二天，亦即1946年2月1日，民盟机关报《民主报》在重庆创刊，其《发刊词》写道："政治协商会议的确是中华历史上划时代的一件大事。政治协商会议的目标是中国的和平、团结、统一、民主。在今天来说，政治协商会议起码发生了这两个效用：国家有了和平，国家有了团结。……关于国家今后的真统一与真民主，政协会亦已经共同议定了许多方案。"②

然而出乎民盟为代表的中间势力的意料，政协通过的五项协议墨迹未干，蒋介石就迫不及待地要违背和撕毁这些协议了。蒋介石违背和撕毁政协协议的下手处，便是《关于宪法草案问题的协议》。因为如前所述，政协通过的"宪章修改十二条原则"，以英、美式宪法为蓝本，根本否定了《五五宪草》的"变相一党专政和大总统个人极权独裁"；而宪法是国家的根本大法，一旦国民党坚持的《五五宪草》依据这"十二条原则"修改并且得到实施，那么，国民党再要想维持其"一党专政和大总统个人极权独裁"的统治是根本不可能的。

实际上，早在政协闭幕的当天，国民党就召开中央会议，在会议上谷正刚、张道藩等人大吵大闹，说"国民党完蛋了！什么也没有了！投降给共产党了！宪草十二条原则把"五五"宪草破坏无遗了"，他们对五项协议都表示不满，对于宪草（修改原则）尤其不满。蒋介石也表示："我对宪草（修改原则）也不满意，但事已至此，无法推翻原案，只有姑且通过，将来再说。"③2月10日，蒋介石在对国民党部分负责人发表谈话时又声称，"此次政治协商会议中，宪草所决定之原则与总理遗教出入处颇多。余事前未能详阅条文"，宪草如照此修改，"本党不啻自己取消其党纲，而失其存在

---

① 《张君劢在政协会议闭幕式上的致词》，载《中国民主同盟历史文献（1941—1949）》，第141页。
② 《中国民主同盟总部机关报〈民主报〉发刊词》，载《中国民主同盟历史文献（1941—1949）》，第143—144页。
③ 梁漱溟：《我参加国共和谈的经过》，载中国社会科学院近代史研究所中华民国史研究室编《中华民国史资料丛稿》增刊第六辑，中华书局，1980，第63页。

之地位","祸患将不堪言,故不可不慎之于始"。他要求国民党代表在宪草审议委员会会议上联合发难,提出修改十二条原则的要求,尤其是对十二条原则所确立的近代民主的国会制度、中央政体的责任内阁制和省自治的原则进行修改,"尽保障三民主义五权宪法之责任"。[1] 政协闭幕后,根据政协通过的《宪法草案案》有关组织宪草审议委员会的规定,于 1946 年 2 月上旬成立了"宪草审议委员会",该委员会的职责是"根据协商会议拟定之修改原则,并参酌宪政期成会修正案,宪政实施协进会研讨结果及各方面所提出之意见,汇综整理,制成五五宪草修正案,提供国民大会采纳"。[2] 2 月 14 日,宪草审议委员会召开首次会议,决定成立协商小组,并议定五项程序。但是,还未待宪草审议委员会根据十二条原则对《五五宪草》进行修改,国民党方面即提出了修改十二条原则的要求,"主张维持五五宪草之原则","反对政治协商会议修改宪草修正国大决议之原则","反对内阁制,主张总统制";不同意省长民选,省自定省宪。[3] 国民党方面的提议,遭到了中共和民盟的反对。自 2 月 14 日到 19 日的 5 天里,宪草审议委员会共开了 6 次会议,终因各方分歧太大,而未达成任何决议。不久,因孙科等人先后离渝,宪草审议暂时中断。

3 月 1 日至 17 日,国民党六届二中全会在重庆召开。全会通过的《对于政治协商会议报告之决议》强调:"三民主义为建国最高原则","五权宪法乃三民主义之具体实行方法,实有不可分离之关系。权能分职五权分立,尤为五权宪法之基本原则",故"所有对于《五五宪草》之任何修正意见,皆应依照《建国大纲》和《五权宪法》之基本原则而拟订",并针对"宪章修改十二条原则"做出五项决定:(一)制定宪法应以《建国大纲》为最基本之依据;(二)国民大会应为有形之组织,用集中开会之方式行使《建国大纲》所规定之职权;(三)立法院对行政院不应有同意权及不信任权,行政院亦不应有提请解散立法院之权;(四)监察院不应有同意权;(五)省无

---

[1] 蒋中正:《对宪法草案之意见十二项——中华民国三十五年二月十日约集本党中央负责同志谈话中提示》,载《总统蒋公思想言论总集》卷三十七,第 333—335 页。

[2]《政治协商会议决议案》,载《政治协商会议资料》,第 282 页。

[3]《民主报》1946 年 2 月 16—18 日。

须制定省宪。① 二中全会还决定撤销国防委员会，恢复中央政治会议，并确定由中政会指导国民政府，各党派推选的国府委员也均须在国民党中常会上讨论选任。

依据二中全会的决议，在3月8日宪草审议委员会协商小组举行的首次会议上，国民党代表王宠惠正式提出了三点修改意见：（1）国大为有形国大；（2）采总统制，反对责任内阁制；（3）省不能自制省宪，只能制定地方自治法规。出席会议的中共代表周恩来即发言表示反对，认为"宪草与政协全部决案有关，不能单独解决，国民党方面是否负有遵守国大及宪草决议的责任，应当明白表示"。民盟代表张君劢和章伯钧也指出，民盟"坚持一贯主张，认为宪草问题应与其他问题一并解决"。② 此后围绕国民党的三点修改要求，国民党与民盟和共产党多次发生争执，会议陷入僵局。为了打破这种僵持的局面，使宪草审议工作得以进行下去，在3月15日政协综合小组和宪草审议委员会协商小组联席会议中途休息时，周恩来找到民盟代表，商量对国民党的要求做出一些让步，商量的结果是：（一）国民大会为有形之国民大会；（二）政治协商会议关于宪草修改原则之第六项第二条，即"如立法院对行政院全体不信任时，行政院或辞职，或提请总统解散立法院，但同一行政院长，不得再提请解散立法院"③ 之条文取消；（三）省宪改为省自治法，并就此与国民党方面达成协议。这三点协议虽然将国民大会从无形恢复为有形，取消了立法院对行政院的不信任权和行政院提请解散立法院权，改省宪为省自治法，但它并没有从根本上改变国会制、责任内阁制和省自治的原则。然而国民党的中央社所发之协议条文则做了有意曲解。对此，这年3月23日，罗隆基在记者招待会上的谈话中强调："前此关于宪草协议修改之三点，因中央社所发表之协议条文，与原协定之条

①《中国国民党六届二中全会对于政治协商会议报告之决议》，载重庆市政协文史资料研究委员会、中共重庆市委党校编《政治协商会议纪实》上卷，重庆出版社，1989，第638—639页。（注：根据本书的说明，该《决议》原载于1946年3月17日重庆《中央日报》，与荣孟源主编的《中国国民党历次代表大会及中央全会资料》下册第1047—1048页收录的国民党六届二中全会《对于政治协商会议之决议案》在文字和内容上都有不少出入，尤其是《中国国民党历次代表大会及中央全会资料》没有后面这"五项决定"。）

②《民主报》1946年3月9日。

③《政治协商会议宪草修改原则》，载徐辰编著《宪制道路与中国命运：中国近代宪法文献选编（1840—1949）》下卷，中央编译出版社，2017，第340页。

文，颇有出入。民盟对宪草之修正甚为重视，所以今天愿把那三点稍加说明：（甲）国大虽已由四权散于选民之办法，恢复成所谓有形之国大，但有关国大之组织及职权问题，仍未确定，仍待协商；（乙）政协修改原则第六条第二项虽取消，换言之立法院对行政院投不信任票，及行政院解散立法院的规定虽已取消，但立法院与行政院两院间之关系，仍未确定，仍待协商。民盟对政制并不在名词上坚持所谓内阁制或总统制，民盟只要建立一个适宜中国之制度，但民盟绝对反对中国政制上有个不受法律拘束、全权万能的总统。这样中国将来就不能有民主的宪政；（丙）省宪改为省自治法，民盟亦不愿在名词上争执，但自治法下并无'规'字。只要各省民意机关能够因地制宜，制定自治法，以奠定地方民主基础，民盟亦可满意。"①

　　蒋介石得寸进尺，并不满足于对政协通过的"宪章修改十二条原则"的修改，而是要对政协以及政协通过的五项协议予以全盘否定。国民党六届二中会全通过的《对于政治协商会议报告之决议》认为，所谓改组政府，只是"容纳各党派分子参加"，也就是请几个非国民党的人到政府担任一官半职，装饰下门面，而非改变政府本身的体制和结构；"军队国家化"的目的，是"统编中共部队为国军"，"中国共产党务须切实履行"。②而中国国民党六届二中全会《宣言》则违背政协会议有关国民大会召集的时间由各党派协商的规定，强调此前国民党单方面宣布的本年"五月五日召开国民大会"，"一定要如期举行"；违背政协会议有关"军队国家化"和"政治民主化"同时推进的原则，认为"军队国家化是政治民主化的主要条件"，要求中共无条件地先交出军队和根据地，实现所谓的"军队国家化"和国家"名实相符的统一"，然后再说所谓的"政治民主化"；并再次强调"宪法草案的修正，必须符合于五权宪法的遗教"，"本党对于五权宪法必当遵奉保持，

---

① 《罗隆基在记者招待会上的谈话》，载《中国民主同盟历史文献（1941—1949）》，第 150—151 页。（注：《中国民主同盟历史文献（1941—1949）》注明该谈话是 1946 年 2 月 23 日，有误。因为 2 月 23 日宪草审议委员会协商小组尚未开会，何来"宪草协议修改之三点"？谈话中提到"国民党二中全会有关政协会之一切议案"，国民党六届二中全会召开时间是 3 月 1 日到 17 日，2 月 23 日又何有二中全会的相关议案？所以应该为 3 月 23 日。）

② 《中国国民党六届二中全会对于政治协商会议报告之决议》，载《政治协商会议纪实》上卷，第 638—639 页。

终始无间"。① 继国民党六届二中全会后，4月1日，蒋介石在第四届国民参政会第二次会议上的讲话中不仅再次强调了二中全会针对"宪章修改十二条原则"做出的五项决定，而且还说什么"政治协商会议在本质上不是制宪会议，政治协商会议关于政府组织的协议案，在本质上更不能够代替约法"，"如政治协商会议果真成为这样一个性质的会议，我们政府与全国人民是决不能承认的"，也是"万万不能容许的"。② 与此同时，蒋介石还公然违反政协会议通过的《和平建国纲领·总则》第四条"用政治方法解决政治纠纷，以保持国家之和平发展"的规定，破坏与中共于1946年初达成的《停战协定》，挑起并扩大国共内战，先是在关外东北打，后又从关外东北扩大到关内很多地区。蒋介石的目的很明确，就是要破坏抗战胜利后好不容易得来的和平局面，要用武力消灭共产党以及共产党领导的人民武装，以维护国民党的一党专政和他的个人独裁。因为经过几个月的准备，在美国的帮助下，他认为发动内战的条件已经具备。

　　蒋介石公然违背和撕毁政协协议、挑起国共内战，直接威胁到民盟为代表的中间势力提出的"中间路线"及其实施纲领的实现，甚至威胁到中间势力的生存，因而引起了他们的不满和反对。3月20日，民盟中央主席张澜就国民党二中全会决议发表谈话，指出：国民党二中全会通过的有关改组政府的决议，"其目的无非在维持其国民党一党专政的实质与形式，把各党派参加政府变成请客。所以国民党二中全会违反政协的决议，我们不能不加以重视"。他还明确表示，"如果这些问题不弄清楚，我们同盟为对国民负责计，不愿贸然参加政府"。③ 三天后，亦即3月23日，民盟宣传部部长罗隆基也一针见血地指出："国民党二中全会有关政协会之一切议案，依据中央社之报道，实际等于推翻政协会"，民盟不能同意。④ 除民盟外，刚成立不久的中国民主促进会领导人马叙伦，也于二中全会召开期间和闭幕后，

①《第六届中央执行委员会第二次全体会议宣言》，载《中国国民党历次代表大会及中央全会资料》（下册），第1033—1034页。

②《蒋介石在国民参政会上演说要点》，载《政治协商会议资料》上卷，第433—434页。

③《中国民主同盟主席张澜就国民党二中全会决议发表谈话》，载《中国民主同盟历史文献（1941—1949）》，第153页。

④《罗隆基在记者招待会上的谈话》，载《中国民主同盟历史文献（1941—1949）》，第150页。（注：《中国民主同盟历史文献（1941—1949）》注明该谈话是1946年2月23日，有误。）

连续在《民主》周刊、《周报》等报刊上发表《写在国民党二中全会的期内》《国民党二中全会闭幕后》和《当前一个严重问题》等 3 篇文章，批判国民党对政协会议所达成的五项协议的破坏，是要使全国人民"再流一次政治血"，其结果必然是被"时代轮子辗坏"。4 月 17 日，三民主义同志联合会等国民党内五个民主团体发表联合声明，指出二中全会否定政协会议是违背孙中山遗教和人民意志的行为，并对此表示坚决反对。

在反对国民党当局撕毁政协协议的同时，民盟又本着政协会议达成的《和平建国纲领》的精神，反对国民党违背政协协议和与中共达成的《停战协定》，挑起内战，并积极就国共在东北的军事冲突进行调停。3 月 23 日，罗隆基在发言中指出："民盟对东北问题，甚为焦虑。因为东北问题倘不能及早得到圆满合理的解决，一隅的军事冲突，很可以影响中国全局，很可以使政协会议，全功尽弃。"为此，罗隆基提出了民盟解决东北问题的两点主张：（1）"军事执行小组应立即赴东北开始工作，以停止军事冲突"；（2）"东北的政府应立即用协商方式改组为民主的地方联合政府。这个政府应由地方人民领导及各党派代表来参加"。① 此后，民盟积极在国共之间做调停工作，并先后提出或通过马歇尔提出结束国共在东北军事冲突的方案。在此期间，其他的中间势力，如民进领导人马叙伦也先后发表文章，督促国共两党以和平方式解决东北问题，并警告国民党，共产党是无法用武力消灭的，如果对此没有认识，其结果只能是"自掘坟墓"。然而，蒋介石坚持发动内战、以武力消灭中共的既定方针，不仅进一步使东北内战扩大，而且还把内战的战火烧到了关内。为了制止内战，1946 年 5 月 5 日，中国民主同盟、中国民主促进会、中国民主建国会等 22 个组织，组成上海人民团体联合会，发表宣言，吁请国共"立即停止内战，实行政协决议"。② 6 月 6 日，160 多名在上海的中间党派领导人联名致电马歇尔、蒋介石和国共两党，呼吁停止内战。6 月 16 日，罗隆基和史良、邓初民等 89 名中间势力领导人发表《告国人书》，谴责国民党违背"四项诺言"，破坏"五大协定"，挑起东

---

① 《罗隆基在记者招待会上的谈话》，载《中国民主同盟历史文献（1941—1949）》，第 151 页。
② 中国民主同盟中央委员会编《中国民主同盟六十年》，第 41 页。

北内战，要求恢复和平。①民盟领导人也多次与国共代表商谈。但这一切努力在蒋介石坚持内战既定方针下都归于失败。6月26日，国民党军队向中原解放区发动进攻，7月12日又出动50万人进攻苏皖解放区，全面内战由此爆发。7月15日，民盟政协代表在上海招待记者会上的谈话中指出，内战"不只是国家的耻辱，这是国家民族的自杀。从任何方面来说，今天我们老百姓再受不住内战的痛苦了"，并提出了挽救时局的方案，即："第一，立即恢复政协会议。第二，实行政协五项决议"。②8月25日，民盟领导人沈钧儒、罗隆基、章伯钧、梁漱溟等就当前时局再次在上海向记者发表谈话，谴责国民党破坏政协协议、停战协定和发动内战，并明确表示："凡是依据政协决议而进行的事，他可以促进中国的和平团结，我们民盟必竭诚参加，全力拥护。倘假执行政协决议之名，而行破坏政协决议之实，这类行为，适足以扩大中国的内战，造成中国分裂，影响世界和平，我们民盟必坚决反对。这是我们民盟对当前国是的态度。"③

　　然而民盟为代表的中间势力的呼吁、要求和谴责，并不能改变蒋介石撕毁政协协议、发动全面内战的既定方针。1946年10月11日，国民党军队攻占晋察冀解放区首府张家口。当天，蒋介石违背政协协议，以"战胜者"的姿态，单方面下令于11月12日如期召开国民大会，亦即所谓制宪国大。后因故推迟三天，到11月15日。在国大开幕的前一天，亦即11月14日，张澜就时局发表谈话时指出："政协决议，是要停止内战，改组政府，完成宪草，才能召开国大。开国大的意义，是通过宪草，现在内战没有停下来，国民党所谓扩大政府基础，也只是请客，不是联合政府；政治决议要的宪法，是民主宪法，不是五五宪草。国民党以一个'战胜者'的姿态来召开国大，是威胁！是利诱！我们民盟不能放弃自己的意见和立场，不怕一切威胁利诱，绝不参加。"④这次大会通过了由张君劢起草，经蒋介石指定王宠

---

①《罗隆基史良等八十九人告国人书》，载《中国民主同盟历史文献（1941—1949）》，第177—178页。

②《中国民主同盟政协代表在沪招待记者会上的谈话》，载《中国民主同盟历史文献（1941—1949）》，第186、188页。

③《中国民主同盟代表就当前时局在沪招待记者会上发表谈话》，载《中国民主同盟历史文献（1941—1949）》，第214—215页。

④《中国民主同盟主席张澜对时局发表谈话》，载《中国民主同盟历史文献（1941—1949）》，第241页。

惠、吴经熊修改和蒋本人亲自删定的《中华民国宪法》。中国共产党以及中国民主同盟、中国民主促进会、中国民主建国会、九三学社等"带中间性的民主党派"纷纷发表声明或谈话，拒不承认《中华民国宪法》的合法性。12 月 31 日，民盟就国民大会通过的《中华民国宪法》和所谓"行宪办法十条"发表声明，认为《中华民国宪法》和所谓"行宪办法十条"的通过，"此实政府决心放弃和平与团结之预谋"，"政府此种措施，与本同盟之主张根本违背，更与全国人民之利益根本冲突，本同盟愿唤起全国人民共起坚决反对"。①

1947 年 1 月 6 日至 10 日，民盟一届二中全会在上海召开。会议全面回顾了政协会议后国内局势的发展，这就是政协五项协议遭到全面破坏、全面内战爆发及民主力量受到打压和摧残，并在此基础上提出了民盟的斗争方针，仍然是"反对内战，恢复和平"，因为"有了和平，国家才有出路，人民才有活路"。而"恢复和谈的先决条件"，"第一，政府应首先切实保障人民的自由"；"第二，政府应首先终止一切长期战争的准备"；"第三，政府应切实承认并且尊重党派平等合法的地位"。② 会议提出了解决"国是"的四项主张："第一，努力促成和谈"；"第二，从新举行政治协商"；"第三，实行以往的政协决议"；"第四，成立联合政府"。③ 会议还再次强调了民盟在国共之间所持的"第三者"立场："民主同盟的组织是独立的，政策是自主的。我们不否认，站在政团的立场，对国共两党的党争，民主同盟是个第三者，我们应保持不偏不倚的态度。"但"第三者"立场并不是不辨是非，不分曲直，而辨别是非、区分曲直的标准，"是中国的民主，是中国的真民主。民主与反民主之间，真民主与假民主之间，就绝对没有中立的余地。这是我们中国民主同盟坚定不移的方针"。以前坚持了这一方针，以后还要坚持这一方针，因为"唯有切实把握住了这个方针，我们民主同盟才能应付今后中国那个纷烦复杂的政治局面，以完成我们消弭内战争取和平的历史使命，

①《中国民主同盟对于片面宪法发表声明》，载《中国民主同盟历史文献（1941—1949）》，第259 页。
②《中国民主同盟一届二中全会政治报告》，载《中国民主同盟历史文献（1941—1949）》，第284—285 页。
③《中国民主同盟一届二中全会政治报告》，载《中国民主同盟历史文献（1941—1949）》，第286—288 页。

以达到中国真民主的目的"。①

　　民盟一届二中全会的召开，是民盟为代表的中间势力在全面内战已经爆发的形势下，为履行政协路线、恢复国内和平、实现他们所提出的"中间路线"及其实施纲领做出的又一次重大努力，同时它也表明民盟为代表的中间势力尽管对蒋介石和国民党撕毁政协协议、挑起国共内战、打压和摧残民主力量深感不满，甚至愤怒，但他们并没有放弃他们在国共之间的"第三者"亦即"中间"立场，没有放弃他们对蒋介石和国民党的最后希望，没有放弃实现他们所提出的"中间路线"及其实施纲领的幻想。然而现实是残酷的，是不以人们的意志为转移的。民盟为代表的中间势力对蒋介石和国民党的最后希望，对实现他们所提出的"中间路线"及其实施纲领的幻想，将很快会随着国民党对他们的进一步打压和实行赤裸裸的白色恐怖统治而彻底破灭。

二、国民党对民盟为代表的中间势力的打击和分化

　　民盟为代表的中间势力所提出的"中间路线"及其实施纲领是对国民党"大地主大资产阶级专政"的建国主张的否定，他们维护和坚持政协协议和路线、反对内战、要求和平的立场与国民党顽固坚持一党专政和个人独裁的统治也是相冲突的。所以，国民党对民盟为代表的中间势力采取的是打击和分化的政策，这正如民盟主席张澜于1946年12月23日在上海十一个民主团体欢迎会上的讲话中所说的："自从有了民主同盟以来，尤其在一年以来，我们自己虽然努力保持超然独立的第三者立场，然而，向我们利诱的，向我们威胁的，向我们施以迫害，分化，企图摧垮我们的，已经是应有尽有，无所不用其极。"② 而中间势力内部的复杂构成则为国民党的分化提供了可能。1948年1月，周恩来在《关于当前民主党派工作的意见》一文中谈到一些"带中间性的民主党派"时指出："这些党派虽带中间性，但其组织成份又常从统治阶级内部的反对派一直包含到进步分子，如民主同盟、国民党革命委员会、民主建国会等皆是，而其中政治倾向又从君主立宪一

①《中国民主同盟一届二中全会政治报告》，载《中国民主同盟历史文献（1941—1949）》，第265—266页。
②《中国民主同盟主席张澜在沪十一个民主团体欢迎会上的讲话》，载《中国民主同盟历史文献（1941—1949）》，第254页。

直到新民主主义革命都有。"①

实际上，早在中国民主政团同盟成立之初，国民党对它采取的就是打压政策，不承认它的存在。抗战胜利后，国共举行重庆谈判，达成《双十协定》，决定"召开政治协商会议"，并由国共双方商定出席单位和名额。最初商定的出席单位是中国国民党、中国共产党、中国民主同盟和社会贤达（无党派人士），这4个参加政治协商的单位各有9个名额，共36个名额。由于国共两党名额相等，因此中国民主同盟和社会贤达的态度就显得特别重要，他们偏向谁，谁就会在会议中占据主导地位。这样民盟和社会贤达就成了国共双方争取的对象。对于社会贤达，国民党并不担心，因为社会贤达参会代表的多半人选由国民党推荐，国民党能够控制。关键在于民盟，民盟自成立以来，就在国共之间采取"第三者"或"中间"立场，在一些重大问题上，如"政治民主化"问题上，是与国民党的立场相冲突的。而各党派的代表人选，按照国共双方的协议，由各党派自行推选。因此，国民党为了拉拢青年党，分化民盟，孤立共产党，便鼓动和支持青年党在名额分配问题上向民盟发难。据记载，早在1945年9月10日的国共会谈中，国民党代表张群就提出："青年党已有二十一年之历史，党员人数较多，居于第三个较大的政党之地位，如要他加入所谓'第三方面'共同推选代表，恐他们不愿意，在政治会议中，青年党恐将争取一个单位。"②其鼓动和支持青年党在名额分配问题上向民盟发难的意图昭然若揭。果不其然，这年的12月中旬，国民党代表吴铁城和张群邀请民盟一部分常委餐叙，主要讨论政协筹备及名额分配问题。讨论到民盟9个代表名额如何在各党派之间进行分配时，属于青年党的民盟常委左舜生在发言中表示，青年党是国、共两党之外最大、历史最久的政党，也是民盟内最大的一个党派，民盟的9个名额中青年党应该占5个。对于左舜生的这一要求，其他与会的民盟常委都表示坚决反对。但左舜生不为所动，坚持民盟必须分5个代表名额给青年党，并表示，如果民盟不分配给青年党5个代表名额，青年党就以独立身份参加政协会议。这样，民盟与青年党在代表名额分配问题上陷入僵

---

① 周恩来：《关于当前民主党派工作的意见》，载《周恩来选集》上卷，第284—285页。
②《第三次谈话纪录》，载秦孝仪主编《中华民国重要史料初编——对日抗战时期·第七编　战后中国（二）》，中国国民党中央委员会党史委员会，1981，第62页。

局。共产党也是坚决反对左舜生之要求的，但为了顾全大局，解决青年党与民盟的名额之争，便提议民盟和社会贤达各 9 名代表的名额不变，青年党单独参加政治协商会议，其 5 名代表的名额，由共产党和国民党各让出 2 名和 1 名以及总数再增加 2 名代表构成，这样参加政治协商会议的单位就由原来的 4 个，变成了 5 个，代表名额也从原来的 36 名，变成了 38 名。从此，青年党从民盟中分离了出去，在政治上追随国民党，失去了中间党派的身份和立场。这是民盟历史上的第一次分裂。

　　如前所述，政治协商会议期间，中共与民盟及时沟通、互相协商、密切配合，这是政治协商会议能达成事实上否定了国民党一党专政和个人独裁的五项协议的重要原因，再加上在讨论政府改组和国民大会时，中共和民盟联合提出，他们在国府委员中的共同名额要占国府委员总名额的 1/3 以上、在国大代表中的共同名额要占国大代表总名额的 1/4 以上，以便取得对国府委员会和国民大会通过有关违背政协协议以及不利于和平、统一、民主的议案、法律的否决权，这使国民党对民盟心怀不满，认为民盟是共产党的"尾巴"，什么都听共产党的。对此，民盟曾做过解释："第一，为了保证政协所订宪法原则，在国民大会上不致轻于变更，就有中共民盟合起来占国大代表名额四分之一强的办法，因为规定通过一条宪法必须四分之三才行。第二，为了保证和平建国纲领在国府委员会上不致轻于变更，就有中共民盟合起来占国府委员名额三分之一强的办法，因为规定通过一件变更纲领的议案必须三分之二强才行……民盟原是抗战中最先倡导开党派会议组织联合政府实行宪政者，（彼时青年党尚在民盟内），中共所以敢于放弃武力而走这条路，也正为有这个友党之故。对于这条路，民盟既然倡导于先，当此大局转捩关键，自然义不容辞，这是民盟毅然愿意与中共配合予他以保证之故。因此，外间说民盟是中共的尾巴的话，恰好相反，恰好民盟在开路，而中共跟着走。"① 既然国民党已认定民盟是中共的"尾巴"，因此，国民党对民盟的分化和打压也就变本加厉，与政协会议之前比较有过之而无不及。

　　1946 年 1 月 26 日，亦即政协会议闭幕前 4 天，一批国民党军警和特

---

①《中国民主同盟代表梁漱溟谈国府委员名额分配问题》，载《中国民主同盟历史文献（1941—1949）》，第 237—238 页。

务，非法闯入参加政协会议的民盟代表黄炎培的住所进行搜查，激起公愤。黄炎培和其他 8 位参加政协会议的民盟代表要求国民党彻底追查，并决定 36 小时以内如果未得到当局解决的保证，将拒绝继续出席会议。迫于压力，国民党不得不"查办"有关人员，并由孙科、张群等人登门向黄炎培道歉。然而，一波刚平，一波又起。政协会议闭幕后，为庆祝政协会议取得成果，达成五项协议，由中国民主同盟、中国民主促进会、中国民主建国会等 20 多个中间党派和社会团体组成的陪都各界庆祝政协成功大会筹备委员会，于 2 月 10 日在校场口举行大会，正当参加大会的群众团体陆续进入会场时，国民党特务借机闹事，大打出手，并当场打伤李公朴（民盟）、郭沫若（无党派）、陶行知（民盟）、章乃器（民建）、马寅初（无党派）、施复亮（民建）等中间党派领导人、无党派人士和新闻记者及劳协会员 60 余人。这就是震惊中外的"校场口血案"。血案发生后，民盟政协代表罗隆基、张申府、梁漱溟以及社会贤达政协代表李烛尘等 11 人联名向蒋介石抗议，要求国民党政府严惩肇事凶手；陪都各界庆祝政协成功大会筹备委员会发表了告全国同胞书，揭露血案发生的真相，控告国民党特务的罪行，并向国民党提出了严惩主犯、立即解散一切特务机构、赔偿损失、保障人民自由权利等 7 项要求。全国各地也先后发生了抗议国民党法西斯暴行的示威活动。消息传到上海，中国民主促进会领导人立即在《民主》周刊上发表《民权到底有保障没有》《重庆有我们的中央政府么？》《惩办暴徒与防止日本法西斯"卷土重来"》《对于校场口惨案再说几句》等系列文章，在严厉谴责了国民党特务的暴行后指出，这一事件说明，"白纸上写的黑字是没有什么用的。《和平建国纲领》的实施，必须由我们国民们的力量来督促之，必须由我们国民们自己的力量来奋斗，来求其实现的"，"我们要保障民权恐怕非经过一番大大的奋斗不可，非联合一切开明的力量来共同奋斗不可"。[1] 2 月 17 日，中国民主促进会、中国民主建国会、中国民主同盟上海支部、救国会上海分会等"带中间性的民主党派"联合其他 40 多个社会团体举行的欢迎民盟出席政协代表、救国会主席沈钧儒的茶话会，发表联合宣言，要求国民党政府立即实行政协协议及所做出的四项承诺，并严

---

[1] 郑振铎：《民权到底有保障没有》，《民主》周刊第 18 期，1946 年 2 月 16 日。

惩凶手。为保障人民的基本权利，这次会议还一致决定，发起成立中国人民权利保障委员会上海分会。但国民党对中间势力的打压并未因此而有所收敛。"校场口血案"发生后仅12天，亦即2月22日，又发生了国民党特务捣毁中共《新华日报》和民盟《民主报》的营业部，打伤多名工作人员的事件。为了抗议国民党特务的暴行和对政协协议的破坏，民盟主席张澜再次致信蒋介石，要求"严惩较场口血案及捣毁《民主报》《新华日报》之主使人，并解散特务组织，责令陪都各治安机关切实保证以后不再发生同样事件，使人权获有保障，而政治协商会议所郑重通过之一切决议，得以确实进行"。①

但犹如破坏政协五项协议、全面发动内战是蒋介石和国民党的既定方针一样，对于民盟为代表的中间势力的打击和分化也是蒋介石和国民党的既定方针。既然是既定方针，也就决不会因为民盟以及其他中间势力的抗议而停止。因此，继"校场口血案"和捣毁《新华日报》《民主报》营业部之后，国民党特务又在西安、昆明、上海、南京各地大施暴行，1946年3月，民盟西北总支部机关报《秦风日报·工商日报联合版》被捣毁，该报法律顾问、民盟盟员王任律师遭到逮捕并被杀害；5月，民盟西北总支部青年部长、《民众导报》主编李敷仁遭枪击，报社随之遭封销，读者遭迫害，被迫停刊；6月，上海各界人民反内战大会代表、中国民主促进会领导人马叙伦、雷洁琼、阎宝航等10人，赴南京请愿，遭到国民党特务围困殴辱，身受重伤，还有民盟总部派赴下关车站迎接代表的民盟中央委员叶笃义等人也遭殴打受伤，即"下关惨案"；7月11日和15日，民盟中委、民盟云南省支部委员李公朴、民盟中委闻一多相继被国民党特务暗杀，等等。国民党特务的这一系列暴行，尤其是李公朴、闻一多被暗杀，引起了民盟为代表的中间势力以及社会各界的强烈反应。李公朴、闻一多遇害后的7月18日，民盟主席张澜致电蒋介石，严厉谴责国民党特务杀害"倡导民主、主张和平"的李公朴、闻一多，是"反民主、反和平，有计划之阴谋"，凶手之所以"敢于横行无忌，如此发纵指使，必有背景"。他责问蒋介石，"倡

---

① 《中国民主同盟主席张澜为特务捣毁〈民主报〉及〈新华日报〉致蒋介石函》，载《中国民主同盟历史文献（1941—1949）》，第149页。

导民主、主张和平有何罪戾？乃必欲置之死地而后快于心"；并提出三项要求，希望蒋介石"立予施行"：一、彻底废除全国特务机关及其制度；二、严令负责机关必获主凶并依法严惩；（三）务令全国各地方治安机关不得再发生此类事件，否则，严惩不贷。①3 天后（7 月 21 日），张澜又"就国民党当局破坏民盟"发表谈话，在历数了"从去年（1945 年）九月以来"，国民党"对于民盟不是利诱来分化，便是用威胁来打击"的种种事实后，指出："我们站在民盟立场，对于国共两党仍然是确定中立，站在国家立场，对于国共两党的行动，则必须明辨是非。任他如何利诱，如何威胁，我们为了中华民国的民主团结和平统一之志能实现，只坚守八个字：'再接再励，不屈不挠'。"②正因为张澜代表民盟表态，对于国民党的利诱和威胁将始终坚持毫不妥协的态度，这自然引起了国民党对张澜的忌恨。8 月 18 日，张澜参加成都各界人十悼念李公朴、闻一多的大会时，遭到国民党特务的围攻殴打，身体受伤，同时被特务打成重伤的还有民盟四川省支部委员张松涛。

　　如张澜所指出，对于民盟为代表的中间势力，国民党是"两手抓""两手都硬"，一手是用"威胁"来"打击"；一手是用"利诱"来"分化"。前面已经提到，1946 年 10 月 11 日，蒋介石于国民党军队攻占晋察冀解放区首府张家口的当天，公开违背政协协议，以"战胜者"的姿态，单方面下令于 11 月 12 日召开国民大会。这理所当然地遭到了民盟的拒绝。于是国民党又故技重演，即用"利诱"手段来拉拢民盟中的民主社会党参加国民大会，以达到"分化"民盟、孤立共产党、使其单方面召开的国民大会合法化的目的。民主社会党的前身是九一八事变后的 1932 年 5 月在北平秘密成立的国家社会党，其主要领导人是张君劢和张东荪，二张早年都是梁启超的追随者。1941 年初中国民主政团同盟成立时，国家社会党是"三党三派"的成员之一。1946 年 8 月，国家社会党与主要在海外活动的民主宪政党合并，改称为民主社会党，张君劢任中央组织委员会主席。国民党之所以把

---

① 《中国民主同盟主席张澜电责蒋介石》，载《中国民主同盟历史文献（1941—1949）》，第198—199 页。
② 《中国民主同盟主席张澜就国民党当局破坏民盟发表谈话》，载《中国民主同盟历史文献（1941—1949）》，第 201—202 页。

"利诱"的目标放在民主社会党身上，用时任国民党政府外交部部长的王世杰的话说："该党分子大多为旧日不理于人口之政客，实际上彼等参加恐不能有何贡献；惟国民党则可以宣布此次之国大并非一党之国大耳。"①

　　实际上，早在政协会议后不久，国民党就开始了对张君劢的"利诱"。我们前面引用过的那篇民盟主席张澜"就国民党当局破坏民盟"于1946年7月21日发表的谈话中就曾说道："政府某某要人劝张君劢先生谓：政府一切协助，专以帮助某党团。"②这里讲的"某党团"，指的就是"国家社会党"。国民党单方面宣布召开国大的日期后，国民党的孙科、雷震等人就数次找张君劢谈话，希望他率民社党出席国大，赞襄国民党的所谓立宪事业，并许诺给他好处。据报载，当时张君劢往返上海、南京之间，乘坐的都是国民党提供的专机，且有高级官员陪同。发表在1946年11月15日上海《大公报》上的一篇题为《上海的国大前夜》的文章，曾就此事评论道："政府对张氏倚重之殷，显然与众不同。"③国民党单方面召开的国民大会开幕（11月15日）的那一天，蒋介石又派与民社党关系不错的雷震到上海活动，劝说张君劢，同时又将他的胞弟、国民党要员张公权从东北接到上海，做张君劢的思想工作。张氏兄弟自幼一起读书，关系一直很好，张君劢在经济上曾多次得到身为银行家的张公权的帮助，他在重庆时，住的就是张公权的房子，而且彼此都很尊重对方的意见。由张公权出面说服张君劢，这对张君劢违反民盟纪律，不顾原国社党元老张东荪、梁秋水等人的坚决反对④，执意同意民主社会党参加国民党单方面召开的国民大会，是起了一定的作用的。据当时在张君劢左右的杨永乾回忆，国民大会召开前的一个早上，他照例8点多钟到张君劢家中，张的佣人阿唐告诉他："你老师昨晚同四老爷——公权先生谈到三点钟，现在刚起来。"杨一闻此言，"就想到大

① 见王世杰1946年11月17日所记日记，载《王世杰日记》（手稿本）第五册，台湾"中央"研究院近代史研究所，1990。
②《中国民主同盟主席张澜就国民党当局破坏民盟发表谈话》，载《中国民主同盟历史文献（1941—1949）》，第201页。
③ 周雨：《上海的国大前夜》，上海《大公报》1946年11月15日。
④ 张东荪曾从北平致书张君劢，谓"民社党参加国大之日，即弟退出民社党之时"；梁秋水还亲自从北平南下上海，向张君劢陈述北平的民社党人反对参加国民党单方面召开的国民大会的意见。

事——参加制宪国大之事可能已有决定，不期果然，在第二天报上就宣布，民社党提出名单"，出席国民大会。①

民社党出席国民大会违反了民盟在政协决议程序全部完成以前不参加国民党单方面召集的国民大会的立场。因此，1946年11月25日，亦即民社党向国民党正式提出出席国民党单方面召集的国民大会并交出该党出席国大代表名单的第三天，民盟代表在南京举行记者招待会，除再次阐明民盟之所以不参加国民大会的理由外，并宣布"民社党之参加国大，系违背民盟中规定条例，实应请其退盟"②。12月24日，民盟中央常务会第十一次会议正式做出议决，将出席国民大会的民社党党员一律开除出盟，并致函民社党说："民主社会党违反政协，参加'国大'，与本盟的政治主张显有出入"，"已碍难在本盟内继续合作"，"应予退盟"。③张君劢本人亦因违背自己决不参加国民党单方面召集的国民大会的承诺而被人称之为"张君卖"，受到被他出卖的"带中间性的民主党派"领导人的批判。④

作为一个多党派的联合体，民主同盟自1941年成立后，在组织上先后经历过两次所属党派的退盟事件：一次是政协开幕前夕青年党在国民党的鼓动和支持下退出民盟；一次就是民社党因出席国民党单方面召集的国民大会而被勒令退盟。毫无疑问，这两次事件都是对民盟的重大打击，但民盟并未因此而像国民党所期望的那样被搞垮，相反，由于清除了内部的右派势力，民盟变得更加团结，反对国民党内战独裁、要求实施政协路线的斗争的态度也更为坚决。

---

① 杨永乾：《中华民国宪法之父——张君劢传》，唐山出版社，1993，第404页。

② 《中国民主同盟代表在南京招待新闻记者发表决保持第三者地位的声明》，载《中国民主同盟历史文献（1941—1949）》，第250页。

③ 《中国民主同盟致民社党的信——关于开除民社党的盟籍》，载《中国民主同盟历史文献（1941—1949）》，第255页。

④ 1946年12月7日的民盟的机关报《民主报》曾发表民建领导人施复亮的《自食其言的民社党》一文。文章尖锐地指出：张君劢不顾自己多次反对国民党单方面召开国大的表态，率领民社党出席包办国大，"甘愿替当权的国民党做伪装民主的'点缀'"，这"不仅抛弃了政协立场和民盟立场，同时也抛弃了民社党固有的立场，可以说是含有多种意义的食言背信的行为"，这种食言背信的行为，"无疑地是一个大错误和大失败"，它是中国民主运动的"不幸"，是第三方面的"不幸"，同时也是张君劢本人的"不幸"。就是张君劢多年的老朋友罗隆基也认为，中国"政党政治水平的低落，实为张君劢所造成"。从此，除国民党和他自己的民社党外，再也没有人把他看成是"第三方面"的代表人物了。（参见郑大华《张君劢传》，中华书局，1997，第497—498页）

三、"中间路线"的回光返照及其破产

所谓"'中间路线'的回光反照"，并非是说暂短地出现了实现民盟为代表的中间势力所提出的"中间路线"及其实施纲领的希望或条件，而是说在国民党对民盟为代表的中间势力的打击和分化的背景下，在国民党违背和撕毁政协协议、挑起国共内战并使之进一步扩大为全面内战的形势下，一些中间势力的领导人，于"中间路线"即将破产之前的1946年下半年到1947年上半年再次提出所谓"中间路线"问题。如果说抗战胜利后提出"中间路线"是为了回答"中国向何处去""建立一个什么样的国家"，因而其侧重点是对未来国家的设计和规划；那么，这一时期提出"中间路线"则是为了鼓舞中间势力的士气，扩大中间势力的影响，促进中间势力的联合，从而真正形成强大的介于国共之间的"中间力量"，以影响政局走向，实现"中间路线"，因而其侧重点是对"中间路线"及其有关问题的理论阐述。

1946年6月22日，民盟成员、国家社会党领导人张东荪在国社党机关刊物《再生》周刊第118期上发表《一个中间性的政治路线》一文。该文是他5月22日在天津青年会的演讲稿。他首先解释了什么是"中间性"。他认为，所谓"中间性"具有"两重意义"：第一重意义是"就思想的本质而言"的，世界上存在着资本主义与社会主义这两种主义，英美采取的是资本主义，苏联采取的是共产主义，所谓"中间性"，也就是在英美所采取的资本主义与苏联所采取的共产主义之间"求得一个折衷方案"；第二重意义是"就党派的分野而言"的，国内存在着中国国民党与中国共产党这两大政党，所谓"中间性"，就是在"中国国民党与中国共产党之间"形成"一个第三者的政治势力"，而"这个第三者在其主张上与政治路线上必须是恰好在他们二者的中间"。与"中间性"的这两重意义相一致，"中间性"的"政治路线"也具有两重意义。就第一重意义而言，"中国必须于内政上建立一个资本主义与共产主义中间的政治制度，虽名为政治制度当然亦包括经济教育以及全体文化在内，自不待言。这个中间性的政制在实际上就是调和他们两者。亦就是：在政治方面比较上多采取英美式的自由主义与民主主义；同时在经济方面比较上多采取苏联式的计划经济与社会主义。从消极方面来说，即采取民主主义而不要资本主义，同时采取社会主义而不

要无产专政的革命，我们要自由而不要放任；要合作而不要斗争，不要放任故不要资本家垄断，不要斗争故不要阶级斗争。这样的一个新方案当然有待于详细的研究与具体的制订，不过不妨先把这样的原则与方针揭示出来，作为立国之基础"。中国如果真正建立起这样一种"调和"了英、美的资本主义与苏联的社会主义的政治制度，"英美与苏联双方都可放心。在英美看中国是一个民主国家，虽在经济方面偏于社会主义，而决不是赤化，不是加入苏联的赤色集团，不足以对于资本主义国家有任何的威胁，在苏联看中国虽采取民主主义，却并不建立于资本主义上，这样的民主主义没有反苏性，他用不着害怕"。从第二重意义来看，"假定国民党为右，共产党为左，我们决不是主张不要他们，只由中间者来主持，乃是要把他们中偏右者稍稍拉到左转；偏左者稍稍拉到右转，在这样右派向左，左派向右的情形，使中国得到一个和谐与团结。并由团结得到统一"。具体来说，"我们在国共中间的人"既不赞成"国民党一手造成"的"官僚资本"，亦不赞成"共产党用斗争的方法来平分土地"的"土地政策"，而"主张应当有一个全国适用的土地改革办法，使耕者有其田之理想由平和方法得以实现"，"同时主张根本铲除官僚资本，务使工商业依国家所定的全盘计划得由个人努力以发展之。这便是中间性的政治路线"。而实现这种"中间性的政治路线"的关键，是建立一个有各党派参加的民主的联合政府，"联合政府必须建立于共同纲领之上"，而"这个共同纲领"是各党"彼此协商，互相让步"而得出的"一个折衷与调和"，所以，"所谓中间性的路线乃是要各党共同来走，并不是由我们国共以外的第三者单独来走"。[①]后来，张东荪又在《追述我们努力建立"联合政府"的用意》一文中，再次强调了建立有多党参加的民主的联合政府对于实现"中间性的政治路线"的重要意义。他指出，在中国，无论是国民党，还是共产党，抑或是民盟为代表的中间党派，都不能代表全体中国人民的利益，只有各党派都参加的民主的联合政府才能代表全体中国人民的利益，因为"国民党是代表豪门资本与官僚资本的；共产党是代表农工无产阶级的利益的；民主同盟是代表所有中间阶层，例如大学教授，中学教员，律师，会计师，医生，新闻记者，民营厂家与中产

① 张东荪：《一个中间性的政治路线》，《再生》周刊第 118 期，1946 年 6 月 22 日。

商人等等"的利益的，"如果把这些党派都能调和在一起，便亦可说所有的人民的社会利益都包括在内了"。所以，党派协商，建立有各党派参加的民主的联合政府，"在表面上好像只是党派的事，而实际上却正是实现民主"。他还指出，如何"把国民党由特别政党变为普通政党。换言之，即由民主国家所不能容许的组织变为民主国家所能容许的组织"，是"当前最切要的一个问题"。而"变更的方法可有两种：一是由国民党自动；一是由环境来逼迫。国民党的恶化、腐化、失民心、无能力，已为国内国外所共知的事实"，所以，"由国民党自动"的"变更"是不可能的，"要想使国民党改变其性质，必须先创造一个环境，在这个境况中四面有监督与压力，乃逼迫其不得不自己改行向善"。这也就是民主政治的"平衡与钳制"，而"这个平衡与钳制亦唯由联合政府方能实现"。就此而言，成立有各党派参加的民主的联合政府，"是解决一切困难的总匙"。这也是政协会议所达成的一项重要成果。政协会议后，联合政府之所以迟迟不能成立起来，原因有二，一是"国民党对于联合政府另有一套特别的观念"；二是"美国虽想帮助中国以造成联合政府，但其目的却只在意图加强国民党，消纳共产党，而形成一个统一的中国以亲美"。因此，"今后美国如不彻底觉悟"，改变其"加强国民党，消纳共产党，而形成一个统一的中国以亲美"的"意图"，有各党派参加的民主的联合政府就不可能成立起来；而联合政府不能成立，"中国将永为牺牲者"。[①] 能看出美国所谓"帮助中国"的真实意图，说明随着政局的恶化，某些天然就具有亲美倾向的中间势力，尤其是像张东荪这样的被称之为自由主义者的中间党派领导人，对美国的认识有所进步。

　　除张东荪外，这一时期极力主张"中间派的政治路线"的另一位代表人物是施复亮。施复亮原名施存统，是中共早期领导人。大革命失败后，施复亮失望之下登报退出了共产党。脱党后，他曾幻想通过改变国民党的做法，恢复孙中山的三大政策，一度参加过国民党的改组派，并与许德珩、陈公博相约"不骂共产党，只能帮共产党"，但终因意见不合而退出改组派。于是，他到大学当教授，钻进书斋，埋首学问。七七事变后，在重庆任南

---

① 张东荪：《追述我们努力建立"联合政府"的用意》，《观察》第 2 卷第 6 期，1947 年 4 月5 日。

方印书馆总编辑。1945 年底，参与发起成立中国民主建国会，任常务理事。这时他先后发表《何谓中间派》（1946 年 7 月 14 日）、《中间派的政治路线》（1947 年 3 月 14 日）、《中间派在政治上的地位和作用》（1947 年 4 月 11 日）、《再论中间派的政治路线——兼答平心先生》（1947 年 4 月 13 日）、《中间路线与挽救危局》（1947 年 5 月 2 日）等系列文章，论述了什么是中间派、中间派的社会基础、中间派的政治路线、中间派的作用和联合等问题。

什么是中间派？ 施复亮指出，所谓"中间派"，其对象非常广泛，它包括，思想上的各色自由主义者，政治上的一切不满于国民党统治又不愿意共产党取而代之的一切民主进步人士，组织上的在国民党和共产党之外的一切代表中间阶层利益的党派，也就是人们所说的中间党派，"以民主同盟为中心，包括一切民主进步的政团及国民党民主派在内"。[1] 但"中间派决不是中立派，也不是调和派。在是非之间决不应中立，在民主与反民主之间也无法调和。中立与调和，都不是中间派应有的态度。中国的中间派，有它自己的社会基础，政治路线，对内对外的明确政策，以及对国共两党的独立态度"。[2] 所以，他不喜欢用"第三方面"来指称"中间派"，因为"通常所说的'第三方面'，一则系指站在国共两党斗争以外的第三者，二则系指国共两党斗争的调和者。前一意义的'第三方面'，可能被人误解它为'中立派'，对于国共两党的斗争采取袖手旁观的态度。后一意义的'第三方面'，可能被人误解它为'调和派'，对于国共两党的斗争采取无原则的调和态度"。此外，他既不赞成以"前后之中"的"中"字来解释"中间派"的"中"字，否认"中间派"介于"进步"和"落后"之间，也就是既不进步，也不落后；也不赞成以"左右之中"的"中"字来解释"中间派"的"中"字，否认"中间派"介于"左"和"右"之间，也就是既不偏左，也不偏右。他指出，"政治上和思想上的所谓'左'，本来系指前进或进步而言；所谓'右'系指落后或保守而言。中间派处在左右之间，亦即是处在前后之间，自然应该面向前头，背向后头，即应当向着进步的道路走的。中间派只有向前进步，才有生路；向后便是死路。所以独立的中间派，必然

---

[1] 施复亮：《再论中间派的政治路线——兼答平心先生》，上海《文汇报》1947 年 4 月 13 日。
[2] 施复亮：《何谓中间派》，上海《文汇报》1946 年 7 月 14 日。

是偏左而不是偏右的。……倘若抛开民主性与进步性，中间派便必然要丧失它的独立性甚至和平性，而变成反动派的帮凶"。比如，他举例道："青年、民社两党，本来是中间偏右的党派，所以他们虽然参加了政协而终于帮同国民党去破坏政协，甚至还要帮同好战分子去扩大内战；民主同盟及其类似的政团，原来是中间偏左的党派，所以他们才能够始终坚持政协的立场，继续为和平民主而奋斗不懈。"①

中间派的社会基础。施复亮指出，"中间派存在的客观依据，是因为社会上有中间阶层的存在"。换言之，中间阶层的存在，既是中间派的社会基础，也是中间派之所以能够活跃于中国政治舞台并产生重要影响的根本原因。中国社会正处在一个过渡的阶段，中间阶层在社会上占据着质的优越性和量的复杂性。在全国人口中，中间阶层的数量最多，"其中包括新旧两种成分，旧的成分是在先资本主义的旧制度中产生的，新的成分是在资本主义的新制度中产生的。在量的方面，以旧的成分占优势；在质的方面，却以新的成分占优势"。而不论旧成分，还是新成分，其内部又可以分成不同的部分。所以，"它们并不是一个严格的阶级，而是各种不同的中间阶层，既有新，又有旧，"有的还正在蜕变的过程中（例如民族资产阶级）"。因此，"中间阶层这一名词实在包含着很复杂的社会内容。今天中国的所谓中间阶层，应当包括民族工商业家，手工业者，小商人，工商从业员，小地主，知识分子（教育文化工作者，自由职业者。技术人员以及一般公务人员；大部分大中学生，都是知识分子的候补者，也可以归入这一范畴）以及绝大部分的农民（如果实现了'耕者有其田'，竟可以说全部农民）。简单说，就是民族资产阶级和小资产阶级；而小资产阶级中，又以农民和知识分子为最重要，在思想上以知识分子为领导，在行动上以农民为核心。中间派在政治上所要代表的利益，就是这些中间阶层的利益。中间派要想在政治上形成强大的独立的力量，必须努力团结这些中间阶层的群众，并须积极领导他们参加争取和平民主的运动"。② 提出"中间派"的社会基础并进行分析论证，这是施复亮的"中间派"理论的一大特色。

---

① 施复亮：《再论中间派的政治路线——兼答平心先生》，上海《文汇报》1947 年 4 月 13 日。
② 施复亮：《再论中间派的政治路线——兼答平心先生》，上海《文汇报》1947 年 4 月 13 日。

中间派的政治路线。施复亮指出，"在今天中国的客观条件之下，只有中间派的政治路线，在客观上才足以代表全国人民的共同要求和整个国家的真实利益；所以中间派的政治路线，是今天中国最可能为多数人民所拥护的政治路线"。因为，中间派的政治路线是由以下"三个基本原则"来决定的："第一，中间派所要建设的新民主主义的政治，在形式上是英美式的民主政治，但决不许它成为少数特权阶级所独占的民主政治，必须把它变成为多数平民所共治的民主政治，进一步且须变成为全体人民所共治的民主政治。第二，中间派所要建设的新资本主义的经济，在发展生产力方面，主张尽量利用资本主义生产方式的各种优点以促进整个国民经济的迅速工业化，在调整生产关系方面，主张尽量革除资本主义生产方式的各种弊端，采用进步的社会政策以保障劳动大众的职业和生活。同时，为着提高农业的生产力和农民的购买力，主张立即实施进步的土地改革。第三，在阶级关系上，主张跟工人贫农合作，共同反抗官僚买办资本家和大地主的压迫；在党派关系上，主张跟左翼党派合作，共同制止右翼党派的反动政策，但须保持自己的独立的政治立场，不可无原则地附和左翼党派的主张。"他尤其强调，中间派依据上述"三个基本原则"而决定的"政治路线"也就是政协的政治路线。因为，"政协的路线是一条企图用和平合作的方式来实现政治民主化、军队国家化和经济工业化的政治路线，完全跟中间派所代表的中间阶层的历史任务相符合，而且跟中间派的政治斗争的方法和态度相一致。中国中间阶层的历史任务，是要建设一种新资本主义的经济（我过去曾经称它为民生主义的第一阶段）和新民主主义的政治，而其斗争的方法和态度又是和平的、渐进的，在本质上而且是改良的。政协所通过的五项决议，完全符合中间阶层的历史要求；政协所采取的方式，更是中间阶层和中间派所最欢迎的方式。所以我们说政协路线在本质上是中间派的政治路线"。[①]施复亮是在《中间派的政治路线》一文中提出上述之观点的。不久，他又在《再论中间派的政治路线——兼答平心先生》中指出，"政协的路线"之所以在"本质上"能成为"中间派的政治路线"，是由于政协路线具有"三个基本特点"：第一个基本特点，"就是承认各党派的平等合法，各党派的

---

① 施复亮：《中间派的政治路线》，《时与文》第 1 卷第 1 期，1947 年 3 月 14 日。

和平合作，组织民主统一的联合政府，共同承担政治上的责任"。第二个基本特点，"是主张'用政治方法解决政治纠纷'，'任何党派及个人不得利用军队为政争之工具'"。第三个基本特点，"是要用和平的渐进的，改良的方法来达到政治民主化，军队国家化和经济工业化，即完成民主革命的历史任务。在政治上，要实行英美式的民主政治（特别表现在《宪草修改原则》里）；在经济上，要建设资本主义的经济制度（表现在《和平建国纲领》的经济部分）。在这里，看不出任何社会主义的色彩。这样的政协路线，当然是一条中间性的改良路线，决不是左翼的革命路线，也不是右翼的反动路线。这条路线，当时之所以能够为国共双方所接受，就是因为它具有这个特点。"既然"政协的路线在本质上是中间派的政治路线"，那么，"中间派应当坚决地拥护政协路线，应当努力争取政协路线的恢复"，应当与一切违背政协路线的做法作坚决的斗争。①

中间派的作用和大联合。呼吁中间派实现大联合或大团结，从而形成一个强大的独立的中间力量，以影响政局，实现中间派提出的"中间路线"之建国幻想，是施复亮在这一时期发表系列讨论"中间派"文章的根本目的。他指出："目前的政局是：国民党既不能用武力消灭共产党，共产党也不能用武力推翻国民党；而国际形势也不许可有一个完全右倾的国民党政权或完全左倾的共产党政权。在这种客观情势之下，惟一可能的正确的道路，就是恢复中间性的政协路线，由国共两党及其它民主党派共同组织民主的联合政府，进行政治、经济、军事、文化上的种种改革。但要走回这条道路，首先必须造成一个强大的中间派，独立于国民党统治集团与共产党之间，取得一种举足轻重的地位。"比如，"内战对于中间派最为不利，如果长期继续下去，可能使中间派归于瓦解。但要制止内战，尤其要在最短期内制止内战，倘若有强大独立的中间派，便可能发生决定的作用。在和平恢复以后，推行民主政治的时候，中间派更是一个重要的决定的力量。我们竟可以这样说：假使今后没有强大独立的中间派，不但中国的民主政治无法实现，即使求政治的安定也不可得。两个武装政党从事武装斗争达二十年，要想从武装斗争变成和平竞争，倘若没有第三个调和的缓冲的中

---

① 施复亮：《再论中间派的政治路线——兼答平心先生》，上海《文汇报》1947 年 4 月 13 日。

间力量，无论如何是不能想像的"。① 而要"造成一个强大的中间派"，能在国共两党之外发挥其重要作用，唯一的方法或途径，就是实现中间派，尤其是中间团体的大联合或大团结。所以，他号召"民主同盟、上海人民团体联合会、民主建国会、民主促进会、三民主义同志联合会以及其他许多同性质"的"中间派的政治团体"，为制止内战，恢复和平，实施政协路线，"应该有一个大联合或大团结"。否则，"没有一切中间派的大团结，便不能形成强大的中间派的政治力量。没有强大的中间派的政治力量，便不能合理地解决当前的政治问题"。就此而言，实现中间派的大联合或大团结，是"目前中国所最需要的"，"一切关心当前政治的国共两党以外的民主人士，都有责任来促成中间派的大团结"。②

尽管施复亮在文中高度肯定了中间派的地位和作用，并呼吁中间派尤其是民盟为代表的具有"相同性质"的"中间派的政治团体"实现大联合或大团结，以制止内战，恢复和平，实施政协路线，然而他的肯定和呼吁只是"中间路线"的回光返照而已。因为如前所述，全面违背和撕毁政协协议、发动全面内战、以武力消灭中国共产党及其所领导的人民武装、继续其一党专政和个人独裁的统治，是蒋介石集团的既定方针，这一方针绝不会因为中间势力的抗议和反对而改变，相反是随着时局的发展而进一步变本加厉起来。1947年3月7日，蒋介石强迫中共在南京、上海和重庆执行联络和谈判任务的代表和工作人员全部撤回解放区，并查封了中共机关报《新华日报》。这标志着国共和谈的正式破裂。为此，民盟为国共和谈正式破裂发表的《宣言》指出：自政协闭幕以来，"民盟同人在此一年间为奔走和平，不遗余力，因而曾遭遇不能忍受之毁谤，与无法抵抗之高压，至于殴辱，至于残杀，而不惧，而不悔，无他，在求实现和平、民主、统一，以救吾国，以救吾民耳。不幸今日国共两党，终于正式宣告和平破裂，痛心！痛心！"文中称蒋介石统治集团为"极少数好战分子"，并表示即使"刀锯斧钺"摆在面前，同人也"决不苟避幸免"，将继续"为恢复和平而努力"。③10

---

① 施复亮：《中间派在政治上的地位和作用》，《时与文》第1卷第5期，1947年4月11日。
② 施复亮：《何谓中间派》，上海《文汇报》1946年7月14日。
③《中国民主同盟为和谈正式破裂发表宣言》，载《中国民主同盟历史文献（1941—1949）》，第306—309页。

天后，亦即 3 月 17 日，民盟代表就人权保障等问题发表谈话时再次强调：民盟将"绝对坚守在野的和平的公开的民主政团的立场"，在"真正民主统一的联合政府成立以前"，"绝对不参加政府"，并"遵守民主的方式"，"对当权党做负责任的监督与批评"。①民盟这种不妥协的态度，必然要遭到国民党对它更严厉的打击。

　　1947 年 4 月 22 日，国民党机关报《中央日报》发表社论，否认民盟的"合法平等地位"。5 月 3 日，中央社公布了一个捏造的《中共地下斗争路线纲领》和所谓某政治观察家的谈话，公开诬蔑"素以'独立''和平''合法'自诩之民主同盟，及其化身民主建国会、民主促进会、三民主义同志联合会等团体，其组织已为中共所实际控制，其行动亦均系循中共意旨而行"；诬蔑民盟及各民主政团"准备甘为中共之新的暴乱工具"。②对此，5 月 3 日，民主建国会发表声明，表示"深为诧异，嘱为声辩"。③5 月 8 日，张澜致函行政院长张群，指出："四月二十二日南京中央日报发表社论，公开对本盟加以诬蔑，且公然倡导否认本盟合法平等地位。此项谬论，突然发见于政府所在地之官报，已令人疑及政府即以此为打击压迫民盟之先声，果于五月三日，中央社发表所谓《中共地下斗争路线纲领》，竟谓中共'经常派遣代表列席民盟干部会议'。该项文件，对民主促进会，民主建国会，三民主义联合会，农工民主党等民主团体亦诬为中共操纵指使之工具。……中央社此种举动，实已构成犯法行为，应负法律上之责任。"④7 月，国民政府下达《戡乱总动员令》之后，训令其各级组织对民盟上层分子可"暂时容忍敷衍"，对其下层分子则坚决加以镇压。1947 年 10 月 1 日，国民政府新闻局局长董显光宣布民盟是"中共之附庸"，"民盟分子破坏总动员，参加叛乱，反对政府"。10 月 7 日，国民党西安警备司令部公然枪杀了民盟中常委兼西北总支

---

① 《中国民主同盟代表在沪招待记者发表民盟坚守立场对莫斯科外长会议问题及人权保障问题的谈话》，载《中国民主同盟历史文献（1941—1949）》，第 315 页。
② 《中共为暴乱集团，已失去政党地位，民盟受其控制供驱使，某政治观察家发表意见》，《中央日报》1947 年 5 月 3 日。
③ 《民主建国会对中央社发表中共地下斗争纲领之声明》，载中国民主建国会中央委员会宣传部编《中国民主建国会历史文献选编1》，书目文献出版社，1992，第 128 页。
④ 《中国民主同盟主席张澜为中央社发表〈中共地下斗争路线纲领〉致行政院长张群函》，载《中国民主同盟历史文献（1941—1949）》，第 325—326 页。

部主任委员杜斌丞。10 月 27 日，国民党政府内政部发言人称，"兹政府已将该'民主同盟'宣布为非法团体，今后各地治安机关，对于该盟及其分子一切活动，自应依据妨害国家总动员惩罚暂行条例及'后方共产党处置办法'严加取缔，以遏乱萌，而维治安"。[①]11 月 6 日，在与国民党交涉无果的情况下，民盟主席张澜被迫发表解散公告，通知盟员，"自即日起一律停止政治活动，本盟总部同人即日起总辞职，总部亦即日解散"。[②]

民盟被宣布为"非法团体"，并被迫宣布"解散"，这实际上也宣告了所谓"中间路线"的破产。11 月 6 日，亦即民盟被迫宣布"解散"的当天，新华社发表的《蒋介石解散民盟》的时评指出：这一事件，使人民更加确切地认识到民主同盟在若干历史关节中，实行了与中共在部分民主纲领上的政治合作，从而推进了中国民主事业，这是民盟的光荣。在民盟中，既有许多坚决反对蒋介石独裁和美帝国主义侵略的民主战士，也有许多虽然一方面反对或不满蒋介石独裁，但在另一方面却不但在过去而且现在仍然对蒋介石，特别是对美帝国主义抱有某种幻想的人物。"民盟方面现在应该得到教训，任何对美国侵略者及蒋介石统治集团或其中某些派别的幻想，都是无益于自己与人民的。应当清除这些幻想而坚决的站到真正的人民民主革命方面来，中间的道路是没有的。如果民盟能够这样做，则民盟之被蒋介石宣布为非法并不能损害民盟，却反而给了民盟以走向较之过去更为光明道路的可能性。"[③]周恩来也曾明确指出：民盟被迫"自行宣布解散后，全国性的第三大党运动已经失败，第三条道路的想法已经破产"[④]。

"中间路线"或"第三条道路"的破产，除了国民党对中间势力的利诱分化和威胁打击外，还有以下两个方面的原因。这两个方面的原因也决定了它的破产是必然的。

首先，从阶级力量看。"中间路线"是民盟为代表的中间势力提出来的，而民盟为代表的中间势力的阶级基础是民族资产阶级、上层小资产阶级及其知识分子，其"中间路线"反映的正是民族资产阶级、上层小资产阶级及

① 《国民党政府宣布民盟为非法团体》，载《中国民主同盟历史文献（1941—1949）》，第 360 页。
② 《中国民主同盟被迫发表解散公告》，载《中国民主同盟历史文献（1941—1949）》，第 356 页。
③ 《蒋介石解散民盟》，载《中国民主同盟历史文献（1941—1949）》，第 357—359 页。
④ 周恩来：《关于当前民主党派工作的意见》，载《周恩来选集》上卷，第 283 页。

其知识分子希望建立一个资产阶级民主共和国的愿望和要求。然而由于中国是一个半殖民地半封建的国家，在外国帝国主义、本国封建主义和官僚资本主义的垄断、压迫和束缚下，中国民族资本主义发展十分缓慢，不仅规模小，而且技术也很落后，同时，还与外国帝国主义、本国封建主义和官僚资本主义有着千丝万缕的联系，比如民族资本主义的生产技术、机器设备、原材料甚至资本等方面都严重依赖于外国资本主义和官僚资本主义，有不少民族资本家就是由地主、官僚转化而来的。"民族资产阶级的社会经济地位规定了他们的软弱性，他们缺乏远见，缺乏足够的勇气，并且有不少人害怕民众。"[1] 因此，他们虽然在一定的条件下能够参加反帝反封建的斗争，并希望以此来摆脱外国帝国主义、本国封建主义和官僚资本主义对他们的限制、压迫和束缚，但"由于他们在经济上和政治上的软弱性，由于他们同帝国主义和封建主义并未完全断绝经济上的联系，所以，他们又没有彻底的反帝反封建的勇气"[2]。而不打倒帝国主义，推翻封建主义，实行彻底的反帝反封建革命，完成民主主义革命任务，"中间路线"所要建立的资产阶级共和国就不可能真正建立起来。所以，"中间路线"的结局只能是破产。

其次，从现实斗争看。民盟为代表的中间势力主张"用和平的渐进的、改良的方法来达到政治民主化，军队国家化和经济工业化，即完成民主革命的历史任务"[3]，从而建立起一个既不是国民党的"大地主大资产阶级专政"、也不是共产党的"人民民主专政"的资产阶级共和国。其具体措施就是希望通过政协协议的全面实施，实现对国民党的根本改造，借用张东荪的话说，亦即"把国民党由特别政党变为普通政党"，即"由民主国家所不能容许的组织变为民主国家所能容许的组织"。[4] 然而事实证明，这只能是中间势力的一厢情愿。因为蒋介石统治集团是不可能放弃一党专政和个人独裁之统治的。他之所以同意举行国共和谈、召开政治协商会议，如前所述，是因为当时他还没有做好发动内战的准备，他一旦做好了准备，便会毫不迟疑地全面撕毁政协协议，发动全面内战。而只要蒋介石全面撕毁政协协

---

① 毛泽东：《论人民民主专政》，载《毛泽东选集》第四卷，第 1479 页。
② 毛泽东：《中国革命和中国共产党》，载《毛泽东选集》第二卷，第 640 页。
③ 施复亮：《再论中间派的政治路线——兼答平心先生》，上海《文汇报》1947 年 4 月 13 日。
④ 张东荪：《追述我们努力建立"联合政府"的用意》，《观察》第 2 卷第 6 期，1947 年 4 月 5 日。

议，发动全面内战，中间势力也就失去了存在的空间和意义。实际上，早在 1946 年底，个别"带中间性的民主党派"领导人就已认识到了中间势力亦即"第三方面"已经失去了继续存在的可能性和必要性。如中国民主促进会领导人马叙伦在 1946 年 12 月 22 日发表的《论第三方面与民主阵线》一文中就写道，他觉得在政治上了轨道的国家里面，尤其是政党政治国家里面，两个大党以外有一个中间性的党，或是许多小党联合起来成了一个中间性第三方面，时时左右他们两个大党，是没有什么问题的。但中国不是这样的国家，现在的政争，也不是"政治上了轨道的国家"中的一般政争，而是"民主和反民主的斗争"，亦即"反民主的政府和民主的民众"的斗争，并且这种斗争由于国民党全面撕毁政协协议、发动全面内战而日益"尖锐化了"。因此，现在的中国，"只有反民主的政府和民主的民众两方面，不能有第三方面的。从现实来说，共产党固然也站在争取民主的方面，他单独对国民党是有他的另一个立场，而站在民主斗争的立场，他和我们一般是在人民方面的，如果认清这个立场，怎么可能在民主和反民主两方面以外取得一个第三方面的资格"。"在民主和反民主的斗争里只许有民主阵线，而不许有什么新第三方面的"。他还针对施复亮提出的"中间派"要实现"大联合与大团结"的主张指出："我们唯一该建立一个民主统一阵线，团结全国民主的力量，这是和反民主斗争必然的紧急需要的办法。我以为在争取民主的第一阶段——现阶段上，空论什么政纲政策，组织什么政党，和其他什么什么建设，都不是在大多数老百姓立场上所需要的，只有把民主原则上不能缺少的东西，不惜用流血的代价向反民主的争取过来。那么除了建立一个民主统一阵线也没有第二条路子。"[1]另一位民进成员李平心也于1947 年 3 月底 4 月初撰文认为，第三方面在政治上应该保持其独立地位，但"这并不能解释为在野的民主势力应另辟第三政治路线或中间政治路线；因为展现在我们面前，早已有两条根本相反的现实路线，一条以争取民主，独立，和平，统一，进步为目的，另一条以继续独裁、媚外、内战、分裂、倒退为目的。第三方面民主派只能在两者之间选择其一。他们只是民主运

---

[1] 马叙伦：《论第三方面与民主阵线》，载中国民主促进会中央宣传部编《马叙伦政论文选》，文史资料出版社，1985，第 299—301 页。

动中的一个特殊兵团，但决不是两个战线之际中间战线的开辟者"①。既然中间势力都因国民党全面撕毁政协协议、发动全面内战而失去了继续存在的可能性和必要性，那么，由中间势力提出的"中间路线"除走向破产外也就不会有其他任何结局。

四、响应中国共产党的"五一口号"：中间势力的转变

在"中间路线"或"第三条道路""第三条路线"已经破灭、中间势力已失去继续存在的空间和意义，以及在国共你死我活的斗争中共产党正一步步取得主动权的形势下，民盟以及其他"带中间性的民主党派"开始从资产阶级的"中间路线"向新民主主义的"革命路线"转变，而这一转变的起点则是中国国民党革命委员会的成立与中国民主同盟一届三中全会的召开。

1927 年大革命失败后，以宋庆龄、何香凝为代表的国民党民主派，坚持孙中山"联俄、联共、扶助农工"三大政策，同国民党反动派进行了不懈的斗争。抗日战争时期，国民党内的民主人士和其他爱国人士赞同中国共产党的抗日民族统一战线政策，拥护国共第二次合作。1943 年，一部分国民党民主人士开始筹建三民主义同志联合会（简称"民联"），1945 年 10 月在重庆正式成立；1943 年另一部分国民党民主人士在桂林、平昭筹建中国国民党民主促进会（简称"民促"），1946 年 4 月在广州正式成立。1947 年 11 月，民联、民促和国民党其他爱国民主人士的代表在香港召开国民党民主派第一次代表会议，决定联合组成中国国民党革命委员会（民联和民促仍继续存在），这得到宋庆龄的大力支持。1948 年 1 月 1 日，中国国民党革命委员会（简称"民革"）在香港宣告成立，大会通过了《中国国民党革命委员会组织总章》《中国国民党革命委员会成立宣言》《中国国民党革命委员会行动纲领》《中国国民党革命委员会告本党同志书》等基本文件，推举宋庆龄为名誉主席、李济深为主席。

大会回顾了 1924 年 1 月孙中山在广州召开国民党第一次全国代表大会，改组国民党，重新解释三民主义，并实行联俄、联共、扶助农工三大政策。经此改革，推动了反帝反封建革命的进行。然而，由于蒋介石的叛

---

① 李平心：《论"第三方面"与民主运动》，上海《文汇报》1947 年 3 月 21 日至 4 月 9 日。

变，反帝反封建革命功败垂成。此后，国民党"一党专政垂二十年，中国政治未见有丝毫进步，中国人民所受帝国主义与封建势力联合压迫之痛苦，较之满清王朝与北洋军阀统治时代，殆有过之而无不及"①，而这一切"均为蒋介石一手造成，蒋氏及其领导下的反革命集团，实为国内一切反动力量——大买办、大地主、官僚、军阀、土劣、流氓——之集合体。蒋氏在党为三民主义之叛徒，在国为四万万五千万人民之公敌"②。抗战结束以来，蒋氏反对民主，破坏和平，出卖国家，其作恶之程度，变本加厉。有鉴于此，"不能再缄默无所表示，同时更深切感到全国所有党内民主派组织与民主分子，有更进一步团结与提出共同行动纲领之必要，爰有此次中国国民党民主派联合代表大会之召开，与中国国民党革命委员会之召开，与中国国民党革命委员会之组织"③。

大会讨论了当时的政治形势，全面阐述了新成立的国民党革命委员会的政治态度、政治立场和行动纲领。大会宣布，民革的行动纲领是："以实现革命的三民主义，建设独立、民主、幸福之新中国为最高理想"；"以中国国民党第一次全国代表大会决定之对外对内政策为基本原则"；以"推翻蒋介石卖国独裁政权，实现中国之独立、民主与和平"为"当前之革命任务"。在"消极方面"，主要是：反对蒋介石的武力统一之政策，制止内战，争取真正的、永久的民主与和平；反对蒋介石的独裁政制，否认其伪召集的"国大"、伪制定的"宪法"和伪成立的"改组政府"；反对一切妨害人民基本自由的法令和特务制度，保障人民的基本自由权利；反对美国干涉中国内政，不承认蒋介石政府的一切借款和中美商约等，共 6 条。在"积极方面"，主要有：由全国人民普选产生的民主政权取代蒋介石的独裁政权，在民主政权未成立之前，成立有各民主党派和民主人士参加的联合政府；扶助农工组织，保障农工生活，实行"耕者有其田"，实行八小时工作制等，共 18 条。④大会指出，"今日之革命任务，即辛亥以来尚未完成之反帝反封建的

①《中国国民党革命委员会成立宣言》，载《中国民主党派历史资料选辑》（上册），第 110 页。
②《中国国民党革命委员会成立宣言》，载《中国民主党派历史资料选辑》（上册），第 113 页。
③《中国国民党革命委员会成立宣言》，载《中国民主党派历史资料选辑》（上册），第 113 页。
④《中国国民党革命委员会行动纲领》，载《中国民主党派历史资料选辑》（上册），第 119—122 页。

三民主义革命任务。故三民主义之理论，仍为今日中国革命之正确指导理论”，“三大政策仍为实现三民主义反帝反封建之必要手段”，“中国革命之成功或失败，决定于反帝反封建两大任务之能否完成，而反帝反封建斗争胜利之保证，又在于三大政策之是否坚决执行”。[1] 大会强调，“革命的三民主义既昭示吾人以反帝国主义与反封建势力之不可分性，又昭示吾人以两大任务与三大政策之不可分性。此原则应用于吾人目前反对独裁，争取独立民主与和平运动中，即为倒蒋与反帝之不可分性，倒蒋与联合国内革命的民主党派之不可分性”。因为，如果“只倒蒋而不反对美国反动派的破坏中国民主与和平之帝国主义政策，则蒋氏之反动独裁政权纵被推翻，美国反动派支持下的第二个反民主政权，仍有成立之可能。辛亥革命与国民革命时代之前车，可为殷鉴”。同样，如果“倒蒋而不同时与国内革命的民主党派联合，则不仅违反总理之三大政策，即欲顺利达成推倒蒋氏独裁政权之目的亦不可能。此为吾人所必须坚决信守者”。[2] 大会认为，“中共已发展成为独立革命政党，中共以外更有民主同盟及其他革命的民主党派，故容共政策，亦应扩大为联合国内一切民主党派之政策”，并表示“愿与全国各民主党派，民主人士携手并进，彻底铲除革命障碍，建设独立、民主、幸福之新中国”。[3]

大会公开表明了反对国民党蒋介石集团独裁统治、反对美国援助蒋介石集团进行反革命内战的政治态度，表达了决心继承孙中山的革命精神和坚持三大政策的基本立场，明确表示出要与中国共产党合作、拥护中国共产党提出的成立联合政府的政治愿望，并初步提出了反对封建剥削和官僚大资本、实行“耕者有其田”的经济纲领，以及“联合国内一切民主党派之政策”的主张。民革的成立，标志着国民党内的民主派和其他爱国民主分子，在坚持孙中山三大政策和革命精神的基础上，在推翻蒋介石集团反动统治的共同目标下，实现了大联合。它的成立，加速了国民党内部的分化，是“带

---

[1]《中国国民党革命委员会成立宣言》，载《中国民主党派历史资料选辑》（上册），第117—118、109—110页。

[2]《中国国民党革命委员会成立宣言》，载《中国民主党派历史资料选辑》（上册），第118—119页。

[3]《中国国民党革命委员会成立宣言》，载《中国民主党派历史资料选辑》（上册），第118、119页。

中间性的民主党派"开始发生转变的重要标志，具有重要的意义和影响。

民盟被迫宣布"解散"后，广大盟员没有放弃反对国民党发动内战、实行独裁的斗争。11 月 9 日，亦即民盟被迫宣布"解散"后的第三天，民盟南方总支部发表《为民主和平奋斗到底郑重申明》，表示"绝不因独裁政府之非法压迫而停止其活动"，并号召全体盟员"对独裁制度之敌视人民，蹂躏民权，共同奋起，一致反对"，相信民盟一定能够胜利完成"促进中国民主世界和平任务"的"历史的使命"。① 也是 11 月，经民盟中央常委沈钧儒和民盟主席张澜的密商，沈钧儒和另一位民盟中央常委章伯钧以及中央委员周新民等秘密离开上海到达香港，与原在香港的民盟中央委员会合，积极筹备民盟一届三中全会。1948 年 1 月 5 日至 19 日，中国民主同盟一届三中全会在香港召开，会议第一天发表的《中国民主同盟一届三中全会紧急声明》，坚决否认南京反动独裁政府宣布民盟为"非法团体"这一"无理而又狂妄的举动"，不接受民盟总部在南京反动独裁政府的"劫持与威胁之下"发布的解散声明，并表示要"为彻底摧毁南京反动政府，为彻底实现民主、和平、独立、统一的新中国而奋斗到底"。② 会议还通过了《中国民主同盟一届三中全会政治报告》《中国民主同盟一届三中全会宣言》和《中国民主同盟今后组织工作计划》，并对中央领导机构做了调整和完善，决定由沈钧儒、章伯钧以中央常委名义领导全盟工作。

会议认真总结了民盟斗争的历史经验，对所谓"中间路线"进行了清算，认为"中间路线，从目前中国的现实环境看"，是根本行不通的，"自从本盟被南京反动独裁政府勒令解散以来，一切所谓'中立''中间'的说法和幻想，实早已被彻底粉碎了"③；并在全面分析"当前中国民主革命所处的世界形势"和"目前国内政治大势"的基础上，制定了新的联共反蒋的政治路线。其主要内容是：

第一，彻底推翻卖国独裁的国民党反动统治。全会指出，国民党代表的

① 《中国民主同盟南方总支部为民主和平奋斗到底郑重申明》，载《中国民主同盟历史文献（1941—1949）》，第 362 页。
② 《中国民主同盟一届三中全会紧急声明》，载《中国民主同盟历史文献（1941—1949）》，第 363—364 页。
③ 《中国民主同盟一届三中全会政治报告》，载《中国民主同盟历史文献（1941—1949）》，第 395 页。

是"地主豪绅买办封建"的利益，是实现真正的和平民主的最大障碍，因此，推翻"卖国独裁的国民党反动集团"，是民盟当前最基本的任务。但"我们要反对的不只是独裁者个人，而是那代表地主豪绅买办封建的整个集团"。① 全会总结了民盟斗争的失败教训，明确指出："过去我们曾以和平公开合法的方式去争取民主，但已经失败了。今后自应积极的支持以人民的武装去反抗反人民的反动的武装。"并表示："我们决不动摇，决不妥协，决不对反动集团存有丝毫的幻想。而对于美帝国主义所企图导演，以'反蒋''民主'为旗帜的'调解''和平''政府改组'，尤须提高警惕，并及早揭穿其阴谋诱计"②。"中国人民应当坚决地认清：有四大家族及其集团的存在，就不会有中国人民的生存自由"。③ 这说明经历了国民党的打击与迫害后，民盟已开始认识到和平改良的道路在中国是走不通的，必须以人民的武装来反抗反人民的武装，才有可能推翻国民党的一党专政和个人独裁的反动统治，实现真正的民主与和平。这是民盟思想认识上的一大进步。

第二，彻底驱逐美帝国主义出中国。全会指出：南京反动独裁政府之所以敢于毁灭政协之路，关闭和平之门，并且悍然不顾一切地发动全面内战，非法解散民主同盟，迫害民主人士，其原因就是他们得到了美帝国主义的鼓励和支持。民盟一向是以善意对待美国政府的，但一年来的惨痛的教训，使民盟得出结论："即我们要反对中国的反动独裁政府，必须同时也反对美国的帝国主义者"④；只要美帝国主义在中国存在一天，中国人民就一天得不到民主、和平、独立、自由和幸福。所以，我们今后不能再对美帝国主义抱一丝一毫的幻想，尽管对美国人民和民主党派的友谊和同情，我们还要争取，但对美帝国主义的幻想必须彻底肃清⑤。全会表示："本盟站在中国人民的立场，坚决地反对美国目前的对华政策，反对美国把中国当成远东反

---

① 《中国民主同盟一届三中全会宣言》，载《中国民主同盟历史文献（1941—1949）》，第 375 页。
② 《中国民主同盟一届三中全会政治报告》，载《中国民主同盟历史文献（1941—1949）》，第 394—395 页。
③ 《中国民主同盟一届三中全会政治报告》，载《中国民主同盟历史文献（1941—1949）》，第 393 页。
④ 《中国民主同盟一届三中全会政治报告》，载《中国民主同盟历史文献（1941—1949）》，第 387—389 页。
⑤ 《中国民主同盟一届三中全会政治报告》，载《中国民主同盟历史文献（1941—1949）》，第 393 页。

苏反共的基地，反对美国反动派一切直接间接危害中国主权的行动。本盟并且愿意唤起美国政府的注意：中国人民决不承认美国政府与南京政府所签订的一切损害中国人民利益的条约，并认为美国政府给予南京政府的所有援助，都是与中国人民为敌。"①认识到美帝国主义的支持是蒋介石敢于全面撕毁政协协议、发动全面内战的重要原因，认识到美帝国主义的侵略本质，不再对美国存有一丝一毫的幻想，这是民盟思想认识上的另一大进步。

第三，主张消灭封建土地制度和实行土地改革。全会指出：要彻底推翻国民党反动集团的统治和驱逐美帝国主义出中国，就必须"彻底消除这一反动统治所寄托的经济基础，那就是彻底消灭封建剥削的土地关系，实行耕者有其田，彻底实行土地改革"②。这样，在消极方面，可以铲除反动统治的经济基础，使之无所凭借；在积极方面，可以为工商业开拓发展的前途，"替真正的民主政治奠定必要的社会基础，因为占人口百分之八十五以上的农民，得不到经济和政治的自由，所谓民主政治，完全是一句骗人的空话"。③全会还指出：中国人民要求民主、和平、独立、统一与国家繁荣和人民幸福。而在当今的形势下，实现国家繁荣和人民幸福的"首要前提是实行土地改革，让三万万七千万农民得到经济和政治的解放"。因为，只有农民获得了解放，"中国的迅速走上工业化"才有可能。"为了使中国走上工业化、现代化、国家繁荣、民生幸福的大道，我们今天就得为彻底实行土地改革，彻底解放农民而战斗。"④认识到消灭封建土地制度和土地改革、实行耕者有其田、使占人口绝大多数的农民获得政治上和经济上的解放，对于实现真正的民主的重要性，对于中国实现工业化和现代化的重要性，这是民盟思想认识上的又一大进步。

第四，主张与中共以及其他民主党派密切合作，建立起广泛的民主革命统一战线。全会指出：民盟既然承认自己是革命的民主派，那么，就得寻找革命的友军，并和他们保持亲密的团结和合作。但是民盟的合作，必

①《中国民主同盟一届三中全会宣言》，载《中国民主同盟历史文献（1941—1949）》，第376页。
②《中国民主同盟一届三中全会宣言》，载《中国民主同盟历史文献（1941—1949）》，第375页。
③《中国民主同盟一届三中全会政治报告》，载《中国民主同盟历史文献（1941—1949）》，第393页。
④《中国民主同盟一届三中全会政治报告》，载《中国民主同盟历史文献（1941—1949）》，第397—398页。

须根据共同的政治目标和共同的政治要求。"为了对付共同的敌人，为了彻底肃清封建残余，和驱逐帝国主义，我们要公开声明与中国共产党实行密切的合作，同时，我们也承认国民党革命委员会及其他许多民主党派都是我们的友军"，是我们的盟友。除中共和其他民主党派外，民盟的盟友还有"其他一切为民主革命而奋斗的人民团体"和无党无派民主人士。① 全会强调："民主和平自由独立的新中国的实现，是有赖于中国民主同盟、中国共产党、国民党民主派以及其他各民主党派与无党无派民主人士的亲密合作，才能达到的。"② 因此，民盟要"继续为巩固和扩大民主革命统一战线而奋斗"。今后的民主统一战线，不仅与政协时期的统一战线不同，也有别于政协以前的统一战线。"假如过去的统一战线，主要的是上层各民主党派的统一战线，那么今天和今后的统一战线，却主要的是各革命阶层的群众为主体的统一战线了。"民盟今后统一战线工作的重点和方向，"应当是向下层去巩固，向群众去扩大"，"万不能再停留在上层了"。③ 全会还认识到，与其他民主党派和无党无派民主人士的团结和合作，并不是无原则，而是在建立民主革命统一战线的过程中，"对于一切动摇妥协的分子，亦自应保持其批评之权利。不是放弃批评来获得团结，而是坚持立场，在不断的批评中来争取团结"④。抛弃所谓"中间道路"，主张与中共合作，与其他民主党派和无党无派民主人士合作，建立广泛的民主革命统一战线，这是民盟思想上的最大进步。

正是以上这四个方面思想认识的进步，使一届三中全会成了中国民主同盟告别过去、开创未来、从资产阶级的"中间路线"向新民主主义的"革命路线"转变的历史起点。时任民盟中央委员的叶笃义就认为三中全会及其制定的新的政治路线使民盟进入了一个新的阶段："之所以说民盟从此进入一个新阶段，这是因为：一、以前民盟总是公开宣称自己是第三者立场，

---

① 《中国民主同盟一届三中全会政治报告》，载《中国民主同盟历史文献（1941—1949）》，第395—396页。

② 《中国民主同盟一届三中全会宣言》，载《中国民主同盟历史文献（1941—1949）》，第376—377页。

③ 《中国民主同盟一届三中全会政治报告》，载《中国民主同盟历史文献（1941—1949）》，第396页。

④ 《中国民主同盟一届三中全会政治报告》，载《中国民主同盟历史文献（1941—1949）》，第395页。

承认国民党政府的合法领导地位，同它进行合法的斗争，现在则公开提出推翻它，改为对它进行非法斗争。二、如上所述，民盟以前在若干重大政治关键问题上同中共采取了互相配合的一致行动，但作为一个公开的政党，民盟总是宣称自己是站在国民党和共产党之间的第三者身份，而现在则公开声明同中共通力合作，明确了一边倒的态度。三、以前总是幻想能够争取美国改变援蒋立场，而现在幻想破灭之后，三中全会宣言最后以口号的形式公开提出'反对美国反动派的对华侵略政策'。"①

民盟被迫宣布"解散"的前后，迫于国民党的打压，民进、农工民主党、致公党、救国会等"带中间性的民主党派"纷纷转入地下活动，而民革的成立和民盟一届三中全会的召开，则对这些党派产生了巨大的影响，他们也开始抛弃"中间路线"，走上了反对国民党独裁统治的道路。1948年初，民建领导人黄炎培在上海秘密阅读了毛泽东的《目前形势和我们的任务》后明确表示："今后只有一件大事，我们应该依靠中共，与中共取得联系。"②这年4月，北平、天津、上海等大专院校师生掀起大规模的反饥饿、反迫害、求生存的示威活动，遭到当局血腥镇压。20日，民进领导人、首席理事马叙伦发表《我们该大踏步前进》的文章，号召全国人民勇敢地站起来，与"罪大恶极"的"南京独裁政权"做最后的斗争，称"南京独裁政权"是"人民的敌人"，"人人得而讨伐"之，"人人得而诛灭"之。③

1948年4月30日，中共中央发出纪念"五一"节口号共23条，其中第5条为"各民主党派，各人民团体及社会贤达，迅速召开政治协商会议，讨论并实现召集人民代表大会，成立民主联合政府"④。这一口号史称"五一口号"或"五一号召"，得到了"带中间性的民主党派"和无党派民主人士的积极响应。中共发出"五一口号"的第二天，民革主席李济深即召集在港的"带中间性的民主党派"领导人就中共的号召进行讨论，大家一致赞同

① 叶笃义：《中国民主同盟的由来和演变》，载《中华文史资料文库》第八卷，中国文史出版社，1996，第159页。

② 陈竹筠、许纪霖、陈起诚：《黄炎培》，载中共党史人物研究会编《中共党史人物传》第三十八卷，陕西人民出版社，1988，第322页。

③ 马叙伦：《我们该大踏步前进》，载《马叙伦政论文选》，第338页。

④ 《中共中央发布纪念"五一"劳动节口号》，载《中国民主同盟历史文献（1941—1949）》，第419—420页。

中共"五一口号"。5月3日，民革领导人梅龚彬首先在《华商报》上撰文响应："我们更应立即响应中共中央的'五一'号召，积极准备建立真正代表全中国人民的民主联合政府！"①5月5日，中国国民党革命委员会、中国民主同盟、中国民主促进会、致公党、中国农工民主党、中国人民救国会、三民主义同志联合会（由于中国民主建国会和九三学社这两个党派当时还在国统区活动，因而没有参加这次联名）与其他无党派民主人士，联合通电国内外各报馆各团体和全国同胞，响应中共中央"五一口号"："读中国共产党'五一'劳动节号召第五项……密合人民时势之要求，尤符同人等之本旨。除电达中共表示同意外，事关国家民族前途，至为重要。全国人士自宜迅速集中意志，研讨办法，以期根绝反动，实现民主。"②该通电同时也发给了中共中央和毛泽东，只是文字稍做了点改动。但遗憾的是，发给中共中央和毛泽东的电文，因"交通阻碍"，直到7月底中共方面才收到。此后，"带中间性的民主党派"又分别各自通电和发表宣言，表示拥护中共"五一口号"，将积极参加由中国共产党召集的有各民主党派和无党派民主人士参加的政治协商会议和联合政府。如民盟在6月14日发表的《响应中共"五一"号召致全国各民主党派各人民团体各报馆暨全国同胞书》中就明确表示："此次中共发布'五一'口号，其第五项主张迅速召开政治协商会议，实现民主联合政府"，"本盟当然愿为这一主张的早日实现而积极奋斗"，"通过新政协会议以解决国是，既是今日救国建国的唯一正确途径，本盟愿号召全国人民，吁请各民主友党民主团体，共同为迅速实现新政协而努力"，并提出了开展新政协运动和对全国时局的四点认识。③文中第一次提出了"新政协"这一概念，以与1946年1月召开的"旧政协"区别开来。中国国民党革命委员会6月25日的《响应中共"五一"号召的声明》强调："我们不仅同意中共中央这一建议，更愿本于孙先生之遗教，陈献我们的'一得之愚'，以就教于全国各民主党派，各人民团体，各社会贤达。并本此以号召

---

① 梅龚彬：《建立真人民政权响应"五一"号召》，香港《华商报》1948年5月3日。

② 《中国民主同盟与各民主党派领导人通电全国响应中共筹开新政协》，载《中国民主同盟历史文献（1941—1949）》，第417—418页。

③ 《中国民主同盟响应中共"五一"号召致全国各民主党派各人民团体各报馆暨全国同胞书》，载《中国民主同盟历史文献（1941—1949）》，第429—430页。

本党同志，全国人民，为新政协之实现，人民代表大会之召开，民主联合政府之成立而共同努力！"①除发表通电和宣言外，"带中间性的民主党派"和无党派民主人士还召开了许多大大小小的会议，座谈和讨论"五一口号"。比如 5 月 8 日，在香港的"带中间性的民主党派"和无党派民主人士召开题为"目前新形势与新政协"的座谈会，郭沫若、邓初民、翦伯赞、马叙伦、章乃器、冯裕芳、方与严、李伯球、沈钧儒、章伯钧、谭平山、黄药眠等出席并发言，"一致认为中共中央五一号召对于团结各党派，动员广大人民民主力量，促进革命胜利，具有重大的历史意义"。②

正是在响应中共"五一口号"（包括发表通电、宣言，开各种座谈会）的过程中，这些"带中间性的民主党派"和无党派民主人士在思想上有了明显的进步，即：**开始承认中国共产党的领导并表示接受其领导**。在民盟没有被迫宣布"解散"之前，中间势力，包括"带中间性的民主党派"，是把中共作为与国民党一样的政党看待的，是中国左、中、右三种势力中间的一种；民盟被迫宣布"解散"、"中间路线"随之破产后，中间势力，主要是"带中间性的民主党派"，是把中共作为友党看待的，主张与中共密切合作，共同反对蒋介石的独裁统治；"五一口号"后，"带中间性的民主党派"和无党派民主人士开始承认中共的领导地位，因为他们在通电、宣言和座谈会中，都表示愿意积极参加由中共召集的政治协商会议和联合政府，这实际上就承认了中共的领导地位，因为由谁召集，谁就是当然的领导者。实际上，当时"带中间性的民主党派"领导人和无党派民主人士对此是十分清楚的。如民进领导人马叙伦就区分过"上次的政协"（1946 年 1 月召开的政协，亦即"旧政协"）和"这次的政协"（中共"五一口号"提出的政协）的不同"性质"。他说："上次的政协，是民主和反民主、伪民主的集团妥协的。这次的政协，是民主方面的各阶级各阶层的代表自己互相商量'国是'，取得一个协议，只是'和衷共济'的而不是妥协的。这是性的不同。上次政协是反民主的反动集团做主体，而伪民主派也参加了的，这

---

① 《中国国民党革命委员会响应中共"五一"号召的声明》，载《中国民主党派历史资料选辑》（上册），第 125 页。

② 中国人民政治协商会议全国委员会文史资料研究委员会编《五星红旗从这里升起——中国人民政治协商会议诞生纪事暨资料选编》，文史资料出版社，1984，第 8—9 页。

次是民主阵线的各方面自己的集合体，而中国共产党是当然的领导者。这是质的不同。"① 当然这种承认是间接的，不是直接的。除间接承认外，更有直接承认的。如民革领导人谭平山发表文章表示："为着争取革命的提前胜利，是要大家多负责任的，而领导的责任，更不能不放在中国共产党肩上，这是历史发展上一种不容放弃的任务。"② 中国致公党的宣言称："中共在中国革命艰苦而长期的斗争中，贡献最大而又最英勇，为全国人民起了先导和模范作用，因此，这次新政协的召开，无疑我们得承认它是领导者和召集人。"③ 民盟的邓初民在演讲中说："中国无产阶级及其政党"，"具备了领导中国革命的一切条件"。④ 中国民主促进会第四次理事会议文件声明："民主联合政府为无产阶级、小资产阶级、民族资产阶级之各阶级共同执政之民主联合政权，但人民民主革命之彻底完成，必须无产阶级及其党之领导。"⑤ 马叙伦1948年5月在《读了中共"五一"口号以后》一文中写道："可以说全国一致在企望着卖国殃民的反动的独裁政权早一日消灭，新中国的人民自己的民主政权早一日成立，在企望着真正的人民革命的领导者——中国共产党，给一个鼓励和安慰的启示。现在是得到了。"⑥ "带中间性的民主党派"领导人和无党派民主人士联合起来承认中共领导并表示接受其领导的标志，是1949年1月22日，在东北和华北解放区的李济深（民革）、沈钧儒（民盟）、马叙伦（民进）、郭沫若（无党派）、谭平山（民革）、彭泽民（农工党）、章伯钧（农工党）等55人联名发表的《对时局意见》，他们在《意见》中明确表示："在人民解放战争进行中愿在中共领导下，献其绵薄，共策进行，以期中国人民民主革命之迅速成功，独立、自由、和平、幸福的新中国之早日实现。"⑦ 上述"带中间性的民主党派"领导人和无党派民主人

---

① 马叙伦：《读了中共"五一"口号以后》，载《马叙伦政论文选》，第348页。
② 谭平山：《适时的号召——论中共"五一"节号召》，香港《华商报》1948年5月23日。
③ 中国致公党：《响应五一口号，致公党发表宣言》，香港《华商报》1948年6月10日。
④ 邓初民讲、尤思纯记《新政协与领导权及统一战线问题》，香港《光明报》新1卷第10期，1948年7月16日。
⑤《中国民主促进会拟提出于政治协商会议之行动公约及政治纲领》，载中国民主促进会中央宣传部编《中国民主促进会四十年》，上海人民出版社，1985，第184页。
⑥ 马叙伦：《读了中共"五一"口号以后》，载《马叙伦政论文选》，第343页。
⑦《中国民主同盟领导成员暨各方面民主人士发表对时局意见》，载《中国民主同盟历史文献（1941—1949）》，第505页。

士"都公开表示承认共产党的领导地位，这是一个不容忽视的转变"①，表明自中国国民党革命委员会成立和民盟一届三中全会召开而开始的中间势力（主要是"带中间性的民主党派"和无党派民主人士）从资产阶级的"中间路线"向新民主主义的"革命路线"的转变至此已基本完成。从此，"中间势力""中间党派"或"带中间性的民主党派"的概念也就成了历史的记忆。

关于中间势力转变的原因，将放在下一节讨论，因为作为中间势力组成部分的自由主义知识分子的转变原因，与同样作为中间势力的"带中间性的民主党派"和无党派民主人士的转变的原因基本相同。

第三节　自由主义思潮从"鼎盛"到"消失"

全民族抗战期间，作为一种思潮的自由主义因其主张个性解放、个人自由的理念与全民族抗战的历史主题不符而消沉下来，很少有人再讨论甚至提起自由主义的相关话题。但到了抗战胜利后，中国向何处去、建立一个什么性质的国家这两个问题再次提上了中国人民的议事日程，自由主义思潮也因此而再次兴起，并出现了近代以来少有的"鼎盛"局面，然而这种"鼎盛"只是昙花一现而已，伴随着"中间路线"或"第三条道路"的破产和中国共产党"建立新中国"之方略的胜利，自由主义思潮也很快从中国大陆的政治和思想舞台上"消失"了，而且"消失"得无影无踪。

一、自由主义思潮的"鼎盛"

我们之所以称抗战胜利后的自由主义思潮为"鼎盛"，是因为在此之前，无论是新文化运动时期，还是九一八事变之后，自由主义者基本上都是没有加入任何党派的大学教授或报刊编辑，亦即纯粹的知识分子，借用殷海光的话说，是"观念人物"，而不是"行动人物"，没有任何政治力量作依托。但到了抗战胜利后，自由主义者则由两部分人所构成，一部分是

① 卫春回：《理想与现实的抉择——中国自由主义学人与"中间道路"研究（1945—1949）》，中国社会科学出版社，2010，第300页。

储安平、周绶章、杨人楩等没有加入任何党派的大学教授或报刊编辑，如储安平先后是重庆《客观》周刊和上海《观察》周刊的主编；一部分是施复亮、张东荪、罗隆基等中间党派的领导人，有政治力量作依托。这两部分人亦即殷海光所说的"观念人物"与"行动人物"，他们彼此配合，遥相呼应，发表对时局和中国政治前途的种种看法，宣传自由主义思想，其影响力就不是新文化运动时期和九一八事变后的自由主义者可以同日而语的。因为新文化运动时期和九一八事变后自由主义者的影响主要是在思想、文化和学术界，对政界的影响不大，而抗战胜利后的自由主义者不仅对思想、文化和学术界影响很大，对政界的影响也不容小觑，是国共双方都无法忽略的力量。此其一。其二，无论是新文化运动时期，还是九一八事变后，真正的自由主义者人数并不多，有影响力的自由主义者就更少。到了抗战胜利后，自由主义者的人数要远远多于新文化运动时期和九一八事变之后，据刘颖涟的博士论文研究，仅在《观察》周刊、《世纪评论》和《新路》周刊这三种宣传自由主义思想和主张的刊物上发表两篇以上文章的作者就达百人之多。《观察》引人注目的内容之一是赫然陈列于封面的 78 位撰稿人，他们几乎囊括了当时中国最具影响力的学界名流，同时也是中国最出色的自由主义者。根据 1947 年 9 月《观察》股东会的纪录，78 位撰稿人中为该刊执笔的有 55 人，约占刊稿者的 75% 左右，这个相当不错的比例"意味着《观察》聚拢了一批颇具影响力的自由主义者，从而奠定它在同类刊物中的特殊地位"[1]。除胡适、张东荪、罗隆基等在新文化运动时期和九一八事变之后已出名的自由主义者外，这一时期还涌现了不少新的有影响力的自由主义者，如储安平、施复亮、杨人楩、萧乾、萧公权等，尤其是储安平，已取代胡适成了这一时期自由主义的代表人物。其三，无论是新文化运动时期，还是九一八事变后，宣传自由主义的报刊并不多，新文化运动时期只有《新青年》和《努力周报》，胡适等人退出《新青年》后，宣传自由主义的主要阵地是《现代评论》，九一八事变后《独立评论》是自由主义者的主要阵地。但到了抗战胜利后，除了一些中间党派的机关刊物，如国家社会

---

① 卫春回：《理想与现实的抉择——中国自由主义学人与"中间道路"研究（1945—1949）》，第60 页。

党的《再生周刊》、中国民主同盟的《民主周刊》、中华职业教育社的《国讯》等，发表一些自由主义的文章外，宣传自由主义的报刊还有上海的《观察》《时与文》《中国建设》《经济评论》《中坚》《周报》、南京的《世纪评论》《展望》《主流》、北京的《知识与生活》《新路周刊》《周论》《自由批判》，以及香港的《大公报》《时代批评》等。尤其是储安平主编的《观察》周刊，"为一超党派之刊物，观察客观，发言公正，绝对独立，绝对超然"①，自1946年9月1日创刊，到1948年12月15日被迫停刊，共出版发行5卷114期；其发行范围由全国大城市逐渐扩展到乡镇和边远省份，并在广州、武汉、昆明、重庆、西安、北平、台湾等地发行有航空版，最高发行量近105000份；读者包括了学界、政界、军界、工商、银行等多种行业，成为全国最具影响力的政论性期刊，就其影响力和地位而言，完全可以与九一八事变后的《独立评论》相提并论。

既不走英、美资本主义的老路，也不走苏联社会主义的新路，而走英、美资本主义与苏联社会主义折中调和的具有中国特色的"中间路线"，亦即英、美的"政治民主"加上苏联的"经济民主"，实现"政治民主"与"经济民主"的结合，这不仅是抗战胜利后民盟为代表的一些中间党派的政治主张，也是这一时期自由主义者的政治主张。民盟为代表的一些中间党派虽然主张"中间路线"，但限于各方面的原因，并没有对"中间路线"展开理论上的论述，真正对"中间路线"展开理论上论述的是自由主义者。

按照自由主义者的理论，政治自由的意义就是建设民主、拥护民主。这种民主是以思想的自由和自由的思想为前提的，民主可使一国的政权真正掌握在多数人民的手里，由多数人民的意志来决定有关的国策，以保障人民的基本自由，用李澂庐《以民主缔造统一》一文的话说："每一个国民都有说话的自由，并有容忍别人说话的自由；每一个国民都有选择生活的机会，并获得生活安全的保障；每一个国民都有选举政府决定政策的权力，并保有批评政府及政策的权力。"②萧公权在《说民主》一文中也写道："什么是民主？我们的简单答覆是：人民有说话的机会，有听到一切言论和消息

---

① 《〈观察〉周刊社史料一组》，《档案与史学》1997年第6卷第22期。

② 李澂庐：《以民主缔造统一》，《观察》第1卷第12期，1946年11月16日。

的机会，有用和平方式自由选择生活途径的机会，有用和平方式选择政府和政策的机会。"①刘乃诚则借用林肯总统的名言："所称民主政治云者，就是美人所称民治民有民享，是以人民为主，由人民推选代表，主持政事，依据民众需求，提倡民众福利。"②吴世昌在《政治民主与经济民主》一文中同样强调，民主是"人民可以自由批评政府的政策及施政情形。人民可以用暴力以外的方法，改换政府；凡是公民，都可以用自由结合的方式，组织政党，用竞争选举的方式参加政府"③。就当时中国的政治现状而言，自由主义者特别提出，中国的民主政治内容应该体现在多党制的实行上。自由主义者是以容忍作为实现多党制的手段的。他们认为，容忍比自由更重要，没有容忍，就没有自由可言。

　　自由主义者既对官僚资本与封建土地制度深恶痛绝，也对西方资本主义生产资料私有制引发的种种弊端尤其是贫富差距的扩大心存忧虑，在他们看来，一个合理的经济制度应该"使社会总生产之分配尽可能趋于平均，俾使社会所有人士自一定的总生产中所能获得之满足之总和臻于最大"④。这种"合理的经济制度"便是生产资料的公有制度。吴景超以美国为例做了一个统计，美国劳务收入的两端相差二三十倍之间，假如只有此，"美国的社会可以说是很平等的"⑤；但是另一源于财产收入的差别就极大了，一般的民众与财阀之间的悬殊难以数计，这是造成贫富不均的主要原因。而实现了财产公有以后，人民收入中最重要的只有劳务收入，这便消除了不劳而获的财产收入，虽然个人的劳务收入是不同的，在苏联一般的差距有18倍，加上不同职务的奖金其两端差距有130余倍，但比起美国的财产悬殊毕竟减少了许多。"由此可见两种财产制度，产生两种不同的贫富距离。私有财产制度下所产生的贫富距离，其宽度远非公有财产制度下所产生的所可比。"⑥

---

① 萧公权：《说民主》，《观察》第1卷第7期，1946年10月12日。
② 刘乃诚：《现代中国政治改革的几种原则》，《观察》第2卷第5期，1947年3月29日。
③ 吴世昌：《政治民主与经济民主》，《观察》第1卷第5期，1946年9月28日。
④ 蒋硕杰：《经济制度之选择》，《新路周刊》第1卷第3期，1948年5月29日。
⑤ 吴景超：《私有财产与公有财产——美苏经济制度述评之一》，《新路周刊》第1卷第15期，1948年8月21日。
⑥ 吴景超：《私有财产与公有财产——美苏经济制度述评之一》，《新路周刊》第1卷第15期，1948年8月21日。

与生产资料公有制相联系的是计划经济，尽管也有个别自由主义者对计划经济持怀疑甚至否定的态度，但就绝大多数的自由主义者来看，他们认为计划经济优于自由经济，是最具优势的经济制度。如吴恩裕就从人类发展的趋势着眼，论证了计划经济是符合人类本性的最优选择："人有个性，亦有社会性。不但维持最低限度的生存，人必得和旁人合作及分工；而改进个人的生存，尤其需要高度的合作与细密的分工。这种高度的合作与分工的社会就正是所谓'计划的'社会。因此，'计划的'社会乃是人性的要求。这要求，在理论上可以有充分的证明；在事实上也即将逐步地证实。它不怕任何阻力：因为它是'历史的狂澜'，任何人休想挽回历史的狂澜！"① 陈振汉则从自由主义经济学的效率角度，提出了"社会主义实行计划经济的必要性"。他分析说，经济制度的重要功能之一是派分生产资源。在社会主义的计划制度下，虽然生产因素的客观市场不再存在，但在理论上计划当局仍能够根据所谓价格的变数作用（parametric function）把生产资源派分到各种生产事业里去，而且也能达到与理想的价格制度媲美的效率。从实践看，苏联的计划经济也可证明，做到供求平衡并不是一件困难的事情。因此为了实现社会主义的建设与生产，计划经济是比运用价格机制更有效率的一种选择。② 正是基于对生产资料公有制和计划经济优越性的认识，绝大多数自由主义者主张采用社会主义，因为他们认为生产资料公有制和计划经济是社会主义的本质特征，也是社会主义能够实现经济平等的根本原因，而经济实现了平等，自由也就有了保障和基础。吴恩裕在《自由乎？平等乎？》一文中便指出："西方民主政治的经验已经昭示给我们：没有平等的基础，真正全民的自由是不会实现的。平等和自由是不冲突的，因此我们一方面固然要争取自由，另方面也要促成平等，以为自由的基础。"③ 在这方面，他们尤其推崇苏联的经验，认为苏联实行的社会主义真正实现了经济平等，用张东荪的话说："所谓经济平等亦就是废除剥削，不必再讲更进一步。并且须知全世界所有实行社会主义的国家，能有成功的亦只是做到废除剥削为止。老实说，废除剥削是一件极难极难的事。除了苏联以外，任何施

---

① 吴恩裕：《由人性上证明计划社会的必要》，《新路周刊》第 1 卷第 9 期，1948 年 7 月 10 日。
② 陈振汉：《混合制度与计划制度中间的选择》，《新路周刊》第 2 卷第 5 期，1948 年 12 月 11 日。
③ 吴恩裕：《自由乎？平等乎？》，《观察》第 3 卷第 12 期，1947 年 11 月 15 日。

行社会主义的国家都没有完全做到。"①正因为苏联的社会主义实现了真正的经济平等，而经济平等是实现自由的基础，所以这一时期的自由主义者，又将苏联的社会主义制度形象地称之为经济民主，以与英、美为代表的西方的政治民主相对应，并主张"拿苏联的经济民主来充实英、美的民主政治"，通过苏联的经济民主与英、美的政治民主的嫁接，建构起中国的民主制度。

自由主义者在分析了世界主要国家的社会制度后认为，以英、美为代表的西方国家是政治民主，但由于实行的生产资料私有制和自由经济，造成国民贫富差距的扩大，因而经济不民主；与西方国家相反，苏联是经济民主，但由于实行的是一党制度，不允许其他政党存在，因而政治不民主；仅有政治民主或仅有经济民主都不是理想的社会制度，理想的社会制度应是政治民主与经济民主的结合，用周绶章的话说："我认为政治的自由与经济的平等，不仅无任何绝对不可调和的冲突矛盾可言，而且正如车之两轮，鸟之双翼，引导人类和平进步，缺一不可。没有政治自由，经济平等不能良久保持，而人类的精神生活，不能得到解放；没有经济平等，政治自由的根基也不坚实，而人类的物质生活，常有匮乏之虞。只有兼采资本主义制度中之政治自由，与共产主义制度中之经济平等两大原则，调和而为一种新的主义，新的路线，才能够把人类引入真正的和平幸福之境。"②薛葆恭也指出："所谓'民主政治'，无论就一般学者的见解看，就历史的发展看，或就现在事实的趋向看，必须作到两大原则，政治平等和经济平等。只有经济平等，没有政治平等，自然不能称为民主政治；只有政治平等，而没有经济平等，也不是真正的澈底的民主政治。"③吴世昌也撰写文章，题目就叫《政治民主与经济民主》，认为英、美有政治民主而无或缺少经济民主，苏联有经济民主而无或缺少政治民主，英、美人民有充分的权而利则不足，苏联人民有充分的利而权则不足，故中国有必要兼采二者之长，实现政治民主与经济民主的结合。④惟有政治民主和经济民主兼而有之的社会制度，

---

① 张东荪：《经济平等与废除剥削》，《观察》第4卷第2期，1948年3月6日。
② 周绶章：《政治自由与经济平等——新社会主义路线的提出》，《世纪评论》第1卷第20期，1947年5月17日。
③ 薛葆恭：《民主政治的基本原则——政治平等经济平等》，《知识与生活》第16期，1947年12月1日。
④ 吴世昌：《政治民主与经济民主》，《观察》第1卷第5期，1946年9月28日。

才是真正体现了民主制的真谛，这也是自由主义者所希望的中国未来的社会制度。

在自由主义者看来，"中间路线"的实现方式，只能是和平改良而不是暴力革命。杨人楩就明确指出："自由主义反干涉，尤反使用暴力的罪行，故自由主义含有消灭暴力的道德使命。"[①] 胡适也再三强调："自由主义为了尊重自由与容忍，当然反对暴力革命，与暴力革命必然引起来的暴力专制政治。"[②] 在自由主义者的观念里，暴力革命等同于兵连祸结，于国无利，于民有害，只有"用立法的方法，一步一步的做具体改革，一点一滴的求进步"[③]，才是适宜的，才能最大限度地减少对社会的震动和破坏。经济上也是主张用和缓的手段，尽量利用资本主义的优点去发展生产力。土地改革则不采取没收封建地主阶级土地的过激方法，而是要集中力量，用和平的方式解决土地问题，以解除农民的痛苦。总之，他们希望在避免社会震荡、兼顾各阶级利益的前提下，调和阶级矛盾，和平地实现政治民主与经济民主的完美结合。借用杨人楩的话说："自由主义始终是这演化关系中的重要份子，决不因遭受左右夹攻而被消灭。自由主义者也能了解其他力量所能具有的历史使命，决不因所见不同而企图消灭其他力量。在历史演进中，各个力量都有其历史的功能，当其功能完全丧失之时，即此力量不复存在之时，这一切只有让历史来决定。"[④]

在论述"中间路线"的实现时，自由主义者特别强调了他们作为介于国共之间的"中间势力"或"第三方面""第三种力量"的重要作用。力主"中间路线"的施复亮在 1948 年 1 月 24 日发表的《论自由主义者的道路》一文中写道："在最近的将来所能实现的前途，恐怕还只是新民主主义的政治和新资本主义的经济。这正是'今日中国自由主义者'所要走的道路；而且这条道路的实现，自由主义者要负极大的责任。只要自由主义者坚决地向着这条道路走去，我相信今天讥评或抨击自由主义的人，明天必然会改变他的态度。"他一再要求自由主义者要自己看得起自己，要相信"决定中

---

① 杨人楩：《自由主义者往何处去？》，《观察》第 2 卷第 11 期，1947 年 5 月 10 日。
② 胡适：《自由主义》，北平《世界日报》1948 年 9 月 5 日。
③ 胡适：《自由主义》，北平《世界日报》1948 年 9 月 5 日。
④ 杨人楩：《再论自由主义的途径》，《观察》第 5 卷第 8 期，1948 年 10 月 16 日。

国前途的力量，不仅是国共两党，还有自由主义者和国共两党以外的广大人民。这是第三种力量，也是一种民主力量。这一力量的动向，对于中国前途的决定，具有举足轻重的作用"。他反复指出："自由主义者，可能不是革命主义者，但必然是民主主义者。中国民主政治的实现，必然有待于自由主义者的努力。只有自由主义者，才能自由批评'异见'，同时充分尊重'异见'。只有自由主义者，才能始终坚持民主的原则和民主的精神来从事民主运动，解决政治问题。自由主义者的这种努力，在个人方面也许要归于失败，但在民主政治的促进上决不会失败，尤其在民主政治的教育上更不会失败。"① 储安平也一再强调："未来中国的安定和希望，实多少系于今日中国这一批进步的中产阶级智识份子身上。我们应当用各种方法来鼓励他们，使之成为中国未来局面中的一个重要的安定因素。"② 所以"为了达到造成一个民主的中国的目的，我们应当用种种方法以鼓励中国的中产阶级抬头……其中特别对于自由思想的大学教授及著作家等，应鼓励他们出而说话，建立一个为民主国家所不可缺少的健全的舆论"③。

除了论述他们所理想的"中间路线"外，抗战胜利后的自由主义者还讨论过"什么是自由主义"以及"自由主义者往何处去"等问题。杨人楩认为自由主义的第一个意义是个人自由，第二个意义是追求进步，反对保守，但自由主义追求进步是以和平方式进行的，反对以暴力的手段来获取自由。自由主义虽然反对暴力，但面对暴力的威胁时，"自由主义者须具有不屈服与不妥协的斗争精神"，只有这样才能最终实现自由主义。他也不赞成自由主义不适合中国国情的说法，认为自由主义在中国已有半世纪的历史，"在火药气味所笼罩下的中国之仍能有点进步，便是得力于"自由主义，五四运动"就是个自由主义的运动"。④ 萧乾在为《大公报》写的社评《自由主义者的信念》中写道："自由主义是一种理想，一种抱负，信奉此理想抱负的，坐在沙发上与挺立在断头台上，信念得一般坚定。自由主义不是迎合时势的一个口号，它代表的是一种根本的人生态度。这种态度而且不是消极的。

---

① 施复亮：《论自由主义者的道路》，《观察》第 3 卷第 22 期，1948 年 1 月 24 日。

② 储安平：《中国未来局面中的一个安定因素》，《客观》第 3 期，1945 年 11 月 24 日。

③ 储安平：《中产阶级及自由份子》，《客观》第 7 期，1945 年 12 月 22 日。

④ 杨人楩：《自由主义者往何处去？》，《观察》第 2 卷第 11 期，1947 年 5 月 10 日。

不左也不右的，政府与共党，美国与苏联一起骂的未必即是自由主义者。尤其应该弄清的是自由主义与英国自由党的主张距离很远很远。自由主义者对外并不拥护十九世纪以富欺贫的自由贸易，对内也不支持作为资本主义精髓的自由企业。在政治在文化上自由主义者尊重个人，因而也可说带了颇浓的个人主义色彩，在经济上，鉴于贫富悬殊的必然恶果，自由主义者赞成合理的统制，因而社会主义的色彩也不淡。"该文接着列举了自由主义的 5 个基本信念：（一）政治自由与经济平等并重；（二）相信理性与公平，也就是反对意气、霸气与武器；（三）以大多数的幸福为前提；（四）赞成民主的多党竞争制，也就是反对任何一党专政；（五）认为任何革命必须与改造并驾齐驱。[①] 在周绶章看来，自由主义绝非"没有主义"，自由主义者"以自由为主义，相信唯有不受任何偏见的束缚，通过自由的道路才能得到真理"，自由主义"以天下之公是非为是非，以人民之公利害为利害，而不受任何政治教条，党八股的约束"；自由主义绝非"帮闲主义"，绝非为统治者作御用工具而讨一官半职；自由主义绝非"投机主义"，相信"大多数人民的趋向是正确的"；自由主义绝非"尾巴主义""民族失败主义"，自由主义者是最爱护国家主权，最看重民族利益的。[②] 胡适在题为《自由主义》的讲话中强调："自由主义最浅显的意思是强调的尊重自由，现在有些人否认自由的价值，同时又自称是自由主义者。自由主义里没有自由，那就好像长坂坡里没有赵子龙，空城计里没有诸葛亮，总有点叫不顺口罢！"他认为"自由主义就是人类历史上那个提倡自由，崇拜自由，争取自由，充实并推广自由的大运动"。具体来说，自由主义有四个意义："第一个意义是自由，第二个意义是民主，第三个意义是容忍——容忍反对党，第四个意义是和平的渐进的改革"，尤其是"容忍反对党，保障少数人的权利"，"这是近代自由主义里最可爱慕而又最基本的一个方面"。[③] 李孝友在《读〈关于中共往何处去〉兼论自由主义者的道路》一文中强调了个性解放和个人自由对于自由主义的重要意义：自由主义是一种人生观，是对于社会的一种态度，因其所处之社会背景和时代背景的不同，自由主义的人生观也是随之发生

---

① 萧乾：《自由主义者的信念》，上海《大公报》1948 年 1 月 8 日。
② 周绶章：《为真正的自由主义份子打气》，《世纪评论》第 4 卷第 10 期，1948 年 9 月 4 日。
③ 胡适：《自由主义》，北平《世界日报》1948 年 9 月 5 日。

变化的；但是万变不离其宗，无论任何时代的自由主义者都追求个性的自觉并企求个性得到完美的自由发展，所以对于任何压抑个性的社会制度，自由主义者必挺身反对。这种个性的自觉有双重特性："一方面具有个人性功利性，一方面又具有社会性与正义性。"[①] 就自由主义者对什么是自由主义的解释来看，除胡适、李孝友等少数人仍坚持个人本位的自由主义外，大多数人都主张兼采自由主义与社会主义的"新自由主义"，他们有时又把这种"新自由主义"称之为"民主社会主义""自由社会主义""新社会主义""进步主义"等。比如，萧乾在为《大公报》所写的社评就认为，"自由主义不过是个通用的代名词。它可以换成进步主义，可以换为民主社会主义"[②]。

"自由主义者往何处去"的问题，也就是自由主义者在中国的使命和命运问题。这一问题最先是杨人楩提出来的。1947 年 5 月 10 日，杨人楩在《观察》周刊第 2 卷第 11 期发表《自由主义者往何处去？》一文。在此前后，他又发表了《国民党往何处去？》（《观察》周刊第 2 卷第 3 期，1947年 3 月 15 日）以及题为《关于〈中共往何处去？〉》给储安平的信（《观察》周刊第 3 卷第 10 期，1947 年 11 月 1 日）。到了 1948 年前后，讨论"自由主义者往何处去"的文章开始大量出现在《大公报》《观察》《时与文》《世纪评论》《知识与生活》《新路周刊》等一大批自由主义的报刊中。据卫春回的研究，这一时期自由主义者之所以开始关注"自由主义者往何处去"，主要受两个因素的影响："第一，1948 年，中国的内战已爆发了一年半时间，国民党颓势日趋明显，共产党优势愈发突出，预感到的重大时局变化，使自由主义者对自己的信仰和命运不能不投入更多的关注和探究，何去何从成为他们无法回避的问题。第二，代表自由主义的中间党派此时已完全分化，参政的中间势力实际上已经不复存在。一部分自由主义者为了坚持自由主义理想，形成了又一次组织自由主义团体的小热潮：中国社会经济研究会（北平）、中国社会经济研究社（南京）、南京 47 位教授和 100 名教授分别组成的团体，是这一时期自由主义者的重要行动。这些学人论政团体的议论主旨，自然离不开自由主义在中国当前背景下的自身定位。实际

---

① 李孝友：《读〈关于中共往何处去〉兼论自由主义者的道路》，《观察》第 3 卷第 19 期，1948年 1 月 3 日。
② 萧乾：《自由主义者的信念》，上海《大公报》1948 年 1 月 8 日。

上，这次讨论不仅针对自由主义本身，同时也回应其他方面对自由主义的若干指责。"① 其实，在杨人楩发表《自由主义者往何处去？》一文之前，也有自由主义者的文章谈到这一问题。概而言之，关于"自由主义者往何处去"的讨论主要涉及三方面的内容。

一是对国民党的认识以及自由主义者与国民党的关系。杨人楩在《国民党往何处去？》一文中指出，国民党上台已经 20 年了，"二十年来虽然有若干阻力使它不曾畅行其志，但一般而论，其政权是相当完整而自由的，二十年之时间亦不可谓不长，然其统治的结果却未能与中国民众的福利配合，和孙中山先生手创三民主义时所悬的标准，距离甚远"。他希望国民党的领袖们要知道这样一个道理：任何政党取得政权以后，当然要竭力保障其政权，假使它不能在积极方面将其政纲兑现，不能谋人民的福利而博得人民之同情与拥护，便只有在消极方面设法，拿新的政令来恢复人民的信仰，拿宣传来减少人民的反感，拿恫吓来制止人民的抗议，但这些办法的效用"至多只等于苟延残喘的强心针，欲赖以恢复健康是绝对无望的"。在文中他以"旁观者的立场，以友好的态度"，向即将召开的国民党六届三中全会提出了三点建议：第一，先须重整党纪，健全自身组织，使国民党成为一个真能与民众福利相配合的党。第二，今后一阶段的统治，应以获得人民的信仰为第一，宣传与恫吓一类的手段，都应弃而不用。第三，国民党既多次表示愿还政于民，实施宪政，就应调整今后之党政关系，以表示具有领导民主运动的诚意和决心。最后他写道："目前是中国问题演变得最厉害的时代；在这演变中国民党究应往何处去呢？途径也许很多，而目标却只有一个：不能离开中国民众。一个政党离开了民众，必将失却其存在之理由；国民党如欲施展其解决中国问题的抱负，只有针对着这个目标。站在人民的立场，我们有促使执政党重视民众的责任。"② 李时友批评国民党没有实行孙中山的三民主义，孙中山的三民主义强调民族、民权、民生的统一，但北伐之后，国民党便迎合世界泛滥的极权思想，"于是专政独裁的理论风行，认为唯有独裁的政治乃能遭应时代潮流，挽救民族的危机，结

① 卫春回：《理想与现实的抉择——中国自由主义学人与"中间道路"研究（1945—1949）》，第110页。

② 杨人楩：《国民党往何处去？》，《观察》第 2 卷第 3 期，1947 年 3 月 15 日。

果地方自治有名无实，而民生主义也便石沉大海，这种极权专政论的余波到今天也还是缭绕在中国政治舞台上的"。与极权思想相伴而行的是右倾保守的逆流："从极权政治下脱胎而出的是腐化贪污的官僚政客与豪门资本家操纵的政治，他们一手抓住民族主义中禹汤文武周公孔子一脉相传的道统，禁锢着人们的思想，维护既得特权；一手以'中国只有大贫与小贫'的往事，掩盖着榨取民族血汗的奸计，造成当前中国政治上一道不易疏导的右倾保守的逆流。"国民党不仅没有认真实行孙中山三民主义，而且还与之背道而驰，这是中国当时一切社会问题产生的症结所在。对此，国民党应该引起深刻反省。[1] 在张东荪看来，国民党之所以腐化堕落，弊端丛生，一个重要原因，就是国民党实行的是一党专政，以党治国，党权凌驾于民权之上，缺乏行之有效的监督，所以"当前最切要的一个问题就是必须把国民党由特别政党变为普通政党。换言之，即由民主国家所不能容许的组织变为民主国家所能容许的组织。变更的方法可有两种：一是由国民党自动；一是由环境来逼迫"。[2] 这也是张东荪力主成立有各党派参加的联合政府的重要原因。犹如张东荪，吕克难的《国民党危机的新阶段》一文也认为国民党实行的一党专政、以党治国，是一切腐化的根源，"一个独尊了二十年的党而不腐化，那将是人类政治史上的奇迹"。没有监督的权力必然会产生腐化，更何况一党专政已长达20年的国民党。更为重要的是，已严重腐化的国民党及其既得利益集团已经无法也无力抑制腐败的再生："国民党最大的困惑，则是耳聆着朝野沸腾的两个口号：肃清豪门，实行土改。一时无从抉择。这苦楚确是局外人意想不到的。""肃清豪门"的对象，"极大多数是中央要员，国民党巨头，果不幸的征到自己人头上，这在国民党说，岂不是自承过去曾经庇护豪门使特权者庞大其既得利益吗？""土地改革"的情形也是一样，"盖土地改革的对象，政府中人尤是占一个可观的数目，连中央周刊座谈会所请的土地专家，也力言土地改革的障碍乃是执行土地改革的封疆大员"。[3] 本来在抗战胜利后，自由主义者对国民党是充满着希望的，他们批评国民党也是为了尽到一个"忠诚的反对者"的责任。但随着时间的

---

① 李时友：《评中国国民党》，《世纪评论》第3卷第6期，1948年2月7日。
② 张东荪：《追述我们努力建立"联合政府"的用意》，《观察》第2卷第6期，1947年4月5日。
③ 吕克难：《国民党危机的新阶段》，《世纪评论》第3卷第20期，1948年5月15日。

推移，"政府种种表现，无不使人失望"①，他们对国民党也就越来越感到不满，尤其是民盟的解散以及政论类报刊被相继查封，表明国民党是不可能像自由主义者所希望的那样锐意改革、获得新生的，自由主义者中的很多人也因而从对国民党的不满转变为对国民党的彻底失望，储安平 1948 年 7月 17 日发表于《观察》周刊上的一段文字可以说代表了这部分自由主义者的心声："我们愿意坦白说一句话，政府虽然怕我们批评，而事实上，我们现在则连批评这个政府的兴趣也已没有了。即以本刊而论，近数月来，我们已很少刊载剧烈批评政府的文字，因为大家都已十分消沉，还有什么话可说？说了又有什么用处？我们替政府想想，一个政府弄到人民连批评它的兴趣也没有了，这个政府也就够悲哀的了！"②

二是对共产党的认识以及自由主义者与共产党的关系。本来应储安平的邀请，在先后发表了《国民党往何处去？》和《自由主义者往何处去？》后，杨人楩是要再接再厉写篇《中国共产党往何处去？》的，可是经过长时间的思考，始终觉得无法下笔，只好放弃。1947 年 9 月 28 日他在给储安平的信中讲了原因：一是他自己是一个不大容易接受宣传的人，不易得到写作所需的材料，"中共宣传所绘出的色彩似嫌过于美丽，反中共的宣传也使我们具有'桀纣并不如是其恶'的感想"；二是内战已经爆发，并由内战变为了"内乱"，国民党已宣布中共为"共匪"，作为自由主义者已经失去了说话的余地；三是自由主义者与中共的理论虽然有很多差别，假使被中共骂作"帮闲"倒无关紧要，但是若真被利用来做了帮闲的理论就是罪过了。在给储安平的信中，杨人楩重点谈到了自由主义者如何对待中共的问题。他指出：在自由主义者中，有同情中共者，亦有反对中共者，反共原不是国民党的专利权。被中共讥为小市民的自由主义者之所以反共，不是基于个人的恩怨与好恶，而是基于一种独立的认识。自由主义者之所以反共是因为不认同共产党所信仰的共产主义，共产主义也不会因为有人"批评与攻击而被消灭"，除非它已经丧失了其存在的理由。"自由主义者与共产党是对立的；自由主义需要此一对立始能显出其本来面目。自由主义决不因此一对立而消失其力量，正如其不会因有其他对立而消失其力量一般。

---

① 储安平：《中国的政局》，《观察》第 2 卷第 2 期，1947 年 3 月 8 日。

② 储安平：《政府利刃，指向〈观察〉》，《观察》第 4 卷第 20 期，1948 年 7 月 17 日。

自由主义与共产主义无法妥协，然而自由主义并不要消灭共产主义。不妥协便是斗争，在必须斗争的情况之下，自由主义者应当斗争。"自由主义者无法赞同内战，至少不应该助长内战，"在政治主张上，我们实在不敢赞同'非甲即乙'的说法；在甲与乙之外，可能还有其他。自由主义并不是介于三民主义与共产主义之间的，它是与二者对立的；故此，自由主义并非中间路线，自由主义者也不是居间取巧的第三种人。假使中共认为自由主义者是些'帮闲'的'小市民'，正如若干国民党骂自由主义者是中共的尾巴一般，同样不合事实。……我们不能缄默，我们要在两面不讨好的情况之下来争取和平"。[①] 李孝友则对杨人楩的上述认识提出了不同的看法，他在《读〈关于中共往何处去〉兼论自由主义者的道路》一文中明确表示："杨先生的若干论点我们不能完全同意。"在李孝友看来，自由主义者与中共并非像杨人楩所说的那样是完全无法妥协的，相反在许多问题上自由主义者与中共有着一致性。由于自由主义者反对任何压抑个性的制度，"所以自由主义者对于极权主义富于干涉性的共产主义所造成的整个社会的改观与对个人自由的限制不能同意"，但对于中共摧毁封建社会的努力和行动，自由主义者应该给予同情和支持。因为自五四运动以来，自由主义的种种运动虽然对社会对文化产生了极大的影响，但是对于整个社会的本质，以及根深蒂固的封建势力却未能动及毫末。这不能不说是中国自由主义者的悲剧。"自由主义者温和的甘草二花失效之余，中国共产党遂乘机投之以猛烈的虎狼之剂。而这剂'革命'之药，却已使整个的封建势力战栗不已。"就此而言，李孝友认为自由主义者应该学会与中共妥协，促使中共形成承认异己尊重异己的民主风度与发扬个性冲淡党性的温和气氛，他坚信大半出身于中产阶级的中共是会接受自由主义者善意的批评的，他也希望每一个自由主义者都应该像他一样抱有这种信心。如果仅仅因中共对个人自由有所谓"威胁"，就像杨人楩所说的那样，"某些自由分子嚷着要消灭中共"，准备与封建势力同流合污，那最多也只会造成中国历史倒退几十年，但历史最终是不可能倒退的。"在目前与其说自由主义与共产主义的对立，始能显自由主义者的面目，不如说自由主义与封建社会对立更能显露其特性与使命。虽

---

① 杨人楩：《关于〈中共往何处去？〉》，《观察》第 3 卷第 10 期，1947 年 11 月 1 日。

然自由主义与共产主义须要对立，但须要在二者共同的'敌人'封建社会摧毁或却步以后，这种对立始有可能。"① 在《再论自由主义的途径》一文中，针对共产党人和共产党的同情者对自由主义者的两点批评：一、自由主义者是小市民阶级的代表者，害怕共产党的革命破坏他们的优裕生活，因而"拒绝流血的革命而趋向于改良主义"；二、因为是改良主义，自由主义者崇奉英美式的民主，而忽略经济上的民主，杨人楩强调自由主义者可能是改良主义者，但只要改良主义能够行之而无阻，并能够真正地追求进步，便找不出应当抛弃改良主义的理由。自由主义者并不怕共产党的"清算"，也不怕共产党给自己扣上不要"经济平等"的大帽子，实际上自由主义者"渴望着能实现经济民主，进而希求知识民主，这便是自由主义者较共产党更前进之处"。他尤其强调，在国共两党的斗争中，自由主义者"在理论上也没有被迫而加入国共之一方的道理"，自由主义者应该保持自己的独立性和自由。基于此，他不同意"自由主义的路线是中间路线或第三路线"的说法，认为这种说法"是错误的"，因为"中间路线的意思是指介乎左右之间。假如左倾是象征进步的话，则自由主义是左而又左的，因为它是始终不满于现状而在不断求进步的"，也正是因为自由主义者"始终不满于现状而要求进步，所以它始终为掌握着权力的一方所厌恶"。②

三是自由主义者的历史使命。杨人楩在《自由主义者往何处去？》一文中根据当时中国的现状，提出了中国自由主义者最起码的历史使命，即："停止内战以安定人民生活，重人权崇法治以奠定民主政治，反复古尚宽容以提高文化水准。"在他看来，要实现这些历史使命，自由主义者除努力使内战尽量避免发生外，还应坚持自由主义的基本内涵，即强调基本权利，重视法治对权利的保障，以及要求民主政治，同时也要有一种宽容的态度，容纳各种不同的思想。他尤其强调，要实现历史使命，自由主义者可以不加入任何政党，对自由主义也可以有不同的取舍，但有几点是自由主义者必须坚守的：第一，"自由主义者要参加实际政权，必须坚持一个最起码的条件：议会能发挥其所应发挥的权力"，亦即坚持议会民主，反对"多党训

---

① 李孝友：《读〈关于中共往何处去〉兼论自由主义者的道路》，《观察》第3卷第19期，1948年1月3日。

② 杨人楩：《再论自由主义的途径》，《观察》第5卷第8期，1948年10月16日。

政"或"一党训政"，因为训政"与自由主义的精神是根本冲突的"；第二，"自由主义者之促成进步，并不一定要掌握政权，在野亦能同样起作用"。掌握政权与否并不是自由主义唯一发挥作用的方法，因为"自由主义者的责任不但要领导人民，而且要教育人民；惟有以在野的地位，始易于尽到此种责任"。就此而言，"在政府未能完全接受自由主义的领导以前，自由主义者与其分享政权，还不如形成议会中的反对派之更有力量"；第三，即使有一天中国的政权真正掌握在了自由主义者手里，"自由主义者千万不能忘本"，要坚持自由主义的自由、理性、进步、民主等基本内涵，唯有如此，"始可保全自由主义的创造力"。在文中他反复提醒今后的执政者，"即使不愿接受自由主义，也不宜消灭自由主义"。因为：第一，要消灭自由主义必须用暴力，凭借暴力的政权同样可遭遇到凭借暴力的抵抗；自由主义是弃绝暴力的，惟有保全自由主义的精神，始可防止暴力。第二，自由主义之被消灭只是暂时的，使用暴力亦不足以保全静态，不如容许反静态的力量而使其能在动态中求进步。第三，自由主义之被消灭虽只是暂时的，但这一暂时的打击可能阻遏民族文化的进步。第四，民族创制力如因自由主义的暂时消灭而消灭，则人民将无力量阻遏可能发生的灾难，更无力量来恢复灾难以后所应有的民族自信。他最后写道："自由主义可能是件使执政者感觉头痛的东西，然而，为着保全民族的创制力与自信心，为着促进民族文化，为着消灭暴力，稍有眼光的执政者，必须忍受着这一点点头痛，而容许自由主义之存在。"[1] 为了回答自由主义者的历史使命问题，施复亮1948年1月24日在《观察》第3卷第22期上发表《论自由主义者的道路》一文，他开宗明义便写道："在这内战已经全面化和持久化的局势之下，自由主义者还应不应该有自己的道路？能不能走自己的道路？"这是每一个自由主义者必须回答的问题。而他"个人认为应该有自己的道路，而且能够走这条道路"。那什么是"自由主义者"应该走的道路呢？他认为当时摆在中国人面前的有三条路，一条是国民党的"殖民地化的法西斯蒂"的道路，一条是共产党的"社会主义革命胜利"的道路，一条是自由主义者的"新民主主义的政治和新资本主义的经济"的道路；"从当前国际和国内的情势看

---

[1] 杨人楩：《自由主义者往何处去？》，《观察》第2卷第11期，1947年5月10日。

来"，国民党的"殖民地化的法西斯蒂"的道路"绝无实现的机会"，共产党的"社会主义革命胜利"的道路"也还很少有实现的可能"，"在最近的将来所能实现的"只有自由主义者的"新民主主义的政治和新资本主义的经济"的道路，"而且这条道路的实现，自由主义者要负极大的责任"。为此，他提出自由主义者在实现"新民主主义的政治和新资本主义的经济"之道路的过程中，必须"跟广大人民站在一起"，承认自己是广大人民中间的一部分或一份子，以广大人民的利害为自己的利害，以广大人民的要求为自己的要求，以广大人民能否获得自由"来衡量一个社会或国家的自由程度"。以此为标准，"自由主义者不但不能满意国民党统治区域的'现状'，也一样不能满意共产党统治区域的'现状'。自由主义者在国民党统治之下应当努力争取'自由'，在共产党统治之下也要有勇气争取'自由'；但他所争取的应当是多数人的自由，不应当是少数人的自由"。此外，施复亮也强调了"自由主义者始终要求进步"对于实现"新民主主义的政治和新资本主义的经济"之道路的重要意义。他指出："进步是自由主义的基本精神；没有进步，就没有自由主义。"而所谓"进步"，就是更多的人民获得更多的"自由"。由于反动派侵害人民的自由，从而阻碍社会和国家的进步，"所以自由主义者要反对反动派。革命虽然要流血，为自由主义者所不欢迎；但它可能产生进步，也就不应为自由主义者所反对"。他也反复强调，要实现"新民主主义的政治和新资本主义的经济"的道路，自由主义者绝不应该支持内战，必须想尽办法结束或者缩短内战。与许多自由主义者一样，施复亮也认识到，在中国的具体条件之下，自由主义者也许永远不能掌握政权，甚至不一定能参加政权，但自由主义者应当努力地促成自己政治主张的实现，自由主义者所争取的是实际的工作，而不是表面的功绩，"因此，不能以夺取政权或参加政权与否来判定自由主义者的成败"。他要求自由主义者要相信"自己的道路"，一个自由主义者只要肯始终站在广大人民中间，始终"反静态""反现状""反干涉""求进步""求创造"，跟特权者"斗争"，他就"必然会有他光明的前途；即使因此而被牺牲了生命，也会获得他应得的代价"。他最后希望自由主义者要排除干扰，"坚定地勇敢地走向自己的道路"，实现自由主义者的历史使命。① 自称"从未自居为自由主义者"的

---

① 施复亮：《论自由主义者的道路》，《观察》第 3 卷第 22 期，1948 年 1 月 24 日。

张东荪在《观察》第 4 卷第 1 期发表《政治上的自由主义与文化上的自由主义》一文，提出他对自由主义在中国的命运的看法。他把自由主义区分为政治上的自由主义与文化上的自由主义。所谓政治上的自由主义，即"单纯的自由主义，亦可以称之为旧式的自由主义"，基本特征就是宪政主义和自由放任的经济，他认为"政治的自由主义在今天廿世纪已是过去了"，不能作为中国"今后立国建国之依据"，"现在西方人们有些提倡自由的社会主义；有些提倡社会的民主主义，足见单纯的自由主义已经不够了。这是全世界的趋势"，中国也不能例外。而"文化的自由主义是人类文化发展上学术思想的生命线。中国今后要吸收西方文化，进一步要对于全世界文化有所贡献，更不能不特别注重这个自由"。他强调，所谓文化上的自由主义与政治上的自由主义是不同的，"政治上的自由主义可以形成一个党，或名为自由党，或名为民主党。而文化上的自由主义并不须有固定的内容。只是一种'态度'，而不是具体的主张"。无论何种思想和学说，只要有科学的根据，"则都可为文化的自由主义者所承认。……所以文化的自由只是一个批评的精神与一个忍容的态度。没有一个学说与思想不可以批评"。就政治上的自由主义与文化上的自由主义之关系而言，他认为"文化上没有自由主义，在政治上决无法建立自由主义"，所以今后中国自由主义者所要努力的，是建立文化上的自由主义，文化上的自由主义实现了，再谋政治上的自由主义的建立。[①] 实际上张东荪的上述观点，反映的是在当时历史背景下中国自由主义者对局势发展的无奈。

　　除了上述这些内容外，抗战胜利后自由主义者的文章还涉及其他一些问题，因篇幅关系，在此不一一展开。

二、自由主义思潮的"消失"[②]

　　有研究者认为，1948 年前后自由主义者关于"自由主义者往何处去"

---

① 张东荪：《政治上的自由主义与文化上的自由主义》，《观察》第 4 卷第 1 期，1948 年 2 月 28 日。

② 本子目的撰写参考了卫春回的《理想与现实的抉择——中国自由主义学人与"中间道路"研究（1945—1949）》（中国社会科学出版社 2010 年版）第六章《自由主义阵营的分化与"中间道路"的破产》的相关内容，在此致谢！

的讨论是抗战胜利后自由主义思潮走向"高潮"的标志[1]；也有研究者称发生于 1948 年前后的关于"自由主义者往何处去"的讨论是自由主义者的"最后的绝唱"[2]。我认为这两种观点都是正确的，从涉及的问题、参与的人数和刊物来说，这场讨论确实把抗战胜利后兴起的自由主义思潮推向了"高潮"；但从另外一方面看，这场讨论又有点回光返照的味道，正是从这场讨论开始，抗战胜利后兴起的自由主义思潮开始走向"消失"，所以说它是自由主义者的"最后的绝唱"，既形象又贴切。

"抗战胜利后，'中间道路'经历了从高潮迅速走向衰落直至破产的历史过程。"[3] 由于"中间路线"是抗战胜利后自由主义者的政治主张，也是他们的建国目标，他们提出的其他主张都是服从和服务于这一政治主张的，因此，"中间路线"的高涨、衰落直至破产的历史过程，也是自由主义思潮的高涨、衰落直至从中国大陆思想和政治舞台上彻底"消失"的历史过程。

我们前面已经提到，抗战胜利后，中国向何处去、战后建立一个什么样性质的国家这两个问题再次提上了中国人民的议事日程，而且十分迫切。1945 年秋召开的中国民主同盟第一次全国代表大会通过的政治报告及其纲领，提出在政治上实行英美式的议会民主政治，在经济上参照苏联的社会主义平等原则，就是所谓的"拿苏联的经济民主来充实英美的政治民主"的主张。也就是所谓的"中间路线"或"第三条道路"。这一主张提出后得到了其他中间党派和广大自由主义者的认同和支持，并且在某种程度上也得到了中共的认同和支持，1946 年初召开的政协会议所通过的五项决议就基本上是以民盟提出的建议为蓝本而形成的。政协会议的成功召开尤其是五项决议的通过鼓舞了中间党派和自由主义者走"中间路线"或"第三条道路"的信心，因此政协会议后，自由主义者开始公开谈论"中间路线"或"第三条道路"以及如何在中国实现的问题。

然而好景不长。如本章第三节所述，自政协闭幕后，国民党的反动一

---

[1] 兰梁斌：《20 世纪中国自由主义思潮研究》，2013 年西北大学博士论文，第 204 页。

[2] 左玉河：《最后的绝唱：1948 年前后关于自由主义的讨论》，《四川大学学报（哲学社会科学版）》2008 年第 4 期。

[3] 卫春回：《理想与现实的抉择——中国自由主义学人与"中间道路"研究（1945—1949）》，第 290 页。

步步变本加厉，违背和撕毁政协协议、挑起和扩大国共内战，至 1947 年 3 月 7 日，蒋介石强迫中共在南京、上海和重庆执行联络和谈判任务的代表和工作人员全部撤回解放区，国共和谈正式破裂，国共关系也从全民族抗战时期的合作逐渐演变成为你死我活的斗争。"中间道路存在的前提，有赖于国共两党合作背景下的对立。两党关系破裂之日，乃是中间道路开始消亡之时。"① 因此，伴随着国共两党的矛盾从激化到尖锐，到最后你死我活的斗争，作为"第三方面"的中间党派和自由主义者的分化也日益严重起来。1948 年 11 月 6 日，张东荪在《观察》第 5 卷第 11 期上发表《知识分子与文化的自由》一文，其中谈到了政协以后知识分子的动态："国内知识分子的动态，最近的是与抗战期间及政治协商的当时完全不同。在抗战期中，'抗战'二字是一个目标，可以将所有的知识分子的意志都不约而同集中在这一点上。政治协商的时期，虽则为时甚短，但确亦有一个目标，把大家的希望集中于其上，这就是和平。因为胜利以后，和平是举国一致的要求，正和抗战时期的抗战一样。抗战与和平都是举国一致的要求，故可使全国知识分子自然而然团结在这个一致的要求之下。不幸现今这些一致的要求都成为过去的事，现在的状态乃是知识分子已经由苦闷而趋于分化。"② 还有念慈的《自由主义与知识份子侧论》一文，也谈到了政协后自由主义者的分化："对于政协，中国知识份子是以全心全力贡献了的，他们无愧于任何一点。唯其如此真诚，所以教训也最透辟。这不是书本上得来的，是血汗中得来的。所以政协之后，中国知识份子有一个分裂，多数坚强的越过自由主义前进，落后的从自由主义向后退。二者方向不一，而脱离自由主义的阵地则一。"③

1947 年 11 月 6 日，民盟被迫宣布"解散"，事实上宣告了抗战胜利后民盟为代表的中间势力所主张的"中间路线"的破产。与此同时，国共双方经过一年多的激战，战场的优势明显倾向中共一方，"不少自由主义者已

---

① 卫春回：《理想与现实的抉择——中国自由主义学人与"中间道路"研究（1945—1949）》，第 290 页。
② 张东荪：《知识分子与文化的自由》，《观察》第 5 卷第 11 期，1948 年 11 月 6 日。
③ 念慈：《自由主义与知识份子侧论》，《中建（北平版）》第 1 卷第 5 期，1948 年 9 月 20 日。

经预感到战局将会发生根本性的重大变化"。① 在此背景下，自由主义者的分化也更为明显，他们中的不少人意识到"中间路线"的实现根本不可能了，因而进入 1948 年后很少有人再谈论"中间路线"问题，就是力主"中间路线"的施复亮也在 1948 年 1 月 24 日发表了《论自由主义的道路》一文之后，再没有发表过相关文章来强调实现"中间路线"的重要意义。而最早明确提出"中间路线"的张东荪则公开承认，"政治上的自由主义"已成明日黄花，不能作为中国"今后立国建国之根据"，中国以后应提倡和实行的是"文化上的自由主义"，亦即"一个批评的精神与一个忍容的态度"。"中间路线"走不通了，已成死路一条，走得通的路，或者是国民党主张的路，或者是共产党主张的路，中间党派和自由主义者只能在这二者之中择其一，或跟着国民党走，或跟着共产党走，用《时与文》的一位撰稿者的话说："今天中国的知识份子，正徘徊在歧路之中。自有历史以来，这也许是第一次，我们得由自己来决定我们的命运。"②

因此，在中间党派面临命运抉择的同时，那些没有参加任何党派的自由主义者，亦即殷海光所说的"观念人物"，同样面临着命运的抉择："自由主义者的态度和表现大致可分为两类：自觉的选择或无奈的等待。对于大多数自由主义者而言，国民党和共产党都不是他们心之所向，因此，选择哪一方都将是矛盾和痛苦的。一般讲，属于党派骨干的自由主义者，政治立场比较鲜明，在何去何从的问题上，内心斗争或左右为难的程度很小，比如'青年党'和'民社党'的领导人会选择国民党，而'民盟'领导者会选择共产党，他们的决定是果断和无须犹豫的。而一些无党派的自由主义者则大有不同，他们的选择表现出更多的矛盾和复杂。"③ 青年学者徐毓枬发表在《世纪评论》第 2 卷第 10 期上的《目前中国之政治与经济》一文就反映了这种状况："目前国内两大政治势力似乎都不向英国式工党政府这条路上走，主张温和的改良主义者，自己又没有力量可以实现这种理想，于是

① 卫春回：《理想与现实的抉择——中国自由主义学人与"中间道路"研究（1945—1949）》，第292 页。

② 流金：《知识份子的路》，《时与文》第 3 卷第 8 期，1948 年 6 月 4 日。

③ 卫春回：《理想与现实的抉择——中国自由主义学人与"中间道路"研究（1945—1949）》，第301 页。

有些人徘徊而无所选择，他们觉得要此两大政治势力改变其作风，其难易程度似乎相等；有些人则同情或依附一个政治势力，觉得这一个比那一个离理想近些。只要选择出之于信念（Conviction）以及对事物之理智判断，而不受其他外来因素之影响，则任何选择都是合理的，都该受人尊敬。没有信念而必须选择，却是当前一部份智识份子所遭遇的迫切难题。"① 该文发表于 1947 年 9 月 6 日，那时中国民主同盟还没有被国民党宣布为非法团体，"中间路线"或"第三条道路"还没有破产，国共内战正打得难解难分，谁胜谁负还未成定局，换言之，自由主义者对命运的抉择还不那么急迫，还有犹豫、徘徊和等待的时间。但到了 1948 年后，尤其是中共中央发出"五一口号"后，自由主义者不能再犹豫、徘徊和等待了，必须做出抉择。

和中间党派一样，除向来与国民党走得较近、经常为其说话的胡适②、傅斯年以及与胡适、傅斯年关系比较亲密、深受其影响的萧公权等少数非党派的自由主义者选择了国民党外，绝大多数的非党派的自由主义者则选择了共产党。为什么绝大多数的非党派的自由主义者（当然也包括有党派的自由主义者）会选择共产党？分析起来，大概有以下几方面原因：

第一是共产党提出的新民主主义理论和"联合政府"的主张得到了自由主义者的普遍认同。③本卷第二十四章已论述了中国共产党的新民主主义理论体系的形成和基本内容。1947 年 12 月鉴于解放战争已经进入到关键时期，中共中央在陕北米脂县杨家沟召开了政治局会议，会上毛泽东做了《目前形势和我们的任务》的报告，报告重申了中共取得全国胜利后，将在全国建立新民主主义性质的国家，并提出了新民主主义国家的政治、军事、经济各方面的政策。"这一报告的出台恰逢民盟等民主党派受到国民党政权的迫害，国统区的统治处在白色恐怖之中。共产党'新民主主义国家'的提

---

① 徐毓枏：《目前中国之政治与经济》，《世纪评论》第 2 卷第 10 期，1947 年 9 月 6 日。

② 早在 1946 年底胡适就参加了国民党单方面召开的"制宪国大"并担任"制宪国大"主席，亲手从蒋介石手中接受"宪草"。12 月 16 日国大代表交谊会上，胡适说"国民大会"是"实验民主政治"的"一大成功"，认为国民党"以一党政二十年之政党，而自由精神与纪律效用，同时充分表现，殊为可贵"。（《国大代表交谊会上，胡适赞美国大，并对国民党表示敬意》，重庆《大公报》1946 年 12 月 18 日）

③ 该内容的撰写参考了夏学花的《〈时与文〉知识分子群体对国家出路的探索及历史选择》（复旦大学 2013 年博士学位论文）第 106—114 页，在此致谢！

出，引起了自由知识分子的普遍关注。"[1]1949 年 3 月召开的中国共产党七届二中全会，其《报告》再次确定了革命胜利后新民主主义建设的蓝图。概而言之，共产党的新民主主义理论在以下四个方面得到了自由主义者的认同：一是关于中国革命分两步走的理论。新民主主义理论认为，中国革命必须分两步走，"第一步，改变这个殖民地、半殖民地、半封建的社会形态，使之变成一个独立的民主主义的社会（亦即'新民主主义社会'——引者）。第二步，使革命向前发展，建立一个社会主义的社会。中国现时的革命，是在走第一步"[2]。为什么中国革命要分两步走，不能一步走到社会主义社会呢？因为"拿资本主义的某种发展去代替外国帝国主义和本国封建主义的压迫，不但是一个进步，而且是一个不可避免的过程。它不但有利于资产阶级，同时也有利于无产阶级，或者说更有利于无产阶级……我们的资本主义是太少了"[3]。毛泽东曾批评那种认为中国革命胜利后不应该让资本主义有一个必要发展的主张是"空谈和欺骗"。[4]新民主主义理论所提出的中国革命必须分两步走，与不少自由主义者的观点相似，因而得到了他们的认同。比如，施复亮就主张，战后中国的经济建设应分为两个阶段：第一阶段"大大地发展资本主义的生产"，加速推进中国的工业化的完成；第二阶段变革资本主义的生产关系，实现经济、政治人人平等的社会主义。施复亮称第一阶段为新资本主义阶段；第二阶段为社会主义阶段。[5]张东荪这种"新民主主义经济思想中包含的废除官僚资本、发展工商业、实现耕者有其田的土地政策、国家经济计划化等与中共新民主主义革命纲领具有惊人的相似"[6]。张东荪自己就承认：共产党"现在是实行新民主主义的阶段。这和我们所主张的民主可说几乎完全相同"[7]。在周钟岐看来，新民主主义十分接近于自由主义者所普遍推崇的三民主义，"仅就毛泽东先生的新民主主义一书

---

[1] 夏学花：《〈时与文〉知识分子群体对国家出路的探索及历史选择》，复旦大学 2013 年博士学位论文，第 106 页。

[2] 毛泽东：《新民主主义论》，载《毛泽东选集》第二卷，第 666 页。

[3] 毛泽东：《论联合政府》，载《毛泽东选集》第三卷，第 1060 页。

[4] 毛泽东：《论联合政府》，载《毛泽东选集》第三卷，第 1061 页。

[5] 施复亮：《战后中国应取的经济政策》，《四川经济季刊》第 1 卷第 4 期，1944 年 9 月 15 日。

[6] 夏学花：《〈时与文〉知识分子群体对国家出路的探索及历史选择》，第 108 页。

[7] 张东荪：《追述我们的努力建立"联合政府"的用意》，《观察》第 2 卷第 6 期，1947 年 4 月 5 日。

中所主张，亦要先实行三民主义，充实工业后，才能实行共产主义"[①]。二是关于新民主主义社会的根本任务和对资本主义的政策。根据新民主主义理论，新民主主义社会的根本任务是要发展生产力，而要发展生产力，就必须允许和鼓励资本主义的发展。在1947年12月的《目前形势和我们的任务》报告中，毛泽东就集中阐述了党对私人资本主义的政策，强调："新民主主义革命所要消灭的对象，只是封建主义和垄断资本主义，只是地主阶级和官僚资产阶级（大资产阶级），而不是一般地消灭资本主义，不是消灭上层小资产阶级和中等资产阶级。由于中国经济的落后性，广大的上层小资产阶级和中等资产阶级所代表的资本主义经济，即使革命在全国胜利以后，在一个长时期内，还是必须允许它们存在；并且按照国民经济的分工，还需要它们中一切有益于国民经济的部分有一个发展；它们在整个国民经济中，还是不可缺少的一部分。"[②] 毛泽东的阐述，消除了自由主义者对发展资本主义的疑虑。施复亮在《再论中间派的政治路线——兼答平心先生》一文中就认为："在经济政策上，中共更作了极大的让步：主张保护私有财产，奖励民营企业，发展自由资本主义，实行劳资合作，并停止没收土地。在政治上也作了原则性的让步，即放弃苏维埃制度，承认英美式的民主政治。这些都是证明中共倾向中间路线，无意坚持它独特的左翼路线。"[③] 三是关于新民主主义社会的政治制度。1940年毛泽东在《新民主主义论》中强调，新民主主义社会是"几个反对帝国主义的阶级联合起来共同专政的新民主主义的国家"[④]。1945年在中共七大的政治报告《论联合政府》中，针对"有些人怀疑共产党得势之后，是否会学俄国那样，来一个无产阶级专政和一党制度"，毛泽东明确答复道："几个民主阶级联盟的新民主主义国家，和无产阶级专政的社会主义国家，是有原则上的不同的。毫无疑义，我们这个新民主主义制度是在无产阶级的领导之下，在共产党的领导之下建立起来的，但是中国在整个新民主主义制度期间，不可能、因此就不应该是一个

---

① 周钟岐：《论革命》，《观察》第1卷第22期，1947年1月25日。
② 毛泽东：《目前形势和我们的任务》，载《毛泽东选集》第四卷，第1254—1255页。
③ 施复亮：《再论中间派的政治路线——兼答平心先生》，上海《文汇报》1947年4月13日。
④ 毛泽东：《新民主主义论》，载《毛泽东选集》第二卷，第676页。

阶级专政和一党独占政府机构的制度。"① 后来在《目前形势和我们的任务》《党的七届二中全会的报告》和《论人民民主专政》等报告、讲话和文章中，他又多次重申，新民主主义社会的政治制度不是一个阶级专政和一党独裁，而是共产党领导下的几个民主阶级的联盟。毛泽东的这些论述，消除了自由主义者的担忧。四是关于新民主主义社会存在的时间。新民主主义理论提出，新民主主义社会将存在一个相当长的时期，然后才能进入到社会主义社会。新民主主义社会到底有多长？毛泽东对此没有具体的说明。据张东荪说，他曾与一些共产党员谈到过什么时候共产党实行社会主义和共产主义的问题，"他们中有些人都是三四十岁的，但总是说只好期之于其子孙，他们这一生是看不见了。可见即在他们亦只认为这是五六十年以后的事。但是我们的看法却不这样呆板。五六十年以后的中国是甚么样子，谁亦不能预测。亦许到那时候，中国的人民个个都有饭吃，生活水准完全提高。在一个家给户足的社会，加以中国人有爱好平和与笃守中庸的天性，而谓那时仍必掀起社会革命，恐怕太忽略了客观条件。共产主义者如果忠实于马克斯，必是一个客观主义者。客观条件不具备而想革命，这是主观主义。何以必知五六十年以后这些客观条件即能具备，恐怕共产党并没有把握。因此我主张我们对于这种未来革命论实在不必认真，尤其不应该害怕。"张东荪进一步论述了如何使五六十年后中国不具备进行社会革命的条件："五六十年以后的社会革命是决于从今天起的经济措施。倘使在土地与工商业上都能用含有社会主义精神的政策，则大概可以说将来革命的避免是极有可能性的。所以我认为共产党丝毫没有可怕的地方。"② 可以说，张东荪的这一想法代表了不少自由主义者的心理：即共产党的社会主义革命或共产主义革命还相当遥远，目前不必担心。至于成立联合政府，我们在本卷第二十三章已经提到，最早是中共在 1944 年 9 月的国民参政会上正式提出来的。联合政府主张一经提出便立即得到当时民盟为代表的各中间党派和民主人士的认同。1945 年 4 月 23 日—6 月 11 日召开的中共七大，其政治报告的标题即是《论联合政府》，毛泽东在报告中再次提出了"废止国民

---

① 毛泽东：《论联合政府》，载《毛泽东选集》第三卷，第 1061—1062 页。
② 张东荪：《追述我们努力建立"联合政府"的用意》，《观察》第 2 卷第 6 期，1947 年 4 月 5 日。

党一党专政，建立民主的联合政府"的主张。① 正是在中共和民盟的推动和坚持下，1946 年政协达成了五项决议，其中一项便是改组国民党的一党政府，成立有各党派参加的"联合政府"。此后，为落实政协这一决议，中共和民盟相互配合，拒绝参加国民党单方面召集的"制宪国大"和"改组政府"。成立"联合政府"，可以说是中共自始至终的坚持，只是在 1948 年之前，成立的是有各党派参加的"联合政府"，这其中当然也包括国民党和其他所有党派；1948 年之后，成立的是"民主联合政府"，这其中是不包括国民党以及追随国民党的青年党、民社党等"反动"政党的。1948 年 4 月 30 日，中共中央为庆祝五一劳动节，发布"五一口号"，其主要内容就是号召"各民主党派、各人民团体、各社会贤达，迅速召开政治协商会议，讨论并实现召集人民代表大会，成立民主联合政府"。如前所述，这一号召得到了民革、民盟以及其他"带中间性的民主党派"和无党派民主人士（其中不少人是自由主义者）的热烈响应和支持。

第二是中国共产党深入细致的思想工作，使一些自由主义者改变了立场，而选择了共产党。1947 年下半年，随着国共内战的全面爆发，国民党为了强化自己的独裁统治，先后颁布了所谓《戡乱共匪叛乱总动员令》和《动员戡乱完成宪政实施纲要》，对以民盟为代表的思想上同情中共、批评自己的"带中间性的民主党派"和无党派民主人士以及自由主义者进行残酷打击（如宣布民盟为非法等），迫使他们纷纷离开上海、南京、重庆等国民党控制严密的地区，而去了国民党鞭长莫及的香港，1947 年底到 1948 年春，这里集中了民盟、民革、农工、救国会、民联、民促、民进、致公等 8 个"带中间性的民主党派"以及一大批无党派民主人士和自由主义者。而当时香港的共产党非常活跃，成立有中共香港分局。与国民党打击迫害相反，共产党则对思想感情上倾向于自己的"带中间性的民主党派"以及无党派民主人士和自由主义者提供了力所能及的帮助。"中共香港分局，不仅积极配合上海、南京、重庆等地的中共'地下党'组织，帮助各党派领导人安全转移至香港，安置好他们的生活。同时在思想上和政治上对各党派人士做了细致的争取和团结工作，他们通过定期举行座谈会或登门拜访的

---

① 毛泽东：《论联合政府》，载《毛泽东选集》第三卷，第 1063 页。

方式，耐心倾听各方意见，交换对时局的看法，解答各种问题，宣传共产党的统战政策，促使各党派领导人放弃'中间道路'的幻想。"为了帮助更多的自由主义者"左转"，"1948年中共香港分局通过《华商报》出面，组织了一场批判'自由主义运动'的专题座谈会，沈钧儒、谭平山、马叙伦、郭沫若、邓初民、侯外庐、李章达、邵全麟等知名人士被邀出席，他们的批判性发言在该报陆续登出，对于教育和帮助动摇不定的自由主义者起了重要作用"。① 如"王芸生和萧乾曾经是非常坚定的自由主义者，他们为《大公报》撰写的大量社评充分反映了自由主义的精神和理念。自1948年下半年开始，在就职于《大公报》的中共地下党员杨刚和李纯青的启发下，王、萧的思想开始发生转变"。②1948年10月30日，王芸生得到杨刚和李纯青转给他的毛泽东的亲笔信，"几夜没有睡好觉，辗转反侧；考虑了许久。最后，他终于决定了——投奔解放区，参加新政协"③。萧乾不仅婉拒了英国剑桥大学新成立的中文系终身教授的聘任，同时也没有听朋友的劝告和安排留在香港，而是返回了大陆，参加新中国建设。当时曾有人给他出主意："上策还是接下剑桥这份聘书。中策是暂留香港工作，这样既可保持现在的生活方式，受到一定的礼遇，又可静观一下，反正这么回去太冒失。进去容易出来难哪！"④ 萧乾还是不为所动。除香港外，北平也是自由主义者比较集中的地方，因为北平的高校多，许多自由主义者都是大学的老师和学生。北平的中共组织为争取自由主义者的"左转"也做了大量工作，同样取得了非常好的效果。

第三是国民党的打击迫害，使一些自由主义者改变了立场，而选择了共产党。国民党的打击迫害，除了使民盟为代表的思想上同情共产党、批评国民党的"带中间性的民主党派"和无党派民主人士以及自由主义者改变了

---

① 卫春回：《理想与现实的抉择——中国自由主义学人与"中间道路"研究（1945—1949）》，第295页。
② 卫春回：《理想与现实的抉择——中国自由主义学人与"中间道路"研究（1945—1949）》，第306页。
③ 汤恒：《王芸生》，载《新闻界人物》编辑委员会编《新闻界人物（四）》，新华出版社，1984，第104—105页。
④ 傅光明：《人生采访者·萧乾》，山东画报出版社，1999，第116页，转引自卫春回《理想与现实的抉择——中国自由主义学人与"中间道路"研究（1945—1949）》，第306页。

立场而选择了共产党外，也使一些本来持不左不右、不偏向国共任何一方的自由主义者改变了立场，选择了共产党。这方面最典型的代表是储安平。前面已经提到，储安平是抗战胜利后自由主义的代表人物，是著名自由主义刊物《观察》周刊的主编，对国共两党有他自己的看法。他对国民党提出过严厉批评，认为"这二十年来国民党只聚精会神在做一件事，就是加强消极的政治控制，以求政权的巩固。养许多兵，是为了巩固政权；一切党团的组织、活动、训练，是为了巩固政权；特务和各种检查制度的施行，是为了巩固政权；就是公路的开辟、电话网的布置，也无一非出自军事及治安的观点，其目的仍是为了巩固政权。二十年来，只有这项消极的政治控制工作，吸引着国民党无比的兴趣和重视，表现着国民党最大的勇敢、决心和魄力。二十年来，我们做百姓的，只有这一个项目，使我们到处听得到、看得见、嗅得着、并感觉到它的紧张、严密、认真、和不放松。……二十年来中国的执政者，只有在征税和壮丁两件事上才思及人民，此外人民在政治上几不复占到任何重要地位！"①加上政府的腐败、财政金融的失策所造成的物价飞涨，"今日全中国人民，对于现政权，可谓人人离心、个个厌恶"②。他强调共产党的成长壮大实际上是国民党一手造成的："今日国民党脑子里所想的是如何消灭共产党，然而他两只手所做的却无一不是在培植共产党，替共产党制造有利于共产党的政治形势。可是在这样一个极为明显的大势之下，现政权当让不让，可和不和，应改不改，要做不做，还是迷信武力，图以武力解决一切。"③实际上，武力是最不可指望的东西，它解决不了国民党政权所面临的任何问题，"武力肃清不了病入膏肓的贪污风气，武力振作不了推拖鬼混的行政效率，武力挽救不了已如堤决的经济危机，武力收拾不回麻痹死去的人心，甚至武力也决定不了前线的战局"④。国民党只有改弦更张，放弃一党专政，还政于民，建立有各党派参加的联合政府，才有可能挽救日益严重的政权危机。他同时也批评在共产党的解放区人民没有言论自由，"我们何以从来没有看到在共产党区域中出版的报纸

① 储安平：《失败的统治》，《观察》第1卷第3期，1946年9月14日。
② 储安平：《中国的政局》，《观察》第2卷第2期，1947年3月8日。
③ 储安平：《中国的政局》，《观察》第2卷第2期，1947年3月8日。
④ 储安平：《中国的政局》，《观察》第2卷第2期，1947年3月8日。

有何反对共产党或批评共产的言论，或在共产党区域中有何可以一般自由发表意见的出版物？是不是因为在共产党统治的区域中，已经人人成为共产党的信徒，人人出于本心，未受任何有组织的强力压迫，相信了共产主义，拥戴着共产党？然而此恐为世人所绝难相信者"①。正是基于对国共两党的上述认识，当其他自由主义者纷纷放弃自由主义立场，在国共两党之间做出选择的时候，储安平仍然坚守着自己的自由主义理想，一心一意主编《观察》周刊。1947 年 5 月，上海《文汇报》《新民晚报》及《联合晚报》因发表批评国民党的文章，被国民党当局以"破坏社会秩序""意图颠覆政府"的罪名查封后，储安平在《观察》上发了一篇名为《论文汇·新民·联合三报被封及大公报在这次学潮中所表示的态度》的文章，表达了对这三家报纸被迫停刊的同情和愤慨，但是对报纸本身的言论持批评态度，他在文章中写道："我很坦白的说，我对于《文汇》《新民》两报的作风（我不常看《联合晚报》），有许多地方是不敢苟同的。不敢苟同的主要原因，就是因为这两家报纸的编辑态度不够庄重，言论态度不够严肃；我很少在《文汇报》上读到真有重量的文字。"②可以说，直到 1948 年底之前，储安平在国共两党之间采取的还是不偏不倚的态度，坚守着《观察》同人共守的民主、自由、进步、理性的四个基本原则，"只要无背于前面的四个基本原则，在这一个刊物上面，我们将容纳各种不同的意见"③，既批评国民党，也批评共产党。然而，国民党则容不得别人的批评，1948 年 12 月《观察》同样被国民党以"破坏社会秩序""意图颠覆政府"的罪名查封，储安平本人也成了国民党的通缉要犯。当时他正好在北平，便没有再回到上海，而是留在北平"参加了中共领导的'新政协'工作，并放弃多年信守的无党无派原则，很快加入了'民盟'和'九三'两个'民主党派'。1949 年 11 月，《观察》杂志被中共中央批准复刊，仍由储安平做主编。在《观察》复刊号上，储安平基本上否定了自己的过去"④。实际上，像储安平这样本来不左不右、既不

① 储安平：《共产党与民主自由》，《客观》第 4 期，1945 年 12 月 1 日。

② 储安平：《论文汇·新民·联合三报被封及大公报在这次学潮中所表示的态度》，《观察》第 2 卷第 14 期，1947 年 5 月 31 日。

③《我们的志趣和态度》，《观察》第 1 卷第 1 期，1946 年 9 月 1 日。

④ 卫春回：《理想与现实的抉择——中国自由主义学人与中间道路研究（1945—1949）》，第 307 页。

偏向国民党也不同情共产党、最后因国民党的打击迫害而选择了共产党的自由主义者为数还不少。由此，我们也许能找出在国共你死我活的斗争中共产党之所以能最终胜出的某些原因。

1949年10月1日，中华人民共和国成立，共产党在大陆取得完全的胜利，国民党溃败到台湾。抗战胜利后兴起的自由主义思潮也最终从中国大陆的政治和思想舞台上彻底"消失"了。

三、历史为什么没有选择自由主义

历史为什么没有选择自由主义？长期以来，学术界流行着这样一种观点，即认为历史之所以没有选择自由主义，是因为近代中国的民族资本主义在外国资本主义和本国封建主义的双重压迫下没有得到充分发展，因而没有一个强大的资产阶级作为其阶级基础。但本书认为这一观点很值得商榷。因为中国资本主义发展的不充分，不仅造成了资产阶级力量的弱小，同时也造成了无产阶级力量的相对不强大（与西方无产阶级比较，中国的无产阶级的人数要少得多），到中国共产党成立时，中国的产业工人只有200万，这对中国这样一个人口大国来说，产业工人占人口总数的比例是非常非常小的，但为什么以无产阶级作为阶级基础的马克思主义传入中国后能迅速与中国工人运动结合起来，成了1921年成立的中国共产党的指导思想，并在随后的新民主主义革命中，指导中国共产党领导中国人民取得了新民主主义革命的最终胜利，建立起了中华人民共和国呢？这就说明，把历史没有选择自由主义的原因仅仅归之于资产阶级力量的不强大是有问题的。它是原因之一，但肯定不是唯一原因，甚至不是最主要的原因或根本原因。我认为，历史之所以没有选择自由主义，还有其他几个方面的原因：

第一，缺少本土的思想文化资源。中国近代思想史的一个突出特点就是思潮风起云涌，西方的思想、主义和思潮相继传入中国，但为什么有的西方思想、主义和思潮在近代中国影响较大，能为中国人民所接受，有的思想、主义和思潮在近代中国影响相对小些，不能为中国人民所接受？原因是多方面的，其中一个重要原因，与某一思想、主义和思潮的接受有无中国的思想文化资源作基础有着密切关系。科学社会主义，是马克思主义的重要组成部分，它是近代中国最主要的思潮之一，并为中国人民所接受，成了中国的社会制度。社会主义之所以能成为近代中国最主要的社会思潮，并为中国人民所接受，一个原因是追求社会正义与平等是人类的天性，尤其是在阶级社会里，只要有压迫和剥削的存在，生活在社会底层的被压迫被剥削的广大劳苦大众，就会产生一种"人人有衣穿，人人有饭吃"、"有田同耕，有钱同使"、没有剥削和压迫的平等要求；除此之外的另一重要原因就是在中国传统思想和文化中，存在着一些类似于或近似于社会主义的思想因素，如儒家的大同思想、道家的无为思想、佛教的极乐世界和西方净土观念等，这些思想的存在为社会主义成为近代中国最主要的社会思潮并为中国人民所接受提供了思想和文化基础。蔡元培在《社会主义史序》一文中就指出："我们中国本有一种社会主义的学说；如《论语》记：'有国有家者不患寡而患不均；不患贫而患不安。盖均无贫；和无寡；安无倾。远人不服，则修文德以来之。既来之，则安之。'就是对内主均贫富，对外不取黩武主义，与殖民政策。《礼运》记孔子说：'人不独亲其亲；不独子其子。使老有所终；壮有所用；幼有所长；矜寡孤独废疾者皆有所养。男有分；女有归。货恶其弃于地也，不必藏于己；力恶其不出于身也，不必为己。'就是'各尽所能，各取所需'的意义；且含有男女平等主义。《孟子》记许行说：'贤者与民并耕而食，饔飧而治。'就是'泛劳动'主义。"[1] 正是基于这一原因，中国近代史上的许多思想家开始时都是在中国大同的思想基础上认识和接受社会主义的。

和社会主义不同，自由主义虽然是中国近代有影响的一种思潮，但受其影响和接受它的主要是从欧美留学回国的大学教授们，如胡适、傅斯年、张君劢、罗隆基、王造时、储安平等人；而广大人民群众并没有接受它，且在知识界中，接受它的人也并不多，包括广大青年学生在内的大多数知识分子也并没有接受它，抗战胜利后是自由主义思潮的"鼎盛"时期，但真正意义上的自由主义者并不多。《观察》周刊上，"赫然于封面"上的撰稿人只有78位，78位中又只有55位真正撰稿，在《观察》周刊、《世纪评论》和《新路周刊》这三种宣传自由主义思想和主张的刊物上发表两篇以上文章的作者也就百人而已，究其原因，这与在中国传统文化和思想中缺乏自

[1] 蔡元培：《社会主义史序》，《新青年》第8卷第1号，1920年9月1日。

由主义的文化思想资源有关。诚如一些学者所指出的那样，中国传统文化和思想中确实存在着一些表达自由的思想元素，但这些思想元素表达的是两种意思，一是自由自在，无拘无束，喜欢干嘛就干嘛，不受任何组织纪律的约束，这也就是毛泽东在《反对自由主义》一文中所反对的那种自由，它与自由主义的自由是两码事；二是道德或心灵上的自由，亦即内心生活的一种状态，它与自由主义的自由也不完全相同。因为自由主义的自由是一种政治上的自由，是对人生来应该享有的人身自由、言论自由、结社自由、出版自由、居住自由、迁徙自由等等自由权利的制度保障。而这种政治上的自由理念在中国传统文化和思想中是不具备的。最早将自由主义引进中国的严复在《论世变之亟》一文中就明确指出：民主是自由的外在保障，自由是民主政治保障下的个人基本权利，而这种政治自由是"中国历古圣贤之所深畏"的。[1]后来在《政治讲义》中他又写道：中国古代存在的是内心世界的自由，如自由意志、特立独行品格、待人及物的"恕与絜矩"等等，而"政界自由之义，原为我国所不谈。即自唐虞三代，至于今时，中国言治之书，浩如烟海，亦未闻有持民得自由，即为治道之盛者"。[2]被誉为中国自由主义大师的胡适也认为，政治自由是中国古代文化中缺乏的，中国古人所讲的自由主要是"面向自己求内心的自由"，而不是反抗外面的拘束力量、要求保障个人权利的政治上的自由，列子的御风而行、道教的神仙、佛教的西天净土，都含有由自己内心去寻求最高的自由的意义。他在《自由主义》的讲话中指出："东方自由主义运动始终没有抓住政治自由的特殊重要性，所以始终没有走上建设民主政治的路子。西方的自由主义绝大贡献正在这一点，他们觉悟到只有民主的政治方才能够保障人民的基本自由。"[3]在殷海光看来，"在中国文化里，跟自由主义能发生亲和作用的是佛老思想。可是，佛老思想只是一种人生境界和一种生活态度。它不是像孔教那样的制度。佛老思想所造成的境界和态度，可导致人采取退避不争的方式来缓和暴政的迫害借此'全生保真'，但不能鼓起人争自由的热情"[4]。林毓生同

---

① 严复：《论世变之亟》，载《严复集》第一册，第2页。
② 严复：《政治讲义》，载《严复集》第二册，第1279页。
③ 胡适：《自由主义》，北平《世界日报》1948年9月5日。
④ 殷海光：《中国文化的展望》，商务印书馆，2017，第267页。

样认为：中国传统中并不是没有自由这个词汇，但主要是"一种自由自在、心中觉得舒服畅快的感受"，"这种感受当然是自由主义所赞许的；但这不是西方自由主义的政治哲学与道德哲学讲的那种自由"。① 中国传统思想和文化中自由主义思想资源的缺乏，不可避免地会影响到人们对自由主义的认同和接受，只要我们比较一下社会主义被认同和接受的状况，就不难得出上述结论。

第二，其核心价值观念与近代中国救亡图存的历史主题不符。前面已经讲到，自由主义的核心价值或思想内涵是强调以理性为基础的个人自由，主张维护个性的发展，反对一切形式的专制主义；认为保障个人自由和个人权利是国家存在的根本目的，在个人自由与国群（族）自由的关系上，坚持个人自由优先于国群（族）自由的基本原则。尽管西方的自由主义传入中国后，严复、梁启超、胡适等人根据救亡图存的现实需要，对它进行过某些修正，但他们强调得更多的还是个人的自由和个人的权利。如胡适就一再告诉青年人，要想救国必先救自己；要想争国家的自由和权利，就要先争个人的自由和权利。然而在民族危机日益深重的近代中国，摆在国人面前最急迫和最首要的任务不是争个人的自由和个人的权利，而是谋求中华民族的解放和国家的独立与自由，所以强调个人自由和个人权利的自由主义在西方是反封建主义压迫和束缚的锐利武器，但在近代中国则与民族救亡的时代主题始终显得有些隔膜，也很难得到绝大多数国人包括广大青年学生的认同。这也是九一八事变后，蒋廷黻、钱端升、丁文江等一些著名的自由主义知识分子暂时放弃了自由主义和民主政治的重要原因，就算是胡适，虽然还坚持着自由主义的信念，认同民主政治，然而他认同民主政治的理由则发生了明显位移。1936年兴起的新启蒙运动之所以迅速消失，就与七七事变的发生、中华民族面临生死存亡的严重危机有着十分密切的关系。全民族抗战期间，之所以很少有人涉及或讨论自由主义的相关问题，作为思潮的自由主义处于消沉时期，其原因也就在于这一时期救亡图存、抗击日本帝国主义的侵略是压倒一切的当务之急。

---

① 林毓生：《民主自由与中国的创造转化》，载《中国传统的创造性转化》（增订本），生活·读书·新知三联书店，2011，第323—324页。

再比较下文化保守主义和马克思主义。如果说在新文化运动时期，甚至30年代以前，认同中国传统思想和文化、主张以中国传统思想和文化为本位、学习西方思想和文化之长、补中国思想和文化之短的文化保守主义还属于背时之论，受到主流思想、文化和学术界的批判的话，那么，到了九一八事变后和七七事变后，文化保守主义则逐渐兴盛起来，这也是虽然作为思想或思潮的现代新儒学发端于新文化运动时期，但作为学派的现代新儒家形成和走向成熟则是在九一八事变后和七七事变后的重要原因，因为面对日益严重的民族危机，在中国事事不如人、只有传统思想和文化在世界上还居于重要地位的情况下，认同和弘扬传统思想和文化，就成了树立战胜日本帝国主义的民族自信心和增强凝聚力的最有效手段。与自由主义不同，马克思主义自传入中国的第一天起，就面对着中国反帝反封的具体国情，始终把民族解放、国家独立和人民的自由权利放在首位，它强调的不是个人自由和个人权利，而是民族、国家和人民的自由和权利。在民族和国家面临严重危机、救亡图存是第一要义的历史背景下，始终把民族解放、国家独立和人民的自由权利放在首位的中国化的马克思主义当然对于中国人民，尤其是热血的爱国青年，具有强大的吸引力和感召力。所以九一八事变后，尤其是1935年华北事变后，尽管以胡适为代表的一些自由主义者在那里宣传和提倡自由主义，要青年学生们不要上街搞爱国游行，不要受共产党的"鼓惑"、参与反日爱国活动，要安下心来认真读书，把自己培养成有用之才，但在"无法安放一张平静书桌"的平（北平）津（天津）地区，几乎没有多少爱国的青年学生爱听胡适们的唠叨，相反，他们的思想则越来越左倾，越来越认同中国共产党宣传的那些马克思主义理论，有不少人甚至成了马克思主义者。在整个30年代，平津地区的青年学生之所以要比京（南京）沪（上海）地区的青年学生更左倾，除京沪地区是国民党的统治中心，其控制更为严密外，另一重要原因，就是平津地区是日本侵略势力活动猖獗的地区，因而平津地区青年学生们感受到的民族危机也要比京沪地区青年学生们感受到的民族危机更为强烈。

第三，得不到一般民众尤其是广大农民的支持。中国的自由主义者大多是留学过欧美的知识分子，在他们身上难免有一种根深蒂固的精英情结，他们不仅瞧不起一般民众，而且从骨子里害怕群众运动，认为只要像他们这样的少数知识精英敢于承担社会责任，就能够实现中国社会的变革。用丁文江的话说："少数人"便可以"主宰社会的进步"。正因为他们瞧不起一般民众，骨子里害怕群众运动，所以他们找不到变革社会的现实力量，而他们自身的力量又十分弱小，对于现实的政治斗争他们是心有余而力不足，他们提出的种种主张都是在书斋里炮制出来的，没有实践的可能性。尤为关键的是：自由主义者所主张和宣传的自由、民主和人权那一套理论，一般民众，尤其是没有多少文化、甚至是一字不识的广大农民不仅听不懂、弄不明白，而且也不是他们所迫切需要的。当时生活在水深火热之中、挣扎在死亡线上的一般民众尤其是广大农民，迫切需要的是免于饥饿和死亡，是减轻租税和耕者有其田，因而自由主义者的政治主张和要求得不到一般民众尤其是广大农民的支持和参与。实际上自由主义者的活动范围主要是在北平、上海、南京、天津这样的大、中城市，影响的人群也主要是生活在大、中城市中的大中学老师、青年学生、工商界人员、军界人员、政府公务员、中上层市民等，总之，是有一定知识、至少能读书看报的人。"最有影响力的《观察》杂志，其最初的读者定位就是高级知识分子，就实际发行状况看，主要的读者首先集中在知识界，其次是工商界、政界、军界等。事实上，这些经过严格学术训练的自由主义者，是以做学问的方式来发表政见，他们各种内容的时政评论基本上是学理化的，这自然与一般民众有极大的距离。"[1] 一般民众，尤其是广大农民根本就搞不清楚什么是自由主义，甚至没有听说过自由主义。而在中国这样一个自古以农立国、农民占人口绝大多数的国家，任何政治主张和要求如果得不到一般民众尤其是广大农民的理解、支持和参与，就没有任何实现的可能性。这是历史没有选择自由主义的最根本的原因。

与此相反，中国的马克思主义者则始终走的是与工农相结合的道路。马克思主义传入中国之初，中国的早期马克思主义者，如李大钊、陈独秀等人，即把动员和领导工农运动、实现马克思主义与工农运动的结合放在了非常重要的地位。比如，北京共产党早期组织在向中共第一次全国大会提

---

[1] 卫春回：《理想与现实的抉择——中国自由主义学人与"中间道路"研究（1945—1949）》，第322页。

交的报告中就提出，"怎样使工人和贫民阶级对政治感兴趣，怎样用暴动精神教育他们，怎样组织他们和促使群众从事革命工作"，是"我们面临着需要立即着手解决的两个重要问题"之一；"我们必须利用每一个机会，推动群众举行游行示威和罢工"。① 中国共产党成立后，仅 1922 年就先后发动和领导了香港海员大罢工、安源路矿工人大罢工、开滦煤矿工人大罢工、京汉铁路工人大罢工等工人运动。中国工人阶级人数虽然不多，但中国工人阶级的天然同盟军农民阶级则如汪洋大海，占中国人口总数的 80% 以上。自 1927 年大革命失败后，以马克思主义为指导思想的中国新民主主义革命走的便是以农村包围城市、武装夺取政权的道路。在不同的革命时期，中国共产党都提出了不同的解决农民问题的方针和政策，如土地革命时期的"打土豪，分田地"，全民族抗战时期的"减租减息"，解放战争时期的土地改革，等等。由于中国共产党重视解决农民问题，尤其是农民对土地的要求，其领导的新民主主义革命因而能得到农民的衷心拥护和大力支持。抗战胜利后的自由主义者对此也有深刻的认识："谁最能彻底实行土地改革，便是谁最能获得广大农民的同情和拥护，而因之获得在农村中的战斗胜利。我们很中立而无庸讳言地说，中共在逐步的土地改革上，是相当坚强了他们底经济和军事基础的，在激烈的内战炮火下，中共能够与国民政府分庭相抗，未尝不是农村人民之力。他们为了最后胜利，实践了土地改革。国民党则为了他们一部份地主阶级利益的立场，对于土地改革总是因循姑息，迟迟其行。"② 土地改革使共产党找到了与农民的共同利益，农民也因此而真心实意地拥护共产党，支持共产党与国民党作战："土地平均分配之后，自共产党看来，农民的利益和共产党的利益便相一致了。农民觉得他们在共产党的领导之下作战，是为他们自己作战，自共产党看来，当然他们要额外勇敢了。"③ 就此而言，土改是共产党获得农民支持，从而战胜国民党的重要法宝。淮海战役是解放战争时期的三大战役之一，淮海战役胜利后，陈毅曾满怀深情地说："淮海战役的胜利，是人民群众用小车推出来的。"④ 淮海

①《北京共产主义组织的报告》，载《中共中央文件选集》第一册，第13、15页。
② 施若霖：《论中国土地改革》，《观察》第2卷第21期，1947年7月19日。
③ 冯苏：《评"中共土地法大纲"》，《经济评论》第2卷第22期，1948年3月6日。
④ 方之光、龚云：《农民运动史话》，社会科学文献出版社，2011，第140页。

战役期间，国共双方都出动了大兵团作战，解放军兵力有 60 万，国民党兵力有 80 万，再加上战争所需武器弹药、粮食等辎重，使得淮海战役成为历史上规模数一数二的大决战。古人云：兵马未动粮草先行。行军打仗最重要的是后勤补给。当时解放军的运输条件十分落后，不像国民党军有大量的运输车，60 万军队的后勤保障主要靠的是农民的小推车。据统计，当时参与支前的农民总计达到 230 多万人，他们长途跋涉，夜以继日地用扁担挑、小车推、毛驴驮等方法，把武器弹药、粮食等辎重运到前线，从而保障了解放军的胜利。

第 二十八 章

国民党大地主大资产阶级专政的建国主张及其失败

进入全民族抗战的后期，抗战胜利后建立一个什么样的国家提上了各党派的议事日程。国民党及蒋介石为了维护一党（国民党）专政和个人（蒋介石）独裁的统治，于1943年3月出版蒋介石的《中国之命运》，强调中国国民党是"领导革命建设国家的总机关""永为中国唯一的革命政党"，为国民党一党专政进行粉饰；于抗战胜利前夕亦即1945年5月召开的国民党六大上确立了拒绝联合政府、坚持独裁、继续反共的政治路线。抗战胜利后，国民党、蒋介石玩弄"和""战"两手策略，一面希望通过政治谈判换取中共方面交出军队与政权，一面不断向解放区发动武装进攻并加紧部署全面内战，其目的是要维护和"建立一个大地主大资产阶级专政的半殖民地半封建的国家"。1946年6月国民党发动全面内战，并于同年11月在中国共产党、中国民主同盟抵制的情况下，违背政协协议，单方面召开所谓"制宪国大"，通过了严重违背政协会议达成的"宪章修改十二条原则"的《中华民国宪法》；随后，蒋介石为了使其统治合法化，又违背政协协议的有关规定，宣布"改组政府"和召开"行宪国大"，前者以"改组政府"之名行"一党政府"之实，后者则上演了一出选举总统、副总统的"民主"闹剧。为了维持摇摇欲坠的反动统治，国民党还颁布"戡乱总动员令"，搜刮全国人力、物力和财力，以投入内战，并对全国人民实行赤裸裸的白色恐怖。但这一切，并没有逆转"蒋家王朝"在人民解放战争与反蒋第二条战线的革命浪潮中迅速走向溃败的命运。

第一节　"黑暗的中国之命运"：国民党大地主大资产阶级专政的建国纲领

　　毛泽东在中共七大开幕词中指出：在中国人民面前摆着两条路，光明的路和黑暗的路。有两种中国之命运，光明的中国之命运和黑暗的中国之命运，国民党、蒋介石所代表的是"黑暗的中国之命运"，中国共产党所代表的是"光明的中国之命运"，前者"有人已经写了书的；我们这个大会是代表另一种中国之命运，我们也要写一本书出来"。①"已经写了书的"指的就是蒋介石1943年发表的《中国之命运》。该书从理论上为国民党一党专政的政治体制辩护，引发了"哪个党能够救中国"的两个中国之命运的论战。1945年5月召开的国民党六大确立了坚持独裁内战的政治路线。抗战胜利后，为实现其六大确立的独裁反共的政治路线，国民党交替使用"和"（政治谈判）与"战"（军事进攻）的两手策略。

一、蒋介石的《中国之命运》和中国共产党人对它的批判

　　蒋介石利用战时体制执掌大权之后，垄断三民主义的解释权，企图以其统摄国民党全党乃至全国的思想，并以其排斥共产主义与自由主义。《抗战建国纲领》提出"确定三民主义暨总理遗教为一般抗战行动及建国之最高准绳"②，但蒋介石及其御用文人却以封建思想、法西斯主义曲解三民主义，无论言论还是行动都与孙中山晚年重新解释的三民主义相去甚远，由此引发了从1939年到1940年国共两党之间的三民主义论战，主要围绕着关于真假三民主义、关于三民主义与共产主义的关系等问题展开。叶青等人利用孙中山的"民生主义就是社会主义、共产主义"，鼓吹"一个主义"与"一次革命论"。毛泽东在《新民主主义论》中对此予以了批驳，他指出：有

①　毛泽东《两个中国之命运》，载《毛泽东选集》第三卷，第1025页。
②　《中国国民党抗战建国纲领》，载中国国民党浙江省党部编《中国国民党历届全国代表大会宣言集》，1938，第78页。

些恶意的宣传家，故意混淆新民主主义与社会主义这两个不同的革命阶段，"提倡所谓'一次革命论'，用以证明什么革命都包举在三民主义里面了，共产主义就失了存在的理由；用这种'理论'，起劲地反对共产主义和共产党，反对八路军新四军和陕甘宁边区"。[1]

抗战进入相持阶段后，国民党转向消极抗日、积极反共，连续掀起了两次反共高潮。尤其是到了1942年底1943年初，世界反法西斯战争发生重大转折，国民党认为已经到了认真考虑战后建立一个什么样的国家的时候，便开始盘算如何削弱以至消灭共产党及其领导的军队与政权以维持其专制独裁统治。据说，自皖南事变之后，"蒋介石渐觉中国共产党已达到不能忽视的程度，遂多次考虑日后中国之命运问题，并与陈布雷多次论及此事"[2]。而此时不平等条约的废除，则给蒋介石提供了一个千载难逢的机会，借用研究者的话说，"蒋著所以敢于提出'中国之命运'这道命题，其根据在于蒋拿到了一笔不菲的政治资本，此即不平等条约的废除"[3]。陶希圣是《中国之命运》一书的执笔人，依据他的说法，蒋氏起草该书是从1942年10月9日英美宣布放弃治外法权开始的："自十月十日起，蒋委员长着手起草一本书。书的目的是在指出百年来所受不平等条约的束缚，一旦解除，一般人应如何以独立国家自由公民的资格，与世界各国的国民平等相处，同时应如何自立自强，共同致力于建国的事业，使中国真正成为独立自由的现代国家，与世界上爱好和平的各国分担世界和平的责任。"[4]据他介绍，《中国之命运》一书的宗旨是根据蒋介石的以下两段"训词"确立的：一是蒋氏1942年10月10日在庆祝"双十"节大会上的讲话："我国百年来所受各国不平等条约的束缚，至此已可根本解除。国父废除不平等条约的遗嘱亦完全实现。我全国同胞从今日起，应格外奋勉，自立自强，人人要做一个真正独立自由的国民，始能建立一个真正独立自由的国家，以期无愧为同

① 毛泽东：《新民主主义论》，载《毛泽东选集》第二卷，第684页。
② 张希贤：《陈布雷与陈伯达：历史转折点上的两个"秀才"》，中共党史出版社，2012，第245页。
③ 邓野：《蒋介石关于"中国之命运"的命题与国共的两个口号》，《历史研究》2008年第4期。
④ 陶泰来：《陶希圣年表》，未刊稿。转引自李杨《蒋介石与〈中国之命运〉》，《开放时代》2008年第6期。

盟国之一员。"① 一是 1943 年 1 月 11 日中美及中英平等新约（即《中美关于取消美国在华治外法权及处理有关问题条约》《中英关于取消英国在华治外法权及其有关特权条约》）签字后蒋氏发表的《告全国同胞》："我国自清季开始与列强订立不平等条约以来，到了去年正是百周年，我们中华民族经五十年的革命流血，五年半的抗战牺牲，乃使不平等条约百周年的沉痛历史，改变为不平等条约撤废的光荣记录。这不仅是我们中华民族的历史上起死回生最重要的一页，而亦是英美各友邦对世界人类的平等自由，建立了一座最光明的灯塔。尤其是我们同盟联合各国证明了此次战争目的之所在，是为人道、为正义而作战的事实。"② 当时国民党舆论极力宣传废除不平等条约是在国民党领导下获得的成功，国民党政要纷纷发表谈话祝贺中国与英美订立平等新约，蒋介石在该书中也把废除不平等条约作为重大成就加以宣传，将其归功于国民党及其领袖，以此论证"没有国民党，就没有中国"，并借此攻击中国共产党和马克思主义不适合中国国情，在中国没有存在的价值和可能性。

《中国之命运》一书由正中书局于 1943 年 3 月 10 日出版。全文共分 8 章：中华民族的成长与发达；国耻的由来与革命的起源；不平等条约的影响之深刻化；由北伐到抗战；平等互惠新约的内容与今后建国工作之重点；革命建国的根本问题；中国革命建国的动脉及其命运决定的关头；中国的命运与世界的前途。其核心思想是宣传只有三民主义才能救中国，只有国民党才能救中国，只有他蒋介石才能救中国，也就是国民党及蒋介石自 30 年代起就一直宣传和鼓吹的一个主义（三民主义）、一个政党（国民党）、一个领袖（蒋介石）的法西斯主义思想。该书声称："中国国民党乃是全国国民共有共享的一个建国的总机关。中国国民党如能存在一天，则中国国家亦必能存在一天。如果今日的中国，没有中国国民党，那就是没有了中国。如果中国国民党革命失败了，那亦就是中国国家整个的失败。简单的说：中国的命运，完全寄托于中国国民党。如果中国国民党没有了，或是失败了，那中国的国家就无所寄托，不仅不能列在世界上四强之一，而且

---

① 陶希圣：《关于〈中国之命运〉》，载《潮流与点滴》，中国大百科全书出版社，2016，第 199 页。
② 陶希圣：《关于〈中国之命运〉》，载《潮流与点滴》，第 199—200 页。

就要受世界各国的处分。从此世界地图上面，亦将不见中华民国的名词了。所以大家应该知道：自国家有机体的生命上说，没有了三民主义，中国的建国工作就失去了指导的原理。所以三民主义是国家的灵魂。自国家有机体的活动上说，没有了中国国民党，中国的建国工作就失去了发动的枢纽。所以中国国民党是国家的动脉，而三民主义青年团是动脉里面的新血轮。"[1] 又称："大家对于中国国民党如果能用客观的态度，拿过去历史的事实来证明他，由现在世界的变局来分析他，就将来国家的前途来推求他，就可知道中国惟有三民主义是博大精深的思想，亦惟有国民革命是正大光明的路线，而且惟有中国国民党，他是领导革命创造民国的总枢纽，他是中华民族复兴和国家建设的大动脉。"[2] 该书提出"中国从前的命运在外交……而今后的命运，则全在内政"，强调"攘外必先安内"，攻击共产主义与中国共产党，说什么"五四以后，个人本位的自由主义与阶级斗争的共产主义二种思想，突然输入于我学术界之中，流行全国。然而一般学术界对于中国的文化，大抵是只求其变而不知其常的。他们对于西洋各种的学说，大抵是只仿其形迹，而不求其精义，以裨益中国的国计民生的。致使一般文人学子，对于西洋文化，袭取了糟粕和皮毛；对于中国文化丧失了自尊与自信"[3]。该书攻击中共"破坏抗战，妨碍统一"，是什么"变相的军阀和新式的封建"，甚至是"反革命"；声称"如果这样武力割据，和封建军阀的反革命势力存留一日，国家政治就一日不能上轨道"，只要有共产党存在，别说宪政，就是训政也无法照常进行；并借美英放弃不平等条约，要求中国共产党向美英学习，主动放弃自己的武装和抗日根据地。[4]

《中国之命运》一书出版后，很快引起了毛泽东的注意，但出于维护抗日民族统一战线大局的考虑，他对公开批判国民党和蒋介石还是持慎重态度的。4 月 22 日，毛泽东在复何凯丰的信中提道："《中国之命运》我已要陈伯达写一意见（数千字，征引原文），送政治局各人看，看后再考虑办

---

① 蒋中正：《中国之命运》，正中书局，1943，第 195—196 页。

② 蒋中正：《中国之命运》，第 198 页。

③ 蒋中正：《中国之命运》（增订本），正中书局，1943，第 71—72 页。

④ 蒋中正：《中国之命运》（增订本），第 208 页。

法。"①5 月 8 日，中共中央复电周恩来："目前彼方可能不发动宣传攻势，故我们不应先作公开声明，只作文电声明及口头解释。《解放日报》及各根据地报纸还是一点也不刺激国民党。"②6 月 16 日，毛泽东在中央政治局会议上指出：关于国共关系，两年来我党采取"和国"方针，不刺激国民党，也没有在报纸上反对国民党。去年我们估计国民党在 5 月会有一次反共高潮，但没有来，只搞了两次反共宣传。最近周恩来、林彪见蒋介石时，蒋说要照他的《中国之命运》一书所说的办，要共产党交出军权、政权……国民党自蒋介石出版《中国之命运》一书后好转的可能很少。③毛泽东对蒋著《中国之命运》的反动本质和危害性虽然有清醒的认识，但着眼于抗日民族统一战线的大局，还是引而不发，不愿"在报纸上反对国民党"，以免激化与国民党的矛盾，影响抗战。

然而，此时国际上又发生了一件大事，也就是这年（1943 年）的 5 月 15 日，共产国际执行委员会主席团根据变化了的国际形势，做出《关于提议解散共产国际的决定》，并于 5 月 22 日向全世界公布。消息传到中国，国民党兴奋不已，认为这是彻底解决中共问题的大好时机，于是开始大肆制造反共舆论，配合对《中国之命运》的宣传，组织御用文人发表反共文章，叫嚣马列主义已经破产，共产主义不适用于中国，要求"解散"中国共产党、取消边区割据，认为"共产国际底解散，是世界共产党运动之终止了。换成别的话，共产国际底解散，表明一九一九年以来遍于世界各国的共产党运动，走上了消沉底道路"④。甚至有人发电要求"毛泽东解散共产党及边区政府，即返湘潭原籍，做一个乡社自治员"⑤。6 月初，《中国之命运》再版，蒋介石嘱咐将《中国之命运》初版时所使用的代指中国共产党的"各党派"，指明为中国共产党，"并声言，中国共产党如能照书上说的办，中

---

① 中共中央文献研究室编《毛泽东年谱（1893—1949）》（修订本）中卷，中央文献出版社，2013，第 434 页。

② 中共中央文献研究室编《毛泽东年谱（1893—1949）》（修订本）中卷，第 438 页。

③ 中共中央文献研究室编《毛泽东年谱（1893—1949）》（修订本）中卷，第 445—446 页。

④ 叶青：《从共产国际底解散展望世界各国共产党的前途》，载孟广涵主编《抗战时期国共合作纪实》下卷，重庆出版社，1992，第 173 页。

⑤《国民党当局动员特务机关，继续荒谬宣传，与敌伪一鼻孔出气、高唱解散共产党》，《解放日报》1943 年 8 月 5 日。

国政治无问题"。① 将比较隐晦的"各党派",明确修改为中国共产党,说明蒋介石和国民党的反共气焰已嚣张至极。国民党还多次召开军事会议,策划对陕甘宁边区的进攻,准备用闪击延安的方法掀起第三次反共高潮。在此情况下,中共中央决定对《中国之命运》展开批判,以打击国民党的反共反马克思主义的嚣张气焰。7月8日,中共中央书记处向各中央局、中央分局发出《关于中央决定发动宣传反击的通知》:"国民党乘共产国际解散机会,准备以武力进攻陕甘宁边区,迫我就范。同时发动宣传攻击,以造成反共舆论","中央决定发动宣传反击,同时准备军事力量粉碎其可能的进攻"。② 同一天,《解放日报》发表题为《起来!制止内战!挽救危亡!》的社论。7月13日,刘少奇在中共中央政治局会议上强调:要抓住蒋介石的流氓政治,对蒋介石的《中国之命运》要痛驳。③ 7月18日,《解放日报》发表题为《再接再厉,消灭内战危险》的社论,社论中不点名地批评蒋介石的《中国之命运》一书,社论说:"今年三月,大后方出版了一本中国法西斯主义的'经典'","这本'经典'的中心思想,一句话说完,就是要在两年内解决中国共产党,以便实行法西斯主义"。④ 7月19日,毛泽东就发表陈伯达的《评〈中国之命运〉》指示秦邦宪、陆定一:"陈伯达文章看过改过,送上请阅,请在今日或明日发表,以约5,000字登在社论地位,其余接登第四版,一天登完。以两天或三天广播之,并请广播两次。另印一小册子,亦请在日内印出,印15,000份",并嘱"以此作一次大宣传。印时请定一亲校一次,使无错字"。⑤ 7月21日,经毛泽东亲自修改和定稿的《评〈中国之命运〉》一文在《解放日报》发表。同日,中宣部发出由毛泽东起草的《关于广泛印发〈评《中国之命运》〉的通知》:"《评〈中国之命运〉》一文,本日在《解放日报》上发表,并广播两次。各地收到后,除在当地报纸上发表外,应即印成小册子(校对勿错),使党政军民干部一切能读者每人得一

---

① 张希贤:《陈布雷与陈伯达:历史转折点上的两个"秀才"》,第251页。
②《中央书记处关于中央决定发动宣传反击的通知》,载《中共中央文件选集》第十四册,第71页。
③ 中共中央文献研究室编《刘少奇年谱(1898—1969)》上卷,中央文献出版社,1996,第427—428页。
④ 中共中央文献研究室编《毛泽东年谱(1893—1949)》(修订本)中卷,第458页。
⑤ 中共中央文献研究室编《毛泽东年谱(1893—1949)》(修订本)中卷,第458页。

本（陕甘宁边区印一万七千本），并公开发卖。一切干部均须细读，加以讨论。一切学校定为必修之教本。南方局应设法在重庆、桂林等地密印密发。华中局应在上海密印密发。其他各根据地应散发到沦陷区人民中去。一切地方应注意散发到国民党军队中去。应乘此机会作一次对党内党外的广大宣传，切勿放过此种机会。"①毛泽东还在同日致董必武电中指出："此次反共高潮之近因，一由于国际解散，二由于相信日将攻苏，故蒋企图以宣传攻势动摇我党，以军事压迫逼我就范。乃事机不密，为我党揭穿，通电全国，迎头痛击……我为彻底揭穿其阴谋并回答其自皖变以来的宣传攻势计，除已发之通电及解放社论外，并于本日公布陈伯达驳斥蒋著《中国之命运》一书，以便在中国人民面前从思想上理论上揭露蒋之封建的买办的中国法西斯体系，并巩固我党自己和影响美英各国、各小党派、各地方乃至文化界各方面。为此目的，望注意执行下列数事：一、收到此文广播后，设法秘密印译成中、英文小册子，在中外人士中散布。二、在渝办、报馆中，以此文作为课本，进行解释讨论。三、搜集此文发表后的各方面影响，并将国民党回驳此文的文章择要电告，并全部寄来。四、新华尤其群众可用其他迂回办法揭露中国法西斯的罪恶（思想、制度、特点和行为）。五、其他技术问题由恩来电告。"②7月30日，毛泽东指示彭德怀："望将延安民众大会通电、解放报社论，及陈伯达、范文澜评《中国之命运》等文多印广发，借此作一次广大深入的有计划的阶级教育，彻底揭破国民党的欺骗影响，不要把此事的重要性看低了。国民党思想在我们党内是相当严重地存在的。"③

《评〈中国之命运〉》一文开篇即把蒋介石与其御用文人、曾当过汉奸的陶希圣挂起钩来并加以痛斥："中国国民党总裁蒋介石先生所著的《中国之命运》还未出版的时候，重庆官方刊物即传出一个消息：该书是由陶希圣担任校对的。许多人都觉得奇怪：蒋先生既是国民党的总裁，为什么要让自己的作品，交给一个曾经参加过南京汉奸群、素日鼓吹法西斯、反对

---

① 《中央宣传部关于广泛印发〈评《中国之命运》〉的通知》，载《中共中央文件选集》第十四册，第 79 页。
② 《毛泽东关于公布〈评《中国之命运》〉一文给董必武的电报》，载中共中央党史和文献研究院、中共重庆市委《中国共产党关于抗战大后方工作文献选编》（二），重庆出版社，2019，第 761—762 页。
③ 毛泽东：《关于审干的九条方针和在敌后的八项政策》，载《毛泽东文集》第三卷，第 53 页。

同盟国、而直到今天在思想上仍和汪精卫千丝万缕地纠合在一起的臭名远著的陶希圣去校对呢？难道国民党中真的如此无人吗？《中国之命运》出版后，陶希圣又写了一篇歌颂此书的文章，中央周刊把它登在第一篇，这又使得许多人奇怪：为什么中央周刊这样器重陶希圣的文章？"[①] 这一段文字是毛泽东在修改《评〈中国之命运〉》时亲笔加上去的，开篇即点出陶希圣为蒋介石捉刀之事及陶希圣的汉奸身份，给《中国之命运》以致命一击。该文指出：当此抗战处在重要关头的时候，决定中国之命运的是抗战，"但大家读到《中国之命运》后却不免大失所望，原因是那书中所提出的问题，和人们所期望的都相反，而且关于抗战问题，在全书二一三页当中，只占了十二页半。全书的中心是谈内政问题。一言蔽之，反对自由主义与共产主义，实际上主张买办的封建的法西斯主义，或新专制主义（虽然形式上仍戴着'三民主义'的帽子），因此使人们大失所望"[②]。又说："《中国之命运》第六章所谓'革命建国的根本问题'，其基本内容，就是：其一、反对民主政治，其二、反对思想自由。这真是中国政治危机的所在，中国国民精神（思想）危机的所在。大家知道：中山先生积四十年的革命经验，其所得的中心思想是唤起民众。而这点和《中国之命运》的中心思想正相冲突。或者是拥护民众，或者是反对民众。这是中国革命的基本问题，是革命路线与反革命路线的基本问题，是民族与反民族的基本问题。唤起民众的中心问题就是民主政治和思想自由，民族力量因此就可以发扬，而反革命路线必将一概加以否认，民族力量因此就可以被绞杀。这也是现在中国国体（在其实不在其名）的问题，是现在中国政体的问题，又是民族生命、中国前途的问题。"[③]

除经毛泽东亲自修改和定稿的《评〈中国之命运〉》一文外，《解放日报》还先后发表了范文澜的《谁革命？革谁的命？》（8月1日）、吕振羽的《国共两党和中国之命运（驳蒋著〈中国之命运〉）》（8月7日）、齐燕铭的《驳蒋介石的文化观》（8月9日）、艾思奇的《〈中国之命运〉——极端唯心论的愚民哲学》（8月11日）与何思敬的《驳蒋介石的法律观》（8月10日）等

---

① 陈伯达：《评〈中国之命运〉》，载《中共中央文件选集》第十四册，第504页。
② 陈伯达：《评〈中国之命运〉》，载《中共中央文件选集》第十四册，第504—505页。
③ 陈伯达：《评〈中国之命运〉》，载《中共中央文件选集》第十四册，第537页。

批判蒋介石的《中国之命运》的文章。8月初，周恩来从重庆回到延安，他在延安欢迎会上的演说中，不点名地对《中国之命运》以及共产国际宣布解散后国民党借机对马克思主义和中国共产党的攻击进行了批驳（该演说后发表在8月6日的《解放日报》上）。不久（8月16日），他又写了《论中国的法西斯主义——新专制主义》这一长文，分为《问题的提出和回答》《中国法西斯主义的思想体系》《中国法西斯主义的历史根源》《中国法西斯主义的政纲和策略》《中国法西斯主义的组织和活动》等几个部分，批判了《中国之命运》所宣扬的法西斯主义思想。与此同时，《解放日报》也先后有《抗战与民主不可分离——祝第二届联合国日》（6月14日）、《中国共产党与中华民族》（7月1日）、《没有共产党，就没有中国》（8月25日）、《法西斯主义就是祸国叛国亡国的主义》（9月13日）、《国民党与民族主义》（9月18日）等系列批判蒋介石《中国之命运》的社论发表。上述这些文章、演说和社论对《中国之命运》的批判，其重点主要在以下三个方面：**一是批判《中国之命运》所宣扬和鼓吹的一个主义、一个政党、一个领袖的法西斯主义思想。**蒋介石早已背叛了孙中山的三大政策和新三民主义，他所讲的一个主义，早不是孙中山的三民主义，而是"变质冒牌的三民主义"，亦即"假三民主义"①，从蒋介石的思想体系中，"我们只能看出中国法西斯主义，决看不出孙中山的革命的三民主义"②。其民族主义无视"当前的大问题是日本帝国主义强盗还在我们的国土上横行着"这一事实，而本末倒置地认为"今后的命运，则全在内政"，视中国共产党为国民党的主要敌人；其民权主义根本不提人民应该享受的种种自由与权利，而极力提倡"极端唯心论的愚民哲学"，散布什么"民可使由之，不可使知之"的思想，要人民绝对服从国民党的统治；其民生主义根本不提孙中山晚年的"耕者有其田"主张，也没有提出任何减轻农民和普通民众负担的措施，只是"长篇大论地侈谈着三十年五十年以后的'实业计划'"。③他所讲的一个政党，也"早已不是孙中山改组时的国民党，也不是思想自由或各派共存的国民党了"，而

---

① 范文澜：《谁革命？革谁的命？》，《解放日报》1943年8月1日。
② 周恩来：《论中国的法西斯主义——新专制主义》，载《周恩来选集》（上卷），第150页。
③ 艾思奇：《〈中国之命运〉——极端唯心论的愚民哲学》，《解放日报》1943年8月11日。

是"蒋记国民党"①,"其中占绝对统治地位的是大地主大资产阶级",其社会基础是"军阀、官僚、政客、土霸、劣绅"以及"特务、汉奸、法西斯分子"②,等等。蒋介石宣扬和鼓吹一个主义、一个政党、一个领袖的法西斯主义思想的实质,是要维持和强化"中国大地主大资产阶级——实际上就是蒋介石国民党和官僚资本公开的恐怖的专政,亦即特务统治"③。**二是驳斥《中国之命运》对中国共产党和马克思主义的攻击与诬蔑。**蒋介石和国民党宣称"马克思主义不适合中国",是外来的西洋产品,并攻击和诬蔑中共及其领导的人民武装是"变相的军阀",抗日根据地是"新式的封建",这完全是颠倒黑白,混淆是非。蒋介石们之所以要攻击和诬蔑马克思主义,是因为马克思主义是"照妖镜","他们最怕我们用马列主义的照妖镜,在中国人民面前,照出他们第五纵队的原形",马克思主义是认识世界、改造世界的"世界观","他们最怕我们用马列主义的世界观,在中国人民面前,解释中国政治经济社会诸现象,指出中国革命的真正道理"④;蒋介石们之所以要攻击和诬蔑中国共产党,是因为中国共产党通过自己的英勇斗争已经成为抗日战争中的中流砥柱,成为受人民群众真心拥护和爱戴的"伟大政党",这使他们感到害怕,寝食难安⑤。中国共产党的"靠山"不是蒋介石们所说的共产国际,"而是中国的人民。中国共产党是从中国劳动人民中生长起来的,它是存在在中国人民中间",共产国际解散并不会影响中国共产党的发展,只是使中国共产党"要更负责地更独立地解决中国革命问题"。⑥ **三是以大量无可辩驳的事实揭示和论证了"没有共产党,就没有中国"。**以抗战而论,中国共产党领导的"八路军、新四军在敌后",在没有外援的情况下,"全凭人民和自力更生,终年打仗,支持着这抗日的战略根据地,吸引着半数以上的在华敌人"。⑦这说明,没有共产党就没有抗战的坚持和胜利;没有抗战的坚持和胜利,也就没有中国。与蒋介石"没有中国国民党,那就是没

① 周恩来:《论中国的法西斯主义——新专制主义》,载《周恩来选集》(上卷),第149页。
② 范文澜:《谁革命? 革谁的命? 》,《解放日报》1943年8月1日。
③ 周恩来:《论中国的法西斯主义——新专制主义》,载《周恩来选集》(上卷),第144页。
④ 周恩来:《在延安欢迎会上的演说》,载《周恩来选集》(上卷),第139页。
⑤ 范文澜:《谁革命? 革谁的命? 》,《解放日报》1943年8月1日。
⑥ 周恩来:《在延安欢迎会上的演说》,载《周恩来选集》(上卷),第139、140页。
⑦ 周恩来:《在延安欢迎会上的演说》,载《周恩来选集》(上卷),第136页。

有了中国"的提法针锋相对，《解放日报》一篇社论的标题就取名为《没有共产党，就没有中国》。该社论开篇便指出："昨日本报发表了两个极端重要的文献：即《国共两党抗战成绩的比较》和《共产党抗击的全部伪军概况》。这两个文献以铁一般的事实和数字，澈底地粉碎了国民党反动派所散布的无耻谰言和荒谬宣传，鲜明地证明了这一真理：即如果今日的中国，没有中国共产党，那就是没有了中国。"在结尾部分，社论套用蒋著笔法写道："如果今日的中国，没有中国共产党，那就是没有了中国。如果中国共产党革命失败了，那亦就是整个中国国家的失败。简单的说，中国的命运完全寄托在中国共产党。如果中国共产党没有了，或是失败了，那中国的国家就无所寄托，不仅不能列在世界上四强之一，而且要受世界各国的处分。从此世界地图上面，亦将不见中华民国的名词了。"①曹火星后来根据这篇社论的标题创作了同名红歌《没有共产党就没有中国》，1950年毛泽东建议在"中国"前加一"新"字，这就是红歌《没有共产党就没有新中国》的由来。

　　1943年发生的这场关于"中国之命运"的论战，是抗日战争即将取得胜利之际，亦即中国社会的主要矛盾即将从民族矛盾向阶级矛盾转变之际，国共两大政党对未来国家建设的主导权之争，是抗战胜利后中国向何处去、建立一个什么样的国家之争。这种争论或斗争，随着抗战胜利的越来越临近，也变得越来越激烈。

二、国民党六大：坚持独裁、继续反共建国路线的确立

　　国民党在内政问题上有两个关键问题：一是政党关系，主要是国共关系，国共两党围绕抗战中的合作及战后安排进行斗争；一是面对国人尤其是中间势力要求还政于民的压力，是否按照孙中山设计的"建国程序"尽早实施宪政。国民党六大在这两大议题上都做出了令人失望的回答，确立了坚持独裁、继续反共的决策。

　　"中国之命运"论战后，国民党及蒋介石试图主导战后政治安排的意图越发强烈，国共之间、蒋介石与毛泽东之间、两种"中国之命运"之间，围绕建国问题、围绕由谁主导"中国之命运"问题，进行了多个回合的较量，

---

①《没有共产党，就没有中国》，《解放日报》1943年8月25日。

包括围绕共产党所要求的国共两党政治谈判的斗争。1942 年 10 月至 1943
年 6 月，林彪受中共中央委派在重庆与国民党进行谈判，他根据中央指示
向国民党提出 4 点：在允许中共合法的条件下，可允许国民党在陕甘宁边
区和敌后抗日根据地办党；八路军新四军编为 4 个军 12 个师；陕甘宁边区
改为行政区，人员、地域不动；八路军新四军黄河以南部队，在抗战胜利
后北移。周恩来于 1944 年 3 月 12 日在延安各界纪念孙中山逝世 19 周年
大会上所做的《关于宪政与团结问题》演讲中向国民党政府提出 5 点要求，
即：承认中国共产党在全国的合法地位；承认陕甘宁边区及各抗日根据地
为国民党政府的地方政府；承认八路军、新四军及一切敌后抗日武装为国
民党政府所管辖所接济的部队；恢复新四军的番号；撤离对陕甘宁边区及
各抗日根据地的封锁和包围。5 月 15 日，毛泽东致电林伯渠，向国民党方
面提出 20 条意见。关于全国政治者 3 条：实行民主政治与言论、出版、集
会、结社及人身之自由；开放党禁，承认中共及各爱国党派的合法地位；
允许实行名副其实的人民地方自治。关于两党悬案者 17 条，主要有：根据
抗战需要、抗战成绩及现有军队实数，应请政府将中共军队编为 16 个军 47
个师，每师一万人，目前至少给予 5 个军 16 个师的番号；承认陕甘宁边区
及华北、华中、华南敌后各抗日根据地民选抗日政府为合法的地方政府，
并承认其为抗日所需要的各项设施；请政府通令取消"奸党""奸军""奸
区"等诬蔑与侮辱共产党、八路军新四军、抗日民主地区的称号；请政府
停止特务人员对于共产党、八路军新四军、抗日民主地区的破坏；请政府
释放各地被捕人员；请政府允许中共在全国各地办党办报，中共亦允许国
民党在陕甘宁边区及敌后各抗日民主地区办党办报；请政府停止对重庆《新
华日报》的无理检查与破坏发行。[①]6 月 5 日，林伯渠提出中共中央修正后的
12 条书面意见，其他 8 条作为口头要求。国民党代表张治中、王世杰则将
《(国民党)中央对中共问题提示案》交给林伯渠，两党方案相距甚远，谈
判陷入僵局。然而，7 月 26 日，国民党中央宣传部部长梁寒操却在记者招
待会上发布所谓"国共关系已有改善"的"乐观消息"，说什么双方观点没
有原则分歧，并将国共谈判难以取得进一步进展归咎于中共言行不一。8 月

---

① 中共中央文献研究室编《毛泽东年谱（1893—1949）》（修订本）中卷，第 511—512 页。

13日，周恩来在就"国共谈判问题"答记者问中驳斥了梁寒操的上述言论，并强调谈判的障碍在于国民党"始终固执其一党统治与拖延实行三民主义的方针，而不愿立即实行真正的民主"，"只有国民党的统治人士立即放弃一党独裁政治，立即放弃削弱与消灭异己的方针，立即实行民主政治，并从民主途径中，公平合理的解决国共关系，才能得到效果"。[1]随后，中国共产党方面提出了改组国民政府、成立联合政府的主张。

　　面对全民族抗战以来兴起的要求国民党还政于民的宪政运动，国民党及蒋介石的回应是以战时体制为由一再推迟宪政。1939年9月召开的第一届国民参政会第四次大会通过了《实行宪政决议案》，全国抗战时期的第一次民主宪政运动兴起。国民党被迫表态，将于1940年11月12日召开国民大会，制定宪法，实行宪政。但到了1940年9月，国民党中常会又宣布"惟各地交通，因受战事影响，颇多不便，如依原限召集，不无重大困难"[2]，决定延期。1943年9月，国民党召开第五届中央执行委员会第十一次全体会议，蒋介石在开幕词中说："最近抗战的局势，尤其是太平洋形势的演进，我可以断言，我们最后胜利的时期，快则就在这一年之内，迟则或要在一年之后。""我们要在此时期格外勤劳奋勉，一面加强抗战力量，一面积极准备建国的工作，这是此次全会最重要的任务。"他指出："由于这六年来全国军民同志牺牲奋斗的结果，我们民族生命的危机确已渡过，国家基础亦已稳定。当然，我们以后要完成抗战建国的大业，还需要经过更大的牺牲和努力，然而我们现在已经临到胜利的前夕了，所以各位同志在这次全会期中，特别要集中心力于建国的问题，以期得到一个圆满的方案，将来抗战结束之后，立刻可以付诸实施。""这一次全会我们讨论的重点，应该特别注重于建国的问题"，所谓建国"第一要紧的就是要先确立我们的政治建设，而政治建设的基础，就在宪政的实施"。[3]这次中央全会通过了《关于实施宪政总报告之决议案》，其中规定："国民政府应于战争结束后一年内，

————————
①《周恩来同志答覆记者，国共谈判迄今无结果》，《解放日报》1944年8月13日。
②《国民党大会组织法》，载孙燕京、张研主编《民国史料丛刊·续编1011》，大象出版社，2012，第63页。
③《第五届第十一次中央全会·开幕词》，载《中国国民党历次代表大会及中央全会资料》（下册），第827—828页。

召集国民大会，制定宪法而颁布之，并由国民大会决定施行日期"，"凡前次依法产生之国民大会代表，除因背叛国家或死亡及因他故而丧失其资格者外，一律有效"。①9月18日，蒋介石在国民参政会三届二次会议上表示："最后要向各位报告实施宪政的问题。关于促进民治实施宪政，本为国民政府多年一贯的主张，自第一届国民参政会以来，五年之间，政府既屡有表示，参政会亦迭有建议，宪政期成会诸君之热心努力，实为切望建国完成的表现。现在十一中全会对于提早完成宪政，已有具体决议；规定于战争结束后一年内召集国民大会，制颁宪法，并决定施行日期。政府自当依此方针，悉力以赴，在卅三年施政方针之中，已规定后方各省之县参议会，应于一年内一律成立。同时就于完成地方自治及召集国民大会之准备，亦当督饬主管机切实筹办。"②1944年9月中国共产党提出"联合政府"的主张后，得到民主政团同盟为代表的中间势力的响应和支持。为了与中共提出的"联合政府"主张抗衡，使自己变被动为主动，蒋介石一度改变了抗战结束后召开国民大会制定宪法的主意，表示要提前实施宪政。9月16日，蒋介石在国民参政会三届三次会议上表示："就我们此次参政会的表现看起来，使我们对于中国民主的前途，增加无限的乐观，使我们相信训政时期，还可以尽量的缩短，虽然十一中全会已有于抗战结束一年以内召集国民大会，实行宪政的决议，但本席正在考虑提议在明年召开中国国民党第六次全国代表大会，如果到那个时候，抗战形势好转，宪政或有提前实行的必要，或将这个决议在代表大会中，重行提出讨论。是不是可使实施宪政和结束训政的日期再行提早。"③1945年元旦，蒋介石发表广播讲话，提出"我们国民大会的召集，不必在待之战争结束以后"，"一俟我们军事形势稳定，反攻基础确立，最后胜利更有把握的时候，就要及时召开国民大会，颁布宪法"。④然而，后来的历史证明，蒋介石的这一切承诺、表态，都是自欺欺

①《关于实施宪政总报告之决议案》，载《中国国民党历次代表大会及中央全会资料》（下册），第844页。
② 蒋中正:《说明抗战建国最重要的问题——中华民国三十二年九月十八日在重庆第三届国民参政会第二次大会讲》，载《总统蒋公思想言论总集》卷二十，第273页。
③ 蒋中正:《一年来军事、外交、政治、经济之报告——中华民国三十三年九月十六日出席第三届国民参政会第三次大会讲》，载《总统蒋公思想言论总集》卷二十，第507页。
④《蒋主席勖勉全国军民》，载《抗战第八周年纪念册》，中国国民党中央执行委员会宣传部，1945，第59页。

人而已。国民党根本就没有真正考虑过要还政于民。

1945 年 1 月 6 日，蒋介石约集五院院长商讨召开国民党第六次全国代表大会及国民大会问题，商定于 5 月 5 日召开国民党六大。1945 年 3 月 1 日，蒋介石在宪政实施协进会的演说中指出："共产党最近的要求是要中央立即取消党治，将政权交给各党各派组织的联合政府；而在我们政府的立场，是准备容纳其他政党（包括共产党）与全国无党无派的有志之士参加政府。但在国民大会召集以前，政府不能违反《建国大纲》，结束训政，将政治上的责任和最后决定权，移交于各党各派，造成一种不负责任的与理论事实两不容许的局面。""国民政府如将一切政权或责任交给于各党各派，则中央政权势必日日在风雨飘摇之中，其结果必使抗战崩溃革命失败，将使国家引起可怖的变乱，而陷民族于万劫不复的境地。因为我国情形与他国不同，在国民大会召集以前，我国便无一个可以代表全国人民、使政府可以征询民意之负责团体。所以吾人只能还政于全国民众代表的国民大会，不能还政于各党各派的党派会议，或其联合政府。""中国国民党已负起了伟大艰难领导全国的责任，所谓还政于民，就是交付这样巨大的责任于全体人民。故必须经过国民大会的一个机构，始可有所托付。"①对蒋介石 1945 年元旦广播讲话中再次开出没有兑现的宪政支票，毛泽东做了如下评论："他（蒋介石——引者）又在其广播中说：'我觉得我们国民大会的召集，不必再待之战争结束以后……我现在准备建议中央，一俟我们军事形势稳定，反攻基础确立，最后胜利更有把握的时候，就要及时召开国民大会，颁布宪法，……归政于全国的国民。'岂不有些奇怪？但是一点也没有什么奇怪。最近几个月来形成的极其紧张的政治形势，迫着蒋氏将其早已发出的不兑现纸币，填上一个似乎不很久就有希望的实无日期的日期。可是蒋氏这一声明，决不会有什么积极影响，因为他的这种声明，仅仅将希望寄托在中国人民毫无记性这一点上。可是中国人民是有记性的，他们记得国民党政府开过很多支票，请看：'民国二十三年十月十日为宪政开始日期'，'民国二十四年四月开国民大会，开始宪政'，'民国二十五年十一月十二日开国民大会'，'至迟要在民国二十六年十一月召开国民大会'，'限于民国二十九年

---

① 《蒋主席于宪政实施协进会致词》，载《抗战第八周年纪念册》，第 76—78 页。

十一月十二日召集国民大会’，‘抗战结束后一年召开国民大会，制颁宪法’。蒋介石先生，我们要问你：你的票子不是早已填上了许多确定兑现的日期吗？”①

1945 年 5 月 5 日至 21 日，国民党六大在重庆召开，大会通过《中国国民党第六次全国代表大会宣言》《关于国民大会召开日期案》《关于宪法草案案》《本党同志对中共问题之工作方针》《对于中共问题之决议案》等 63 个议案，其中心议题有两个：第一，打着实施“宪政”“还政于民”的口号，拒绝中国共产党提出的“联合政府”主张，实则坚持一党专政和个人独裁，并决定在“本年十一月十二日召开国民大会，制颁宪法，以实施宪政”②。共产党和国民党在实施“宪政”方面主要存在着以下三个方面的原则性分歧：一是共产党主张先成立有各党派参加的联合政府，再由联合政府召集国民大会，而国民党则坚持国民大会应国民党一党政府来召集；二是共产党认为抗战之前所选出的“国大代表”因是国民党一党包办的，加上不少代表或投敌、或死亡，或发生其他变化，应宣布无效，由联合政府重新制定选举法，组织选举，而国民党则坚持抗战前选出的国大代表一律有效；三是共产党认为《五五宪草》是由国民党　党制定的，所确立的是国民党一党专政和个人独裁的政治体制，因而应该作废，由联合政府重新制定宪草，或对《五五宪草》做根本修改，而国民党则坚持“国民大会开会时，仍应以国民政府公布之五五宪法草案为讨论基础”③。这三个方面的原则性分歧，也是抗战胜利后政协会议上以及政协会议后中共、民盟与国民党争论的问题。正因为中共和国民党在实施“宪政”方面存在着上述三个方面的原则性分歧，所以国民党六大决定“本年十一月十二日召开国民大会，制颁宪法，以实施宪政”。这并非真心实意要还政于民，而是借宪政之名，行一党专政和个人独裁之实，是新瓶装旧酒而已。第二，准备与中共的斗争。大会通过的《对于党务报告之决议案》，诬蔑“共产党乘敌寇深入之际，破坏抗战，袭击国军，在各地对本党同志横施残害，在言论上对本党横加诬蔑”，并表示将采取“政治解决之方针，以期共产党能改弦易辙，不致陷国家于危难”。④其在

①《延安权威人士评蒋介石元旦广播》，载《中共中央文件选集》第十五册，第3—4页。
②《第六次全国代表大会宣言》，载《中国国民党历次代表大会及中央全会资料》（下册），第912页。
③《关于宪法草案案》，载《中国国民党历次代表大会及中央全会资料》（下册），第961页。
④《对于党务报告之决议案》，载《中国国民党历次代表大会及中央全会资料》（下册），第920页。

对外的《对于中共问题之决议案》中虽然再次表示对共产党问题要寻求政治解决的途径①，但在对内的《本党同志对中共问题之工作方针》中则指责"中共一贯坚持其武装割据，借以破坏抗战，致本党委曲求全、政治解决之苦心，迄无成效，而本党同志在各地艰苦奋斗惨遭中共残害，书不胜书。追溯往事，能无愤慨。乃中共最近更变本加厉，提出联合政府口号，并阴谋制造其所谓'解放区人民代表会议'，企图颠覆政府，危害国家。凡我同志均应提高警觉，发挥革命精神，努力奋斗，整军肃政，加强力量"，并据此提出了如何加强国民党的领导、与中共进行坚决斗争的一系列工作方针。②在这次大会上，有的代表提出了《加强民主设施，促成国家统一案》《确定重新推选国民大会代表，以便实施宪政案》《请修正国民大会选举法以应需要案》《请修正国民大会组织法案》等议案，但都被大会以"交中央执行委员会慎重研讨后酌定之"一句话应付了事。这一切表明，国民党、蒋介石在抗战胜利后仍将坚持过去的建国方针，继续维护一党专政、个人独裁的反动统治，顽固地拒绝了中国共产党"取消一党专政，成立联合政府"的主张。这正如毛泽东所批判的："国民党的大会是法西斯主义性质的，实际上也是法西斯主义的。……国民党大会的性质与我在《论联合政府》报告里所说的一样，没有多大变化，还是法西斯主义"③，"不但对一党专政不愿废止，对联合政府不愿成立，即对任何迫切需要的民主改革，例如，取消特务机关，取消镇压人民自由的反动法令，释放政治犯，承认各党派的合法地位，承认解放区，撤退封锁和进攻解放区的军队等等，也一项不愿实行"④。

三、"中国向何处去"：抗战胜利之际两种"中国之命运"的较量

毛泽东在 1945 年 4 月中共七大开幕词中指出，在打败了日本帝国主义以后，中国仍然有成为一个新中国还是一个老中国的两种命运、两个前途。随着 1945 年 8 月抗日战争取得胜利，抗日战争阶段成为过去，围绕"建国"

---

① 《对于中共问题之决议案》，载《中国国民党历次代表大会及中央全会资料》（下册），第 922 页。
② 《本党同志对中共问题之工作方针》，载《中国国民党历次代表大会及中央全会资料》（下册），第 921—922 页。
③ 毛泽东：《在中国共产党第七次全国代表大会上的结论》，载《毛泽东文集》第三卷，第 385—386 页。
④ 毛泽东：《论联合政府》，载《毛泽东选集》第三卷，第 1052 页。

问题展开的国内斗争成为社会的主要矛盾，"蒋介石说要'建国'，今后就是建什么国的斗争。是建立一个无产阶级领导的人民大众的新民主主义的国家呢，还是建立一个大地主大资产阶级专政的半殖民地半封建的国家？这将是一场很复杂的斗争。目前这个斗争表现为蒋介石要篡夺抗战胜利果实和我们反对他的篡夺的斗争"[①]。为了实现大地主大资产阶级专政的建国主张，在抗日战争胜利后的一段时间内，限于当时的主客观原因，国民党、蒋介石采取了"和"（政治谈判）与"战"（挑起内战）交替使用的两手策略，但不论"和"还是"战"，其目的都是一个，即消灭中国共产党及其领导的人民武装，只是手段不同而已。前者企图通过政治谈判，用和平的手段迫使中国共产党自我解散或交出武装和解放区，变成如同民盟一样的普通政党；后者企图通过发动内战，用武力的手段来消灭共产党及其武装力量。

本卷第二十七章中已经指出，国民党及蒋介石没有在抗战胜利后立即发动全面内战，是因为受到国际国内诸多因素的牵制。毛泽东对此曾做过分析："蒋介石要放手发动内战也有许多困难。第一，解放区有一万万人民、一百万军队、二百多万民兵。第二，国民党统治地区的觉悟的人民是反对内战的，这对蒋介石是一种牵制。第三，国民党内部也有一部分人不赞成内战。目前的形势和一九二七年的时候是大不相同了。特别是我党目前的情况和一九二七年时候的情况大不相同。那时候的党是幼年的党，没有清醒的头脑，没有武装斗争的经验，没有针锋相对的方针。现在党的觉悟程度已经大大地提高了。"[②] 面对有了成熟的领导集体、有了强大的人民军队、有了武装斗争经验的中国共产党，国民党、蒋介石需要以和谈之名赢得调兵遣将、部署内战的时间；与中国共产党进行政治谈判，也可对当时普遍希望和平的国际、国内舆论有所交代。因此，蒋介石于 1945 年 8 月 14 日、8 月 21 日、8 月 23 日三次电邀毛泽东赴重庆谈判。

对于国民党"和"与"战"的两手策略，共产党是有清醒认识的，所以也做好了"和"与"战"的两手准备。一方面，只要有百分之一的希望，就要尽百分之百的努力，以争取国共问题能够得到和平解决，从而实现和平

---

① 毛泽东：《抗日战争胜利后的时局和我们的方针》，载《毛泽东选集》第四卷，第 1130 页。
② 毛泽东：《抗日战争胜利后的时局和我们的方针》，载《毛泽东选集》第四卷，第 1130—1131 页。

建国的愿望；另一方面，也做好了自卫反击的预案，一旦国民党出尔反尔，挑起内战，就坚决给予迎头痛击，以战止战。所以，在收到蒋介石的电邀后，8月24日，毛泽东复电蒋介石表明准备随即赴渝。谈判前，蒋介石对国民党要员提出总的原则：政治与军事应整个解决，但对政治之要求予以极度之宽容，而对军事则严格之统一，不稍迁就；要求坚决维护国民党"法统"，以"政令军令之统一"为一切问题之"中心"。谈判从8月29日开始，经过43天的艰苦谈判，10月10日国共双方代表在重庆桂园签订《政府与中共代表会谈纪要》，又称《双十协定》，其中双方达成共识、被表述为"一致认为"或"双方同意"的有5条，如：关于和平建国的基本方针，"一致认为：中国抗日战争业已结束，和平建国的新阶段，即将开始，必须共同努力，以和平、民主、团结、统一为基础，并在蒋主席领导之下，长期合作，坚决避免内战，建设独立、自由和富强的新中国，彻底实行三民主义。双方又同认蒋主席所倡导之政治民主化、军队国家化、及党派平等合法，为达到和平建国必由之途径"。关于政治民主化问题，"一致认为应迅速结束训政，实施宪政，并应先采必要步骤，由国民政府召开政治协商会议，邀集各党派代表及社会贤达协商国是，讨论和平建国方案及召开国民大会各项问题。现双方正与各方洽商政治协商会议名额、组织及其职权等项问题，双方同意一俟洽商完毕，政治协商会议即应迅速召开"。关于人民自由问题，"双主同意政府应保证人民享受一切民主国家人民在平时应享受身体、信仰、言论、出版、集会、结社之自由，现行法令当依此原则，分别予以废止或修正"。关于特务机关问题，"双方同意政府应严禁司法和警察以外机关有拘捕、审讯和处罚人民之权"。关于地方自治问题，"双方同意各地应积极推行地方自治，实行由下而上的普选，惟政府希望不以此影响国民大会之召开"。① 有的"尚未获得协议"，尤其是"关于军队国家化问题"与"关于解放区地方政府问题"，《纪要》记录了双方观点并表示将继续商谈。通过重庆谈判，中国共产党和平建国的主张与诚意为全国人民所了解，中国共产党因为高举和平、民主、团结的旗帜而在政治上占据了主动，也推迟了全面内战爆发的时间。10月17日，毛泽东在《关于重庆谈判》的报告

---

① 《附一：政府与中共代表会谈纪要》，载《中共中央文件选集》第十五册，第326—330页。

中指出："这次谈判是有收获的。国民党承认了和平团结的方针和人民的某些民主权利，承认了避免内战，两党和平合作建设新中国。这是达成了协议的。还有没有达成协议的。解放区的问题没有解决，军队的问题实际上也没有解决。已经达成的协议，还只是纸上的东西。纸上的东西并不等于现实的东西。事实证明，要把它变成现实的东西，还要经过很大的努力。"又说："谈判的结果，国民党承认了和平团结的方针。这样很好。国民党再发动内战，他们就在全国和全世界面前输了理，我们就更有理由采取自卫战争，粉碎他们的进攻。成立了《双十协定》以后，我们的任务就是坚持这个协定，要国民党兑现，继续争取和平。如果他们要打，就把他们彻底消灭。"①

在与共产党进行政治谈判的同时，国民党及蒋介石积极抢夺抗日战争胜利果实，以继续维持其独裁统治，并不断向解放区发动进攻、加紧部署全面内战。1945 年 8 月 11 日即日本提出投降条件后的第二天，蒋介石就利用其所谓"抗战最高统帅"名义发布命令："各战区长官依照既定计画命令推进"；中共"第十八集团军总司令朱德就原地驻防待命，勿再擅自行动"；沦陷区"各地下军及伪军维持治安，不得擅自迁移驻地，或受任何部队收编"。②面对蒋介石要求人民军队"原地驻防待命"的错误命令，中共方面于8 月 13 日、8 月 16 日以第十八集团军总司令朱德的名义两次致电蒋介石，予以严词拒绝。8 月 13 日，《解放日报》发表由毛泽东撰写的评论，指出："无怪中国法西斯头子独夫民贼蒋介石，在敌人尚未真正接受投降之前，敢于'命令'解放区抗日军队'应就原地驻防待命'，束手让敌人来打。无怪这同一个法西斯头子，又敢于'命令'所谓地下军（实际上就是实行'曲线救国'的伪军和与敌伪合流的戴笠系特务）和伪军，'负责维持地方治安'，而不许解放区抗日军队向敌伪'擅自行动'。这样的敌我倒置，真是由蒋介石自己招供，活画出他一贯勾结敌伪、消除异己的全部心理了。可是中国解放区的人民抗日军队，绝不会中此毒计。"③8 月 16 日，新华社发表由毛泽

① 毛泽东:《关于重庆谈判》, 载《毛泽东选集》第四卷, 第 1156、1159 页。
② 郭廷以编著《中华民国史事日志》第四册,（台湾）"中央研究院"近代史研究所, 1985, 第
376 页。
③ 毛泽东:《蒋介石在挑动内战》, 载《毛泽东选集》第四卷, 第 1137 页。

东起草的《评蒋介石发言人谈话》，指出："蒋介石于十一日发出一个背叛民族的命令，在最后消灭日寇的关头，禁止八路军新四军和一切人民军队打日本打伪军。这个命令，当然是绝对不能接受和绝对不应接受的。随后，蒋介石经过他的发言人，就把中国人民的军队宣布为'人民公敌'。这样就表示：蒋介石向中国人民宣布了内战。"①为抢夺地盘，从8月中旬开始，蒋介石命令国军沿平绥、同蒲、平汉、津浦等铁路向华北推进受降，导致了9月10日至10月12日的上党战役、10月24日至11月2日的平汉战役、10月18日至12月14日的平绥战役、10月15日至12月14日的津浦战役、11月15日的山海关战斗等武装冲突的发生。

　　《双十协定》签订后，国共双方就政治协商会议等问题继续进行谈判。10月12日，毛泽东在延安与张治中谈道"希望此次谈判中尚未获得协议的国民大会问题与解放区问题，早日商得共同意见，以便政治协商会议能及早顺利开幕"②。10月21日，周恩来与国民党代表就参加政协的代表名额问题达成协议。国民党方面提出以11月1日为开会日期，要求共产党迅速决定代表人选。10月29日，中共中央致电重庆中共代表团指出：目前最急者是停止内战问题，不停止内战，一切无从谈起；东北、华北、苏北、皖北及边区实行孙中山民选地方自治，国民党不得委派人员。③此后，谈判陷入僵局。12月15日，美国总统杜鲁门发表对华政策声明，表示赞成中国召开由全国各主要政党代表参加的政治协商会议，以谋求早日解决目前的内争，促成中国之和平统一；同时，任命马歇尔为总统特使，赴华调和国共关系。同日，中共中央决定派出周恩来、董必武、王若飞、邓颖超、叶剑英、陆定一、吴玉章7人为中共代表出席政治协商会议。12月17日，中共中央发言人就杜鲁门15日发表的对华政策声明发表谈话，要求中国内战之立时的、全面的与无保留的终止；并要求即将在重庆召开的政治协商会议执行各党派代表会议的职权，结束一党专政与改组国民政府。④12月27日，国共谈判正式恢复。12月31日，重庆中共代表团收到国民党政府关于停止军事

---

① 毛泽东：《评蒋介石发言人谈话》，载《毛泽东选集》第四卷，第1148页。
② 中共中央文献研究室编《毛泽东年谱（1893—1949）》（修订本）下卷，第35页。
③ 中共中央文献研究室编《毛泽东年谱（1893—1949）》（修订本）下卷，第44页。
④ 中共中央文献研究室编《毛泽东年谱（1893—1949）》（修订本）下卷，第51页。

冲突的复文，国民党政府表示原则上同意停战。

1946 年 1 月 5 日，中共代表同国民党政府代表就停止军事冲突、恢复交通问题达成协议。随后，双方开始讨论并拟定停战命令以及在北平设立军事调处执行部等问题。1 月 10 日，周恩来和张群正式签署《关于停止国内军事冲突及恢复交通的命令与声明》，中国共产党中央委员会主席毛泽东和国民党军事委员会委员长蒋介石同时下达停战令。同日，政治协商会议在重庆开幕，至 1 月 31 日闭幕，会议通过了关于政府组织、国民大会、和平建国、军事问题、宪法草案的五项决议案。政协五项协议实质上否定了国民党的训政法统，否定了国民党的内战政策以及一党专制和个人独裁。这在当时条件下是一个进步。

国民党统治集团意识到，和平民主建国的推进、政协协议的实施将意味着他们不能再实行一党专政和个人独裁，这是他们所不能容忍的，于是，政协协议签字的墨迹未干，他们就开始破坏停战协定，违背政协协议，并进一步扩大内战。蒋介石在 1946 年 3 月 1 日至 17 日召开的国民党六届二中全会上公开声明要对政协协议"就其荦荦大端，妥筹补救"①，并强调尽管召开了政协会议，达成了五项协议，但"本党还负有捍卫主义，保障民国的特殊义务"，无论"在法理上与事实上还不能诿卸我们对于国家所负的责任"②。其用意就是要继续坚持一党专政和个人独裁的统治。大会通过的《对于政治协商会议报告之决议》和《大会宣言》全面否定了政协五项协议，尤其是"宪章修改十二条原则"。对此，3 月 19 日，《解放日报》发表《评国民党二中全会》的社论，痛批蒋介石在国民党二中全会上"不顾自己的政治信誉，转而支持法西斯派的立场，公开地号召该会对于政协所通过的宪法原则'就其荦荦大端，妥筹补救'。在这一问题上，二中全会在法西斯派的操纵下通过了以下五项决议……这五项决议的目的，就是推翻政协所决定而为全国人民所一致拥护的国会制、内阁制、省自治制的民主原则，而继续坚持五五宪草中的独裁原则"③。

① 《蒋介石在孙中山纪念周上讲话》，载中国人民解放军政治学院党史教研室编《中共党史参考资料》第十八册，1986，第 133 页。
② 蒋介石：《第六届第二次中央全会开幕词》，载《中国国民党历次代表大会及中央全会资料》（下册），第 1030—1031 页。
③ 《评国民党二中全会》，《解放日报》1946 年 3 月 19 日。

民盟为代表的中间势力也对国民党的六届二中全会全面否定和撕毁政协五项协议、决心内战提出了严厉批评。但国民党不顾中共、民盟为代表的中间势力以及全国人民的反对，一意孤行，在内战的道路上越走越远。6月26日，国民党军队向中原解放区发动进攻，7月12日又出动50万人进攻苏皖解放区，全面内战由此爆发。事态发展表明，尽管中国共产党为争取和平建国做出了巨大的、真诚的努力，全面内战的爆发仍难以避免，"两种中国之命运"的抉择最终要通过战场才见分晓。

第二节　违背政协协议的"建国程序"：国民党的"制宪国大""改组政府"和"行宪国大"

政协会议通过五项决议后，按照孙中山在《建国大纲》所确立的"建国程序"，应先后召开"制宪国大"和"行宪国大"，并依据政协协议"改组政府"，从而实现国民党的还政于民。然而蒋介石集团为了继续维持其一党专政和个人独裁的统治，则违背政协协议，不是先改组政府，然后由有各党派参加的改组后的政府召集制宪国大，而是由未改组的国民党一党政府单方面召集制宪国大，并通过了严重违背政协"宪章修改十二条原则"的《中华民国宪法》，因而为中共和民盟所抵制和不予承认。此后，国民党又在中共和民盟都拒绝参加的情况下违背政协协议，宣布改组政府，实际上所谓"改组"后的政府是换汤不换药，仍然是国民党的一党政府，只是让出了几个无关紧要的位置给青年党、民社党和个别社会贤达，装点"民主"的门面而已。至于"行宪国大"，则纯粹成了一场"民主"闹剧，前后开了一个多月，花费了一大笔钱，结果只是选出一个总统一个副总统，而且因副总统的选举，进一步激化了本已存在的蒋（蒋介石）桂（李宗仁）矛盾。这预示着"蒋家王朝"的"总崩溃"已为时不远。

一、"制宪国大"：《中华民国宪法》的名与实

本卷第二十七章第二节已经提到，1946年11月15日（原定是11月12日，后因故推迟了三天），国民党违反政协协议有关国民大会的召集应

由参加政协的五个方面（国民党、共产党、民主同盟、青年党、社会贤达）共同协商的规定，不顾中共和民盟的坚决反对，单方面下令召集的国民大会在南京召开。由于这次国民大会的任务是制定和通过宪法，因此又称之为"制宪国大"。出席这次大会的所谓"国大代表"共 1600 余人，其中国民党代表占 85% 席位，其余 15% 席位为青年党、民社党代表以及胡适、傅斯年、王云五、胡霖等少数几个"社会贤达"。中共和民盟与国民党在召集制宪国大问题上主要存在着三个分歧：一是在程序上，中共和民盟认为，应根据政协有关协议，先改组政府，然后由有各党派参加的改组后的政府召集，而国民党则违背政协有关协议，坚持由未改组的国民党的一党政府召集；二是在国大代表名额的分配上，中共和民盟坚持两党代表合起来要占代表总数的四分之一强，这样根据国民大会表决法的规定，讨论的提案，须经出席代表四分之三同意，才能形成决议，中共和民盟的代表联合起来就具有了否决权，可以否决国民党违反民意和民主的法律，但国民党则坚持中共和民盟的代表合起来不能超过代表总数的四分之一；三是在内战问题上，中共坚持国民党先应停止内战，恢复战前和平，中共才会出席国民大会，而国民党则不改内战方针，民盟调停国共内战因此而宣告失败。正因为以上三个方面的原因，中共和民盟采取了抵制的立场，没有派代表出席这次国民大会。

12 月 25 日，在中共和民盟都没有出席的情况下，国民党单方面召集的这次国民大会通过了《中华民国宪法》，并宣布一年后，亦即 1947 年 12 月 25 日生效实施。宪法通过后，中共和民盟宣布不予承认。中共和民盟之所以不承认这部宪法，一是由于这次国民大会的召集违背了政协有关协议，是非法的，其通过的宪法也就理所当然不具有合法性；二是这部由张君劢起草，经蒋介石指定王宠惠、吴经熊修改和蒋本人亲自删定的《中华民国宪法》本身也违背了政协会议达成的"宪章修改十二条原则"以及后来的三点协议。

第一，政协"宪章修改十二条原则"在中央政体上采纳的是责任内阁制，后来政协综合小组和宪草审议委员会协商小组联席会议达成的三点协议，虽然取消了立法院对行政院的不信任投票权和行政院解散立法院权，但它并没有改变责任内阁制的原则。然而《中华民国宪法》虽然在形式上采用的是责任内阁制，规定"行政院为国家最高行政机关"（第53条），行政院对立法院而不是对总统负责（第57条），行政院院长由总统提名经立法院同意任命之（第55条），总统依法公布法律、发布命令须经行政院院长之副署或行政院院长及有关部会首长之副署（第37条）；但王宠惠、吴经熊根据蒋介石的旨意在对张君劢起草的宪法进行修改时，将此前国民党代表王士杰在宪草审议委员会协商小组举行的宪草审议会议上提出、但被中共和民盟代表所拒绝的三条意见塞了进去，这三条意见是：（一）行政院有向立法院提出施政方针及施政报告之责，立法委员在开会时，有向行政院院长及行政院各部会首长质询之权；（二）立法院对于行政院重要政策不赞同时，得以决议移请行政院变更之，行政院对于立法院之决议得经总统之核可，移请立法院复议，复议时，如经出席立法委员三分之二维持原决议，行政院院长应即接受该决议或辞职；（三）行政院对于立法院决议之法律案、预算案、条约案，如认为有窒碍难行时，得经总统之核可，于该决议案送达行政院十日内，移请立法院复议，复议时，如经出席立法委员三分之二维持原案，行政院院长应即接受该决议或辞职。上述这三条意见的目的，在于加强总统的核可权，从而使立法院受到限制，行政院不能自立，加上总统又具有高级官员的提名权和召集有关院院长就院与院之间的争执进行"会商"权，因此，实际上《中华民国宪法》确立的是一种既非纯粹总统制，又非纯粹责任内阁制的中央政体，用孙科的话说，是"一种修正的总统制"①。

　　第二，政协"宪章修改十二条原则"规定省为地方自治之最高单位，省长民选，省得制定省宪。后来政协综合小组与宪草审议委员会协调小组联席会议虽然改省宪为省自治法，但它并没有改变省自治的原则。张君劢在联席会议上的发言中就曾指出："省宪改为省自治法，问题不在名称，只要省对省自治有立法权即可。"②《中华民国宪法》虽然在形式上仍规定省自治，省有权制定省自治法，但它同时又规定，省自治法不得"违宪"（第112条），依照省自治法制定的省法规不得"与国家法律抵触"，否则"无效"（第116条），而"违宪"和"抵触"的解释权又完全属于中央的司法院（第

---

① 国民大会秘书处编《国民大会实录》（1946年12月油印），第396页。
② 张君劢：《政协宪草小组中之发言》，《再生》周刊第176期，1947年8月9日。

114 条、117 条）；同时它还规定："省自治法施行中，如因其中某条发生重大障碍，经司法院召集有关方面陈述意见后，由行政院院长、立法院院长、司法院院长、考试院院长与监察院院长组织委员会，以司法院院长为主席，提出方案解决之"（第 115 条）。这样中央政府就完全可以通过对所谓"违宪"和"抵触"的解释权，以及"障碍"的解决权，宣布省自治法以及依据省自治法制定的省法规为"无效"，从而使省自治原则成为一纸空文。

第三，各国宪法关于人民自由权利的规定主要有两种形式：一是采取宪法保障主义，二是采取法律限制主义。这两种形式比较而言，宪法保障主义有利于对人民各种自由权利的保障。且就各国的宪法来看，欧美等资产阶级民主国家的宪法大多采用宪法保障主义。尽管国民党制宪当局也知道，"为保障人权起见"，宪法保障主义比法律限制主义"为佳"[1]，但他们在制定《中华民国训政时期约法》和《中华民国宪法草案》（《五五宪草》）时，采用的却是法律限制主义，有关条文后都写有"非依法律不得限制"或"停止"的附加条件，如"人民有迁徙之自由，非依法律不得停止或限制之"，"人民有通信、通电秘密之自由，非依法律不得停止或限制之"，等等。政协会议期间，共产党和民盟代表坚持宪法应以保障人民的自由权利为目的，而不应以限制为目的，并特别强调："五五宪草关于人民权利大都规定'非依法律不得限制'字样，换言之，即是普通法可以限制人民权利，这是不妥当的。"[2] 政协宪草小组并就此达成协议："凡民主国家人民应享受之自由及权利，均应受宪法之保障，不受非法之侵犯"；"关于人民自由，如用法律规定，须出之于保障自由之精神，非以限制为目的"。这就是"宪章修改十二条原则"中的第九条第一、二两项的内容。《中华民国宪法》虽然在条列人民所享有的自由权利的后面没有附加"非依法律不得停止或限制之"一类字句，如"人民有居住及迁徙之自由"（第 10 条）、"人民有言论、讲学、著作及出版之自由"（第 11 条）、"人民有秘密通讯之自由"（第 12 条）等，但在条列完人民所应享有的人身居住与迁徙、言论、讲学、著作、出版、秘密通讯、信仰宗教、集会、结社等自由，生存、工作、财产、请愿、

---

[1] 吴经熊：《中华民国宪法草案的特色》，《东方杂志》第 33 卷第 13 号，1936 年 7 月 1 日。
[2] 《吴玉章同志关于宪法原则问题的意见》，载《政治协商会议资料》，第 244 页。

诉愿、诉讼、选举、罢免、创制、复决及应考试、服务公职等自由权利后，又附加了一条："以上各条列举之自由权利，除为防止妨碍他人自由，避免紧急危难，维持社会秩序，或增进公共利益所必要者外，不得以法律限制之"（第23条）。这条明显是不符合宪法保障主义之精神的，也与"宪章修改十二条原则"的第九条第一、二两项的规定相违背。因此在宪草讨论会上，中共代表不赞成将它写入宪草。但《中华民国宪法》还是将它保留了下来。这就为日后国民党通过其他普通立法取消人民享有的种种自由权利提供了法律的依据。

第四，政协"宪章修改十二条原则"的第一条第一、二两项规定："全国选民行使四权，名之曰国民大会"；"在未实行总统普选制以前，总统由县级、省级及中央议会各级选举机关选举之"。这样就把《五五宪草》中的有形国大变成了无形国大。政协会议后，国民党方面违背政协通过的原则，坚持《五五宪草》对于国大的规定不能变，也就是要把"宪章修改十二条原则"所规定的无形国大再变回为有形国大。因为《五五宪草》中所规定的有形国大有利于国民党对政权的垄断：其一，国民党既以国民大会为民意机关，可以创制法律和复决法律，而同时又在《五五宪草》中规定："立法院为中央政府行使立法权之最高机关，对国民大会负其责任"（第63条）；"立法院有议决法律案、预算案、戒严案、大赦案、宣战案、媾和案、条约案及其他关于重要国际事项之权"（第64条）。从《五五宪草》的上述设计来看，作为民意机关的国民大会只能创制立法原则和复决立法院所通过的法律之权，而不能具体立法，具体立法权属于向国民大会负责的立法院，这样不仅造成立法程序的架床叠屋，而且也使作为民意机关的国民大会缺少经由具体立法来控制政府的必要手段。如议决预算案，这是民主政治下民意机关控制政府的最重要工具，因为预算案须一年通过一次，若民意机关不能从预算案来控制政府的活动，来督课政府的责任，那么所谓政府向民意机关负责，只能是一句空话。故此，早年作为蒋介石的心腹干将出任国民参政会秘书长而参与制宪工作、50年代后又从国民党营垒中分离出来而成为蒋介石的政治对手的雷震，在评价《五五宪草》的这一设计时就指出："此种民主政治，实际上连代议制度都不如了。因为仅仅握有议决立法原则和复决立法院所通过的法律之权，是不足以控制行政权的活动的。这种所谓'新机器'，在实际的功效上，连从前的'旧机器'都不如。"[①]其二，国民大会虽然拥有选举、罢免、创制和复决四权，但按《五五宪草》的规定，它每三年才由总统召集一次，会期仅一个月，必要时得延长一个月（第31条），并且没有常设机关在闭会期间代行其职权，而它的代表人数又有二三千人左右。在这样短的会期中，以这样多的人数，它如何能行使四权，监督政府呢？孙科在解释《五五宪草》规定国民大会三年才召集一次的原因时说："国民大会既是行使政权的机构，按照人民有权、政府有能的原则，便不宜于经常开会，使政府各部门不能行使其职权……所以说国民大会行使创制、复决、选举、罢免四权，实在是包括国家最高权力，不过为顾到政府在各部分的分工合作，国民大会不宜经常开会，牵制政府的工作，使政府有充分时间、能力负担起它应该负担的职务。"[②]这一语道破天机：《五五宪草》既赋予国民大会选举、罢免、创制、复决四权，又规定它三年才开会一次，从而使它形同虚设，这有利于国民党的一党独裁。用雷震的话说："《五五宪草》上所规定的国民大会的权力，在表面上看来似乎很大很大，而实际上什么作用都不能发生。其结果所至，所谓五权必将变为一权，即总统之权变为万能罢了。"[③]正因为《五五宪草》所规定的有形国大有利于国民党的一党专政和蒋介石的个人独裁，所以国民党坚持要求把"宪章修改十二条原则"所规定的无形国大再变回去，成为有形国大，并恢复《五五宪草》的有关规定。在国民党的一再要求下，中共为不使国内和平因此而受到影响，做出让步，同意了国民党的要求，政协综合小组和宪草审议委员会协商小组联席会议就此达成协议，但对国民大会的职权，联席会议没有做出决议，只是说以后再协商。后来在讨论国民大会的职权时，国民党一方面坚持国民大会不宜经常召开，一方面又依据孙中山的"五五遗教"，主张由国民大会行使直接民权，亦即赋予国民大会选举、罢免、创制和复决的权力，而中共和民盟则坚决反对。张君劢在起草宪法时，采取了一个折中方案，规定国民大会有"一、选举总统副总统；二、罢免总统副总统；三、宪法修改之创议；四、复决立法院所提宪法之修正案"的职权。在讨

---

① 雷震：《制宪述要》，载《雷震全集》第23卷，（台北）桂冠图书股份有限公司，1989，第15—16页。
②《国民党代表孙科对五五宪草要点的说明》，载《政治协商会议资料》，第248—249页。
③ 雷震：《制宪述要》，载《雷震全集》第23卷，第17—18页。

论张君劢起草的宪草时，国民党仍要求国民大会拥有广泛的创制权和复决权，而中共和民盟则坚决不同意。最后国民党代表吴铁城提出一个方案：关于创制、复决两权的行使，除宪法规定的三、四两项外，俟全国有半数之县市行使创制复决两项政权时，由国民大会制定办法并行使之。后来王宠惠、吴经熊遵照蒋介石之意旨修改张君劢起草的宪法时，将吴铁城提出的方案写入了宪法。这实际上就恢复了《五五宪草》有关国民大会的规定，只是时间上往后推迟了一些而已。

　　第五，政协"宪章修改十二条原则"的第九条第四项规定："聚居于一定地方之少数民族，应保障其自治权。"张君劢本来将这一条规定写进了宪草，但蒋介石在对宪草进行最后删定时删去了这一条。后来因出席国民大会的蒙、藏代表的坚决要求，《中华民国宪法》第十一章第一节的末尾才增加了"蒙古各盟旗地方自治制度以法律定之"（第119条）和"西藏自治制度应予以保障"（第120条）这样两条条文。显而易见，这两条条文并不完全符合政协"宪章修改十二条原则"的第九条第四项的规定，因为中国不仅仅只有蒙古和西藏才是少数民族聚居的地区，中国的少数民族也并非只有蒙古族和藏族。

　　第六，在政协第九次大会上，中共代表吴玉章就如何制定宪法提出了四项原则，其中第四项是"在宪法上明白规定有关军事文化经济各方面的民主政策"，他还特别强调，经济政策应是民主的，"是奖励保护民族资本，使其发展，使国家事业、私人事业、合作事业都同时发展。最重要的要确定扶助农民劳工的政策，这一些都须明白规定在宪法上"。[①]后来根据中共的上述要求，政协通过的"宪章修改十二条原则"中的第十一条第三项规定："国民经济以民生主义为基本原则，国家应保障耕者有其田，劳动者有职业，企业者有发展之机会，以谋国计民生之均足。"然而，《中华民国宪法》则竭力维护四大家族的垄断利益，限制民族资本和民族企业的发展。它打着"国家"的旗号，宣布对土地、矿产、经济上可供公众利用的天然力（第143条，这条是王宠惠、吴经熊等人修改时加进去的，张君劢起草时没有这一条）、金融机构（第149条，这条也是王宠惠、吴经熊等人修改时加进去的）、公用事业及其他独占性企业（第144条），实行垄断经营；而对于不

①《吴玉章同志关于宪法原则问题的意见》，载《政治协商会议资料》，第245—246页。

属于官僚垄断阶级的私人财富及私营事业，可以借口其"妨害国计民生之平衡发展"，予以限制（第 145 条）。这显然是与"宪章修改十二条原则"中之第十一条第三项"国家应保障……企业者有发展之机会"的规定相违背的。同时，《中华民国宪法》也没有按照"宪章修改十二条原则"中之第十一条第三项的要求，对"耕者有其田，劳动者有职业"做出规定（本来张君劢在起草时写有类似条文，但被王宠惠、吴经熊和蒋介石删除）。

　　然而，就是这样一部严重违背了政协"宪章修改十二条原则"以及后来达成的三点协议，实行的是"一种修正的总统制"的宪法，在国民党单方面召集的制宪国大对它进行审议时，还是遭到了国民党内部守旧势力的激烈反对，"他们想方设法要按先前保守的草案（指《五五宪草》——引者）对它进行修改"①。蒋介石本来对这部宪法中的不少条文，尤其是对总统权力的限制也非常不满，他想要的不是"修正的总统制"，而是"总统独裁制"，但迫于各方面的压力，尤其是为了分化民盟，拉民社党出席所谓制宪国大（因为《中华民国宪法》是张君劢起草的，张以通过他起草的宪法作为民社党出席制宪国人的先决条件），他没敢让王宠惠、吴经熊将这些不满意的条文全部修改或删除，最后还让国民大会通过了这部宪法，但同时他又声明，下届国民大会可以对这部宪法中"不妥的地方"提出修改，"使之符合我们的理想"。② 宪法公布不久，国民政府即通过了《维持社会秩序临时办法》六条，禁止聚众游行及越级请愿，从而使宪法的有关规定成了一纸空文。随后又颁布《戡乱动员令》和《特种刑事法庭组织条例》《特种刑事法庭审判条例》《动员戡乱完成宪政实施纲要》，进一步加强其法西斯统治，使任意逮捕、监禁、屠杀等严重侵犯人民自由权利的暴行都可在戡乱的名义下合法化。1947 年 12 月 22 日，亦即宪法实施的前三天，立法院通过《戡乱时期危害国家紧急治罪条例》，将宪法所规定的人权保障以及普通司法机关的提审权剥夺殆尽。不久，蒋介石又授意第一届行宪国大起草并通过《动员戡乱时期临时条款案》，取消了宪法第 39 条和第 43 条立法院对总统行使紧急

---

① 约翰·司徒雷登：《在华五十年——司徒雷登回忆录》，程宗家译，北京出版社，1982，第163 页。

②《本党对国民大会和宪法问题应有的态度——中华民国三十五年十一月二十五日在国府总理纪念周对本党出席国大代表讲》，载《总统蒋公思想言论总集》卷二十一，第 459 页。

处置权的限制，总统有此不受立法机关限制的紧急处置权后，可以以紧急命令来独揽一切大权，从此，宪法所确立的"修正的总统制"，就变成了真正的"总统独裁制"，其权力比《五五宪草》中的总统权力还有过之而无不及。因此，国民党单方面召集的制宪国大通过的这部《中华民国宪法》，除了替蒋介石的独裁统治装饰门面外，并没有给中国人民带来任何的民主与自由，在国民党的统治下，中国依然是一个专制独裁的国家。

二、"改组政府"：换汤不换药的"一党政府"

制宪国大闭幕后，为了给国民党的一党专政和自己的个人独裁披上一件民主的合法外衣，蒋介石又紧锣密鼓地开始了"改组政府"的活动。

对国民党的一党政府进行改组，使之成为有各党派和无党派人士共同参加的联合政府，这是政治协商会议所取得的重要成果之一。政协《政府组织决议案》规定，国民党在国民大会未举行以前，为准备实施宪政起见，首先必须修改国民政府组织法，国民政府委员会由40人组成（内有五院院长为当然委员），其中半数由国民党人员充任，其余半数由其他党派及社会贤达充任，是政府之最高国务机关，拥有立法、施政、军政、财政等决策权和任命各部会长官、不管部会政务委员以及立法委员、监察委员的用人权；各党派的国府委员由各党派自行提名，国民政府主席选任，不通过国民党中央执行委员会，无党派的国府委员由国民政府主席提名，如为各被选人三分之一府委反对，主席则须另选之；取消国民政府主席的紧急处置权，复议否决权有所折中，由原来的复议时三分之二以上坚持原案则主席应予执行，改为五分之三以上坚持原案则主席应予执行；国民政府委员会之一般提案以出席委员之过半数通过之，但涉及施政纲领之变动者，须有出席委员三分之二的赞成始得议决；同时对行政院进行改组，增设不管部会政务委员三至五人，所有不管部会政务委员和部会长官中的七至八席由国民党以外的人士担任。

政协闭幕后，与制宪国大的召集等问题相类似，国民党与中共和民盟在改组政府的问题上也发生了严重争议。按照政协通过的决议，国民党应在政协闭幕后尽快改组政府，以便由改组后的国民政府下令召集原定于1946年5月5日召开的国民大会。但2月13日蒋介石则宣布："政府改组须待国

民党二中全会后始能实行。故一切问题皆须由二中全会决定。"①3月1日至
17日召开的国民党六届二中全会通过的决议则对《政府组织决议案》进行
了重大修改。《政府组织决议案》规定各党派国府委员由各党派自行提名，
主席选任，改组后的国民政府委员会为"最高国务机关"，而二中全会则依
据《中华民国训政时期约法》以及所谓"法统""正统"理论，决议"国民
政府委员由国民政府主席提请（国民党）中央执行委员会全体会议选任之"，
撤销国防最高委员会，"恢复成立中央政治委员会，为本党对于政治最高指
导机关"。

　　显而易见，国民党六届二中全会对于政协通过的《政府组织决议案》的
上述修改，其目的是要"完全推翻政协结束党治和党派平等的基本精神，又
重回到国民党党权高于一切的旧路"②。因此，它理所当然地遭到了中共和民
盟的反对。国民党六届二中全会结束的第二天（3月18日），周恩来举行中
外记者招待会，就二中全会发表谈话，指出：国民党二中全会决议"要把
各党派推选的国府委员拿到国民党中常会去选任，这是完全违反政协决议
的"；"国府委员由国民党中常会选任，中政会又要指导国民政府，这说明政
府仍是一党的政府，决不是民主的各党派合作的政府"。③20日，民盟主席
张澜也就国民党二中全会决议对《新华日报》记者发表谈话，一针见血地
指出，二中全会的决议与政协决议是相违背的，"其目的无非在维持其国民
党一党专政的实质与形式，把各党派参加政府变成请客"，并表示民盟为了
对全国人民负责，"不愿贸然参加政府"。④

　　然而，国民党方面却不顾中共和民盟的反对，仍然一意孤行，坚持《训
政时期约法》以及所谓的"法统""正统"理论。3月19日，国民党中央秘
书长吴铁城在谈话中声称："依照《训政时期约法》，国民政府委员应由本
党中央执行委员会选任。"⑤不久，在政协综合小组会上，国共双方代表围绕

①《蒋主席答记者问》，上海《大公报》1946年2月13日。
②　辛夷：《政协周年》，《民潮》第4期，1947年1月1日。
③《周恩来同志在中外记者招待会上关于国民党二中全会的谈话》，载《政治协商会议资料》，
　　第396页。
④《中国民主同盟主席张澜就国民党二中全会决议发表谈话》，载《中国民主同盟历史文献
　　（1941—1949）》，第153页。
⑤《吴秘书长驳斥中共谈话》，《中央日报》1946年3月20日。

《训政时期约法》的存废问题，以及政府改组应依据政协通过的《政府组织决议案》还是《训政时期约法》发生了激烈争论。由于国民党方面坚持改组政府必须依据《训政时期约法》，3月中下旬召开的政协综合小组会议未能就政府改组达成一致意见。

4月1日，蒋介石在第四届国民参政会第二次大会上发表讲话，认为作为国家的"根本大法"——《训政时期约法》在宪法尚未正式颁布之前是"根本有效的"，因为"国民政府就是根据《训政时期约法》而成立的，而且根据训政时期的约法而行使其职权。倘若宪法尚未颁行，而约法先行废止，中国就没有合法的政府，国家就要陷于无政府状态"。他还公然违反政协决议，提出政府不是改组，而是依据《训政时期约法》扩大其"范围"和"组织"。① 在蒋介石发表上述讲话后的第6天（4月7日），《新华日报》发表了一篇题为《训政时期约法必须废止》的社论，针对蒋介石的讲话指出："按照民主政治的原则来衡量，规定以一个政党代替全国人民行使所谓中央统治权的《训政时期约法》的本身就是非法的，它不能成为任何政府的合法根据。"改组政府只能根据政协通过的《政府组织决议案》，而不能根据《训政时期约法》，《训政时期约法》必须立即废止，如果像蒋介石所说的那样，要"拿它作为国家的根本大法，是全国人民所不能承认的"。② 同一天，中共中央机关报《解放日报》也发表了一篇《驳蒋介石》的社论，全面批驳了蒋的讲话，尤其是他关于《训政时期约法》是国家的根本大法、政府不是改组而是根据《训政时期约法》扩充组织的谬论。

是废止《训政时期约法》，还是继续把它作为国家的根本大法？是根据政协通过的《政府组织决议案》改组政府，还是推翻政协决议，根据《训政时期约法》扩充政府组织？这是国共两党在改组政府问题上的原则性分歧。国共两党在改组政府问题上的另一分歧，则是国府委员名额的分配问题。

早在政协会议期间，国民党与共产党和民盟就围绕国府委员名额的分配发生过严重争执，当时国民党为了能使自己继续操纵改组后的国民政府，维持一党专政的局面，要求国民党占国府委员名额的多数（后来又改为半数）；各党派国府委员要经国民政府主席向国民党中执会提请选任；国民政

---

①《蒋介石演说要点》，《解放日报》1946年4月7日。
②《训政时期约法必须废止》，《新华日报》1946年4月7日。

府委员仅有决策权而无用人权；国民政府主席有复议否决权和紧急处置权。为了彻底消灭国民党的一党专政，共产党则主张国府委员按三三制分配，国民党的委员名额不应超过总数的三分之一；国民政府委员会不仅有决策权，还应具有用人权；反对各党派国府委员由国府主席提请国民党中执会选任；反对国民政府主席有复议否决权和紧急处置权。由于双方分歧太大，改组政府的讨论曾一度陷入僵局，直到 1946 年 1 月 26 日，亦即政协闭幕前四天，国共双方才互相妥协，达成协议：共产党同意国民党在总数 40 名的国府委员中占 20 名，同时声明在原则上中共仍坚持多数党（即国民党）在任何政府机关（行政院各部会、军事委员会、各省市地方政权）中不得超过三分之一的要求；同意保留主席的相对复议否决权，即由三分之二以上坚持原案则主席应予执行，改为五分之三坚持原案主席应予执行。国民党则同意国民政府委员会除决策权外还有用人权，在表决重大问题时应以三分之二通过为有效；同意各党派国府委员由各党派自行提名，国府主席选任；同意取消国民政府主席的紧急处置权和对主席否决权的变通处理。双方还达成默契，国民党同意国府委员中的 14 名委员由中共（10 名）和中共同意的人士即民盟（4 名）担任，以保证中共拥有对变更施政纲领的提案的否决权。因为根据达成的协议，国民政府委员会表决重大问题需要三分之二以上通过才为有效，而 14 名正好是国民政府委员总数的三分之一强。

关于国共双方是否有这样一个默契，人们历来有不同的看法，国民党方面在政协闭幕后矢口否认。那么历史事实究竟是怎样的呢？1946 年 4 月 4 日，周恩来在对中外记者发表谈话时指出："关于政府改组问题，在政协会议时曾有默契，中共应有国府委员十人，并保证在国府会议中中共有十四人之否决权。"[①] 8 月 27 日，《新华日报》载文又指出："政协会议时，中共曾向国民党提出，国民党外之二十个国府委员中，须有十四名为中共所同意，以保证'三分之一'的否决权，此议曾经国方代表口头同意。"[②] 这是中共方面的有关记述。再看看非中共方面的报纸和人士对此是怎么说的。2 月 6 日的民盟机关报《民主报》报道："国府委员分配问题几经协商，已获协议，据悉国民党 20 名，民主同盟和中共 14 名，青年党及无党派共 6 名。"同一

---

① 《中共不提府委名单，周恩来昨对中外记者谈话》，重庆《大公报》1946 年 4 月 5 日。
② 王守恩：《所谓"扩大政府基础"》，《新华日报》1946 年 8 月 27 日。

天的《大公报》也有类似报道："闻折衷方案可能为中共8席，民盟6席，青年党及社会贤达各3名。"10月1日，张君劢（政协会议时是民盟代表）代表民社党就时局发表意见时谈道："协商会中决定民盟与中共占有十四席……当时所以有此否决权之规定，在党外人心理上便是怕三件事：一、内战；二、破坏人民基本权利；三、在财政军事文化各方面仍旧有维持一党专政之行为。"①10月4日，民盟政协代表在说明对时局的态度时称："在政协开会时，政府坚持在四十个府委名额中须占半数，而中共则坚持必须获得三分之一否决权而后可，民盟为缓冲国共起见，息事宁人计，才自动把民盟应有的名额并入中共内，而达成三分之一否决权的目的。"②6日，民盟代表在记者招待会上又指出："民盟在政协会当时即称：决不因府委名额而使国家分裂。当时政府坚持十二名，中共坚持十四名，以保证运用否决权。政府不同意中共要求，双方争执不下，民盟为了求得和平，愿意帮助解决这一问题，就是说中共要求的十四名内，可以有四名是民盟的，等于中共放弃四名，以使僵局转化。后来政府果然同意。"③张君劢和民盟代表的这一说法与前引周恩来的说法完全吻合。就上述这些材料来看，政协会议期间，国共双方的确有这样一个默契是无可否认的。

　　然而政协闭幕后，国民党则利用政协《政府组织决议案》只规定了国府委员中的半数（20名）由国民党人充任，其余半数由其他党派及社会贤达充任，但究竟这半数在其他党派及社会贤达中如何分配，则没有明确说明，只是说"另行商定"，背信弃义地又提出了他们在政协会议上曾提出但遭到中共坚决反对的所谓"八四四四"的分配方案，即共产党8名，民盟、青年党和社会贤达各4名。国民党的如意算盘是：中共8名，加民盟4名，只有12名，达不到否决变更施政纲领的提案所需要的三分之一强的票数，而青年党是支持国民党的，社会贤达4名，按照政协决议案规定，由国民政府主席提请选任，国民党可选任支持自己的人。中共当然不会同意，并要

①《张君劢代表中国民主社会党对于时局问题之意见》，载中国第二历史档案馆编《中国民主社会党》，档案出版社，1988，第267页。

②《中国民主同盟政协代表说明对时局态度》，载《中国民主同盟历史文献（1941—1949）》，第235页。

③《中国民主同盟代表在沪招待记者说明三个问题》，载《中国民主同盟历史文献（1941—1949）》，第239页。

求按原来与国民党达成的默契，占 10 名。民盟认为自己是两党三派外加无党派的盟员组成的大集体，而青年党只是一个小党，其地位根本不能与自己相提并论，所占国府委员的名额当然也应比自己少，既然国民党给青年党 4 名，那自己就应占 6 名。青年党也不甘居于民盟之后作小兄弟，要求自己所占国府名额应与民盟相等。这样就算是不分配给社会贤达（无党派）名额，三党所要求的席位亦已超过了 20 名的总数。在协商过程中，国民党支持青年党，中共支持民盟，互不相让，问题始终得不到解决。

到了 3 月 20 日左右，为了打破僵局，周恩来向民盟领导人建议，两党不单独提出名额，而共同要求 14 席。他说这有两个好处：（一）14 名是国民党以前同意的，只要国民党履行诺言，中共和民盟就对国民党方面今后任意修改施政纲领的行为有了否决权的保证；（二）这可使青年党要同民盟的席位相等的要求无所借口。至于这 14 席两党之间如何分配，这好商量，民盟有困难，可以多占些。周的建议当即得到了民盟领导人张澜、罗隆基等人的同意。征得民盟同意后，周即在民盟总部打电话给王世杰，要王将中共、民盟共要求 14 名的方案转告蒋介石，并尽快回电告知蒋的意见。很快王回电说，蒋同意中共和民盟的要求。所以，后来罗隆基在回忆参加国共和谈的这段经历时写道："在'另行商定'的时候，共产党提出要求国府委员十名，民主同盟提出要求国府委员六名。后来共产党和民主同盟合作，共同提出十四名。这个十四名的数目是一度得到蒋介石本人的同意的。"[1] 罗隆基等人认为，既然蒋介石已同意中共和民盟共占国府委员 14 名，"改组政府席位的争论可以告一段落了"[2]。但他们万万没有想到，未及半月，国民党又故技重演，矢口否认自己的领袖曾同意过中共与民盟的要求，而仍然坚持"八四四四"的分配方案。后来在各方的压力下，国民党为了表示让步，又提出一个"十三席"的方案，即除中共 8 席、民盟 4 席外，共产党还可以在无党派的 4 席中提名 1 席。因 13 席也未达到否决权所需要的三分之一强的票数，所以再次被中共拒绝。进入 7 月后，由于内战的全面爆发，

① 罗隆基：《从参加旧政协到参加南京和谈的一些回忆（节录）》，载《政治协商会议资料》，第 523 页。
② 罗隆基：《从参加旧政协到参加南京和谈的一些回忆（节录）》，载《政治协商会议资料》，第 526 页。

再加上国民党又违背政协有关先改组政府、由改组后的国民政府召集国民大会的决议，单方面下令召集国民大会，这就更使中共和民盟失去了向国民党提交国府委员名单的可能，因此，直到国民党单方面召集的国民大会开幕，所谓改组政府也只是一纸空文。

然而，国民党一意孤行，在中共和民盟都反对的情况下，仍坚持既定的所谓改组政府的方案。1947 年 4 月 17 日，在通过利益交换得到青年党和民社党同意加入政府的保证后，国民党公布了《施政方针》和《国民政府组织法》。4 月 21 日，经国民党中常会审议修正通过的《国民政府组织法》共9 章，56 条，其宗旨是要继续维持国民党的一党专政和蒋介石的个人独裁。如第一条开宗明义就规定："国民政府依据中华民国训政时期约法第七十七条之规定，为由训政达到宪政之过渡期间，特制定中华民国国民政府组织法。"第十条和十五条又规定："国民政府设主席一人，副主席一人，由中国国民党中央执行委员会选任之"；"国民政府五院院长、副院长，由国民政府主席选任之"。① 这不仅违背了政协《政府组织决议案》和《和平建国纲领》的基本精神，而且与同日公布的《施政方针》第 1 条"改组后之国民政府，以和平建国纲领为施政之准绳"和第 8 条"凡因训政需要而颁设之法制与机关，在国民政府改组后，应予废止或裁撤"② 的内容也是相矛盾的。另外，政协《政府组织决议案》规定："国民政府主席提请选任各党派人士为国府委员时，由各党派自行提名"；"国民政府主席提请选任无党派人士为国府委员时，如所提人选有为各被选人三分之一所反对者，则主席须重新考虑，另行选任之"。③ 但《国民政府组织法》则只规定了国府委员由国民政府主席就中国国民党内外人士选任之，而没有规定各党派国府委员由各党派自行提名；无党派国府委员虽由国民政府主席提名，但如果所提人选为被选国府委员三分之一反对时，则主席应"另选任之"。这也就是说，选任国府委员的权力完全掌握在国民党一党手中。

同一天，国民党中常会、国防最高委员会联席会议选任孙科等 28 人为

① 《中华民国国民政府组织法》，载审计部编《审计法令汇编》，商务印书馆，1948，第 379、380 页。
② 《国民政府施政方针》，载《国民党政府政治制度档案史料选编》（上），第 142、143 页。
③ 《政府组织案》，载《政治协商会议资料》，第 272 页。

国民政府委员，孙科为国民政府副主席，张群、孙科、居正、戴传贤、于右任分任行政、立法、司法、考试和监察院院长。在被选任的 28 名国府委员中，国民党 17 席，占总数的 60%，非国民党 11 席，占总数的 40%。就其比例来看，国民党完全能够继续操纵国民政府的权力，随心所欲地通过任何它想要通过的提案。24 日，国民政府公布行政院政务委员及各部、会长官人选名单。在 26 名政务委员中，国民党占 17 名，非国民党仅占 9 名，而且其中 5 人是不管部、会的空头委员，内政、外交、国防、财政、交通、社会、粮食等要害部门均由国民党人出任长官。同日，抗战时期为应付战争而成立的最高权力机构——国防最高委员会被撤销。自此，所谓改组政府宣告完成。

改组完成后，蒋介石发表谈话，说改组后的政府已从原来的一党政府变成了自由主义的"多党"政府，原来的政府权力属于国民党，而"此次改组以后，将由国民党、民社党、青年党及社会贤达所共同行使"。[1] 美国政府也称赞国民党的改组政府是中国走向民主政治的重要步骤。美国代理国务卿艾奇逊在 4 月 19 日亦即国民政府委员和五院院长名单公布后第二天的谈话中，对国民党政府的此次改组表示肯定，称美国政府对新选任的人士"印象良好"[2]。然而，和蒋介石及美国政府的评价相反，"带中间性的民主党派"和社会舆论则普遍认为改组后的国民政府没有改变国民党一党专政的实质。4 月 25 日，民盟就国民党改组政府一事发表声明指出，民主、和平、团结和统一为中国唯一的出路，而"目前改组之政府实与民主和平团结统一的途径背道而驰"。因为三党签订的《施政方针》规定"对政治解决中共问题必待铁路交通完全恢复以后，而恢复交通之手段，仍为武力战争"，同时，《国民政府组织法》"依然明文规定以训政时期约法为根据"；所以，它"不是促进和平的政府"，而是三党"共同负责与共产党作战之政府"，"不是实现民主的政府"，而是仍然维持"训政局面"的政府。[3] 政治立场上素来偏右的上海《大公报》4 月 19 日发表了一篇题为《国民政府宣布改组》的社评，在分析了《国民政府组织法》的第一条、第十条和第十五条的内容，以及国

---

① 《蒋主席为国府改组成立发表谈话》，载《中华民国重要史料初编——对日抗战时期·第七编 战后中国（二）》，第 798 页。
② 《美报论我改组政府》，重庆《大公报》1947 年 4 月 20 日。
③ 《中国民主同盟对时局宣言》，载《中国民主同盟历史文献（1941—1949）》，第 320—321 页。

民党在国民政府委员会中所占的绝对多数的席位后指出，改组后的政府"仍是训政的政府"和"一党负责"的政府。①

三、"行宪国大"：应对危机的"民主"闹剧

根据1946年11月国民党单方面召集的制宪国大通过的《宪法实施准备程序》的规定，全国各地所产生的国民大会代表数达到总数的三分之二时，召开第一次国民大会，亦即所谓的"行宪国大"。所以，国民党政府虽然宣布1947年12月25日，亦即宪法实施的当天为国民大会召集日，但实际上国民大会在这一天能否召集，取决于选举的进度。

1947年3月31日，国民政府公布了《国民大会组织法》和《国民大会代表选举罢免法》。5月1日，又颁布了《国民大会代表选举罢免法施行条例》及《附式》《附表》。6月25日，以内政部长张厉生为主任的"全国选举总事务所"宣告成立。依据《国民大会代表选举罢免法》第17条的规定，选举总事务所三至五人，组织选举委员会，指挥办理全国选举事宜。8月16日，又于选举总事务所外，设立全国性职业团体、妇女团体国大代表、立法委员选举事务所，以社会部长谷正纲为主任。9月，各省市选举事务所亦次第成立，开始工作，负责办理各省市的选举。

《国民大会代表选举罢免法》以县市、团体、华侨等为单位，按人口比例，公布了国民大会代表的名额。《国民大会代表选举罢免法》规定，每县市各选出国大代表1名，但人口超过50万者，每增加50万人增选代表1名，蒙古57名，西藏40名，各民族在边疆地区选出者34名，华侨65名，职业团体选出者487名，妇女团体选出者168名，内地生活习惯特殊之国民选出者17名，以上共计3045名。同时，《国民大会代表选举罢免法》还规定，国民大会代表的选举必须遵守公平竞争的原则，"以普通、平等、直接及无记名单记法投票"的方式进行。② 为了显示国民党立志杜绝拉票、贿选和以官职营私等舞弊现象的发生，选举法还特别规定，现任官吏不得在其任所的选区内竞选国大代表。但事实上与上述这些堂而皇之的规定相反，第一

① 《国民政府宣布改组》，上海《大公报》1947年4月19日。
② 《国民大会代表选举罢免法》，载孙燕京、张研主编《民国史料丛刊续编0197》，大象出版社，2012，第329页。

届国民大会代表的选举从一开始就充斥着幕后的讨价还价和各种政治丑闻。

1947 年 11 月 21 日至 23 日，国民党统治区除山东、新疆外，均按国民政府的规定举行所谓第一届国民大会代表选举。这次选举具有两个显著特点：一是选民反应"冷落"，投票率极低；二是舞弊现象十分严重。尽管如此，选举在国民党控制下仍"按期告竣"，并公布了选举结果。选举结果的公布，则大大出乎早已投靠国民党的青年党和民社党的意料。因为，经过讨价还价，原来国民党答应给青年党的 300 席，实际只当选 76 席，答应给民社党的 260 个席，实际只当选 68 席，其余多数席位被国民党人或无党派人士夺去。这使青年党和民社党大为不满，他们以国民党操纵选举为由，向国民党提出抗议，要求国民党履行其与青年党、民社党达成的协议，并称如果国民党不履行诺言，他们就拒绝出席第一届行宪国大，甚至退出政府，不再与国民党合作。

而此时，国民党的统治已危机四伏：它挑起并一步步扩大国共内战为全面内战，但通过一年多的较量，中共已取得战场的主动权，胜利的天平明显倾向中共一边，中共还提出了"打倒蒋介石，解放全中国"的口号；在国统区，政治、经济危机进一步加大，人民掀起了声势浩大的爱国民主运动，并逐渐形成配合人民解放战争的第二条战线；它全面撕毁政协协议，打击和分化民盟为代表的中间势力，尤其是宣布民盟为"非法团体"，迫使民盟自行"解散"，则从事实上宣告了"中间路线"的破产，同时也使民革、民盟等"带中间性的民主党派"和无党派民主人士以及自由主义知识分子开始发生转变，即从资产阶级的"中间路线"转向新民主主义的"革命路线"；它的统治集团内部的矛盾，也随着蒋介石不断强化自己的个人独裁和排除异己而进一步激化。在此危机之下，为了维持所谓"三党合作"的局面，面对青、民两党将拒绝出席国民大会、甚至退出政府的要挟，国民党只好"委曲求全"。1948 年 1 月 30 日，国民党中常会做出决定：国大代表"民、青两党以原来三党协议的名单为准，凡签署及候补国民党员应让出，并限 2 月 12 日前签竣"。2 月 4 日，国民党中常会又通过了《国民党同志当选为国大代表及立法委员退让友党奖励办法》。该办法规定，凡自动将当选资格让与青、民两党者，不仅可以得到蒋介石和国民党中央党部的书面奖励，而且还可以得到一些经济补贴。然而，尽管国民党中常会又是决定，又是通过奖励办法，但实际上，上述决定和奖励办法并不能保证青、民两党所落选的候选人都能获得当选资格。因为青、民两党的名额除被国民党党员抢去一些外，还有一些是被无党派人士抢去的，这些人不是国民党员，国民党中常会的决定对他们没有约束力，此其一；其二，国民党中常会的决定是要签署或候补的国民党员"自行退让"，如果签署或候补的国民党员不"自行退让"的话，国民党中央也拿他们没办法。所以，就此而言，国民党中常会的决定和所通过的奖励办法只是一种形式。青、民两党也清楚这一点，因此他们要求国民党给一个具体数额，并提出至少不少于原协议名额的三分之二以上（他们承认被无党派人士抢去的名额无须退让）。而国民党则以保证具体名额实有困难为由，只允诺"对于各党派为参加竞选而协议的办法，在不与宪法或法律相抵触之下，自当加以支持"，但对青、民两党的具体要求不做正面回答。因此，直到1948年3月18日国民大会开始报到后，国民党与青、民两党的纠纷也未获解决，青、民两党已当选的国大代表也没有按国民党的要求向大会报到。

眼看好不容易召集起来的第一届国民大会亦即所谓行宪国大要变成一党独办，蒋介石不得不再次出面干涉。3月27日（即行宪国大开幕前两天），他就国大代表选举一事发表声明说，党与党之间要让与友党膺选。次日上午，他又约见青年党负责人余家菊和民社党副主席徐傅霖，征询他们对国大代表名额的意见。余、徐当场表示，希望三党能真诚合作。蒋对此加以保证，并希望青、民两党已当选的国大代表于当天开始报到。当日午后4时，国民党、青年党和民社党在孙科公馆举行三党会议，经过激烈的讨价还价，最后三党达成一个折中方案：（一）青年党国大代表由原协议的300席减为230席，民社党国大代表由原协议的260席减为202席，除已当选的外，国民党承认数额内的其他未当选者的当选资格；（二）两党在京的已当选国大代表于当日（28日）晚先行向大会报到。于是，在京的青年党已当选国大代表60名、民社党已当选国大代表40名先后向大会报到。国民党与青年党、民社党在国大代表名额上的纠纷，通过幕后交易，终告解决。

此次国大的主要议程是选举总统和副总统。关于总统，所有的代表都认为非蒋介石莫属。然而出人意料，蒋介石却表示不愿参加总统竞选，而愿"担任除总统以外的任何职责"，具体来说就是行政院长，因为按新宪法的规定，行政院为国家最高行政机关。他还建议国民党提名无党派人士、时任北京大学校长的胡适为总统候选人。蒋介石并非不愿当所谓行宪后的第一届总统，他之所以表示不愿参加总统竞选，有三方面原因：第一，当时美国驻华大使司徒雷登曾表示支持胡适出任行宪后的第一届总统，蒋介石此举是做给司徒雷登看的，因为他知道胡适绝不会和他竞争，实际上他在国民党六届中央临时全会上正式表示自己不愿参加总统竞选，而建议推荐胡适为总统候选人之前，已私下找胡适谈过，胡适则坚决表示"无法接受"。胡适不接受，这正好封住司徒雷登的口。第二，蒋介石在国民党内的政治对手、桂系首领李宗仁不经国民党决定，而擅自于 3 月 11 日宣布参加副总统竞选，这使蒋非常恼火，他指责李"违反党纪"，并故作姿态给李看，企图逼李也表态放弃竞选副总统。第三，1946 年 12 月制宪国大通过的《中华民国宪法》所确定的中央政制是"修正的总统制"，而不是总统独裁制，总统的权力还不是特别大，还要受到立法院的限制，这是蒋介石不愿出任行宪后的第一届大总统的最主要原因。

还是国民党内政学系首领张群最善解蒋介石的心意。在 4 月 5 日的国民党中常会上，张群说："并不是总裁不愿意当总统，而是依据宪法规定，总统是一位虚位元首，所以他不愿处于有职无权的地位。"[1] 中常会即推举张群、陈立夫、陈布雷三人见蒋，转达中常会的意见：如其愿出任首届总统，可在宪法之外另订条款，赋予他必要的权力。这正中蒋的下怀，蒋即同意为总统候选人。国民党中常会于是决定在宪法之外另订条款，给蒋以不受限制的紧急处置权。经过一番幕后活动，4 月 15 日，莫德惠等 771 位代表联名向大会提出《请制定动员戡乱时期临时条款案》，要求取消宪法中仅有的两项立法院对总统权力的直接限制，从而使宪法所规定的"修正的总统制"变成总统独裁制。据曾是第一届国大代表的《蒋介石国大现形记》一书的作者司马既明说：《动员戡乱时期临时条款案》"从提出到通过，其间是有着许多曲折的波澜"。[2] 而"波澜"的源头，是所谓"修宪"之争。4 月 18 日，第一届国民大会举行第一次会议的第十二次大会审议通过了《动员戡乱时

---

[1] 程思远：《蒋介石发表求和声明的经过》，载刘朋主编《中共党史口述实录》，中国古籍出版社，2010，第 799 页。

[2] 司马既明：《蒋介石国大现形记》上，李敖出版社，1990，第 258 页。

期临时条款案》。《动员戡乱时期临时条款案》的制定和通过，是对国民党所标榜的民主宪政的彻底否定，它表明国民党已公开抛弃所谓民主政治的外衣，而实行领袖的一人独裁统治。

《动员戡乱时期临时条款案》通过的第二天，即4月19日，国民大会开会选举总统，结果蒋介石以2430票当选，另一位总统候选人居正只得到269票。选举总统后，是选举副总统。前面已经提到，3月11日，桂系首领、时任北平行辕主任的李宗仁在美国驻华大使司徒雷登的支持下自行宣布参加副总统竞选。蒋介石不希望李宗仁竞选副总统，他认为，如果李竞选成功，有取代自己的可能。于是，他一方面力图以党的名义压迫李宗仁退出竞选，另一方面则说服本来对竞选副总统这一闲职不感兴趣的孙科，继李宗仁之后，于3月16日宣布参加副总统竞选。蒋介石所以支持孙科与李宗仁竞争副总统，用李宗仁的话说，是蒋认为孙科是国民党内唯一能击败李宗仁的人。不久，另两位国民党元老——时任监察院院长的于右任和时任国民党湖南省主席的程潜，以及无党派人士莫德惠和民社党副主席徐傅霖也先后宣布参加副总统职位的争夺。和总统选举一边倒不同，副总统的选举争夺得十分激烈。5月23日，首轮副总统选举投票，没有一个候选人得票超过三分之二的多数，依法于24日由首轮得票最多的前三名进行第二轮选举，结果李宗仁得1163票，孙科得945票，程潜得616票，依然没有一个人因获得三分之二的多数票而当选，还需进行第三轮选举，如果还是没有人能获得三分之二的多数票，则票多的前两名进行第四轮决选，票多者当选为副总统。

然而第二轮选举后，却发生了意外变化。先是蒋介石为分散李宗仁的选票，用钱为程潜助选，待第二轮选举后，则又要程潜放弃竞选，并公然让程把自己的基本票让给孙科，遭到程的拒绝。程于当晚发表声明，退出竞选。而此时又出现攻击李宗仁的匿名传单，称李宗仁如果当选，不出三个月，就会逼蒋介石出国，谋取总统大位。李宗仁于是采纳黄绍竑的建议，采取以退为进的战略，也继程潜之后于25日凌晨声明放弃竞选。在宣布放弃竞选的同时，李宗仁又通知支持自己的代表拒绝出席原定于当天（25日）举行的第三轮选举大会。面对此种情况，孙科也只好被迫宣布退出竞选。这样，第三轮选举已无人可选，国民大会无法收场，只好宣布暂时休会。

刚刚当选为总统的蒋介石处境十分尴尬，急忙于当天召见桂系另一首领白崇禧，声明他绝对没有操纵选举的意思，也没有支持袒护任何一方，要白崇禧劝李宗仁仍然参加竞选。没想到白崇禧将蒋的话透露给了记者，经记者报道，便成了"此地无银三百两"。国民党中常会和国大主席团也派人劝说三位候选人继续参加竞选。经过一番劝说，三位副总统候选人同意收回放弃竞选声明，继续参加竞选。又经 28 日和 29 日的两轮角逐，最后李宗仁以 1438 票，比孙科的 1290 票多 148 票而当选为行宪后第一任副总统。

5 月 1 日，行宪国大闭幕。这次大会前后共进行了 34 天，消耗金圆券990 多亿元。（还不包括各候选人的竞选经费，据说，仅李宗仁的竞选费就达黄金 1 万多两），结果只选出了一个总统、一个副总统，还进一步激化了蒋、桂矛盾。连蒋介石自己也不得不承认："因副总统的竞选问题，弄得党内意见分歧，离心离德，对外对内，都受到很大影响。"[1] 新华社在评论这次国民党的行宪国大时说，国民党的行宪国大这出戏，"演得这样难堪，以致人们不知他们是在作喜事，还是在出丧"。[2] 所谓"行宪国大"，纯粹变成了一场"民主"的闹剧。也就是行宪国大闭幕的这一天，中国共产党在延安举行纪念五一国际劳动节大会，提出了"打到南京去，活捉蒋介石"的口号，中国历史即将翻开新的一页。

第三节　"蒋家王朝"的覆灭：国民党建国主张的失败及其原因

1947 年 7 月 5 日，亦即国民党挑起和发动全面内战一年后，为了挽救其军事上的失败，维护和巩固摇摇欲坠的统治，国民党政府颁布了《为拯救"匪区"人民、保障民族生存、巩固国家统一、提请励行全国总动员、以戡平"共匪"叛乱、扫除民主障碍、如期实施宪政、贯彻和平建国方针案》（简称《总动员令》或《戡乱总动员令》）。但正如新华社 7 月 14 日社论《总动员与总崩溃》所指出的，国民党制定和颁布的《总动员令》，不仅挽救不

[1] 宋希濂：《和谈前夕我接触到的几件事》，载全国政协文史资料委员会编《中华文史资料文库》第六卷，中国文史出版社，1996，第 217 页。
[2]《旧中国在灭亡，新中国在前进》（1948 年 5 月 23 日新华社社论），《人民日报》1948 年 5 月26 日。

了它军事上的失败，相反还会加速国民党政权的"总崩溃"。国民党政权之所以会"总崩溃"，并失去对大陆的统治，原因很多，其中最主要或最根本的原因，是国民党的倒行逆施，使它失去了民心。而"失民心者失天下"，这是一条被历史一再证明了的颠扑不破的真理。

一、从"总动员"到"总崩溃"：国民党建国主张的失败

　　本卷第二十七章已经提到，1947年3月7日，蒋介石强迫中共在南京、上海和重庆执行联络和谈判任务的代表和工作人员全部撤回解放区，并查封了中共机关报《新华日报》。这标志着国共和谈的正式破裂。不久召开的国民党六届三中全会公开表示，对于共产党要采取"坚决迅速之措置，而予以遏止"①。4月，国民党军开始重点进攻山东解放区，但遭到失败，号称国军五大主力之一的第74师于5月在孟良崮战役中被解放军全歼。经过一年的较量，战争的胜利天平早已向中共一方倾斜。据统计，国民党总兵力已从内战开始时的430万人，减少为370万人，正规军由200万人减少为150万人，虽然仍保持着248个旅的番号，但其中被歼灭或遭歼灭性打击的有110个旅，能用于机动作战的仅40个旅。由于国民党军是国共内战的挑起和发动者，加上又屡遭人民解放军的沉重打击，全军上下士气低落，失败情绪浓厚。与国民党军相反，人民解放军经过一年的作战，在歼灭大量国民党军的同时，其人数已由内战开始时的120万人，发展到195万人，其中正规军发展到100万人，可以全部用于机动作战，并通过缴获、自造等方式，其装备也得到了很大改善，士气高涨。6月30日，晋冀鲁豫野战军在刘伯承、邓小平的率领下由黄河北岸向鲁西南地区挺进，揭开了人民解放军战略进攻的序幕。

　　历史是如此地巧合。也正好是人民解放军战略进攻的序幕被揭开这一天（1947年6月30日），为了挽救军事上的失败，并进一步加强对国统区人民的掠夺和镇压，蒋介石在召开的国民党中常会和中政会联席会议上做了《当前时局之检讨与本党重要之决策》的讲话，提出"本党当前之急务"主要是两项，第一，"要改革党务"，把青年团与国民党"合并统一"起来，

从而实现"青年团的力量和党的力量汇合";第二,"号召全国来加强剿匪军事","如能发布动员令","采取全国总动员的方式,动员全国人力物力,以加强'剿匪'军事的力量"。① 这次会议根据蒋介石的要求,制定了《国民政府关于中国共产党叛乱问题案》,要求"主管各同志秉承总裁指示,详拟办法,提候决定"②。四天后,亦即 7 月 4 日,国民政府通过并于 7 月 5 日颁布了蒋介石提交的《为拯救"匪区"人民,保障民族生存,巩固国家统一,提请励行全国总动员,以戡平"共匪"叛乱,扫除民主障碍,如期实施宪政,贯澈和平建国方针案》(简称《总动员令》或《戡乱总动员令》),一方面把国民党发动内战的责任推给共产党,说什么"共产党自去年十月以来,始则拒绝政府颁布之停战令,继则拒绝参加国民大会,又复拒绝政府派员赴延安商洽和平之建议",并"胁制民众,大量扩充其叛国之武力";另一方面又宣称国民党有所谓"戡乱"的责任,而要"戡乱",就"必须全国军民集中意志,动员全国力量"。因此,"决定实行全国总动员,号召全民,一致奋起,淬励进行","一面加紧戡乱,一面积极建设",以"达成和平建国之日的"。③ "戡乱动员"由此成为国民党所谓的基本"国策"。7 月 19 日,国民党又制定和颁布了《动员戡乱完成宪政实施纲要》,共 18 条,在《总动员令》的基础上,进一步动员和搜刮全国的人力、物力和财力,以为内战服务。比如"第三条 戡乱所需之兵役工役及其他有关人力,应积极动员,凡规避征雇及妨碍征雇等行为,均应依法惩处";"第四条 戡乱所需之军粮、被服、药品、油、煤、钢铁、运输、通讯器材及其他军用物资,均应积极动员,凡规避征购征用妨碍征购征用及囤积居奇等行为,均应依法惩处";"第五条 各业劳资双方,应密切合作,如有争议,并应依法调解及仲裁,凡怠工、罢工、停业关厂及其他妨碍生产及社会秩序之行为,均应依法惩处";"第七条 为维持安宁秩序,政府对于煽动叛乱之集合及其言论行为,应依法惩处"。总之,依照《动员戡乱完成宪政实施纲要》的规定,

---

① 蒋中正:《当前时局之检讨与本党重要之决策——中华民国三十六年六月三十日在中央联席会议讲》,载《总统蒋公思想言论总集》卷二十二,第 190—191 页。

② 《国民政府关于中国共产党叛乱问题案》,载彭明主编《中国现代史资料选辑》第六册,中国人民大学出版社,1989,第 254 页。

③ 《国民政府训令(处字第七二二号)》,《国民政府公报》第 2869 号,1947 年 7 月 5 日。

凡一切人力、物力和财力都要服从"戡乱"的需要，否则，"依法惩处"；凡人民的言论、出版、集会、游行、居住、通信等各项自由和权利，也都不能妨碍"戡乱"，否则，同样要"依法惩处"。[①]8月30日，国民党中央常务委员会又通过《戡乱建国总动员方案》，强调"使用一切力量，支援前线，争取胜利，在此过程中，绝不容有任何和平之幻想"；要求国民党各组织加强对民众的组织和训练，协助征兵征粮，充分发挥国民党对各级政府和民意机关的领导作用，发起"戡乱建国"总动员运动。[②]此后，行政院依据《动员戡乱完成宪政实施纲要》的"第十七条　除本纲要已有规定者外，为达成戡乱之目的，行政院得依国家总动员法之规定，随时发布必要之命令"，先后制定和颁布了《维持社会秩序临时办法》《动员戡乱完成宪政国防军事实施办法》《后方共产党处理办法》《戡乱时期危害国家紧急治罪条例》《妨害兵役治罪条例》《动员戡乱期间劳资纠纷处理办法》等一系列法令、法规和条例。同时，对粮食、花纱布、金融和商业贸易也都规定了垄断和管理办法。为了加强对国统区人民群众的控制，依据《全国总动员方案》和《动员戡乱完成宪政实施纲要》，国民党还在财力十分紧张的情况下，大力扩充警察机构，到1947年底，全国主办警察事务的处、局、室、所、队等机构达到16512个，警察人数438477名，分别比1946年增加了4272个机构和24969名警察。

　　国民党制定和颁布《总动员令》和其他纲要、法令、法规、条例的目的，一是动员、搜刮全国的人力、物力和财力，以从事内战；二是进一步加强对国统区人民的控制和镇压，从而挽救其军事上的失败，维护和巩固其摇摇欲坠的统治。然而，正如新华社1947年7月14日，亦即《总动员令》颁布10天后发表的社论《总动员与总崩溃》所指出的那样，"七月四日蒋介石的'戡平共匪叛乱总动员令'"，不仅挽救不了国民党在军事上的失败，维护和巩固不了国民党摇摇欲坠的统治，阻止不了它的"总崩溃"，相反，还会加速它的"总崩溃"。因为，"'这个命令的实际意义没有象征的意义那样多。'它有什么象征的意义呢？它象征蒋管区的人民将要遭受更大

---

①《国民政府令：动员戡乱完成宪政实施纲要》，《国民政府公报》第2881号，1947年7月19日。
②《中国国民党戡乱建国总动员方案》，载《中华民国重要史料初编——对日抗战时期·第七编　战后中国（二）》，第922—927页。

的压迫。蒋介石既然正式宣布共产党和解放区人民为‘共匪’，正式宣布任
何和平运动为‘法外之滋扰’，那么一切要求民主的人，要求和平的人，包
括国民党内日见增多的倾向和平的人，就都可以公开的逮捕残杀了。它象
征蒋管区的人民将要遭受更重的征兵、征粮、征税、派款、通货膨胀、物
价飞涨、破产和饥饿的灾难。蒋介石把这些灾难叫做‘全国人民的基本生存
权利’，因此说：‘如果今日削弱了国军，就是动摇了全国人民的基本生存权
利。’它象征蒋介石将要进一步卖国，以取得美国帝国主义的进一步援助。
蒋介石的发言人已经暗示南京将要接受‘与希腊相同的财政、政治和军事的
监督’”。而这一切，都将大大激化蒋介石统治集团与广大人民群众包括国
民党内“倾向和平的人”的矛盾，而进一步使国民党失去民心。所以，“最
重要的，它是象征着蒋介石的统治将要总崩溃。事实上，蒋介石的真正总
动员老早实行过了，在以前他是只做不讲，现在他已经没有什么可以动员，
只等着一个总崩溃了”。①

　　新华社不愧为中共的通讯社，其判断是如此之准，国民党制定和颁布的
《总动员令》，不仅没有挽救它在军事上的失败，阻止国民党政权的“总崩溃”，
相反，还加速了它的“总崩溃”。我们来看看国民党政权是如何“总崩溃”的。

　　先来看一组 1946—1948 年度 7 月国民党政府实际的财政收支及赤字的
数据：1946 年 1—7 月总支出 75748 亿元（法币，下同），总收入 28770 亿
元，赤字 46978 亿元，赤字占岁出的百分比为 62.1%；1947 年 1—7 月总
支出 433939 亿元，总收入 140644 亿元，赤字 293295 亿元，赤字占岁出
的百分比为 67.6%；1948 年 1—7 月总支出 6554711 亿元，总收入 2209055
亿元，赤字 4345656 亿元，赤字占岁出的百分比为 66.3%。总支出中，军
费占大头。1946 年 1—7 月，军费占总支出的 59.9%；1947 年 1—7 月，占
54.8%；1948 年 1—7 月，占 68.5%。②以上数字是当过国民党中央银行总裁
的张公权在他的《中国通货膨胀史》一书中提供的。据研究者研究，这些
数字是以当时财政部的正式宣告为依据的，只会偏低，决不会偏高。③

　　为解决如此巨大的财政赤字问题，国民党只能采用滥发纸币的办法，国

---

① 《总动员与总崩溃》，载《中共中央文件选集》第十六册，第 766 页。
② 转引自杨荫溥《民国财政史》，中国财政经济出版社，1985，第 171、173 页。
③ 杨荫溥：《民国财政史》，第 173 页。

内印钞厂每天印钞 230 亿元还不能满足需要，又派人到美、英等国印钞后再运回国内。至 1948 年 8 月 21 日，累计发行法币 6636946 亿元（不含东北流通券和台币），是 1945 年 8 月时发行量的 1192 倍。滥发货币使物价飞速上涨，1947 年 2 月至 12 月上涨 7 倍多，1948 年前 8 个月狂涨 58 倍[①]；由此引发的通货膨胀导致企业纷纷破产、农村迅速凋敝、民生极为艰难，国民经济向全面崩溃一路狂奔。为挽救财政经济走向总崩溃的困局，国民党政府推出了"币制改革"。1948 年 8 月 19 日，蒋介石以总统名义颁布了《财政经济紧急处分令》，同时发布了《金圆券发行办法》《人民所有金银外币处理办法》《中华民国人民存放国外外汇资产登记管理办法》《整顿财政及加强管制经济办法》等法令，宣布"币制改革"并实施管制经济、限价政策。《财政经济紧急处分令》的要旨为：以金圆为本位币，十足准备发行金圆券，限期收兑已发行之法币及东北流通券；限期收兑人民所有黄金、白银、银币及外国币券，逾期任何人不得持有；限期登记管理本国人民存放国外之外汇资产，违者予以制裁；整理财政并加强管制经济，以稳定物价，平衡国家总预算及国际收支。相关法令规定：（1）发行 20 亿金圆券为本位币，限期以金圆券 1 比 300 万的比率收兑法币，并强制收兑民间金银外币。（2）黄金、白银、银币及外国币券在境内禁止流通买卖或持有，持有黄金、白银、银币或外国币者应于 1948 年 9 月 30 日以前兑换金圆券。（3）所有中国人（华侨除外）均须在 1948 年 12 月 31 日前向中央银行申报登记其外汇资产数量，并移存中央银行保管。（4）各地商品及劳务均应按 1948 年 8 月 19 日的价格折合金圆券出售，由当地主管官署严格监督执行；在上海等都市实行仓库检查并登记其进出货品；所有按生活指数发给薪资的办法一律废止；禁止封锁工厂、罢工、怠工；上海、天津证券交易所暂停营业。国民政府的"币制改革"与经济管制并没能挽救国统区的财政经济危机。到同年 11 月 10 日，金圆券发行量在不到两个月时间里已突破 20 亿元的限额。11 月 11 日，国民政府又出台了一个《修改金圆券发行办法》，宣布金圆券发行总额不再以 20 亿元为限，而"另以命令之"。此后，金圆券发行量就如洪水决堤，迅速膨胀，到 1949 年 3 月超过 1900 亿元，到 5 月 18 日

[①] 杨培新：《旧中国的通货膨胀》，人民出版社，1985，第 99 页。

金圆券发行总额已达到98041亿元。金圆券与"法币"一样，几乎成了废纸。货币的滥发，又促进了物价的飞涨。以1948年8月为标准，11月上涨25倍多，1949年1月为128倍，3月为4000多倍，4月达83800多倍，物价已不是一天一涨，而是一天数涨，而物价的飞涨，对农业、工业、商业尤其是金融，也是沉重打击，从而导致了国统区经济的全面崩溃。

在经济"总崩溃"的同时，军事也在"总崩溃"。战场上的失利，是国民党败局锁定的直接标志。内战爆发之初，国民党在军事力量对比上远远超过其对手——中共领导的人民武装，战至1948年9月大决战前，国民党在总兵力上虽然仍占上风（国民党军降至365万人，人民解放军上升至280万人），然而能用于一线作战的兵力仅174万，已不如解放军的机动兵力。在随后的大决战中，国民党军更是兵败如山倒，从1948年10月9日东北野战军开始攻打锦州至1949年1月15日平津战役结束，在这不足三个月的时间里，有200万人被歼灭，国民党赖以发动内战的精锐主力丧失殆尽，兵力总数下降到204万，可用于作战的部队下降到146万。被称为国民党军"五大主力"的新一军、新六军、第五军、第十八军（整编十一师）、整编七十四师（原第七十四军）在人民解放战争中先后被消灭。

国民党军五大主力的称呼最早出现在1946年的"军事整编会议"上，各军基本上为美式装备部队。第十八军为陈诚的起家资本与蒋介石的看家部队，成立于1930年，陈诚、黄维、胡琏、杨伯涛等先后任军长；内战爆发后投入苏北战场与山东战场，在与解放军交战的巨野战役、宿北大战、孟良崮战役等战役中屡遭败绩；在淮海战役中，包括第十八军在内的第十二兵团即黄维兵团（下辖第十八军、第十军、第十四军、第八十五军，共12万人）近乎被全歼，兵团司令黄维被俘。整编七十四师的前身是创建于1937年9月的原第七十四军，整编后师长为张灵甫，约有3万人，是抗日战争时期战绩最好的国民党部队；该师于1947年5月13日被中国人民解放军华东野战军全面合围于孟良崮，激战至5月16日全军覆没，张灵甫战死。新六军的前身是原属第五军建制的新编二十二师（师长廖耀湘），1944年5月该师与中缅印战区的其他军事力量合编组成新六军，1946年奉命开抵东北"剿共"，1948年9月12日辽沈战役打响后，蒋介石急令廖耀湘组织西进兵团解锦州之围，10月下旬被解放军包围在辽西黑山、大虎山地区，战至 10 月 28 日被全歼。新一军的前身是原属远征军的三十八师（师长孙立人），系由宋子文的财政部税警总团改编而成，军长相继是郑洞国、孙立人和潘裕昆，内战爆发后被调到东北，辽沈战役爆发后随廖兵团西进援锦时，在中途被解放军包围并消灭。第五军成立于 1938 年 10 月，首任军长为杜聿明，是国民党政府组建最早的一支现代化的装甲部队，有"铁马雄师"之称，曾作为中国远征军先头部队赴缅甸作战，全面内战爆发后在苏、鲁、豫、冀等地与解放军多次交手；在淮海战役中包括第五军在内的国民党军第二兵团（下辖第五军、第十二军、第七十军）12 万人被消灭，兵团司令邱清泉被击毙，第五军——国民党第一支机械化部队与国民党最后一支王牌军也随之全军覆没。

1948 年 9 月，国民党军 10 万余人在济南战役中被歼灭。这标志着蒋介石以大城市为重点构筑的防御体系在解放军转入反攻后开始崩溃；1948 年 9 月 12 日至 1949 年 1 月 31 日，国民党军 154 万人在三大战役中被消灭，表明国民党军以西安、徐蚌、平津、沈阳数个城市群为核心收缩战线的重点防御体系全面崩溃；1949 年 4 月 20 日至 6 月 2 日，国民党军 11 个军部、46 个师共 43 万余人在渡江战役中被消灭，解放军一举突破了国民党军依托"长江防线"构筑的防御体系，南京国民党政权随之覆灭。三大战役、渡江战役结束后，国民党军军事总崩溃态势一直延续，直至 1950 年 4 月西昌战役结束，国民党军成建制的抵抗被完全粉碎。

二、"失民心者失天下"：国民党失败的原因分析

1949 年 4 月 24 日，当时还在故里浙江奉化溪口的蒋介石、蒋经国父子得知人民解放军占领南京的消息，他们深感"内外形势已临绝望边缘，前途充满暗影，精神之抑郁与内心之沉痛，不可言状，正'山雨欲来风满楼'之情景也"。次日，他们以极度悲苦的心情与溪口作最后告别，"虽未流泪，但悲痛之情，难以言宣"；蒋经国感叹："大好河山，几至无立锥之地！且溪口为祖宗庐墓所在，今一旦抛别，其沉痛之心情，更非笔墨所能形容千万一，谁为为之，孰令致之？"①12 月 10 日，蒋介石离开大陆，飞往台

---

① 蒋经国：《蒋经国自述》，台海出版社，2014，第 219—220 页。

湾。他在兵败大陆后从多个方面分析了国民党建国主张失败的原因，认为主要的原因是国民党军事的崩溃；"党的失败"，包括党的信仰动摇、党纪松弛等，政治上的失败，包括制度缺失、组织不严是在大陆失败的重要因素；经济上的失败导致了政治、军事与社会的瓦解；国际外交上的失败是与苏联对华的侵略政策和美国的妥协主义分不开的；国民党在大陆最大失败就是在教育和文化；他本人的下野亦是国民党在大陆迅速崩溃的原因之一。大陆学者也有"军事崩溃导致失败说""腐败导致崩溃说""经济崩溃导致失败说""综合因素说"等各种说法。

本书认为，国民党政权在大陆的统治之所以垮台、国民党维护大地主大资产阶级专政的建国主张之所以失败，原因是多方面的，其中最主要或根本的原因，是国民党的一系列倒行逆施，使它失去了民心。"失民心者失天下"，这是一条被历史一再证明了的颠扑不破的真理。

国民党因顽固地坚持一党专政和个人独裁而失去民心。抗战胜利前后，人民要求早日结束"训政"、实现民主建国，中国共产党方面顺应民意提出了"联合政府"的主张，但国民党一意孤行，顽固地坚持一党专政和个人独裁，拒绝"还政于民"和建立"联合政府"，更有甚者还疯狂镇压国统区民主运动，先后制造了一二·一惨案、沧白堂事件、校场口事件、李闻惨案、五·二〇血案、六·一惨案等多次反民主暴行，使许多民主人士与青年学生惨遭毒打和杀害。李闻惨案发生后，周恩来等在给闻一多家属的唁电中指出："此种空前残酷、惨痛、丑恶、卑鄙之暗杀行为，实打破了中外政治黑暗历史之纪录，中国法西斯统治的狰狞面目，至此已暴露无余。一切政治欺骗，已为昆明有计划的大规模的政治暗杀枪声所洞穿。"[1] 蒋介石对国民党反动当局接连对民主人士痛下杀手还嫌不够，他在南京、上海解放前夕还指责毛人凤："过去由于我们杀人太少，对一些反对我们的人没有杀掉，所以使得越来越多的人不再害怕我们，今后只有多杀掉一些，才能挽回这种不利于我们的局面。"[2] 国民党违背政协协议，不顾共产党和民盟为代表的中间势力的反对而单方面召集或运作的"制宪国大""改组政府"和"行

① 《中共代表唁电》，载《中国民主同盟历史文献（1941—1949）》，第 195 页。
② 《毛人凤年谱》，载中国人民政治协商会议、江山市第五届委员会文史资料委员会编《政协浙江省江山市文史资料》第 10 辑《江山籍军统将领传略》，1994，第 70 页。

宪国大"等政治闹剧以及对民盟为代表的中间势力的打压，促使人们进一步认清了国民党及蒋介石专制独裁的本质，推动了国统区民主运动的蓬勃发展，并促使民革、民盟以及其他"带中间性的民主党派"从资产阶级的"中间路线"向新民主主义的"革命路线"的转变，从而使国民党及蒋介石在政治上进一步陷入孤立。

国民党因贪污腐败、掠夺民脂民膏而失去民心。孙中山一生关怀民生，把民生主义作为国民党政纲的重要方面。但后来的国民党军政大员只顾搜刮民脂民膏，眼里只有"民财"，根本没有"民生"。在抗战胜利后，国民党军政要员趁机大捞一把，他们完全不顾民生疾苦，忙于"劫收"，杀鸡取卵，竭泽而渔，全面搜刮"金子、房子、票子、车子、女子"，被时人讽刺为"五子登科"，给收复区工商业带来了新一轮的浩劫，给民众财物造成了巨额的损失。当时有一首打油诗："万千钞票绿花花，不发洋财是傻瓜。快去洋场捞一把，国家民族管他妈！"广大人民群众感叹"盼中央，望中央，中央来了更遭殃"，本对国民党有一些好感的中小资本家在经历"劫收"后转而对国民党深恶痛绝了。借用美国国务卿艾奇逊的话说："国民党文武官员在自日本手中收复之地区中的举止，已使国民党迅速地在这些区域中，丧失了人民的支持和他们自己的声望。"①蒋介石在兵败大陆前的一次军事会议上也承认："我们在军事力量上本来大过'共匪'数十倍，制空权、制海权完全掌握在政府手中，论形势较过去在江西'围剿'时还要有利。但由于在接收时，许多高级军官大发接收财，奢侈荒淫，沉溺于酒色之中，弄得将骄兵逸，纪律败坏，军无斗志。可以说：我们的失败，就是失败于接收。"②其实，腐败是国民党的常态，战后接收只是加速和加重了国民党的腐败而已。

国民党因发动内战、违背《和平建国纲领》而失去民心。抗战胜利后，百废待兴，饱受战乱之苦的人民渴望休养生息，和平建国，在中共和民盟

① 艾奇逊：《艾奇逊致杜鲁门总统的信》，载《美国与中国的关系》上卷（内部资料），中国现代史资料编辑委员会，1957，第8页。
② 宋希濂：《回忆一九四八年蒋介石在南京召集的最后一次重要军事会议实况》，载中国人民政治协商会议全国委员会文史资料研究委员会编《文史资料选辑》第十三辑，中华书局，1961，第15页。

的相互配合下，政协也通过了《和平建国纲领》。但国民党冒天下之大不韪，悍然撕毁政协协议，发动反共反人民的内战，使广大人民大失所望，同时也极大地加重了他们的负担，促使全国反内战运动蓬勃兴起和高涨。1947年6月，李济深曾撰文指出："我曾预言这一年内会民变四起，真不幸而言中。为什么全国同胞都在严重饥饿威胁之下？原因也很简单，是由于反动的执政者坚持其武力统一政策，他企图以武力贯澈其独裁统治权，于是他燃起内战的大火，由此壮丁损耗了，生产萎缩了，工商倒闭了，加上通货狂发，地方破坏，粮食掠夺，焉有不陷于全国饥饿？……今天大家只有一条生路，反内战！"[1] 另有时评称："国民党执政二十年，到今天不能在政治、经济的成就上和共产党比一个高低，而要在武力上和共产党赌一个输赢，在形势上它就已经是失败了！"[2] 国民党政权便是在席卷全国的反内战运动中垮台的。

国民党因对美姑息、出卖国家权益而失去民心。抗战胜利后，国民党为了换取美国对自己实行独裁、内战政策的支持，先后和美国签订了《中美友好通商航海条约》《空中运输协定》《关于美国救济援助中国人民之协定》《关于经济援助之协定》《关于设立中国农村复兴委员会之协定》等一系列不平等条约和协定。"通过这些协定和条约，国民党获得了美国的各种物资援助和贷款，确立了它在内战初期的优势；作为交换，美国则不仅获得了在华投资设厂的特权，以及在'援助'名义下进行对华资本输出和商品输出的便利，而且获得了在中国沿海和内河及领空的航行权、对中国财政金融的监督权以及对中国农业和农村经济的控制权等等，从而操纵了国统区的一切经济命脉。"[3] 以1946年11月4日签订的《中美友好通商航海条约》为例。该条约主要内容有：两国国民均可在对方全境经营工商、金融、科学、教育、宗教及慈善事业，购建房屋，租土地，雇职工，并享受国民待遇和最惠国待遇；两国国民、法人、团体在对方均有取得或处理动产和不动产的权利，互给最惠国待遇，他们在对方的财产，非经合法手续并偿付公平的

---

① 李济深：《求生存唯有反内战》，《民潮》副页第7期（六二专号），1947年6月1日。

② 金锋：《马上得之，马上守之，马上失之！》，《时代批评》第101期，1948年5月15日。

③ 李黎明：《国民党统治区财政经济的总崩溃与国民党在大陆的败亡》，《齐鲁学刊》1997年第5期。

偿金，不得征取；两国输出输入商品的关税、内地税和他们在对方设厂制造的商品的纳税，互给国民待遇和最惠国待遇；两国一切船舶，均可进入对方开放的口岸、地方及领水，沿途起卸货物时交纳吨税或港税与对方船舶相同；船舶及载货待遇按最惠国办理；两国一方如将采矿权、内河航行权或沿海贸易权给予他国，对方按最惠国待遇享受；等等。条约在字面上看似双方有对等权利，但由于中国生产力水平与远洋运输能力都远远落后于美国，根本无法与美国平等实现该约规定的权利；因而该条约在当时被称之为"新二十一条"，遭到国人的强烈反对。11月26日，《解放日报》发表社论称："本月四日，蒋介石政府与美帝国主义在南京签订了《中美友好通商航海条约》，这是历史上最可耻的卖国条约，是蒋政府把中国作为美国附属国的重大标志之一，是中华民族又一次新的大国耻。美帝国主义企图和其他国家订立这类商约，来达到其称霸世界的目的。许多国家都不愿这样做，连英国这样的国家都迟迟不敢和美国订立商约。然而中国的蒋介石政府，为了取得外援坚持独裁、内战，却不惜签订卖国商约，甘为美帝国主义扩张政策的清道夫。"社论号召"我们要更坚定不屈不挠的斗争，反对美帝国主义侵略中国的政策和蒋介石卖国的政策，洗刷蒋介石所制造的一切新国耻"。[1]

除了出卖国家权益外，为了不影响中美之间的所谓"友好关系"，国民党还对美军在华的种种不法行为采取"睁只眼闭只眼"的姑息政策。1946年12月24日发生的北京大学女生沈崇被美国海军陆战队伍长皮尔逊等人强奸事件，1948年8月7日发生的20多名美国空军士兵集体强奸、轮奸中国名媛的"汉口景明楼事件"，都是当时轰动全国的美军制造的暴行，激起了全国有50余万学生参加的抗议美军暴行运动，但国民党当局则对美国人的暴行噤若寒蝉，没有也不敢采取任何有效的交涉措施。比如，"汉口景明楼事件"发生后，面对中国人民掀起的反对美军暴行运动，国民党当局惟恐事态扩大，"影响中美邦交"，一方面派人向新闻界疏通，要记者们"顾全大局"，不要再火上浇油；另一方面惩处了几个中国人，让他们当美国军人的替罪羊，而真正犯罪的美国军人则逍遥法外，没受任何处理。这自然

---

① 《评蒋美商约》，《解放日报》1946年11月26日。

激起了全国人民的愤怒和反对。

国民党因不能解决农民的土地问题而失去了占人口绝大多数的农民之心。中国是一个传统的农业大国，农民占总人口的 80% 以上，他们是中国社会结构中最重要的社会基础，也是中国社会变迁最重要的推动力量，而要调动广大农民的积极性就要从解决土地问题入手。这正如毛泽东指出的："谁赢得农民，谁就能赢得中国；谁能解决土地问题，谁就能赢得农民。"[1]孙中山对解决农民土地问题的重要性是有一定认识的。早在中国同盟会创立时期，孙中山就把"平均地权"作为十六字政纲的内容之一提了出来，而成为民生主义的重要内容；晚年孙中山又在中共的帮助下，提出了"扶助农工"和"耕者有其田"的主张。但 1927 年 4 月南京政权建立后，国民党则抛弃了孙中山提出的"扶助农工"和"耕者有其田"的主张，虽然先后也颁布了一系列土地政策和法令，如 1930 年 6 月的《中华民国土地法》、1932年的《保障佃农办法原则》和《租佃暂行条例》、1935 年 5 月的《土地法施行法》、1936 年 2 月的《各省市地政施行程序大纲》、1941 年 12 月国民党五届九中全会通过的《土地政策战时实施纲要》和 1945 年国民党六大通过的《土地政策纲领》等，但这些纲领、政策、法令的重心是维护地主阶级的土地所有制，而不是把地主阶级所占有的大量土地分配给无地和少地的贫困农民，有的规定甚至还有利于地主阶级对土地的占有。如《中华民国土地法》就根本没有提及佃农的永佃权问题，只规定在承租人死亡而无继承人、承租人抛弃其耕作权利、出租人收回自耕等情形下，不定期租佃契约可以终止。这显然是有利于地主而不利于佃农的。因为地主可以以"自耕"的名义收回佃田，以佃农不能"完全履行其义务"的名义撤回佃田。正因为国民党根本不想解决农民的土地问题，而共产党则在土地革命斗争中，提出了"打土豪，分田地"的口号，主张采取革命的方式，把地主阶级所占有的土地无偿分配给广大无地和少地的贫苦农民，因而得到了广大农民的热烈拥护，这也是中国共产党之所以在国共斗争中能由小变大、由弱变强的重要原因。

抗战胜利后，国民党、蒋介石为了与共产党争夺农民，也曾想解决农民

---

① 转引自埃德加·斯诺《复始之旅》，宋久、柯楠、克雄译，新华出版社，1984，第 208 页。

的土地问题，但由于国民党代表的是大地主大资产阶级的利益，封建地主阶级是国民党在中国统治的社会基础①，它因而不想也不愿真正触碰地主阶级的土地私有制，只是企图以所谓"限额"的"和平"方式，使"土地问题"得到解决。就是"限额"，实际上也没有真正得到执行。1946 年 4 月 29 日修订的《土地法》第 28 条虽然规定"按土地种类及性质，分别限制个人或团体所有土地面积之最高额"，但该《土地法》同时又规定经中央地政机关核定，"省或院辖市政府对于私有土地，得斟酌地方情形"。这就变相地又使"土地限额"成了一纸空文。1946 年 10 月 25 日，国民政府行政院公布了一个《绥靖区土地处理办法》，规定绥靖区内之农地，其所有权人为自耕农者，依原有证件或保甲四邻证明文件收回自耕；其所有权人非自耕农时，准依原有文件或保甲四邻证明文件保持其所有权，并应由现在农民继续佃耕。该办法只是规定"无主或地主逃亡土地"由政府征收并分配给农民，对其他土地则维护原地主对土地的所有权。同时公布的《收复区土地处理暂行办法》规定："凡奸匪组织非法处分之土地"，"一律发还原主"。1948 年 7 月，立法委员萧铮等向立法院提出体现"耕者有其田"精神的《农地改革法草案》，建议实行土地改革，政府通过赎买的方式把地主多占的土地分配给无地和少地的农民，但此案到国民党败退台湾之时还议而不决，仍在讨论之中。时论称："国民党革命五十几年，执政二十余年，始终没有与土地问题联系。农村的封建及半封建关系，原封不动，未尝变改。今天兵荒马乱，世局瞬变，才提出农地改革法案，在时间上已有过迟之嫌，在情调上也不免急促慌忙。就是说，是被动的，太被动了。"②萧铮后来也回忆道："自从民国廿一年起，我们发动的各种土地改革步骤，统多遭了反对者以'应慎重'、'再研究'等延宕战略，使土地改革的一切政策都遭了搁置；以致有大陆整个沦亡的后果。"③没有解决农民的土地问题，使国民党失去了中国最大社会群体的农民之心，得不到他们的支持，并最终导致了它在大陆统治的溃败。

---

① 据 1930 年春国民党江苏省政府民政厅调查，在该省 347 个拥有 1,000 亩—60,000 亩土地的大地主中，44.39% 是国民党军政官吏，34.4% 是钱庄老板或高利贷者（孔凡岭：《中国国情与农民土地问题——谈国民党在大陆统治的失败原因》，《齐鲁学刊》1991 年第 4 期）。
②《评农地改革案》，天津《大公报》1948 年 10 月 5 日。
③ 萧铮：《土地改革五十年：萧铮回忆录》，（台北）"中国地政研究所"，1980，第 221 页。

而中国共产党正是依靠土地改革的胜利而打败了蒋介石。用毛泽东的话说："有了土地改革这个胜利，才有了打倒蒋介石的胜利。"[1]

除了失去民心外，国民党政权的垮台，与作为执政党的涣散，亦即国民党内普遍存在的理想缺失、信仰动摇、组织涣散、纪纲废弛、党内腐败等弊端也有一定的关系。在解放战争进行过程中，就不断有人从国民党党建角度分析其丧失执政地位的原因。1947 年，《世纪评论》撰文指出："党内比较有血性，有志气的分子对于党不免失望。他们认为国民党已经腐化到不可救药的程度，所以他们一有机会，必然另树新帜。"[2]1948 年 10 月，毛子水在《申报》上撰文写道："国民党所以为世人所唾骂，最大的罪名，就是：柄政二十多年，天天喊三民主义，一直到现在，一民也没有做好，这似乎是应该骂的。"[3]1949 年，尚群发表在《公平报》上的文章同样认为："国民党的失败都是党的失败，由党的腐化，而蛀蚀政治经济军事！"[4]蒋介石在退守台湾后检讨国民党在大陆失败的原因时也承认：此次失败并不是对手共产党"有什么强大的力量，足够打败我们……完全是领导国民革命的本党，组织瓦解，纪纲废弛，精神衰落，藩篱尽撤之所招致"。[5]

国共合作时期，孙中山领导下的国民党是一个充满朝气的革命政党，内部有一定凝聚力，外部有一定号召力，在三民主义的阐释宣传与革命事业的发动推进等方面都取得过不错的成绩，并与中共合作，开创了反帝反封建新局面。但 1927 年"清党""分共"后，国民党则丢掉了理想信念、忘却了革命初心，从一个代表民族资产阶级和小资产阶级及其知识分子利益的"革命政党"蜕化演变成了一个代表大地主大资产阶级利益的"反革命政党"，并最终"自己打败了自己""自己搞垮了自己"。用曾经是国民党统治集团成员的张治中的话说：负有"以党建国""以党训政"责任的国民党"离开了三民主义，丧失了革命主张"，国民党"是革命的政党，但是取得政权之后就不革命了，三民主义的党取得政权之后就不要三民主义了"，"拿

① 毛泽东：《不要四面出击》，载《毛泽东选集》第五卷，人民出版社，1977，第 21 页。
②《国民党向那里去》，《世纪评论》第 1 卷第 2 期，1947 年 1 月 11 日。
③ 毛子水：《国民党和中国的现状》，《申报》1948 年 10 月 3 日。
④ 尚群：《论国民党与共产党的成败》，《公平报》第 5 卷第 2 期，1949 年 7 月 25 日。
⑤ 蒋中正：《关于实施本党改造之说明》，载《总统蒋公思想言论总集》卷二十三，第 331—332 页。

民权主义来讲，在许多省份许多地方，民权变成自欺欺人的话，大部分的权柄都落在贪官污吏、土豪劣绅、地痞流氓之手，所谓'民权'，变成官权，变成土豪劣绅的权，地痞流氓的权。所谓民生主义，主要应在实行平均地权，节制资本，而外间盛传我们是官僚资本、豪门资本。当然，我们现在还没有很大的资本家，但是外间所指斥的官僚资本、豪门资本，能说是毫无根据吗？至于平均地权，不仅孙总理所念念不忘的'耕者有其田'杳不可迹，连起码的'二五减租'也谈不到，二十年来本来很可以做到的事情，一样也没有做，民生主义在哪里？土地问题是农民问题的核心，而农民人数又占全国人口的百分之八十五以上，问题的重要性可想而知，但是我们虚度了二十多年的光阴，面对着这个核心问题不加解决，这是多么可惜的事情"。正因为对"革命主张"的背叛，对"三民主义"的背叛，国民党迅速趋于衰朽和瓦解。就此，张治中认为：国民党的"病源很清楚，就是不革命，不实行三民主义。我们的敌人不是别人，正是我们自己，正是国民党本身"。①

国民党既然是代表大地主大资产阶级等极少数人利益的政党，因而它得不到广大工人、农民、小资产阶级和民族资产阶级及其知识分子的支持，缺乏执政所需的广泛的社会基础。时人称："在国民党'清党'的时代，大家都已经知道，在幕后主使的是帝国主义的代表人，在上层帮同策划的是北京政府的政客、官僚，在下层帮同屠杀的是流氓、地痞。从此以后，国民党的主干主要的便是由军阀、官僚、政客、买办、土豪、劣绅、流氓和地痞所组成。分析一下国民党中央执监两会的人物，这几种人要占到百分之八九十。留下来的百分之一二十，是网罗一些名流、学者做幌子，甚至再安插几位始终保持政治节操而顽固派无可如何的革命元勋——他们或者是没有发言权，或者是根本不去参加。"② 一个维护少数人利益、维护垄断集团既得利益、缺乏执政的社会基础的政党，被为"翻身""解放"而奋斗并得到社会绝大多数人民群众认同、支持以致参加的革命运动所推翻，是完全可以预期的。

---

① 张治中：《我与共产党》，文史资料出版社，1980，第103—104页。
② 金烽：《马上得之，马上守之，马上失之！》，《时代批评》第101期，1948年5月15日。

国民党从开始就不是一个有严密组织纪律的政党，到后来更加散漫软弱，吸纳党员漫无标准。1939 年蒋介石就曾通令全国各机关公务人员一个月内加入国民党，解放战争时期国民党各地党部或通知机关人员一律加入，或通知所有教师都要加入，或令乡、保、甲长及地方自治人员与合作社职员限期加入，其结果导致党员素质低下，党员表率作用无从发挥。被强令"一律加入"国民党的党员，因为没有理想信念支撑，没有组织纪律约束，许多人甚至是为了谋取一己私利而入党的。所以，一旦遇到艰难考验，不仅谈不上挺身而出，只可能是"大难临头各自飞"。1947 年 9 月 9 日至 13 日，中国国民党中央委员会召开六届四中全会暨中央党团联席会议，通过《统一中央党部团部组织案》《中国国民党当前组织纲领》等决议案，决定实行党团合并统一，将三青团并入国民党，"党员团员一律重新登记为党员"。1947 年 9 月实行"党团合并"时党员人数超过 1000 万人，但到大决战开始后的 1948 年 11 月登记的国民党员仅为 132 万人，在短短一年中失去了 90% 的党员。一遇困难执政党党员如鸟兽散，这样的政党焉能不丧失执政地位？

国民党还以"内斗"著称，从建立南京政权之初的新军阀混战一直到政权垮台前的蒋桂冲突，统治集团内部始终存在着不可调和的矛盾，其间派系林立，钩心斗角，使自身力量因"内耗"受到了严重削弱。国民党政权崩溃前夕，李宗仁等希望蒋介石下野，蒋介石虽于 1949 年 1 月 21 日被迫下野，但处处对"代行总统职权"的李宗仁进行掣肘，两派矛盾一直闹到政权分崩离析之时。国民党在官场上是如此，在战场上也是如此，《解放日报》社论曾评论："战场经验证明，蒋军相隔三十里即不互相救援，蒋军嫡系对杂牌军从来不救援。"①

失去民心和党的涣散，亦即国民党内普遍存在的理想缺失、信仰动摇、组织涣散、纪纲废弛、党内腐败等弊端，是国民党政权在大陆的统治之所以垮台、国民党维护大地主大资产阶级专政的建国主张之所以失败的重要原因。

①《剥开皮来看——评蒋介石密令》（附：蒋介石密令全文），《解放日报》1947 年 2 月 24 日。

第二十九章

共产党建立新中国的方略
与中华人民共和国的成立

随着抗日战争取得胜利，中日矛盾降为次要矛盾，国内阶级矛盾上升为主要矛盾，当时国内三大政治势力即国民党、共产党与中间党派，围绕"建什么国"这一焦点提出各自主张并展开激烈斗争。在三种建国主张、两种中国之命运激烈角逐的历史关头，中国共产党站在人民一边，站在历史正确一边，在面临战与和的抉择时，提出"和平、民主、团结"三大口号，阐述了"和平建国"的战略思想，并为实施"和平建国"方针付出了真诚努力；在1946年6月蒋介石执意发动内战后，中共提出了打败国民党蒋介石的政治路线、策略原则和军事方针，并在转入战略反攻后响亮地提出了"打倒蒋介石，解放全中国"的口号；在取得三大战役、渡江战役胜利后，毛泽东发表《论人民民主专政》等著作阐述了建立新中国的政治主张，为新中国的成立奠定了理论与政策基础；1949年10月1日中华人民共和国的成立宣告了中国共产党建国主张赢得历史性胜利，成为中华民族实现伟大复兴的三大里程碑之一。

第一节　抗战胜利后"战"与"和"的抉择：　"和平建国"方针与争取和平民主的斗争

在即将取得抗日战争胜利之际，中国共产党顺应民意，提出了结束一党专制和个人独裁、建立联合政府的主张，把抗日民主宪政运动推进到新的阶段。在从抗日战争胜利到全面内战爆发的一年中，中共提出"和平建国"方针并为争取和平、民主建国付出了真诚努力，还曾做出进入"和平民主新阶段"的估计；同时针对国民党积极部署内战并最终发动内战，中共实施"向北发展，向南防御"战略方针，开展练兵、生产与减租减息运动，从各方面做好自卫战争准备。

一、倡议成立"联合政府"

在抗日战争取得胜利前后，中国共产党人在国家政权的探索方面，提出了建立联合政府的主张。"联合政府"主张是工农民主专政纲领的发展，毛泽东曾经解释道："工农民主专政是新民主主义的本质。具体纲领在各个阶段是不同的。联合政府是具体纲领，它是统一战线政权的具体形式。这个口号好久没有想出来，可见找一个口号、一个形式之不易。这个口号是由于国民党在军事上的大溃退、欧洲一些国家建立联合政府、国民党说我们讲民主不着边际这三点而来的。这个口号一提出，重庆的同志如获至宝，人民如此广泛拥护，我是没有料到的。"[①]

1944 年 8 月 17 日，董必武致电请示周恩来：传说国民党和张澜、左舜生等商议加补参政员名额，我党应取何种态度？如赞成加补，则我党加补多少？推荐谁？应准备。毛泽东在董必武给周恩来的电报上批示："应与张、左商各党派联合政府；参政会可同意增人，取积极态度，但是第二位的。"[②]

---

① 毛泽东：《对〈论联合政府〉的说明》，载《毛泽东文集》第三卷，第 275—276 页。
②《董必武年谱》编纂组编《董必武年谱》，中央文献出版社，2007，第 208 页。引文中"张、左"，指中国民主政团同盟主席张澜和秘书长左舜生。

随即又在周恩来8月18日起草的复董必武、林伯渠的电报上批示："应先召集党派及团体代表会，改组政府，方有召集民选国大之可能；否则是即使召集，也是假的。我们如此提议，蒋必不从，将来他召集假国大，我有理由说话。"①是日，周恩来致电董必武等人，提出："向全国提议并向国民党要求提前召集各党派及各团体代表会议，改组政府，然后由此政府召开真正民选的国民大会，讨论反攻，实行民主，能否引起大后方（尤其是各党派）的响应和各地方实力派的同情？"②9月1日，毛泽东在六届七中全会主席团会议上说明，党的主张是："召集各党派代表会，成立联合政府，共同抗日将来建国。"并说："联合政府，三条政纲，可在答复张、王时提出。"③9月4日，中共中央致电中共谈判代表："目前我党向国民党及国内外提出召开国是会议，改组政府，废除一党统治的时机已成熟，其方案是要求国民党政府立即召集各党、各派、各军、各地方政府、各民众团体代表召开国民大会，实施宪政，贯彻抗战国策，实行反攻。改组国民政府，成立联合政府的主张，应成为今后中国人民的政治斗争目标。"④

9月15日，林伯渠根据中共中央的指示，在国民参政会三届三次会议上正式提出："希望国民党立即结束一党统治的局面，由国民政府召开各党各派、各抗日部队、各地方政府、各人民团体的代表，开国事会议，组织各抗日党派联合政府，一新天下耳目，振奋全国人心，鼓励前方士气，以加强全国团结，集中全国人材，集中全国力量，这样一定能够准备配合盟军反攻，将日寇打垮。"⑤10月10日，周恩来在延安发表《如何解决》的演讲，进一步阐明成立民主联合政府的具体步骤和方法：第一，由各抗日党派、各抗日军队、各地方政府、各民众团体推选代表，人数应根据各方所代表的实际力量按比例规定；第二，国民政府于近期召开国事会议；第三，在国事会议上，根据革命的三民主义原则，通过切合时要、挽救危机的施政纲领；第四，在施政纲领基础上成立各党派的联合政府；第五，联合政

① 中共中央文献研究室编《毛泽东年谱（1893—1949）》（修订本）中卷，第536页。
② 中共中央文献研究室编《周恩来年谱（一八九八——一九四九）》，第580页。
③ 中共中央党史研究室：《中国共产党历史》第一卷（下册），中共党史出版社，2002，第811页。引文中"张、王"，指国民党谈判代表张治中、王世杰。
④《董必武年谱》编纂组编《董必武年谱》，第211页。
⑤《关于国共谈判林祖涵同志报告全文》，《解放日报》1944年9月22日。

府有权改组统帅部，延纳各主要军队代表，成立联合统帅部；第六，在联合政府成立后，即着手筹备真正人民普选的国民大会，实施宪政。[①] 中国共产党的这一政治主张，立即得到国内各阶层人民的热烈拥护，成为全国人民奋斗的共同政治目标。1945 年 2 月 3 日，毛泽东在中共六届七中全会主席团会议上指出："去年九月提出建立联合政府的主张是正确的。这是一个原则的转变，以前是你的政府，我要人民，九月以后是改组政府，我可参加。联合政府仍然是蒋介石的政府，不过我们入了股，造成一种条件。为着大局，可能还要忍耐一点。如何避免缴枪，要采取慎重步骤。但要注意前途是流血斗争，绝不能剥笋，无法剥笋，要反对右的危险。党派会议是预备会议性质，是圆桌会议，不是少数服从多数。"[②] 同日，致电周恩来："请明白告诉国民党及小党派：除非明令废止一党专政，明令承认一切抗日党派合法，明令取消特务机关及特务活动，准许人民有真正自由，释放政治犯，撤销封锁，承认解放区，并组织真正民主的联合政府，我们是碍难参加政府的。"[③] 2 月 7 日，毛泽东出席追悼彭雪枫大会，为其题写了挽词："雪枫同志在与敌人斗争中牺牲了，全民族和全党都悲痛这个损失。为了补偿这个损失，应该学习雪枫同志的英勇精神，更加努力扩大解放区，扩大八路军、新四军，促成联合政府和联合统帅部，使日本侵略者在有效的联合打击下早日消灭，使独立民主的新中国早日实现。"[④]

1945 年 4 月 23 日，毛泽东在中共七大所作的《两个中国之命运》的开幕词中指出，在中国人面前"有两种中国之命运，光明的中国之命运和黑暗的中国之命运"，要为"建设一个光明的新中国，建设一个独立的、自由的、民主的、统一的、富强的新中国而奋斗"。[⑤] 在《论联合政府》的政治报告中毛泽东提出了"成立民主的临时的联合政府"的主张，要求"立即宣布废止国民党一党专政，成立一个由国民党、共产党、民主同盟和无党无派分子的代表人物联合组成的临时的中央政府，发布一个民主的施政纲领，如

---

① 周恩来:《如何解决》，载《中共中央文件选集》第十四册，第 364—365 页。
② 中共中央文献研究室编《毛泽东年谱（1893—1949）》（修订本）中卷，第 577 页。
③ 中共中央文献研究室编《毛泽东年谱（1893—1949）》（修订本）中卷，第 577—578 页。
④ 中共中央文献研究室编《毛泽东年谱（1893—1949）》（修订本）中卷，第 578—579 页。
⑤ 毛泽东:《两个中国之命运》，载《毛泽东选集》第三卷，第 1025—1026 页。

同我们在前面提出的那些中国人民的现时要求，以便恢复民族团结，打败日本侵略者。为着讨论这些事情，召集一个各党派和无党派的代表人物的圆桌会议，成立协议，动手去做"。毛泽东还提出了结束国民党一党专政的两个步骤："第一个步骤，目前时期，经过各党各派和无党无派代表人物的协议，成立临时的联合政府；第二个步骤，将来时期，经过自由的无拘束的选举，召开国民大会，成立正式的联合政府。总之，都是联合政府，团结一切愿意参加的阶级和政党的代表在一起，在一个民主的共同纲领之下，为现在的抗日和将来的建国而奋斗。"按毛泽东的设想，"联合政府"是"具体纲领"，而"一般纲领"是建立新民主主义的国家制度，"我们主张在彻底地打败日本侵略者之后，建立一个以全国绝对大多数人民为基础而在工人阶级领导之下的统一战线的民主联盟的国家制度，我们把这样的国家制度称之为新民主主义的国家制度"。[①] 毛泽东在《对〈论联合政府〉的说明》中指出："联合政府有三种可能性，一种是坏的我们不希望的可能性，即要我们交出军队去做官。军队我们当然是不交的，但政府还是独裁的，我们做官不做呢？我们不要宣传去做，也不要拒绝，要准备这种可能性。其坏处是在独裁政府做官，不过这是可以向群众解释的（为了委曲求全，而这个政府我们是不赞成的），但也有好处，可以做宣传工作。第二种可能性，也是以蒋介石为首，形式是民主，承认解放区，实质仍是蒋介石的独裁政府。第三种可能性，是以我们为中心，在我们有一百五十万军队、一亿五千万人民时，在蒋介石的力量更加缩小、削弱，无联合可能时，就要如此做，这是中国政治发展的基本趋势和规律，我们要建设的国家就是这样一个国家。"[②] 毛泽东这里所说的联合政府的第三种可能性，就是建立工人阶级领导之下的"新民主主义的国家制度"。

联合政府主张提出了多党合作的要求，否定了在中国实行一党专政的合理性，肯定了多党合作存在的必然性。联合政府既不是中国共产党人最终要实现的反映最高纲领的无产阶级专政的国家政权，也不是在新民主主义革命阶段要实现的反映一般纲领的、在无产阶级领导下几个阶级联合专政

---

① 毛泽东：《论联合政府》，载《毛泽东选集》第三卷，第 1067、1068—1069、1055—1056 页。
② 毛泽东：《对〈论联合政府〉的说明》，载《毛泽东文集》第三卷，第 277 页。

的新民主主义国家政权，而是废除国民党一党专政的民主联合政府。这个联合政府，能够为"各个抗日民主党派互相同意"，并反映中国共产党人的最低限度的要求，是中国共产党人在抗战胜利后这个特定时期在国家政权问题上的"具体纲领"。即使这样，联合政府也不能被蒋介石集团所接受，最终没有能够建立起来。

二、"和平民主"建国思想及其努力

中国共产党提出了和平、民主、团结三大口号，主张建立新民主主义国家，并且经过新民主主义，然后向社会主义、共产主义发展。

日本投降前夕，1945 年 8 月 13 日，毛泽东在延安干部会议上做了《抗日战争胜利后的时局和我们的方针》的报告，指出："从整个形势看来，抗日战争的阶段过去了，新的情况和任务是国内斗争。蒋介石说要'建国'，今后就是建什么国的斗争。是建立一个无产阶级领导的人民大众的新民主主义的国家呢，还是建立一个大地主大资产阶级专政的半殖民地半封建的国家？这将是一场很复杂的斗争。目前这个斗争表现为蒋介石要篡夺抗战胜利果实和我们反对他的篡夺的斗争"，"必须清醒地看到，内战危险是十分严重的，因为蒋介石的方针已经定了。按照蒋介石的方针，是要打内战的"，"蒋介石对于人民是寸权必夺，寸利必得。我们呢？我们的方针是针锋相对，寸土必争"。[①] 在从抗日战争胜利到全面内战爆发的一年中，国共围绕"建什么国"的问题进行了尖锐复杂的斗争，斗争的基本形式是政治斗争，主要通过重庆谈判与政治协商会议展开，国民党希望利用和平谈判为部署内战赢得时间，中国共产党为避免内战、争取和平民主付出了巨大的努力。同时，国民党积极抢夺抗战胜利果实并准备挑起内战，中国共产党开展了反对国民党抢夺抗战胜利果实和军事进犯的斗争。

中国共产党坚决捍卫中共抗日武装对日受降的正当权利，保卫抗战胜利果实。苏军对日作战开始后，朱德连下 7 道命令，要求解放区抗日武装接受日军投降。8 月 11 日，中共中央通过了毛泽东起草的《关于日本投降后

---

① 毛泽东：《抗日战争胜利后的时局和我们的方针》，载《毛泽东选集》第四卷，第 1130、1125、1126 页。

我党任务的决定》，指出："苏联参战后，日本已宣布投降。国民党积极准备向我解放区'收复失地'，夺取抗日胜利的果实。这一争夺战，将是极猛烈的。""目前阶段，应集中主要力量迫使敌伪向我投降，不投降者，按具体情况发动进攻，逐一消灭之，猛力扩大解放区，占领一切可能与必须占领的大小城市与交通要道，夺取武器与资源，并放手武装基本群众，不应稍有犹豫。为此目的，各地应将我军大部迅速集中，脱离分散游击状态，分甲乙丙三等组成团或旅或师，变成超地方性的正规兵团，集中行动，以便在解决敌伪时保证我军取得胜利。"[1]8 月 15 日，中国解放区抗日军总司令朱德发出《致美英苏三国说帖》，指出："在抗日战争胜利结束的时候，我们请求你们注意目前中国战场这样的事实，即在敌伪侵占而为国民党政府所放弃的广大沦陷地区中，经过我们八年的苦战，夺回了近百万平方公里的土地，解放了一万万以上的人民，组织了一百万以上的正规部队和二百二十多万的民兵，在辽宁、热河、察哈尔、绥远、河北、山西、陕西、甘肃、宁夏、河南、山东、江苏、安徽、湖北、湖南、江西、浙江、福建、广东十九省建立了十九个大块的解放区，除少数地区外，大部包围了自一九三七年芦沟桥事变以来敌伪所侵占的中国城镇、交通要道及沿海口岸。此外，我们还在中国沦陷区（在这里有一万〈万〉六千万人口）组织了广大的地下军，打击敌人。在作战中，我们至今犹抗击和包围着侵华日军百分之六十九（东北四省不在内）和伪军的百分之九十五。中国国民党政府对于敌伪主要的是采取袖手旁观、坐待胜利的方针，其军队的大部不打敌伪，退至大后方，保存实力，准备内战"，表示"中国解放区、中国沦陷区一切抗日的人民武装力量，在延安总部指挥之下，有权根据波茨顿宣言条款及同盟国规定之受降办法，接受被我军所包围之日伪军队的投降，收缴其武器资材，并负责实施同盟国在受降后之一切规定"，"中国解放区、中国沦陷区的广大人民及一切抗日的人民武装力量，应有权派遣自己的代表参加同盟国接受敌国的投降和处理敌国投降后的工作"。[2]根据中央指示，解放区军民开展了反对国民党篡夺抗战胜利果实的行动，并组织了上党战役、邯郸战役、平绥

---

[1]《中央关于日本投降后我党任务的决定》，载《中共中央文件选集》第十五册，第 228 页。
[2]《中国解放区抗日军朱总司令致美英苏三国说帖》，载《中共中央文件选集》第十五册，第 238—240 页。

战役三次自卫反击战。

中国共产党为争取和平民主付出了巨大的努力，并做出了将转入"和平建设阶段""和平发展的新阶段"或"和平民主新阶段"的估计。1945 年 8 月 22 日，中共中央、中央军委发出《关于改变战略方针的指示》，提出"以必要兵力着重于夺取小城市及广大乡村，扩大并巩固解放区，发动群众斗争，并注意组训军队，准备应付新局面，作持久打算"，"蒋介石占领各大城市及要道，需要相当长时间。国民党内部困难仍多，美、苏均不赞成中国打内战，我党在和平、民主、团结三大口号下准备和国民党谈判，争取有利于我党及人民的条件"。①8 月 23 日，毛泽东主持召开中共中央政治局扩大会议，他在发言中指出："现在的情况是，我国抗日战争阶段已经结束，进入了和平建设阶段"，"和平能否取得？内战能否避免？我们现在的口号是和平、民主、团结，过去的口号是抗战、团结、进步。和平是可能取得的，因为中国人民需要和平，苏、美、英也需要和平，不赞成中国打内战。中国过去是大敌当前，现在是疮痍满目，前方各解放区损失严重，人民需要和平，我们党需要和平。国民党暂时也不能下决心打内战，因为它的摊子没有摆好，兵力分散。……国民党本身有这些困难，加上解放区的存在，共产党不易被消灭，国内人民和国际上反对国民党打内战，因此内战是可以避免和必须避免的。我们党提出的和平、民主、团结三大口号是有现实基础的，能得到国内外的广大同情"。他还指出："七大时讲的长期迂回曲折，准备出现最大困难，现在要实行了。现在我国在全国范围内可能成立资产阶级领导的而有无产阶级参加的政府。中国如果成立联合政府，可能有几种形式。其中一种就是现在的独裁加若干民主，并将存在相当长的时期。对于这种形式的联合政府，我们还是要参加进去，进去是给蒋介石'洗脸'，而不是'砍头'。走这个弯路将使我们党在各方面达到更成熟，中国人民更觉悟，然后建立新民主主义的中国。"②8 月 24 日，毛泽东在给饶漱石等的指示中指出：时局变化，抗日阶段结束，和平建设阶段开始；我党口号是和平、民主、团结；大城市进行和平、民主、团结的工作，争取我党

① 《中共中央、中央军委关于改变战略方针的指示》，载《中共中央文件选集》第十五册，第243 页。
② 毛泽东：《抗日战争胜利后的新形势和新任务》，载《毛泽东文集》第四卷，第4—6、7 页。

的地位，不取军事占领政策；力争占领小城市及乡村；中央正向重庆谈判，避免内战，实现和平建国；蒋介石困难甚多，加上国内外压力，可能赞成和平建国；等等。①8月25日，中共中央发表《对目前时局宣言》，指出"在全中国与全世界，一个新的时期，和平建设的时期，已经来临了！中国共产党认为在这个新的历史时期中，我全民族面前的重大任务是：巩固国内团结，保证国内和平，实现民主，改善民生，以便在和平民主团结的基础上，实现全国的统一，建设独立自由与富强的新中国，并协同英、美、苏及一切盟邦巩固国际间的持久和平"，"新的和平建设时期开始了！我们必须坚持和平、民主、团结，为独立、自由与富强的新中国而奋斗"；宣言提出了6项紧急措施，其中第六项为"立即召开各党派和无党派代表人物的会议，商讨抗战结束后的各项重大问题，制定民主的施政纲领，结束训政，成立举国一致的民主的联合政府，并筹备自由无拘束的普选的国民大会"。②8月27日，中共中央向各中央局、各区党委发出由毛泽东起草的电报：抗日阶段瞬将完结，争取和平建设的新时期已经开始，国共关系必须调整，避免内战。

蒋介石实施了"和""战"两手策略。"和"的运用就包括于1945年8月14日、20日、23日接连发出三封电报邀请毛泽东去重庆进行和平谈判。8月23日，中共中央政治局扩大会议决定先派周恩来前往重庆，随后毛泽东再去谈判。在毛泽东去重庆谈判期间，由刘少奇代理中共中央主席职务，增选陈云、彭真为中央书记处候补书记。8月25日，政治局决定毛泽东、周恩来、王若飞立即赴重庆同国民党进行和平谈判。8月26日，中共中央向党内发出《关于同国民党进行和平谈判的通知》，指出国民党"在内外压力下，可能在谈判后，有条件地承认我党地位，我党亦有条件地承认国民党的地位，造成两党合作（加上民主同盟等）、和平发展的新阶段"③。8月28日，毛泽东在重庆机场的谈话中指出："本人此次来渝，系应国民政府主席蒋介石先生之邀请，商讨团结建国大计。现在抗日战争已经胜利结束，中国即将进入和平建设时期，当前时机极为重要。目前最迫切者，为

①《毛泽东关于抗战胜利后的方针给饶漱石等的指示》，载《中共中央文件选集》第十五册，第245页。
②《中共中央对目前时局宣言》，载《中共中央文件选集》第十五册，第247—249页。
③《中共中央关于同国民党进行和平谈判的通知》，载《毛泽东选集》第四卷，第1153页。

保证国内和平，实施民主政治，巩固国内团结。国内政治上军事上所存在的各项迫切问题，应在和平、民主、团结的基础上加以合理解决，以期实现全国之统一，建设独立、自由与富强的新中国。"① 从 8 月 28 日开始，中共代表毛泽东、周恩来、王若飞前往重庆与国民党代表进行了长达 43 天的谈判，到 10 月 10 日达成了《政府与中共代表会谈纪要》（即《双十协定》），其中第一条指出"关于和平建国的基本方针，一致认为：中国抗日战争业已结束，和平建国的新阶段，即将开始"②。

重庆谈判后，中共中央领导人、中央文件或中央党报多次谈到了转入和平民主新阶段。10 月 13 日，《解放日报》发表题为《国共谈判的成果与今后的任务》社论，在引述《双十协定》关于"和平建设的新阶段，即将开始"的相关内容后指出："会谈底第一个重要成果是，确定了和平建国的基本方针"，"这一和平建国的方针的确立，就保证了我们对日本法西斯侵略者的胜利的巩固和奠定了中华民族今后向独立、自由、富强的新国家飞跃发展的基础"。③ 10 月 20 日，中共中央发出《关于过渡时期的形势和任务的指示》，认为"目前开始的六个月左右期间，是为抗日阶段转变至和平建设阶段的过渡期间。今后六个月的斗争，是我们在将来整个和平阶段中的政治地位的决定关键"，"和平、民主、团结、统一，这是我党既定方针，也是国民党被迫不得不走的道路，这在双十重庆协定上已经规定下来。但国民党力图在最近几个月内控制更多地方，力求他们在华北东北占优势，力图削弱我党我军，以便在有利于他们的条件下实现和平妥协，故在目前过渡阶段上发生了大规模的猛烈的军事斗争（不能把目前这种大规模的军事斗争误认为内战阶段已经到来）。这一不可避免与已经到来的当前形势，我党必须认识清楚，必须坚持又团结、又斗争，以斗争之手段达到团结之目的这一方针，毫不动摇地争取目前斗争的胜利，以便有利地转到和平发展的新阶段"。④

经过一系列谈判和斗争，1946 年 1 月 10 日，中共代表与国民党代表签

①《毛泽东同志谈话》，《新华日报》1945 年 8 月 29 日。
②《政府与中共代表会谈纪要》，载《中共中央文件选集》第十五册，第 326 页。
③《国共谈判的成果与今后的任务》，《解放日报》1945 年 10 月 13 日。
④《中央关于过渡时期的形势和任务的指示》，载《中共中央文件选集》第十五册，第 370—372 页。

订停战协定。毛泽东在由其起草并签发的停战令中指出："凡在中国共产党领导下之一切部队，包括正规军、民兵、非正规军及游击队，以及解放区各级政府、共产党各级委员会，均须切实严格遵行，不得有误。全中国人民在战胜日本侵略者之后，为建立国内和平局面所作之努力，今已获得重要之结果。中国和平民主新阶段，即将从此开始。望我全党同志与全国人民密切合作，继续努力，为巩固国内和平，实现民主改革，建立独立、自由和富强的新中国而奋斗。"① 这是中共中央文件中首次使用"和平民主新阶段"的表述。1 月 10 日至 31 日，政治协商会议在重庆召开，会议通过了政府组织案、国民大会案、和平建国纲领案、军事问题案、宪法草案等协议，否定了国民党的独裁统治及其内战政策，确认了有利于人民民主的和平建国基本方针。政协会议期间，周恩来于 1 月 12 日报告国共会谈经过时谈到"今天抗战已经胜利，和平阶段已经开始"②；同日《解放日报》发表题为《和平实现》的社论，指出国共停战协定的发布"开始了整个中国现代历史中前所未有的和平发展的新阶段——和平改革与和平建设的新阶段"③。政协会议闭幕的第二天即 1946 年 2 月 1 日，中共中央向全党发出由刘少奇起草、经毛泽东审改的《关于目前形势与任务的指示》（简称"二一指示"），指出："重庆政治协商会议，经激烈争论之后，已获得重大结果。决定改组政府，并通过施政纲领，宪草原则，又决定召开立宪国民大会，整编全国军队，实行军党分立，军民分治，以政治军及议会制、内阁制、地方自治、民选省长等项原则。由于这些决议的成立及其实施，国民党一党独裁制度即开始破坏，在全国范围内开始了国家民主化。这就将巩固国内和平，使我们党及我党所创立的军队和解放区走上合法化。这是中国民主革命一次伟大的胜利。从此中国即走上了和平民主建设的新阶段。""中国革命的主要斗争形式，目前已由武装斗争转变到非武装的群众的与议会的斗争，国内问题由政治方式来解决。党的全部工作，必须适应这一新形势。"④ 同日，刘少奇根据上述指示精神在《时局问题的报告》中称政协会议通过五项决议"是

①《中共中央关于停止国内军事冲突的通告》，载《建党以来重要文献选编（一九二一——一九四九）》第二十三册，第 24 页。
②《关于国共会谈经过周恩来同志的报告》，《新华日报》1946 年 1 月 13 日。
③《和平实现》，《解放日报》1946 年 1 月 12 日。
④《中央关于目前形势与任务的指示》，载《中共中央文件选集》第十六册，第 62—63 页。

中国民主革命的历史上一次伟大的胜利。从此中国就走上和平民主建设的新阶段，这个新阶段已经开始了，不是将要开始，虽然我们经过了许多曲折道路，但我们应当认识和平民主的新阶段已经开始了"，"今后中国革命的形式主要斗争，不是武装斗争，是非武装的群众斗争，议会斗争，合法斗争是主要形式，用政治方法解决国内问题"。[①] 周恩来在中外记者招待会上称"现在已经进入和平时期，愿与国民党及各党派长期合作，以后不是武装斗争了"[②]。延安权威人士也发表谈话指出："政协会所获成果，是极其重大的。和平建国纲领是改组后的国民政府之共同施政纲领，是过渡时期中全国所应遵循的民主改革的总方向。修改宪草原则确定了今后中国国家政治制度民主化的基本原则，整军决议规定了全国一切军队国家化的基本原则，而改组政府及增加国大成份的决议是保障共同纲领实施及国大制宪胜利完成的条件。由于这些决议的成立及其实行，中国在全国范围内即将开始脱离国民党一党专政而走上国家制度民主化的第一步。虽然一切决议尚待实行，即在实行以后，要达到澈底民主化，还要经过长期的曲折的奋斗过程，去克服各种艰难障碍，但是，中国从此无疑的走上了和平民主建设的新阶段，这是中国民主革命一次伟大的历史的胜利。"[③]2月3日，八路军总司令朱德在延安庆祝和平民主大会上指出："从大局方面来看，国内和平局面是已经确定了，全国民主化的方向也是已经确定了，我们的国家从此已走上和平民主与建设的新阶段。这个事实，已经不能抵抗了，已经不容怀疑了。这是中国民主革命一个非常伟大的胜利，我们今天就是要来庆祝这个伟大的胜利。"[④]党中央对和平发展前景一度是比较乐观的，也以最大的努力与耐心争取"和平民主新阶段"的到来，但中共的诚意与努力很快被国民党反动派部署内战与发动内战所辜负。中国共产党为争取和平民主付出的真诚努力，与坚持独裁内战反动政策的国民党形成了鲜明对比，让坚持要打内战的国民党反动派在全国全世界输了理，当时全国掀起了反对美蒋反动派独裁内战、争取实现国内和平民主的热潮。

① 刘少奇:《时局问题的报告》，载中国人民解放军政治学院党史教研室编《中共党史参考资料》第十册，人民出版社，1979，第 119、121—122 页。
②《中共代表团昨招待记者由周恩来同志答覆问题》，《新华日报》1946 年 2 月 2 日。
③《延安权威人士评称政协会获重大成果》，《解放日报》1946 年 2 月 1 日。
④《朱总司令演说全文》，《解放日报》1946 年 2 月 4 日。

同年6月，蒋介石撕毁停战协定和政协协议，以围攻中原解放区为起点，发动了全面内战。中共中央随即改变了关于和平民主新阶段已经到来的估计，要求以自卫战争粉粹国民党军的军事进攻。

三、从争取和平民主到准备自卫战争

中国共产党在争取和平建国的同时，对国民党反动派坚持独裁、内战的顽固立场有着清醒的认识，在争取和平民主的同时，没有放松自卫战争的准备。当重庆谈判即将开始之际，中共中央于1945年8月26日发出《关于同国民党进行和平谈判的通知》，指出："绝对不要依靠谈判，绝对不要希望国民党发善心，它是不会发善心的"，我方在谈判中"准备给以必要的不伤害人民根本利益的让步"，"在我党采取上述步骤后，如果国民党还要发动内战，它就在全国全世界面前输了理，我党就有理由采取自卫战争，击破其进攻。同时我党力量强大，有来犯者，只要好打，我党必定站在自卫立场上坚决彻底干净全部消灭之（不要轻易打，打则必胜），绝对不要被反动派的其势汹汹所吓倒"。①要求根据地军民依靠自己的力量，做好充分的自卫战争准备。

在同国民党进行重庆谈判的同时，中共中央、中央军委决定在平绥、平汉、津浦、同蒲路展开交通破击战，阻止国民党军进入华北、东北，制定了"向北发展，向南防御"的战略方针，指示应大力争取东北、建立巩固的东北根据地。早在中共七大召开时，毛泽东便于1945年6月10日指出："从中国革命的最近将来的前途看，东北是特别重要的。如果我们把现有的一切根据地都丢了，只要我们有了东北，那末中国革命就有了巩固的基础。当然，其他根据地没有丢，我们又有了东北，中国革命的基础就更巩固了。"②8月11日，朱德总司令发布的第二号命令要求：原东北军吕正操所部，由山西绥远现地，向察哈尔、热河进发；原东北军张学思所部，由河北、察哈尔现地，向热河、辽宁进发；原东北军万毅所部，由山东、河北

---

① 毛泽东：《中共中央关于同国民党进行和平谈判的通知》，载《毛泽东选集》第四卷，第1154页。

② 毛泽东：《关于第七届候补中央委员选举问题》，载中共中央研究室、中央档案馆编《中国共产党第七次全国代表大会档案文献选编》，中共党史出版社，2015，第609页。

现地，向辽宁进发；现驻河北、热河、辽宁边境之李运昌所部，即日向辽宁、吉林进发。8 月 28 日，即毛泽东赴重庆谈判的那一天，朱德在中央党校大礼堂为即将去东北的干部做报告时指出："我们要积极向东北发展，东北大有文章可做。蒋介石的部队大部分在南方，到东北要走半年。即使他到了东北，顶多是他占城市，我占乡村，像日本占领东北那样。打日本我们有办法，对他我们就没有办法吗？不怕！"又说："东北工业发达，又挨着苏联，不受夹击，就是打退却，也应该向东北退，退华北还不够。现在要派五万队伍插过去，再派万把干部，将来还要去。这是很长远、很巩固的路，是长期艰苦的群众工作，是争取三千万群众和我们在一起。"① 这是"向北发展，向南防御"战略方针的雏形。8 月 29 日，中共中央发出《关于迅速进入东北控制广大乡村和中小城市的指示》，要求"晋察冀和山东准备派到东三省的干部和部队，应迅速出发，部队可用东北军及义勇军等名义，只要红军（指苏军——引者）不坚决反对，我们即可非正式的进入东三省。不要声张，不要在报上发表消息，进入东三省后开始亦不必坐火车进占大城市，可走小路，控制广大乡村和红军未曾驻扎之中小城市，建立我之地方政权及地方部队，大大的放手发展，在我军不能进入的大城市，亦须尽可能派干部去工作"②。9 月 14 日，中央政治局临时会议决定成立东北局，以彭真、陈云、程子华、林枫、伍修权为委员，彭真为书记，统一领导党在东北的工作；次日，彭真、陈云等飞赴东北。9 月 17 日，中央致电中共赴渝谈判代表团，指出："东北为我势所必争，热、察两省必须完全控制"，"为了实现这一计划，我们全国战略必须确定向北推进，向南防御的方针。否则我之主力分散，地区太大，处处陷于被动。因此，我们意见，新四军江南主力部队立即转移到江北，并调华东新四军主力十万人到冀东，或调新四军主力到山东，再从山东冀鲁豫抽调十万人至十五万人到冀东热河一带"。③ 中共赴渝谈判代表团复电表示完全同意"所提战略部署"。9 月 19 日，中央发出由刘少奇起草的《目前任务和战略部署》，指出："目前全党全

---

① 中共中央文献研究室编《朱德传》下册，中央文献出版社，2016，第 655—656 页。
② 《中央关于迅速进入东北控制广大乡村和中小城市的指示》，载《中共中央文件选集》第十五册，第 258 页。
③ 《中央关于确定向北推进向南防御的战略方针致中共赴渝谈判代表团电》，载《中共中央文件选集》第十五册，第 278—279 页。

军的主要任务，是继续打击敌伪，完全控制热、察两省，发展东北我之力量并争取控制东北，以便依靠东北和热、察两省，加强全国各解放区及国民党地区人民的斗争，争取和平民主及国共谈判的有利地位"，"全国战略方针是向北发展，向南防御。只要我能控制东北及热、察两省，并有全国各解放区及全国人民配合斗争，即能保障中国人民的胜利"。[1]9月28日，军委发出《关于争夺东北的战略方针与具体部署的指示》，提出"我军进入东北的部署，应将重心首先放在背靠苏联、朝鲜、外蒙、热河有依托的有重点的城市和乡村，建立持久斗争的基点，再进而争取与控制南满沿线各大城市"[2]。按照中央的要求，各解放区从9月到11月先后调往东北部队11万人、干部2万人；与此同时，长江以南我军转至长江以北。10月13日，中共中央东北局就军事建设方针给中共中央、中央军委的报告提出：放手发动群众，发展武装，收集资材，接收并改组政权，建立根据地，以便在长期斗争中达到全部控制东北，保持我党在东北能有政治上和军事上的优势，目前布置工作方针是以保有优势为基础。

11月19日，东北人民自治军总司令林彪、第一政治委员彭真向中共中央报告：苏军突然要求东北人民自治军退出长春铁路沿线。在美国支持国民党军大举进军东北并占领中心城市，苏军又同意国民党空运部队接收长春、沈阳、哈尔滨等城市的复杂局面下，中共中央及时把争取"全部控制东北"或"独占东北"调整为"让开大路，占领两厢"的战略。11月20日，刘少奇代表中共中央复电林彪、彭真："彼方既如此决定，我们只有服从，长春路沿线及大城市让给蒋军，我们应作秘密工作布置。""大城市让出后，应力求控制次要城市，站稳脚跟，准备和蒋军斗争。"[3]11月22日，在由刘少奇起草的中央致中共谈判代表团电中首次提出"让开大路，占领两厢"的战略："彭、林电，戌皓友方通知他们，长春路沿线及城市全部交蒋，有红军之处不准我与顽作战，要我们退出铁路线若干里以外，以便蒋军能

---

① 刘少奇：《目前任务和战略部署》，载《刘少奇选集》上卷，人民出版社，1981，第371—372页。
②《军委关于争夺东北的战略方针与具体部署的指示》，载《中共中央文件选集》第十五册，第300页。
③ 中共中央党史和文献研究院编《刘少奇年谱》增订本第二卷，中央文献出版社，2018，第134—135页。

接收，他们能回国。彭林未答应。我们已去电要他们服从彼方决定，速从城市及铁路沿线退出，让开大路，占领两厢。"[1]11 月 28 日，中央向东北局并林彪、黄克诚、萧华发出《中央关于撤出大城市和主要铁路线后东北的发展方针给东北局的指示》，提出："近两个月来我在东北虽有极大发展，但我主力初到，且甚疲劳，不能进行决战，而国民党已乘虚突入，占领锦州，且将进占沈阳等地。又东北问题已引起中、美、苏严重的外交纠纷，苏联由于条约限制，长春铁路沿线各大城市将交蒋介石接收，我企图独占东北，无此可能，但应力争我在东北之一定地位，长春路沿线及东北各大城市我应力求插足之外，东满、南满、北满、西满之广大乡村及中小城市与次要铁路，我应力求控制。目前你们应以控制长春路以外之中小城市、次要铁路及广大乡村为工作重心。……应将一部主力分散去控制各中小城市、次要铁路和广大乡村，有重心的建立根据地，作长期打算。"[2]12 月 7 日，中央发出刘少奇起草的致东北局并林彪、程子华电，指出："我们企图独占东北特别是独占东北一切大城市，已经是肯定的不可能。因为苏联为了照顾与美国的关系，不能完全拒绝蒋军进入东北和接收大城市，我们亦不能完全阻止蒋军进入东北。即使在苏军撤退后，我们消灭进入东北之蒋军，占领东北大城市，美军还有可能进入东北。因此，我们目前不应以争夺沈阳、长春为目标来布置一切工作，而应以控制长春路两侧地区，建立根据地，利用冬季整训十五万野战军，建立二十万地方武装，以准备明年春天的大决战为目标来布置一切工作。"[3]12 月 28 日，中央发出由毛泽东起草的《建立巩固的东北根据地》的指示，指出："（一）我党现时在东北的任务，是建立根据地，是在东满、北满、西满建立巩固的军事政治的根据地。建立这种根据地，不是轻而易举的事，必须经过艰苦奋斗。建立这种根据地的时间，需要三四年。但是在一九四六年一年内，必须完成初步的可靠的创建工作。否则，我们就有可能站不住脚。（二）建立这种根据地的地区，现在应当确定不是在国民党已占或将占的大城市和交通干线，这是在现时条件下所作

---

① 中共中央党史和文献研究院编《刘少奇年谱》增订本第二卷，第 136 页。

②《中央关于撤出大城市和主要铁路线后东北的发展方针给东北局的指示》，载《中共中央文件选集》第十五册，第 447—448 页。

③《中央关于东北工作方针与任务给东北局的指示》，载《中共中央文件选集》第十五册，第465 页。

不到的。也不是在国民党占领的大城市和交通干线的附近地区内。这是因为国民党既然得了大城市和交通干线，就不会容许我们在其靠得很近的地区内建立巩固的根据地。这种地区，我党应当作充分的工作，在军事上建立第一道防线，决不可轻易放弃。但是，这种地区将是两党的游击区，而不是我们的巩固根据地。因此，建立巩固根据地的地区，是距离国民党占领中心较远的城市和广大乡村。目前，应当确定这种地区，以便部署力量，引导全党向此目标前进。"① 中共中央建立东北根据地的正确决策，对解放战争的进程产生了关键性的影响，为解放全中国、建立新中国奠定了重要基础。

为准备自卫战争，解放区在 1945 年冬至 1946 年春开展了广泛的练兵、减租减息和生产运动。

练兵运动。为应对可能发生的内战，党中央、毛泽东高度强调练兵的重要性。1945 年 12 月 12 日，中央发出《关于粉碎国民党军大规模军事进攻的指示》，要求克服"我装备差，火力弱，不大熟习大兵团正规战，战术素养不强"等弱点，"提高战术，加强相互间、步炮间的协同教育，尤其夜间战与村落战的练习，在平汉、津浦线我主力兵团更须特别注意，并须尽可能争取时间对主力兵团整训补充，建设必要的后方工作、军区工作，作长期打算"。② 1946 年 5 月 1 日，中共中央发出《关于练兵的指示》，指出：国民党反动派除在东北扩大内战外，现正准备发动全面内战，在此种情况下，我党必须有充分准备，能够于国民党发动内战时坚决彻底粉碎之；准备工作中，除精简老弱（复员）、充实部队、减租减息、发展生产、整理财政等项外，各地必须抓紧练兵工作；三个月来各地练兵工作抓得不很紧，没有造成热潮，有的练了，有的没有练，此种现象应即刻检讨改正；接此指示后，立即下令全军练兵，上级督促检查，将此看成是决定胜负的关键之一；练兵内容，军事上练三大技术（按：射击、刺杀、投弹——引者），练守城、练夜战，政治上提高战胜顽军、保卫解放区之决心与信心；执行情形速告。③

---

① 毛泽东：《建立巩固的东北根据地》，载《毛泽东选集》第四卷，第 1179—1180 页。
②《中央、军委关于粉碎国民党军大规模军事进攻的指示》，载《中共中央文件选集》第十五册，第 482 页。
③《中央关于练兵的指示》，载《中共中央文件选集》第十六册，第 146 页。

减租和生产运动。早在 1945 年 11 月 7 日，中央就发出了由毛泽东起草的《减租和生产是保卫解放区的两件大事》，指出"全国规模的内战已经存在。我党当前任务，是动员一切力量，站在自卫立场上，粉碎国民党的进攻，保卫解放区，争取和平局面的出现。为达此目的，使解放区农民普遍取得减租利益，使工人和其他劳动人民取得酌量增加工资和改善待遇的利益；同时又使地主还能生活，使工商业资本家还有利可图；并于明年发展大规模的生产运动，增加粮食和日用必需品的生产，改善人民的生活，救济饥民、难民，供给军队的需要，成为非常迫切的任务。只有减租和生产两件大事办好了，才能克服困难，援助战争，取得胜利"；要求"务使整个解放区，特别是广大的新解放区，在最近几个月内（冬春两季）发动一次大的减租运动，普遍地实行减租，借以发动大多数农民群众的革命热情。同时，在一九四六年内，全解放区的农业和工业的生产，各使有一个新的发展"。[①]1946 年 5 月 4 日，中央发出由刘少奇主持起草的《关于土地问题的指示》，即"五四指示"，要求"各地党委必须明确认识，解决解放区的土地问题是我党目前最基本的历史任务，是目前一切工作的最基本的环节。必须以最大的决心和努力，放手发动与领导群众来完成这一历史任务"。《指示》将抗日战争时期的减租减息政策改为没收地主土地分配给农民的政策，提出了"从地主手中获得土地，实现'耕者有其田'"，"决不可侵犯中农土地。凡中农土地被侵犯者，应设法退还或赔偿"，"一般不变动富农的土地"，"对于抗日军人及抗日干部的家属之属于豪绅地主成份者……适当照顾"，"对于中小地主的生活应给以相当照顾"，"集中注意于向汉奸、豪绅、恶霸作坚决的斗争，使他们完全孤立，并拿出土地来"，"不可将农村中解决土地问题、反对封建地主阶级的办法，同样地用来反对工商业资产阶级"，"对一切可能团结的知识分子，必须极力争取，给以学习与工作机会"等政策。[②]各解放区坚决贯彻"五四指示"，到 1947 年春全国有三分之二的解放区实现了"耕者有其田"。土地改革的开展，使广大贫苦农民翻了身，沉重地打击了封建势力，为赢得人民战争胜利奠定了群众基础。

---

① 毛泽东：《减租和生产是保卫解放区的两件大事》，载《毛泽东选集》第四卷，第 1172—1173 页。
② 刘少奇：《关于土地问题的指示》，载《刘少奇选集》上卷，第 378—380 页。

第二节　从"自卫"到"解放"："打倒蒋介石，解放全中国"的战略思想

1946 年 6 月，国民党军以 22 万人大举进攻中原解放区，全面内战爆发。为打倒蒋介石、解放全中国、建立新中国，中国共产党制定实施了夺取全国胜利的纲领，提出了打倒蒋介石反动统治集团以及建立新民主主义中国的政治、军事、经济各方面的战略思想，包括在政治上提出"打倒蒋介石"口号，结合土改进行整党和号召建立革命统一战线；在军事上强调战略上藐视敌人、战术上重视敌人，提出了"十大军事原则"；在经济上提出没收封建阶级的土地归农民所有、没收官僚资本归新民主主义国家所有、保护民族工商业三大经济纲领。

一、政治战略："打倒蒋介石"口号、整党工作与革命统一战线

1946 年 6 月国民党反动派发动全面内战时，总兵力为 430 万人，拥有美国援助的大量新式武器，相对于只有 127 万人、装备落后的人民解放军，在数量、装备和战争资源等方面占有明显优势。面对强大的敌人，中共中央和毛泽东在客观而全面地分析形势后认定：蒋介石的进攻不但必须打败，而且能够打败。7 月 20 日，毛泽东在《以自卫战争粉碎蒋介石的进攻》一文中强调必须打败蒋介石，因为他破坏停战协定、破坏政协决议、大举进攻解放区、破坏国内和平，"只有在自卫战争中彻底粉碎蒋介石的进攻之后，中国人民才能恢复和平"；也能够打败蒋介石，"蒋介石虽有美国援助，但是人心不顺，士气不高，经济困难。我们虽无外国援助，但是人心归向，士气高涨，经济亦有办法。因此，我们是能够战胜蒋介石的。全党对此应当有充分的信心"。[1] 为了增强中国人民战胜蒋介石的信心，毛泽东 8 月 6 日在《和美国记者安娜·路易斯·斯特朗的谈话》中提出了"一切反动派都

---

[1] 毛泽东：《以自卫战争粉碎蒋介石的进攻》，载《毛泽东选集》第四卷，第 1186—1187 页。

是纸老虎"的战略思想，他指出："一切反动派都是纸老虎。看起来，反动派的样子是可怕的，但是实际上并没有什么了不起的力量。从长远的观点看问题，真正强大的力量不是属于反动派，而是属于人民。……蒋介石和他的支持者美国反动派也都是纸老虎。提起美国帝国主义，人们似乎觉得它是强大得不得了的，中国的反动派正在拿美国的'强大'来吓唬中国人民。但是美国反动派也将要同一切历史上的反动派一样，被证明为并没有什么力量。在美国，另有一类人是真正有力量的，这就是美国人民。拿中国的情形来说，我们所依靠的不过是小米加步枪，但是历史最后将证明，这小米加步枪比蒋介石的飞机加坦克还要强些。虽然在中国人民面前还存在着许多困难，中国人民在美国帝国主义和中国反动派的联合进攻之下，将要受到长时间的苦难，但是这些反动派总有一天要失败，我们总有一天要胜利。这原因不是别的，就在于反动派代表反动，而我们代表进步。"① 毛泽东在 10 月 1 日为中共中央起草的《三个月总结》的党内指示中指出："七月二十日中央对时局的指示上说：'我们是能够战胜蒋介石的。全党对此应当有充分的信心。'七、八、九三个月的作战，业已证明此项断语是正确的。"②11 月 15 日至 12 月 25 日，由国民党包办的"国民大会"即所谓"制宪国大"在南京召开，通过了《中华民国宪法》。中国共产党抵制了此次"国民大会"，11 月 18 日中共中央就蒋介石召开伪国大和准备进攻延安致电各中央局和中央分局，该电报第一次用"人民解放战争"取代了此前一直使用的"自卫战争"提法，指出"蒋介石日暮途穷，欲以开'国大'、打延安两项办法，打击我党，加强自己。其实，将适得其反。……蒋介石军队在被我歼灭了三十五个旅之后，在其进攻能力快要枯竭之时，即使用突袭方法，占领延安，亦无损于人民解放战争胜利的大局，挽救不了蒋介石灭亡的前途。总之，蒋介石自走绝路，开'国大'、打延安两着一做，他的一切欺骗全被揭破，这是有利于人民解放战争的发展的"③。11 月 21 日，毛泽东在延安召开的中共中央会议上指出："现在是否提打倒蒋介石？做此工作而不提此

① 毛泽东：《和美国记者安娜·路易斯·斯特朗的谈话》，载《毛泽东选集》第四卷，第
　　1195 页。
② 毛泽东：《三个月总结》，载《毛泽东选集》第四卷，第 1205 页。
③ 毛泽东：《中共中央关于暂时放弃延安和保卫陕甘宁边区的两个文件》，载《毛泽东选集》第
　　四卷，第 1219—1220 页。

口号，口号仍是一月十三日停战位置和政协决议。"① 从此，自卫战争发展为解放战争。

在人民解放军转入战略进攻后，党中央在 1947 年下半年公开提出了"打倒蒋介石、解放全中国"的口号。7 月 7 日，中共中央发布纪念抗战十周年口号，将中共领导的武装力量称为人民解放军。周恩来在 9 月 28 日所做《全国大反攻，打倒蒋介石》的报告中对为何在此时公开提出"打倒蒋介石"做了解释，他说："自卫战争是从去年大打起来的，为什么那时不提出大反攻，不提出打倒蒋介石，现在才提？""在去年七月就提出打倒蒋介石，行不行？还不行。当时提的口号是武装自卫，还不能公开提出打倒蒋介石的口号，因为当时主客观条件还不具备"，经过一年作战，"一方面，我们已用事实证明给老百姓看，我们有力量打倒蒋介石；另一方面，老百姓也不要蒋介石，就连上层分子（除了少数反动集团外）、中产阶级也不想给蒋介石抬轿子了，也要推翻他了。所以这个时候提出打倒蒋介石正合时宜"。②10 月 10 日，中国人民解放军总部发表由毛泽东起草的《中国人民解放军宣言》，宣言发出"打倒蒋介石，解放全中国"的号召，宣布了中国共产党的八项基本政策：联合工农兵学商各被压迫阶级、各人民团体、各民主党派、各少数民族、各地华侨和其他爱国分子，组成民族统一战线，打倒蒋介石独裁政府，成立民主联合政府；逮捕、审判和惩办以蒋介石为首的内战罪犯；废除蒋介石统治的独裁制度，实行人民民主制度，保障人民言论、出版、集会、结社等项自由；废除蒋介石统治的腐败制度，肃清贪官污吏，建立廉洁政治；没收蒋介石、宋子文、孔祥熙、陈立夫兄弟等四大家族和其他首要战犯的财产，没收官僚资本，发展民族工商业，改善职工生活，救济灾民贫民；废除封建剥削制度，实行耕者有其田的制度；承认中国境内各少数民族有平等自治的权利；否认蒋介石独裁政府的一切卖国外交，废除一切卖国条约，否认内战期间蒋介石所借的一切外债。③ 毛泽东于 1947 年 12 月 25 日在十二月会议上提交的《目前形势和我们的任务》

① 中共中央文献研究室编《毛泽东年谱（1893—1949）》下卷，第 151 页。
② 周恩来：《全国大反攻，打倒蒋介石》，载《周恩来选集》上卷，人民出版社，1984，第 272—273、276 页。
③ 毛泽东：《中国人民解放军宣言》，载《毛泽东选集》第四卷，第 1237—1238 页。

的书面报告中，再次阐释了必须打败蒋介石与能够打败蒋介石的观点。他指出："从蒋介石发动反革命战争的一天起，我们就说，我们不但必须打败蒋介石，而且能够打败他。我们必须打败蒋介石，是因为蒋介石发动的战争，是一个在美帝国主义指挥之下的反对中国民族独立和中国人民解放的反革命的战争。……如果我们表示软弱，表示退让，不敢坚决地起来用革命战争反对反革命战争，中国就将变成黑暗世界，我们民族的前途就将被断送。"人民解放军之所以能够打败蒋介石，是因为"蒋介石军事力量的优势，只是暂时的现象，只是临时起作用的因素；美国帝国主义的援助，也只是临时起作用的因素；蒋介石战争的反人民的性质，人心的向背，则是经常起作用的因素；而在这方面，人民解放军则占着优势。人民解放军的战争所具有的爱国的正义的革命的性质，必然要获得全国人民的拥护。这就是战胜蒋介石的政治基础"。人民解放军从战略防御转入战略进攻充分证明了能够战胜蒋介石的论断，他高度评价了转入战略反攻的历史意义，指出"这是一个历史的转折点。这是蒋介石的二十年反革命统治由发展到消灭的转折点。这是一百多年以来帝国主义在中国的统治由发展到消灭的转折点"。①毛泽东在 1948 年 1 月 15 日的《在西北野战军前委扩大会议上的讲话》中重申了"一切反动派都是纸老虎"的思想，他指出："美帝国主义是个纸老虎，它的强大是表面的、暂时的。它不可能像流水一样地援助蒋介石。对美帝国主义，对蒋介石，总的方面我们应该轻视他们，但对具体的敌人就不能轻视，如果轻视就会犯原则性的错误。"②

要"打倒蒋介石"，必须整编党的队伍，加强党的建设。毛泽东在《目前形势和我们的任务》一文中指出，抗日战争时期开展整风运动取得了很大的成效，这种成效主要是使我们的领导机关和广大的干部和党员，进一步地掌握了马克思列宁主义的普遍真理和中国革命的具体实践的统一这样一个基本的方向；但在党的地方组织方面，特别是在党的农村基层组织方面还存在着成分不纯和作风不纯的问题，有许多地主分子、富农分子和流氓分子乘机混进了党内，"他们在农村中把持许多党的、政府的和民众团体的组织，作威作福，欺压人民，歪曲党的政策，使这些组织脱离群众，使

---

① 毛泽东:《目前形势和我们的任务》，载《毛泽东选集》第四卷，第 1245—1246、1244 页。
② 毛泽东:《在西北野战军前委扩大会议上的讲话》，载《毛泽东文集》第五卷，第 27 页。

土地改革不能彻底"；"全党同志必须明白，解决这个党内不纯的问题，整编党的队伍，使党能够和最广大的劳动群众完全站在一个方向，并领导他们前进，是解决土地问题和支援长期战争的一个决定性的环节"。[1]针对党的地方组织尤其是党的农村基层组织出现的一些问题，为保证土地改革的顺利完成，全党从1947年冬开始进行了整党运动。结合土地改革进行的整党运动，以整顿党的农村基层组织和党员干部为重点，主要方法是在党内展开批评与自我批评，主要内容为开展"三查""三整"。"三查"指查阶级、查思想、查作风，"三整"指整顿组织、整顿思想、整顿作风，进而克服党内存在的组织不纯、思想不纯、作风不纯现象。1948年2月22日，中共中央发出由周恩来起草的《老区半老区的土地改革与整党工作》的指示，该指示介绍、推广了平山县的整党办法，指出"各地整党工作正在开展，并创造了许多方法。其中，以经过党的支部，邀集党外群众参加党的会议，共同审查党员及干部的方法，为最健全的方法。平山县的典型经验，应为各地所取法"，"采用上述党员与党外群众结合开会的整党方法，一方面，使参加会议的党外群众能够尽情地批判与审查他们所反对的或赞成的党员及干部，使他们感觉到他们已与党通了气；另方面，党的领导者又可根据群众意见及党内情况，全面地考虑问题，分别是非轻重，给以应罚应奖的公平的处置，使党内外群众均感觉满意；同时，又可以吸收被群众所推荐的或拥护的积极分子加入党的组织。如此，既整顿了党的队伍，又整顿了群众的队伍，建立起党内外的民主生活，将极大地提高党的威信。此种方法，在农村中，在城市中，在工厂中，在军队中，在机关和学校中，均应实行。除尚未巩固的新区以外，一切党的支部，均应公开"。[2]同年5月25日，中共中央发出由毛泽东起草的《一九四八年的土地改革工作和整党工作》的指示，要求是年整个秋季和冬季即自1948年9月至第二年3月"按照正确政策，完成党的支部组织的整理工作"。整党运动有效解决了基层党组织存在的作风不纯、思想不纯、组织不纯问题，促进了土地改革的开展，密切了党群干群关系，为解放战争提供了政治保障。

要"打倒蒋介石"，必须建立最广泛的革命统一战线，并且这个统一战

---

① 毛泽东：《目前形势和我们的任务》，载《毛泽东选集》第四卷，第1252—1253页。
② 周恩来：《老区半老区的土地改革与整党工作》，载《周恩来选集》上卷，第294—295页。

线必须有中国共产党的坚强领导。毛泽东在《以自卫战争粉碎蒋介石的进攻》一文中指出："为着粉碎蒋介石的进攻，必须和人民群众亲密合作，必须争取一切可能争取的人。在农村中，一方面应坚定地解决土地问题，紧紧依靠雇农、贫农，团结中农；另方面在进行解决土地问题时，应将一般富农、中小地主分子和汉奸、豪绅、恶霸分子，加以区别。对待汉奸、豪绅、恶霸要放严些，对待富农、中小地主要放宽些。在一切土地问题已经解决的地方，除少数反动分子外，应对整个地主阶级改取缓和态度。对一切生活困难的地主给以帮助，对逃亡地主招引其回来，给以生活出路，借以减少敌对分子，使解放区得到巩固。在城市中，除团结工人阶级、小资产阶级和一切进步分子外，应注意团结一切中间分子，孤立反动派。在国民党军队中，应争取一切可能反对内战的人，孤立好战分子。"[1] 他在 1946年 11 月 21 日《要胜利就要搞好统一战线》一文中指出："要胜利就要搞好统一战线，就要使我们的人多一些，就要孤立敌人，当然敌人也想孤立我们，但被孤立的只能是他们自己"；"统一战线是一个基本的问题，无论如何要团结最大多数的人。只要我们不搞关门主义，蒋介石要孤立我们是不可能的"。[2] 他在《目前形势和我们的任务》报告中重申了《中国人民解放军宣言》中提出的建立"民族统一战线"的主张，指出这是"人民解放军的、也是中国共产党的最基本的政治纲领"，强调"中国新民主主义的革命要胜利，没有一个包括全民族绝大多数人口的最广泛的统一战线，是不可能的。不但如此，这个统一战线还必须是在中国共产党的坚强的领导之下。没有中国共产党的坚强的领导，任何革命统一战线也是不能胜利的"。[3] 他的《在西北野战军前委扩大会议上的讲话》中指出"只要我们的政策正确，依靠贫雇农，紧紧地团结中农，保护工商业、中等资产阶级和知识分子的利益，不杀俘虏官兵，这个天下我们就可以得到。有了全民族的统一战线，就有了胜利。我们的势力越大，胜利的把握就越大，这是很硬的道理"[4]。1949 年 6 月 15 日他的《在新政治协商会议筹备会上的讲话》中指出："中国的革命

---

[1] 毛泽东：《以自卫战争粉碎蒋介石的进攻》，载《毛泽东选集》第四卷，第 1187—1188 页。
[2] 毛泽东：《要胜利就要搞好统一战线》，载《毛泽东文集》第四卷，第 196—197、198 页。
[3] 毛泽东：《目前形势和我们的任务》，载《毛泽东选集》第四卷，第 1256、1257 页。
[4] 毛泽东：《在西北野战军前委扩大会议上的讲话》，载《毛泽东文集》第五卷，第 26 页。

是全民族人民大众的革命，除了帝国主义者、封建主义者、官僚资产阶级分子、国民党反动派及其帮凶们而外，其余的一切人都是我们的朋友，我们有一个广大的和巩固的革命统一战线。这个统一战线是如此广大，它包含了工人阶级、农民阶级、城市小资产阶级和民族资产阶级。这个统一战线是如此巩固，它具备了战胜任何敌人和克服任何困难的坚强的意志和源源不竭的能力。"①在党的统一战线政策的推动下，国民党统治区形成了学生运动、工农运动和各阶层人民反内战、反饥饿、反迫害民主运动组成的反蒋第二条战线，有力配合了人民解放军在战场上的胜利进军，成为促进新民主主义革命新高潮来临的重要动力。毛泽东在1947年2月1日由其起草的《迎接中国革命的新高潮》的党内指示中指出：迎接全国性的革命高潮需要"两条战线"共同推动，"解放区人民解放军的胜利和蒋管区人民运动的发展，预示着中国新的反帝反封建斗争的人民大革命毫无疑义地将要到来，并可能取得胜利"②。他在同年5月30日为新华社所写题为《蒋介石政府已处在全民的包围中》的评论中指出："中国境内已有了两条战线。蒋介石进犯军和人民解放军的战争，这是第一条战线。现在又出现了第二条战线，这就是伟大的正义的学生运动和蒋介石反动政府之间的尖锐斗争"，"中国事变的发展，比人们预料的要快些。一方面是人民解放军的胜利，一方面是蒋管区人民斗争的前进，其速度都是很快的"③。革命统一战线成为新民主主义革命取得胜利的重要法宝。

二、经济战略：新民主主义革命三大经济纲领与深入开展土地改革

毛泽东在《以自卫战争粉碎蒋介石的进攻》一文中指出："为着粉碎蒋介石的进攻，必须作持久打算。必须十分节省地使用我们的人力资源和物质资源，力戒浪费。必须检查和纠正各地已经发生的贪污现象。必须努力生产，使一切必需品，首先是粮食和布匹，完全自给。必须提倡普遍植棉，家家纺纱，村村织布。即在东北亦应开始提倡。在财政供给上，必须使自卫战争的物质需要得到满足，同时又必须使人民负担较前减轻，使我解放

---

① 毛泽东：《在新政治协商会议筹备会上的讲话》，载《毛泽东选集》第四卷，第1465页。
② 毛泽东：《迎接中国革命的新高潮》，载《毛泽东选集》第四卷，第1212页。
③ 毛泽东：《蒋介石政府已处在全民的包围中》，载《毛泽东选集》第四卷，第1224、1227页。

区人民虽然处在战争环境，而其生活仍能有所改善。总之，我们是一切依靠自力更生，立于不败之地，和蒋介石的一切依靠外国，完全相反。我们是艰苦奋斗，军民兼顾，和蒋介石统治区的上面贪污腐化，下面民不聊生，完全相反。"①

毛泽东在《目前形势和我们的任务》的书面报告中指出："没收封建阶级的土地归农民所有，没收蒋介石、宋子文、孔祥熙、陈立夫为首的垄断资本归新民主主义的国家所有，保护民族工商业。这就是新民主主义革命的三大经济纲领。"②"两没收，一保护"的新民主主义三大经济纲领，是符合中国国情与时代特点的过渡性经济纲领，对完成新民主主义革命任务、实现从新民主主义到社会主义的过渡、推动国家现代化建设都发挥了重要作用。封建土地所有制是近代中国封建半封建剥削制度的经济基础，地主阶级是帝国主义和官僚资本主义统治中国的主要社会支柱，没收封建地主阶级的土地归农民所有、实行"耕者有其田"，是满足广大农民对土地的需求、调动农民革命和生产积极性的根本举措，是解放农业生产力、发展农村经济的必经之路，是新民主主义革命的主要任务。以蒋介石、宋子文、孔祥熙、陈果夫为代表的官僚资本凭借国家政权的力量集中了价值达一百万万至二百万万美元的巨大财产，垄断了全国的经济命脉，并同帝国主义、封建主义和旧式富农密切地结合着，成为买办的封建的国家垄断资本主义；没收官僚资本归国家所有，改变其买办性和封建性的生产关系，解放被束缚的生产力，也是新民主主义革命的重要任务。民族工商业是属于民族资产阶级所有的中小资本主义经济，它是半殖民地半封建中国的一种先进经济形式，能在一定程度上促进生产力发展和社会进步，但在帝国主义和官僚资本主义的压迫下它不能顺利发展，新民主主义革命要在经济上保护民族工商业，并允许它有一定的发展。毛泽东指出："新民主主义革命所要消灭的对象，只是封建主义和垄断资本主义，只是地主阶级和官僚资产阶级（大资产阶级），而不是一般地消灭资本主义，不是消灭上层小资产阶级和中等资产阶级。由于中国经济的落后性，广大的上层小资产阶

---

① 毛泽东：《以自卫战争粉碎蒋介石的进攻》，载《毛泽东选集》第四卷，第1188页。
② 毛泽东：《目前形势和我们的任务》，载《毛泽东选集》第四卷，第1253页。

级和中等资产阶级所代表的资本主义经济，即使革命在全国胜利以后，在一个长时期内，还是必须允许它们存在；并且按照国民经济的分工，还需要它们中一切有益于国民经济的部分有一个发展；它们在整个国民经济中，还是不可缺少的一部分。"①

深入开展土地改革，是调动广大农民支持革命战争的积极性从而为打败蒋介石奠定群众基础的根本举措。毛泽东在《三个月总结》中指出："三个月经验证明：凡坚决和迅速地执行了中央五月四日的指示，深入和彻底地解决了土地问题的地方，农民即和我党我军站在一道反对蒋军进攻。凡对《五四指示》执行得不坚决，或布置太晚，或机械地分为几个阶段，或借口战争忙而忽视土地改革的地方，农民即站在观望地位。各地必须在今后几个月内，不论战争如何忙，坚决地领导农民群众解决土地问题，并在土地改革基础上布置明年的大规模的生产工作。"②他在1947年2月的《迎接中国革命的新高潮》的党内指示中指出："各区都有约三分之二的地方执行了中央一九四六年五月四日的指示，解决了土地问题，实现了耕者有其田，这是一个伟大的胜利。但是还有约三分之一的地方，必须于今后继续努力，放手发动群众，实现耕者有其田。在已实现耕者有其田的地方，还有解决不彻底的缺点存在，主要是因为没有放手发动群众，以致没收和分配土地都不彻底，引起群众不满意。在这种地方，必须认真检查，实行填平补齐，务使无地和少地的农民都能获得土地，而豪绅恶霸分子则必须受到惩罚。在实现耕者有其田的全部过程中，必须坚决联合中农，绝对不许侵犯中农利益（包括富裕中农在内），如有侵犯中农利益的事，必须赔偿道歉。此外，对于一般的富农和中小地主，在土地改革中和土地改革后，应有适当的出于群众愿意的照顾之处，都照《五四指示》办理。总之，在农村土地改革运动中，务须团结赞成土地改革的百分之九十以上的群众，孤立反对土地改革的少数封建反动分子，以期迅速完成实现耕者有其田的任务。"③1947年9月13日，中共中央工作委员会召开的全国土地会议通过了《中国土地法大纲》，10月10日由中共中央正式公布施行。《中国土地法大纲》规定"废除

① 毛泽东：《目前形势和我们的任务》，载《毛泽东选集》第四卷，第1254—1255页。
② 毛泽东：《三个月总结》，载《毛泽东选集》第四卷，第1208页。
③ 毛泽东：《迎接中国革命的新高潮》，载《毛泽东选集》第四卷，第1215—1216页。

封建性及半封建性剥削的土地制度，实行耕者有其田的土地制度"，"废除一切地主的土地所有权"，"废除一切祠堂、庙宇、寺院、学校、机关及团体的土地所有权"，除"大森林、大水利工程、大矿山、大牧场、大荒地及湖沼等，归政府管理"，"乡村中一切地主的土地及公地，由乡村农会接收，连同乡村中其他一切土地，按乡村全部人口，不分男女老幼，统一平均分配，在土地数量上抽多补少，质量上抽肥补瘦，使全乡村人民均获得同等的土地，并归各人所有"等。[1] 毛泽东在《目前形势和我们的任务》的报告中指出："日本投降以后，农民迫切地要求土地，我们就及时地作出决定，改变土地政策，由减租减息改为没收地主阶级的土地分配给农民。我党中央一九四六年五月四日发出的指示，就是表现这种改变。一九四七年九月，我党召集了全国土地会议，制定了中国土地法大纲，并立即在各地普遍实行。这个步骤，不但肯定了去年《五四指示》的方针，而且对于去年《五四指示》中的某些不彻底性作了明确的改正。中国土地法大纲规定，在消灭封建性和半封建性剥削的土地制度、实行耕者有其田的土地制度的原则下，按人口平均分配土地。这是最彻底地消灭封建制度的一种方法，这是完全适合于中国广大农民群众的要求的。"他高度评价了土地革命对夺取中国革命胜利的重要意义，指出"如果我们能够普遍地彻底地解决土地问题，我们就获得了足以战胜一切敌人的最基本的条件"。[2] 1948 年 2 月 22 日，中央发出由周恩来起草的《老区半老区的土地改革与整党工作》的指示，要求区分土地改革较为彻底的地区、土地改革尚不彻底的地区、土地改革很不彻底的地区，分别推进土地改革；5 月 25 日，毛泽东在由其起草的《一九四八年的土地改革工作和整党工作》党内指示中要求各中央局和分局从是年 9 月到第二年 3 月完成"组织或改组或充实贫农团和农会，发动土地改革斗争""按照正确标准，划分阶级成分""按照正确政策，实行分配封建土地和封建财产""发给土地证，确定地权"等工作[3]。土地改革的推进，体现了翻身农民渴求土地的愿望，充分调动了广大农民的生产积极性和拥军支前的热情，从而有力地支援了解放战争。

---

① 《中国土地法大纲》，载《中共中央文件选集》第十六册，第 547—548 页。
② 毛泽东：《目前形势和我们的任务》，载《毛泽东选集》第四卷，第 1250、1252 页。
③ 毛泽东：《一九四八年的土地改革工作和整党工作》，载《毛泽东选集》第四卷，第 1328 页。

三、军事战略：内线防御战略、外线进攻战略与战略决战思想

在全面内战爆发的第一年，人民解放军根据党中央及毛泽东提出的内线防御战略，粉碎了国民党军的全面进攻与重点进攻。国民党军围攻中原解放区时，中原解放军执行党中央、毛泽东关于"立即突围，愈快愈好，不要有任何顾虑，生存第一，胜利第一""今后行动，一切由你们自己决定，不要请示，免延误时机，并保机密"① 的指示，除留部分地方部队在原地坚持斗争外，以一个旅伪装主力向东转移迷惑国民党军队，主力分南北两路于 6 月 26 日向西转移，胜利实现了中原突围。毛泽东于 1946 年 7 月在《以自卫战争粉碎蒋介石的进攻》一文中指出："战胜蒋介石的作战方法，一般地是运动战。因此，若干地方，若干城市的暂时放弃，不但是不可避免的，而且是必要的。暂时放弃若干地方若干城市，是为了取得最后胜利，否则就不能取得最后胜利。"② 同年 9 月 16 日，中央军委发出由毛泽东起草的《集中优势兵力，各个歼灭敌人》的指示，指出：集中优势兵力、各个歼灭敌人的作战方法，不但必须应用于战役的部署方面，而且必须应用于战术的部署方面。在战役的部署方面，当敌人使用许多个旅（或团）分几路向我军前进的时候，我军必须集中绝对优势的兵力，即集中六倍、或五倍、或四倍于敌的兵力，至少也要有三倍于敌的兵力，于适当时机，首先围歼敌军的一个旅（或团）。在战役部署上，必须反对那种轻视敌人，因而平分兵力对付诸路之敌、以致一路也不能歼灭、使自己陷于被动地位的错误的作战方法。③ 10 月中共中央发出《三个月总结》的指示，全面系统地阐述全国规模内战爆发以来三个月的经验，指出："集中优势兵力，各个歼灭敌人，是过去三个月歼敌二十五个旅时所采用的唯一正确的作战方法。我们集中的兵力必须六倍、五倍、四倍、至少三倍于敌，方能有效地歼敌。不论在战役上，战术上，都须如此。不论是高级指挥员，或中下级干部，都须学会此种作战方法。"④ 1947 年 3 月 18 日，中共中央机关主动撤离延安，毛泽东

---

① 毛泽东：《同意中原军区部队立即突围》，载中共中央文献研究室、中国人民解放军军事科学院编《毛泽东军事文集》第三卷，军事科学出版社、中央文献出版社，1993，第 288 页。
② 毛泽东：《以自卫战争粉碎蒋介石的进攻》，载《毛泽东选集》第四卷，第 1187 页。
③ 毛泽东：《集中优势兵力，各个歼灭敌人》，载《毛泽东选集》第四卷，第 1197—1198 页。
④ 毛泽东：《三个月总结》，载《毛泽东选集》第四卷，第 1207 页。

指挥西北野战军转战陕北 371 天，采用"蘑菇战术"牵着敌军的鼻子走，粉碎了国民党军对陕北解放区的重点进攻。"蘑菇战术"的提法出自 1947 年 4 月 15 日毛泽东给西北解放军《关于西北战场的作战方针》的电报："敌现已相当疲劳，尚未十分疲劳；敌粮已相当困难，尚未极端困难"，"我之方针是继续过去办法，同敌在现地区再周旋一时期（一个月左右），目的在使敌达到十分疲劳和十分缺粮之程度，然后寻机歼击之"，"我军此种办法是最后战胜敌人必经之路。如不使敌十分疲劳和完全饿饭，是不能最后获胜的。这种办法叫'蘑菇'战术，将敌磨得精疲力竭，然后消灭之"。[①]

解放区军民经过一年的英勇战斗，歼灭了国民党军的大量有生力量，使敌我力量对比发生了很大变化，国民党军总兵力下降到 370 万人，战略机动能力大为减弱，战斗力下降；人民解放军总兵力增加到 195 万人，机动作战兵力已超过国民党军。党中央及毛泽东及时制定转入外线进攻的战略决策：转入战略举行全国性的反攻，主力打到外线去，将战争引向国民党区域，并做了"三军配合、两翼钳制"的战略部署，即：以刘、邓大军实行中央突破，千里跃进大别山建立根据地；以陈、谢大军直出豫陕鄂边界地区，在豫西、陕南建立根据地；以陈、粟大军挺进豫皖苏边区，扩大原有根据地。毛泽东在 1947 年 12 月的《目前形势和我们的任务》的报告中总结了人民解放军战胜蒋介石的十大军事原则，也就是：（1）先打分散和孤立之敌，后打集中和强大之敌。（2）先取小城市、中等城市和广大乡村，后取大城市。（3）以歼灭敌人有生力量为主要目标，不以保守或夺取城市和地方为主要目标。保守或夺取城市和地方，是歼灭敌人有生力量的结果，往往需要反复多次才能最后地保守或夺取之。（4）每战集中绝对优势兵力（两倍、三倍、四倍，有时甚至是五倍或六倍于敌之兵力），四面包围敌人，力求全歼，不使漏网。在特殊情况下，则采用给敌以歼灭性打击的方法，即集中全力打敌正面及其一翼或两翼，求达歼灭其一部、击溃其另一部的目的，以便我军能够迅速转移兵力歼击他部敌军。力求避免打那种得不偿失的、或得失相当的消耗战。这样，在全体上，我们是劣势（就数量来说），但在每一个局部上，在每一个具体战役上，我们是绝对的优势，这就保证

---

① 毛泽东：《关于西北战场的作战方针》，载《毛泽东选集》第四卷，第 1222—1223 页。

了战役的胜利。随着时间的推移，我们就将在全体上转变为优势，直到歼灭一切敌人。（5）不打无准备之仗，不打无把握之仗，每战都应力求有准备，力求在敌我条件对比下有胜利的把握。（6）发扬勇敢战斗、不怕牺牲、不怕疲劳和连续作战（即在短期内不休息地接连打几仗）的作风。（7）力求在运动中歼灭敌人。同时，注重阵地攻击战术，夺取敌人的据点和城市。（8）在攻城问题上，一切敌人守备薄弱的据点和城市，坚决夺取之。一切敌人有中等程度的守备、而环境又许可加以夺取的据点和城市，相机夺取之。一切敌人守备强固的据点和城市，则等候条件成熟时然后夺取之。（9）以俘获敌人的全部武器和大部人员，补充自己。我军人力物力的来源，主要在前线。（10）善于利用两个战役之间的间隙，休息和整训部队。休整的时间，一般地不要过长，尽可能不使敌人获得喘息的时间。①

　　在人民解放军转入战略进攻一年后，党中央及毛泽东运筹帷幄，做出了进行战略决战的决策，并于1948年9月至1949年1月指挥人民解放军与国民党军进行了辽沈战役、平津战役与淮海战役三次战略大决战。毛泽东和中央军委科学选择了与国民党军进行战略决战的时机与方向。1948年8月国民党南京军事会议确定了战略收缩的方针，但在撤退还是固守东北问题上还犹豫不决。此时国民党军在数量、装备方面仍居于优势，进行战略决战还有风险。毛泽东抓住蒋介石决定坚守还是撤退东北这个转瞬即逝的徘徊期，决定开始进行战略决战，并将战略决战的首战方向选在东北。叶剑英回顾了毛泽东选择战略决战时机与战略初战方向的决策过程，他指出：在国民党当局考虑撤退东北确保华中但仍举棋不定的时刻，"在这种情况下，究竟是让敌人实现他们把现有兵力撤至关内或江南的计划，使我们失去时机，从而增加我军尔后作战的麻烦呢？还是在敌人还没有来得及决策逃跑之前，我们就当机立断，抓住大好时机，组织战略决战，各个消灭敌人的强大战略集团呢？机不可失，时不再来。毛泽东同志根据对战争形势的科学分析，毅然决然地抓住了这个战略决战时机，先后组织了辽沈、淮海、平津三大战役"。"毛泽东同志在紧紧地抓住决战时机的同时，又正确地选定了决战方向。当时全国各战场的形势虽然在不同程度上都有利于人民解

---

① 毛泽东《目前形势和我们的任务》，载《毛泽东选集》第四卷，第1247—1248页。

放军的作战，但敌人在战略上却企图尽量延长坚守东北几个孤立要点的时间，牵制我东北人民解放军，使我军不能入关作战；同时，敌人又准备把东北敌军撤至华中地区，加强华中防御。在这种情况下，如果我们把战略决战的方向，指向华北战场，则会使我军受到傅作义、卫立煌两大战略集团的夹击而陷于被动；如果我们把战略决战的方向首先指向华东战场，则会使东北敌人迅速撤退，而实现他们的战略收缩企图。因此，东北战场就成为全国战局发展的关键。当时东北战场的形势对我又特别有利。在敌军方面：孤立分散，态势突出；地区狭小，补给困难；长春被围，无法解救；或撤或守，举棋未定。在我军方面：兵力优势，装备较好；广大地区，联成一片；土改完成，后方巩固；关内各区，均可支援。东北人民解放军歼灭了东北敌军，就能粉碎敌人战略收缩的企图；就能实施战略机动，有利于华北、华东战场的作战；就能以东北的工业支援全国战争，使人民解放军获得战略的总后方。"[①] 三大战役历时 4 个月零 19 天，歼灭敌军 154 万余人，使国民党赖以维持其反动统治的精锐主力基本被摧毁。

第三节　《论人民民主专政》：阐明建立新中国的政治主张

随着解放战争形势的快速发展、新民主主义革命胜利的即将到来，"建立一个怎样的新中国"、夺取政权的无产阶级采取什么样的具体形式组织国家等一系列重大问题，摆在了共和国的缔造者们面前。毛泽东在继承马克思主义国家学说和无产阶级专政理论的基础上提出了人民民主专政理论，为新中国政治架构的确立提供了理论与制度支撑。人民民主专政理论及其在建立新中国中的伟大实践，是以毛泽东为核心的党中央第一代领导集体为当代中国的一切发展进步奠定根本政治前提和制度基础最重要的方面。

一、人民民主专政理论的酝酿

人民民主专政理论是马克思主义国家学说和无产阶级专政理论在中国的

---

① 叶剑英：《伟大的战略决战》，载《叶剑英军事文选》，解放军出版社，1997，第 458、459—460 页。

创造性发展和运用。马克思、恩格斯在 1848 年的《共产党宣言》中就对无产阶级专政思想做了表述："工人革命的第一步就是使无产阶级上升为统治阶级，争得民主。"① 马克思在写于 1850 年的《1848 年至 1850 年的法兰西阶级斗争》一文中首次使用了"无产阶级专政"或"工人阶级专政"这一概念："推翻资产阶级！工人阶级专政！"② "这种社会主义就是宣布不断革命，就是无产阶级的阶级专政，这种专政是达到消灭一切阶级差别，达到消灭这些差别所由产生的一切生产关系，达到消灭和这些生产关系相适应的一切社会关系，达到改变由这些社会关系产生出来的一切观念的必然的过渡阶段。"③ 他在 1852 年 3 月 5 日致魏德迈的信中提出了"阶级斗争必然导致无产阶级专政"的名言；在 1875 年的《哥达纲领批判》中强调了无产阶级专政的历史必然性，强调"在资本主义社会和共产主义社会之间，有一个从前者变为后者的革命转变时期。同这个时期相适应的也有一个政治上的过渡时期，这个时期的国家只能是无产阶级的革命专政"④。1871 年巴黎公社进行无产阶级专政尝试后，恩格斯在《法兰西内战》1891 年单行本导言中指出："好吧，先生们，你们想知道无产阶级专政是什么样子吗？请看巴黎公社。这就是无产阶级专政。"⑤ 列宁继承和发展了马克思主义的无产阶级专政理论，并领导了建立无产阶级专政的实践。他在《国家与革命》中强调"谁要是仅仅承认阶级斗争，那他还不是马克思主义者……只有承认阶级斗争，同时也承认无产阶级专政的人，才是马克思主义者"⑥。他没有把无产阶级专政仅仅归结为镇压，而认为其包括专政和民主两个方面，指出无产阶级专政要以暴力镇压剥削者即资本家、地主及其走狗的反抗，但同时"无产阶级专政是破坏资产阶级民主和建立无产阶级民主"⑦，强调"无产阶级民主比任

---

① 马克思、恩格斯：《共产党宣言》，载《马克思恩格斯选集》第一卷，人民出版社，2012，第421 页。

② 马克思：《1848 年至 1850 年的法兰西阶级斗争》，载中共中央马克思恩格斯列宁斯大林著作编译局编译《马克思恩格斯文集》第二卷，人民出版社，2009，第 104 页。

③ 马克思：《1848 年至 1850 年的法兰西阶级斗争》，载《马克思恩格斯文集》第二卷，第166 页。

④ 马克思：《哥达纲领批判》，载《马克思恩格斯文集》第三卷，第 445 页。

⑤ 恩格斯：《法兰西内战：恩格斯写的 1891 年版导言》，载《马克思恩格斯选集》第三卷，第 56 页。

⑥ 列宁：《国家与革命》，载《列宁选集》第三卷，第 139 页。

⑦ 列宁：《论无产阶级专政的小册子的提纲》，载中共中央马克思恩格斯列宁斯大林著作编译局编译《列宁全集》第三十七卷，人民出版社，1986，第 256 页。

何资产阶级民主要民主百万倍，苏维埃政权比最民主的资产阶级共和国要民主百万倍"①。中国共产党根据中国实际情况，创造性地运用马克思主义的基本原理，提出了人民民主专政理论，并在中国采用了人民民主专政形式。

中国共产党自成立以来根据马克思主义国家学说对建国方案、未来国家政权的探索，为"人民民主专政"思想做了历史性的铺垫。早在建党时期，中国共产党就引入了"无产阶级专政"概念。1920 年 8 月 13 日，蔡和森在致毛泽东的信中率先使用了该概念："我现认清社会主义为资本主义的反映。其重要使命在打破资本经济制度。其方法在无产阶级专政，以政权来改建社会经济制度。"②1921 年 1 月，李达在《新青年》发表的《马克思还原》一文中提到"无产阶级的革命，在颠覆有产阶级的权势，建立劳动者的国家，实行无产阶级专政"③。1922 年 7 月，李大钊在《新青年》发表的《平民政治与工人政治》一文中写道："在革命的时期，为镇压反动者的死灰复燃，为使新制度新理想的基础巩固，不能不经过一个无产者专政（Dictatorship of the Proletaiat）的时期。在此时期，以无产阶级的权力代替中产阶级的权力，以劳工阶级的统治代替中产阶级的少数政治（Bourgeois Oligarchy）。"④除了党的早期领导人讨论"无产阶级专政"，1921 年 7 月召开的中共一大通过的第一个纲领也规定"革命军队必须与无产阶级一起推翻资本家阶级的政权，必须支援工人阶级，直到社会的阶级区分消除为止""承认无产阶级专政，直到阶级斗争结束，即直到消灭社会的阶级区分"等⑤；1922 年 7 月召开的中共二大通过的宣言提出党的奋斗目标是"组织无产阶级，用阶级斗争的手段，建立劳农专政的政治，铲除私有财产制度，渐次达到一个共产主义的社会"⑥。此后，随着形势不断发展，党对革命成功后建立的政权有各种不同说法，如毛泽东 1926 年 1 月在《国民党右派分离的原因及其对于革命前途的影响》一文中所说的"革命民众合作统治的国家"、1928 年 7 月中共六

① 列宁：《无产阶级革命和叛徒考茨基》，载《列宁选集》第三卷，第 606 页。
② 蔡和森：《蔡林彬给毛泽东（一九二〇年八月十三日）》，载《蔡和森文集》，人民出版社，1980，第 50 页。
③ 李达：《马克思还原》，《新青年》第 8 卷第 5 号，1921 年 1 月 1 日。
④ 李大钊：《平民政治与工人政治》，《新青年》第 9 卷第 6 号，1922 年 7 月 1 日。
⑤《中国共产党第一个纲领》，载《中共中央文件选集》第一册，第 3 页。
⑥《中国共产党第二次全国大会宣言》，载《中共中央文件选集》第一册，第 115 页。

大通过的《中国共产党第六次代表大会政治议决案》所说的"工人阶级领导之下的苏维埃的工农民主专政"、1931 年 11 月中华苏维埃第一次全国代表大会通过的《中华苏维埃共和国宪法大纲》所说的"工人和农民的民主专政的国家"、毛泽东于 1935 年 11 月在《论反对日本帝国主义的策略》中提出的"把工农共和国改变为人民共和国"、毛泽东于 1940 年 1 月在《新民主主义论》中所说的"无产阶级领导下的一切反帝反封建的人们联合专政的民主共和国"即"新民主主义的共和国"、1945 年 7 月毛泽东在《论联合政府》报告中的"联合政府"主张等。可以说，在毛泽东阐述新民主主义理论的时候，其人民民主专政思想已经成型。

　　人民民主专政理论是在建立新中国的伟大历史实践中走向成熟的。随着解放战争取得重要进展、"建立一个什么样的国家"问题提上议事日程，"人民民主专政"的设想得以提出，且其内涵得到了科学的界定。"人民民主专政"概念最早见之于 1948 年 6 月 1 日中共中央宣传部重印列宁《共产主义运动中的"左"派幼稚病》第二章所写的《前言》中，该《前言》称："列宁在本书中所说的，是关于无产阶级专政。今天在我们中国，则不是建立无产阶级专政，而是建立人民民主专政。这种人民民主专政的内容和无产阶级专政的内容的历史区别，就是：我们的人民民主专政是无产阶级领导的、人民大众的、反帝反封建反官僚资本的新民主主义革命，这种革命的社会性质，不是推翻一般资本主义，乃是建立新民主主义的社会，建立各个革命阶级联合专政的国家；而无产阶级专政则是推翻资本主义，建设社会主义。所以，我们在学习列宁这一段著作的时候，应该分别列宁当时所处的情况和我们今天所处的情况。"[1] 同年 9 月，毛泽东在中央政治局会议上指出："我们政权的阶级性是这样：无产阶级领导的，以工农联盟为基础，但不是仅仅工农，还有资产阶级民主分子参加的人民民主专政。"又说："我们是人民民主专政，各级政府都要加上'人民'二字，各种政权机关都要加上'人民'二字，如法院叫人民法院，军队叫人民解放军，以示和蒋介石政权不同。我们有广大的统一战线，我们政权的任务是打倒帝国主义、封建主义和官僚资本主义，要打倒它们，就要打倒它们的国家，建立人民

---

①《中共中央宣传部关于重印〈左派幼稚病〉第二章前言》，载《中共中央文件选集》第十七册，第 190 页。

民主专政的国家。"他还阐述了关于建立民主集中制的人民代表大会制度的问题："我们政权的制度是采取议会制呢，还是采取民主集中制？过去我们叫苏维埃代表大会制度，苏维埃就是代表会议，我们又叫'苏维埃'，又叫'代表大会'，'苏维埃代表大会'就成了'代表大会代表大会'。这是死搬外国名词。现在我们就用'人民代表会议'这一名词。我们采用民主集中制，而不采用资产阶级议会制。议会制，袁世凯、曹锟都搞过，已经臭了。在中国采取民主集中制是很合适的。"①1948 年 12 月 30 日，毛泽东在为新华社撰写的新年献词《将革命进行到底》中指出："在全国范围内推翻国民党的反动统治，在全国范围内建立无产阶级领导的以工农联盟为主体的人民民主专政的共和国。"②这是毛泽东第一次公开使用"人民民主专政"概念。1949 年 1 月，毛泽东在中央政治局会议上对人民民主专政又做了解释，他指出："人民民主专政也是独裁，人民民主独裁，即以其人之道还治其人之身。人民内部是民主，对敌人是独裁。""对这个问题宣传得不够，甚至党内也有人弄不清，一听独裁就脸红，其实独裁是对敌人，对一切反革命分子阶层、集团、党派。这是基本问题，必须讲清。讲清就有主动权，否则就没有主动权，没有道理好讲。"③同年 2 月，他向来访的米高扬介绍建立新的国家政权问题时指出，这个政权的性质是无产阶级领导的工农联盟为基础的人民民主专政，其实质是无产阶级专政；各民主党派、各人民团体、无党派人士将参加联合政府；政府的组织形式虽然与苏联有所不同，但其性质和宗旨仍然是在共产党领导下，实现社会主义和共产主义。④他在同年 3 月的七届二中全会报告中指出："无产阶级领导的以工农联盟为基础的人民民主专政，要求我们党去认真地团结全体工人阶级、全体农民阶级和广大的革命知识分子，这些是这个专政的领导力量和基础力量。没有这种团结，这个专政就不能巩固。同时也要求我们党去团结尽可能多的能够同我们合作的城市小资产阶级和民族资产阶级的代表人物，它们的知识分子和政治派别，以便在革命时期使反革命势力陷于孤立，彻底地打倒国内的反革命

---

① 毛泽东：《在中共中央政治局会议上的报告和结论》，载《毛泽东文集》第五卷，第 135—136 页。
② 毛泽东：《将革命进行到底》，载《毛泽东选集》第四卷，第 1375 页。
③ 胡乔木：《胡乔木回忆毛泽东》（增订本），人民出版社，2014，第 542 页。
④ 中共中央文献研究室编《毛泽东年谱（1893—1949）》下卷，第 449 页。

势力和帝国主义势力；在革命胜利以后，迅速地恢复和发展生产，对付国外的帝国主义，使中国稳步地由农业国转变为工业国，把中国建设成一个伟大的社会主义国家。"①正是在继承马克思主义无产阶级专政思想与党内长期思想探索的基础上，毛泽东在 1949 年 6 月 30 日发表的《论人民民主专政》一文中系统阐述了人民民主专政理论。

二、人民民主专政理论的系统阐释

1949 年 6 月 24 日，毛泽东致信其秘书、时任新华通讯社社长的胡乔木，部署《人民日报》对"七一"和"七七"的宣传工作："写一篇纪念七一的论文（似不宜用新华社社论形式，而用你的名字为宜），拟一单纪念七七的口号（纪念七七，庆祝胜利，宣传新政协及联合政府，要求早日订立对日和约，消灭反动派残余力量，镇压反动派的破坏和捣乱，发展生产和文教）——此两件请于六月最近两天拟好，以便于六月二十八日发出，六月二十九日各地见报。写一篇七七纪念论文（带总结性），此件须于七月二日写好，三四两日修改好，五日广播，七日各地见报。"②6 月 27 日，胡乔木将编辑部起草的《中国革命胜利的关键何在？——纪念中国共产党的二十八周年》呈上，毛泽东阅后觉得不太贴合形势，决定亲自撰写一篇系统阐释新中国国家性质、阶级构成、前途命运的文章，主题聚焦于"论人民民主专政"，并于两天后完成。6 月 30 日，新华社播发毛泽东为纪念中国共产党成立 28 周年撰写的《论人民民主专政》一文，该文次日发表在《人民日报》《光明日报》等大报上，随后被《人民论坛》《真理报》等国内外报刊转载引用。从 7 月开始，1949 年内各地出版了几十种《论人民民主专政》单行本。1960 年《毛泽东选集》第四卷出版时，该文经修改后收入其中。这篇文献和毛泽东在党的七届二中全会上的报告一起，奠定了建立新中国的思想基石。毛泽东在《论人民民主专政》一文中回顾了中国共产党 28 年的发展历史，总结了中国人民胜利的主要的、基本的经验；围绕什么是人民民

①　毛泽东：《在中国共产党第七届中央委员会第二次全体会议上的报告》，载《毛泽东选集》第四卷，第 1436—1437 页。
②　毛泽东：《致胡乔木》，载中共中央文献研究室编《毛泽东书信选集》，中央文献出版社，2003，第 301 页。

主专政、为什么选择人民民主专政、如何推动人民民主专政发展等问题，对即将建立的"新中国"国体进行了系统阐释；论述了新中国成立后的历史任务与外交政策。

关于党成立 28 年以来领导取得革命战争胜利的经验。关于新民主主义革命的基本经验，毛泽东已在 1939 年撰写的《〈共产党人〉发刊词》中指出，统一战线、武装斗争、党的建设是中国共产党在中国革命中战胜敌人的三个法宝。他在《论人民民主专政》一文中又指出，党成立 28 年来有许多宝贵的经验，"一个有纪律的，有马克思列宁主义的理论武装的，采取自我批评方法的，联系人民群众的党。一个由这样的党领导的军队。一个由这样的党领导的各革命阶级各革命派别的统一战线。这三件是我们战胜敌人的主要武器"。"总结我们的经验，集中到一点，就是工人阶级（经过共产党）领导的以工农联盟为基础的人民民主专政。这个专政必须和国际革命力量团结一致。这就是我们的公式，这就是我们的主要经验，这就是我们的主要纲领。"①

关于"什么是人民民主专政"。毛泽东以马克思主义国家理论讨论了人民民主专政的国体问题。他运用唯物辩证法从人类进步的远景角度提出人民民主专政问题。他指出："人到老年就要死亡，党也是这样。阶级消灭了，作为阶级斗争的工具的一切东西，政党和国家机器，将因其丧失作用，没有需要，逐步地衰亡下去，完结自己的历史使命，而走到更高级的人类社会。我们和资产阶级政党相反。他们怕说阶级的消灭，国家权力的消灭和党的消灭。我们则公开声明，恰是为着促使这些东西的消灭而创设条件，而努力奋斗。"共产党的领导、人民民主专政的国家权力，正是为了"使阶级、国家权力和政党很自然地归于消灭，使人类进到大同境域"。②"人民民主专政"概念中的"人民"在不同国家和各个国家的不同历史时期有着不同的内容，"在中国，在现阶段，是工人阶级，农民阶级，城市小资产阶级和民族资产阶级"；"人民民主专政的基础是工人阶级、农民阶级和城市小资产阶级的联盟，而主要是工人和农民的联盟，因为这两个阶级占了中国人口的百分之八十到九十"，"人民民主专政需要工人阶级的领导。因为只有

---

① 毛泽东：《论人民民主专政》，载《毛泽东选集》第四卷，第 1480 页。
② 毛泽东：《论人民民主专政》，载《毛泽东选集》第四卷，第 1468、1469 页。

工人阶级最有远见，大公无私，最富于革命的彻底性"；要团结民族资产阶级，"但是民族资产阶级不能充当革命的领导者，也不应当在国家政权中占主要的地位"；要"团结工人阶级、农民阶级、城市小资产阶级和民族资产阶级，在工人阶级领导之下，结成国内的统一战线，并由此发展到建立工人阶级领导的以工农联盟为基础的人民民主专政的国家"。① "人民民主专政"概念中的"民主"，从国体层面解决的是政权属于谁、依靠谁、为了谁的问题，"人民的国家是保护人民的"，"人民民主"是指"对于人民内部，则实行民主制度，人民有言论集会结社等项的自由权"，工人阶级、农民阶级、城市小资产阶级和民族资产阶级四个阶级"在工人阶级和共产党的领导之下，团结起来，组成自己的国家，选举自己的政府"。② "人民民主专政"概念中的"专政"，是指对敌人行使权力，对敌人的反抗进行镇压，"向着帝国主义的走狗即地主阶级和官僚资产阶级以及代表这些阶级的国民党反动派及其帮凶们实行专政，实行独裁，压迫这些人，只许他们规规矩矩，不许他们乱说乱动"；"'你们独裁。'可爱的先生们，你们讲对了，我们正是这样。中国人民在几十年中积累起来的一切经验，都叫我们实行人民民主专政，或曰人民民主独裁，总之是一样，就是剥夺反动派的发言权，只让人民有发言权"。③ "人民民主专政"是民主与专政的统一，剥削阶级国家是对少数人的民主与对多数人的专政，而人民民主专政则是对多数人的民主与对少数敌对分子的专政，"对人民内部的民主方面和对反动派的专政方面，互相结合起来，就是人民民主专政"④；那种以为专政是废除一切民主自由和民主保障的观点是错误的。

关于"为什么选择人民民主专政"。毛泽东通过回顾近代以来反帝反封建斗争的历史，阐明了为什么中国选择了人民民主专政。近代各种救国方案的破产尤其是资产阶级共和国方案的破产，把现代国家建设的历史重任、把救中国与发展中国的历史重任交到了无产阶级及其先锋队中国共产党身上。毛泽东指出："自从一八四〇年鸦片战争失败那时起，先进的中国人，

① 毛泽东：《论人民民主专政》，载《毛泽东选集》第四卷，第 1475、1478—1479、1472 页。
② 毛泽东：《论人民民主专政》，载《毛泽东选集》第四卷，第 1476、1475 页。
③ 毛泽东：《论人民民主专政》，载《毛泽东选集》第四卷，第 1475 页。
④ 毛泽东：《论人民民主专政》，载《毛泽东选集》第四卷，第 1475 页。

经过千辛万苦，向西方国家寻找真理。洪秀全、康有为、严复和孙中山，代表了在中国共产党出世以前向西方寻找真理的一派人物。那时，求进步的中国人，只要是西方的新道理，什么书也看。……要救国，只有维新，要维新，只有学外国。那时的外国只有西方资本主义国家是进步的，它们成功地建设了资产阶级的现代国家"；但帝国主义的侵略打破了中国人学西方的迷梦，多次奋斗，包括辛亥革命那样全国规模的运动，都失败了，"就是这样，西方资产阶级的文明，资产阶级的民主主义，资产阶级共和国的方案，在中国人民的心目中，一齐破了产。资产阶级的民主主义让位给工人阶级领导的人民民主主义，资产阶级共和国让位给人民共和国。……资产阶级的共和国，外国有过的，中国不能有，因为中国是受帝国主义压迫的国家。唯一的路是经过工人阶级领导的人民共和国"；"中国无产阶级的先锋队，在十月革命以后学了马克思列宁主义，建立了中国共产党"，经过28年的奋斗，人民民主专政的建国方案取得了成功。①

关于"如何推动人民民主专政发展"。在毛泽东看来，人民民主专政的发展目标是消灭阶级、消灭国家，"使人类进到大同境域"。"经过人民共和国到达社会主义和共产主义，到达阶级的消灭和世界的大同"②，这是"人类进步的远景"，需要"努力工作，创设条件"推动"人民民主专政"朝着这一终极目标发展。然而，路只能一步一步地走，在现阶段阶级、政党、国家仍将存在，国家机器仍需强化，他认为："'你们不是要消灭国家权力吗？'我们要，但是我们现在还不要，我们现在还不能要。为什么？帝国主义还存在，国内反动派还存在，国内阶级还存在。我们现在的任务是要强化人民的国家机器，这主要地是指人民的军队、人民的警察和人民的法庭，借以巩固国防和保护人民利益。以此作为条件，使中国有可能在工人阶级和共产党的领导之下稳步地由农业国进到工业国，由新民主主义社会进到社会主义社会和共产主义社会，消灭阶级和实现大同。"③毛泽东强调，要巩固人民民主专政的国家政权，"我们的事情还很多，比如走路，过去的工作只不过是像万里长征走完了第一步"，尤为重要的是，"严重的经济建

---

① 毛泽东：《论人民民主专政》，载《毛泽东选集》第四卷，第1469—1471、1472页。
② 毛泽东：《论人民民主专政》，载《毛泽东选集》第四卷，第1471页。
③ 毛泽东：《论人民民主专政》，载《毛泽东选集》第四卷，第1475—1476页。

设任务摆在我们面前"；要求全党"向一切内行的人们（不管什么人）学经济工作"，"恭恭敬敬地学，老老实实地学"，做到"不但会革命，也会建设"。① 毛泽东还宣布了"一边倒"的外交政策，强调"欲达到胜利和巩固胜利，必须一边倒"，即"联合世界上以平等待我的民族和各国人民，共同奋斗"，"联合苏联，联合各人民民主国家，联合其他各国的无产阶级和广大人民，结成国际的统一战线"。② 他坚信："国际和国内的形势都对我们有利，我们完全可以依靠人民民主专政这个武器，团结全国除了反动派以外的一切人，稳步地走到目的地。"③

三、《论人民民主专政》的历史意义

《论人民民主专政》的发表及其建立"人民民主专政的政权"的实践，有力地推动了马克思主义国家学说的理论创新，是马克思主义无产阶级专政理论中国化的光辉成果；有力地推动了中国共产党执政思想的思想创新，奠定了中国共产党从"领导人民为夺取全国政权而奋斗的党"转变为"领导人民掌握政权、进行社会主义革命和建设并长期执政的党"的思想基础；有力地推动了社会主义国家政权建设的制度创新，奠定了中国特色社会主义政治文明的制度基础；有力地推动了中国人民与中华民族"站起来"的历史进程，是为实现中华民族伟大复兴奠定根本政治前提和制度基础的最重要方面。它的历史意义体现在以下几个方面：

马克思主义中国化的光辉成果。人民民主专政理论是马克思主义国家学说与中国实际相结合的产物，是马克思主义无产阶级专政理论在中国的具体运用。马克思主义原理认为，无产阶级夺取政权以后不能简单地运用现成的国家机器来达到自己的目的，必须建立无产阶级专政的政权机构来代替剥削阶级的国家机器。毛泽东创造性地运用马克思主义国家学说，在夺取政权、建立新中国的伟大实践中提出中国特色的人民民主专政理论，建立起人民当家作主的人民民主专政国体，是对马克思主义国家学说的创造性贡献、创新性发展。中国共产党对自己建立的国家政权性质以"人民民主专政"而不以

---

① 毛泽东：《论人民民主专政》，载《毛泽东选集》第四卷，第1480—1481页。
② 毛泽东：《论人民民主专政》，载《毛泽东选集》第四卷，第1472—1473页。
③ 毛泽东：《论人民民主专政》，载《毛泽东选集》第四卷，第1481页。

"无产阶级专政"来表述,是基于中国国情做出的考虑。在近代中国,分散落后的个体农业和手工业在产业结构中占着绝对优势,现代工业不发达,导致中国无产阶级力量极其弱小,农民阶级而不是无产阶级成了中国革命的主力军,农村根据地成了中国革命的战略基地;中国无产阶级的先锋队——中国共产党必须依靠工农联盟,必须依靠"工人阶级、农民阶级、城市小资产阶级和民族资产阶级,在工人阶级领导之下,结成国内的统一战线",必须走"农村包围城市"的革命道路,"人民民主专政"更符合以农民为主力军、以统一战线为重要法宝、以农村为中心的中国革命实际,更有助于革命与建设取得成功。毛泽东曾经指出:"中国社会是一个两头小中间大的社会,无产阶级和地主大资产阶级都只占少数,最广大的人民是农民、城市小资产阶级以及其他的中间阶级。任何政党的政策如果不顾到这些阶级的利益,如果这些阶级的人们不得其所,如果这些阶级的人们没有说话的权利,要想把国事弄好是不可能的。"① 当然,又必须牢记"人民民主专政"的实质是无产阶级专政,是具有中国特色的无产阶级专政,是中国化的无产阶级专政。

中国共产党执政思想的重要探索。《论人民民主专政》的发表,标志着中国共产党全面执政思想的初步形成。毛泽东撰写《论人民民主专政》一文是为纪念中国共产党成立 28 周年,他通过回顾近代以来的历史尤其是党领导人民进行反帝反封建斗争 28 年来的历史,深刻阐明了"两个让位"即"资产阶级的民主主义让位给工人阶级领导的人民民主主义,资产阶级共和国让位给人民共和国"的历史必然性,深刻阐明了中国共产党的执政地位是从哪里来的,即来自历史和人民的选择。他指出:在"一切别的东西都试过了,都失败了"的历史背景下,中国共产党应运而生,党从成立之初就肩负起为人民谋解放、为民族谋复兴的历史使命,"党的二十八年是一个长时期,我们仅仅做了一件事,这就是取得了革命战争的基本胜利"② 。正是依靠这种奋斗,中国共产党赢得了人民的信赖,人民民主专政的建国方案获得了成功。毛泽东在《论人民民主专政》一文中总结了中国共产党领导中

---

① 毛泽东:《在陕甘宁边区参议会的演说》,载《毛泽东选集》第三卷,第808页。
② 毛泽东:《论人民民主专政》,载《毛泽东选集》第四卷,第1480页。

国革命与在根据地局部执政的基本经验并将其归纳为三件"战胜敌人的主要武器"、归结为"工人阶级（经过共产党）领导的以工农联盟为基础的人民民主专政"，这些经验与结论也将成为中国共产党全面执政的基本经验、主要法宝。毛泽东在《论人民民主专政》一文中对中国共产党执政规律进行了初步探索，最重要的是阐明了以人民为主体的原则，明确了依靠谁执政、为了谁执政的重大问题；他把"工人阶级、农民阶级、城市小资产阶级和民族资产阶级"纳入"人民"概念，"这是中国历史上第一次将社会绝大多数人纳入统治阶级的预设性表达"，确保了人民民主专政这一根本制度"最大限度地被社会大众认同和接受"[1]；他强调"人民民主专政需要工人阶级的领导"以及人民民主专政"以工农联盟为基础"，明确了中国共产党执政的领导力量与基本依靠力量，并通过解决"谁领导谁"的问题从根本上赋予了人民当家作主的主体地位。毛泽东在《论人民民主专政》一文中阐述了中国共产党建立新生政权后如何执政的问题，他强调了取得中国革命胜利"只不过是像万里长征走完了第一步"，党还要为长期执政、为最终促使国家消亡、为走向社会主义和共产主义、为"使人类进到大同境域"而不懈奋斗；他强调正视"帝国主义还存在，国内反动派还存在，国内阶级还存在"的现实，坚持人民民主专政的政治统治职能，坚持人民政权"剥夺反动派的发言权，只让人民有发言权"的专政功能；他强调了发挥人民民主专政的社会职能，尤其是发挥人民民主专政国家组织经济建设的职能，认为"严重的经济建设任务摆在我们面前"，提出有步骤地解决国家的工业化问题，提出人民民主专政的目的是建设社会主义国家、使中国"稳步地由农业国进到工业国，由新民主主义社会进到社会主义社会和共产主义"。

社会主义政治文明的制度创新。国体问题是国家政权建设的首要问题，也是民主政治建设的根本问题；《论人民民主专政》的发表，为新中国确立人民民主专政的国体、确立社会主义民主政治提供了理论原则、制度安排与政策基础。党根据人民民主专政理论，建立了人民民主专政的国家制度，

---

[1] 邱吉、安阳朝：《从"人民民主专政"看中国共产党意识形态议题设置》，《教学与研究》2020年第 4 期。

确立了人民当家作主的政治体制，实现了从封建专制政治到人民民主的伟大飞跃，创造了无产阶级专政新形态、人类政治文明新形态，这是对社会主义文明、社会主义事业的重要贡献，奠定了中国特色社会主义政治发展道路的根本基石。正是根据毛泽东在《论人民民主专政》等文献中对国家国体、政体的设计，1949 年 9 月召开的中国人民政治协商会议第一届全体会议通过的《共同纲领》宣布：中国人民由被压迫的地位变成为新社会新国家的主人，而以人民民主专政的共和国代替那封建买办法西斯专政的国民党反动统治。中国人民民主专政是中国工人阶级、农民阶级、小资产阶级、民族资产阶级及其他爱国民主分子的人民民主统一战线的政权，而以工农联盟为基础，以工人阶级为领导。又规定：中华人民共和国为新民主主义即人民民主主义的国家，实行工人阶级领导的、以工农联盟为基础的、团结各民主阶级和国内各民族的人民民主专政。[1] 毛泽东在《论人民民主专政》中的有关论述，有助于我们坚定中国特色社会主义的理论自信。他指出：中国共产党成立以来"不是和平地走过的，而是在困难的环境中走过的，我们要和国内外党内外的敌人作战。谢谢马克思、恩格斯、列宁和斯大林，他们给了我们以武器。这武器不是机关枪，而是马克思列宁主义"[2]。人民民主专政理论对马克思主义无产阶级专政学说的理论创新，更充分证明了马克思主义的生命力。中国人民一定会在自己选择的中国特色社会主义道路上阔步前进。

中华民族"站起来"的坚实基础。新民主主义革命的胜利，社会主义基本制度的建立，为当代中国一切发展进步奠定了根本政治前提和制度基础。在新中国成立初期的制度奠基中，最重要、最根本的是确立人民民主专政的国体，这是中国人民和中华民族"站起来"的坚实基础，是实现中华民族伟大复兴的根本政治前提。毛泽东在《论人民民主专政》中回顾了近代以来中国人民追寻民族复兴、国家富强与人民幸福的艰难历程，总结了党领导中国人民取得革命战争胜利的基本经验，规划了实现国家工业化与农业社会化、建设社会主义强国的蓝图，昭示了中华民族伟大复兴的光明前景。

---

① 《中国人民政治协商会议共同纲领》，载中央档案馆编《中共中央文件选集》第十八册，中共中央党校出版社，1992，第 584、585 页。

② 毛泽东：《论人民民主专政》，载《毛泽东选集》第四卷，第 1469 页。

第四节　中华人民共和国成立：中华民族伟大复兴的里程碑

1949 年 9 月 21 日至 30 日在北京中南海怀仁堂隆重举行的中国人民政治协商会议第一届全体会议选举了中央人民政府委员。10 月 1 日下午 2 时，中央人民政府委员会在勤政殿举行第一次会议，会议一致决议宣布中华人民共和国中央人民政府成立，随后举行了开国大典。中华人民共和国成立，表明中国历史和中国人民选择了中国共产党、选择了社会主义、选择了马克思主义。以毛泽东为主要代表的中国共产党人，把马克思列宁主义基本原理同中国革命具体实践结合起来，创立了毛泽东思想，团结带领全党全国各族人民，经过长期浴血奋斗，取得了新民主主义革命胜利，建立了中华人民共和国，确立了社会主义基本制度，成功实现了中国历史上最深刻最伟大的社会变革，为当代中国一切发展进步奠定了根本政治前提和制度基础。中华人民共和国成立是近代以来实现中华民族伟大复兴的三大里程碑之一。

一、新政协的召开与开国大典

在纪念五一节口号发出后，召开新政治协商会议的准备工作很快展开。1948 年 7 月底，毛泽东看到了李济深等各民主党派、无党派民主人士 5 月 5 日拥护召开新政治协商会议的来电全文。8 月 1 日，毛泽东复电在香港的李济深、何香凝、沈钧儒、章伯钧等人，希望他们北上解放区，与中国共产党共同进行新政协的筹备，电文指出："五月五日电示，因交通阻隔，今始奉悉。诸先生赞同敝党五月一日关于召开新的政治协商会议讨论并实现召集人民代表大会建立民主联合政府一项主张，并热心促其实现，极为钦佩。现在革命形势日益开展，一切民主力量亟宜加强团结，共同奋斗，以期早日消灭中国反动势力，制止美帝国主义的侵略，建立独立、自由、富强和统一的中华人民民主共和国。为此目的，实有召集各民主党派、各人民团体及无党派民主人士的代表们共同协商的必要。关于召集此项会议的时机、地点、何人召集、参加会议者的范围以及会议应讨论的问题等项，希望诸先生及全国各界民主人士共同研讨，并以卓见见示，曷胜感荷。"① 同日，毛泽东致电上海局、香港分局，要求"与李济深、冯玉祥、章伯钧、谭平山及其他中间派反蒋分子保持密切联系，尊重他们，多对他们作诚恳的解释工作"②。不久，周恩来根据毛泽东的指示，拟定了一份名单，决定邀请李济深等 77 位民主党派、人民团体和无党派民主人士，到解放区参加筹备新政协。周恩来还指派钱之光以解放区经济总署特派员的名义，负责组织将在香港的著名民主党派代表人物和爱国人士秘密送到东北解放区（哈尔滨）、华北（北平）参加新政协的筹备工作。从 8 月开始，中共中央派专人到国统区和香港迎接和护送民主人士分批进入解放区，到黑龙江省哈尔滨市和河北省建屏县李家庄集中，就《关于召开新的政治协商会议诸问题（草案）》进行协商。10 月 8 日，中共中央关于征求民主人士对《关于召开新的政治协商会议诸问题》的意见给高岗等发出指示："除沈、谭、章、蔡四人外，王绍鳌（字却尘，代表上海中国民主促进会）亦将由北鲜抵哈。高崇民、朱学范久已在哈。请高（岗——引者）、李（富春——引者）约集上述七人会谈数次，并将下面所附书面文件转交他们，每人一份，告以这是中共中央委托你们与他们商谈的书面意见，正式征求他们的意见，请你们和他们过细加以斟酌，以其结果电告。"③

1948 年 9 月 8 日，在中共中央政治局会议上毛泽东谈到建国、成立中央人民政府等问题时指出："我们政权的阶级性是这样：无产阶级领导的，以工农联盟为基础，但不是仅仅工农，还有资产阶级民主分子参加的人民民主专政……我们是人民民主专政，各级政府都要加上'人民'二字，各种政权机关都要加上'人民'二字，如法院叫人民法院，军队叫人民解放军，以示和蒋介石政权不同"，"人民民主专政的国家，是以人民代表会议产生的政府来代表它的，中央政府的问题，十二月会议只是想到了它，这次会议就必须作为议事日程来讨论"，"关于建立民主集中制的各级人民代表会

① 毛泽东：《复各民主党派与民主人士电》，载《毛泽东文集》第五卷，第 114 页。
② 毛泽东：《对中间派倒蒋活动应取的策略》，载《毛泽东文集》第五卷，第 117 页。
③《中共中央关于征求民主人士对〈关于召开新的政治协商会议诸问题〉的意见给高岗等的指示（一九四八年十月八日）》，载《建党以来重要文献选编（一九二一——一九四九）》第二十五册，第 546 页。

议制度问题，我们政权的制度是采取议会制呢，还是采取民主集中制？过去我们叫苏维埃代表大会制度，苏维埃就是代表会议，我们又叫'苏维埃'，又叫'代表大会'，'苏维埃代表大会'就成了'代表大会代表大会'。这是死搬外国名词。现在我们就用'人民代表会议'这一名词。我们采用民主集中制，而不采用资产阶级议会制。议会制，袁世凯、曹锟都搞过，已经臭了。在中国采取民主集中制是很合适的"。"政协今年下半年或明年上半年要开一次会，现在开始准备。战争第四年将要成立中央政府。这个政府叫做什么名字，或叫临时中央政府，或叫中国人民解放委员会，其性质都是临时性的中央政府。究竟叫什么，到那时再定。"①

经过反复协商，中国共产党代表高岗、李富春与在哈尔滨的民主人士沈钧儒、谭平山、章伯钧、蔡廷锴、王绍鏊、朱学范、高崇民、李德全等 8 人于 1948 年 11 月 25 日达成《关于召开新的政治协商会议诸问题的协议》，规定：新政协筹备会由中共及赞成中共中央五一口号第五项的各主要民主党派、人民团体及无党派民主人士的代表组成共有 23 个单位，新政协筹备会的任务是负责邀请参加新政协的各方代表人物、起草新政协的文件和召开新政协的正式会议。新政协由反对美帝国主义侵略、反对国民党反动统治、反对封建主义和官僚资本主义压迫的各民主党派、各人民团体及无党派民主人士的代表人物组成，南京反动政府系统下的一切反动党派及反动分子必须排除，不许参加，参加新政协的单位预拟 37 个单位。新政协应讨论和实现的有两项重要问题：一为共同纲领问题；一为如何建立中华人民民主共和国临时中央政府问题。共同纲领由筹备会起草，中共中央正在起草一个草案，不久可提出，任何单位亦均可提出自己的纲领草案。关于如何建立临时中央政府即民主联合政府（即由新政协产生或由人民代表会议产生）问题及宪法草案问题，先行交换意见，留待筹备会讨论解决。

1949 年 6 月 15 日至 19 日，由包括中国共产党和各民主党派、各人民团体、各界民主人士、国内少数民族、海外华侨等 23 个单位的 134 人组成的新政治协商会议筹备会第一次会议在北平召开。周恩来担任会议的临时

---

① 毛泽东：《在中共中央政治局会议上的报告和结论》，载《毛泽东文集》第五卷，第135—137 页。

主席并致开幕词。中共中央主席毛泽东出席并发表讲话，他指出："这个筹备会的任务，就是：完成各项必要的准备工作，迅速召开新的政治协商会议，成立民主联合政府，以便领导全国人民，以最快的速度肃清国民党反动派的残余力量，统一全中国，有系统地和有步骤地在全国范围内进行政治的、经济的、文化的和国防的建设工作。""中国民主联合政府一经成立，它的工作重点将是：（一）肃清反动派的残余，镇压反动派的捣乱；（二）尽一切可能用极大力量从事人民经济事业的恢复和发展，同时恢复和发展人民的文化教育事业。中国人民将会看见，中国的命运一经操在人民自己的手里，中国就将如太阳升起在东方那样，以自己的辉煌的光焰普照大地，迅速地荡涤反动政府留下来的污泥浊水，治好战争的创伤，建设起一个崭新的强盛的名副其实的人民共和国。"① 会议一致通过《新政协筹备会组织条例》，选举出筹备会常务委员 21 人，常委会又推选毛泽东为主任，周恩来、李济深、沈钧儒、郭沫若、陈叔通为副主任。在常务委员会下设 6 个小组，分别负责拟定参加新政协会议的单位及其代表名额；起草新政治协商会议组织条例；起草新政治协商会议共同纲领；起草中华人民共和国政府方案；起草新政治协商会议第一届全体会议宣言；拟定国旗、国徽、国歌等工作。各小组组长分别为李维汉、谭平山、周恩来、董必武、郭沫若、马叙伦。

9 月 17 日，新政治协商会议筹备会第二次全体会议在北平举行。由常务委员会副主任周恩来报告 3 个月来的筹备工作。会议讨论并通过了《关于筹备会议的报告》，通过《中国人民政治协商会议组织法（草案）》《中国人民政治协商会议共同纲领（草案）》《中华人民共和国中央人民政府组织法（草案）》，授权常务委员会提交中国人民政治协商会议第一届全体会议审议。会议决定将"新政治协商会议"改称为"中国人民政治协商会议"。

经过一年多精心的组织和紧张的筹备，中国人民政治协商会议第一届全体会议于 1949 年 9 月 21 日至 30 日在北京中南海怀仁堂隆重举行。中国共产党及各民主党派、人民团体和无党派民主人士等单位的代表（含候补代

---

① 毛泽东：《在新政治协商会议筹备会上的讲话》，载《毛泽东选集》第四卷，第 1463、1466—1467 页。

表）共 622 人参加了会议。9 月 21 日，毛泽东在会上致开幕词，指出："我们有一个共同的感觉，这就是我们的工作将写在人类的历史上，它将表明：占人类总数四分之一的中国人从此站立起来了。中国人从来就是一个伟大的勇敢的勤劳的民族，只是在近代落伍了。这种落伍，完全是被外国帝国主义和本国反动政府所压迫和剥削的结果。一百多年以来，我们的先人以不屈不挠的斗争反对内外压迫者，从来没有停止过，其中包括伟大的中国革命先行者孙中山先生所领导的辛亥革命在内。我们的先人指示我们，叫我们完成他们的遗志。我们现在是这样做了。我们团结起来，以人民解放战争和人民大革命打倒了内外压迫者，宣布中华人民共和国的成立了。我们的民族将从此列入爱好和平自由的世界各民族的大家庭，以勇敢而勤劳的姿态工作着，创造自己的文明和幸福，同时也促进世界的和平和自由。我们的民族将再也不是一个被人侮辱的民族了，我们已经站起来了。"[1] 会议通过了具有临时宪法性质的《中国人民政治协商会议共同纲领》，除"序言"外，《共同纲领》分为总纲、政权机关、军事制度、经济政策、文化教育政策、民族政策、外交政策共 7 章 60 条，肯定了人民革命的胜利成果，宣告了封建主义和官僚资本主义在中国统治的结束和人民民主共和国的建立，规定了新中国的国体和政体；确认"中国人民民主专政是中国工人阶级、农民阶级、小资产阶级、民族资产阶级及其他爱国民主分子的人民民主统一战线的政权，而以工农联盟为基础，以工人阶级为领导"；规定人民代表大会制为我国的政权组织形式；宣布取消帝国主义在华的一切特权，没收官僚资本，进行土地改革；规定了新中国的各项基本政策和公民的基本权利和义务。[2] 大会制定了《中国人民政治协商会议组织法》《中华人民共和国中央人民政府组织法》；决定了新中国的名称为中华人民共和国，国都定于北平（1949 年 9 月 27 日改名为北京），中华人民共和国的纪年采用公元，国歌未正式制定前以《义勇军进行曲》为国歌，国旗定为五星红旗。[3] 大会一致通过决议，在天

---

[1] 毛泽东：《中国人从此站立起来了》，载《毛泽东文集》第五卷，第 343—344 页。

[2]《中国人民政治协商会议共同纲领》，载中共中央文献研究室编《中华人民共和国开国文选》，中央文献出版社，1999，第 275—288 页。

[3]《关于中华人民共和国国都、纪年、国歌、国旗的决议》，载《中华人民共和国开国文选》，第 396 页。

安门前建立一座人民英雄纪念碑，以表示对革命先烈的无限崇敬。会议选出毛泽东为中央人民政府主席，朱德、刘少奇、宋庆龄、李济深、张澜、高岗为副主席，同时选举出了中央人民政府委员 56 人。9 月 30 日通过的《中国人民政治协商会议第一届全体会议宣言》指出："当着我们举行会议的时候，中国人民已经战胜了自己的敌人，改变了中国的面貌，建立了中华人民共和国。我们四万万七千五百万中国人现在是站立起来了，我们民族的前途是无限光明的。""中华人民共和国现已宣告成立，中国人民业已有了自己的中央政府。这个政府将遵照共同纲领在全中国境内实施人民民主专政。它将指挥人民解放军将革命战争进行到底，消灭残余敌军，解放全国领土，完成统一中国的伟大事业。它将领导全国人民克服一切困难，进行大规模的经济建设和文化建设，扫除旧中国所留下来的贫困和愚昧，逐步地改善人民的物质生活和提高人民的文化生活。它将保卫人民的利益，镇压一切反革命分子的阴谋活动。它将加强人民的陆海空军，巩固国防，保卫领土主权完整，反对任何帝国主义国家的侵略。它将联合一切爱好和平自由的国家、民族和人民，首先是联合苏联和各新民主国家，以为自己的盟友，共同反对帝国主义者挑拨战争的阴谋，争取世界的持久和平。"[①]

10 月 1 日下午 2 时，中央人民政府委员会在勤政殿举行第一次会议。会议一致决议，宣布中华人民共和国中央人民政府成立，接受《中国人民政治协商会议共同纲领》为施政方针，向各国政府宣布中华人民共和国中央人民政府为中国唯一合法政府，愿与遵守平等、互利及互相尊重领土主权原则的任何外国政府建立外交关系。

会议结束后，举行了开国大典。10 月 1 日下午 3 时，中央人民政府秘书长林伯渠宣布新中国成立大典开始。毛泽东庄严宣布："同胞们，中华人民共和国中央人民政府今天成立了！"他亲手按动电钮，第一面五星红旗在天安门广场上冉冉升起。与此同时，54 门礼炮齐鸣 28 响（从中国共产党成立到中华人民共和国成立正好 28 年，鸣礼炮 28 响，象征着中国共产党领导中国人民英勇斗争的 28 年的光辉历程）。升旗之后，他宣读了《中华人民共和国

①《中国人民政治协商会议第一届全体会议宣言》，载《中华人民共和国开国文选》，第 386—387 页。

中央人民政府公告》，宣布："现在人民解放战争业已取得基本的胜利，全国大多数人民业已获得解放。在此基础之上，由全国各民主党派、各人民团体、人民解放军、各地区、各民族、国外华侨及其他爱国民主分子的代表们所组成的中国人民政治协商会议第一届全体会议业已集会，代表全国人民的意志，制定了中华人民共和国中央人民政府组织法，选举了毛泽东为中央人民政府主席，朱德、刘少奇、宋庆龄、李济深、张澜、高岗为副主席，陈毅、贺龙……（等56人——引者）为委员，组成中央人民政府委员会，宣告中华人民共和国的成立，并决定北京为中华人民共和国的首都。中华人民共和国中央人民政府委员会于本日在首都就职，一致决议：宣告中华人民共和国中央人民政府的成立，接受中国人民政治协商会议共同纲领为本政府的施政方针。"[1] 开国大典到21时结束。

中华人民共和国的成立，开辟了中国历史发展的"新纪元"。

二、近代中国历史、中国人民的"三个选择"

中华人民共和国的成立，表明近代以来中国历史、中国人民最终做出了三个历史性的选择，即选择了马克思主义、选择了中国共产党、选择了社会主义。

中国历史、中国人民选择了马克思主义。中国选择马克思主义是近代先进中国人向西方探索真理的必然结果。从1840年鸦片战争失败那时起，以林则徐、魏源、康有为、严复和孙中山为代表的先驱者经过千辛万苦，向西方国家寻求真理，探索强国之路。但是，学生学习先生，先生却总是欺负学生。中国学习西方的结果不仅没有使中国实现富强，中华民族实现复兴，相反随着资本主义列强亦即后来的帝国主义对中国的不断侵略和掠夺，中国的半殖民地半封建社会的性质在一步步的逐渐加深，中华民族所面临的危机在日益严重起来。

"十月革命一声炮响，给我们送来了马克思列宁主义。"[2] 实际上早在19世纪末，中国人即已开始接触到欧洲的各种社会主义思潮，包括马克思主

---

[1]《中华人民共和国中央人民政府公告》，载《中华人民共和国开国文选》，第389—390页。
[2] 毛泽东：《论人民民主专政》，载《毛泽东选集》第四卷，第1471页。

义的科学社会主义，1898 年交付广学会出版的译著《泰西民法志》提到了马克思名字及学说，传教士所办刊物《万国公报》也登载过《大同学》等有关文章。到了 20 世纪初，梁启超、朱执信等思想家在各自的文章中介绍过马克思、恩格斯生平及思想，留日学生在《译书汇编》《游学汇编》《江苏》《浙江潮》等刊物发表了许多介绍社会主义思潮的文章。新文化运动兴起，尤其是十月革命后，马克思主义在中国得到初步传播，李大钊等具有初步共产主义思想的早期马克思主义者，对马克思主义进行了初步介绍与阐释，李大钊的《庶民的胜利》《布尔什维主义的胜利》《法俄革命之比较观》等文章，在当时思想界产生了广泛影响。五四运动后，马克思主义得到广泛传播，中国的先进分子通过反复的比较与艰辛的探求，选择了马克思主义，并在与实用主义、基尔特社会主义、无政府主义的争论和斗争中，阐释了中国社会发展的社会主义方向，强调了必须以马克思主义作为解决中国问题的理论指南。

五四运动不仅促进了马克思主义的广泛传播，也促进了中国工人阶级队伍的成长与政治觉悟的提高。在马克思主义与中国工人运动相结合的条件下，在陈独秀、李大钊等人的积极筹备下，1921 年 7 月中国共产党诞生了。中国共产党的诞生，标志着马克思主义在中国的发展进入一个新的阶段，这就是从马克思主义的传入传播到把马克思主义运用于中国、运用于解决中国发展进步问题的新的阶段，开启了马克思主义同中国实际相结合的历史进程，成为马克思主义中国化第一次飞跃的逻辑起点。从此，中国共产党人拿起马克思主义这一挽救和解放我们民族的最好武器，自觉运用马克思主义分析、解决中国的实际问题，推动马克思主义在中国大地落地生根、开花、结果，成为推动马克思主义中国化的主体。正是在中国化的马克思主义——毛泽东思想指引下，中国共产党领导中国人民找到了新民主主义革命的正确道路，完成了反帝反封建的任务，建立起人民民主专政的中华人民共和国。

中国历史、中国人民选择了中国共产党。 在中国共产党成立之前，近代各种政治力量为改变中华民族的屈辱命运进行了顽强的抗争，但都没有能够实现国家独立和民族解放。由于阶级与时代的局限，地主阶级改革派试图在不触动封建根本体制的前提下进行修修补补，农民阶级、资产阶级及其代表人物没有提出彻底的反对帝国主义和反对封建主义的革命纲领并用革命纲领团结广大群众。地主阶级改革派提出了"更法""变易""师夷长技以制夷""中学为体，西学为用"等主张，其目的是通过学习西方先进技术以维护清王朝的统治，但结局是既没有能够阻止清王朝统治走向崩溃，也没有改变在反对外来侵略的战争中一再失败的命运，甲午战败更宣告了"自强新政""洋务运动"的重大挫折或破产。农民阶级发动了太平天国运动、义和团运动，太平天国领导人提出了《天朝田亩制度》《资政新篇》等纲领性文献，并在某种意义上进行了近代化的尝试，但由于种种原因，太平天国不仅没有开启中国的近代化进程，相反其绝对平均主义的理想追求，严重阻碍了商品经济的发展，有违社会发展的规律，同时，太平天国也缺乏对西方列强侵略本质的认识；义和团运动提出了"扶清灭洋"的口号，反映了帝国主义与中华民族之间的矛盾此时已上升为中国社会的主要矛盾，具有反帝爱国的性质和意义，但它又存在着浓厚的盲目排外的思想与实践取向，并被以慈禧为代表的清政府内部的后党所利用，成了他们与帝党政争的工具。作为资产阶级的政治代表，维新派、保皇派、立宪派主张变更君主专制制度，实行"君民共主"或"君主立宪"，以此来挽救中国的危亡，但又与封建主义存在着纠缠不清的关系，对西方列强亦即后来的帝国主义更存在着幻想，甚至天真地认为西方列强、日本会支持中国的变法；革命派提出了"驱除鞑虏，恢复中华，创立民国，平均地权"的十六字纲领，孙中山后来将其概括为"民族、民权、民生"三大主义，然而同样没有提出明确的反帝主张，也没有认识到应该反对整个封建统治阶级和封建主义。作为中国近代旧式农民阶级的代表，太平天国领导集团在定都南京不久，内部就发生了严重内讧，1856年9月的"天京变乱"与次年5月石达开的"避难离京"，使农民起义的力量受到了严重削弱。资产阶级革命派早期有兴中会、华兴会、光复会等不同派别，1905年8月中国同盟会的成立基本上结束了各革命团体分散斗争的局面，但仍存在组织松懈、派系纷杂的弱点，武昌起义后更出现了"革命军起，革命党消"的口号。资产阶级政党政派都缺乏正确的群众观，没有充分发动和依靠群众，尤其是发动和依靠作为中国民主革命主力军的农民群众，或幻想依靠一个没有实权的皇帝实行自上而下的变法，或幻想依赖"中等社会"进行自下而上的革命，其结果所领导的改革、革命不可避免地都归于了失败。

中国共产党自 1921 年 7 月成立之日起,就怀抱"为中国人民谋幸福,为中华民族谋复兴"的初心与使命,领导中国人民为实现民族独立、人民解放与国家富强而不懈奋斗。在新民主主义革命时期,中国共产党"团结带领中国人民进行 28 年浴血奋战,打败日本帝国主义,推翻国民党反动统治,完成新民主主义革命,建立了中华人民共和国。这一伟大历史贡献的意义在于,彻底结束了旧中国半殖民地半封建社会的历史,彻底结束了旧中国一盘散沙的局面,彻底废除了列强强加给中国的不平等条约和帝国主义在中国的一切特权,实现了中国从几千年封建专制政治向人民民主的伟大飞跃"①。

"革命理想高于天。中国共产党之所以叫共产党,就是因为从成立之日起我们党就把共产主义确立为远大理想。"②1921 年 7 月召开的中共一大通过的《中国共产党第一个纲领》表明,中国共产党自诞生之日起,就是一个新型的以共产主义为远大理想、以马克思主义为行动指南的先进政党。共产主义是人类最美好的理想社会,但实现共产主义要经历一个漫长的历史过程,需要经历若干历史阶段,党还必须制定和实施不同历史阶段的行动纲领,坚持最低纲领与最高纲领的辩证统一。党在成立之初就把共产主义确立为远大理想,同时又及时地提出了在现阶段所追求的近期目标即最低纲领、民主革命纲领。1922 年 7 月召开的中共二大通过的《中国共产党第二次全国代表大会宣言》和一系列决议,既重申了实现共产主义这一中国共产党人始终不变的远大理想与最终目标,又提出了党在民主革命阶段的纲领,明确了中国革命必须经过民主革命才能进行社会主义革命的两步走思想,从而把党的最高纲领真正建立在符合中国革命实际的基础上。最高纲领与最低纲领是统一的,正如毛泽东所说的:"现在的努力是朝着将来的大目标的,失掉这个大目标,就不是共产党员了。然而放松今日的努力,也就不是共产党员。"③党还根据时局的变化,提出了民主革命时期不同阶段

---

① 习近平:《在庆祝中国共产党成立 95 周年大会上的讲话》,《人民日报》2016 年 7 月 2 日。
② 习近平:《在庆祝中国共产党成立 95 周年大会上的讲话》,《人民日报》2016 年 7 月 2 日。
③ 毛泽东:《为争取千百万群众进入抗日民族统一战线而斗争》,载《毛泽东选集》第一卷,第 276 页。

的具体任务。1922 年 6 月 15 日发表的《中国共产党对于时局的主张》提出
"无产阶级在目前最切要的工作，还应该联络民主派共同对封建式的军阀革
命，以达到军阀覆灭能够建设民主政治为止"，还提出了"改正协定关税制，
取消列强在华各种治外特权，清偿铁路债款，完全收回管理权""肃清军阀，
没收军阀官僚的财产，将他们的田地分给贫苦农民"；①1923 年 8 月 1 日发
表的《中国共产党对于时局之主张》提出召开国民会议，"由此国民会议所
产生之新政府，须以真正大革命的势力，扫荡全国军阀及援助军阀的外国
势力"，"只有这一条路，是真能救济我们中国人逃出外力军阀二重压迫的
道路"；②1931 年 9 月 20 日发表的《中国共产党为日本帝国主义强暴占领东
三省事件宣言》号召"实行坚决的斗争，一致反对日本强暴占领东三省"③。
1937 年七七事变发生后，中共中央提出："事变的发展有两种可能的前途，
或者是事变发展为积极的抗战，以至发展到全国性的抗战，这是全国人民
的要求，也是挽救平津与华北与全国免于沦亡的唯一出路。或者是由于冀
察当局的让步，由于南京对于发动全国性抗战的迟疑及英法的态度而暂时
求得妥协……我们的总任务，是在争取第一个前途的实现，反对一切丧失
任何中国领土主权的妥协。我们的口号是：武装保卫平津，武装保卫华北，
不让日本帝国主义占领中国寸土，驱逐日本帝国主义出中国。"④1945 年 8
月中共中央发表宣言，提出在取得抗日战争胜利后全国面临的重大任务是，
"巩固国内团结，保证国内和平，实现民主，改善民生，以便在和平民主团
结的基础上，实现全国的统一，建设独立自由与富强的新中国"⑤。全面内战
爆发后，毛泽东于 1946 年 7 月 20 日起草了《以自卫战争粉碎蒋介石的进
攻》的党内指示，号召"全党同志和全解放区军民，必须团结一致，彻底
粉碎蒋介石的进攻，建立独立、和平、民主的新中国"⑥。新中国成立前夕，
1949 年 1 月 8 日，中共中央政治局通过《目前形势和党在一九四九年的任

---

① 《中国共产党对于时局的主张》，载《中共中央文件选集》第一册，第 45 页。
② 《中国共产党对于时局之主张》，载《中共中央文件选集》第一册，第 178 页。
③ 《中国共产党为日本帝国主义强暴占领东三省事件宣言》，载《中共中央文件选集》第七册，
　 第 398 页。
④ 《中央关于目前形势的指示》，载《中共中央文件选集》第十一册，第 292 页。
⑤ 《中共中央对目前时局宣言》，载《中共中央文件选集》第十五册，第 247 页。
⑥ 毛泽东：《以自卫战争粉碎蒋介石的进攻》，载《毛泽东选集》第四卷，第 1188 页。

务》，提出"必须将革命进行到底，而不容许半途而废"，"一九四九年必须召集没有反动派代表参加的以完成中国人民革命任务为目标的各民主党派各人民团体的政治协商会议，宣告中华人民民主共和国的成立，组成共和国的中央政府"。[①] 中国共产党人既坚持远大理想，又扎扎实实地做好不同阶段的具体工作，从而将中国革命从胜利引向胜利。

中国共产党还通过两次胜利和两次失败的经验教训，掌握了在中国革命中战胜敌人的三大法宝，即："统一战线，武装斗争，党的建设"[②]。统一战线和武装斗争是战胜敌人的两个基本武器，而党的组织，则是掌握统一战线和武装斗争这两个武器以实行对敌冲锋陷阵的英勇战士。中国共产党自建党之日起就一直重视党的建设，尤其是在 1935 年 1 月遵义会议召开后逐步形成了以毛泽东为代表的第一代中央领导集体，成功地领导全党实现了由国内革命战争向民族解放战争的历史性转变。1935 年 12 月召开的瓦窑堡会议通过了《关于目前政治形势与党的任务决议》，提出"必须在组织上扩大与巩固党"，阐述了"两个先锋队"的思想，强调"中国共产党是中国无产阶级的先锋队。他应该大量吸收先进的工人雇农入党，造成党内的工人骨干。同时中国共产党又是全民族的先锋队，因此一切愿意为着共产党的主张而奋斗的人，不问他们的阶级出身如何，都可以加入共产党"。[③] 这一决策的实施，使中共党员由第五次反"围剿"失败后的 4 万余人发展到 1940 年底的 80 余万人，成了一个名符其实的全国性的大党。毛泽东在 1939 年 10 月发表的《〈共产党人〉发刊词》一文中提出"建设一个全国范围的、广大群众性的、思想上政治上组织上完全巩固的布尔什维克化的中国共产党"这一"伟大的工程"[④]。从 1942 年开始，中国共产党以延安为中心，开展了一次全党范围的整风运动，确立了马克思主义的思想路线与毛泽东思想在全党的指导地位，使以毛泽东为核心的第一代中央领导集体的地位得到了全党的确认，从而使全党达到空前的团结和统一，为夺取抗日战争和民主革命的胜利奠定了思想基础。解放战争时期，以农村基层组织和党员干部为重点，

---

① 《目前形势和党在一九四九年的任务》，载《中共中央文件选集》第十八册，第 16、21 页。
② 毛泽东：《〈共产党人〉发刊词》，载《毛泽东选集》第二卷，第 606 页。
③ 《关于目前政治形势与党的任务决议》，载《中共中央文件选集》第十册，第 620 页。
④ 毛泽东：《〈共产党人〉发刊词》，载《毛泽东选集》第二卷，第 602 页。

开展了以"三查""三整"即查阶级、查思想、查作风与整顿组织、整顿思想、整顿作风为主要内容的整党运动，有效解决了基层党组织存在的作风不纯、思想不纯、组织不纯问题，全党的政治成熟程度因而得到了大的提升。

中国共产党充分认识到群众是"力量之源"，必须发动和依靠群众，尤其是发动和依靠作为中国民主革命主力军的农民群众，中国革命才能取得胜利。1922年7月召开的中共二大通过的《关于共产党的组织章程决议案》指出："我们既然是为无产群众奋斗的政党，我们便要'到群众中去'，要组成一个大的'群众党'"，"党的一切运动都必须深入到广大的群众里面去"。[1]1925年1月召开的中共四大提出了无产阶级领导权与农民同盟军问题，强调民族革命运动的开展"须依靠无产阶级及农民等一切劳动群众之努力"[2]，并通过了职工运动、农民运动、青年运动、妇女运动4个有关群众运动的议决案，强调"农民问题在中国尤其在民族革命时代的中国，是特别的重要。中国共产党与工人阶级要领导中国革命至于成功，必须尽可能地系统地鼓动并组织各地农民逐渐从事经济的和政治的争斗。没有这种努力，我们希望中国革命成功以及在民族运动中取得领导地位，都是不可能的"[3]。党通过开展打土豪、分田地的土地革命，满足了农民的土地要求，争取到了农民群众的拥护与支持。党与群众建立起来的血肉联系，成为战胜强大敌人、取得新民主主义革命胜利的根本保证。

"实践充分说明，历史和人民选择了中国共产党，没有中国共产党领导，民族独立、人民解放是不可能实现的。"（《中共中央关于党的百年奋斗重大成就和历史经验的决议》）

中国历史、中国人民选择了社会主义。从1840年鸦片战争前后的嘉道时期到1949年中华人民共和国成立的一百多年历史告诉我们：封建主义旧统治不可能再延续下去，大地主大资产阶级专政必然要被推翻，资产阶级共和国方案难以实现，空想社会主义、非科学社会主义"此路不通"，通过新民主主义革命走向社会主义是历史的选择、人民的选择。

辛亥革命推翻了清王朝，宣告了封建主义旧统治的彻底终结。鸦片战争

---

① 《关于共产党的组织章程决议案》，载《中共中央文件选集》第一册，第90页。
② 《对于民族革命运动之议决案》，载《中共中央文件选集》第一册，第331页。
③ 《对于农民运动之议决案》，载《中共中央文件选集》第一册，第358页。

发生之前即嘉（庆）道（光）之际清王朝就走上了衰败的道路，龚自珍形容其已进入"日之将夕，悲风骤至"的衰世。[①]此时此刻的地主阶级改革派思想家不可能意识到清王朝将是最后一个封建王朝，历史不可能重走"王朝中兴""王朝更替"的旧路，但两次鸦片战争的失败使他们清醒地得出了封建帝国正面临着"三千年未有之变局，三千年未有之强敌"的结论。先是林则徐、魏源倡导"师敌长技以制敌""师夷长技以制夷"，继而洋务派发起"师夷智以造炮制船""求强""求富"的洋务运动，中国封建王朝迎来了最后一个"王朝中兴"——同光中兴，这被视为"封建社会的最后一次回光返照"，其结局是在1894—1895年的甲午战争中被向来为中国人所瞧不起的"蕞尔小国"日本打败，"中兴"神话也因此而宣告破灭。迫于革命派、立宪派及各方的压力，清政府于1906年9月1日颁发了《宣示预备立宪谕》，于1908年8月宣布预备立宪以9年为限并同时颁布《钦定宪法大纲》23条，但风起云涌的民主革命浪潮使清王朝统治、使封建王朝统治进入了覆灭的倒计时。1911年10月10日，武昌起义爆发，清王朝统治随之土崩瓦解；1912年1月1日，中华民国临时政府在南京宣告成立；1912年2月12日清帝溥仪发布退位诏书，宣告延续260多年的清王朝统治与长达两千多年的封建统治的终结。民国初年出现了袁世凯称帝和张勋复辟的两次帝制复辟，但持续不过83天和12天，即迅速归于失败，这充分表明民主主义取代封建主义的历史潮流是不可抗拒的。

大革命推翻北洋军阀统治与新民主主义革命推翻国民党新军阀统治，使代表大地主阶级大资产阶级利益的专制政权相继退出了历史舞台。民国期间分为北洋军阀北洋政府统治时期（1912—1927）和国民党国民政府统治时期（1927—1949）。1927年四一二政变后，国民党虽然在南京建立起南京国民政府，但北洋军阀在北京建立的政权1928年才最终覆灭，退出历史舞台。北洋军阀的统治思想仍然是封建专制主义。袁世凯统治时期（1912—1916）提倡尊孔复古，鼓吹帝制复辟；袁氏败亡后，执掌中央政权的相继为皖系（1916—1920）、直系（1920—1924）和奉系（1924—1928），这一时期掌控中央政权的派系主张"武力统一"，割据地方的派系则主张"联省

---

① 龚自珍：《尊隐》，载《龚自珍全集》，第87页。

自治"，中央和地方之间围绕集权与分权展开角逐。1926 年 7 月，广州国民政府发动北伐战争，经过近一年作战基本消灭了军阀吴佩孚、孙传芳的军队；1928 年 4 月，蒋介石联合冯玉祥、阎锡山和李宗仁发动对奉系军阀张作霖的二次北伐，张学良于是年底宣布东北"易帜"，至此南京国民政府在形式上完成了全国的统一。在北伐战争中建立起来的国民党政权，虽然与北洋军阀招牌各异，但本质是一样的，用毛泽东的话说："现在国民党新军阀的统治，依然是城市买办阶级和乡村豪绅阶级的统治，对外投降帝国主义，对内以新军阀代替旧军阀，对工农阶级的经济的剥削和政治的压迫比从前更加厉害。"[1] 国民党政权在确立对全国的统治后，尤其是九一八事变后，蒋介石集团出于一党专政、个人独裁的需要，鼓吹"一个政党""一个主义""一个领袖"，推崇德意的法西斯主义。随着北洋军阀北洋政府统治、国民党国民政府统治的相继覆灭，北洋军阀所鼓吹的专制主义、国民党蒋介石所力推的一党专政和个人独裁，也被历史、被人民所抛弃。

资产阶级为改变中国命运所作努力的一再失败，宣告了资产阶级共和国方案的破产。清末，资产阶级维新派、立宪派先后发动了维新变法运动、立宪运动，因清政府的镇压、高压而都归于失败，曾经高涨一时的君主立宪思潮衰落了下去，不少立宪派成员因此而由"立宪"转向了"革命"，成了辛亥革命的参与者；资产阶级革命派发动和领导的辛亥革命，虽然催生了中华民国，但在北洋军阀的肆意践踏和破坏下，中华民国不久即只剩下了一块有名无实的空招牌。辛亥革命事实上失败后，一些资产阶级代表人物仍然希望在中国建立欧美式的资产阶级共和国，他们在不同时期提出了形形色色的各种方案，如新文化运动时期、大革命时期的"好政府主义"、"制宪救国"、"联省自治"、人权派、改组派、第三党，抗日战争时期、解放战争时期的中间路线，但无一例外都梦想破灭了。资产阶级共和国方案在中国行不通，这是由中国半殖民地半封建社会的基本国情决定的。帝国主义不允许中国独立地发展资本主义，封建势力严重阻碍着资本主义的发展，"中国人民不欢迎资产阶级一个阶级来专政"[2]，加上资产阶级自身力量

---

[1] 毛泽东：《中国的红色政权为什么能够存在》，载《毛泽东选集》第一卷，第 47 页。
[2] 毛泽东：《新民主主义的宪政》，载《毛泽东选集》第二卷，第 732 页。

比较弱小，只能是一代代付出努力，一个个枉自嗟叹。

近代空想社会主义、非科学社会主义反映了近代先进中国人的美好梦想，梦想是美丽的，但不能化为现实。近代前期产生了三种形态的空想社会主义思想，即集中体现在《天朝田亩制度》中的太平天国农业社会主义、康有为在《大同书》中提出的大同社会主义与孙中山的民生主义的社会主义，表达了人民对未来美好社会的憧憬与追求，但这些美好的社会理想都没有实现的可能性，事实上也没有实现过。到了新文化运动时期，工读主义、新村主义、基尔特社会主义等各种社会主义流派一度汇成涌流之潮，但最终科学社会主义成了引领时代潮流的激水主流，演绎出了波澜壮阔的思潮图景。

通过新民主主义革命走向社会主义是历史的必由之路。毛泽东在分析近代中国社会性质与革命性质的基础上，提出了通过新民主主义革命走向社会主义的两步走的战略，即第一步实行新民主主义革命，改变近代以来半殖民地半封建的社会形态，使之变成一个独立的新民主主义社会；第二步实行社会主义革命，使革命向前发展，建立一个社会主义社会；中国革命将经过新民主主义走向社会主义，而不经过资本主义阶段，新民主主义革命是社会主义革命的必要准备，社会主义革命是新民主主义革命的必然趋势。中华人民共和国成立，标志着中国新民主主义革命的胜利，也开启了从新民主主义向社会主义转变的历史进程。到 1956 年底"三大改造"顺利完成，表明我国开始进入社会主义社会。

三、"站起来"——开启中华民族伟大复兴的新篇章

习近平在庆祝改革开放 40 周年大会上的重要讲话中指出："建立中国共产党、成立中华人民共和国、推进改革开放和中国特色社会主义事业，是五四运动以来我国发生的三大历史性事件，是近代以来实现中华民族伟大复兴的三大里程碑。"[①] 中华民族实现新中国成立"站起来"的第一步，开启了改革开放"富起来"的光辉历程与新时代中国特色社会主义"强起来"的伟大征程，是近代以来实现中华民族伟大复兴的三大里程碑之一。"这一伟

---

① 习近平：《在庆祝改革开放 40 周年大会上的讲话》，《人民日报》2018 年 12 月 19 日。

大事件，彻底改变了近代以后 100 多年中国积贫积弱、受人欺凌的悲惨命运，中华民族走上了实现伟大复兴的壮阔道路。"①

　　首先，中华人民共和国的成立，使中华民族摆脱了帝国主义的控制，实现了民族独立，从而改变了"积贫积弱、受人欺凌的悲惨命运"，"开启了中华民族从"站起来""富起来"到"强起来"，实现伟大复兴的历史进程。

　　自 1840 年鸦片战争爆发以来，中国屡遭东西方资本主义列强亦及后来的帝国主义国家的侵略和欺凌，被迫签订了一系列丧权辱国的不平等条约，割地、赔款、划分租界、让出作为主权国家的各种权益，一步一步沦为半殖民地半封建社会，中华民族面临的危机在日益加深。当然，正如毛泽东在《中国革命和中国共产党》一文中所指出的，"帝国主义和中国封建主义相结合，把中国变为半殖民地和殖民地的过程，也就是中国人民反抗帝国主义及其走狗的过程。从鸦片战争、太平天国运动、中法战争、中日战争、戊戌变法、义和团运动、辛亥革命、五四运动、五卅运动、北伐战争、土地革命战争，直至现在的抗日战争，都表现了中国人民不甘屈服于帝国主义及其走狗的顽强的反抗精神"②。中国共产党自成立那天起，即把摆脱帝国主义侵略、实现中华民族独立作为中国革命最重要的目标之一，并带领中国人民与"帝国主义及其走狗"进行了艰苦卓绝的坚决斗争，尤其是在中国共产党的领导下，中国人民取得了抗日战争的最后胜利，这也是近代以来中国人民取得的第一次完全胜利的反侵略战争。随着解放战争的接近胜利，建立一个领土完整，主权独立，不受任何帝国主义操纵和干涉的新中国提上了中国共产党的议事日程。1949 年 1 月 19 日，毛泽东在审阅中共中央关于外交问题的指示稿时强调指出："最后，也是最重要的一项，不允许任何外国及联合国干涉中国内政。因为中国是独立国家，中国境内之事，应由中国人民及人民的政府自己解决。"③1949 年 3 月 5 日，毛泽东在中国共产党第七届中央委员会第二次全体会议上再次强调，旧中国是一个被帝国主义所控制的半殖民地国家，从今以后，我们可以采取和应当采取有步骤地

① 习近平：《在庆祝中华人民共和国成立 70 周年大会上的讲话》，《人民日报》2019 年 10 月 2 日。
② 毛泽东：《中国革命和中国共产党》，载《毛泽东选集》第二卷，第 632 页。
③《不允许任何外国及联合国干涉中国内政》，载中华人民共和国外交部、中共中央文献研究室编《毛泽东外交文选》，中央文献出版社、世界知识出版社，1994，第 78 页。

彻底摧毁帝国主义在中国的控制权的方针。在国民党军队被消灭、国民党政府被打倒的每一个城市和每一个地方，帝国主义者在政治上的控制权即随之被打倒，他们在经济上和文化上的控制权也被打倒。在占领大城市后，中国共产党将不承认国民党时代的任何外国外交机关和外交人员的合法地位，不承认国民党时代的一切卖国条约的继续存在，取消一切帝国主义在中国开办的宣传机关，立即统制对外贸易，改革海关制度。1949 年 4 月 30 日，毛泽东在《中国人民解放军总部发言人为英国军舰暴行发表的声明》中再次强调："中国的领土主权，中国人民必须保卫，绝对不允许外国政府来侵犯。""中国人民革命军事委员会和人民政府不愿意接受任何外国政府所给予的任何带威胁性的行动。"[1]1949 年 6 月 15 日，毛泽东在新政治协商会议筹备会上的讲话中又郑重宣告："中国必须独立，中国必须解放，中国的事情必须由中国人民自己作主张，自己来处理，不容许任何帝国主义国家再有一丝一毫的干涉。"[2]

中华人民共和国的成立使中国重新赢得了国家独立，使"中国人民就在帝国主义面前站立起来了"，没有国家独立，没有"站起来"的第一步，就不可能有后来的"富起来"和"强起来"，中华民族的伟大复兴也就根本无从谈起。早在抗日战争时期，毛泽东在《论联合政府》中就指出："一八四〇年鸦片战争以来的一百零五年的历史，特别是国民党当政以来的十八年的历史，清楚地把这个要点告诉了中国人民。一个不是贫弱的而是富强的中国，是和一个不是殖民地半殖民地的而是独立的，不是半封建的而是自由的、民主的，不是分裂的而是统一的中国，相联结的。在一个半殖民地的、半封建的、分裂的中国里，要想发展工业，建设国防，福利人民，求得国家的富强"，是根本不可能的，"多少年来多少人做过这种梦，但是一概幻灭了"。[3]

其次，中华人民共和国的成立，开启了从新民主主义向社会主义的过渡，成功实现了中国历史上最深刻最伟大的社会变革，实现了从几千年封建

---

① 《中国人民解放军总部发言人为英国军舰暴行发表的声明》，载《毛泽东外交文选》，第 85 页。

② 毛泽东：《在新政治协商会议筹备会上的讲话》，载《毛泽东选集》第四卷，第 1465 页。

③ 毛泽东：《论联合政府》，载《毛泽东选集》第三卷，第 1080 页。

专制到人民民主的伟大飞跃，中华民族也从此走上了伟大复兴的壮阔道路。

　　中华人民共和国成立表明，中国革命的"上篇"，即反帝反封建的民族民主革命任务已经完成；从新中国成立开始，进入它的"下篇"，亦即进行社会主义革命，到1956年以"三大改造"完成为标志确立了社会主义基本制度。新民主主义革命的胜利，社会主义基本制度的确立，使中国真正成为独立自主的国家，使人民成为国家与社会的主人，中华民族赢得了历史性的新生，这是实现中华民族伟大复兴的前提与基础。

　　新中国成立初期，确立了社会主义政治制度的基本框架。新中国成立前夕，毛泽东在《论人民民主专政》一文中，根据马克思主义国家学说，结合中国革命的基本经验，提出了人民民主专政的思想。他指出："我们的经验，集中到一点，就是工人阶级（经过共产党）领导的以工农联盟为基础的人民民主专政。"[①] 新中国的成立，标志着解放区的人民民主专政变成了全国的人民民主专政。与人民民主专政这一国体相适应的政权组织形式，是实行民主集中制的人民代表大会制度。在当时还不具备召开普选的全国人民代表大会的条件下，由1949年9月21日开幕的中国人民政治协商会议肩负起执行全国人民代表大会职权的重任，完成了建立新中国的历史使命。1954年9月15日至9月28日召开的第一届全国人民代表大会第一次会议，标志着人民代表大会制度的全面确立。新中国成立根本改变了旧中国军阀割据、一盘散沙的局面，实现了国家的基本统一，实现了中国国内各民族空前团结的局面，为巩固中华民族多元一体格局奠定了坚实的基础。新中国成立之初确立的人民代表大会制度、中国共产党领导的多党合作和政治协商制度、民族区域自治制度等，搭建了中国特色社会主义政治制度的"四梁八柱"，为实现中华民族伟大复兴奠定了根本政治前提和制度基础，尤其是中国共产党成为执政党，成为中华民族伟大复兴事业的领导者，是实现中华民族伟大复兴的根本政治保障。

　　新中国成立初期，奠定了社会主义经济制度的基础。建国初期实行的新民主主义"混合经济"，《中国人民政治协商会议共同纲领》第二十六条规定："中华人民共和国经济建设的根本方针，是以公私兼顾、劳资两利、城

---

① 毛泽东：《论人民民主专政》，载《毛泽东选集》第四卷，第1480页。

乡互助、内外交流的政策，达到发展生产、繁荣经济之目的。国家应在经营范围、原料供给、销售市场、劳动条件、技术设备、财政政策、金融政策等方面，调剂国营经济、合作社经济、农民和手工业者的个体经济、私人资本主义经济和国家资本主义经济，使各种社会经济成分在国营经济领导之下，分工合作，各得其所，以促进整个社会经济的发展。"[①]通过1956年的社会主义"三大改造"，使社会主义全民所有制和社会主义集体所有制成为我国国民经济的基础。党领导人民恢复和发展国民经济，开展大规模的社会主义建设，积累了社会主义建设的宝贵经验，开启了实现社会主义现代化和中华民族伟大复兴的艰辛探索。

新中国成立伊始，即确立了马克思主义在意识形态领域的指导地位。新民主主义革命的胜利是由于坚持了马克思主义普遍真理同中国革命具体实践相结合的正确方向，是在马克思主义中国化第一次历史性飞跃的理论成果——毛泽东思想指导下取得的。历史表明：马克思主义中国化是取得中国革命和建设胜利、实现中华民族伟大复兴的科学指南。中国共产党十九届四中全会通过的《中共中央关于坚持和完善中国特色社会主义制度、推进国家治理体系和治理能力现代化若干重大问题的决定》，在总结历史经验的基础上把"坚持马克思主义在意识形态领域的指导地位"确立为一项"根本制度"。

再次，中华人民共和国的成立，不仅是中华民族发展史上的伟大事件，也是人类发展史上的伟大事件，它深刻影响着国际政治格局，深刻影响着世界发展走向，开启了中华民族走近世界舞台中央的历史进程。

新中国成立使中国的国际地位、国际影响力得到了提高，使国际力量对比与世界政治格局发生了有利于中国人民、中华民族的巨大变化。邓小平指出："中国在世界上的地位，是在中华人民共和国成立以后才大大提高的。只有中华人民共和国的成立，才使我们这个人口占世界总人口近四分之一的大国，在世界上站起来，而且站住了。"[②]新中国的成立，使中国摆脱了世界资本主义体系，冲破了帝国主义的东方战线，成为有重要国际影响力的

[①]《中国人民政治协商会议共同纲领》，载《中华人民共和国开国文选》，第281页。

[②] 邓小平：《对起草〈关于建国以来党的若干历史问题的决议〉的意见》，载《邓小平文选》第二卷，第299页。

世界大国，从而重塑了国际政治版图。新中国的成立标志着中国共产党人独立自主走中国特色革命取得了成功，也开辟了一条适合中国国情的社会主义改造道路，开启了适合中国国情社会主义建设道路的探索，为开创中国特色社会主义提供了宝贵经验、理论准备、物质基础。科学社会主义在中国的成功，对马克思主义、科学社会主义的意义，对世界社会主义的意义，是十分重大的。新中国成立初期，我国进行了抗美援朝战争，与世界上头号帝国主义国家——美国为首的所谓"联合国军"作战，打破了美帝国主义不可战胜的神话，使中国的国际地位得到空前提高，奠定了我国在亚太地缘政治格局中的重要地位。经过新中国成立70年来的艰苦努力，中国作为一个负责任的世界大国，作为联合国安理会的五个常任理事国之一，正日益走近世界舞台中央，在区域和国际组织中发挥着越来越重要的作用。

结　语

中国近代思想史
留给今人的深刻启示

中国近代是富于思辨、思想活跃的变革时代，是非常值得今人回眸、值得今人反思的历史时期。近代先哲们思考、探索与讨论过的许多问题，我们今人还在思考、探索与讨论，如传统文化的现代转换、外来思想的中国化、民族主义与世界主义、理论与实践的关系，如此等等。

从 1840 年鸦片战争前后的嘉道时期到 1949 年中华人民共和国成立的一百多年期间，中国思想界面对历史时代、世界局势与国家命运的深刻变化，多元摄取古今中西之理，博采会通儒、道、释与外来思想，思考中国问题与人生问题，探索传统与现代、中国与世界、天道与人伦、个人与社会、理论与现实、灵与肉等诸多关系，提出了各种救世、救国、救民、"救出自己"的方案与主张，对推动近代历史发展产生了重要的影响，同时也给后人留下了深刻的启示。

述往事，思来者。近代思想史留给了我们如下一些启示：

启示之一：适应时代变迁，通古今而"主宜今，不主宜古"，不忘本来而着眼未来，传承、转换中华思想的丰富元素，回答时代给出的课题，回应时代提出的挑战。

时代是思想之母。中国近代思想是近代世界变局、近代历史变迁、近代社会变革的产物，认清近代中国历史变迁的发展大势与时代课题有助于我们诠释、解读从 1840 年鸦片战争前后的嘉道时期到 1949 年中华人民共和国成立这一百多年时间内的思想、思潮与思想家，有助于我们认识近代中国思想从向西方学习到"走俄国人的路"、再到"走自己的路"的历史进程。同时，研究中国近代思想变迁也有助于我们认识、理解从 1840 年鸦片战争前后的嘉道时期到 1949 年中华人民共和国成立这一时段的历史，有助于我们从思想史的角度认清从旧民主主义革命到新民主主义革命再到社会主义革命和建设的历史转变，搞清楚"为什么五四运动对当代中国发展进步具有如此重大而深远的影响""为什么马克思主义能够成为中国革命、建设、改革事业的指导思想""为什么中国共产党能够担负起领导人民实现民族独立、人民解放和国家富强、人民幸福的历史重任""为什么社会主义能够在中国落地生根并不断完善发展"等问题。

梁启超对"时代思潮"做过解释，他说："今之恒言，曰'时代思潮'。此其语最妙于形容。凡文化发展之国，其国民于一时期中，因环境之变迁，与夫心理之感召，不期而思想之进路同趋于一方向，于是相与呼应汹涌，如潮然。始焉其势甚微，几莫之觉；寖假而涨—涨—涨，而达于满度；过时焉则落，以渐至于衰熄。凡'思'非皆能成'潮'，能成'潮'者，则其'思'必有相当之价值，而又适合于其时代之要求者也。凡'时代'非皆有'思潮'，有思潮之时代，必文化昂进之时代也。"① 近代中国面临着"数千年来未有之大变局"，与世界格局、时代环境的变迁相适应，形成了思想家各领风骚、社会思潮此起彼伏的局面，构成了一脉洪波涌起、众流汇合、激越奔流的思想长河，既有经世思潮、洋务思潮、早期维新思潮、戊戌维新思潮、19世纪末20世纪初的启蒙思潮、民主革命思潮、新文化运动的启蒙思潮、新三民主义思想、新民主主义革命理论的前后起伏，也有爱国主义、民族主义、国家主义、社会主义、自由主义、保守主义、激进主义、进步观念、民主思想等思想和思潮纵向贯穿。

近代中国的历史主题，或者说时代给近代思想家们提出的主要课题，是实现中华民族伟大复兴，而要实现中华民族伟大复兴，就必须对外反对帝国主义以争取民族独立，对内反对封建主义以谋求社会进步。毛泽东在《中国革命和中国共产党》一文中将中国近代历史概括为"两个过程"。他在《论联合政府》的报告中又指出："现在的中国是多了一个外国的帝国主义和一个本国的封建主义，而不是多了一个本国的资本主义，相反地，我们的资本主义是太少了。"② 从"破"的角度要反对帝国主义、反对封建主义，从"立"的角度要推进近代化或现代化，实现从半殖民地半封建社会向独立、民主、自由的新民主主义社会和社会主义社会的转型，改变中国人民、中华民族的前途和命运，这是近代中国历史的时代主题，也是近代思想家、近代各界人士、各种救国方案所面对的中心问题。中国共产党自诞生以来团结带领中国人民进行的一切奋斗、一切牺牲、一切创造，也始终围绕着这一主题。

着眼于反对帝国主义，近代形成了时间上一以贯之，横向上覆盖社会各阶级、阶层，内涵上包含各方面的救亡图存思想、爱国主义思想、民族主义思想。林则徐坚决严禁鸦片，在遣戍新疆途中仍留下了"苟利国家生

---

① 梁启超：《清代学术概论》，载《饮冰室合集》第8册，专集之三十四，第1页。
② 毛泽东：《论联合政府》，载《毛泽东选集》第三卷，第1060页。

死以，岂因祸福避趋之"的千古名句；谭嗣同面对亡国灭种的危机留下了"四万万人齐下泪，天涯何处是神州"的慷慨悲歌；吉鸿昌写下"恨不抗日死，留作今日羞。国破尚如此，我何惜此头"的就义诗后从容不迫地走向刑场；郭沫若面对日本侵华在《归国杂感》中以"四万万人齐蹈厉，同心同德一戎衣"的诗句号召同胞；田汉的《义勇军进行曲》发出了"中华民族到了最危险的时候"的沉痛呼唤。19 世纪 60—90 年代的士绅们发起了一波又一波的反洋教斗争，义和团运动时期的农民阶级提出了"扶清灭洋""兴清灭洋"的口号，以康有为、梁启超为代表的维新思想家号召"救亡图存"，以孙中山为代表的革命派号召"振兴中华"，五四运动中爱国学生提出了"外争主权，内除国贼"的要求。反对西方列强和后来帝国主义的救亡图存思想包括了"以战制夷"、"以夷制夷"、"以民制夷"、"师夷制夷"、"海防"论、"塞防"论等反对西方列强和后来帝国主义军事侵略的思想，"禁烟"（林则徐）、"以商贾为本计"（徐继畬）、"与洋人争利"（薛福成）、"裁厘加税"（马建忠）、"商战"（郑观应）、"实业救国"、"抵制日货"等反对西方列强和后来帝国主义经济侵略的思想，"学战""保教""保存国粹""反洋教""物质救国论""科技救国论""学术救国论""教育救国论""东方文化论""儒家思想新开展"等文化民族主义思想。

　　着眼于反对封建主义，近代史上有农民阶级朴素的反封建思想、资产阶级的反封建思想与无产阶级的反封建思想。太平天国的农民朴素或原始的反封建思想包括：政治上号召大家共同"击灭"阎罗妖，经济上提出"凡天下田，天下人同耕"的《天朝田亩制度》，思想文化上提出"凡天下婚姻，不论财"等主张。资产阶级的反封建思想包括：资产阶级维新派、立宪派抨击封建君主专制，号召"开民智""冲决封建网罗"；资产阶级革命派提出以革命手段推翻封建帝制，提出"平均地权"，号召开展"三纲革命"；民主主义者和自由主义者发起新文化运动，号召"打孔家店""埋葬吃人的旧礼教"。

　　着眼于向西方学习发展资本主义，地主阶级改革派、洋务派提出"采西学"，"制洋器"，"中学为体，西学为用"，农民阶级起义领袖、太平天国后期重要领导人洪仁玕提出《资政新篇》，资产阶级维新派、立宪派提出"君民共主"、"君主立宪"、发展资本主义工商业，资产阶级革命派提出"建立民国"、"建立资产阶级共和国"、发展资本主义。在 1919 年五四运动揭开新民主主义革命序幕后，一部分中间派知识分子仍希望在中国建立英美式的资产阶级共和国，但他们的愿望成为泡影。

近代仁人志士的各种救国方案轮番出台，但都以失败而告终。中国迫切需要新的思想引领救亡运动，迫切需要新的组织凝聚革命力量。在十月革命的影响下，在马克思列宁主义同中国工人运动的紧密结合中，中国共产党应运而生。中共自诞生起就把为中国人民谋幸福、为中华民族谋复兴确立为自己的初心使命。中共认识到近代中国社会主要矛盾是帝国主义和中华民族的矛盾、封建主义和人民大众的矛盾，要实现中华民族伟大复兴，必须进行反帝反封建斗争。中共成立一年后就在 1922 年 7 月召开的二大上提出了反帝反封建的民主革命纲领，带领人民开展反对帝国主义和封建主义的新民主主义革命，并随着时代发展，中国共产党不断调整自己的建国思想和主张。建党初期和大革命时期，提出了"真正的民主共和国"（中共二大）和"革命的民众政权"的构想；土地革命时期，提出了"工农代表苏维埃"，开始了建立工农民主政权的伟大实践；华北事变后决定把"苏维埃工农共和国"改为"苏维埃人民共和国"，并进而将"人民共和国"改为"民主共和国"；1938 年 10 月，毛泽东在《论新阶段》的报告中提出"建立一个三民主义共和国"的政治主张；1940 年 1 月，毛泽东在《新民主主义论》的讲演中建立"新民主主义共和国"、建立新民主主义国家和社会的构想；抗日战争胜利前夕，毛泽东等中共领导人阐述了新民主主义宪政、"联合政府"的思想；建国前夕，毛泽东又提出和阐述了建立人民民主专政的主张。

启示之二：顺乎世界潮流，通中外而破闭关、"步武泰西"，摄取异域而立足本土，使外来先进思想理论在中华大地、中国社会能生根发芽、开花结果。

中国的发展离不开世界。由于在鸦片战争以前实行了长期的闭关锁国政策，导致中国落后于西方资本主义国家，从一个经济总量为世界第一的强国富国，变成了谁都能欺负、谁都瞧不起的弱国贫国。邓小平在总结这一历史教训时指出：我们吃过"闭关自守"的"苦头"，我们的老祖宗吃过"闭关自守"的"苦头"。"恐怕明朝明成祖时候，郑和下西洋还算是开放的。明成祖死后，明朝逐渐衰落。以后清朝康乾时代，不能说是开放。如果从明朝中叶算起，到鸦片战争，有三百多年的闭关自守，如果从康熙算起，也有近二百年。长期闭关自守，把中国搞得贫穷落后，愚昧无知。"[1]1840年爆发的鸦片战争，使中华民族蒙受了奇耻大辱，中国社会也因此而开始沦落为半殖民地半封建社会。有识之士认识到这种结局是实行闭关锁国政策的必然结果，要改变中华民族的屈辱命运，只有"睁眼看世界"，只有面向"中华以外天"，只有学习西方先进文明。用毛泽东的话说："自从一八四〇年鸦片战争失败那时起，先进的中国人，经过千辛万苦，向西方国家寻找真理。洪秀全、康有为、严复和孙中山，代表了在中国共产党出世以前向西方寻找真理的一派人物。那时，求进步的中国人，只要是西方的新道理，什么书也看。向日本、英国、美国、法国、德国派遣留学生之多，达到了惊人的程度。国内废科举，兴学校，好像雨后春笋，努力学习西方。我自己在青年时期，学的也是这些东西。这些是西方资产阶级民主主义的文化，即所谓新学，包括那时的社会学说和自然科学，和中国封建主义的文化即所谓旧学是对立的。学了这些新学的人们，在很长的时期内产生了一种信心，认为这些很可以救中国，除了旧学派，新学派自己表示怀疑的很少。要救国，只有维新，要维新，只有学外国。那时的外国只有西方资本主义国家是进步的，它们成功地建设了资产阶级的现代国家。日本人向西方学习有成效，中国人也想向日本人学。"[2]从鸦片战争到洋务运动时期，国人"先从器物上感觉不足"，要求学习以"船坚炮利"为代表的西方先进技术，甲午战败宣告了洋务运动的失败或破产。到洋务运动后期尤其是1895年甲午战败后，国人又"从制度上感觉不足"，要求学习西方的"君民共主""君主立宪"和"民主共和"的政治制度；再到辛亥革命失败后，国人进而"从文化根本上感觉不足"，从而发起了新文化运动，提倡科学与民主，向往以法兰西文明为代表的西方近代文明，把近代以来学习西方的思潮推向了高潮。

新文化运动时期，尤其是"五四"前后，世界局势又一次发生重大变化，这就是1914—1918年发生的第一次世界大战和1917年发生的俄国十

---

[1] 邓小平：《在中央顾问委员会第三次全体会议上的讲话》，载《邓小平文选》第三卷，第90页。

[2] 毛泽东：《论人民民主专政》，载《毛泽东选集》第四卷，第1469—1470页。

月革命。早在 19 世纪末 20 世纪初，国人已对西方文明、对西方国家主导的世界秩序有所怀疑、批判，如杨度在 20 世纪初写成的《金铁主义说》一文中指出，"今日有文明国而无文明世界，今世各国对于内则皆文明，对于外则皆野蛮，对于内惟理是言，对于外惟力是视"①，批评西方主导的国际秩序是由所谓"文明国家"组成的"野蛮世界"。第一次世界大战使西方资本主义文明的弊端得以充分暴露，而俄国十月革命为先进中国人送来了马克思主义这一新的理论、社会主义这一新的道路、"俄罗斯文明"这一新的文明，近代以来中国发展路向发生了从向西方学习到"走俄国人的路"的重大转折。向往社会主义在当时中外思想界成为一种时髦，"经过欧战以后，世界上差不多没有反对社会主义的人，社会党可以为所欲为，本来可以解决各国的社会问题。当时势力最大的社会党是马克思派"②。

近代先进中国人希望通过"师夷"而"制夷"，希望通过学习西方而赶超西方，魏源在《海国图志》中相信通过"师夷长技"可以使中国"风气日开，智慧日出，方见东海之民，犹西海之民"③；冯桂芬在《校邠庐抗议》中深信"中华之聪明智巧，必在诸夷之上"，通过学习西方"出新意于西法之外者，始则师而法之，继则比而齐之，终则驾而上之"；④王韬提到"日本与米部通商仅七八年耳，而于枪炮、舟车、机器诸事，皆能构制，精心揣合，不下西人；巍巍上国，堂堂天朝，岂反不如东瀛一岛国哉"⑤；康有为在《上清帝第四书》中称中国进行大刀阔斧的改革，"三年则规模已成，十年则治化大定，然后恢复旧壤，大雪仇耻，南收海岛以迫波斯、印度，北收西伯利以临回部、强俄，于以鞭笞四夷，为政地球而有余矣"⑥；梁启超预言"西人百年以来，民气大伸，遂尔浡兴，中国苟自今日昌明斯义，则数十年其强亦与西国同，在此百年内进于文明耳"⑦；孙中山提出"以我五大族人民既庶且富，又能使人人受教育，与列强各文明国，并驾齐驱，又有强兵以为

---

① 杨度:《金铁主义说》，载刘晴波主编《杨度集》，湖南人民出版社，1986，第 218 页。
② 孙中山:《三民主义·民生主义》，载《孙中山全集》第九卷，第 364 页。
③ 魏源:《海国图志·筹海篇三》，载《魏源全集》第四册，岳麓书社，2004，第 31 页。
④ 冯桂芬:《校邠庐抗议·制洋器议》，载《采西学议——冯桂芬 马建忠集》，郑大华点校，辽宁人民出版社，1994，第 77 页。
⑤ 王韬:《代上苏抚李宫保书》，载《弢园尺牍》，中华书局，1959，第 80—81 页。
⑥ 康有为:《上清帝第四书》，载《康有为政论集》上册，第 152 页。
⑦ 梁启超:《与严幼陵先生函》，载《饮冰室合集》第 1 册，文集之一，第 109 页。

之盾，十年后当可为世界第一强国"①；等等。近代先驱者的乐观自信与民族自尊溢于言表。但赶超西方却是列强不愿意看到的。或许它们希望在中国传播西方文明，但它们更关心的是如何掠夺侵华权益。"帝国主义的侵略打破了中国人学西方的迷梦。很奇怪，为什么先生老是侵略学生呢？中国人向西方学得很不少，但是行不通，理想总是不能实现。多次奋斗，包括辛亥革命那样全国规模的运动，都失败了。国家的情况一天一天坏，环境迫使人们活不下去。怀疑产生了，增长了，发展了……中国人找到马克思主义，是经过俄国人介绍的。在十月革命以前，中国人不但不知道列宁、斯大林，也不知道马克思、恩格斯。十月革命一声炮响，给我们送来了马克思列宁主义。十月革命帮助了全世界的也帮助了中国的先进分子，用无产阶级的宇宙观作为观察国家命运的工具，重新考虑自己的问题。走俄国人的路——这就是结论。"②

　　在中国大地上"走俄国人的路"并非易事，只有把马克思主义普遍原理同中国具体实际结合起来，"俄国人的路"才能"走"得通，"走"得好。中国共产党创立初期，就致力于运用马克思主义基本原理探索中国革命的基本问题。1922 年 7 月召开的中共二大通过的《中国共产党第二次全国代表大会宣言》提出了反帝反封建的民主革命纲领，这是马克思主义中国化的初步成果。1927 年大革命失败后，中国共产党人在八七会议上提出了土地革命与武装反抗国民党反动派的总方针，阐明了革命的直接对象、中心内容与基本形式。在这一总方针的指引下，以毛泽东为主要代表的中国共产党人，将马克思主义基本原理与中国革命具体实践相结合，在南昌起义、秋收起义、广州起义失败后，从城市转向敌人的统治力量相对薄弱的农村，创建了井冈山等革命根据地，探索出一条适合中国国情的革命道路，即以土地革命为中心内容、以武装斗争为基本形式、以农村根据地为战略基地，"农村包围城市，武装夺取政权"的道路。这条道路既不同于旧式资产阶级民主革命道路，也不同于"城市中心论"的苏俄革命模式，所以称之为"新道路"。在探索中国革命新道路实践的基础上，毛泽东提出和阐述了关于红

---

① 孙中山：《在北京袁世凯欢宴席上的答词》，载《孙中山全集》第二卷，第 419 页。
② 毛泽东：《论人民民主专政》，载《毛泽东选集》第四卷，第 1470—1471 页。

色政权的理论。这一理论的提出，奠定了"农村包围城市，武装夺取政权"之道路理论的基础，是毛泽东思想初步形成的重要标志，是马克思主义中国化的里程碑。1935 年 1 月召开的遵义会议，事实上确立了毛泽东在红军与中共中央的领导地位，成为中国共产党从幼年到成熟、中国革命从失败到胜利的转折，也开启了独立自主探索中国革命道路、实现马克思主义中国化的新征程。在总结大革命与土地革命两次胜利、两次失败的经验教训的基础上，毛泽东在 1939 年底到 1940 年初，先后发表《〈共产党人〉发刊词》《中国革命和中国共产党》《新民主主义论》，标志着新民主主义理论体系的形成，这一科学革命理论，成为引领中国新民主主义革命走向胜利的行动指南。

启示之三：着力综合创新，通新旧而"主启新，不主仍旧"，在会通中西、会通古今的基础上创造现代中国新思想、新文化、新理论、新思潮、新流派。

近代思想史的历程表明，"涛声依旧"的固守本来没有出路，"东施效颦"的照搬外来也走不通，建构新思想、新理论、新文化的有效途径在于立足会通中西、会通古今基础上的综合创新。

近代以来，"中西会通"或"中西融合"的呼声与探索一直不断。洋务派提出"中体西用"模式，在洋务派官僚与早期维新派探索的基础上，1896 年礼部尚书孙家鼐在《议复开办京师大学堂折》中提出"自应以中学为主，西学为辅；中学为体，西学为用"。1898 年张之洞在《劝学篇》中对这一模式做了系统阐释，强调在处理"中学"与"西学"的关系时，要以"国学为体，西学为用"，"中国为内学，西学为外学；中学治身心，西学应世事"。①维新派试图构建一种"不中不西，亦中亦西"的新流派，康有为主张中西两学"二者相需，缺一不可"，应该"泯中西之界限，化新旧之门户"②；严复提出"必将阔视远想，统新故而观其通，苟中外而计其全，而后得之"③，都主张对西学兼收并蓄。蔡元培提出"所得于外国之思想、言论、

---

① 张之洞：《劝学篇·会通第十三》，华夏出版社，2002，第 147 页。
② 康有为：《奏请经济岁举归并正科并各省岁科试迅即改试策论折》，载《康有为政论集》上册，第 295 页。
③ 严复：《与〈外交报〉主人论教育书》，载《严复集》第三册，第 560 页。

学术，吸收而消化之，尽为'我'之一部，而不为其所同化"①，强调研究学术"非徒输入欧化，而必于欧化之中为更进之发明；非徒保存国粹，而必以科学方法，揭国粹之真相"②。孙中山 1923 年在《中国革命史》一文中称"余之谋中国革命，其所持主义，有因袭吾国固有之思想者，有规抚欧洲之学说事迹者，有吾所独见而创获者"。③ 早期马克思主义者发表了在中西融合的基础上追求创新的思想，如李大钊认为"东西文明，互有短长，不宜妄为轩轾于其间"④，恽代英提出"宜沟通中西文明之优点，以造成吾国之新精神"⑤。地主阶级改革派、洋务派、维新派、革命派、文化保守主义者，在会通中西、会通古今的基础上，提出了经世思潮、"中体西用"思潮、维新变法思潮、三民主义与现代新儒学。

五四后，思想理论、学科学术的本土化、中国化的说法颇为流行。出现了"社会学中国化""教育学中国化""哲学中国化""经济学中国化""科学中国化"等不同提法。如关于"社会学中国化"，社会学家许仕廉 1925年在《社会学杂志》发表的《对于社会学教程的研究》一文中提出建设"本国社会学"；孙本文 1931 年在中国社会学社的第一次年会发表的《中国社会学之过去现在及将来》一文中提出"采用欧美社会学上之方法，根据欧美社会学家精密有效的学理，整理中国固有的社会思想和社会制度，并依据全国社会实际状况，结合而成有系统有组织的中国化的社会学"；吴文藻在《北平晨报》副刊《社会研究》1935 年第 111、112 期发表《功能派社会人类学的由来与现状》，提出只有"扎根于中国的土壤之上"，"社会学才算彻底的中国化"。思想理论、学科学术的本土化、中国化是在会通中西基础上实现综合创新的一种探索。

中国共产党成立后，在反帝反封的革命斗争中，中国共产党人提出了马克思主义中国化的科学命题，阐述了新民主主义理论，形成了马克思主义中国化第一次历史性飞跃的创新理论成果——毛泽东思想。1945 年 6 月中

---

① 蔡元培：《在清华学校高等科演说词》，载高平叔编《蔡元培全集》第三卷，中华书局，1984，第 28 页。
② 蔡元培：《〈北京大学月刊〉发刊词》，载《蔡元培全集》第三卷，第 210 页。
③ 孙中山：《中国革命史》，载《孙中山全集》第七卷，第 60 页。
④ 李大钊：《东西文明根本之异点》，《言治》季刊第 3 册，1918 年 7 月 1 日。
⑤ 恽代英：《经验与智识》，《东方杂志》第 14 卷第 10 号，1917 年 10 月 15 日。

共七大通过的党章正式规定毛泽东思想为党的指导思想。新民主主义革命的历史表明，中国革命取得胜利与中共在思想理论上的与时俱进是分不开的；必须不断推进理论创新、实践创新、制度创新、文化创新以及其他各方面创新，敢为天下先，敢于挑战教条，敢于突破现有模式，只有这样革命才能无往而不胜。

启示之四：兼顾个体与群体、个人与社会、主观世界改造与客观世界改造并重，以"小我"成就"大我"，以"青春之我"创建"青春之国家，青春之民族，青春之人类"。

中国传统文化中有"内圣外王"的思想。"内圣外王"之说出自《庄子·天下篇》："是故内圣外王之道，暗而不明，郁而不发，天下之人，各为其所欲焉，以自为方。"后来，儒学对此做了充分的发挥，提出了"己欲立而立人，己欲达而达人"①，"修己以安人"②，及《大学》中提出的格物、致知、诚意、正心、修身、齐家、治国、平天下八条目等丰富思想。先哲们要求兼顾"修己"与"安人"，兼顾内在的个体道德修养与外在的"治国平天下"，以实现个人理想与达济社会，体现了个人与社会、自我价值与社会价值的高度统一。这一思想对近代思想家产生了重要影响，他们多强调个体意识与群体意识的统一，强调个性解放与社会责任的统一，强调改造国民心理与改造社会结构的统一。

近代个性解放、个人观念有所发展。龚自珍提出了"心力""自我""尊心""囷情"等思想，倡导个性解放，阐述了"自我"造世界的主张，称"天地，人所造，众人自造，非圣人所造。圣人也者，与众人对立，与众人为无尽。众人之宰，非道非极，自名曰我。我光造日月，我力造山川，我变造毛羽肖翘，我理造文字言语，我气造天地，我天地又造人，我分别造伦纪"③。魏源提出"人能与造化相通，则可自造自化"的思想④，指出"人定胜天，既可转贵富寿为贫贱夭，则贫贱夭亦可转为贵富寿"⑤。戊戌维新时期，

①《论语·雍也》。
②《论语·宪问》。
③ 龚自珍：《壬癸之际胎观第一》，载《龚自珍全集》，第12—13页。
④ 魏源：《默觚上·学篇二》，载《魏源集》上册，中华书局，1976，第5—6页。
⑤ 魏源：《默觚上·学篇八》，载《魏源集》上册，第21页。

严复大声疾呼："彼西人之言曰：唯天生民，各具赋畀，得自由者乃为全受。故人人各得自由，国国各得自由，第务令毋相侵损而已。侵人自由者，斯为逆天理，贼人道。"① 又说："今日之治，莫贵乎崇尚自由。自由，则物各得其所自致，而天择之用存其最宜，太平之盛可不期而自至。"② 梁启超指出："自由者，天下之公理，人生之要具，无往而不适用者也。"③ 资产阶级革命家孙中山推崇个人自由，早在 1906 年制定的《军政府宣言》中就把"自由、平等、博爱"归结为大革命"一贯之精神"。章太炎在 1907 年的《答铁铮》一文中提出了"依自不依他"说，主张人格独立，倡导个性解放。在新文化运动中，个性解放更成为主流话语。陈独秀在 1915 年 12 月发表的《东西民族根本思想之差异》一文中指出，"东洋民族，自游牧社会，进而为宗法社会"，"宗法制度之恶果，盖有四焉：一曰损坏个人独立自尊之人格；一曰窒碍个人意思之自由；一曰剥夺个人法律上平等之权利（如尊长卑幼同罪异罚之类）；一曰养成依赖性，戕贼个人之生产力。东洋民族社会中种种卑劣不法惨酷衰微之象，皆以此四者为之因。欲转善因，是在以个人本位主义，易家族本位主义"。④ 胡适在《易卜生主义》一文中提倡健全的个人主义，他后来认为"民国六七年北京大学所提倡的新运动，无论形式上如何五花八门，意义上只是思想的解放与个人的解放"⑤。毛泽东并不反对发展个性，他在 1945 年中共七大上所作的《论联合政府》政治报告中指出："有些人怀疑中国共产党人不赞成发展个性，不赞成发展私人资本主义，不赞成保护私有财产，其实是不对的。民族压迫和封建压迫残酷地束缚着中国人民的个性发展，束缚着私人资本主义的发展和破坏着广大人民的财产。我们主张的新民主主义制度的任务，则正是解除这些束缚和停止这种破坏，保障广大人民能够自由发展其在共同生活中的个性，能够自由发展那些不是'操纵国民生计'而是有益于国民生计的私人资本主义经济，保障一切正当的私有财产。"⑥

---

① 严复：《论世变之亟》，载《严复集》第一册，第 3 页。
② 严复：《〈老子评语〉》，载《严复集》第四册，第 1082 页。
③ 梁启超：《新民说·论自由》，载《饮冰室合集》第 6 册，专集之四，第 40 页。
④ 陈独秀：《东西民族根本思想之差异》，《青年杂志》第 1 卷第 4 号，1915 年 12 月 15 日。
⑤ 胡适：《个人自由与社会进步：再谈五四运动》，《独立评论》第 150 号，1935 年 5 月 12 日。
⑥ 毛泽东：《论联合政府》，载《毛泽东选集》第三卷，第 1058 页。

　　近代合群思想、社会观念也得到了发展。戊戌思潮的重要内容是"群学"的兴起、合群思想的兴起。康有为在万木草堂讲学中，在经世之学中列有"群学"，讲述"仁道合群之原"。严复在《原强》一文中提到了"群学"："荀卿子有言：'人之所以异于禽兽者，以其能群也。'凡民之相生相养，易事通功，推以至于兵刑礼乐之事，皆自能群之性以生，故锡彭塞氏取以名其学焉。"① 后来，他翻译了《群学肄言》《群己权界论》等西方社会学、政治学名著。梁启超发表了《说群自序》《论小说与群治之关系》《新民说·论合群》等文，阐述合群保种思想。新文化运动的一个重要贡献在于对社会观念、社会改造的关注，蔡元培、傅斯年等人把"五四"的意义归结为社会的发现。蔡元培称"学生界除了对于政治的表示以外，对于社会也有根本的觉悟。他们知道政治问题的后面，还有较重要的社会问题，所以他们努力实行社会服务，如平民学校、平民演讲，都一天比一天发达"②。傅斯年称"5月4日以后，中国算有了'社会'了"，"中国人从发明世界以后，这觉悟是一串的。第一层是国力的觉悟；第二层是政治的觉悟；现在是文化的觉悟；将来是社会的觉悟"。③

　　近代思想家多强调个性意识与群体意识、个性解放与社会责任的有机统一。严复推崇个体自由，但同时又强调"合群"保国的重要性，指出"故所急者，乃国群自由，非小己自由也"④。章太炎在《明独》一文中谈到"独"与"群"的关系时指出："大独必群，群必以独成"，"小群，大群之贼也；大独，大群之母也"。⑤ 李大钊指出："一方面是个性解放，一方面是大同团结。这个性解放的运动，同时伴着一个大同团结的运动。这两种运动似乎是相反，实在是相成。"⑥ 胡适强调个性解放与群体意识的统一，他在1919年发表的《不朽》一文中指出"我这个现在的'小我'，对于那永远不朽的'大我'的无穷过去，须负重大的责任；对于那永远不朽的'大我'的无穷

① 严复：《原强》，载《严复集》第一册，第6页。
② 蔡元培：《去年五月四日以来的回顾与今后的希望》，《新教育》第2卷第5期，1920年1月。
③ 傅斯年：《时代与曙光与危机》，载欧阳哲生主编《傅斯年全集》第一卷，湖南教育出版社，2003，第349、355页。
④ 严复：《〈法意〉按语》，载《严复集》第四册，第981页。
⑤ 章太炎：《明独》，载《章太炎全集》（三），上海人民出版社，1984，第54页。
⑥ 李大钊：《联治主义与世界组织》，《新潮》第1卷第2号，1919年2月1日。

未来，也须负重大的责任"①。

近代思想家重视改造国民心理结构，提出了一系列改造国民性的主张，如魏源在《海国图志》中提出祛除人心之魅患与人材之虚患，康有为等号召"开民智"，严复1895年在《原强》一文中提出"鼓民力，开民智，新民德"的启蒙"三民主义"，梁启超20世纪初发表了《新民说》，孙中山1917年撰写了《建国方略之一：心理建设》，强调要从事心理建设尤其是破除"深中于中国之人心"的"知之非艰，行之惟艰"之说②，鲁迅认定"此后最要紧的是改革国民性"③，毛泽东则说过"欲动天下者，当动天下之心"④。近代思想家也重视改造中国社会结构，提出了各种社会改革主张、各种建国主张，如维新派的君主立宪方案，孙中山的三民主义，新文化运动时期的新村主义、工读互助主义，中共二大提出民主革命纲领，毛泽东的新民主主义革命思想等。思想家们还强调主观结构改造与社会结构改造要同步进行，不可偏废，如李大钊在《阶级竞争与互助》《我的马克思主义观》等文中强调"我们主张物心两面的改造，灵肉一致的改造"⑤，毛泽东在《实践论》一文中强调："改造客观世界，也改造自己的主观世界——改造自己的认识能力，改造主观世界同客观世界的关系……世界到了全人类都自觉地改造自己和改造世界的时候，那就是世界的共产主义时代。"⑥

启示之五：实践是理论之源，不管是传承的、外来的还是创新的，都必须理论与实践相统一才能管用，只有理论与实践相统一、符合中国国情、符合中国社会发展阶段的科学理论，才能真正向时代交出合格答卷，才能真正在中华大地落地生根，才能引领中华民族实现伟大复兴。

近代思想史上提出各种各样的救国方案、思想理论，有的在历史上起过重大作用，推动了中国社会的进步，对于后世也有深远的影响。但在中国共产党人的科学社会主义之前，所有这些理论都没有能在解答反对帝国主

① 胡适：《不朽——我的宗教》，《新青年》第6卷第2号，1919年2月15日。
② 孙中山：《建国方略之一：孙文学说——行易知难（心理建设）》，载《孙中山全集》第六卷，第158—159页。
③ 鲁迅：《两地书八》，载《鲁迅全集》第十一卷，第31页。
④ 毛泽东：《致黎锦熙信（一九一七年八月二十三日）》，载《毛泽东早期文稿》，第85页。
⑤ 守常（李大钊）：《阶级竞争与互助》，《每周评论》第29号，1919年7月6日。
⑥ 毛泽东：《实践论》，载《毛泽东选集》第一卷，第296页。

义以争取民族独立、反对封建主义以谋求社会进步这一课题上，交出真正合格的历史答卷。其根本原因是理论与实践相脱节，或照搬国外理论而不适合中国国情，或"拉车屁股向后"而被时代抛弃，或理想很丰满而现实很残酷，或构想宏大而有心无力。太平天国的空想社会主义、康有为的大同社会思想、孙中山的民生主义被视为近代中国三大空想社会主义思想，都因为悬于空想而无法落地。旧民主主义革命时期，孙中山领导革命党人推翻专制，创建共和，"本可从此继进，实行革命党所抱持之三民主义、五权宪法，与夫《革命方略》所规定之种种建设宏模，则必能乘时一跃而登中国于富强之域，跻斯民于安乐之天也"①，但其结果是辛亥革命的最终失败，以西方资产阶级共和国为蓝本而建立起来的中华民国不久即被袁世凯所践踏和破坏，成了一块有名无实的空招牌。

在新民主主义革命时期，还有人希望走"欧美资产阶级走过的老路"、走旧民主主义革命的老路，以一些"带中间性的民主党派"和无党派民主人士以及自由主义知识分子为代表的中间势力，主张在国共相争的夹缝中走"中间路线"或所谓"第三条道路"，以便使资本主义得到自由和充分的发展。抗战胜利后，他们幻想建立一个既不是国民党的"大地主大资产阶级专政"、也不是共产党的"无产阶级领导的人民民主专政"的"资产阶级共和国"；而他们所要建立的"资产阶级共和国"，是一个"十足道地的民主国家"，除了英美国家的所谓"政治民主"外，还要实行苏联的"经济民主"，是英美的资本主义"政治民主"与苏联的社会主义"经济民主"的"结合"，用 1945 年 10 月 11 日罗隆基在《中国民主同盟临时全国代表大会政治报告》中的话说："拿苏联的经济民主来充实英美的政治民主，拿各种民主生活中最优良的传统及其可能发展的趋势，来创造一种中国型的民主。"②然而正如毛泽东所批评的那样，英美派知识分子、中间人士幻想在当时中国"走建立资产阶级专政的资本主义社会之路"，"无如国际国内的环境，都不容许中国这样做"，"首先是国际资本主义即帝国主义不容许"，"其次是社会主

---

① 孙中山：《建国方略之一：孙文学说——行易知难（心理建设）》，载《孙中山全集》第六卷，第 157—158 页。
②《中国民主同盟临时全国代表大会政治报告》，载《中国民主同盟历史文献（1941—1949）》，第 77—78 页。

义不允许"，"由于中国的特殊条件（资产阶级的软弱和妥协性，无产阶级的强大和革命彻底性），中国从来也没有过土耳其的那种便宜事情"，即"有过一个基马尔式的小小的资产阶级专政的土耳其"，因此，"要在中国反帝反封建胜利之后，再建立资产阶级专政的资本主义社会"，只能是完全的梦呓。①

科学社会主义之所以能够在中国获得成功，其重要原因在于"共产主义者是理论和实践一致的"②。从1921年7月中国共产党成立到1935年1月遵义会议的14年中，一方面因为有了马克思主义这一新的理论武器，使中国革命面目焕然一新，取得了北伐战争胜利、土地革命战争胜利"两次胜利"；但另一方面又由于中国共产党处于幼年时期，还不善于把马克思主义普遍原理与中国革命具体实践相结合，存在盲从共产国际、教条式对待苏联经验等错误，导致了1927年大革命失败、第五次反"围剿"失利与长征初期重大损失"两次失败"，尤其是20世纪20年代后期和30年代前期在国际共产主义运动中和我们党内盛行的把马克思主义教条化、把共产国际决议和苏联经验神圣化的错误倾向，曾使中国革命几乎陷于绝境。两次胜利、两次失败的深刻教训表明，理论必须与实践相结合，绝不能离开中国实际空谈马克思主义。1935年1月遵义会议开启了以毛泽东为代表的中国共产党人独立自主探索中国革命道路的新篇章。1939年10月，毛泽东在《〈共产党人〉发刊词》中第一次提出了"把马克思列宁主义的理论和中国革命的实践相结合"的命题。经过延安整风，揭露与批判了主观主义尤其是教条主义学风，倡导树立理论与实际相统一的马克思主义学风，确立了"实事求是"的思想路线。中共七大通过的党章，确定以马克思列宁主义的理论与中国革命的实践之统一的思想——毛泽东思想作为党的指导思想。遵义会议以来的历史说明，必须坚持马克思主义基本原理与中国革命实践相结合的原则，必须坚持"实事求是"的思想路线，中国革命和建设才能不断从胜利走向胜利。

今年（2021年）是中国共产党建党一百周年。习近平总书记在庆祝中国共产党成立一百周年大会上的重要讲话中指出："中国共产党为什么能，

---

① 毛泽东：《新民主主义论》，载《毛泽东选集》第二卷，第679—681页。
② 毛泽东：《新民主主义论》，载《毛泽东选集》第二卷，第688页。

中国第二历史档案馆.中国国民党中央执行委员会常务委员会会议录〔M〕.南宁：广西师范大学出版社，2000.

中国第二历史档案馆.中华民国史档案数据汇编〔G〕.南京：江苏古籍出版社，1994.

中共中央文献研究室.中华人民共和国开国文选〔M〕.北京：中央文献出版社，1999.

重庆市政协文史资料研究委员会，中共重庆市委党校，中国第二历史档案馆，孟广涵.国民参政会纪实〔M〕.重庆：重庆出版社，1985.

重庆市政协文史资料研究委员会，中共重庆市委党校，中国第二历史档案馆，孟广涵.国民参政会纪实　续编〔M〕.重庆：重庆出版社，1987.

四川大学马列教研室.国民参政会资料〔M〕.成都：四川人民出版社，1984.

中央统战部，中央档案馆.中共中央抗日民族统一战线文件选编〔M〕.北京：档案出版社，1984.

荣孟源，孙彩霞.中国国民党历次代表大会及中央全会资料〔M〕.北京：光明日报出版社，1985.

中国第二历史档案馆.中华民国史档案资料汇编　第五辑第一编〔G〕.南京：凤凰出版社，1994.

中共中央书记处.六大以来——党内秘密文件〔M〕.北京：人民出版社，1981.

中共中央马克思恩格斯列宁斯大林著作编译局.马克思恩格斯文集〔M〕.北京：人民出版社，2009.

中共中央马克思恩格斯列宁斯大林著作编译局.马克思恩格斯选集〔M〕.北京：人民出版社，1995.

中共中央马克思恩格斯列宁斯大林著作编译局.列宁选集〔M〕.北京：人民出版社，1995.

中共中央文献研究室.毛泽东文集〔M〕.北京：人民出版社，1993，1996，1999.

毛泽东.毛泽东选集〔M〕.北京：人民出版社，1991.

中共中央文献研究室.毛泽东年谱（1893—1949）〔M〕.北京：人民出版社，中央文献出版社，1993.

中共中央文献研究室.毛泽东年谱（1893—1949）〔M〕.修订本.北京：中央文献出版社，2013.

中共中央文献研究室，中共湖南省委《毛泽东早期文稿》编辑组.毛泽东早期文稿［M］.长沙：湖南出版社，1990.

中共中央文献研究室.建国以来毛泽东文稿（第1—13册）［M］.北京：人民出版社，1987—1998.

中共中央文献研究室.毛泽东书信选集［M］.北京：人民出版社，1983.

中共中央文献研究室，中国人民解放军军事科学院.毛泽东军事文集［M］.北京：军事科学出版社，中央文献出版社，1993.

中共中央文献研究室.毛泽东传（1893—1949）［M］.北京：中央文献出版社，1996.

中国人民解放军军事科学院毛泽东军事思想研究所年谱组.毛泽东军事年谱1927—1958［M］.南宁：广西人民出版社，1994.

周恩来.周恩来选集［M］.北京：人民出版社，1984.

中共中央文献研究室.周恩来年谱（一八九八——一九四九）［M］.北京：中央文献出版社，人民出版社，1989.

中共中央文献研究室.周恩来年谱（1898—1949）［M］.北京：中央文献出版社，2007.

中共中央文献研究室，中国人民解放军军事科学院.周恩来军事文选［M］.北京：人民出版社，1997.

刘少奇.刘少奇选集［M］.北京：人民出版社，1981.

中共中央党史和文献研究院.刘少奇年谱［M］.增订本.北京：中央文献出版社，2018.

中共中央文献编辑委员会.邓小平文选［M］.北京：人民出版社，1993，1994.

广东省社会科学院历史研究室，中国社会科学院近代史研究所中华民国史研究室，中山大学历史系孙中山研究室.孙中山全集（第一——十一卷），北京：中华书局，1981—1986.

湖南省社会科学院.黄兴集［M］.北京：中华书局，1981.

中国国民党中央委员会党史史料编纂委员会.革命文献［M］.台北："中央"文物供应社，1965—1968.

秦孝仪.中华民国重要史料初编——对日抗战时期［M］.台北：中国国民党中央委员会党史委员会，1974，1981.

秦孝仪.总统蒋公思想言论总集［M］.台北：中国国民党中央委员会党史

委员会，1984.

中国文化书院学术委员会.梁漱溟全集（第一——八卷）[M].济南：山东
　　人民出版社，1989—1993.

胡适，季羡林.胡适全集[M].合肥：安徽教育出版社，2003.

中国社会科学院近代史研究所中华民国史组.胡适来往书信选[M].北京：
　　中华书局，1979.

鲁迅.鲁迅全集[M].北京：人民文学出版社，1981.

郭沫若著作编辑出版委员会.郭沫若全集：历史编[M].北京：人民出版
　　社，1982—1994.

郭沫若著作编辑出版委员会.郭沫若全集：文学编[M].北京：人民出版
　　社，1982—1992.

韬奋基金会，上海韬奋纪念馆.韬奋全集[M].增补本.上海：上海人民
　　出版社，2015.

陈独秀.陈独秀文章选编[M].北京：生活·读书·新知三联书店，1984.

中国李大钊研究会.李大钊全集[M].北京：人民出版社，2006.

邓中夏.邓中夏文集[M].北京：人民出版社，1983.

宋庆龄.宋庆龄选集[M].北京：人民出版社，1992.

《董必武年谱》编纂组.董必武年谱[M].北京：中央文献出版社，2007.

王焰.彭德怀年谱[M].北京：人民出版社，1998.

张闻天选集编辑组.张闻天文集：第三卷[M].北京：中共党史出版社，
　　1994.

上海人民出版社.章太炎全集：（三）（四）[M].上海：上海人民出版社，
　　1984，1985.

中共中央党史研究室张闻天选集传记组，张培森.张闻天年谱[M].北京：
　　中共党史出版社，2000.

聂荣臻.聂荣臻回忆录[M].北京：解放军出版社，1984.

胡愈之.胡愈之文集[M].北京：生活·读书·新知三联书店，1996.

中国民主促进会中央宣传部.马叙伦政论文选[M].北京：文史资料出版
　　社，1985.

章立凡.章乃器文集[M].北京：华夏出版社，1997.

张季鸾.张季鸾集[M].北京：东方出版社，2011.

傅学文.邵力子文集［M］.北京：中华书局，1985.

《杜国庠文集》编辑小组.杜国庠文集［M］.北京：人民出版社，1962.

许纪霖，李琼.天地之间——林同济文集［M］.上海：复旦大学出版社，
　　2004.

张申府.张申府文集［M］.石家庄：河北人民出版社，2005.

何干之.何干之文集［M］.北京：北京出版社，1993.

柳湜.柳湜文集［M］.北京：生活·读书·新知三联书店，1987.

冯友兰.三松堂全集：第一，四，五，七卷［M］.郑州：河南人民出版社，
　　1985，1986，1989.

蔡尚思.中国现代思想史资料简编：第四，五卷［M］.杭州：浙江人民出
　　版社，1983.

彭明.中国现代史资料选辑：第五，六册［M］.北京：中国人民大学出版
　　社，1989，1993.

高军，李慎兆，王桧林，等.中国现代政治思想史资料选辑［M］.成都：
　　四川人民出版社，1983，1986.

张枏，王忍之.辛亥革命前十年间时论选集：第一，二，三卷［M］.北京：
　　生活·读书·新知三联书店，1960，1963，1977.

王德锋，傅炳旭，宋聚荣.中国近现代史参考资料［M］.长春：吉林人民
　　出版社，1993.

徐辰.宪制道路与中国命运：中国近代宪法文献选编（1840—1948）下卷
　　［M］.北京：中央编译出版社，2017.

杨力.中国抗战大后方中间党派文献资料选编［M］.重庆：重庆出版社，
　　2016.

政治协商会议资料［M］.成都：四川人民出版社，1981.

南开大学马列主义教研室中共党史教研组.华北事变资料选编［M］.郑州：
　　河南人民出版社，1983.

辽宁省档案馆.九一八事变档案史料精编［M］.沈阳：辽宁人民出版社，
　　1991.

中国抗日战争军事史料丛书编审委员会.东北抗日联军·文献［M］.解放
　　军出版社，2015.

上海社会科学院历史研究所."九·一八"—"一·二八"上海军民抗日运动

史料［M］.上海：上海社会科学院出版社，1986.

吉林省档案馆.九·一八事变［M］//东北沦陷十四年档案史料丛编.长春：档案出版社，1991.

重庆市档案馆，重庆师范大学.中国战时首都档案文献·战时动员［M］.重庆：重庆出版社，2014.

郑洪泉，常云平，王志昆，等.中国战时首都档案文献·战时外交［M］.重庆：西南师范大学出版社，2017.

安徽省文物局新四军文史征集组.皖南事变资料选［M］.合肥：安徽人民出版社，1981.

周天度，孙彩霞.救国会史料集［M］.北京：中央编译出版社，2006.

文天行，王大明，廖全京.中华全国文艺界抗敌协会资料汇编［G］.成都：四川省社会科学院出版社，1983.

中共中央党校中共党史教研室.三民主义历史文献选编［M］.北京：中共中央党校科研办公室，1987.

陈竹筠，陈起城.中国民主党派历史资料选辑［M］.上海：华东师范大学出版社，1985.

中国民主同盟中央文史资料委员会.中国民主同盟历史文献（1941—1949）［M］.北京：文史资料出版社，1983.

中国民主同盟中央委员会.中国民主同盟六十年［M］.北京：群言出版社，2001.

中国民主建国会中央委员会宣传部.中国民主建国会历史文献选编［M］.北京：书目文献出版社，1992.

中国民主促进会中央宣传部.中国民主促进会四十年［M］.北京：开明出版社，1990.

中国农工民主党中央党史资料研究委员会.中国农工民主党的奋斗历程（1930—1990）［M］.北京：中国文史出版社，1990.

宋志明.儒家思想的新开展——贺麟新儒学论著辑要［M］.北京：中国广播电视出版社，1995.

吕希晨，陈莹.精神自由与民族文化——张君劢新儒学论著辑要［M］.北京：中国广播电视出版社，1995.

田文军.极高明而道中庸——冯友兰新儒学论著辑要［M］.北京：中国广

播电视出版社，1995.

温儒敏，丁晓萍.时代之波——战国策派文化论著辑要［M］.北京：中国
　　广播电视出版社，1995.

罗荣渠.从"西化"到现代化——五四以来有关中国的文化趋向和发展道
　　路论争文选［M］.北京：北京大学出版社，1990.

王世杰，钱端升.比较宪法［M］.北京：中国政法大学出版社，1997.

张君劢.民族复兴之学术基础［M］.北京：商务印书馆，1935.

张君劢.明日之中国文化［M］.北京：商务印书馆，1936.

张君劢.立国之道［M］.桂林：中国民主社会党中央总部，1938.

张君劢，程文熙.中西印哲学文集［M］.台北：台湾学生书局，1981.

艾克恩.延安文艺史［M］.武汉：河北教育出版社，2009.

熊十力.新唯识论［M］.北京：中华书局，1985.

贺麟.文化与人生［M］.北京：商务印书馆，1988.

贺麟.五十年来的中国哲学［M］.北京：商务印书馆，2002.

蒋廷黻.蒋廷黻回忆录［M］.长沙：岳麓书社，2003.

林同济.文化形态史观［M］.上海：大东书局，1946.

钱穆.国史大纲［M］.修订本.北京：商务印书馆，1996.

钱穆.中国文化史导论［M］.修订版.北京：商务印书馆，1994.

胡绳.理性与自由：文化思想批评论文集［M］.上海：华夏书店，1949.

雷海宗.中国文化与中国的兵［M］.北京：中国华侨出版社，2013.

张昌山.战国策派文存［M］.昆明：云南人民出版社，2012.

龚自珍.龚自珍全集［M］.上海：上海人民出版社，1975.

王栻.严复集［M］.北京：中华书局，1986.

三、主要参考书目

易劳逸.流产的革命：国民党统治下的中国（1927—1937）［M］.陈谦平，
　　陈红民，等译.北京：中国青年出版社，1992.

约瑟夫·列文森.儒家中国及其现代命运［M］.郑大华，任菁，译.南宁：
　　广西师范大学出版社，2009.

艾恺.世界范围内的反现代化思潮——论文化守成主义［M］.贵阳：贵州

人民出版社，1999.

安东尼·史密斯.民族主义——理论，意识形态，历史［M］.叶江，译.上海：上海人民出版社，2006.

吉尔·德拉诺瓦.民族与民族主义［M］.郑文彬，洪晖，译.北京：生活·读书·新知三联书店，2005.

费希特.对德意志民族的演讲［M］.梁志学，沈真，李理，译.沈阳：辽宁教育出版社，2003.

本尼迪克特·安德森.想象的共同体：民族主义的起源与散布［M］.吴叡人，译.上海：上海人民出版社，2005.

杜赞奇.文化、权力与国家：1900—1942 年的华北农村［M］.王福明，译.南京：江苏人民出版社，2003.

费约翰.唤醒中国：国民革命中的政治、文化与阶级［M］.李恭忠，李里峰，等译.北京：生活·读书·新知三联书店，2004.

费正清，费维恺.剑桥中华民国史：1912—1949 年［M］.刘敬坤，杨品泉，等译.北京：中国社会科学出版社，1994.

格里德.胡适与中国的文艺复兴——中国革命中的自由主义（1917—1950）［M］.鲁奇，译.南京：江苏人民出版社，1989.

侯外庐，赵纪彬，杜国庠，邱汉生.中国思想通史［M］.北京：人民出版社，1957.

冯契.中国近代哲学史［M］.上海：上海人民出版社，1989.

李泽厚.中国现代思想史论［M］.北京：生活·读书·新知三联书店，2008.

吴雁南，冯祖贻，苏中立，等.中国近代社会思潮（1840—1949）［M］.长沙：湖南教育出版社，1998.

高瑞泉.中国近代社会思潮［M］.上海：华东师范大学出版社，1996.

周阳山.中国文化的急机与展望——当代研究与趋向［M］.台北：时报文化出版事业有限公司 1986.

傅乐诗，等.近代中国思想人物论——保守主义［M］.台北：时报出版事业有限公司，1980.

李国祈，等.近代中国思想人物论——民族主义［M］.台北：时报出版事业有限公司，1980.

史华兹，等.近代中国思想人物论——自由主义［M］.台北：时报出版事业有限公司，1980.

李世涛.知识分子立场——激进与保守之间的动荡［M］.长春：时代文艺出版社，2000.

李世涛.知识分子立场——民族主义与转型期中国的命运［M］.长春：时代文艺出版社，2000.

李世涛.知识分子立场——自由主义之争与中国思想界的分化［M］.长春：时代文艺出版社，2000.

罗志田.20世纪的中国：学术与社会·史学卷［M］.济南：山东人民出版社，2001.

罗志田.裂变中的传承——20世纪前期的中国文化与学术［M］.北京：中华书局，2003.

罗志田.乱世潜流：民族主义与民国政治［M］.上海：上海古籍出版社，2001.

罗志田.民族主义与中国近代思想［M］.台北：东大图书公司，1998.

陈先初.精神自由与民族复兴——张君劢思想综论［M］.长沙：湖南教育出版社，1999.

中共中央党史研究室.中国共产党的九十年：新民主主义革命时期［M］.北京：中共党史出版社，党建读物出版社，2016.

冯友兰.中国哲学史新编［M］.郑州：河南人民出版社，1989.

余英时.钱穆与中国文化［M］.上海：上海远东出版社，1994.

田文军.冯友兰传［M］.北京：人民出版社，2003.

李中华.冯友兰评传［M］.南昌：百花洲文艺出版社，1996.

顾潮，顾洪.顾颉刚评传［M］.南昌：百花洲文艺出版社，1995.

宋志明.熊十力评传［M］.南昌：百花洲文艺出版社，1993.

宋志明.贺麟新儒学思想研究［M］.天津：天津人民出版社，1998.

汪学群.钱穆学术思想评传［M］.北京：北京图书馆出版社，1998.

王中江，安继民.金岳霖学术思想评传［M］.北京：北京图书馆出版社，1998.

谢保成.郭沫若学术思想评传［M］.北京：北京图书馆出版社，1999.

丁为祥.熊十力学术思想评传［M］.北京：北京图书馆出版社，1999.

郑大华.梁漱溟学术思想评传［M］.北京：北京图书馆出版社，1999.

郑大华.张君劢学术思想评传［M］.北京：北京图书馆出版社，1999.

宋志明，梅良勇.冯友兰学术思想评传［M］.北京：北京图书馆出版社，
　　1999.

王学典.翦伯赞学术思想评传［M］.北京：北京图书馆出版社，2000.

朱政惠.吕振羽学术思想评传［M］.北京：北京图书馆出版社，2000.

陈其泰.范文澜学术思想评传［M］.北京：北京图书馆出版社，2000.

李泉.傅斯年学术思想评传［M］.北京：北京图书馆出版社，2000.

林毓生.中国传统的创造性转化［M］.增订本.北京：生活·读书·新知
　　三联书店，2011.

王毅.《再生》杂志的民族复兴思想研究［M］.南宁：广西人民出版社，
　　2012.

王永祥.中国现代宪政运动史［M］.北京：人民出版社，1996.

魏万磊.20世纪30年代"再生派"学人的民族复兴话语［M］.北京：中
　　国社会科学出版社，2011.

方克立，郑家栋.现代新儒家人物与著作［M］.天津：南开大学出版社，
　　1995.

方克立.现代新儒学与中国现代化［M］.天津：天津人民出版社，1997.

江沛.战国策派思潮研究［M］.天津：天津人民出版社，2001.

田亮.抗战时期史学研究［M］.北京：人民出版社，2005.

闫润鱼.自由主义与近代中国［M］.北京：新星出版社，2007.

耿云志.近代中国文化转型研究导论［M］.成都：四川人民出版社，2008.

耿云志，等.西方民主在近代中国［M］.北京：中国青年出版社，2003.

胡伟希，高瑞泉，张利民.十字街头与塔——中国近代自由主义思潮研究
　　［M］.上海：上海人民出版社，1991.

李翔海.民族性与时代性——现代新儒学与后现代主义比较研究［M］.北
　　京：人民出版社，2005.

殷海光.中国文化的展望［M］.北京：商务印书馆，2017.

罗荣渠.现代化新论——世界与中国的现代化进程［M］.北京：北京大学
　　出版社，1993.

卫春回.理想与现实的抉择——中国自由主义学人与"中间道路"研究
　　（1945—1949）［M］.北京：中国社会科学出版社，2010.

郑师渠，史革新.近代中国民族精神研究读本［M］.北京：北京师范大学出版社，2006.

郑大华.梁漱溟与胡适——文化保守主义与西化思潮的比较［M］.北京：中华书局，1994.

郑大华.张君劢传［M］.北京：中华书局，1997.

郑大华.民国乡村建设运动［M］.北京：社会科学文献出版社，2000.

郑大华.梁漱溟传［M］.北京：人民出版社，2001.

郑大华.民国思想家论［M］.北京：中华书局，2006.

郑大华.民国思想史论［M］.北京：社会科学文献出版社，2006.

郑大华.民国思想史论（续集）［M］.北京：社会科学文献出版社，2010.

郑大华.中国近代思想史学术前沿诸问题［M］.长沙：湖南师范大学出版社，2012.

郑大华.中国近代思想脉络中的文化保守主义［M］.长沙：湖南人民出版社，2014.

郑大华.中国近代民族复兴思潮研究——以抗战时期思想界为中心［M］.北京：中国社会科学出版社，2017.

郑大华.中国近代思想脉络中的民族主义［M］.北京：社会科学文献出版社，2018.

郑大华，邹小站.思想家与近代中国思想［M］.北京：社会科学文献出版社，2005.

郑大华，邹小站.中国近代史上的民族主义［M］.北京：社会科学文献出版社，2007.

郑大华，邹小站.中国近代史上的自由主义［M］.北京：社会科学文献出版社，2008.

郑大华，邹小站.中国近代史上的社会主义［M］.北京：社会科学文献出版社，2011.

郑大华，邹小站.中国近代史上的激进与保守［M］.北京：社会科学文献出版社，2011.

俞祖华，赵慧峰.离合之间：中国现代三大思潮及其相互关系［M］.北京：人民出版社，2015.

俞祖华，王国洪.中国现代政治思想史［M］.济南：山东大学出版社，1999.

本卷出版说明

  本卷由郑大华拟定写作大纲，由郑大华和俞祖华分别撰写，最后由郑大华统稿和定稿。郑大华撰写了第十九章"民族危机下各种思潮的新变化、新出现"（其中第五节"法西斯主义思潮的新出现"由俞祖华撰写）、第二十章"中国向何处去：内忧外患中思想界的争论和选择"、第二十三章"要求国民党还政于民：宪政运动的兴起和展开"、第二十五章"马克思主义学派关于'马克思主义中国化'等问题的讨论"、第二十六章"现代新儒家和战国策派以及马克思主义学派对他们的批判"中的第一节和第三节的第一子目、第二十七章"'中间路线'及其破产和中间势力的转变"以及第二十八章"国民党大地主大资产阶级专政的建国主张及其失败"中的第二节；俞祖华撰写了第十八章"九一八事变后抗日救亡运动和思潮的兴起"（其中第二节"思想舆论界对日'战'与'和'的抉择"由郑大华撰写）、第二十一章"中国革命的历史转折：从'左'倾教条主义到马克思主义正确路线在中共中央领导地位的确立"、第二十二章"七七事变后抗日救亡运动和思潮的高涨"（其中第四节"'抗战建国'话语下学术界关于'学术建国'的讨论"由郑大华撰写）、第二十四章"新民主主义理论和毛泽东思想指导地位的确立"、第二十六章"现代新儒家和战国策派以及马克思主义学派对他们的批判"的第二节和第三节的第二子目、第二十八章"国民党大地主大资产阶级专政的建国主张及其失败"中的第一节和第三节以及第二十九章"共产党建立新中国的方略与中华人民共和国的成立"；结语"中国近代思想史留给今人的深刻启示"由郑大华、俞祖华共同撰写。

郑大华在湖南师范大学的 2017 级硕士生杨彤彤、程莎莎、楚依，2018 级硕士生丁洁、杨航、史聪玲，2019 级硕士生程顺、刘文博、赵林；已出站的博士后、湖南师范大学青年教师周游通读了本卷，并增补了个别遗漏的注释；中国社会科学院 2019 级博士生李艳伦、曹萌对本卷进行了校对；已出站的博士后、湖南大学教授刘平对本卷进行了文字处理。

在此，表示衷心感谢。

书成后记

　　我已在《绪论》中说明，本书是对我研究中国近代思想史三十多年的一个总结，也是我研究中国近代思想史三十多年成果的结晶。

　　本书的出版，首先要感谢国家出版基金的支持，基金所提供的资助使本书得以顺利出版；感谢王伟光院长对我的关心和帮助，并于百忙之中，抽出时间审读我的书稿，为书稿写序，从而使拙著增色不少；感谢我这么多年来的工作单位——中国社会科学院近代史研究所和湖南师范大学历史文化学院——的领导和同事们，是他们给我提供了优良的研究条件和宽松和谐的研究环境；感谢我的硕士研究生导师、湖南师范大学已故林增平教授和我的博士研究生导师、北京师范大学已故龚书铎教授，是他们把我引领进了学术研究的神圣殿堂，没有两位恩师的精心栽培，也就没有我今天的成就；感谢我的父母对我的培养以及为培养我所付出的心血，父母虽然是一字不识的农民，但却以他们的善良和勤劳，含辛茹苦地培养出了两位博士、两位大学生和两位中专生（我们兄妹七人，大哥早年参加工作），因长期积劳成疾，母亲和父亲先后辞世，我谨以本书和已出版、发表的所有著作和文章作为鲜花，供奉于父母的灵前，安息吧！父母双亲，儿子没有辜负你们的期望；感谢我的妻子任菁和儿子郑韬对我所从事工作的长期理解和支持，因为在经济大潮的今天，从事纯学术研究，既不能给家人带来任何物质享受，也没有时间陪家人享受丰富的精神文明成果；感谢岳麓书社和人民出版社的领导；感谢教育部人文社会科学重点研究基地中华文明伦理研究中心的资助；感谢俞祖华先生的合作；感谢审稿专家认真审稿，并提出宝贵的修改意见；感谢所有长期关心我、支持我、帮助我的师长、同事、亲人、朋友和学生。滴水之恩，必当涌泉相报。我也真诚地希望能继续得到你们的关爱、支持和帮助。

　　这里我要特别感谢本书的责任编辑饶毅女士和特邀编辑杨美艳女士。我在以前研究成果的基础上开始写作本书是在 2008 年，两年后，亦即 2010 年，主体工作接近完成。这时，饶毅不知从哪里知道了我在写作《中国近代思想通史》，便找到我，希望交由岳麓书社出版，并由岳麓书社申报"十二五"国家重点出版规划项目。我和饶毅是湖南师范大学的校友，我知道她做事特别认真，编辑的不少著作获得过国家出版奖项，岳麓书社也以出版古籍整理和学术著作而闻名于学术界，便答应了她的要求。但当"十二五"国家重点出版规划项目申报到湖南省新闻出版局后，这时由耿云志先生主编的《中国近代思想通史》也正好立项（中国社会科学院项目），我担心我的书出版后，会影响耿先生主编之书的写作和出版，于是经过慎重考虑，便要岳麓书社把已经报到省局的申报书撤了回来，等耿先生主编的书出版后我的书再出版。饶毅特别通情达理，同意了我的要求。她当时问我，耿先生的书何时能够出版？我说按要求应该于 2013 年完稿，再推迟一年，2014 年出版应该没有问题。她说：好，等你 5 年！所以到了 2016 年，岳麓书社再次以"民国思想通史（1912—1949）"为名申报"十三五"国家重点出版规划项目，并获得通过。2017 年她要我的书稿，说要申报国家出版基金（因为申请国家出版基金，要求提供基本完成 70% 的书稿，与申报书一同上报）。由于耿先生主编的书早已过了结项年限，我又听说整个书稿的写作非常缓慢，有的分卷已写的书稿还不到应写的五分之一或三分之一，不知猴年马月才能完成，我心想这事可能要黄了；同时我认为，我的书本来 2010 年后就可出版的，为了不影响耿先生主编的书的写作和出版，我主动放弃了出版，而且已经过去了 7 年，人生又有几个 7 年？现在出版也说得过去，况且能否申请到国家出版基金也很难说，于是便抱着试一试的心态，把基本完成的书稿交给了岳麓书社。因加入晚清思想部分，更名《中国近代思想通史（1840—1949）》申报国家出版基金，很顺利地获得通过。按国家出版基金资助的有关规定，本书必须按期出版，否则将影响岳麓书社的后续年度项目申报。事已至此，本书非出版不可了。我便开始对基本成稿于 2010 年的初稿进行修改。饶毅做事特别认真，我此前也出版过十几部专著，与不少编辑打过交道，而饶毅是我见到的最认真的编辑，没有之一，很多应该是作者做的事她都代做了，比如引文原文和出处，她一条条核对，发现了不少因作者没注意而留下的错误；再如民国刊物标注，同一刊物，有时标注的是第几"期"，有时标注的又是第几"号"，稍不留意，就会将"期"写成"号"，会将"号"写成"期"等，她都能一一改正；为了将最新的一些思考写进书中，我曾反复对书稿的个别章节进行修改和补充，她都毫无怨言，反复校对。该书能顺利出版，饶毅编审居功甚伟。在此表示最衷心的感谢。作为特邀编辑，美艳不仅审读全书，提出很好的意见，而且上下联络，促成本书早日面世。在此表示最衷心的感谢。能得两位女士编辑本书，何其幸也！

最后，我真诚地希望广大读者对本书提出批评和指正。正常的学术批评，是促进学术繁荣最有效的途径之一。

郑大华

2022 年 4 月 28 日

图书在版编目（CIP）数据

中国近代思想通史：1840—1949/郑大华,俞祖华著.—长沙:岳麓书社;
北京:人民出版社,2023.12
ISBN 978-7-5538-1479-7

Ⅰ.①中…　Ⅱ.①郑…②俞…　Ⅲ.①思想史—研究—中国—1840—
1949　Ⅳ.①B25

中国版本图书馆 CIP 数据核字（2020）第 244723 号

ZHONGGUO JINDAI SIXIANG TONGSHI（1840—1949）

中国近代思想通史（1840—1949）

作　　者:郑大华　俞祖华
出 版 人:崔　灿
策划编辑:饶　毅
责任编辑:饶　毅　黄金武
特约编辑:杨美艳
责任校对:舒　舍
封面设计:胡　斌

岳麓书社、人民出版社出版发行
地址:湖南省长沙市爱民路 47 号
　　　北京市东城区隆福寺街 99 号人民东方图书销售中心
直销电话:0731-88804152　0731-88885616　010-65250042
邮编:410006

版次:2023 年 12 月第 1 版
印次:2023 年 12 月第 1 次印刷
开本:710mm×1000mm　1/16
印张:205.5
字数:3156 千字
书号:ISBN 978-7-5538-1479-7
定价:980.00 元

承印:长沙超峰印刷有限公司

如有印装质量问题,请与岳麓书社印务部联系
电话:0731-88884129